i
imaginist

想象另一种可能

理想国
imaginist

冷战
的故事

王缉思 著

云南人民出版社

图书在版编目（CIP）数据

冷战的故事 / 王缉思著. -- 昆明：云南人民出版社, 2025. 4. -- ISBN 978-7-222-23644-8

Ⅰ. D819

中国国家版本馆CIP数据核字第2025P4U233号

责任编辑：金学丽　柴　锐
特约编辑：孔胜楠
封面设计：陆智昌
内文制作：陈基胜
责任校对：柳云龙
责任印制：代隆参

冷战的故事

王缉思 著

出　版	云南人民出版社
发　行	云南人民出版社
社　址	昆明市环城西路609号
邮　编	650034
网　址	www.ynpph.com.cn
E-mail	ynrms@sina.com
开　本	635mm×965mm　1/16
印　张	47.5
字　数	596千
版　次	2025年4月第1版第1次印刷
印　刷	山东临沂新华印刷物流集团有限责任公司
书　号	ISBN 978-7-222-23644-8
定　价	168.00元

序言
冷战时代真的过去了吗？

20世纪80年代末90年代初，随着东欧剧变、苏联解体，冷战宣告结束。从那时到现在已经过去30多年。冷战结束后出生的一代，现在也已进入而立之年，这真是一段不短的时间。但从世界变迁、社会发展变化的角度看，30多年只是一瞬间，特别是像我这样生于冷战、长于冷战，又从事国际政治研究的人，更觉得一切都像在昨天。

冷战与今天仍息息相关

为什么要回顾冷战的历史？实际上，我们今天仍然生活在冷战这个大时代所塑造的世界格局中。大到国家与国家之间战略上的纵横捭阖、全球治理体系、国际金融系统、贸易规则、科技与教育、意识形态与文化潮流，小到我们的生活方式、衣食住行、语言表达、文艺作品，都可以从冷战时代找到根源。

比如，中国人所关注或比较熟悉的中美关系中的台湾问题、朝核问题，是怎样在当年美苏对抗的大背景下形成的？比如，中国和俄罗斯之间目前官方关系很热，据说"不是同盟、胜似同盟"，那么中俄关系是怎样从冷战初期的中苏同盟演变为冰冷的中苏对抗，然后又解冻的？把当年的中苏关系和今天的中俄关系做一个对比，能获得什么启示？

还有我们的近邻阿富汗。苏联于1979年派兵占领阿富汗，约10年后撤军。美国在2001年"9·11"事件后出兵阿富汗，约20年后也灰溜溜地撤军了。阿富汗既没有石油，又没有财富，为什么自古以来一直遭受大国干涉，被称为"帝国的坟场"？

又如，现在有很多中国同胞在非洲搞建设、做生意。非洲原来是欧洲列强的殖民地，绝大多数非洲国家是在冷战期间的民族独立浪潮中新成立的。大部分独立之初的非洲国家仿照宗主国的模板设立了多党议会制度。后来，一些国家又企图仿照苏联模式建立社会主义制度。如果对这段历史一点都不了解，就很难理解今天非洲的社会状况，恐怕在当地开创事业的过程中也会遇到一些意想不到的麻烦。

最近几年，中美关系面临严峻挑战，美国持续采取遏制、打压措施，中方据理进行了反制，两国在官方层面出现很多分歧。一方面，中美交恶影响到民间交往。即使不考虑为时三年的新冠疫情的干扰，到对方国家旅游和学习的人数也大幅下降。另一方面，中美战略竞争加剧，经济分离，技术脱钩，影响到全球政治经济的大趋势。现在有不少人认为，国际上的两极格局又出现了，一场"新冷战"已经开始。中美之间是不是进入了"新冷战"，或者到了"新冷战"的悬崖边上？

我认为，不必在这些问题上纠缠不清，把自己套在一个历史概念里。可以肯定的是，冷战虽然已经结束，但冷战的逻辑并没有消失，这个逻辑还将在很长的时期内继续塑造世界的面貌和我们的生活。参与过冷战决策的多数国家机构和机制还在运转，经历过冷战进程的许多个人也健在。冷战在这些机构和个人身上留下的烙印，还远远没有褪去。

理解"冷战"的观念和立场

在国际政治语境里，冷战是指从20世纪40年代中后期至80年代末90年代初，以苏联和美国为首的两大政治集团之间的对抗和斗争。这两大集团也被称为社会主义阵营和资本主义阵营，或者东方和西方。我对"东西方关系"这种概念有保留，这里姑且用之。

冷战时期的对抗和斗争有几个特征。第一，规模大，当时世界上的绝大多数国家都卷入了，只是卷入的程度有深有浅。第二，对抗和斗争涉及方方面面，从意识形态、政治、军事，到经济、科技、文化、生活方式，无所不包；斗争双方基本处于隔绝状态，经贸联系很少，民间来往几乎断绝；两个领衔的国家之间没有爆发直接的战争，但局部战争、小规模战争不断，像朝鲜战争这样的大规模战争、越南战争这样的长期战争也发生过，所以可以说"冷战不冷"。

冷战属于世界政治的范畴。如何理解冷战，仍然众说纷纭。以如何看待冷战的结局为例，冷战以苏联和苏东集团的解体而告终，也就是说资本主义阵营不战而胜。中国是社会主义国家，苏联是世界上最大的社会主义国家，苏联解体，我们理应感到惋惜、痛心疾首才是。从这个角度来说，冷战的结局是不是应该说很坏？

苏联解体、冷战结束后，笼罩在整个世界头上将近半个世纪的核大战阴云消散了，为经济全球化扫除了最大障碍，世界变得更加和平，更加开放，更加繁荣。原苏联的所有加盟共和国都获得了独立，除了一些俄罗斯人以外，似乎很少有别的国家对苏联的解体感到痛惜。而对于中国来说，冷战结束以后的30多年，是中国加速融入世界、综合国力和人民生活水平得到极大提高的时代。如果这样去看，冷战的结局是不是可以说很好，或者至少不坏？

换一个思路，你能否想象冷战时至今日仍未结束，或者以苏联胜利、美国失败并解体而告终？这样的结局，是我们愿意看到的吗？

在观念和立场方面，另一个大的问题是，一个国家是敌是友，与一个国家是"好国家"还是"坏国家"的关系。

在冷战初期，中国曾经加入以苏联为首的社会主义阵营。当时我们认为，社会主义国家都是好国家，资本主义、帝国主义国家都是坏国家，既非社会主义又非资本主义的，是不好不坏的国家。另外一种通常的思路是，跟中国官方关系好的国家，那自然是好国家；与中国官方关系不好的国家，当然就是坏国家。冷战时期留下来的这种思维定式，至今还在起作用。但是，一个国家是敌还是友，是好还是坏，是会发生转换的。冷战历史在这方面提供了最为丰富的例子。有时是客观形势变化不得不如此，不过更多时候，这种变化取决于国家的政策选择。在后面的章节中，我将会多次讲述到这种敌友转化。基于个人经历，我对这点感触特别深。

我出生于1948年，那正是冷战刚刚拉开帷幕的时候。新中国成立之初，在国际关系中采取了"一边倒"战略，即全面倒向苏联。我们都尊敬"苏联老大哥"。1957年，作为北大附小的学生，我到北京友谊宾馆和苏联小朋友联欢，踢足球赛，觉得苏联很了不起，一切都要向苏联学习。我们都知道，美帝国主义既是纸老虎，又是最凶恶的敌人。我们都会唱《中国人民志愿军战歌》："雄赳赳，气昂昂，跨过鸭绿江。……抗美援朝，打败美帝野心狼。"

可是，曾几何时，赫鲁晓夫（Nikita Khrushchev）领导的苏联在20世纪60年代变成了"修正主义"，在20世纪70年代又变成了"社会帝国主义"。美帝、苏修并列为两大霸权国家、两大敌人。1969年，中苏对抗发展到兵戎相见，中国到处修防空洞，防范苏联可能发动的核战争。美国总统尼克松（Richard Nixon）于1972年访问中国后，中美关系逐步改善。美国从最凶恶的敌人变成了共同抵御苏联扩张的战略伙伴。

冷战时期国家之间敌友关系转换的情形，当然不止于中国。美国、苏联两大国在世界很多国家努力培植自己的代理人，使这些国家出现了政权更迭。比如，美国支持智利右翼军人在1973年发动政变，推翻了有社会主义色彩的总统阿连德（Salvador Allende）。苏联从1973年到1979年支持阿富汗的亲苏势力发动过三次政变，把不听苏联指挥的领导人赶下台。中国跟一些国家的远近亲疏关系，也随着这些国家跟两个超级大国关系的变化而调整。古巴、越南都曾是反美最前线的英雄国家，但是后来跟着苏联跑了。随着中国外交政策的调整，古巴、越南又成为社会主义兄弟国家。这两个国家的社会制度、意识形态都没有变，是我们对他们的看法变了。

到了冷战快要结束时，我们中国人眼中的"敌人"和"朋友"又一次发生了观念上的变化。中苏关系改善，中美关系却因种种原因而恶化。这些变化，为今天中美之间的严重冲突埋下了伏笔。

冷战的逻辑："我们"和"你们"

前面我说到，冷战虽然结束了，但冷战的逻辑还将在很长的时期内继续塑造世界的面貌和我们的生活。要理解什么是冷战的逻辑，就要回到冷战为什么发生这个问题上。

冷战为什么会发生？我将在第一章展开讲述。其中最根本的一个原因，是美国主导的自由资本主义世界和以苏联为首、各国共产党领导下的社会主义世界的彼此恐惧，引发了一种绝对的安全焦虑。双方都认为彼此是天然的敌人，帝国主义和社会主义之间的斗争是你死我活的，不存在长期共存相处的空间。双方都担心对方的势力将无限扩展，如果不加以阻止，最终自己将被彻底改变和征服。这种恐惧和焦虑不同于传统的国家间的权力政治。

在传统的国家间政治中，对立双方之所以会成为敌人，是为了争夺领土、资源、财富、劳力，遵循的是弱肉强食、"一山不容二虎"

原则。在冷战前的政治世界，敌对的各方多是"同质国家"，即国内政治制度大同小异，争斗的内容和目的都不外乎"利益"二字。而冷战的敌对双方之间，在利益冲突之外还有意识形态和价值观的冲突，有哪种政治制度更加优越之争，也就是"不同质国家"之间史无前例的斗争。

意识形态是一个透镜，可以把眼中的利益无限放大。美苏之争不仅是国家权力和利益之争，而且是价值观和政治制度之争。它们互为敌手，是因为"你不仅不是我，你还恰好是我的对立面，你存在的目的就是要埋葬我，我存在的目的也是为了埋葬你"。所以这种敌对更加彻底，更加不可调和，直到1985年戈尔巴乔夫（Mikhail Gorbachev）上台，苏联逐渐示弱，最后服输。

冷战结束后，"你"和"我"的这种区别也结束了吗？社会主义和资本主义谁战胜谁的问题解决了吗？

苏联解体后，美国著名政治学者弗朗西斯·福山（Francis Fukuyama）曾写过一本名满天下的书——《历史的终结与最后的人》（The End of History and the Last Man）。之后不久，福山的老师、比福山更著名的政治学者塞缪尔·亨廷顿（Samuel P. Huntington）出了另一本同样名满天下的书——《文明的冲突与世界秩序的重建》（The Clash of Civilizations and the Remaking of World Order）。福山在书中表达了一种乐观的信念，即人类世界的主要政治矛盾已经解决，"自由民主"战胜了"极权专制"，大概以后可以"躺平"，万年皆如今日。亨廷顿却悲观地指出了另一种新的主要矛盾——"文明的冲突"。30多年来，事实已经证明，历史没有终结，原来的主要政治矛盾还在继续，新的矛盾也接踵而至，且愈演愈烈。所谓文明冲突，显著的例子就是"9·11"事件所体现的伊斯兰世界与基督教世界的冲突。这种冲突早在冷战期间就已埋下祸根，只是被美苏霸权之争掩盖了而已。

序言　冷战时代真的过去了吗？

人们以信仰、观念来区分你我，进而产生剧烈的冲突和斗争的历史比想象的还要悠久。共产主义与自由资本主义之间的冲突在根本上也是一种信仰的冲突。今天被称为"后冷战时代"，在这个时代，原有的黑白分明的"主义之争"，在一定程度上正在被"身份政治"取代。"我们"和"你们"，从社会主义还是资本主义变成了族群之别、肤色之分、文化之异。我们能不能放下这种"非你即我，非此即彼"的执念，走出一条自由、开放、包容的新路呢？

为什么是"故事"？

冷战从开始之初就引起了研究者和观察者极大的兴趣。有人希望看透国家行为的规律，有人艳羡大战略家们翻手为云、覆手为雨的能力，有人对政治领袖的人格特征感到好奇，也有人着迷于历史进程的曲折幽深和人类命运的不可捉摸。很多人倾注了大量心血对这段历史进行研究，这方面的著作数不胜数，人物传记也很多。感兴趣的读者不妨找来读一读。

由于冷战过去时间不是很长，很多当事人仍然在世。此外，现代社会普遍对于档案保存非常重视，冷战期间留下了大量珍贵的历史档案可供研究，特别是随着一些国家30年档案解密周期的到来，美国、俄罗斯等国新近解锁了很多档案供世人研究，这是治古代史的学者所无法想象的便利条件。

中国从"二战"以来就以大国形象立足于世界，成为联合国安理会常任理事国，在冷战进程中，中国也是一支举足轻重的力量。中华人民共和国就是在冷战这个大环境下宣告成立的。冷战对新中国的内政外交都产生了极其重大的影响。

中国目前在冷战方面的研究还不是很多，总体来说也没有走在世界前沿。不过，就中国在冷战时期的对外关系而言，一些国内学者的研究著述，可以说达到了世界领先水平，在国际学术界也得到了认可。在本书中，我将充分吸收这些国内学者的研究成果。为此，我查阅了大量相关资料，也向在这个领域享有盛名的国内外学者征求过意见。在材料来源的客观性和分析的有理有据两方面，力求严谨。

本书之所以叫作冷战的"故事"，包含两层意思。

第一层是写作方法和材料剪裁方面的。冷战是一个大话题，我在本书中尽量将这个大话题分解成一个个小话题、小故事，以便更加清晰、易懂，也便于大家记忆。在结构上，前两章仍将采用传统的时间线索，将冷战发生、发展，最终走向谢幕的主要过程讲清楚。在刻画了冷战的历史框架后，下面的章节再从各个角度去重新剖析冷战。第二层是，冷战不等于美苏两大阵营的关系，而是有更加丰富的内涵，关系到我们这一代人和下一代人的命运，需要用"故事"的方式呈现。

由于我是一个政治学者，不专攻历史，所以本书主要是从政治的视角观察冷战，而不是将它讲述为"冷战史"。因此，在前两章的纵向时间线索之外，本书的很大一部分是以"横向"的专题为线索展开的。比如，"第三世界"会作为一个专门的章节出现，用以说明美苏争霸如何拓展到整个世界，其他国家又如何应对它们的扩张。这里涉及的不仅仅是国际关系，需要用比较政治学的方法，去探讨全球政治发展的内在逻辑。另外，还有世界思潮、文化、科技专章，用来说明精神世界和物质世界的相互关系，以及科技进步如何作为一把双刃剑，既能推动经济和社会发展，又能使政治斗争更加残暴，成为毁灭人类文明的工具。我希望通过这样的结构方式，更好地展现冷战丰富的层次和内涵。

冷战层次和内涵的丰富表现在许多方面。比如，一说起冷战，很多人可能将目光聚焦在美苏两大国身上，认为这两个国家发挥着绝对的主导作用，其余国家不过是附庸而已，或者处在游离位置，无足轻重。但实际上，在很多时候，两个大国可能身不由己地被小国牵着鼻子走，朝鲜、越南、阿富汗、古巴、埃及、以色列、阿尔巴尼亚等国家都曾经扮演过这种角色。为什么会发生这种情况？这里面纠缠着两大集团实力的微妙对比，意识形态的诅咒，对不确定前景的恐惧，以及政治人物的谋略。究竟哪个因素占最重要的位置，这些因素之间的关系如何，难以说清，这就是政治的复杂之处，也是国际关系的兴味之所在。研究冷战时代的小球如何驱动大球，小国如何"忽悠"大国，对于观察今天的国际关系，也有很大的借鉴意义。

再如，一说起冷战，大家很容易将目光聚焦于政治和军事斗争。但实际上，文化、生活水平、生活方式之争也许更加触动灵魂。我这一代人很少有参加过战争的，但都是听着苏联歌曲长大的，很多人都看过苏联小说《钢铁是怎样炼成的》，在青年时代充满了革命豪情与憧憬。到了冷战后期，西方和日本的歌曲、电影开始进入国内文化市场，这些文化产品，连同背后的一些思想观念，对我们和下一代人产生了潜移默化的影响。20世纪80年代，国内一些官员、学者、学生，包括我本人，有了出国的机会，我们得以耳闻目睹那个时代两个政治世界之间经济发展水平、思想文化、生活方式的差别。于是，从1989年11月柏林墙倒塌，到1991年年底苏联崩溃，对此，我们没有感到不可思议，也实实在在地理解了冷战结束的原因。

我从事国际政治研究40多年，接触过形形色色的国际政治理论，从中吸取了一些思想精粹。但我从来不沉迷于这些理论，更从来不曾花费任何心思去创造新的理论。其中的原因，一方面在于我缺乏做出理论贡献的学术根底；另一方面，在我看来，虽然一些理论在诞生的一瞬间，曾经照亮过一些模糊地带，使那些纷繁复杂的现象从此可以一目了然，但是理论本身有一种天然的属性，就是简约性和排他性。这可能使研究者懒惰和自大，不屑于深入了解事实及其复杂性。因此，我讲述的冷战不会从理论出发，而将从常识出发，来讲述这个时代的故事。透过那些大事件、大人物，我最终关注的，是千百万普通人的命运，他们的爱和恨，他们的当年，他们的未来。

从1968年到1978年，是冷战闹得热火朝天的十年。这十年，我在中国的牧区、农村、工厂的最底层，和牧民、农民、工人同吃、同住、同劳动。他们不关心冷战，甚至没有听说过冷战，但是他们的生活却深受冷战大环境的影响。在准备书稿的过程中，我不时想到这些活生生的伙伴以及我们的后代，不希望看到冷战历史的重演。这是本书以"故事"这样一个充满人间烟火气的名称来命名的又一层意思。

目 录

序言　冷战时代真的过去了吗？ i

第一章　冷战的缘起与过程

前夜：雅尔塔开启的战后国际秩序 003
帷幕拉开：美苏互为主要对手 013
正式开始：杜鲁门主义与马歇尔计划 023
冷战前传：双方的敌意与势力范围划分 033
阵营形成：凯南的"遏制"与日丹诺夫的"两大阵营" ... 043
核威慑：冷战之所以没有成为热战 053
军事对抗：柏林危机与两大军事集团的形成 063
东亚（1）：新中国成立与"一边倒"政策 072
东亚（2）：冷战背景下的热战 082
松动：赫鲁晓夫的对外政策调整与美国的回应 093
危险的赌博：古巴导弹危机 103
"准冷战"：冷战格局下的中苏论战与冲突 114
战略平衡：美苏热线与缓和 125
新格局：中美关系正常化 135

第二章　美苏两大阵营的对抗与分裂

美国的反共主义 149
美国的种族问题与冷战 159
美国的"反文化运动" 170
冷战刺激下的美国经济与技术创新 181
旧金山和约与日本的经济崛起 191
德国的重建 202
保住大国地位的英国与法国 213
欧洲一体化 224
赫鲁晓夫的改革 235
僵化的勃列日涅夫时期 245
苏联民族分裂的前兆 255
剧变前夜（1）：波兰与捷克斯洛伐克 265
剧变前夜（2）：匈牙利、东德与保加利亚 276
剧变前夜（3）：南斯拉夫、阿尔巴尼亚与罗马尼亚 286

第三章　第三世界国家的独立、革命与局部战争

亚非拉民族独立浪潮 299
万隆会议与不结盟运动 310
中东战争 321
石油危机 332
伊朗伊斯兰革命 342
印巴冲突 353
苏联与阿富汗战争 364
非洲的冷战与热战 375
"东亚四小龙"与东盟 386

美国对拉美的影响与干涉 397

古巴的革命输出与拉美的社会主义试验 408

柬埔寨内战与中越关系 419

第四章 冷战的尾声

国际结构的变化与全球化 431

戈尔巴乔夫的改革与新思维 442

里根的改革与新自由主义的兴起 452

美国凭借优势发动"新冷战" 462

冷战落幕的先声：美苏"新缓和" 472

单极世界的雏形：从阿富汗撤军到海湾战争 482

中美苏大三角（1）：美国与中国交替成为"顶角" 492

中美苏大三角（2）：在苏联剧变下无疾而终 502

铁幕消失："柏林墙"倒塌与德国统一 512

转折与高潮：东欧剧变 522

冷战的落幕（1）：苏共倒台 533

冷战的落幕（2）：苏联解体 543

冷战的终结：几家欢喜几家愁 553

冷战的代价：美苏争霸的历史教训 563

第五章 冷战与世界思潮、文化和科技

冷战与民族主义 577

冷战与社会主义 587

西方自由主义的潮起潮落 597

全球化与文化多元主义 607

"人心之争"：生活方式与文学艺术 617

罗马俱乐部报告与环境主义的兴起 627
冷战背景下的技术竞争与合作 638
"文化冷战"与对立的宣传 648

第六章　冷战的续章与反思

美国的"同盟体系" 661
"好国家"与"坏国家" 671
日益突出的身份政治 681
席卷全球的"民主化浪潮" 692
历史没有终结 702
命运多舛的乌克兰 712
走向"新冷战"？ 722

附录　参考书目与延伸阅读书目 731
后记 739

第一章

冷战的缘起与过程

前夜：雅尔塔开启的战后国际秩序

1943年9月3日，法西斯意大利投降；1945年5月8日，纳粹德国投降；8月15日，日本投降。第二次世界大战以反法西斯同盟国的胜利而告结束。

"二战"一结束，战胜国除了复苏国内经济，就是忙着开会重建国际治理体系。新的国际秩序主要包含两大部分：一是国际安全架构；一是国际经济体系，包括一整套货币、金融和贸易规则。

雅尔塔会议与新的国际秩序

1945年2月，在"二战"即将结束之际，同盟国"三巨头"——美国总统富兰克林·罗斯福（Franklin Roosevelt）、英国首相温斯顿·丘吉尔（Winston Churchill）、苏联人民委员会主席约瑟夫·斯大林（Joseph Stalin）——在黑海北部克里米亚半岛的雅尔塔举行了一次秘密会议。斯大林是以胜利者姿态出现的东道主，在会议上获利最多。

两个月后就去世的罗斯福不得不强支病体、远跨重洋去参会，是因为庞大的苏联军队已经占领了东欧和中欧的大部分地区，逼近柏林，是打败纳粹德国的主力军，而英美联军这时还没有渡过莱茵河。另外，虽然美国在太平洋战争中击败日本已经没有悬念，但是它的原子弹试验还没有成功，担心攻占日本会遭受巨大伤亡，所以指望苏军和美军一起进攻日本。从当时的两大战场看，美国对苏联之所求，多于苏联对美国之所求，因此在雅尔塔会议上，美国不得不做出更多的让步。之所以雅尔塔会议要秘密举行，而且排除中国参加，就是因为要以中国和其他一些国家的利益为代价，达成三巨头的私下交易。

雅尔塔会议是决定战后世界新秩序和列强利益分配问题的一次关键性会议。从这次会议，我们也能看出，就未来的国际秩序而言，美国在当时的设想最完整、最长远，大体上起着主导作用，而苏联和英国的精力主要放在分割领土、地缘政治、战争赔偿方面，并没有关于国际秩序的完整构想。会议签订了《雅尔塔协定》，全称为《苏美英三国关于日本的协定》，划分了战后东亚的势力范围。它的具体条款不多，包括事实上承认外蒙古的独立（实际上是认可外蒙古为苏联的势力范围），苏联将占领库页岛和日本北方四岛，还将获得在中国东北地区的特权。这些牺牲中国主权的条款是背着中国国民党政府签订的。

在雅尔塔会议上，美国对苏联做出巨大让步，一是为了换取苏联出兵日本的承诺，以减少美国登陆日本可能遭受的重大伤亡。后来因为美国用原子弹轰炸了日本的广岛、长崎，迫使日本很快投降，美国不再需要苏联派兵，此为后话。二是为了让苏联支持美国成立联合国的构想。为了联合国的顺利诞生，美国还同意苏联的白俄罗斯和乌克兰两个加盟共和国成为联合国创始成员国，让苏联一国在联合国获得三票。

顺便一提，直到今天，雅尔塔所在的克里米亚半岛仍然在国际政治中有着重要地位。克里米亚半岛从欧洲大陆延伸出来，处于黑海的中央靠北位置。可以说，谁拥有克里米亚半岛，谁就控制了黑海。在近代史上，由于克里米亚的重要战略位置，俄国与奥斯曼帝国及其他列强为争夺这一地区先后发生过9次战争，参战的包括英法德等欧洲大国。苏德战争爆发后，德国首先占领的就是克里米亚。克里米亚原是俄国领土，俄罗斯人一直占人口的绝大多数。但在1954年，克里米亚被苏联划为乌克兰的一部分。苏联解体后，俄罗斯对克里米亚提出领土要求，趁2014年乌克兰出现政治动乱之机，派兵占领了克里米亚。但是，乌克兰坚持克里米亚是它的领土，国际社会也没有承认俄罗斯吞并克里米亚的合法性。2022年2月俄乌冲突爆发后，克里米亚的主权归属问题又一次引起世界关注。

联合国的建立与美国的"远见"

在冷战爆发前，甚至在"二战"还没彻底结束前，美英苏三大国就已通过几次会议，包括1943年德黑兰会议、1944年布雷顿森林会议、1945年雅尔塔会议，将战后的安全秩序和经济秩序大体确认下来，然后在1945年建立了联合国。

其实，美国关于建立国家间联合机构的设想，在第一次世界大战结束时就已经提出来，并且付诸实践。当时的美国总统伍德罗·威尔逊（Woodrow Wilson），担任过传教士和普林斯顿大学校长，是一位学者型政治家。在"一战"后的巴黎和会上，威尔逊提出了著名的十四点和平原则，包括建立国际联盟、裁减军备、取消贸易壁垒、倡导民族自决权等。他也因此获得了诺贝尔和平奖。威尔逊的"十四点原则"带有强烈的理想主义色彩，他的民族自决权主张和英法等殖民帝国的利益发生了冲突。美国国会当时的国际孤立主义倾向很强，因此关于建立"国联"的提案没有获得国会通过。不过，虽然美国未参加，"国联"还是在1920年随着《凡尔赛和约》生效而成立了。没有美国参加的"国联"，在抵御法西斯侵略、缓解国际冲突方面没有起到多少积极的作用。到了1946年，该组织解散。

"二战"开始后不久，1941年8月，罗斯福和丘吉尔举行了战时第一次首脑会议，协调美英两国的战略合作，这次会议的一个重要成果是发表了《大西洋宪章》，其核心在于建立战后的普遍集体安全机制。《大西洋宪章》和威尔逊的"十四点原则"有异曲同工之妙，它们都是基于美国建立世界秩序的构想而形成的重要文件。1943年11月28日至12月1日，苏美英三国首脑在伊朗德黑兰聚首。罗斯福强调，新的国际组织应该是世界性的，而非地区性的。他还说："英国、苏联、中国、美国及其盟国代表了全世界3/4以上的人口，只要这四个军事大国团结一致，决心维护和平，就不会出现一个侵略国再次发动世界大战的可能。"这就是举世闻名的"四大警察"思想，也是确定联合国安全理事会常任理事国的基础。1944年8月至10月，美国敦巴顿橡树园会议确定了联合国的总体框架，包括联合国大会和美、英、苏、中、法五个安理会常任理事国的设立。

在中国成为联合国安理会常任理事国问题上，苏联的态度一直是暧昧的，私下里还表示过反对。在敦巴顿橡树园会议期间，罗斯福告知蒋介石的私人代表孔祥熙，苏联不愿意邀请中国参加会议，也不同意中国担任联合国安理会常任理事国。后来经过多方努力，中国代表才挤进了这次会议。罗斯福执着地坚持中国应该成为"五强"之一。虽然在中国抗战时期，罗斯福和蒋介石的矛盾很深，但中国毕竟是美国提供了巨大援助的盟国，在战后的国际秩序中，特别是在亚洲地区问题上，美国期待中国助其一臂之力。

罗斯福之所以如此精心地设计联合国和战后国际秩序，主要基于以下思想基础和长远考虑。

首先，美国人看到，1929年开始的世界经济危机，激化了德意日三国的国内矛盾，它们先后在世界各地发动一系列侵略战争。所以，经济萧条、民众贫困会激化国内冲突，被法西斯极端分子利用，建立独裁政权，用对外扩张来转移国内矛盾。美国当时的国内危机深重，罗斯福新政在很大程度上挽救了美国资本主义。罗斯福新政的主要经验在于，构建一个政府能够推动并且干预的自由市场经济。所以在美国人看来，经济繁荣、自由贸易、金融稳定是制止战争的重要条件。

其次，"二战"的教训说明，单靠一个国家或少数国家加强自己的力量，维护国际和平，是远远不够的，需要有一个有约束力的集体安全体系。国际联盟失败，部分原因是它没有强制性，因此需要构建联合国，美国要在其中发挥领导作用。

最后，经过"二战"，美国人更加坚信，自由民主是维护和平的根本保证，消灭法西斯是民主对独裁的胜利。在1941年1月的国情咨文中，罗斯福提出了"四大自由"的目标——言论自由、宗教信仰自由、免于匮乏的自由、免于恐惧的自由。这就是美国的核心价值观。根据这个观念，联合国一成立就发表了《世界人权宣言》。

那么，对于在美国看来不是自由民主的苏联呢？1941年6月，罗斯福在给美国驻莫斯科大使的信中曾经这样说："就像你不能接受共产主义那样，我也不能接受共产主义。但是为了过这个桥，我将搀着魔鬼的手。"也就是说，美国把苏联当成战时盟友，是为了战胜法西斯德国和日本。战后美国就可以不再"搀着魔鬼的手"，可以过河拆桥了。

对于美国把联合国作为自己工具的意图，斯大林当然是有所警觉的，所以苏联坚持要在安理会"五常"中设立一票否决的制度，而不是多数决。也就是说，只要苏联不同意，安理会的决议就无效。在联合国成立后的20多年里，苏联80多次动用否决权，以至冷战时期的苏联外长葛罗米柯（Andrei Gromyko）得了一个绰号——"否决先生"（Mr. No）。直到今天，苏联和它的继承国俄罗斯，还保持着在联合国动用否决权最多国家的纪录。

在这里需要指出的是，在马克思列宁主义的指导下，当年的苏联和世界其他各国共产党的历史使命，首先是进行推翻世界旧秩序的"革命"，包括暴力革命，建立无产阶级专政的国家，支持殖民地的民族独立运动。这种"造反"的观念，同美国建立联合国、巩固国际秩序的目标，是背道而驰的。所以苏联对于联合国和其他相关机构一直兴趣不大，有时候还有意拆台。

1945年6月26日，50个国家的代表在美国旧金山开会，签署了《联合国宪章》，决定1945年10月24日正式成立联合国。1946年1月10日，第一次联合国大会在英国伦敦召开，创始成员国有51个。

接下来的问题是，联合国总部和永久会址要设在哪里。欧洲人认为自己是世界中心，自然希望联合国总部设在欧洲某个城市。但美国和苏联都不同意，因为在美国人和苏联人眼里，整个欧洲像个火药桶，刚刚被战争打得满目疮痍。欧洲中立国瑞士不愿意惹这个麻烦，英国和法国既没有这么大的号召力，也缺乏建立联合国永久会址的财力。最后，联大通过决议，决定将总部设在美国。至少有6个美国城市进行游说活动，想在自己的城市设立联合国总部。联合国第一任秘书长、挪威前外交大臣特里格夫·赖伊（Trygve Lie）希望总部设在交通便利的纽约。美国大资本家小约翰·洛克菲勒（John D. Rockefeller Jr.）提出，愿意将自己在纽约市曼哈顿东河岸的一块价值850万美元、面积7.3公顷的地皮捐赠给联合国。这块地所在的位置原来是个屠宰场。这样，联合国大厦动工。用了6年时间，直到1952年，联合国大厦全部建成，投入使用。联合国永久会址设在美国，给美国维护后来的霸主地位提供了很多便利条件。

美国对国际经济秩序的设想与实现

早在联合国成立之前，美国就已经开始落实它的国际经济秩序设想。1944年7月1日，44个国家的代表在美国新罕布什尔州布雷顿森林镇召开了布雷顿森林会议，会议宣布成立国际货币基金组织（IMF）和国际复兴开发银行（简称"世界银行"）两大机构。国际货币基金组织的设立是为了保持国际汇率的稳定和货币的可兑换性，由此确立了以美元为中心的固定汇率制体系。世界银行主要的功能是向成员国提供长期贷款，以推动该国经济的恢复与发展，并促进国际贸易的发展。布雷顿森林会议还曾计划成立国际贸易组织。由于美国国会反对，国际贸易组织胎死腹中，最后以《关税与贸易总协定》作为推行国际贸易自由化的临时契约，于1948年1月1日生效。

国际货币基金组织、世界银行、关贸总协定在一定程度上建立在成员国本国部分让渡经济主权的基础之上，但适应了战后全球经济复苏的需要，成为全球经济一体化的雏形。

斯大林对于苏联参与创办联合国并拥有三个成员国席位和安理会否决权，还是满意的。本来，斯大林以为国际货币基金组织和世界银行可以为苏联经济重建提供一些资金支持。但是，苏联人研究后发现，这两个组织和关贸总协定的整个架构都是资本主义市场经济的产物，跟苏联的计划经济体制和意识形态格格不入。于是苏联拒绝加入这三个国际经济组织。这就为战后社会主义和资本主义两大经济体系的形成埋下了伏笔。

《世界人权宣言》的通过

除了重新建立战后的国际安全架构和经济秩序外，《世界人权宣言》的通过也对塑造战后的国际关系有着很大影响。"二战"后，世界各国都参与并一致赞同的事情不多，因而《世界人权宣言》的通过在人类历史上具有里程碑意义。

法西斯侵略、奴役、屠杀和种族主义暴行，使各国人民和政府深刻认识到维护基本人权的极端重要性。1947年1月，刚成立的联合国人权委员会要起草一份联合国全体会员国都接受的人权文件。委员会的18个成员一开始出现了严重的分歧，进行了没完没了的争辩。中国代表觉得，文件应该融合儒家学说；信奉天主教的委员想发扬天主教圣贤的哲学思想；美国要求弘扬本国的《人权法案》；苏联要求文件包容马克思主义。

联合国人权委员会主席是罗斯福总统的遗孀、美国首任驻联合国大使埃莉诺·罗斯福（Eleanor Roosevelt）。她是一个受过良好教育而又通情达理的人。在罗斯福夫人的带领下，经过将近两年的反复酝酿，终于化解了分歧，包容性的文件大功告成。1948年12月10日，个子高高、面目慈祥的埃莉诺·罗斯福夫人在巴黎的联合国大会上站起来发言。她用坚定的语气告诉大会："今天，我们会见证一件大事发生。不管在联合国的运作历程上，还是在人类的生活上，这件事都有重大的意义，就是联合国大会通过《世界人权宣言》。"她一口气读出《世界人权宣言》的序言和30条条文。随后大会就宣言文本进行表决，有48个国家投票赞成，没有国家投票反对。

必须提到的是，联合国人权委员会里的中国代表张彭春是《世界人权宣言》起草工作的关键人物之一。张彭春将仁爱、忠恕、包容等儒家传统思想融入了《世界人权宣言》。在他的主张下，"仁"

的观念，即"良心"，进入了《世界人权宣言》的第一条。罗斯福夫人在她的回忆录中说："张彭春教授是一位多元主义者，他动人地解释他的主张：最后的真理不止一种。他说，《世界人权宣言》应当兼顾西方思想以外的其他思想。"

《世界人权宣言》的第一条开宗明义地说："人人生而自由，在尊严和权利上一律平等。他们赋有理性和良心，并应以兄弟关系的精神相对待。"第二条说："人人有资格享有本宣言所载的一切权利和自由，不分种族、肤色、性别、语言、宗教、政治或其他见解、国籍或社会出身、财产、出生或其他身份等任何区别。"根据这个基本信念，《世界人权宣言》保证人人享有两类权利：第一类是生存权；第二类是人们在经济、社会和文化方面所享有的权利。《世界人权宣言》是当前国际人权法律体系的基础。

回过头来看，《世界人权宣言》虽然没有明显地成为西方国家的冷战工具，"人权"不是西方专利，但人权观念起源于西方，而人权观念的普世化，对冷战后期苏联集团的社会和观念造成了强大的冲击。1975年8月，美国、加拿大和欧洲国家（除阿尔巴尼亚、安道尔外）共35个国家，在芬兰首都赫尔辛基签署了《赫尔辛基协定》，其中一个引人注目的重要内容就是人权及人权保护。西方国家以苏东国家侵犯人权为由，向它们发动政治攻击，进行思想渗透，是后来苏联东欧集团出现政治剧变的因素之一。

国际规则：争霸中的"法宝"

"二战"结束之际，苏联和英国关心如何划分战后势力范围，而美国却更专注于建构战后的国际安全秩序和国际经济秩序，不仅策划了联合国和相关三个国际经济组织的建立，还推动通过了《世界人权宣言》。到这时为止，战胜国"三巨头"谁都没有去"规划"

冷战。

谈到这里，我不由得回想起自己在2010年9月访问雅尔塔的情景。雅尔塔风景秀美，气候宜人，是斯大林、赫鲁晓夫、戈尔巴乔夫常去避暑的胜地。我去雅尔塔参加的是一个名为"雅尔塔欧洲战略"的年度国际会议，会址就在当年召开雅尔塔首脑会议的那座富丽堂皇的宫殿。在会议举办的宴会期间，我有机会同美国前总统比尔·克林顿（Bill Clinton）进行了简短交谈。他跟我说："中国人口众多，发展迅速，在经济总量上超过美国是早晚的事。那美国怎么办呢？美国只有尽早构建好国际规则，让各国都遵守。那样的话，当中国超越美国之后，美国还能继续发展。"

本节的关键词就是"国际规则"。战后成立的联合国和三个国际经济组织，还有《世界人权宣言》，都是在给国际社会制定各国都应该遵守的规则。我们经常讲的国际秩序，由两个要素组成：一个是国家之间的实力对比，谁强谁弱，以及它们之间的远近亲疏关系；另一个是国家之间的游戏规则。

我们最应该记住的是，从威尔逊到罗斯福，一直到克林顿，美国人不仅强调国家实力，而且都把制定和维护符合本国利益的国际规则，放在国家对外战略的首位。在后面的章节中，我们会越来越清楚地发现，美国在同苏联争夺世界霸权的冷战中最终取胜，一个重要的原因是它的战略设想超前，紧紧抓住了国际规则和话语权这个法宝。

帷幕拉开：美苏互为主要对手

中外史学界一般都把1947年说成是"冷战元年"，也就是说，冷战正式开始于1947年。"二战"在1945年年初决出了胜负，那么，作为战时的盟国，苏联和美英等国怎么会在战争结束的短短两三年时间里，就走向了分裂对抗？这中间到底发生了哪些事情？本节就来谈谈冷战发生的几个关键步骤。

关键步骤一：苏联与英美交恶

上节讲到，美英苏三大国通过1943年德黑兰会议、1944年布雷顿森林会议、1945年雅尔塔会议、1945年建立联合国等，将战后的安全秩序和经济秩序大体上确认下来。虽然也有分歧，但是总体来说，"三巨头"是相向而行的。这也是后来冷战发生后苏联仍然是联合国安全理事会常任理事国，而且联合国这样一个全球性的国际组织仍能存续并且发挥作用的原因。但是，苏联和美英的这种合作态势在"二战"结束后没能持续下去，苏联和美英的关系很快发生了恶化。此前，虽然美国人一直不喜欢苏联，但因为要共同对抗法西斯，美国人对苏联的态度曾经有所改观，然而战后又重新回到了负面的老路上。事情是怎么发生的呢？

导火线1：波兰问题

苏联与美英关系恶化，首先发生在波兰。波兰是世界上历史最厚重的国家之一，文化悠久，诞生过哥白尼、肖邦、居里夫人等历史名人。波兰是东西欧的十字路口，地势平坦，自然条件优越，可谓人杰地灵，一直是欧洲列强必争之地。波兰一度成为欧洲强国，但在18世纪后被俄国、普鲁士、奥地利三国三次瓜分而亡国。1918年第一次世界大战后，波兰复国。1939年9月1日，纳粹德国对波兰实施闪电战，标志着"二战"正式爆发。纳粹德国侵略波兰后，苏联红军很快也入侵了波兰部分领土，还和德军举行联合阅兵式，标志着两国对波兰的瓜分占领。可以说，从沙皇俄国到苏联，一直特别重视波兰，认为波兰应该是它的势力范围。

1944年8月，波兰首都华沙爆发了反抗希特勒（Adolf Hitler）的地下武装起义。这时，苏联军队已经打到华沙城下。波兰人希望苏联能够配合他们解放华沙，但是斯大林却没有采取任何行动，因为发动起义的不是苏联控制的波兰共产党人，而是波兰在伦敦的流亡政府控制的人员。斯大林认为，如果起义成功，就是亲英的波兰人统治波兰，必然排斥苏联。斯大林对此的不作为造成了非常严重的后果。当时在波兰的德国人本已无力抵抗，但希特勒连续调了6个师进入华沙，对此苏联却见死不救。当时英国人还求助过苏联，希望借苏联的机场用一下，出飞机、物资去援助华沙，结果苏联不许英国飞机降落，眼睁睁看着十几万波兰起义的武装人员和民众被德国消灭。西方舆论界都认为苏联人的道德太坏，这也导致了美国和西方世界对苏联的态度发生了极大的转变。

对于苏联直接杀害波兰人，也是有案可查的。在"二战"初期的 1940 年春天，大约 2.2 万名被苏联羁押的波兰人，在苏联的卡廷森林遭到苏联军队杀害，史称"卡廷惨案"。直到冷战结束，苏联才正式承认这是斯大林政权所为。

对于波兰问题，后来在雅尔塔会议上，丘吉尔和斯大林争吵得非常激烈。丘吉尔说："'二战'就是从德国进攻波兰、英国向德国宣战开始的，现在战争结束了，如果不能把在伦敦的波兰流亡政府送回华沙，大英帝国脸面何在？"斯大林说："丘吉尔先生，波兰对英国就是个脸面的问题，但对苏联是个生死的问题，你说哪个重要？"斯大林说的所谓"生死问题"，指的应该是 1812 年拿破仑入侵俄国、1914 年德国进攻俄国、1941 年德国进攻苏联，都经过了波兰北部平原，所以苏联必须把波兰纳入自己的势力范围。此外，由于波兰在东欧的最北部，不能控制波兰，就不能南下掌控其他东欧国家。

在波兰问题上，罗斯福没有支持丘吉尔，而是站在了苏联一边。罗斯福曾在德黑兰会议上开玩笑地说："我不在乎波兰问题上的争论，等谈到德国问题的时候再叫醒我。"罗斯福的这种态度，并不意味着他觉得斯大林更占理，而是他从战后大国合作的角度出发，认为要拢住斯大林，更重要的方式是达成一项解决方案，既能让斯大林满意，又能使欧洲在不违反美国意愿的情况下获得稳定。上节也提到，"二战"后期，"三巨头"在战后势力范围的划分，其实主要是英国和苏联对欧洲的划分，而美国的目标是要建立全球性的统一开放的体系，它对这种传统的"势力范围"没什么兴趣。最后，美英同意以苏联支持的势力为主，组织华沙的临时政府，而且按照苏联的要求，重新划分了波兰领土，把德国的一部分划给波兰，把波兰的很大一片领土划给苏联，从而照顾了苏联的利益诉求。

导火线 2：东欧选举问题

另外一个导致美英与苏联关系恶化的事情是东欧各国的选举。"二战"后期，苏联红军解放八个东欧国家的方式有四种。第一种是波兰、捷克斯洛伐克和匈牙利三国，它们反抗法西斯的力量薄弱，依靠苏军铁蹄驱逐德国，建立了红色政权；第二种是保加利亚和罗马尼亚，它们在苏军打到家门口时，本国政权倒向了苏联一边，向德国宣战；第三种是阿尔巴尼亚和南斯拉夫，它们主要依靠本国的反法西斯力量，最后借苏军外力获得解放；第四种是苏军直接占领的德国东部。

东欧成了苏联的势力范围后，美国更多关心的是这些国家的政治经济体制问题。美国提出，苏联可以控制东欧国家，但不能让它们变得和苏联一样，采取一党专政体制。在 1945 年 2 月的雅尔塔会议上，美国起草的《关于被解放的欧洲宣言》获得通过。这份宣言的措辞不是很明朗，但意思是欧洲国家都要实行多党选举制，对此苏联也表示同意。所以"二战"后期到战后初期，东欧、西欧、亚洲的独立国家全都实行联合政府政策。毛泽东的著作《论联合政府》，就发表于 1945 年 4 月。

在战后初期，斯大林认为，在苏联之下的国家可以成立多党联合政府，但这些政府还得是亲苏的，这个原则不能变。但是，除了南斯拉夫和阿尔巴尼亚以外，东欧国家的共产党都有要应对的国内政敌。为了把其他政党驱逐出政府，各国执政党在不同程度上采取了"技术手段"或者"非常措施"。

已经公布的苏联档案显示，1946—1947 年，波兰、匈牙利、罗马尼亚都用过所谓"技术手段"，直接修改或者伪造选举结果。所谓"非常措施"，就是制造政治案件，利用手中掌握的强力机关打击反对派。这是比较容易也更为普遍使用的手段。比如，在 1945 年 11 月举行的匈牙利普选中，小农党获得巨大胜利。后来，在苏联支持下，匈牙利共产党人夺取了一些权力部门的职位，以"反共和国阴谋"的罪名，逮捕了小农党的领导人，或者把他们驱逐到国外。1947年春天，东欧各国联合政府的社会政治基础大大缩小，保留在政府里的非共产党官员，也只能俯首帖耳。

1947年，波兰举行多党制的议会选举，苏联支持的工人党领袖贝鲁特（Bolesław Bierut）当选为总统，社会党人西伦凯维兹（Józef Cyrankiewicz）任政府总理，波兰流亡政府的代表基本上被排除在权力中心之外。1948年，波兰工人党和波兰社会党合并，成立了波兰统一工人党，也就是共产党，由贝鲁特任总书记。波兰将经济命脉收归国有，实行苏联式的国民经济计划。

苏联在东欧国家操纵选举和排挤非共产党的政治精英，使美国十分不满。美国要向东欧派记者、观察员监督选举，苏联却不让他们入境。斯大林的想法是，这跟你美国有什么关系，这是我们家的事，是我的势力范围，你控制下的拉丁美洲选举，我也没派人去。由此加深了西方舆论对苏联的反感和美苏之间的政治矛盾。

波兰事件反映的是英国和苏联关于传统地缘政治、势力范围的矛盾。而东欧选举事件反映了美苏之间在国家制度、意识形态方面的冲突。在这两件事情上，美英之间立场不完全一致，但它们之间并不存在冲突。

导火线3：租借问题

导致美苏关系恶化的第三件事情，是美国停止了给苏联的租借。美国在"二战"期间给将近40个国家租借，租借涉及的内容特别多，这里不细谈，可以大概理解为只要某个国家继续对德国和日本作战，就要钱给钱，要物给物。英国租借的最多，大概40%，其次是苏联，大概37%。1945年4月，罗斯福去世，随后苏德战争结束，美国立刻中断了对苏联的租借。比如，有的运输船已经在海上，但希特勒投降后，美国立刻把它召了回来。这种处理方式很是粗暴，当然会引起苏联的不快。

美国为什么要如此粗暴地处理这件事情？要知道，此时对日战争还没打完，美国还在指望苏联出兵日本。这跟罗斯福的突然去世有关。此时，哈里·杜鲁门（Harry Truman）刚上任总统，给苏联断租不太可能是他的决定。现在历史学家通常的看法是，美国的中层官员发挥了重要作用。他们早就反感苏联，但被罗斯福总统压制了很长时间，于是罗斯福一死，就趁机把此事搅黄了。

美国时任驻苏联大使威廉·埃夫里尔·哈里曼（William Averell Harriman）从旧金山的联合国会议回来后，向杜鲁门汇报，说德国投降后应该调整租借政策，因为租借政策是战时政策，战争结束后就不能再继续，不能老让苏联占便宜，国会也不愿意。对此，杜鲁门在原则上批准了。斯大林知道这个情况后非常生气。尽管杜鲁门想采取补救措施，但租借是谈一年给一年，到1945年秋天就谈不拢了，其他领域的美苏经济合作，比如贷款等都谈不拢了。美苏互信的基础就此坍塌。

哈里曼大使在美国外交界很有分量，现在经常被历史学家视为美国冷战政策的奠基人之一。哈里曼曾经很受苏联人欣赏，但后来对苏联人在华沙起义时的行为非常不满，不断地给美国国内写报告，批评苏联人不道德。他进而提出了一个主张——把经济作为外交的工具来使用。在战后问题的谈判中，租借清算问题、贷款问题、战争赔偿问题，都涉及苏联主要的经济需求。哈里曼主张，在经济谈判中，只有苏联在政治上、外交上做出让步，美国才能满足苏联的要求。在罗斯福执政时期，他的想法没有被接受，但杜鲁门上台后，美国政治思潮向右偏转，决策者接受了哈里曼的建议。

美英和苏联在战后初期发生的矛盾还有很多，比如在对待德国的问题上。盟军把德国分成了四个部分，东区由苏联管控，其他地区由美英法三国管控。1945年7月至8月，美英苏三国首脑在柏林附近的波茨坦举行了战胜德国后的唯一一次会晤。英国所关心的是如何阻止苏联在欧洲扩大政治影响和势力范围；美国则想借助苏联的力量，尽快战胜日本，减少美军伤亡；苏联关心的是索取赔款，医治战争创伤，并确保它在东欧和南欧的利益和影响。关于德国的东西方分治问题，后面再详谈。

这里的一个关键节点，是1945年7月，美国试爆原子弹成功，紧接着8月就在日本的广岛和长崎投下两颗原子弹，逼迫日本投降。美国不再需要苏联出兵日本。美国人明里暗里地炫耀自己的原子弹优势，加剧了苏联人的疑虑，苏联也加快了研制原子弹的进程。

总之，到1945年秋天，德国和日本彻底战败，同盟国的敌人消失了，新的对抗因素马上出现了。以美英为一方、苏联为另一方的战略互信遭到破坏，彼此的猜忌却日益增加。这就是冷战发生的第一个迹象、第一个步骤。接下来，就是公开宣称相互是主要战略对手，开始了冷战的第二个步骤。这时，斯大林强调新的战争危险，以及丘吉尔发表"铁幕演说"，就一点都不让人意外了。

关键步骤二：公开宣布对方为战略对手

1946年1月，丘吉尔应邀访问美国。此时丘吉尔已经不再是英国首相，而陪同他的是美国总统杜鲁门。在丘吉尔访美期间，2月9日，斯大林发表了一个关键的演说，其中几个主要观点在美英等国引起强烈反响。

首先，斯大林运用列宁主义关于资本主义经济危机的理论，论述了"二战"的起因。斯大林指出，由于资本主义世界经济体系的第一次危机，发生了第一次世界大战；由于第二次危机，发生了第二次世界大战。他说，"这次战争的发生是世界各种经济和政治势力在现代垄断资本主义条件下发展的必然产物。……资本主义的世界经济体系包括着总危机和军事冲突的因素"，因而新的战争是难以避免的，苏联需要准备打仗。接着斯大林谈到苏维埃国家和红军经受了战争的考验，证明了自己的生命力，苏联体制是最优越的，凭借这个体制才赢得了反法西斯战争的胜利。

其实，斯大林的这篇演讲针对的不是美国人，也不是其他外国人，而是国内老百姓。"二战"期间，苏联人看到西欧和美国的生活水平比自己高很多，对社会主义的优越性产生了怀疑，而战争结束后，苏联国内老百姓都盼着过好日子。但是苏联领导层强调，战后还是要勒紧裤腰带，西方还在面临经济危机。斯大林要苏联加强重工业和军事工业，为未来的战争做准备。但是，斯大林的这番讲话在一些美国人的解读中居然成为"第三次世界大战的宣言"：它传递的主要信息，就是苏联还是准备打仗，并且是跟美国打。当时的美国国务院马上给驻苏联使馆发了电报，询问斯大林讲话到底是什么意思。在使馆主持工作的第二把手乔治·凯南（George F. Kennan），于1946年2月22日从莫斯科发回了一封"长电报"。这封电报一直被称为所谓"8000字电报"，后来有人根据当年的文件追溯，这封电报其实只有5540个单词。凯南以俄国历史上的扩张作为依据，说共产党要搞的世界革命也离不开扩张，必须限制苏联。凯南的电报在白宫和国务院引起了极大震动和赞赏，后面我会再做详细分析。

在此背景下，"铁幕演说"登场。1946年3月5日，丘吉尔在杜鲁门陪同下抵达密苏里州富尔顿市，在威斯敏斯特学院发表演说，这个学院是杜鲁门的母校。在这场题为《和平砥柱》的演说中，丘吉尔大肆抨击苏联在东欧的"扩张政策"，宣称"从波罗的海的什切青到亚得里亚海边的的里雅斯特,一幅横贯欧洲大陆的铁幕已经降落下来",在这个"铁幕"以东的中欧、东欧国家正在受到苏联日益增强的高压控制。

丘吉尔说:"在所有这些东欧国家原来都很弱小的共产党,已经上升到同它们党员人数远不相称的主导的、掌权的地位,到处争取极权主义的控制。几乎在每一处,都是警察政府占了上风。到目前为止,除了捷克斯洛伐克,根本没有真正的民主。"丘吉尔所指的,就是前面我讲到的苏联操纵东欧选举的事情。

毕竟英国和苏联是"二战"时的盟友,所以丘吉尔对苏联也说了几句漂亮话:"对于英勇的俄罗斯人民和我的战时伙伴斯大林元帅,我十分钦佩和尊敬。在英国——我毫不怀疑,在这里也是一样——人们对俄国各族人民怀有同情和善意,决心经受种种分歧和挫折,建立起持久的友谊。"

但是整个讲话的基调是激烈反苏反共的。丘吉尔挥舞着双手,大声疾呼:对于苏联的"野蛮扩张",不能再采取像"二战"之前对待德国希特勒一样的"绥靖政策",英国和美国,包括所有的英语民族都应当团结起来,结成一个强有力的军事、经济、政治同盟,制止苏联的"共产主义侵略"。他向那些如醉如痴的听众们呼喊:强大的美国正高踞于世界权力的顶峰,拥有世界上最强大的力量,应当担负起这个同盟未来令人敬畏的领导责任;这样一个明确的、光彩夺目的机会,如果拒绝、忽视,或者浪费,美国人民将会受到后世永远的责备,甚至嘲笑。

要知道,丘吉尔发表铁幕演说时,已经不再是英国首相。1945年6月,英国的战时内阁解散,英国举行大选。丘吉尔自以为在"二战"中为英国立下卓越功勋,选民对自己一定会感恩戴德,当选应该没有悬念。没料到,大选结果,以丘吉尔为领袖的保守党惨败,工党领袖克莱门特·艾德礼(Clement Attlee)当选首相,丘吉尔被英国人抛弃。但是，丘吉尔演说的目的达到了，那就是在英国走向衰落、美国如日中天的历史时刻，获得了美国的信任和援助，巩固了至今还在发挥作用的英美联盟。1951年，丘吉尔又一次当选为英国首相。

"铁幕演说"的确显示了西方与苏联对抗的战略决心。演说后不到10天，斯大林也借苏联《真理报》发表谈话，谴责丘吉尔的"种族主义"，称"丘吉尔与他的朋友们与希特勒极为相似"，竟然号召"与苏联作战"。事情发展到这个地步，针尖对麦芒，东西方之间已经没有转圜的余地，冷战如箭在弦。

在这里顺便解释一下"冷战"一词的由来。历史学者对"冷战"概念的最初来源，有许多不同说法。

有人说，写过长篇小说《1984》的英国作家乔治·奥威尔（George Orwell）在1945年的一篇文章里使用了"冷战"一词，不过没有多少人注意。还有人说，1947年4月，给历届美国民主党总统当过顾问的一位名叫伯纳德·巴鲁克（Bernard Baruch）的百万富翁，在美国南卡罗莱纳州众议院的公开演讲中，用这个词形容美苏关系，之后这个概念就传开了。另有一个流传很广的说法：美国著名记者和政论家沃尔特·李普曼（Walter Lippmann）在1947年秋天出版了一本63页的小册子，书名就是《冷战：美国对外政策研究》（The Cold War: A Study in U.S. Foreign Policy），李普曼才是"冷战"这个概念流传于世的始作俑者。

无论如何考证，"冷战"作为一个概念的流行，和冷战作为一个历史时期的开始，正好同步，都是在1947年，这恐怕是没有疑义的。

关于冷战爆发的第三个关键节点——冷战是如何落地的，下一节再谈。

正式开始：杜鲁门主义与马歇尔计划

上节讲到，1946年，经过斯大林和丘吉尔色彩鲜明的两个演说，苏联和英美的对立、隔绝已经非常明显，冷战呼之欲出。这节就来讲述冷战起源的第三个步骤——冷战是如何落地的。

杜鲁门主义的出台

时间来到1947年，"冷战元年"。在这一年的2月21日，英国照会美国国务院，声称由于国内经济困难，英国无法再给希腊和土耳其以经济和军事援助，希望美国继续给予援助。3月12日，美国总统杜鲁门在国会两院联席会议上宣读了后来被称为"杜鲁门主义"的国情咨文，回应了英国的请求。

英国和美国为什么要援助希腊和土耳其？这两个国家为什么成为冷战的一个起点？国内的一般读物没有解释这个问题，我在这里简单做下交代。

先说希腊。位于巴尔干半岛南端的希腊濒临地中海，是有名的文明古国和战略要地。"二战"期间，希腊军队在英国军队配合下英勇作战，但没能抵挡住纳粹德国的进攻。希腊陷落后，希腊共产党和左翼力量先后建立"民族解放阵线"和"民族人民解放军"，进行游击战。到1944年秋天，希共和左派解放了80%的希腊国土，并且建立了临时政权。战争快结束时，英国军队护送右翼的希腊流亡政府回国，重新掌握政权。民族人民解放军被迫撤出首都雅典，交出武器，宣布解散。但是希腊右翼政府继续镇压希共和左翼分子的行动非常过火，迫使民族人民解放军的部分成员重新拿起武器反抗，希腊内战爆发。

英国长期把希腊看成自己的势力范围，支持右翼政府；苏联当然支持希共及其武装力量。但苏联毕竟离希腊很远，中间隔着阿尔巴尼亚、南斯拉夫和其他东欧国家，鞭长莫及。另外，1944年，苏联和英国签订过两份协议，实际上是划分两国在东欧和巴尔干的势力范围，苏联把希腊让给了英国，以换取英国对苏联在东欧的利益诉求。所以苏联没有给希腊共产党以实质性的支援。直到1947年希共势力仍然在国内占据优势，英国没有实力拯救希腊政府，只好求救于美国。

土耳其是另外一个故事。上节提到黑海的重要战略位置。黑海通往地中海只有一条航路，就是穿越土耳其的博斯普鲁斯-达达尼尔海峡。近代欧洲人把靠近欧洲的中东地区，包括土耳其、伊拉克、叙利亚、约旦等，称为"近东"，而地中海和近东一直是英国传统势力范围。

土耳其没有直接参与"二战"，但到1945年2月德国即将战败时，土耳其对德国宣战，获得战胜国的名声。这时，苏联单方面宣布退出1925年同土耳其签订的条约，要求土耳其允许苏联在黑海海峡建立军事基地，把土耳其东部的一块领土割让给苏联的格鲁吉亚和亚美尼亚两个加盟共和国。土耳其理所当然地拒绝了苏联的要求，并且向英国和美国求援，以应对苏联的军事压力。

在希腊和土耳其两个问题的背景下，杜鲁门的咨文宣称，世界已经分为两个营垒，一边是"极权政体"，另一边是"自由国家"（当然都是带引号的）。因此，"美国的政策必须是支持各自由民族，他们抵抗着企图征服他们的掌握武装的少数人，或者外来的压力"。他指的"自由民族"，主要是希腊和土耳其，也提到了所谓"被迫接受极权政体"的波兰、罗马尼亚、保加利亚等东欧国家，间接指责苏联对这些国家的控制。

杜鲁门还认为，如果美国在此关键时刻不援助希腊和土耳其，"其后果不仅会殃及东方，而且还会对西方产生长远影响"。后来美国运用所谓"多米诺骨牌理论"，来说明一旦某个国家被共产党控制，就会像抽掉连锁骨牌中的一个那样，让它的邻近国家一个个地陷落。杜鲁门的讲话，就是"多米诺骨牌理论"的初始版本，为后来美国在东南亚等地区干涉各国内政开创了先例。

杜鲁门的咨文发表后，美国国会两院经过辩论，通过了关于拨款4亿美元援助希腊和土耳其政府的法案，以帮助希腊稳定国内秩序，镇压共产党或其他反叛者所领导的革命运动，援助土耳其抗拒的领土要求。根据这一法案，由美国出钱出枪，重新武装和改编了希腊政府军，在美军军官指挥下，于1949年扑灭了希腊的武装革命。出于对苏联的恐惧，土耳其和希腊于1952年加入了北大西洋公约组织。

查杜鲁门这篇国情咨文的原文，我发现，他并没有直接点名苏联。但是，杜鲁门在这里所倡导的原则和政策，是以反对专制、保卫自由为由，直接干预他国内政，镇压共产党领导的革命，针对的当然是苏联。

中国的历史教材都把"杜鲁门主义"的出台，作为冷战正式开始的标志，世界上许多学者也是这么看的。美国最有名的冷战史学家约翰·加迪斯（John Gaddis），则把杜鲁门这次演说和上节谈到的斯大林演说、丘吉尔演说，并列为冷战开始的标志。

在这里，要澄清的是，"杜鲁门主义"和以美国其他总统命名的"主义"，跟我们所了解的马克思主义、自由主义、法西斯主义等概念中的"主义"有所不同。杜鲁门主义，英文是"The Truman Doctrine"，而不是"-ism"。这里的"doctrine"，是指一种政策主张，或者说政治原则，而不是一个系统的意识形态或者思想体系。

马歇尔计划的提出

杜鲁门主义出台后不到半个月，意图重建欧洲的马歇尔援助计划登场。

"杜鲁门主义"提出的利用对外援助抵御共产主义的政策主张，不但是马歇尔计划的逻辑前提，而且奠定了冷战时期美国对外战略的思想基础。马歇尔计划既有针对所谓"共产主义扩张"的动机，也包含为美国过剩生产力开辟市场，振兴欧洲经济，进而反哺美国经济的意图。1947年6月5日，美国时任国务卿乔治·马歇尔（George C. Marshall）在哈佛大学毕业典礼上发表演讲。他站在哈佛园（Harvard Yard）纪念教堂的台阶上，宣告美国已经为帮助欧洲复兴做好了准备，号召欧洲人团结起来、共同规划一个他们自己的重建欧洲计划，而美国将为这一计划提供资金。

有意思的是，美国政府估计这一计划不会得到美国民众的欢迎，所以把这次演讲的目标听众设定为欧洲人。为了避免美国报纸对演讲的关注，演讲现场特意没有邀请任何美国记者。相映成趣的是，时任副国务卿迪安·艾奇逊（Dean Acheson）当天四处联络欧洲媒体特别是英国媒体报道此事。英国广播公司（BBC）还全文播送了这篇演讲。美国政府的公关设计和技巧，由此可见一斑。后来据历史学家考证，杜鲁门对马歇尔这次演讲的内容事前并不知情，但他高度信任马歇尔，所以后来一直对演讲表示赞赏。

为了帮助战后重建，早在1945年就成立了世界银行，为什么这时候还要搞出一个马歇尔计划？在大战刚结束时，人们普遍认为欧洲——特别是英国和法国——重建经济并不需耗费过多，它们完全可以依靠自身的殖民地，实现快速复苏。可能有部分人没有意识到，哪怕是在"二战"结束后，英法这种老牌殖民国家仍然拥有自己的殖民地或附庸国，比如英国在近东、印度次大陆、马来亚，法国在印度支那、北非，都有殖民地。但这些殖民地本就相当贫困，又受到战争的打击，有的还掀起了强大的民族独立运动，宗主国很难再从殖民地榨取多少物质资源。

到1947年，欧洲经济依然徘徊在战前水平以下，几乎看不到增长的迹象。法国1946年的小麦产量只有"二战"前的三分之一，以至法国政府恢复了面包配给制。美英法占领的德国西部情况更糟糕，1947年的工业产量只相当于1938年的34%。德国这个战前的工业中心，由于战后的赔偿、拆迁等处置，差不多完全失去了恢复和增长的能力。连续几年的欧洲寒冬，使情况进一步恶化。由于缺乏煤炭，甚至出现几百个德国人被冻死的状况。

战前，西欧的粮食供应很大程度上要依靠东欧出口的余粮，但由于东西欧的隔离，即所谓"铁幕"，这一贸易路径已经几乎完全被阻断，食品短缺成为特别紧迫的问题。不断增长的高失业率和食品短缺，导致西欧国家接连不断的罢工和社会动荡。1947年5月，被选民赶下台的英国前首相丘吉尔形象地描绘西欧是"一座瓦砾堆，一个尸骨收容所，一个滋生瘟疫和憎恨的温床"。

在法国和意大利，战后的普遍贫穷为共产党和左派势力的成长壮大提供了充分的条件。法国和意大利的共产党在反抗本国的法西斯斗争中起到了重要作用，它们的国内声望很高。在一些国家战后的选举中，共产党取得了普遍成功。法国共产党甚至一度成为议会第一大党。虽然大多数历史学家都认为，单凭这些还远远不足以让法国和意大利有希望建立社会主义国家，成为苏联阵营的一部分。但事实上，当时的美国决策者确实认真考虑了这种可能性，感到深深的忧虑。

就是在这样的背景下，马歇尔计划出台。它的目的很明确，就是要扶持欧洲，同时挡住共产主义蔓延的势头。

马歇尔计划，官方名称为"欧洲复兴计划"，整整持续了4个财政年度之久。在这段时期内，西欧各国总共接受了美国包括金融、技术、设备等各种形式的援助合计131.5亿美元，其中90%是赠予，10%为贷款。

马歇尔计划对欧洲之后几十年的政治经济格局都产生了很大的影响。比如，英国从马歇尔计划援助款中得到1.2亿美元。工党政府用此款项充实英格兰银行的外汇储备，稳定英国的金融市场，弥补政府的巨额财政赤字。马歇尔计划落地的1948—1951年，西欧工业生产增长了35%，农业生产远远超过战前水平。战后几年困扰欧洲的贫困与饥饿问题不复存在，西欧经济进入快速发展期。

在法国、意大利、丹麦、比利时等国，马歇尔计划成为一个诱饵，迫使这些国家的共产党被排除于政府之外。意大利定于1948年4月举行战后首次议会选举。为了阻止意大利共产党在选举中获得胜利，马歇尔于3月向意大利及其他西欧国家发出照会，宣称凡是投票赞成共产党人当权的国家，欧洲复兴计划所规定的援助将立即停止。美国的恐吓和压力使意共在此次选举中没有得到多数选票。意大利新政府组成后，马上宣布正式接受马歇尔计划，从此倒入美国的怀抱。对此，杜鲁门自鸣得意地说："如果没有马歇尔计划，西欧很难避免共产主义的专制统治。"

马歇尔计划促进了西欧各国的经济合作和后来欧洲共同体的建立，西欧各国战后联合自强的声音高涨。美国为了遏制苏联在欧洲扩大势力范围，也希望西欧实现联合。但是在政治上整合欧洲非常困难，西欧联合最初只能在经济领域进行。美国在提出马歇尔计划时，就要求西欧国家只有相互合作，形成一个整体，才能接受美国的援助，目的之一在于使西欧形成美国商品和资本可以自由进入的统一市场。尽管美国促使西欧各国联合的首要目的是增强抗衡苏联的力量，但客观上却促进了西欧经济的联合。

需要说明的是，虽然回过头来看，马歇尔计划的实施标志着东西方阵营的彻底切割，推动冷战落地，但这个计划最初提出时，并没有排斥苏联和东欧。如果美国直接拒绝苏联参加援助计划，意味着对战时盟友的公开不信任。因此在他的演讲中，马歇尔表面上十分坦诚地欢迎苏联参与他的计划，接受美国的援助。但他是不是口是心非，就很难说了。英国时任外交大臣欧内斯特·贝文（Ernest Bevin）从广播中听到马歇尔的演讲后，立即与法国时任外交部部长乔治·皮杜尔（Georges Bidault）取得了联系。两人交换了欧洲方面关于美国对欧洲进行援助的建议，并准备给予官方答复。两国外长一致认为，有必要邀请反法西斯战争的重要盟国苏联参与这一计划。

一开始，斯大林对援助计划曾表现出"谨慎的兴趣"。他认为，苏联在战后处于非常有利的国际环境中，接受有条件的援助，也未尝不可。于是，他派遣苏联时任外交部部长莫洛托夫（Vyacheslav Molotov）到巴黎与英、法两国外长会谈。英法提出的条件是苏联必须进行政治改革，并允许西方机构和人员进入苏联的势力范围。同时，英法两国外长还坚持说，被援助国必须参与欧洲统一市场的建设，而这明显和苏联高度集中的计划经济体系格格不入。

在马歇尔演说二十几天之后，英国外交大臣贝文、法国外长皮杜尔和苏联外长莫洛托夫各自带了一大批顾问和专家，在巴黎举行会议。最终莫洛托夫拒绝了援助计划，离开了巴黎。然后，一次规模更大的会议于7月12日在巴黎召开。除了西班牙和安道尔、圣马力诺、列支敦士登等袖珍国以外，这个会议几乎邀请了当时欧洲的所有国家。因为西班牙在"二战"时虽然维持了表面上的中立，事实上却执行了一条亲法西斯的路线，所以不在受邀之列。苏联在接到邀请之前就已经表示将拒绝该计划，而正在形成中的东欧集团成员国也紧随其后，最后仅有波兰和捷克斯洛伐克表示愿意参加会议。但是捷克斯洛伐克的时任外交部部长马萨里克（Jan Masaryk）因支持本国参与马歇尔计划，被召入莫斯科，遭到斯大林的怒声斥责。这被认为是苏联开始加强对东欧全面控制的一个明确信号。

斯大林认为，马歇尔计划的签署会严重威胁到苏联对东欧的控制，使苏联集团丧失经济主权。斯大林相信西方国家将利用这次机会加强欧洲的经济一体化。美国也确实是这样策划的，所以它对东欧国家参与马歇尔援助计划的态度是乐见其成。

当捷克斯洛伐克和波兰的代表团被苏联阻止前往巴黎参加会议时，其他的东欧国家也就很知趣地拒绝了美国的邀请。芬兰为了避免与邻邦苏联形成过于对立的关系，也拒绝参与该计划。不久，1947年7月至8月，苏联就出炉了马歇尔计划在东欧地区的"替代计划"，主要包括对东欧国家的经济援助以及东欧国家同苏联的贸易，这就是后来被西方称为"莫洛托夫计划"的一系列经贸安排，也就是1949年1月成立的经济互助委员会（简称"经互会"）的雏形。

莫洛托夫计划的出台与马歇尔计划的落地

莫洛托夫计划是苏联针对杜鲁门主义和马歇尔计划做出的首个反击行动，它的目的是加强苏联与东欧社会主义国家的经济联系，限制东欧同西方的经济往来，使东欧成为一个游离于世界市场之外的封闭经济集团。相比于马歇尔计划，它的出台显然是被动接招，但是出台的过程比马歇尔计划要迅速、简单。相比于财大气粗且工业发达的美国，苏联发展本国经济尚且自顾不暇，对外经济援助更是有心无力。东欧一些国家是"二战"的战败国，战后需要向苏联支付大笔战争赔款。莫洛托夫计划实施后，苏联也没有减免这些费用。苏联向东欧各国输出了大量用于工业生产的原材料，然后回购东欧的工业品，实际上是东欧吃了亏。此外，苏联还将自己的计划经济模式输出到东欧，损害了东欧的经济自主性。

莫洛托夫计划是苏联计划经济的产物，而马歇尔计划更多考虑的是市场因素和各方利益。因此，相比较而言，马歇尔计划从提出到签署、实施，经历的过程要复杂得多。

首先是欧洲受援助国之间需要就援助形式以及份额进行谈判，还要兼顾到美国极力倡导的自由贸易原则，以及对共产主义思想和堡垒的排斥。在各方终于达成一致后，欧洲各国将拟定的重建计划草案递交给华盛顿，草案预算经过一定程度削减后再提交至美国国会。但是美国国会出现了激烈的争论。许多共和党议员鼓吹孤立主义政策，不同意政府的大额开支；而许多民主党议员指出，这一计划有助于美国推销战后生产力膨胀产生的过剩商品，也可以扩大资本输出；挽救欧洲经济，相当于拓宽美国市场。

正当国会争论不休时，1948年2月，捷克斯洛伐克发生了"二月革命"，在苏联支持下，捷克共产党人粉碎了亲西方势力改组政府的图谋，完全控制了国内政权。苏联在东欧扩张的势头，使美国国会反对马歇尔计划的声浪迅速平息下来。经参众两院占压倒性多数的议员投票同意后，《1948年对外援助法》于1948年4月2日获得通过。这样就以法律的形式肯定了马歇尔计划。第二天，4月3日，杜鲁门签署了马歇尔计划，同时还批准设立经济合作总署来负责这一计划的实施。

同年，援欧计划的16个参加国（奥地利、比利时、丹麦、法国、西德、英国、希腊、爱尔兰、意大利、卢森堡、荷兰、挪威、瑞典、瑞士、土耳其和美国）又签署了一项协定，决定建立一个地位与经济合作总署并列的机构,即欧洲经济合作组织,后改名为经济合作与发展组织(简称"经合组织",即 OECD)。由此,马歇尔计划正式付诸实施。

马歇尔计划和莫洛托夫计划的出台、落地过程,非常典型地反映了美苏两个国家国内政治、体制的差异。

在美国,一项政策、计划的出台往往非常复杂,几经挫折,是社会各方反复凝聚共识的产物。马歇尔计划虽然以马歇尔的名字命名,但实际上并不是马歇尔或者少数几个领导人"拍脑袋"想出来的。马歇尔本人在发表哈佛演说时,并没有具体计划和设想。杜鲁门后来透露,他之所以用马歇尔来冠名这项计划,是因为要借用马歇尔将军在"二战"中的赫赫战功和名望,以对美国人和欧洲人产生巨大的号召力。

据历史学家考证,从 1946 年年初开始,美国决策层外的一批官员和专家、政论家就在酝酿讨论支持欧洲复兴的一系列措施。马歇尔发表演说之前的一个多月,81 位美国社会名流联署在《纽约时报》发表了题为《联合的欧洲》的文章,呼吁欧洲国家联合起来,拯救自己的经济。上一节提到的美国媒体代表人物李普曼,还为此专门在《华盛顿邮报》上开辟了两个专栏,集中发表专题文章,支持美国倡导的"欧洲联合"运动。

马歇尔的演说发表后,美国政府机构紧锣密鼓地在国内大做文章,组织与马歇尔计划相关的调研机构和声援团体,如"哈里曼委员会""马歇尔计划声援委员会""全国制造商协会"等,以及工会、新闻媒体和其他民意团体,发动了一场声势浩大的马歇尔计划宣传攻势,竭力鼓吹新的对欧政策对美国国家安全和经济利益的必要性和重要性,以争取民意的支持,并通过民意对国会施加压力。

至此,以美国为首的西方集团和苏联东欧集团彻底分道扬镳,冷战大幕拉开,之后上演了几十年纷纷扰扰的大戏。

冷战前传：双方的敌意与势力范围划分

随着杜鲁门主义、马歇尔计划、莫洛托夫计划的出台，冷战走上了轨道。之后苏联和美英等国家的分裂从欧洲蔓延到亚洲、非洲、拉丁美洲，从经济切割发展到政治和军事领域的全面对立，最终变成世界范围内两种体系的对抗。这一节将在时间线上先暂停一下，来看是哪些条件或深层次原因最终使得冷战双方走上了对抗之路。由于这个过程特别重大，极其复杂，这一节尽量简明扼要地对此做出分析。

天然的敌意

美国和苏联之间与生俱来的敌意，也可以说是"天然的敌意"，是冷战发生的第一个根本原因。前面的章节讲到苏联在华沙起义中的不作为，讲到战后东欧选举美国要派观察员而苏联不允许，讲到杜鲁门主义中强调"极权政体"和"自由国家"的对垒，讲到苏联拒绝参加马歇尔计划和建立欧洲统一市场的要求，等等，所有这些都体现了一个共同特点，那就是意识形态和政治制度成为双方争执的焦点。苏联认为西方垄断的资本主义走上了穷途末路，而美国则认定自由资本主义制度是世界各国应该走的康庄大道。

实际上，美国和苏联之间这种基于社会制度和意识形态的敌视由来已久，深入骨髓。因此，有的历史学家认为，冷战的起源应该追溯到1917年俄国革命成功。

1917年俄国布尔什维克革命刚发生时，很多美国人对沙皇政府的倒台表示欢迎，因为他们把沙皇统治视为欧洲最反动的统治形式，希望新政权能够走上类似于美国革命的道路，哪怕是只有一点类似。但是很快，布尔什维克就显示出威权集体主义的特征。列宁主义要求一切权力归苏维埃，归共产党及其领袖。他们推翻了沙皇俄国的专制政权，代之以苏维埃政权的无产阶级专政，毫不留情地镇压资本家和地主。

十月革命胜利之初，苏俄实行了"军事共产主义"制度，取消被看作资本主义的商品交易，由国家把全国的生产和消费全部控制起来。这些政策，同美国立国理念的个人权利至上、自由市场经济、限制政府权力的法治精神完全背道而驰。所以从立国理念来说，美国和苏联就是完全相反的两个极端。

1918年，美国就加入其他西方列强和日本、波兰等国的行列，对处在严重困难中的苏维埃俄国进行武装干涉。苏俄击败了国内外敌人的联合进攻，于1922年12月成立苏维埃社会主义共和国联盟，从最初的4个加盟共和国发展到15个。但是直到1933年11月，美国才承认苏联，同它建交。

从理念、意识形态冲突到地缘政治、经济竞争

美国和苏联的政治价值观对立，有很深的历史根源。可以说，这两大民族、两大国家，有着完全不同的文化基因。

美国人自己述说的传奇，是 1620 年一群英国人乘坐"五月花号"帆船登陆北美，在船上订立了契约，尊崇基督新教。这些美国的前辈先组成社会，后成立自治政府，最后才有国家。美国人把个人自由奉为圭臬，视为核心价值观，主张相互平等，崇尚个人选择，反对君主制。"五月花号"登陆北美 100 多年后成立的美利坚合众国，实行立法、司法、行政三权分立，以及地方自治的联邦制。开国元勋乔治·华盛顿（George Washington）执政 8 年后，自愿退位，告老还乡。1865 年美国南北战争结束后，废除了奴隶制。虽然种族歧视仍然存在，但黑人奴隶获得了人身自由，生产力也得到了解放。到 19 世纪末，美国已经成为世界第一工业大国。

苏联的主体人口是俄罗斯族，继承了沙俄帝国的领土和文化。沙俄信奉基督教中的一个保守分支——东正教，自称"第三罗马"。从 1689 年开始，执政长达 36 年的沙皇彼得大帝（Peter the Great），确立了沙皇的绝对专制君主制度，宣称他"不向世界上任何人负责"。沙皇俄国（以及后来的苏联）要对它的辽阔国土和众多族群实施有效控制，需要一个权力集中的强有力的统治机构，这个想法得到了绝大多数俄国（和苏联）知识精英的认可。

沙皇时代的集权程度之高，皇权争夺之激烈，统治手段之残酷，对外征战之频繁，在世界历史上是罕见的。布尔什维克代表工农大众推翻了沙皇统治，但其政治文化传统不可能同沙俄完全切割。布尔什维克的社会管控手段，同沙俄相比，有过之而无不及。

更要命的是，美国和苏联的国家理念都是普世主义的，也就是说，美国人和苏联人都以"解放全人类"为己任，都认为自己国家的今天应该是世界的明天。建国初期，美国就盛行一种"天命观"，认为美国人是"上帝选民"，美国是"山巅之城"，承担着拯救世界的神圣使命。美国人认为，共产主义思想以及潜在的各种形式的集体主义，都是对欧洲封建传统和君王思想的继承，在第一次世界大战和俄国十月革命中已经展现出灾难性的影响。

而马克思列宁主义先天就是国际主义的，号召全世界无产者联合起来。布尔什维克革命成功后，俄国号召发动世界革命。共产国际于1919年建立，它的任务是统一领导各国共产党和革命运动。列宁主义理论认为，垄断资本主义，即帝国主义，是最腐朽、最反动的垂死的资本主义阶段，要通过无产阶级革命和殖民地解放运动将它推翻，在全世界建立社会主义国家，最终实现世界大同，即共产主义。

回头来看，美国和苏联之间的对立，一开始并不是像过去的封建王朝，相互抢夺地盘，也不是像老牌帝国主义国家之间那样，争夺殖民地，争夺原材料产地等物质资源。美苏之间的对立，主要不是基于现实利益而产生的冲突，而是基于政治理念、国家性质不同所产生的根本矛盾。而且这种政治理念、国家性质的冲突还泛化到文化、生活方式的方方面面，很难调和。同时，美苏各自的普世主义理想，是以它们的领土扩张为物质基础的。

美国建国初期只是居于北美洲东部一隅的13个州，后来通过血腥征服印第安人、发动对墨西哥的战争等种种巧取豪夺手段，拓展到太平洋东岸和夏威夷群岛。1867年，美国还以极低的价格，从沙俄购买了面积为170万平方公里的阿拉斯加。不过，美国一开始不愿过多介入欧亚大陆的事情。美国的"孤立主义"，是不去欧洲折腾，专心致志地在美洲扩张。第一次世界大战初期，美国还宣布中立，直到1917年4月才正式参战。但到了"二战"，美国俨然以全球大国的面目出现，在欧洲和太平洋两个战场同时显示武力。

俄国的彼得大帝通过战争夺得了波罗的海和黑海的出海口。女沙皇叶卡捷琳娜二世（Catherine II）在位35年（1762—1796），为俄国开疆拓土67万多平方公里。不过，"二战"之前，除了阿拉斯加以外，俄国（苏联）和美国各自的地缘政治扩张并没有交集和冲突。

但苏联成立第三国际（共产国际），组建欧洲和亚洲的共产党，向它们提供财政支持和思想指导，是以国家机器为依托的，既有共产主义意识形态为动力，又受到扩大苏联地盘的战略意图的驱动。这样，美苏的理念和意识形态冲突逐渐扩大到地缘政治、地缘经济竞争，就顺理成章了。

从1933年苏美建交到1939年第二次世界大战爆发前，苏联和美国之间一直处于相互敌视状态。

国内教科书谈到"二战"爆发前的历史时，都提到了"慕尼黑阴谋"，也就是西方对纳粹德国的绥靖政策。在1938年的慕尼黑会议上，法国和英国为了安抚希特勒，同意把捷克斯洛伐克的一部分割让给德国。斯大林指责西方企图把希特勒的祸水向东引向苏联。作为回应，1939年8月下旬，苏联也和德国签订了互不侵犯条约，就瓜分波兰和巴尔干半岛达成协议。协议签订一周后，德国入侵波兰，苏联同时派兵占领波兰，同德国瓜分了这个国家。战争爆发后，法国、英国、荷兰、比利时、芬兰等国家在很短时间内就受到沉重打击。开战不到一年时间，法国就被德国彻底征服，遭到灭顶之灾，而苏联对此却无动于衷。

1941年6月22日，纳粹军队突然对苏联发动全面战争，苏联毫无准备，溃不成军。

面对最新的战争局面，美国却坐山观虎斗。美国国务院在经过一番争论之后，发布了一个谴责苏联宗教政策的声明，声称"共产党独裁"与纳粹独裁一样不可容忍，把苏联说得一无是处。同时，美国又不情愿地承认必须帮助苏联，因为两害相权取其轻，希特勒德国的威胁更大。后来当了美国总统的哈里·杜鲁门，这时还是密苏里州的一个民主党参议员。他说了这样一番话，代表了他和其他许多美国人的心情："如果我们看到德国快要取胜了，我们就该帮助俄国；如果我们看到俄国将要取胜，我们就该帮助德国。要用这种办法让它们两家相互厮杀,杀得越多越好,尽管我无论如何不希望看到希特勒获胜。"

由此可见,苏联和美国之间在"二战"期间的合作是勉强的,是同床异梦,它们之间的相互敌视才是常态。

"二战"结束时,苏联一下子将它的疆土拓展了60多万平方公里,把沙皇丢掉的地盘全部夺回,还把整个东欧变成了自己的附庸。雅尔塔会议上美苏达成的默契,是苏联获得在中国东北的特权,而美国控制所谓的"中国本部"(China Proper,指东北和新疆、西藏以外的中国内地)。但是中国内战很快爆发,苏联支持中共,而美国企图维持蒋介石政权的统治。毛泽东和蒋介石水火不相容,他们的背后是钩心斗角、怒目对视的斯大林和杜鲁门。

苏联和英国的"地盘之争"

苏联和英国在"二战"后期一边打德国,一边互相争夺地盘。这个问题对于了解冷战的起源非常重要。

事情要从美国参加反法西斯战争说起。1939年9月1日,德国入侵波兰,挑起了第二次世界大战,但美国一直采取中立态度。法西斯势力日趋强大、欧洲战略平衡被打破后,美国开始转变态度,援助英国和苏联。1941年12月7日,日本偷袭珍珠港,12月8日美国对日本宣战,德国和意大利即刻对美宣战,才使美国正式加入同盟国,和英国和苏联站在同一条战线上。"二战"结束时,英国获得的势力范围,它自己却没有能力保住,只好请美国"接盘"。

接下来的问题是,英国的盘子有多大呢?

前面提到,美国和苏联在"二战"期间的合作是同床异梦,这句话也适用于英国和苏联之间。只不过,英国和苏联之间的矛盾,在更大程度上是传统势力范围之争的延续。1943年11月底,美英苏三巨头在伊朗首都德黑兰举行会议，主要议题是讨论美英在西欧开辟第二战场，东西方配合对德作战。会上三巨头达成协议，签署秘密作战计划。

这里有一个战局上的大背景。自从苏德战争爆发后，欧洲东线战场成了"二战"的主战场，苏联军队承受了巨量的德军火力。1942年冬，苏军在付出巨大代价后，在斯大林格勒歼灭了大批德军主力部队。在东南欧的反法西斯武装斗争中，社会主义党派所领导的力量占了绝大多数，包括以南斯拉夫铁托（Josip Broz Tito）为首的游击队和人民军。斯大林一直要求美英在西线尽快开辟第二战场，把开辟第二战场看作加强整个反希特勒同盟的最重要条件。但是英国借口能力不足，美国则宣称国内没有完成战争准备，迟迟不愿开辟第二战场。其实，英美更大的盘算是借纳粹德国的力量牵制苏联，保存自己的实力。这样，一方面，苏联在战场上蒙受很大压力；另一方面，随着战局的逐步扭转，苏联控制了中东欧的大片地方，丘吉尔的内心是焦虑的。战后欧洲的分裂，实际上在这时已经埋下了伏笔。

1944年6月6日，盟军从英国跨越英吉利海峡，抢滩登陆诺曼底，势如破竹，成功开辟了欧洲大陆的第二战场，这就是代号为"霸王行动"的诺曼底登陆。从此德国被迫在东西两线与英美联军和苏军同时作战，"二战"的胜负到这里就已奠定。

到1945年2月，当三巨头在雅尔塔会议上见面时，苏联人已经控制了东欧的大部分领土。这一地区包括素有"欧洲火药桶"之称的巴尔干半岛和匈牙利。英美两国看到，以武力将苏联势力赶走不可能，同苏联翻脸，在政治上也不可行。为此，英国决定在德国投降前，争取率先控制这一区域。1944年10月初，丘吉尔赶赴莫斯科与斯大林进行秘密会晤。他们两人商议得出，指定罗马尼亚的90%和保加利亚的75%属苏联势力范围，希腊的90%

属英国势力范围。匈牙利和南斯拉夫的势力范围,将在英国和苏联之间平分。这就是所谓"百分比协定"。苏联还承诺不挑战英国对土耳其的控制。所以,英国在欧洲的"地盘"在"二战"结束时还是很大的。

大国力量的新格局

"二战"结束造成的大国力量新格局,可以用一句话来概括,那就是欧洲崩溃,英国衰落,苏联严重受伤但恢复迅速,美国奠定超强地位。这个新格局的主要特征,就是美国确立了资本主义的全球霸主地位,苏联是照亮非资本主义世界的社会主义灯塔。美国的实力大于苏联,但苏联的发展势头却大于美国。

首先,法西斯德国和意大利在欧洲、北非横冲直撞,发动如此大规模的战争,无论从人口死伤还是从工业和民用设施摧毁的程度来看,欧洲都彻底毁了,老牌资本主义国家,不论是盟国一方还是协约国一方,可以说是同归于尽。这些国家的政权也都七零八落。

1940年被希特勒征服后,法国组织了一个非法的维希政权。1944年8月,戴高乐（Charles de Gaulle）领导的法国反抗力量加入美英军队在诺曼底登陆,3个月后成立了临时政府。直到这时,美国才放弃了派兵占领法国的打算。美英苏三国承认法国新政府,认可法国为战胜国。但是,这时的法国,还有战败的意大利,都是一片衰败景象,国内的左派运动风起云涌。

再来说英国。因为有英吉利海峡的天险,也因为丘吉尔领导英国人民顽强抵抗,英国保住了自己的主权和领土完整。但是号称"日不落帝国"的英国,已是日薄西山,过去的辉煌一去不复返。"二战"中,英国在欧洲的势力范围几乎都被德国抢走,后来又被苏联占领,在东南亚的殖民地以及中国香港全部被日本侵占,最大的海外殖民地印度，正在热火朝天地争取独立。比军事损失和领地损失更大的是财产损失。英国为了打赢"二战"，不仅拿出了所有家底，还欠了37亿英镑外债，变卖了四分之一的海外资产。可以说英国的家底被彻底掏空。1944年，在美国主持下召开了布雷顿森林会议后，美元取代英镑成为世界货币。全球各国货币和美元挂钩，而美元直接和黄金挂钩。英镑急速贬值，英国经济萧条，物资匮乏，民众生活水平大幅下降。

苏联的损失同样惨不忍睹。苏联是"二战"期间遭到最多人员伤亡的国家。在短短四年的苏德战争中，据俄罗斯官方统计，苏军阵亡约867万人，军民牺牲总计2700万人，军民伤亡总计4600万人，苏联经济遭受重创。不过，在战前的20多年里，苏联取得了惊人的建设成就。斯大林开创了国家指令性计划经济模式，优先发展军事工业和重工业，形成了一个门类比较齐全的工业体系。当然苏联也出现了很多严重问题甚至灾难。1932—1933年，乌克兰大饥荒爆发，造成的死亡人数超过200万。斯大林还发动了"大清洗"运动，对党内外持有反对意见的人士进行镇压。尽管如此，苏联国力的崛起不可忽视，工业总产值由原来的世界第五位和欧洲第四位，跃居战前的世界第二位和欧洲第一位。所以，同英国相比，这时的苏联是一个充满希望、在非西方世界广受尊敬的国家，一跃而成为仅次于美国的"世界老二"。

再来简单说一说美国超强地位的诞生。美国远离欧亚大陆，"二战"期间，除了珍珠港遭到日本偷袭有所损失外，美国本土没有受到战争伤害。战争期间，它的工业能力发展到一个极高的水平，为盟国提供源源不断的物资和资金支持。战后初期，美国的黄金储备和军事实力都是绝对的世界第一，经济总量达到整个世界的一半，它的超强地位自然而然地奠定了。

这里要特别提到一点，世界科技中心从"二战"前的欧洲转移到了美国。由于希特勒时期德国对犹太人的种族灭绝政策，加上欧洲战乱，战争期间，大批科学家从德国和其他欧洲国家跑到美国寻求庇护和发展，其中就有大名鼎鼎的犹太人爱因斯坦（Albert Einstein）。由于这些科学家的到来，美国率先研制出了原子弹。"二战"后直到今天，美国科技长期领先于世界各国，这个局面就是在"二战"期间一锤定音的。

总结来说，"二战"之前，美国和苏联之间已经充满了天然的敌意，其中既有意识形态和政治制度的对立，也有势力范围和地缘政治的纷争。虽然"二战"为双方提供了合作的机会，但是一旦共同的敌人德国和日本被彻底打败，美苏两大国之间政治制度和势力范围的双重博弈就融合到了一起，没有了缓冲余地。再加上英苏之间传统地缘政治冲突的阴魂不散，东欧和西欧之间出现了一条明显分界线，给战后大国关系笼罩上一层厚厚的阴影。

1945年4月，雅尔塔会议结束后两个月，罗斯福总统去世，美国国内政治向右转，而斯大林倚仗刚刚获得的威望和势力范围，采取了更为强硬的对外政策。这样，战时同盟终于走向了瓦解。

阵营形成：
凯南的"遏制"与日丹诺夫的"两大阵营"

前面讲到，1946年斯大林强调战争危险的演说、凯南的"长电报"、丘吉尔的"铁幕演说"，一起拉开了冷战的帷幕；1947年出台的杜鲁门主义、马歇尔计划和莫洛托夫计划，启动了冷战的步伐。这一节将通过介绍两个人物和他们在冷战初期所起的关键作用，谈谈美苏两大阵营的形成和各自的战略思想。

凯南的"长电报"与美国的反苏浪潮

乔治·凯南在冷战史上是一个耳熟能详的名字。1946年，凯南在美国驻苏大使馆当第二把手。由于当时驻苏大使哈里曼与他有不同意见，他趁大使回国、自己担任临时代办的机会，在1946年2月给国内发回了一份长电报，对苏联的国内政治和对外政策进行了深入分析。

凯南在电报中说，俄罗斯最初作为一个农业民族，在辽阔、无屏障的平原上与凶悍的游牧民族为邻，具有不安全感。随着俄国同经济上先进的西方进行接触，又增加了对更强大、组织得更好的西方社会的一种畏惧。后来的苏联不安全感更重了。它认为自己处在资本主义包围之中，总是担心外国的渗透，要不惜一切代价阻止外来干涉，途径是"在军事方面保持强大，在意识形态方面坚如磐石"。

同时，苏联还想利用资本主义国家之间的矛盾，削弱西方国家在殖民地和落后国家的权力和影响，制造"有利于共产党和苏联渗透的真空"。凯南说，苏联外交政策的目标是"破坏西方主要国家总的政治和战略潜力，竭力削弱这些国家对本民族的信心，摧毁它们的国防，加剧社会动荡和工厂骚动，并制造各种形式的分裂"。他说，苏联这些想法既是"出自马克思主义的教条"，又是"国内统治的基本需要的产物"。

至于美国对苏联的政策，凯南建议说，美国政府应当有勇气，以现实态度认识苏联，减少狂热的"反苏主义"。美国需要增强社会的健康和活力，注重解决自身的问题，不给苏联以侵蚀美国的可乘之机。凯南认为，美国有能力解决美苏关系的难题，而"不必通过一场全面的军事冲突"。

凯南的"长电报"在杜鲁门政府的决策圈里产生了巨大反响，得到在华盛顿占上风的鹰派人物的赏识，推动了美国对苏政策转向强硬。凯南后来在自己的回忆录中透露，他写这份电报就是因为担心美国政府里还有人对同苏联合作抱有幻想。从后人得到的历史资料看，他的担心不是多余的，因为杜鲁门总统在收到凯南电报以后，还是企图维持罗斯福的对苏合作政策。杜鲁门听说他手下的专家大多数同意凯南的意见，就命令他的助手把分发的凯南电报限制在 10 份，并锁到文件柜里。直到将近一年后，看到苏联方面发生的变化，杜鲁门才决定对苏联采取敌对态度。

杜鲁门政府中典型的"亲苏派"是时任商务部部长亨利·华莱士（Henry Wallace）。他曾经在最后一届罗斯福政府中担任副总统。华莱士对杜鲁门政府受到右翼政客越来越大的影响表示不满，认为结束"共产主义扩张"的唯一途径是缩减军备，提高全世界的生活水平。在1946年9月的一篇公开演讲中，华莱士警告说，美国对苏联的强硬外交政策可能会导致第三次世界大战。在他发表演讲的时候，美国时任国务卿詹姆斯·伯恩斯（James F. Byrnes）正在巴黎同苏联谈判。伯恩斯指责华莱士的演讲破坏了美国的政策，损害了政府的团结。不久，杜鲁门就解除了华莱士商务部部长的职务。

华莱士被解职，只是杜鲁门掀起反苏浪潮的动作之一。1947年3月，杜鲁门签署行政命令，成立一个调查委员会，施行"联邦雇员忠诚计划"，对政府官员进行忠诚度调查，开除有对美国"不忠"倾向的人，挖出政府中的"共产党间谍"。这一法令的实施，在美国国内制造了对共产主义的恐慌情绪，客观上推动了凯南在"长电报"中阐述的战略思想在美国的蔓延。

"X先生"的文章与遏制战略的形成

"长电报"发回国内两个月后，凯南奉调回国，担任国家战争学院副院长。他建议在国务院设立一个专门做政策研究的机构，得到了批准。1947年5月，国务卿马歇尔任命凯南为政策规划室第一任主任。可以说，长电报帮助凯南跻身于华盛顿决策圈，成为举足轻重的人物。

凯南的"长电报"只是初步阐述了遏制思想，并没有使用"遏制"这个词。一年多后，1947年7月，凯南用笔名X，在美国《外交事务》（Foreign Affairs）季刊上发表了题为《苏联行为的根源》（"The Sources of Soviet Conduct"）的长篇文章，使用了"遏制"（containment）一词，对遏制思想进行了系统的阐述。北京大学张小明教授出版了一本关于凯南遏制思想的专著。张小明在书里说："因为X文章是公开发表的，所以它的受众更多，影响更广。在很大程度上，凯南正是因为这篇文章而获得了'遏制战略的设计师''遏制之父'等称号，当然也因此被称为'X先生'。"

那么，这位"X先生"说了什么呢？

除了重复凯南"长电报"里的主要观点外，X的文章详细分析了苏联的政治行为，指出苏联的对外行为有两个"政治性格"，而每个政治性格都有矛盾的两个方面。第一个政治性格是，既敌视西方，想推翻外部世界的政治制度，又不急于实现这个目标，愿意和西方和平共处，更关心自身的生存。第二个政治性格是，既固执又灵活。克里姆林宫认为自己一贯正确。苏联领导者出于策略考虑，可以随心所欲地提出某种理论，要求全体党员无条件服从。一旦党的路线确定，整个苏联国家机器就"像上满发条的玩具汽车沿着既定的方向前进，直至遇到不可抗拒的才停下来"。另一方面，苏联人又很有耐心，不会为了虚幻的未来而冒丧失既得利益的风险，敢于在强大的对手面前退却，不会因此觉得丢面子。

在论述苏联的不安全感时，X的文章强调了意识形态的作用，指出马克思主义主要是为苏联维持国内"独裁制度"、消除不安全感提供理论依据，比如资本主义世界敌视社会主义苏联。同时X的文章又指出，"独裁制度"的需要比意识形态的力量强大得多。

在X的文章发表后，前面提到的美国著名记者和政论家李普曼，迅速在报纸上发表了12篇连载文章，把凯南的遏制战略解释为主要以军事手段阻止苏联扩张，主张在苏联及其盟国周边驻扎军队和建立军事同盟。这组系列文章和李普曼的《冷战》一书，对美国遏制战略的形成也发挥了很大作用。虽然凯南本人后来澄清说，他主张的主要是政治遏制而不是军事遏制，但是实践中的遏制战略既包括在政治上打击苏联，在苏联东欧地区搞颠覆活动或"隐蔽行动"，也包括在军事上威胁苏联。这是他否认不了的既成事实。

把军事手段正式纳入遏制战略的美国纲领性政府文件，是1950

第一章　冷战的缘起与过程　　　　　　　　　　　　　　　　　049

马尼亚、波兰、匈牙利、捷克斯洛伐克、南斯拉夫、法国、意大利的共产党和工人党，在波兰召开会议，成立"共产党和工人党情报局"。情报局的总部最初设立在南斯拉夫首都贝尔格莱德。苏联企图通过这个组织达到控制欧洲各国共产党的目的。但是，南斯拉夫不是由苏联军队解放的，铁托的独立性又很强，不愿受苏联的摆布，就造成了铁托和斯大林反目成仇。铁托请求苏联提供经济援助，但苏联只想要南斯拉夫的原材料而不愿提供开采设备。南斯拉夫想以自己为中心成立"巴尔干联邦"，遭到苏联等国反对。

　　苏南矛盾愈演愈烈。1948年6月（日丹诺夫去世前两个月），共产党和工人党情报局做出了"关于南斯拉夫共产党情况的决议"，指责南共与参加情报局的其他各国共产党处于对立地位，宣布将南共开除出共产党和工人党情报局。情报局的总部由贝尔格莱德迁到罗马尼亚首都布加勒斯特。

　　苏联和南斯拉夫分歧公开化以后，苏联对南斯拉夫进行经济封锁和军事威胁。铁托向美国求助并且得到1亿多美元的援助，使苏联更加恼火。关于南斯拉夫问题，后面会再详谈。南斯拉夫跟苏联公开决裂以后，美国曾经幻想毛泽东能成为"中国的铁托"，也脱离苏联控制，但中共很快就发表声明，坚决站在共产党和工人党情报局一边，谴责铁托。

　　讲到这里，有人可能要问，共产党和工人党情报局只管欧洲共产党的事，苏联就没有考虑过亚洲这边的共产党吗？实际上，1949年，毛泽东确实有过同朝鲜、印度支那等亚洲共产党一起成立"东方情报局"的想法，并试探过斯大林的意见。但是斯大林对中共不大放心，怀疑毛泽东等中共领导人"不是真正的马克思主义者"，所以觉得成立"东方情报局"的条件不成熟。

　　日丹诺夫去世以后，情报局不再活跃，到1956年4月正式结束活动，自然就没有成立"东方情报局"的可能了。虽然共产党和工人党情报局做过的事情有限，但它的意图是建立以苏联为首、对抗西方的跨国共产党机构，包括企图在西欧建立共产党政权，所以仍然对冷战起到了推波助澜的作用。

日丹诺夫对冷战的第二大贡献，是他作为联共（布）的代表，在1947年9月共产党和工人党情报局成立大会上发表的演说，史称"日丹诺夫演说"。可以说，这个演说是对1947年3月出笼的杜鲁门主义的一个明确回应。

在演说中，日丹诺夫把国际政治力量划分为"帝国主义反民主阵营"和"反帝国主义民主阵营"。他指出，帝国主义阵营的主要目的是建立美帝国主义的世界统治，制造新战争，反对社会主义与民主，支持一切地方的反动、反民主和亲法西斯的政权和运动。反帝国主义民主阵营的基础是苏联和新的民主主义国家，这个阵营"受到一切国家工人运动、民主运动和各国兄弟党的支持，受到各殖民地附属国家的民族解放运动的支持"。他提到的可以争取的"新民主国家"和殖民地国家有一个很长的名单，包括荷兰统治的印度尼西亚、法国统治的越南，还有刚刚获得独立的印度等。日丹诺夫强调，苏联要像反对希特勒那样反对帝国主义，美国准备战争、破坏和平的政策是"反共十字军运动的必然结果"，将"引起对美国劳动人民基本权益的进攻，引起美国政治的法西斯化，引起最野蛮的仇恨人类的'理论'和观点的传播"。苏联必须加强斗争，争取胜利。

"日丹诺夫演说"成了战后苏联对外政策的理论依据，标志着苏联公开宣布了和美国对抗的政策，在某种程度上是苏联的冷战宣言。

日丹诺夫对冷战做出的第三个贡献，是在苏联和社会主义阵营里推行为无产阶级政治服务的文艺观。从1948年2月起，日丹诺夫开始整肃苏联音乐家，特别是批判所谓音乐界作曲的"形式主义"，即"只为音乐而创作音乐"，不为社会主义服务。著名作曲家肖斯塔科维奇（Dmitri Shostakovich）、哈恰图良（Aram Khachaturian）等，都因此受到冲击。值得一提的是，一直到20世纪50年代后期，强调意识形态的所谓"日丹诺夫主义"不但严重限制了苏联的文艺创作，而且在当时已经超越了国界，影响了其他社会主义国家的文艺工作。研究者把所谓"日丹诺夫主义"表述为"一种符合斯大林意识形态的文化专制主义"。

斯大林与"两个平行市场"理论

1952年，斯大林在《苏联社会主义经济问题》一书中提出了"两个平行市场"理论。斯大林指出，战后社会主义阵营的出现使资本主义的统一市场瓦解，出现了两个平行的也是相互对立、彼此隔绝的世界市场。由于经济上强大的苏联的存在，社会主义国家在经济上结合起来，建立了合作和互助，使这些国家不仅不需要从资本主义国家输入商品，而且自己还有大量商品输往他国。斯大林还说，由于社会主义市场的不断壮大，资本主义市场日渐减小，西方强国的国内经济危机和资本主义体系的总危机正在逐步加深，资本主义各国间的矛盾会进一步激化，新的大战是不可避免的，而且完全有可能在资本主义阵营内部首先爆发。

"两个平行市场"理论是斯大林于20世纪20年代提出的"资本主义总危机"概念的延伸。十月革命后，以列宁为首的布尔什维克提出了"时代理论"，认为世界进入了帝国主义走向灭亡和无产阶级革命走向胜利的新时代。斯大林将"时代理论"具体化，便提出了"资本主义总危机理论"，指的是资本主义在发展过程中，随着其固有的、周期性的经济危机不断加深，会使经济上的危机蔓延至国家制度、社会结构等各个方面，从而促使资本主义世界彻底崩溃。

1929年开始的世界经济危机，沉重打击了全球资本主义，引发了法西斯主义，使斯大林更加坚信资本主义总危机理论的合理性。"二战"后，欧亚大陆出现了一批社会主义国家，西方殖民体系瓦解，这个理论得到进一步发展，在20世纪50年代到70年代鼓舞了包括中共在内的全世界马克思列宁主义者和革命派。

回头来看，共产党和工人党情报局的成立、关于两大阵营的"日丹诺夫演说"、关于捍卫社会主义思想文化的"日丹诺夫主义"、斯大林的"两个平行市场"理论，在苏联方面奠定了冷战的组织基础和理论基础。

对照凯南的遏制理论，可以更清楚地看到"一个巴掌拍不响"，冷战是一个美苏互动的进程。双方既有行动，有相应的国际组织，也有系统的思想理论。苏联揭露美国要颠覆社会主义国家，压制资本主义国家的进步力量，证据确凿；美国指责苏联要全面控制东欧，扩充势力范围，也不是无的放矢。追溯在冷战中"谁先打的第一枪"，哪个国家应负主要责任，恐怕是各执一词，很难辩论清楚。更重要的问题是，冷战按照那样一个轨迹发展下去，带来了什么后果，如何影响了未来世界。

核威慑：冷战之所以没有成为热战

上节分析了冷战初始阶段美国的遏制战略，包括凯南的思想、"NSC-68"文件的出台和它的基本内容，以及苏联的对应战略，特别是日丹诺夫关于"两个阵营"的战略思想。这一节将来讲讲核武器和冷战的关系。

通常认为，核武器的诞生是促成冷战发生的一个关键因素，而且核武器和核军备竞赛对整个冷战进程以至今天的国际格局，都有重要的影响，它在某种程度上改变了国际冲突的逻辑。当然，对于核武器的作用到底有多大，一直是有争议的。

美国原子弹的诞生与核武器的管控

首先来看核武器的诞生，以及在诞生阶段美英苏等大国围绕这个议题的思想和行为。这个阶段的主题大概可以概括为"美国率先突破，苏联紧紧跟上，原子能国际控制计划失败"。

在原子能的开发利用上，本来是欧洲走在前列。"二战"开始前后，德国陆军部就已经招募大批科学家，开始部署原子弹的研究。

这里要提到一个重要人物——阿尔伯特·爱因斯坦，身为犹太人的爱因斯坦在1933年离开德国，到达美国，并于1940年加入美国国籍。1939年8月，爱因斯坦给美国时任总统罗斯福写信，建议赶在德国之前立即研制原子弹。纳粹德国一直没有研制成功核武器的主要原因，在于法西斯不得人心，大批科学家在"二战"中转移到美国；即使一开始为德国陆军部效力的科学家，也出工不出力，各种拖延搪塞。另外，德国研制V-2弹道导弹和其他先进武器，耗费了大量人力物力，因此没有能够全力投入原子弹的制造。

英国很快也开启了一项研究原子弹的绝密计划，后来英国发现自己没有能力独立完成原子弹的研制，于是采取了和美国合作的策略，加入了赫赫有名的"曼哈顿计划"。这一计划由美籍犹太物理学家、后来被称为"原子弹之父"的尤利乌斯·罗伯特·奥本海默（Julius Robert Oppenheimer）负责。1945年7月16日，第一颗原子弹在美国新墨西哥州沙漠地区爆炸成功，美国成为首先拥有核武器的国家。美英研制原子弹，至少在最开始是为了打败纳粹德国。但实际情况是，原子弹问世前，德国已经投降。于是英国转而希望用原子弹抵御苏联日益壮大的军事力量，而美国在向日本投放了两颗原子弹后，也想垄断核武器。

实际上，从原子弹研究的初期开始，科学界和国际舆论就一直在呼吁原子能领域的国际合作和控制。1945年10月3日，杜鲁门发表国情咨文，声称军备竞赛将导致一场灾难，建议在原子能方面首先与英国、加拿大展开会谈，然后再与其他国家磋商，以便达成一项在原子能领域用合作代替敌对的国际协议。两个月后，苏联外交部就此提交了一份建议，要求停止制造并且销毁现存核武器。但是，1945年12月，在美国、英国和苏联举行的莫斯科外长会议上，就核武器核查及其安全保障措施问题举行的会谈陷入了僵局。

大多数美英科学家都认为，垄断核技术的意图不仅非常危险，而且不可能做到。反对新的战争特别是核战争的世界舆论日益高涨。再次使用核武器被认为是无法接受的。爱因斯坦有一段经典名言：他虽然不知道第三次世界大战会如何进行，但他知道，第四次世界大战必然以树干和石头为武器。被英国政府派往美国参加曼哈顿工程的丹麦理论物理学家、诺贝尔奖获得者尼尔斯·玻尔（Niels Bohr）率先劝说美英领导人将原子能的研发置于国际控制之下，在相互信任的基础上达成协议，以避免新一轮军备竞赛。这种呼吁得到美英部分政界人士的支持。

但是，在冷战气氛日益浓厚的背景下，美国决策者在核武器问题上实际采取了一种"明暗双重路线"：一方面在明面上推进国际管控，以应对世界舆论压力；另一方面在暗中积极加强核军备，以求在核武器的数量和质量上压倒苏联。

苏联间谍与核武器开发速度

美英垄断核技术的做法加深了苏联的疑虑。在美国向日本投下第二颗原子弹以后仅仅11天，即1945年8月20日，斯大林就签署了一项法令，任命克格勃（秘密警察）首脑拉夫连季·贝利亚为核武器研制项目负责人。1949年8月29日，苏联第一颗原子弹爆炸成功，但没有对外宣布。美国还是凭借着苏联哈萨克斯坦上空大气层放射性元素的剧烈变化，才得知这一情况。苏联的核试验宣告了美国核垄断时代的结束。美英与苏联就原子能问题进行合作交流的机会窗口就此消失。

在美国试验原子弹成功之后仅仅4年，苏联就制成了自己的核武器。这样快的速度，大大超出美英专家原先对苏联核技术水平的评估。杜鲁门总统曾经以为苏联永远制造不出原子弹，当时的国务卿贝尔纳斯（James F. Byrnes）也说："世界上任何其他国家至少需要7年到10年才能制造出一颗原子弹。"曼哈顿工程的负责人格罗夫斯（Leslie Groves）甚至认为，苏联最少需要20年才能制造出原子弹。后来人们才发现，苏联人情报工作的能力，大大弥补了他们的技术缺陷。这也让我们明白了，为什么斯大林要指定情报部门、秘密警察的首脑，而不是军事技术专家，来主持核武器的研发工作。

几个关于苏联间谍窃取核机密的案件，后来被陆续披露出来。这些故事不仅揭示了美国安全和情报部门的巨大漏洞，也说明当时苏联的政治和意识形态还是有相当大吸引力的。

这些案件里最重要的人物是苏联特工克劳斯·福克斯（Klaus Fuchs）。福克斯是一位出色的核物理学家，出生于德国，后来加入了英国国籍。1942年，罗斯福与丘吉尔达成协议，要将英国的科技人员派到美国，一同进行原子弹的研制。福克斯就是根据这一协议，以英国研制原子弹的主持人身份，被派到了美国新墨西哥州的洛斯阿拉莫斯国家实验室。因为他受到过纳粹的迫害，深受政治信任，在国家实验室当上了"原子弹之父"奥本海默的助手，所以知道原子弹最核心的机密。福克斯在这个实验室工作了7年，把美国关于铀原子弹和钚原子弹及其引爆装置的图纸、美国铀235及钚239的月产量等重要数据，包括一份他亲手绘制的原子弹各个组成部分的立体图，全部通过秘密渠道送给了苏联。

美英的安全部门原先并不知道，福克斯在19岁就加入了德国共产党，后来一直坚信马克思主义，向往苏联。他向苏联提供机密不是为了钱，而是为了信仰。不过，福克斯泄露机密的活动败露后，招供态度好，只被判了14年监禁，刑满释放后获得了自由。后来我们知道，苏联在西方阵营中编织的间谍网络隐藏得很深，而且其中很多情报人员都是西方的科学家、工程师和知识分子。

在更为著名的另一个案件里，被指控为苏联情报人员的是两个美国公民——朱利叶斯·罗森堡（Julius Rosenberg）和艾瑟尔·罗森堡（Ethel Rosenberg），即罗森堡夫妇。

　　1951年3月，罗森堡夫妇被判定有罪。在处死前的两年多监禁里，世界各地24个国家掀起了声势浩大的要求赦免罗森堡夫妇的声援运动。连梵蒂冈教皇和科学家爱因斯坦，也出面向美国时任总统德怀特·艾森豪威尔（Dwight Eisenhower）呼吁赦免他们。国内外抗议者认为，罗森堡夫妇是冤枉的，他们是善良守法的美国公民，只是信仰共产主义、同情苏联而已，同时因为犹太人的身份而备受怀疑（"反犹太主义"在美国一直有很大影响）。罗森堡夫妇也自始至终宣称自己是清白的。他们被审讯和被使用电椅执行死刑的过程，轰动了当时西方政界、舆论界和法律界。冷战期间的美国，因判决从事间谍活动而处以死刑的公民，只有罗森堡夫妇。虽然几十年后解密的苏联文件揭示，至少朱利叶斯参与了间谍活动，但直到今天，人们仍然就他们的罪名是否属实，存有争议。

　　另外一个值得我们中国人思考的问题是：站在美国官方立场上，罗森堡夫妇固然犯有叛国罪，但如果站在当年苏联、中国或者国际共产主义运动的立场上，罗森堡夫妇是否应该被视为英雄和烈士？在冷战历史上，有数不清的类似事件，会引起道义和价值判断方面的争议。

　　回到核武器问题本身上来。美国在1947年时有两枚原子弹，1948年有50枚，1950年朝鲜战争爆发时大概有300枚，1953年有1000多枚。据苏联情报部门估计，1950年年底，苏联有25枚原子弹，到1953年年中已拥有200多枚原子弹。美苏两国的核轰炸机数量急剧增加，同时还在开发作为核武器运载工具的战略导弹。具有更大摧毁力的氢弹，1954年在美国交付使用，1955年在苏联交付使用。美苏两国的核军备竞赛从此一发不可收拾，最终造出了足以毁灭整个地球的核武器。

从朝鲜战争的检验到核威慑平衡

前面讲到，美英试图以率先制造出的原子弹来压制斯大林，迫使他在东欧等一系列问题上让步。这是初次的核威慑实践。斯大林在波茨坦会议期间听杜鲁门谈到核武器时，表面上满不在乎，实际上加紧核武器研制，而且很快取得了成功。可以说，这个初次的核威慑没有取得什么效果。

在冷战初期，美苏两国都拥有核武器后，马上出现了一个检验核威慑效果的重大事件，这就是与我们中国人密切相关的朝鲜战争。1950年6月25日朝鲜战争爆发后，美国政府自始至终谋求在军事上、外交上和心理上用核武器作为实现自己目标的工具。早在1950年7月中旬，美国国务院政策规划室的一份研究报告就提出，如果中国或苏联军队在朝鲜参战，美国应该使用原子弹，并认为这可以取得"决定性的军事胜利"。在随后的三年间，美国的相关部门一直都在积极制订相应计划。但是美国终究没有在朝鲜战争中使用核武器，原因如下。

首先，美国当时的全球战略重点在欧洲而不是亚洲，主要对手是苏联而不是中国。杜鲁门总统多次强调，朝鲜的军事行动是"克里姆林宫破坏自由世界团结计划的一部分"。在整个朝鲜战争中，他"从来没有使自己忘记，美国的主要敌人正端坐在克里姆林宫里"，与中国进行全面战争只会削弱美国的实力，符合苏联的利益。

其次，即使使用原子弹把战争扩大到中国，也并不能确保朝鲜战争的结束，使中国屈服。相反，倒有可能重蹈日本侵华的覆辙。负责远东事务的助理国务卿腊斯克（Dean Rusk）对此说得很明确："在中国打仗是无法想象的。虽然美国及其盟国可以动用几十万军队，但至多占领一些沿海城市，却不能把我们的意志强加给那个人口众多的国家。"中国土地广袤，当时的城市分散，工业不集中，缺乏核打击的合适目标。

再次，美国的盟友一致反对扩大朝鲜战争，这在很大程度上制约了美国的行动，防止它铤而走险。除了美国和韩国以外，还有欧洲、亚洲、澳洲、非洲等地区共16个国家派兵加入"联合国军"，对中朝作战。但这些国家同美国在战争的目标、规模等方面存在分歧，担心美国使用核武器招致苏联和中国的报复，危害到本国安全。英国派出的军队有6万之众，是这16国里出兵最多的国家，所以对战争的扩大尤为担心，特别是害怕驻有美国战略轰炸机部队的英国领土成为苏联核攻击的目标。

最后，亚洲国家对核武器的本能反感。1950年11月30日，杜鲁门在一次记者招待会上公开宣称，美国一直在积极考虑对中朝军队使用原子弹。这使国际舆论一片哗然。沙特阿拉伯驻联合国代表说，原子弹似乎是专门用来对付有色人种的。印度驻联合国代表同样表示，亚洲国家普遍感觉，原子弹仅仅是用来打击亚洲人的一种武器。印度总理尼赫鲁（Jawaharlal Nehru）强烈谴责了任何有关使用核武器的建议。亚洲国家的态度，对美国决策者产生了深刻的影响。艾森豪威尔总统被问及有关使用核武器的问题时回答道："我们不应该在不到10年的时间里，再次使用那些可怕的东西对付亚洲人。我的上帝！"

核威慑到底有没有用？美国在朝鲜战争中不首先使用核武器，其中一个原因是担心苏联对欧洲和美国本土进行核报复。从这个角度来说，核威慑是有用的，苏联威慑了美国。但是，美国对中国的核威慑既没有阻止中国出兵朝鲜，也没有对朝鲜战争的进程和结局造成什么影响。从这个角度来说，核威慑似乎又不那么有效。

为什么苏联对美国的核威慑起了作用，而美国对中国的核威慑没有起作用？在我看来，当美苏两国都有核武器时，也就是达到一定程度的"核平衡"时，向对方发动战争就可能遭到对方的核攻击，而自己就必须实施核报复，形成相互的彻底摧毁。但是，美国对没有核武器而且军事上比自己弱的中国使用核武器，在道义上是完全站不住脚的，也就是"冒天下之大不韪"，所以"核讹诈"很难奏效。不过，这样一种"核不对称"的局面，只能促使中国下定决心发展自己的核武器，或者像某些国家那样,去寻找核大国的"核保护伞"。

  一个不大为人所知的历史事实是，在美国暂时垄断核武器，又得知苏联正在发展核武器的四年时间里，美国政府曾经认真设想过对苏联进行核打击的作战方案。也可以说，美国对苏联可能获得核武器的恐惧，驱使它去考虑发动先发制人的战争。道理很简单：机不可失，时不再来，等到苏联也拥有核武器时再进行战争，就几乎没有取胜的可能了。

  还有一个相关的民意调查，也很有意思。在苏联没有进行核试验之前，美国国务院秘密委托盖洛普公司，就"是否同意美国放弃首先使用原子弹的权利"做了一项民意调查，结果只有30%的人同意放弃这项权利。这意味着多数美国人同意本国可以首先使用核武器。但苏联进行核爆炸后再次进行的民调，结果完全不一样，多数受访者希望美国放弃首先使用核武器的权利。也就是说，苏联打破了美国的核垄断之后，美国民众对可否首先使用核武器的态度发生了很大变化。

  那么，为什么美国没有在苏联掌握核武器之前，直接对苏联发动核攻击呢？我读到的一些材料说明，即使苏联没有原子弹，美国也不能确信对苏联发动战争能够取胜，因为美国当时没有可以彻底摧毁苏联的足够的原子弹。根据美国参谋长联席会议在1948年的计划，如果美国把它拥有的全部133枚原子弹都投到苏联，那么大约可以炸死300万苏联人。这是一个非常可怕的数字。但是回想我在前面章节讲到的，苏联在四年反法西斯战争中伤亡人数达到4700

万。如果美国使用核武器杀死300万苏联人，苏联不但完全能经受得住，而且还可以用常规武器进行大规模报复。权衡之下，美国只好放弃这种疯狂的想法。

当后来美国掌握了威力巨大得多的氢弹时，苏联已经拥有原子弹，而且很快就生产了氢弹。于是对苏联的核打击计划胎死腹中。就这个事例而言，核威慑是冷战没有变成美苏之间热战的一个重要原因。但是核威慑却没有制止美国和苏联各自发动的有限战争或常规战争。

核武器的利弊与"核不扩散原则"

美苏在20世纪50年代初同时拥有核武器。核武器的出现和冷战的激化是同步的。美苏两国曾多次威胁要使用核武器，企图迫使对方让步，起到"不战而屈人之兵"的作用。不久之后，美苏双方都拥有了庞大的核武库，但因为害怕对方报复而不敢发动战争。美苏各自的核武器数以万计，双方处于"确保相互摧毁"的"恐怖平衡"状态，这种状态持续了几十年。

核武器曾经是大国地位的象征。拥有核武器不但说明军事力量的强大，而且说明科学技术和工业水平的发达。拥有核武器能大大提高一个国家的国防力量和在国际外交斗争中的发言权。但是必须看到，从冷战初期到今天，无论是核武器及其运载工具本身，还是核材料及其开发技术，都发生了巨大变化，国际政治格局和人们对核武器的态度，也今非昔比。当时拥有核武器的，只有美苏两个大国。而今天掌握核武器的国家，还包括英国、法国、中国、印度、巴基斯坦、以色列、朝鲜，更多的国家则有制造核武器的能力或愿望。今天，世界上大多数国际政治学者仍然认为，核武器的出现，和当年美苏之间没有直接爆发战争，以及迄今为止没有爆发第三次世界大战，有着极大的关系。假如没有核大国之间不相互使用核武器的谨慎和默契，那么后面章节要讲到的柏林危机、古巴导弹危机等，都很可能升级和失控。

关于核武器的利弊和作用，有许多不同的观点，足以引起我们的深思。比如，今天，印度和巴基斯坦都拥有核武器，它们比以前没有核武装时更安全，还是更不安全？它们比至今没有核武器的日本、德国、巴西、南非等地区强国更安全吗？朝鲜是一个穷国，发展核武器耗费了大量可以用于和平建设的国家资源，并且遭到联合国的制裁，值得同情吗？朝鲜更安全了吗？有的韩国人和日本人认为朝鲜的核武器威胁到他们国家，所以要求自己国家也发展核武器，他们的想法有道理吗？美国最著名的国际政治学者之一肯尼思·沃尔兹（Kenneth Waltz）认为，核武器扩散到越多的国家，越能促进国际体系的稳定，有助于维持和平，而多数学者却认为核扩散是极其危险的。核不扩散的原则，是当代国际体系的基本规范之一。

更加根本性的问题是：一个没有核武器的世界，真的能够实现吗？真的有利于和平吗？如果答案是否定的，那么我们应该思考的，就是在越来越多的国家掌握核武器的条件下，如何避免核战争。

军事对抗：柏林危机与两大军事集团的形成

冷战进程的起点在欧洲，终点也在欧洲。冷战开始后，第一场重大的政治军事危机发生在德国最大的城市柏林。柏林危机促使美国加快了北大西洋公约组织（简称"北约"）的构建。北约于1949年成立。6年后，苏联领导的华沙条约组织（简称"华约"）也正式成立。两大军事集团的对抗由此成形。

德国西占区内的经济整合与苏占区的货币政策

"二战"结束后，根据《雅尔塔协定》和《波茨坦协定》，1945年8月，德国分别由美、英、法、苏四国占领，并由四国联合组成盟国管制委员会，接管德国最高权力。美英法三国的占领区在德国西部连成一片，约占当时德国领土的70%，被称为西德；苏联的占领区在德国东部，约占德国领土的30%，被称为东德。柏林市周围都是苏占区，柏林也被划分成美、英、法、苏四个占领区。美英法占领区被统称为西柏林，苏占区叫作东柏林。各国在自己管辖的区域内自行其是，没有统一的管辖和政策，四国组成的盟国管制委员会徒有其名。

"二战"之前的德国是欧洲经济最强大的国家。虽然"二战"摧毁了德国的大部分工业基地，但德国的技术水平、人力资源、基础设施仍然在欧洲名列前茅。1947年6月马歇尔计划出台后，其设计者凯南等人认为，欧洲经济最需要的煤、钢、机器都急需德国人来生产，必须将德国纳入欧洲复兴的整体计划之中，充当整个欧洲经济复兴的"火车头"。但是德国被四国分别占领，暂时还没有自己的政府和主权。要想让德国加入马歇尔计划，首先需要整合西德，使它有自己的货币、工业能力和贸易体系。说得更透一些，就是美国想让西德成为主权独立的国家。就美国当时的实力地位而言，西德经济的复苏对它有百利而无一害，还可以在战略上牵制苏联，平衡英国和法国。

但是，美国的这一意图首先在法国和英国遇到了阻力。英法两国都担心西德经济竞争力的恢复会使德国重新崛起，又一次祸害欧洲。法国想对德国鲁尔工业区实施国际管控，增加德国的战争赔款金额，甚至急于拆迁西德的工厂设备，把它们搬到法国。但是杜鲁门政府明确拒绝了英法两国的诉求。美国用马歇尔计划的巨额援助安抚法国，使法国在合并占领区问题上与英美取得了一致，形成了让西德加入欧洲复兴计划的三国一致意见。

这样，西方同苏联在德国问题上的矛盾突出起来，因为这意味着美英决心绕开缺乏执行力的盟国管制委员会，独立主导西方占领区的经济复兴。

1948年2月到6月，美、英、法、比利时、荷兰、卢森堡六国召开伦敦外长会议，建议三个西方占领区协调经济政策，共同管制对外贸易，共同制宪，成立联邦德国，也就是后来常说的西德，把联邦德国纳入欧洲复兴计划。

苏联出于丧失经济主权的顾虑，不愿意参与马歇尔计划，同时希望保持对整个德国的影响,所以千方百计地企图阻止德国西占区内的经济整合。1948年6月18日,美英法三国宣布由6月21日起在西占区实行单方的新货币改革,即发行有B记号的德国马克。这是西占区走向经济整合的第一步。苏联在第二天就提出抗议,占领军长官索科洛夫斯基(Vasily Sokolovsky)发布《告德国民众书》,指责英美法三国要分解德国。随后苏占区也实行货币改革,发行新的D记号马克。西占区和苏占区的马克互不通用。

第一次柏林危机

为了逼迫西方停止整合德国西占区的计划,苏联下了狠手。1948年6月24日,苏联全面切断西占区与柏林的水陆交通及货运,只保留从西德通往柏林的三条空中通道,并停止向西柏林供应电力和煤炭。史上著名的"柏林封锁",或"第一次柏林危机"就这样开始了。

苏联封锁西柏林后,这座有250万居民的城市顿时成了孤城。西柏林当时还是一片废墟,根本不生产食品或其他生活必需品,陷入了极大的生存困境。按照斯大林的设想,美国人要么停止筹建联邦德国,要么拱手让出西柏林;无论哪种选择,苏联都会是最大赢家。

不过,美国总统杜鲁门并不打算屈服。他找到了第三个选项——通过空中运输来对抗苏联的地面封锁。美国还联合英国,给了苏联人一份对等的"礼物"——作为报复措施,对苏占区所缺的钢、焦煤及电力等实行禁运。从1948年6月29日开始,美国将大量的粮食、煤和日用品通过空中航线运往西柏林。但是,当时驻欧洲的美国空军和苏联人一样,都不相信凭借空运能解决整个西柏林的补给问题。美英两国运输力量所面临的任务是,除了饮用水,几乎可以想象到的一切物品，包括一张纸、一支笔，都需要空运进去。西柏林需要多少物资呢？在封锁之前，每天运进西柏林的物资达15,500吨。美方估算，要想坚持下去，至少要保证每天4000吨的运量。

虽然美国空军有着世界第一的战略空运力量，但经过几年军人复员，美国空军的规模已经不能与"二战"时相提并论。即使在美军调集驻欧空军的全部运输机之后，每天最多也只能空运700吨物资。运输机需要有地方起飞和降落，而西柏林只有一个机场，空运的密度和强度一直无法加强。在整个7月份，每天空运到西柏林的生活物资只有1500吨，还不到居民最低需求的三分之一。

为了加强空运力量，杜鲁门政府派出了有"空运之父"之称的空军中将威廉·特纳（William H. Tunner），他曾是盟军援助中国的"驼峰计划"的指挥官，有着丰富的空运经验。在他的运筹下，西柏林机场的空运效率越来越高。为了缓解抵达运输机降落场地紧张的问题，空运开始3个月后，西柏林一座新机场落成，并在2个月内正式投入使用。同时，哈弗尔河开始用作水上机场。除了西柏林的机场和水上机场，西德境内的另外11个机场也全力以赴投入了空运任务。在从西德法兰克福机场到西柏林的"空中走廊"，共有上下重叠、同时并用的5层飞行路线。每层飞行路线之间的距离，只有150米。在运输高峰期，西柏林上空昼夜24小时飞机声轰鸣不断，平均每一分钟就有一架飞机降落。

柏林危机期间的空运最后增加到每天12,000多吨，基本达到了苏联封锁前通往西柏林的地面和空中的运输总量。有几个数据可以说明这次空运行动堪称壮举：飞往西柏林的运输机平均每天599架；美、英、法运输机每天的耗油总量达60万加仑；运抵西柏林的物资总量达232.6万吨；运输这些物资花费的资金总量达224亿美元；美英两国空军在飞行运输中共有7架飞机失事，牺牲机组人员70名。

这次空运中尤其有戏剧性的场面，是由美国飞行员发起的"小食品行动计划"。这些飞行员自费买下一袋袋糖果，用降落伞投放给地面上仰望天空、望眼欲穿的西柏林儿童。1948年12月，美国飞行员还在西柏林上空投下数以千计的小降落伞，给孩子们发放玩具、糖果等圣诞礼物。这些举动，给美国政府和人民赢得了良好的声誉。

柏林危机发生后美英对德国苏占区的反制措施，包括禁止向苏占区供应煤、钢等重工业急需的产品，给苏占区带来了巨大损失。苏联看到它的封锁行动不能达到阻止联邦德国成立的目的，而且受到国际舆论的巨大压力，只好在一连串的外交谈判后，于1949年5月12日解除对西柏林的地面封锁。这场柏林危机一直持续了11个月，共324天，最终以苏联的妥协退让而告结束。

两个德国的分裂和北约的成立

在柏林危机期间，敌对双方都调集大量军队，升级军备竞赛，美国甚至把曾经用于向日本投掷原子弹的B-29轰炸机派往欧洲。美国政府内的强硬派主张使用核武器来应对苏联封锁。一时间，纷纷传言第三次世界大战将要爆发，给西方国家带来了巨大的危机感。

在柏林危机期间，德意志联邦共和国（联邦德国，当时简称"西德"）的筹建工作一直在紧锣密鼓地进行。柏林危机结束11天后，1949年5月23日，在英美法三国代表参加下，西德通过了《德意志联邦共和国基本法》。西德享有自主权，同时美英法三国保留管制联邦德国的外交、外贸、国防的特权。9月20日，联邦德国正式成立，定都波恩，首任总理是73岁的康拉德·阿登纳（Konrad Adenauer）。阿登纳是一位了不起的政治人物。他担任总理14年，直至1963年他年满87岁。在他执政的14年中，德国从战败国地位到重新获得主权，在政治上认同欧洲自由民主理念，进而成为西方国家的一个平等伙伴。

在同一时期，苏联也在德国东部筹措成立共产党（正式名称为"统一社会党"）领导的德意志国家。在联邦德国宣布成立一个星期以后，苏占区在1949年5月30日通过宪法，10月7日，德意志民主共和国（民主德国）宪法生效，东德建立，定都东柏林。在名义上，民主德国取代了苏联管制委员会对东德的外交及外贸监督。这样，德国彻底分裂为东西德，即民主德国和联邦德国。

在柏林危机的刺激下，美国加快了筹建北大西洋公约组织的步伐。杜鲁门总统在他的回忆录里写道："俄国在柏林问题上所表现的粗暴和野蛮……导致最后讨论北大西洋公约组织。"在此之前，杜鲁门主义和马歇尔计划已经在政治上为建立北约铺平了道路。前面的章节提到，1948年2月苏联支持捷克斯洛伐克共产党通过强制手段夺取政权的事件，使美国和西欧大为震惊，加速了美欧建立联合军事力量的努力。

在柏林危机发生前的1948年3月，在美国的鼓励下，英、法、荷、比、卢等西欧五国签订《布鲁塞尔条约》，组建了欧洲第一个集体防卫体系。这五个国家加上德国，是欧洲工业最发达的国家。紧接着，美国、加拿大和布鲁塞尔条约五国在华盛顿开始谈判，筹建北约，随后还有丹麦、挪威、意大利、葡萄牙、冰岛五国参加。历经大半年的讨价还价，上述12国于1949年4月4日在华盛顿签订《北大西洋公约》，规定实行"集体防御"，即当某个或某几个缔约国受到军事攻击时，其他缔约国将采取包括使用武力在内的"必要措施"。北约总部设在比利时首都布鲁塞尔，最高权力机构为部长理事会，并设立军事委员会和防务委员会等。1952年，希腊和土耳其加入北约。

柏林危机表明，美苏冷战的焦点在德国。但北约刚刚成立一年多，朝鲜战争突然爆发。在后面的章节中，我将谈到，美国认为朝鲜战争是苏联对美国有无决心保卫西欧的战略试探，于是加快了重新武装联邦德国的步伐。1950年9月，美国国务卿艾奇逊在纽约的美英法三国外长会议上，正式提议在北大西洋公约组织内建立联邦德国师。但在"二战"中惨遭德国占领的法国心有余悸，担心德国重新武装后再次对法国构成威胁。

为减弱法国等曾经遭受德国侵略和占领的国家的担忧，此后的4年里，西方国家之间进行了一系列外交活动，美国和英国保证继续驻军欧洲大陆，联邦德国则声明愿意接受军备限制与监督，保证不以武力改变欧洲目前的疆界。朝鲜战争发生后，美国加强了本国在西欧的军事部署，并且将对欧洲盟国的军事援助增加四倍。杜鲁门政府认为，西德在欧洲重整军备的努力中应当起到关键性作用。如果西德没有足够的防卫力量，就会屈服于苏联的压力。但是，为了消除其他欧洲国家的担忧，美国规定西德不能拥有空军、海军和总参谋部，西德在师级以上不设军事单位，德国师要接受北约统一指挥，而且它的军事力量要小于法国的军事力量。

在这种条件下，法国才接受了重新武装德国的方案。1954年10月，西方国家签署了《巴黎协定》，规定美英法三国终止对联邦德国的军事占领，而以"防卫自由世界"的名义继续驻军联邦德国；联邦德国恢复主权，作为主权国家参加《布鲁塞尔条约》和《北大西洋公约》，并开始重建军队；删去《布鲁塞尔条约》中有关防止联邦德国侵略政策复活等词句，布鲁塞尔条约组织改称西欧联盟，军事上纳入《北大西洋公约》防务体系。1955年5月5日，《巴黎协定》全部生效，联邦德国正式加入北约。

华约成立与两大军事集团形成对立之势

苏联对北约成立的最大忧虑，也是德国的重新武装。俄国和苏联在两次世界大战中都遭受了德国的入侵和占领。如果德国再一次成为军事强国并且加入美国主导的同盟体系里，苏联将感受到极大的安全威胁。为阻止联邦德国加入北约，苏联于1952年提出缔结对德和约主张，1954年提出召开欧洲集体安全会议、签署欧洲集体安全条约等一系列建议，都被西方国家拒绝。

1954年10月《巴黎协定》签订后，苏联马上做出了强烈反应。苏联和7个东欧社会主义国家在莫斯科举行会议，宣称鉴于联邦德国正在加入反对欧洲其他国家的军事集团，并重新军国主义化，参加这次会议的国家将在组织武装部队和建立联合司令部方面采取共同措施来保证自己的安全。

1955年5月，苏联和东欧七国政府首脑在波兰首都华沙开会，签订八国《友好合作互助条约》，通称《华沙条约》，简称"华约"。参加华约组织的成员国有保加利亚、匈牙利、捷克斯洛伐克、民主德国、波兰、罗马尼亚、阿尔巴尼亚、苏联等八国。

《华沙条约》的序言宣称，由于正在重新军国主义化的联邦德国加入北约，从而加深了新战争的危险，爱好和平的欧洲国家必须采取必要步骤以保障自己的安全和维护欧洲和平。这篇序言既表现了对重新武装德国的真正担忧，也提供了团结东欧国家加入苏联领导下的防务体系的正当理由。

除了序言以外，《华沙条约》有11个条款，归纳起来的主要实质性内容是：当缔约国之一遇到任何国家和国家集团的进攻时，其他任何缔约国都可以一切它认为必要的方式，包括使用武装部队，立即对遭受进攻的这个缔约国给予援助。缔约国不参加与华约相反的任何联盟或同盟，不缔结与华约相反的任何协定；华约联合武装部队将根据联合防御的需要和这些国家的协议，在缔约国领土上驻扎。莫斯科是华沙条约组织的总部所在地。

在华约的组织机构中，主要部门的主要领导职务都由苏联人担任。联合武装部队总司令一直由苏联国防部第一副部长兼任，联合武装部队第一副总司令由苏军第一副总参谋长兼任，华约国防部部长委员会主席始终由苏联国防部部长兼任，苏联还在华约成员国中派驻大量军队。

回顾北约和华约的成立过程，有的历史学家指出，北约成立6年之后华约才成立，并且成立于苏联领导人赫鲁晓夫推行对西方缓和政策的时期，所以苏联建立华约的目的主要不是在军事上对抗西方，而是借此向西方施压，要求构建新的欧洲安全架构。同时，苏联需要调整苏东集团的内部关系，名正言顺地重新武装东德，并且牢牢掌握对东欧国家的控制，打消任何东欧国家企图"中立化"的想法。

北约和华约的成立，标志着冷战期间两大军事集团的形成。北约集团15个国家的军队近600万兵力，同华约集团8个国家的军队600万兵力，处于长期战略对峙状态。双方的核武器瞄准着对方成员国的军事、政治、经济目标，处于待机"按电钮"之势，导致愈演愈烈的军备竞赛。但是耐人寻味的是，在整个冷战时期，北约和华约之间始终没有发生直接的军事冲突。

东亚（1）：新中国成立与"一边倒"政策

从前面两节，我们看到，冷战双方尽管在政治制度、意识形态、经济、军事等领域发生了严重对立，却避免了直接的武装冲突。但是，在欧洲维持和平的时期，亚洲大陆连续发生了三场"热战"，分别是中国内战、朝鲜战争、越南战争。这一节要讲的是新中国的成立和"一边倒"政策。对于这个内容，相信不少人都很熟悉。我要重点分析的是新中国的诞生及其内外政策同美苏冷战之间互为因果的复杂联系。冷战在欧洲发生，毕竟是一个区域性的现象，而冷战蔓延到亚洲并且引发战争，就逐渐具有了全球规模的意思。

国共冲突与美苏的调停和私心

1945年8月15日，日本无条件投降，"二战"至此全部结束，中国和美英苏都是战胜国。在罗斯福的战后国际安全构想中，国民党统治下的中国要充当亚洲地区的安全警察，尤其是充当遏制日本军国主义复活的桥头堡，实现美、苏、英、中四大国共管世界。后来杜鲁门总统也基本上继承了这种思路。但是，在延安的中共政权和在重庆的国民政府在抗战结束后的冲突愈演愈烈。美国不希望看到中国在"二战"结束后爆发内战,更不希望自己卷入中国内战,而是想通过一个亲美的中国政权去限制苏联在远东的影响力。

苏联对于雅尔塔会议所确立的世界秩序和权力格局是满意的,希望能够维持它在远东的利益。日本投降后,苏联实际控制了中国东北。国民党政府在美国和苏联的共同压力下,于1945年8月14日同苏联签订了《中苏友好同盟条约》。在这个条约中,除了确定双方联合对日作战外,还规定苏联将一切援助给予国民政府,外蒙古由公民投票决定前途;中国长春铁路由中苏共管,大连辟为国际贸易自由港,但行政权属于中国,旅顺为共用海军基地。日本投降后,苏军最迟在三个月内撤出东三省,将政权交给国民党政府。《中苏友好同盟条约》基本满足了苏联的利益要求。

苏联刚开始在中国奉行的是"联合政府"政策,认为共产党应该和国民党当局合作,进入联合政府。1945年4月至5月,斯大林和莫洛托夫在同美国驻华大使赫尔利(Patrick J. Hurley)的谈话中说,他们不认为中国共产党人是真正的共产党人;斯大林还说,同美国一样,苏联也希望看到一个蒋介石统治下的民主和统一的中国。1945年8月,莫斯科给中共发来电报,催促共产党与国民党和谈,声言"否则中华民族就有被毁灭的危险"。斯大林既不相信中共的军事实力,又担心中国内战会破坏苏联在雅尔塔协议和中苏条约中获得的成果。毛泽东就是在这个背景下,应斯大林的要求飞往重庆同蒋介石谈判的。

前面章节讲到,冷战刚刚开始时,苏联在它所占领的东欧国家里,一开始同意共产党同其他党派合作,成立联合政府,但后来发现如果真的搞联合政府,只会导致共产党失利,所以放弃了这个做法。和东欧情况类似的是,随着国共重庆谈判的破裂和内战危险的扩大，苏联也发现在中国成立联合政府是不可能的，所以转而对中共加大了支持力度。

苏联担心中国东北被亲美的国民党全部掌控，使美国获利，所以同中共形成了一种反美的战略关系。苏联在撤军时，把主要的城市留给国民党政府，而把一些中小城市和广大乡村地区，还有很多日本军队留下来的军用物资，留给了中共军队。1945年年底，中共派遣林彪率领大军北上，按照毛泽东的指示，"让开大路，占领两厢"，建立巩固的东北根据地。后来国共内战的第一个决定性战役是在东北的辽沈战役。从这个角度说，苏联对中共的支持，对中共获得内战胜利具有重大意义。

在国共两党都在准备军事斗争、又都想通过和平谈判争取时间并获得外援的情况下，美苏两国开始了调停中国国民党和共产党可能发生的内战。但是，美苏双方在这种调停中的立场都是各有偏向、各有私心的。对于美国来说，不管是国民党还是共产党不肯退让而导致和谈破裂，美国都要支持蒋介石。苏联则肯定要在和谈破裂后支持共产党。

中国内战与背后的美苏互不信任

在实际行动上，刚刚退役的美国陆军参谋长乔治·马歇尔上将，也就是前面讲到的马歇尔计划中的那个马歇尔，奉杜鲁门总统之令，到中国做调停工作。应该说，马歇尔是非常努力尽责地在做这项工作。其实，在此之前，美国驻华大使赫尔利等人也努力劝说国共和谈。1945年年底到1946年年初，马歇尔分别会见了国共两党领导人。国共双方在1946年1月10日草草完成了一个停战协定，规定双方停止一切军事冲突。在调停的同时，美国一直在帮助国民党政府接收全国政权，利用美国军舰飞机帮国民党运输军队至华中、华北、东北等地。

再看国共两党之间。由于中国是"二战"的战胜国,成为美、苏、英、中"四大警察"之一,蒋介石自以为声威大涨,不愿意放弃独裁权力,要求中共放弃自己的军队和解放区,接受国民党的收编。从共产党这边来说,它吸取了20世纪20年代国共合作破裂后蒋介石集团血腥屠杀共产党人的教训,绝不放弃革命根据地和武装力量。虽然在1945年4月毛泽东发表了《论联合政府》一文,当时中共也确实考虑过参加国民政府,但国共停战的机会转瞬即逝。美国人在中国建立西方式两党制和代议制政府的设想,完全脱离中国国情,国共双方都不接受,没有任何成功的希望。

前面章节提到,1946年2月和3月,斯大林和丘吉尔分别发表了对抗性的演说,杜鲁门主政以后,美国对苏联的态度越来越敌对,越来越强硬,冷战的帷幕正在拉开。中共军队和苏联相互配合,占领了一些战略要地,坚定了中共在东北和国民党抗衡的决心。国民党在美国大力支持下,派精锐部队投入东北战场,蒋介石拒绝了斯大林在国共间调停的建议。在东北,国共两军隔松花江对峙。在华北,蒋介石命令国民党军队向中共军队大举进攻。1946年6月,中国内战全面爆发。

中国内战爆发前后,美国对蒋介石领导下的国民党政府的腐败无能看得一清二楚,但还是延续了对它的经济和军事援助。1946年4月,马歇尔再度来到中国调停。这次调停只迎来了一个短暂的6个月停火。马歇尔调停有两个相互矛盾的目标:第一是要制止蒋介石派军队进攻中共,第二是要支持国民党统治整个中国。马歇尔对蒋介石多次破坏停战协议表示恼火,但又不能放弃对国民党的支持。1947年1月8日,马歇尔从中国铩羽而归,这一天距1946年1月10日国共签订停战协议一周年只差两天。马歇尔回国后,立即出任杜鲁门政府的国务卿,提出马歇尔计划,1950—1951年又出任美国国防部部长。

从上述事实不难看到，中国内政跟美苏冷战相互影响，不可分割。沈志华教授总结说："美苏之间本质上的不信任状态，影响了它们对国共两方的立场，而国共之间的生死对立又反过来制约着美苏关系的发展。一方面应该说，如果战后美苏之间存在真诚的合作，那么它们是有能力制止中国内战爆发的。另一方面，中国内战的爆发及其延续，又成为美苏之间进行全面冷战的奠基石，也是冷战在亚洲的预演。只不过，蒋介石和毛泽东在事前都没有意识到，他们之间的争斗在亚洲打开了通向全球冷战的大门。"

同时，国共两党也都越来越清楚地认识到，在美苏两国中必须"选边站"，"骑墙"是行不通的。冷战史权威专家、挪威学者文安立（Odd Arne Westad）说："就冷战观念的形成而言，中国的国共两党始终落在大国的后面。毛泽东和蒋介石直到1946年还相信，同两个大国中的一个结盟并不意味着一定要同另一个对抗。"在毛泽东方面，他曾经认为美国是帮助中国发展经济的"唯一最合适的国家"。在马歇尔使华期间，周恩来对马歇尔说："我们当然要一边倒向苏联，但是在多大程度上倒向苏联，取决于你们美国。"这表明中共对美国不全力支持国民党抱有希望。在蒋介石方面，他也曾经期待苏联不在中国内战中全力支持中共。但是随着1947年美苏冷战正式开始，国共两党都清醒地看到，它们必须坚定地加入两个大国之一方，反对另一方。

我在1983年撰写的硕士学位论文，专门分析了美国在20世纪40年代后期如何估计中共同苏联的关系。我的发现是，杜鲁门政府内部对这一问题的看法是有分歧的。包括凯南在内的一些专家以为，中共是一个以农民为主体的、高举民族解放大旗的组织，同苏联奉行的马克思列宁主义意识形态并不契合，中国共产党有很强的独立性，不可能成为苏联"仆从"。因此他们认为，中共掌握全国政权不会对美国构成致命威胁。但是，中共对南斯拉夫问题的态度严重影响了这部分美国人的看法。1948年6月，苏联领导的共产党和工人党情报局宣布把南斯拉夫"铁托集团"开除出世界共产主义运动。消息传来，中共马上表态坚定支持苏联，批判铁托。美国人关于出现"中国的铁托"的幻想破灭了。对于这一点，前文已提到过。

新中国的成立与"一边倒"政策

时间很快来到1949年，中共获得全国政权的前景趋于明朗。1949年1月31日，即中国解放战争的平津战役结束当日，斯大林委派苏共中央政治局委员米高扬（Anastas Mikoyan）到达中共中央驻地——河北省的西柏坡。这次访问秘而不宣。毛泽东和其他中共领导人与米高扬进行多次长时间谈话，会谈内容包括中苏双方共同关心的所有问题。中共领导人清楚地表明，未来的新政权将向苏联"一边倒"，在内政和外交的各个领域与苏联保持一致，包括与美英等国"不急于建立外交关系"。此外，毛泽东还表达了一个重要观点，即中共承认斯大林在国际共产主义运动中的领袖地位，苏共与中共是领导与被领导的关系。米高扬访问西柏坡为中共和苏联开启了通向结盟的大门。在1949年3月初召开的中共七届二中全会上，毛泽东热情洋溢地称赞苏联对中共的帮助和支持，指出中共的最后胜利"将冲破帝国主义东方战线，具有伟大的国际意义"。这次会议也标志着中共党内就与苏联结盟的政策统一了思想。

1948年年底到1949年年初，中共中央还确定了一个重要的外交方针，将外国政府承认中国新政权问题由新政权的单向"被承认"变成与外国政府之间的双向相互承认。毛泽东把它概括为"另起炉灶"，即新政权不承认国民党政府同各国建立的旧的外交关系，而是在新的基础上同各国另行建立新的外交关系。与"另起炉灶"直接紧密关联的是如何处理旧中国的"国际义务"问题。毛泽东在中共七届二中全会的报告中提出：新中国将不承认国民党时代的一切"卖国条约"的继续存在，并采取有步骤地彻底地摧毁帝国主义在中国的控制权的方针。毛泽东主张首先清除帝国主义在华残余势力和影响，而对争取帝国主义国家承认的问题，"不但现在不应急于去解决，而且就是在全国胜利以后的一个相当时期内也不必急于去解决"，也就是要"打扫干净屋子再请客"。简而言之，"一边倒""另起炉灶""打扫干净屋子再请客"，是新中国即将建立时毛泽东提出的三大外交方针。

在新中国成立前夕，1949年6月26日至8月14日，以刘少奇为首的中共代表团秘密访问苏联，向苏共领导人通报了中共的内外政策，争取苏联的援助。斯大林承诺将向中共提供经济和军事援助，还提出希望中国承担领导东亚革命的责任。斯大林表示，1945年的《中苏友好同盟条约》是同国民党政府打交道的产物，他会在毛泽东来访时解决这个问题。

刘少奇访苏期间，毛泽东在6月30日发表《论人民民主专政》的演说，用最生动明确的语言阐述了新中国的政治纲领。毛泽东说："'你们一边倒。'正是这样。……中国人不是倒向帝国主义一边，就是倒向社会主义一边，绝无例外。骑墙是不行的，第三条道路是没有的。"关于新中国的政治体制，毛泽东说："'你们独裁。'可爱的先生们，你们讲对了，我们正是这样。中国人民在几十年中积累起来的一切经验，都叫我们实行人民民主专政，或曰人民民主独裁，总之是一样，就是剥夺反动派的发言权，只让人民有发言权。"

毛泽东这篇斩钉截铁的演讲，表面上没有给中共与美国的关系留下任何缓和的机会。但在实际上，双方都没有完全关上秘密接触的大门。1949年4月解放军占领国民党政府首都南京以后，美国驻华大使司徒雷登（John Leighton Stuart）没有像苏联驻华大使罗申

（Nikolai Roshchin）等其他国家驻华使节那样，按照国民党政权的要求将使馆搬到广州，而是留在了南京。中共南京外事处的代表黄华（1980年担任国务院副总理兼外交部部长）会见了司徒雷登，代表中共领导人邀请他访问北平。司徒雷登本人有意接受邀请，但上报国务院后，遭到国务卿艾奇逊的断然否决，只好于1949年8月黯然返回美国。美方还通过几位中国民主人士，试探同中共高层接触的可能性，但都无果而终。

新中国开国大典以后刚刚两个多月，1949年12月6日，毛泽东借庆贺斯大林七十寿诞之机，乘上前往莫斯科的专列，开始他人生中第一次出国之旅。12月16日，毛泽东抵达莫斯科，直到1950年2月17日才启程回国，访问时间长达两个多月。毛泽东访问苏联的主要目的是要订立新的中苏同盟条约。毛泽东乘火车抵达莫斯科当晚，就在克里姆林宫同斯大林的正式会谈中，提出了订立新约的问题。

为什么毛泽东把同苏联订立新的同盟条约看得如此重要？答案很简单：毛泽东早就说过要"另起炉灶"，也就是新中国不能承认国民党政府同各国建立的旧的外交关系，也不承认旧中国同外国订立的一切不平等条约的合法性。如果不跟苏联订立新的条约，就等于默认了1945年国民党政府同苏联签订的条约的合法性。更何况国民党政府盘踞在中国台湾，这时还在联合国"代表"着中国。所以，废除中苏旧约，订立新约，在中共看来天经地义，势在必行。

但是斯大林对此却另有想法。他答复说，如果重订中苏条约，就否定了雅尔塔体系，那么美英可能会借机要求苏联放弃其他从雅尔塔体系中获得的权益，比如千岛群岛、南库页岛等，所以他不同意签订新约。其实，斯大林不想放弃的利益，主要是苏联通过1945年的中苏条约获得的中长铁路和大连的控制权、旅顺港的海军基地租借权等。毛泽东对斯大林这种居高临下的态度非常气愤，又不好当场发作，只好在回到下榻的别墅之后发脾气。

虽然闷闷不乐，心神不安，毛泽东并没有放弃努力，他是个百折不挠的政治家。在同斯大林的第二次正式会谈中，斯大林仍然不提中苏条约问题，让毛泽东大失所望。毛泽东事后回忆说："后来斯大林避而不见我。我曾给他的住所打过电话，但得到的答复是斯大林不在家，建议我去见米高扬。……这种做法使我很生气，我决定呆在别墅里，什么也不干。"毛泽东拒绝了陪同他的苏联官员科瓦廖夫（Ivan Kovalev）等人劝他去苏联各地游览的建议。他向科瓦廖夫抱怨说，他每天只做三件事：吃饭、拉屎、睡觉。这表现了毛泽东性格倔强的一面，他以这种方式向斯大林施压。这样，中苏领导人之间的气氛开始凝重甚至紧张起来。

首先做出让步的是斯大林。斯大林的让步不仅仅是因为他不愿意得罪比他年轻14岁的毛泽东，而是有国际形势变化为更大的背景。1949年年底到1950年年初，杜鲁门政府看到已经逃到台湾的国民党政权大势已去，准备采取从中国"脱身"的政策，背弃蒋介石。如果新中国政府拿下台湾，统一全国，那中美关系就有改善的可能，北京对莫斯科的依赖就会减少。在中国方面，毛泽东曾向苏联人透露，民主党派的一些人本来就不赞成他访问苏联，说按照中国传统，改朝换代之后，应该是外国人来中国朝拜，而不是中国领袖到外国访问。所以，如果毛泽东这次访苏空手而归，很难向国内解释为什么要向苏联"一边倒"，中共政权的基础就会发生动摇。

在这一背景下，斯大林指示苏联政府在1949年年底和中方合作，认真起草中苏条约的文本。1950年1月20日，周恩来率领庞大的中国政府代表团抵达莫斯科，参加了斯大林同毛泽东的第三次正式会谈。经过中苏双方艰苦的讨价还价，2月14日签署了《中苏友好同盟互助条约》。于是毛泽东达到了他访苏的全部目的。中国学者牛军阐述了中苏条约同冷战的关系，以及对中国发展道路的深刻影响:"中共决策者是在冷战爆发的关键年代,才决定根本改变1911年辛亥革命以来中国现代国家建设的基本发展方向,即从'向西方国家寻找真理'转向了'走俄国人的路'建国。这既是他们在冷战中选择'一边倒'和最终选择与苏联结盟的最深刻的根源和国内动力,同时也是冷战体系形成这个根本性的外部环境缔造的结果。"

新中国成立后,中共在国内全面学习苏联经验,接受苏联援助,在国际上彻底"一边倒",同苏联结成军事同盟,让美国完全放弃了对新中国同西方缓和关系的期待。中苏条约签订后,中国努力争取苏联对解放台湾的军事支援,但苏联的援助显然力度不够,毛泽东感到攻打台湾尚无必胜的把握。美国则开始从"脱身"政策中后退,考虑帮助蒋介石政权保住台湾。1950年5月,美国远东战区总司令麦克阿瑟(Douglas MacArthur)向华盛顿报告说,如果台湾被中共控制,就等于落入苏联之手,成为"处于苏联战略理想位置上的一艘不沉的航空母舰"。正在这个紧要关头,冷战时期亚洲大陆的第二场热战——朝鲜战争爆发了。

东亚（2）：冷战背景下的热战

新中国的成立和中苏同盟条约的签订，对于当时的冷战全局来说，是以苏联为首的社会主义阵营的重大胜利，以美国为首的西方阵营则产生了巨大的忧虑和恐惧。柏林危机和北约成立之后，西方阵营在欧洲取得了明显优势。但是新中国的成立，以及在亚洲的民族解放运动的兴起，说明亚洲是美国遏制苏联战略的薄弱环节。

"谁丢掉了中国"与亚洲冷战火焰的蔓延

在中共获取全国政权之时，美国国内政界展开了一场关于"谁丢掉了中国"的辩论。这场辩论的题目很荒唐——中国又不是美国的囊中之物，谈何"丢掉"呢？辩论的结果，是美国外交系统里被指责为"亲共亲华"的人，以及没有极力支撑蒋介石政权的人，包括马歇尔和被毛泽东痛斥过的艾奇逊、司徒雷登，都受到指控，要他们对美国在中国的失败负责。1950年年初，一个名为"麦卡锡主义"的政治迫害运动开始在美国泛滥，始作俑者是右派参议员约瑟夫·麦卡锡（Joseph McCarthy）。他攻击杜鲁门政府中有人"私通苏联""帮共产党的忙"。

在这种气氛下,冷战火焰进一步蔓延到亚洲。1949年6月,一份美国国家安全委员会文件指出,"共产主义统治扩张到中国是一次惨痛的政治失败……如果让共产主义再横扫东南亚,我们就会遭到一场重大的政治溃败,其影响所及,在世界其他地区——尤其是在中东以及已经严重暴露的澳大利亚——都能够感受到……殖民主义和民族主义的冲突为颠覆性的共产主义运动提供了丰饶的土壤,现在已很清楚,在克里姆林宫的领导下,一场协调一致的攻势正以东南亚为目标而展开"。1950年4月,杜鲁门总统批准的一份国家安全委员会文件说:"如果印度支那被共产党政府控制,其邻国泰国和缅甸也将落入共产党统治之下。"这就是后来被称为"多米诺骨牌理论"的早期说法,呼应了杜鲁门关于希腊和土耳其对西方战略重要性的强调。

朝鲜战争的爆发与背后的插曲

东南亚的反帝斗争还处于萌芽状态,两大阵营之间的生死搏斗却首先出现在东北亚的朝鲜半岛。

中日甲午战争之后,日本把朝鲜半岛占为自己的殖民地。太平洋战争结束时,美国军队和苏联军队分别占领了朝鲜半岛,它们之间以北纬38度线为界。到1947年,美苏冷战激化,两大国分别扶植自己占领区的政治势力。1948年8月和9月,朝鲜半岛南北先后成立了大韩民国和朝鲜民主主义人民共和国。美苏分别从半岛撤军后,朝鲜南北双方为谋求统一朝鲜全境而在"三八线"附近发生了激烈冲突。它们互相指责对方首先挑衅,同时都在剑拔弩张地扩军备战。

朝鲜北方领导人金日成多次联系斯大林和毛泽东,要求苏联和中国同意他发动统一朝鲜半岛的战争，并提供军事援助，但在整个1949年，斯大林和毛泽东都反对金日成的战争计划。到1950年年初，随着中苏同盟的建立，苏联的想法发生了变化。中、苏、朝三方就朝鲜解放南方的计划有过多次内部沟通。至于斯大林的想法变化的原因，众说不一。无论出于什么考虑，1950年4月金日成又一次秘密访苏时，斯大林同他详细讨论了武力统一朝鲜的计划并予以支持，前提是需要得到毛泽东的同意，因为一旦战争爆发，朝鲜只能主要依靠中国。苏联的战略重点在欧洲。

1950年5月13日，即朝鲜战争爆发一个多月以前，金日成秘密访问北京，向毛泽东阐述他的武力统一计划，并说他的计划已经得到斯大林的认可。年纪刚满38岁的金日成信心十足，志在必得。他估计在解放朝鲜全境之前，美国无意愿或者来不及进行军事干涉，所以并不需要中国提供具体的帮助或介入。金日成踌躇满志的原因之一，是中国内战结束后，主要由朝鲜族官兵组成的解放军三个师，装备完整地移交给了朝鲜人民军，增强了朝方的实力。

中国决策层的主流意见，是要谨慎对待朝鲜可能爆发的战争，而且解放台湾的任务还没有完成，所以并没有表示对金日成的全力支持。可是，毛泽东最终还是认可了朝鲜的计划。1956年，毛泽东在同米高扬的一次谈话中，解释了当时中方为何没有否决朝鲜武力统一计划的原因。毛泽东说："金日成来，说斯大林同意了。我想，三国，已经有两国同意了，我也就没有坚决反对。当然，我坚决反对，也是不行的。""我对他们说，既然两国都同意，我们只好同意。"

毛泽东的解释，可以帮助我们深入理解冷战时期意识形态和政治制度分为"两大阵营"对决策者的心理影响。中、苏、朝，以及后来的越南，都是"社会主义大家庭"的一部分，苏联是家长，各国必须步伐一致，共进退。

1950年6月25日凌晨4点，北朝鲜发动了军事打击，攻势十分凌厉，28日就占领了韩国首都汉城（现在称首尔）。战争爆发的消息传到美国时，杜鲁门正在密苏里州的家乡度周末，不免大吃一惊。不过，直到今天，朝鲜官方在讲述这场它称之为"祖国解放战争"的历史时，还是坚称是在美国的策划下，南朝鲜的李承晚政权首先发动的战争。

后面的朝鲜战争经过，包括中国人民志愿军的英雄事迹，相信大多数人都耳熟能详，不再赘言。我在这里只简单讲讲关于这场战争的三部插曲。

第一部插曲，是1951年4月，在朝鲜参战的"联合国军"总司令麦克阿瑟将军被杜鲁门总统解除职务。美军这时已经再一次逼近中朝边境，麦克阿瑟主张越过边界，对中国东北的军事目标进行打击。杜鲁门担心战争扩大到中国，会导致苏联参战，因而不同意麦克阿瑟的作战方案。麦克阿瑟公然抗命，功高震主，导致被突然解职。

在5月的国会听证会上，美军参谋长联席会议主席布莱德雷（Omar Bradley）解释了杜鲁门政府同麦克阿瑟的分歧。布莱德雷的原话是："赤色中国不是那个谋求统治世界的强大国家。坦率地说，参谋长联席会议的意见是，这一战略将使我们卷入一场在错误的地点、错误的时间同错误的敌人进行的错误的战争。"布莱德雷所谓"这一战略"，指的是麦克阿瑟企图全面进攻中国的战略。在布莱德雷心目中，"正确的敌人"是苏联，"正确的地点"是欧洲，"正确的时间"是美国选择的时间。但是，直至今天，国内仍有人将他的这番话误读为美国承认它的朝鲜战争打错了，打败了。这是冷战史上被我们误读的事例之一。

第二部插曲，是苏联空军在朝鲜上空直接同美军交战，而且战绩辉煌。战争进行了3个月以后，朝鲜人民军败退到中朝边境的鸭绿江边。毛泽东决定出兵朝鲜，而苏联空军也做好了为中国军队提供空中支援的准备。但直到1950年10月25日志愿军在朝鲜同"联合国军"遭遇以后,斯大林才相信中共不是民族主义者,不是"亲美分子",于是正式命令苏军出动。11月1日,苏联空军首次在鸭绿江上空投入战斗,击落4架美军飞机。由于朝鲜境内机场多次遭美军轰炸,苏联空军没有能够进驻朝鲜。按照中国军方统计,在整个朝鲜战争期间,苏联空军先后派出过10个航空师、4个高炮师参战,轮番出战的空军人员总数为72,000人,击毁敌机1259架,自己损失飞机335架。中朝联合空军也有10个航空师,总共击毁敌机271架,自己损失231架。由此可见,苏联空军在朝鲜战争的空战中发挥了决定性的作用。

但是,为了避免美国把战火烧到苏联,苏联从来没有承认自己的空军参战,来支援的苏联飞行员也穿中国军服,不暴露苏联人身份。苏联飞机要刷上中国或朝鲜标志,执行任务时,不能讲俄语。值得玩味的一个细节是,在空战中美军实际上已经认出了很多飞行员是俄国人,但是美方同苏联一样对这件事情守口如瓶,以避免刺激舆论,迫使美方采取报复行动,导致战争升级。

第三部插曲,是台湾蒋介石政权自告奋勇,表示愿意派兵入朝鲜参战,却遭到杜鲁门政府拒绝。朝鲜战争爆发,美国第七舰队封锁台湾海峡,让蒋介石欣喜若狂,马上命令国民党军队整装待命,并且告知华盛顿"可以在五天之中准备就绪"。蒋介石的盘算是,台湾通过参战可以获得更多的美援,提高台湾的国际地位,还可以借机以朝鲜半岛为跳板"反攻大陆"。蒋介石在日记中写道:"天赐韩战,最应感谢上帝……使美国仗义抗共,不放弃远东,以转移整个局势也。"美国国防部、军方和麦克阿瑟都支持台湾派兵参战,但国务卿艾奇逊害怕中国以此为由出兵朝鲜,力排众议,劝说杜鲁门拒绝蒋介石的动议。后来中国人民志愿军入朝参战,美国政府仍然不同意蒋介石出兵,是担心苏联直接介入,使这场国际战争更加复杂化。

这三个插曲都关系到美苏冷战的大背景。斯大林于1953年3月逝世，苏联新领导人很快就决定促成朝鲜战争停战。朝鲜停战协定于1953年7月签订，交战双方的军事分界线回到"三八线"附近。不过同战争开始前相比，北朝鲜控制的领土少了将近4000平方公里。中国认为自己取得了战争的胜利，是因为志愿军参战后把美国带领的"联合国军"从中朝边境赶回了"三八线"附近，美国将战火扩大到中国的图谋没有得逞。而美国人声称取得胜利，是因为他们说北朝鲜首先发动对韩国的"侵略"，美军最终守住了"三八线"，保卫了韩国。

朝鲜半岛停战至今已有70年，虽然没有正式签订和平条约，南北双方从法理意义上说仍处于战争状态，但是没有发生过大规模武装冲突，这是令人欣慰的。

越南战争与中国的战略考虑

再来看东南亚。美国认为新中国对"自由世界"采取敌视态度，将新中国视为多米诺骨牌倒塌的原动力，越南所在的中南半岛（也被称为印度支那半岛）则被美国视为在整个东南亚防御共产主义扩张的关键地区。美国时任总统艾森豪威尔在1954年4月的一次记者招待会上说："在东南亚，如果有一个国家落在共产党手中，这个地区的其他国家就会像多米诺骨牌一样，一个接一个地倒下去。"

1884年成为法国殖民地后，越南国阮朝皇室仍然保留，但实际上是法国的傀儡。阮福永瑞1926年继承皇位，年号"保大"。保大皇帝是阮朝的末代君主，首都在越南中部的顺化。越南与法国在中南半岛的另外两个保护国——老挝、柬埔寨，组成法属印度支那联邦。1945年8月15日，日本向盟军投降，由胡志明、武元甲领导的革命力量发动起义，史称"八月革命"。8月30日，保大皇帝退位，流亡香港。9月2日，胡志明在河内宣告越南民主共和国成立。胡志明年轻时有阮爱国等许多个化名。他早年加入法国共产党，参加过共产国际和中国革命，创建了印度支那共产党、越南共产党（1951—1976年改名为越南劳动党）。胡志明领导下的越共和中共保持密切合作，胡志明同毛泽东、周恩来等是亲密的同志。

1945年9月23日，法国军队卷土重来，占领了西贡。越南共产党以越南北方为基地，以中国边境为后盾，开始了抗法武装斗争。1949年，面临失败的法国又把保大皇帝抬出来，在西贡建立了保大政权。保大傀儡政权很快获得了法国和美国的承认。美国认为，与其由共产党统治印度支那，不如支持保大政权。1950年5月1日，杜鲁门总统正式决定拨款1000万美元，支持法国在印度支那的军事行动。美国在"二战"中本来是高呼民族自决和反殖民主义的，这时候却与旧殖民霸权捆绑在了一起。两害相权取其轻，在美国眼里，共产主义远比旧殖民主义来得可怕。

在越南民主共和国（通称"北越"）成立后，胡志明多次致函斯大林，请求经济援助，并希望苏联承认新政权，但苏联的态度始终冷淡。直到1954年11月，苏联才同北越建立正式外交关系。而中国领导人则在新中国刚成立的1949年冬天，就决定给予越南军事援助。中国是第一个与北越建交的国家，此后越南开始接受中国的援助，包括枪支弹药、粮食、药品、通信器材。以解放军著名将领陈赓、韦国清为首的大批中共军事顾问，到越南北方参与指挥抗法战争。

越南人民的抗法斗争一直持续到1954年。那年春天，越共接受了中国军事顾问制订的作战计划，发起冬季攻势，即著名的奠边府战役。5月初，法军投降。从5月8日起，美、英、法、苏、中五国以及越南、老挝和柬埔寨开始在日内瓦讨论印度支那问题。7

月21日，达成印度支那停战协议，法国承认越南、柬埔寨和老挝独立，并从三国撤军；越南以北纬17度线为界停战。中、苏、英、法四国都在《日内瓦协议》上签了字，美国代表却拒绝签字。同一天，美国总统艾森豪威尔在记者招待会上声称，美国"不是日内瓦会议上做出决议的一方，也不受会议决议的约束"，华盛顿"将把共产党的任何重新侵略都看作要予以严重关切的事情"。也就是说，美国不会接受胡志明领导下的越南。

第一阶段的越南战争到这里就结束了。日内瓦会议后，美国取代了法国在越南南方的地位，扶植自己的代理人。1955年10月，吴廷琰（又译吴庭艳）在美国支持下，举行全民公投，废黜保大帝，自己当了总统，建立越南共和国（即所谓"南越"）。

从20世纪50年代到70年代中期，美国将南越视为在东南亚抵抗所谓"共产党扩张"的重要据点，给予南越政权以大量军事、经济援助。中国、苏联则大力支持北越抵抗美国侵略和解放南方、统一祖国的斗争。这是第二阶段的越南战争，越南称之为"抗美救国战争"。在一定意义上，这也是冷战时期以美国为首的西方联盟同苏联等社会主义国家之间的"代理人战争"。

越共实行的国内政策同新中国非常近似，就是坚持党对国家的绝对领导和人民民主专政。北越实行了土地改革，扩大了国营经济的成分，借鉴中国和苏联的经验，按照计划经济模式，对工商业进行社会主义改造。在胡志明领导下的北越，政权巩固，国家目标明确。

南越的情况同北越形成鲜明对照。南越在法国殖民地和日本占领时期留下来的经济面貌没有发生什么变化，财富集中于大地主、大买办手中，吴廷琰政府专制独裁，腐败无能。吴廷琰大搞家族政治。他本人信仰天主教，对越南大部分人信仰的佛教采取歧视政策，越来越使自己成为孤家寡人。

1960年12月，"越南南方民族解放阵线"（简称"民解"）成立，越南南方共产党组织在北方的支持下，开展反对吴廷琰政权的武装斗争。美国肯尼迪政府为镇压"民解"，派出大批军事人员进行所谓"特种战争"。

1963年5月，吴廷琰家族支持天主教、排斥佛教的态度引爆了佛教群体长期以来的不满，迅速演化为佛教信徒的大规模抗议。一位高僧当街自焚，将抗议游行推向高潮。吴廷琰政府竟然下令开枪镇压。这次佛教徒事件引发了南越政府高层和军内对吴廷琰政权的不满，也促使美国政府下决心除掉吴廷琰。在美国人的默许下，南越陆军首脑杨文明于1963年11月发动政变，吴廷琰和他的两个弟弟被政变军队处决，其政权顷刻间土崩瓦解。此后，南越各派将领相继夺权，最终阮文绍将军上台，并于1967年获选总统。

1964年8月，美国约翰逊政府宣称美国海军在越南附近的东京湾（北部湾）遭到北越鱼雷艇袭击，以此为借口出动空军轰炸越南北方，史称"东京湾事件"。此后越南战争逐步升级。

1969年9月，越南革命领袖胡志明去世。他的接班人黎笋决心将解放南方的斗争进行到底。这时，美国国内的反战浪潮越来越高涨。1969年尼克松总统上任后，美国政府已无心恋战。1972年2月尼克松访问中国，中美双方在结束越南战争问题上达成战略默契。

美国国务卿基辛格（Henry Kissinger）和北越代表黎德寿，以及南越政府和越南南方临时革命政府的代表，于1973年1月签订了《关于在越南结束战争、恢复和平的协定》。协定规定，美国从南越撤军，四方维持停火。但是，一纸和平之外，越南革命力量并没有放弃武力统一越南，南越则逐渐失去美国的军事和资金援助，败象丛生。

1975年3月，北越指挥下的军队对越南中部高原地带发动了大规模攻势，南越军队溃不成军。4月，阮文绍辞去南越总统职务逃往台湾,美军则开始进行24小时不间断的空运撤离行动。4月30日,北越和越南"民解"攻占西贡,越南共和国灭亡。1976年7月,越南南北双方宣布统一,国名为"越南社会主义共和国"。西贡市改名为胡志明市。越南战争以美国彻底失败、越南共产党夺取全国政权而告结束。

两个阶段的越南战争加起来将近27年,过程高度复杂,对世界影响巨大,是冷战史上时间跨度最长、生命财产损失最大、历史教训最深刻的事件,对此,后面的章节还会谈到。在这里我只简单地谈谈中国在越南战争中的作用和战略考虑。

同中国直接出兵朝鲜与美国正面作战不同,在越南战争中,中国始终没有正式出兵与美国作战,但为北越大力提供人员和战争物资援助。毛泽东曾明确要求说:"越南凡是提出需要,我们有可能办到,就一定满足。有些我们有的,也能办到,越方没有想到,我们要主动提出。"周恩来也指出:"援助越南是我们的头等任务。对越南提出的要求都要严肃、认真、积极地对待。"

中国军队实际参战的情况,直到1979年中越交恶后才由中方披露:从1965年到1968年,中国先后派出地空导弹、高炮、工程、铁道等兵种的援越部队达32万多人,最多的一年达17万人。在1950—1978年的28年里,中国援越总额高达200亿美元,包括枪210万支,火炮7万余门,舰艇176艘,飞机170多架,汽车1.6万辆,军服1000余万套。这些物资足足可以装备200万人。

中国如此坚定地支援越南,是出于四方面的战略考虑。第一,反对美帝国主义的战略需要。直到20世纪60年代末,中国都视美国为主要威胁,后来同时反对"美帝、苏修"。越南站在国际反美斗争最前线,当然必须予以全力支持。第二,中国在印度支那和东南亚有重要的地缘安全利益。本地区有大批华人华侨,历史上同中国有千丝万缕的经济、文化联系。第三，尽国际主义的义务。越南是共产党领导的社会主义国家。越战期间，东南亚其他国家发生了不同形式的反对帝国主义、殖民主义的革命运动，毛泽东时代的中国外交以无产阶级国际主义为最高原则。第四，同苏联竞争对越南事务主导权的需要。特别是在中苏分裂公开化后，苏联因素在中国对越政策中的权重越来越大。中苏两国都想争取越南在意识形态和地缘政治竞争中站在自己一边，因此分别加强对越南的援助。而越南正好脚踩两只船，从中苏两边都最大限度地捞取利益。在获得统一后，越南终于向苏联"一边倒"，甚至同中国兵戎相见。

不过，尽管中国和美国在越南战争期间发生了严重的对抗，但双方都守住了一条底线，就是绝不再发生像朝鲜战争那样的大规模正面军事冲突。就美苏关系而言，越战是冷战的前沿，是"代理人战争"。就中美关系而言，两国在越南的对抗没有阻碍双边关系的缓和，反而成了消除相互敌意的动力之一。

松动：赫鲁晓夫的对外政策调整与美国的回应

在前面的章节中，我们一起见证了冷战从酝酿到爆发的过程。以美苏为首的两大阵营形成后，双方的激烈对抗从欧洲的重兵对峙发展到亚洲的兵戎相见。但是在这一节，我们会看到一步步升级的冷战，似乎出现了缓和的苗头。美国和苏联一方面延续着战略对峙的态势；另一方面也在试探着控制对抗的烈度，以更慎重的方式管理双方的竞争关系。两国最高领导层开始恢复外交接触，推动朝鲜战争和越南战争走向停火。那种将冷战视为两个国家、两大阵营和两种制度之间你死我活的斗争的观点，慢慢出现了松动。

这一切转折的起点是苏联国内政治的变化。从1953年开始，斯大林逝世、赫鲁晓夫上台、苏共二十大召开……一桩桩大事如走马灯般上演，不仅改变了莫斯科的政治气氛，也导致苏联的对外战略由此发生重大调整。苏联新任领导人赫鲁晓夫的改革方略如巨石入水，激荡起一道道涟漪，由内而外冲击着苏联国内政治、东欧各国、社会主义阵营，乃至全球地缘政治格局。可以说，这段时期苏联内外政策的变化，在某种程度上改变了冷战的走势。今天的故事，就从这一切的源头，也就是1953年说起。

克里姆林的宫廷政变

那一年的 3 月 5 日，斯大林在莫斯科西郊的孔策沃别墅与世长辞。斯大林当年被尊为苏联人民的"伟大领袖"，在领导苏联实现工业化、赢得反法西斯战争胜利等方面发挥了重要作用。但在他执政的 30 多年间，曾犯下过严重的错误，包括过度的政治清洗、严苛的少数民族政策、政策失误导致的严重饥荒等。特别是到了斯大林晚年，独断专行、个人崇拜等情况更加严重，引发苏共党内潜藏的不满。因此，在斯大林死后，苏联最高领导层出现了改弦易辙的意向。

不过，高层对于改革的具体方向莫衷一是，反而陷入激烈的权力斗争。起初，马林科夫成为斯大林之后的一号人物，他来自斯大林生前所重用的"核心集团"。"核心集团"的其他成员贝利亚、赫鲁晓夫、布尔加宁（Nikolai Bulganin）三人同样实权在握，其中掌管秘密警察的贝利亚最为其他人所忌惮，因而被赫鲁晓夫联合其他领导人铲除。贝利亚之死至今是个谜。苏联的官方说法是他 1953 年 6 月被捕，经法庭审判后被判处死刑。而非官方说法有很多，包括赫鲁晓夫的说法。贝利亚倒台后，赫鲁晓夫又将矛头对准马林科夫，利用追查党内冤案的方式将他搞垮，并解除了他的部长会议主席职务。马林科夫改任部长会议副主席兼电力部部长。最终，赫鲁晓夫在 1953 年 9 月出任苏共中央第一书记，执掌大权。

1957 年 6 月，马林科夫纠集莫洛托夫、卡冈诺维奇（Lazar Kaganovich）、布尔加宁等当时的领导人，发动了一场企图推翻赫鲁晓夫的流产政变。赫鲁晓夫在苏共中央政治局里的支持者是少数，但他要求立即召开中央委员会解决问题，马林科夫等人居然同意了。赫鲁晓夫抓住机会，密召国防部部长朱可夫（Georgy Zhukov）元帅，用最快的速度将支持赫鲁晓夫的中央委员接到首都莫斯科，通过中央委员会表决，发动反政变。赫鲁晓夫把马林科夫等人打成"反党集团"，安然度过危机。

关于斯大林去世后苏共党内斗争的政治背景和国内政策的变化，后面的章节还会介绍，本节主要谈赫鲁晓夫时代的对外政策调整以及美苏关系。

波匈事件及其引发的国际动荡

1956年2月，苏共召开第二十次全国代表大会，邀请世界各国共产党代表参加。赫鲁晓夫在苏共二十大上所做的秘密报告，立刻在苏共和社会主义阵营高层造成了严重的思想混乱，后来又被西方媒体报道，轰动了整个世界。

赫鲁晓夫的"秘密报告"是一份什么样的文件？二十大正式会议结束后，苏共代表在1956年2月24日深夜召开了一场秘密会议。赫鲁晓夫在会议上做的报告题为《关于个人崇拜及其后果》。报告虽然肯定了斯大林在苏联卫国战争和工业化中的贡献，但是也鲜明揭露了斯大林下令进行大规模政治清洗和破坏社会主义法制的许多事实。对于苏共高层来说，赫鲁晓夫的报告并非"突然袭击"，而是事先得到了马林科夫、莫洛托夫、米高扬等多数领导人的赞同，反映了苏共高层纠正斯大林时期积弊的决心。

赫鲁晓夫的反斯大林观点很快就反映在苏联官方媒体上，传遍了各国共产党高层，引起了轩然大波。在苏联国内，苏共干部和群众陷入震惊和茫然的状态。这些情绪在东欧各国表现得更为强烈。受到过斯大林排挤的南斯拉夫自然是幸灾乐祸，但其他国家更多的是疑虑和反思。很多人把批判斯大林和对苏联在东欧高压政策的不满联系起来。反应最强烈的是波兰和匈牙利。

波兰是苏联重点控制的东欧国家之一。波兰历史上三次被瓜分，沙俄都是参与者、获利者。在前面的章节，我谈到过苏联和波兰之间的历史积怨。苏联怀疑曾经担任波兰工人党总书记的哥穆尔卡（Władysław Gomułka）有反苏倾向，哥穆尔卡因此在1948年被解职。1956年6月，波兰工业城市波兹南发生工人罢工事件，很快演变成一场波及全国的反苏、反政府的抗议活动。波兰政府迫于压力，邀请在民众中声望很高的哥穆尔卡重新上台执政。波兰新政府呼吁建立平等的苏波关系，主张走"波兰社会主义道路"，但是也表示无意破坏社会主义阵营的团结。

然而，苏联怀疑波兰新政府将倒向西方阵营，因此调动驻扎在波兰的苏军向波兰首都华沙挺进，与波兰内卫部队和民众迎头对峙。中共中央副主席刘少奇在苏联和波兰之间展开穿梭外交，成功说服波兰顾全大局，并让苏联相信波兰无意"倒戈"，使赫鲁晓夫接受了波兰的立场并撤离军队，危机得到和平解决。

波兰事件让赫鲁晓夫焦头烂额，但是这仅仅是一场更大混乱的开始。1956年10月，匈牙利事件按照相似的情节爆发，但是却走向了完全不同的结局。匈牙利同样是苏联控制下的社会主义国家。斯大林去世后，匈牙利在部长会议主席纳吉·伊姆雷（Imre Nagy）的主持下开启经济改革，但是在党内保守派的掣肘下不得不暂停改革，纳吉本人也被迫下台。苏共二十大召开后，匈牙利人心浮动，要求改革的呼声越来越强烈，但是苏联却选择继续支持保守派，引发民众不满，导致出现全国范围内反苏、反政府示威活动。在这场混乱中，保守派土崩瓦解，苏联担忧权力更迭之后的匈牙利倒向西方，因此派遣军队进入首都布达佩斯"维持秩序"，期间和部分民众发生严重暴力冲突。

苏联的干涉受到匈牙利民众的消极抵制，并且此时局势有所缓和，莫斯科不得不同意匈牙利政府改组，以纳吉为代表的改革派重新掌权。新政府成立后，呼吁局势进一步降级，同时开始与苏联协商撤兵事宜。然而，苏军撤离之后，匈牙利的局势却进一步恶化。因此苏军掉头重返布达佩斯。匈牙利新政府强烈反对苏联再次进行武装干涉，表示将退出华约，并要求联合国保证匈牙利的"中立国"地位。但新政府难以招架苏军的攻势，布达佩斯再次被占领，震惊世界的匈牙利事件至此结束。纳吉等人一度出逃南斯拉夫使馆寻求避难，但最终还是被苏军逮捕并判处死刑。

中国和其他社会主义国家支持了苏联对匈牙利的武装干涉，罗马尼亚还参与了苏联的军事行动。

在苏联武装干涉匈牙利的同时，美国却选择"隔岸观火"。除了对苏联的军事干涉提出"强烈的外交抗议"之外，在整个危机阶段，美国政府几乎完全无所作为。这种姿态反映出艾森豪威尔政府在匈牙利问题以至整个苏联阵营问题上的犹豫、彷徨。表面上，美国政府多次宣称对东欧国家奉行"解放"政策，即通过政治战、心理战、宣传战使东欧的"被奴役人民"获得"解放"，"最终摆脱苏联统治"。美国国家安全委员会内部政策文件也有利用东欧国家内部动乱的设想和说法。但是实际上，艾森豪威尔政府做的是另一套。对于纳吉宣布中立、退出华沙条约组织、要求苏联撤军的举动，美国居然没有做出外交反应。在危机紧要关头，美国国务院甚至通过南斯拉夫领导人铁托向赫鲁晓夫等苏联最高领导人暗送秋波，表示"美国政府并不希望看到在苏联周边出现对苏联不友好的政府"。

美国之所以如此表里不一、无所作为，主要有以下几方面的原因。首先，从国际背景来看，在匈牙利事件的同时还发生了让美国和英法"反目"的苏伊士运河危机，艾森豪威尔又在竞选连任总统，国内政治和中东问题对美国政府来说的权重，自然大大高于匈牙利事件。其次，美国对匈牙利局势的基本判断是，部分民众向共产党造反，纳吉政府向苏联造反，都没有成功的希望，除非西方进行大规模军事干涉。但美国又绝对不愿意冒着核战争的风险同苏联对抗。

最后，同苏联一样，美国在东欧的战略是防御性的而非进攻性的，其目标是维持欧洲分裂为两大阵营的现状。但是，美国出于国内政治、意识形态的考虑，以及维护其国际形象的需要，又不能不装出一副同情匈牙利人民的样子，不疼不痒地谴责一下苏联的军事干预。

莫斯科对外政策的大幅度调整

波匈事件是在苏联对外政策做出调整的背景下发生的。斯大林逝世之后不久，苏联领导层就开始有限地调整外交政策，缓和东西方之间高度僵化的对峙局面。马林科夫和贝利亚掌控政局时，苏联积极推动朝鲜停战谈判，修复和南斯拉夫的关系，贝利亚还曾提出允许东西德合并以换取西方对苏援助的想法。

赫鲁晓夫掌权后，加大了外交调整的幅度，提出同西方"和平共处"的路线。他认为，在社会主义已经超出一国范围并且成为"世界体系"的情况下，苏联可以和美国等资本主义国家实现和平共处，社会主义和资本主义之间的竞争可以变为一场"和平竞赛"，比拼的是哪一种制度能够更好地提高民众生活水平。赫鲁晓夫认为，由资本主义转向社会主义的道路不止武装革命这一条，资本主义国家的工人阶级可以通过议会斗争的方式，向社会主义"和平过渡"。赫鲁晓夫关于和平共处、和平竞赛、和平过渡的主张，在苏共二十大上被抬升到苏联对外政策指导原则的高度，被称为"三和路线"。

赫鲁晓夫大幅度调整苏联对外政策的动力，在于试图纠正斯大林时期的遗留问题。当时，东西方之间的冷战处于高峰状态，苏联在欧洲面对北约军事集团的压力，在亚洲间接卷入朝鲜战争和第一阶段的越南战争。同时，由于苏联的高压政策，社会主义阵营内部矛盾重重，苏联和南斯拉夫关系高度紧张，其他东欧国家也心存不满，频频发生骚乱事件。在这种形势下，莫斯科不得不投入大量资源预备可能发生的世界大战，维持对东欧国家的政治控制，严重拖累了国内的经济建设。另外，赫鲁晓夫也有巩固自身政治地位的考虑。一方面，赫鲁晓夫需要以相对开明的外交政策来表示与斯大林的切割，获取国内支持；另一方面，赫鲁晓夫非常警惕军方人士利用与西方的紧张局势谋取政治权力，同时希望减少军事开支造成的财政负担。

赫鲁晓夫采取了一系列具体措施，扭转苏联的对外政策。第一，调整对美政策。"三和路线"主要针对的是美国。1959年1月，苏联派出部长会议第一副主席米高扬访美，为不久前发生的第二次柏林危机降温。8个月后，赫鲁晓夫更是成为首位出访美国的苏联最高领导人，与艾森豪威尔总统在戴维营会晤，就核军备控制等一系列问题达成合作意向，形成了所谓"戴维营精神"。第二，调整对其他西方国家的政策，包括推动苏美英法四国首脑在日内瓦会晤，改善国际气氛；与日本恢复邦交，不再反对日本加入联合国等。苏联在1955年先后与民主德国和联邦德国建立外交关系，率先承认了"两个德国"的现状。第三，适度放松对东欧共产党国家的控制。对于已经公开与苏联"唱对台戏"的南斯拉夫，赫鲁晓夫于1955年5月亲自率团访问，抛出了改善关系的橄榄枝，不再要求南斯拉夫完全追随斯大林模式，由此启动了苏南关系正常化的进程。第四，加强对中、朝、越等社会主义阵营的亚洲成员的援助。1954年9月，赫鲁晓夫成为第一位访华的苏联最高领导人，随后开启大规模对华经济、技术、军事援助，以支持其对抗殖民主义和帝国主义。

总体而言，赫鲁晓夫的外交方针与斯大林相比更为开明温和，在一定程度上舒缓了因第一次柏林危机和朝鲜战争而高度紧张的东西方关系。不过，如果据此认为赫鲁晓夫的改革带来了冷战的实质性缓和，就未免言过其实了。

在危机与缓和之间摇摆的东西方关系

斯大林去世后苏联外交政策的调整,同艾森豪威尔在美国执政8年(1953—1961)的时间基本重合。就美国而言,是杜鲁门挑起了冷战,而艾森豪威尔则巩固并发展了冷战。艾森豪威尔不是一个有创意、想象力丰富的总统,而是大体奉行无为而治的原则,尤其是在外交方面,大权旁落,许多决策权交给坚决反共的国务卿杜勒斯(John Foster Dulles)和副总统尼克松。已经深深陷入冷战思维的美国政治环境,也不允许艾森豪威尔改弦更张。正像在1956年匈牙利事件所显现的那样,艾森豪威尔政府对苏联阵营仅限于发动意识形态进攻和宣传战,在行动上却相当谨慎,避免与苏联走向正面对抗。艾森豪威尔主张加强核军备,但逐渐缩减军费在联邦开支中的比重。杜勒斯奉行"战争边缘"政策,即敢于走到战争边缘,恐吓对手,但又不陷入战争。

在艾森豪威尔和赫鲁晓夫同时执政的时期,美苏核军备竞赛趋于白热化。同艾森豪威尔相似的是,赫鲁晓夫反对投入过多资源用于备战,但却高度看重核武器和远程导弹的价值。他深信战略核导弹是保卫苏联国家安全的"底牌"。因此,苏联集中资源热火朝天地开发核导技术,以及与之密切相关的宇航技术,为此不惜大规模裁撤常规军事力量。苏联在1953年研发出氢弹后,又在1957年成功发射第一颗人造卫星"斯普特尼克1号"(Sputnik-1),1961年成功将第一位人类宇航员送入太空,在西方舆论界形成了所谓的"Sputnik冲击"。美国情报部门在1958年预计苏联的洲际弹道导弹在1962年将超过500枚,遥遥领先于美国,令美国惊呼"导弹差距"。两国相继研发并部署了成百上千枚射程超过8000公里、可以搭载核弹头的洲际弹道导弹,从潜艇发射的潜射弹道导弹,以及执行核空袭任务的战略轰炸机,这些武器足以覆盖两国本土,甚至将双方毁灭几十次。

同时，美苏意识形态之争非但没有消退，反而进一步增强。赫鲁晓夫曾经公开对西方外交官表示"我们终将埋葬你们"。"和平竞赛"的论调意味着苏联相信世界历史发展的总体趋势是社会主义战胜资本主义。美国也坚信自己的制度优势，将苏联意识形态视为洪水猛兽。1959年7月，美国副总统尼克松访苏期间，发生了著名的"厨房辩论"。尼克松与赫鲁晓夫围绕两国人民生活水准的高下展开辩论，从侧面印证了美苏之间的较量已经从军事、地缘政治和意识形态之争，扩展到经济、科技和制度之争。

这一时期，美苏之间循环上演着"危机—缓和"的戏码。1949年第一次柏林危机结束之后，柏林东西分裂的局面逐渐稳定下来。赫鲁晓夫担忧西柏林可能成为西方向社会主义阵营进行渗透的"前哨"，因此将西柏林称为一颗"毒瘤"，扬言要予以"切除"。在苏联与联邦德国建交之后，西方大国却并不承认民主德国。赫鲁晓夫希望以柏林问题为杠杆向西方施压，迫使西方以签署对德和约的方式，承认两个德国永久分裂的现实。

不过，苏联的外交攻势迟迟不奏效，赫鲁晓夫逐渐失去耐心，在1958年11月向英美法三国下达"最后通牒"，要求三国在6个月内从西柏林撤军，将西柏林变为民主德国管理下的自由市，否则苏联可能诉诸武力。英美法三国果断予以拒绝，并且进行相应的军事准备，局势骤然升级。1959年5月，苏联设立的最后期限即将来临之际，美苏英法四国举行外长会议商讨柏林危机，但是仅仅在一定程度上稳定了局势，问题并没有得到解决。1959年9月赫鲁晓夫访问美国，同艾森豪威尔在离华盛顿100公里的总统别墅戴维营举行了三天会谈，并发表了会谈公报。双方商讨了一系列国际问题。苏联此后大肆宣扬"戴维营精神"，声称苏美两国领导人坐在一起，"人类历史就进入了新的转折点"。

然而天有不测风云。1960年5月，苏军在本国上空击落了一架前来刺探情报的美军U-2型高空侦察机，被称作"U-2击落事件"。苏联在俘获的美军侦察机上发现美国对苏联重要军事设施的情报，莫斯科对此大为光火。美国政府一开始还试图遮掩抵赖，使两国关系再次急转直下。不仅艾森豪威尔访苏的计划被取消，四国首脑峰会也被迫流产。1961年6月，赫鲁晓夫和新上任的美国总统肯尼迪（John Kennedy）在维也纳举行会晤，但是双方各执一词，柏林问题依然悬而未决。同年8月，东德为了防止本国居民大批逃往西柏林，派出军队封锁西柏林全部边界，并修建了高达3.6米、长达近170公里的水泥墙，也就是著名的"柏林墙"。美国则向西柏林增派驻军，利用空军为西柏林民众空投物资补给。柏林墙两侧的军队进入战备状态，冲突一触即发。同时，美苏双方也在寻求以外交方式缓和局势。直到10月赫鲁晓夫在苏共二十二大上表示，只要西方有意谈判解决柏林问题，就不再设置最后期限，第二次柏林危机才宣告结束。

综上所述，赫鲁晓夫执政以后推行"非斯大林化"路线，使波兰、匈牙利等国的离心倾向公开化。苏联用武力镇压匈牙利暴乱，并没有严重影响它同西方的交往。赫鲁晓夫提出"和平共处""和平竞赛""和平过渡"的"三和路线"，力图改善对外关系。但是，"树欲静而风不止"，美苏两国各自的政治制度和意识形态，决定了它们关系的缓和有很大的局限性。艾森豪威尔政府仍然奉行反共的冷战政策，苏联也仍然要推翻世界资本主义。美苏核军备竞赛加剧。1958—1961年出现了第二次柏林危机。美苏关系在危机和缓和之间反复摇摆，最终在1962年走向空前严重的古巴导弹危机。赫鲁晓夫对待斯大林的态度和处理波匈事件、对美关系的方式，日后又成为引发中苏分裂的一条"暗线"。这些话题，是接下来两节将要谈到的内容。

危险的赌博：古巴导弹危机

前面讲到冷战期间发生在亚洲的两场战争——朝鲜战争和越南战争，其中越南战争分为前后两个阶段，这两个阶段之间存在紧密的历史联系，我们统一称为越南战争。由于当时中南半岛上的老挝和柬埔寨也或多或少被卷入战争中，战争并不局限于越南，所以越南战争也称为第二次印度支那战争。冷战初期，亚非拉广大地区的民族解放运动风起云涌，印度支那战争是这场运动的一部分。我这一代人的青春，就是在"国家要独立、民族要解放、人民要革命"的口号声中度过的。

古巴革命

20世纪60年代初，北京的大中学生经常参加反帝示威游行和群众大会，除了抗美援越的主题外，最多的是声援古巴人民的抗美斗争。有一首脍炙人口的中国歌曲，叫作《哈瓦那的孩子》。歌中唱道："爸爸去闹革命，拿枪去打天下，跟着那英雄卡斯特罗，打回了哈瓦那。"古巴盛产蔗糖，首都是哈瓦那，革命领袖是长着大胡子的菲德尔·卡斯特罗（Fidel Castro），在北京简直家喻户晓。另一位有传奇色彩的古巴革命领袖是切·格瓦拉（Che Guevara）。1967年，他在玻利维亚指挥游击战争时被捕牺牲。直到今天，格瓦拉仍然是世界上许多革命者的偶像。古巴导弹危机，就是在这个背景下发生的。

朝鲜战争和越南战争，历史过程很长，发生地点都在东亚，离美国非常遥远，离苏联的中心地区也不近。美国虽然直接参与了这两场战争，但苏联除了在朝鲜战争中秘密出动空军外，没有直接参战，所以冷战的两大巨头之间没有发生直接的军事对抗。古巴导弹危机和这两场战争很不一样。第一，这次危机持续的时间很短，前后两三个月时间，危机的高潮只有十几天。第二，危机的地点古巴离美国本土非常近，让美国人首次感到了真真切切的安全威胁。第三，这是美国和苏联之间的直接对抗，没有通过第三方调解。第四，这是一次围绕核武器而发生的对抗，某种程度上为大国真切理解核威慑和核平衡的逻辑提供了一次"试验"，对以后的国际核军备控制进程产生了很大影响。第五，美苏之间最终达成妥协，没有爆发热战，显示了核威慑在抑制战争特别是大国战争中的作用。

古巴是加勒比海地区的一个岛国，地形是东南向西北方向延伸的狭长形，它的北部距离美国佛罗里达半岛南端只有217公里。早在1510年，西班牙远征军就征服了古巴，并进行殖民统治。1898年，爆发了美国和西班牙的战争，地点在西班牙殖民地古巴和菲律宾等，西班牙战败。1902年，古巴共和国成立，实际上受美国控制，成为美国的保护国。美国趁机在古巴租借了两个军事基地，其中一个就是著名的关塔那摩基地。此后古巴基本上由独裁政府统治，政局动荡。20世纪30年代，古巴经过军人政变建立了巴蒂斯塔独裁政权。冷战初期，巴蒂斯塔独裁政权允许美国资本控制本国经济命脉。

卡斯特罗领导下的古巴革命很快就走向反美主义和国有化。1959年以后，巴拿马、多米尼加、尼加拉瓜、巴拉圭、厄瓜多尔、严重的后果。但苏联军方总体上支持赫鲁晓夫的想法。

实际上，要把杀伤力如此巨大的武器部署在自己的领土上，对古巴来说是一件非常危险的事情，不仅会引火上身，而且也会损害古巴在拉美地区的声誉。苏联本来做好打算，要对卡斯特罗做一番劝说工作。但出人意料的是，包括卡斯特罗在内的古巴政要很痛快地接受了苏联的提议。从猪湾事件之后两个月即1961年6月开始，苏联和古巴就开始展开导弹部署的准备工作。9月，苏联导弹运抵古巴，随导弹一起的还有大量军事人员。相对来说，古巴当地导弹基地的选址以及建设、伪装工作则显得比较粗糙、缓慢。

10月14日是星期日，古巴岛上晴空万里，两架从南至北飞越古巴的美国U-2侦察机中的一架拍摄到的一组照片，显示古巴的圣克里斯托瓦尔正在修建一个中程导弹发射场，而且它装配的导弹很可能载有核弹头。这对美国来说是一个惊天动地的消息。其实，在9月份美国已经得到类似情报，但苏联矢口否认。

从确认苏联在古巴部署导弹开始，美苏之间的危险赌博就立即展开了。从10月16日到10月28日，这场危机前后一共13天。U-2侦察机所发现的证据，引起了美国国家安全委员会的重视。10月16日晨，时任国家安全事务助理的麦克乔治·邦迪（McGeorge Bundy），专门就此事向肯尼迪总统（兼国家安全委员会主席）做了汇报。

讲到这里，有必要介绍一下美国国家安全和外交的决策机制。在"冷战元年"，即1947年，美国国会通过的《国家安全法》授权总统建立国家安全委员会（简称"国安会"）。前面的章节多次提到这个机构，比如1950年出台的遏制战略的纲领性文件——NSC-68，就是国家安全委员会文件。根据《国家安全法》，总统担任国安会主席，成员主要有副总统、国务卿、国防部部长、中央情报局局长、参谋长联席会议主席等，但在不同总统任期内，国安会成员会有增减，其他官员会根据需要参加或列席。国安会的主要功能，是负责把国家安全政策的不同方面（包括国防、外交、国内治安、财政、科技等）统一起来，并向总统提出政策建议，从而使相关机构更有效地协调合作。

值得注意的是，总统国家安全事务助理（也叫国家安全顾问）不是法定的内阁成员，总统无须经过国会就可以任命。其权力大小，往往根据他和总统的关系决定。比如，尼克松时期的国家安全顾问基辛格，深受尼克松信任和欣赏，在尼克松1972年访华期间所起的作用，就远远大于当时的国务卿威廉·罗杰斯（William P. Rogers）。国家安全顾问和国务卿的使命相互交叉，很容易引起矛盾，但有的国家安全顾问，比如基辛格，后来又转任国务卿，甚至同时兼任过这两个职务。不过，国务卿是美国政府中排第四号的职位（前三位是总统、副总统兼参议院议长、众议院议长），政治地位还是远远高于总统国家安全顾问的。

回到古巴问题上来。听取邦迪的汇报后，肯尼迪对苏联的欺骗做法非常恼怒，同时也意识到事关重大。于是，他立即指示邦迪召集包括国家安全委员会人员在内的政府相关部门主要成员开会，以讨论苏联把导弹运进古巴的紧急对策问题。

在华盛顿这边，从10月16日到19日，连续召开了各个层级的马拉松式的对策研究会，据说有37次之多。美国决策和咨询机构详细讨论苏联采取这样"激烈和危险的一反常态的做法"是出于什么动机，美国应做出什么反应，苏联又是否会让冲突升级等。由于成员众多，看法各异（归结起来有五六种意见），整个过程充斥着喋喋不休的争吵，一直没能形成一致的对策建议。

一开始多数美国官员认为，唯一可行的办法是对古巴导弹基地实施空中打击。经过反复讨论、权衡和巨大的心理煎熬，为了避免与苏联的直接军事对抗，避免由此导致的大量古巴平民伤亡和国际舆论谴责，最后肯尼迪放弃了轰炸导弹基地的方案，选择了对苏联船只进行海上封锁隔离。肯尼迪做出这个决定是面临很大的压力的，军方和国会都认为封锁措施太软弱，见效慢甚至可能无效。但肯尼迪坚持认为，即使最终的军事对抗无法避免，在一开始还是要尽量避免直接动武。

在做出封锁决定之前，美国的全球武装已进入戒备状态。10月20日，实施封锁的美国武装力量开始进入指定区域。22日，肯尼迪向全国发表《关于国家处于最紧急状态》的电视讲话，告诉美国人苏联正在古巴建设中程导弹发射基地，从这些基地发射出去的导弹可以覆盖西半球多数重要城市，整个美洲的和平与安全受到极大威胁。肯尼迪说，苏联的秘密行动是对现状的故意挑衅和无理由改变，美国不能接受，并准备制止一切向古巴运送进攻性武器的活动。从这一天起，全世界的人都知道自己生活在核战争的死亡阴影之下。

美国在做国内动员的同时，也在进行紧锣密鼓的外交努力。在肯尼迪演说的第二天立即组织召开美洲国家组织会议，美国将要采取的隔离措施获得了会议一致支持。法国和西德在确认U-2侦察机拍摄照片的真实性后，也明确表示支持美国。在肯尼迪总统演说前一个小时，国务卿腊斯克召见了苏联驻美大使多勃雷宁（Anatoly Dobrynin），告知演说的内容。同时，美国还为柏林可能遭到的封锁做了预警工作。肯尼迪给赫鲁晓夫写了一封信，要他遵守由美洲国家组织会议投票赞成的隔离措施，同时明确表示，美国不想对任何苏联船只开火。

在战争随时可能爆发的紧要关头，肯尼迪总统为应对危机做的工作事无巨细，亲力亲为。比如，他要求，如果出现美国U-2侦察机被击落的情况，必须核实后才能进行回击。他发给海军的关于如何在隔离区内拦截商船的规定，要求对拒不停航的船只，海军可以射击其舵叶和推进器，使船只失去行驶能力，但要避免造成生命损失和船只沉没。这个时候，苏联的船只包括潜艇，仍然在向加勒比海靠近，在古巴的导弹基地也在加速建设中。

直到肯尼迪演说后，苏联这边才知道美国已经发现了自己的动作，开始对冲突做出充分的准备。赫鲁晓夫一方面命令全军进入一级战备状态，继续加紧导弹基地建设；另一方面把驻古巴苏军核武器的使用权掌握在自己手里。赫鲁晓夫命令正在开往古巴的苏联潜艇停止前行，停留在距离古巴两三天航程的海域待命。这反映出苏联不想冒热核战争的风险，同时又不甘示弱。直到这时，苏联仍然在国际上否认在古巴建设导弹基地，并且指责美国的海上封锁是"史无前例的侵略行为"。

10月24日，苏共中央举行主席团会议，赫鲁晓夫明确表示希望和平解决危机，命令向古巴运送导弹的苏联船只或停止前进，或掉头返航。当天，赫鲁晓夫突然接见美国威斯汀豪斯国际公司总裁，承认古巴有苏联导弹和战斗机，提出解决危机的最好办法是两国首脑私人会谈。

在苏联船只停航或者返航后，美国的决策者终于松了一口气，国务卿腊斯克说："我们正眼珠盯着眼珠，我想，对方眨眼了。"而美国海军将领则感到失望，因为他们正准备大干一场。肯尼迪这时又直接对海军下达了细致的命令，除了给予苏联船只掉头的机会外，不得采取任何其他行动；不允许对封锁区外的任何苏联船只或舰艇实施拦截、强行登船或骚扰；对驶往隔离线的苏联船只只能密切跟踪，没有接到明确指示不得轻举妄动。这时，一艘名为"布加勒斯特号"的苏联邮轮驶入隔离区，美国断定船上没有重型武器，因此做出了一个和解姿态，没有上船搜查或阻拦。这艘苏联邮轮顺利进入古巴。危机显示出缓和迹象。

10月25日，苏共中央主席团再次开会，赫鲁晓夫提出了一个转折性的建议：如果美国保证不入侵古巴，苏联就从古巴撤出导弹。主席团一致赞同。

到这里，只要美苏双方继续沟通下去，导弹危机很快就能消解了。但是又发生了一个意外的插曲。10月27日，一架美国U-2侦察机在古巴上空被击落，飞行员身亡，古巴人民兴高采烈。很多美国人怀疑，苏联此前的妥协只是骗人的缓兵之计。美国空军极为震怒，当即决定用战斗机空袭古巴境内的苏军导弹基地。然而，肯尼迪总统考虑再三，否决了军方的空袭计划。事后证明，这是一名苏联军官在没有得到明确授权的情况下使用萨姆导弹击落了美国侦察机。

最终，在巨大的危机压力下，加上国际社会包括联合国秘书长吴丹的居间斡旋，美苏两国领导人几乎同时做出了妥协让步的决定：苏联从古巴撤出核武器，美国承诺不入侵古巴。苏联和美国分别通过莫斯科广播电台和美国之音向全世界播出了致对方的信函。肯尼迪还口头承诺将在危机结束后撤出土耳其和意大利的远程导弹。其实，美国早就有这一计划，这次相当于是送给苏联的一个顺水人情。

危机结束后，美国没有立刻解除隔离行动，因为还不能确定苏联是否信守承诺，拆除古巴的导弹基地。由于美苏急于解决危机，在双方达成妥协一致的时候，苏联甚至都没有提前知会古巴方面，这让卡斯特罗非常不高兴，把苏联的妥协称为投降逃跑行径。危机结束后，古巴拒绝拆除导弹设施。苏联不得不派出米高扬到古巴对卡斯特罗做说服工作，在此期间，连他自己的夫人去世，米高扬都没能回苏联。

11月11日，在美国和联合国的核查下，9艘苏联船只运输42枚导弹陆续离开古巴。20日，肯尼迪宣布停止对古巴的隔离行动。这场危机也全面落幕。

国际危机管控的典型案例

有意思的是，危机结束后，美国和苏联都宣称自己是胜利者。肯尼迪宣称美国解除了人类历史上最严重的危机；苏联认为，他们保护了古巴不受美国及其盟友入侵，并且还使美国撤出了部署在土耳其和意大利的导弹。如果从防止核战争的角度来看，当然可以认为两个国家都获得了成功。但是反过来，推长一个时段看，两国又都是输家。美国在猪湾事件中惨败，没能推翻古巴的共产党政权。苏联没能恐吓住美国，反倒在肯尼迪政府的威逼之下承认自己撒谎，不得不退兵。就危机处理本身而言，美国得分更多一些。

对于这样的结果，国际社会普遍感到欣慰。中国在1962年还没有公开同苏联分裂，支援古巴革命，总体上也支持苏联的决策。但在后来的中苏公开论战中，中国谴责赫鲁晓夫在古巴部署导弹是"左"倾冒险主义，利用古巴称霸；之后撤出是右倾投降主义，以牺牲古巴主权为代价，谋求与美帝妥协勾结。这场危机让中国更清楚地看到掌握核武器的必要性，决心打破美苏两国的核垄断，加快了自己研制核武器的步伐。在这场危机整整两年之后，1964年10月16日，中国第一颗原子弹爆炸成功。

古巴导弹危机让两个超级大国真正意识到热核武器的高度危险性，双方都认为应当更加清醒地重新审视对方，防止彼此之间误判，争取缓和，并推进核试验和核武器管控。下面的章节将会介绍美苏缓和的进程。

古巴导弹危机被视为国际危机处理的经典案例。有几个事实和经验教训是经常被提到的。第一，这一开始是一个"谁是懦夫"的零和博弈和危险赌博，苏联在美国威胁面前首先"眨眼"退让。但是肯尼迪政府在苏联停止运送导弹后马上示意缓和，遵循所谓"穷寇勿追"的道理，最终达到了既让苏联放弃在古巴部署导弹、又避免了战争的结局。

第二,肯尼迪和赫鲁晓夫作为两国的最高领导人,在生死存亡关头,几次抑制了本国军方的求战冲动,维护了国家安全的最高利益。《孙子兵法》说:"非利不动,非得不用,非危不战。主不可以怒而兴师,将不可以愠而致战。"意思是没有好处不要行动,没有取胜的把握不能用兵,不到危急关头不要开战。国君不可因一时愤怒而发动战争,将帅不可因一时的气忿而出阵求战。这个原则对于任何国家处理军事危机,都是适用的。

第三,掌握确切的情报很有用,但撒谎很可怕。在危机的几个紧要关头,都显现出准确情报的重大意义。掩盖事实,散布假情报,在信息时代往往得不偿失,给国家形象和信誉造成重大损害。肯尼迪在美国策划猪湾事件问题上撒谎,赫鲁晓夫在苏联于古巴部署导弹问题上撒谎,都是搬起石头砸自己的脚。

"准冷战"：冷战格局下的中苏论战与冲突

有人说，在美苏冷战的40余年间，还穿插着另一段非常重要的"准冷战"，那就是中国和苏联从分歧走向分裂，再从冲突转向长期对峙的历史。前面的章节谈到中苏同盟的建立，谈到在朝鲜战争中苏联空军参战，谈到苏联对华援助和两国合作应对波匈事件。这些都是中苏关系"蜜月期"的标志性事件。但是，自20世纪50年代中后期起，中苏友谊出现裂痕，并在短短十几年里上升为全面的意识形态对抗以至边界上的军事冲突。

这场社会主义国家之间的"准冷战"绵延近30年，远远长于中苏两党两国亲如兄弟的岁月。可以说，中苏分裂的种子在同盟建立之日就已埋下，起源于同盟条约谈判中的利益冲突，发展于意识形态争论，加速于外交政策分歧，最终上升至军事冲突。值得回味的是，意识形态、外交政策、军事安全这三个领域，恰恰是中苏两国在"蜜月期"的重点合作方向。

那么，为什么中苏关系会在短时间内急转直下，之后又长期处于低谷？中苏两国的分道扬镳，又对冷战的走势造成了哪些影响？本节主要围绕后一个问题讲述，也就是侧重于分析中苏关系和美苏关系的相互作用。至于中苏双边关系中许多值得深入探讨的问题和引人入胜的故事，就只好忍痛割爱了。

不平等的兄弟关系

前面说到，新中国在建立之初就确定了向苏联和社会主义阵营"一边倒"的战略方针，1950年签订的《中苏友好同盟互助条约》使两国成为正式的盟友。然而，盟友本身并不天然意味着可靠，对同盟的忠诚还需要通过实际行动来证明，或者拿出"真金白银"。中国选择了付出汗水和鲜血，苏联拿出了真金白银。朝鲜战争中，中国在斯大林支持的金日成兵败如山倒之际果断出兵抗美援朝，在保家卫国的同时，也大幅缓解了苏联面临的战略压力。经此一役，斯大林终于相信毛泽东不是"中国的铁托"，两国关系更上一层楼。

赫鲁晓夫上台后，在1954年首访中国，随之而来的还有苏联对中国国内建设的大规模援助，为中国工业化的起步提供资金和技术支持，其中就包括老一辈中国人耳熟能详的苏联专家。两国之间这种紧密的友谊还延伸到对外政策和国际事务中。第一次印度支那战争爆发后，中国和苏联在军事和外交上紧密配合。1950年9月起，苏联就开始在日内瓦会议等国际场合公开提出将苏、美、英、法、中并列的"五大国"概念，显著提升了中国的国际地位，甚至有意将亚洲共产主义革命的领导权交予中国，开始赞同并鼓励中国成立共产党的"东方情报局"，用来领导和协调东亚各国共产党的工作。中国则配合苏联的全球战略，支持苏联在社会主义阵营内的领导地位，一起声援亚非拉国家的民族解放运动，在国际场合高声反对美国和西方国家。

不过，这种亲密友谊之中也潜藏着裂隙。首先，中苏同盟条约并没有完全解决两国之间的遗留问题。前面章节曾经谈到，斯大林一开始以不符合《雅尔塔协定》为借口几次推脱毛泽东关于另立新约的提议，为的是维护苏联在中国的既得利益。在毛泽东和周恩来的争取下，《中苏友好同盟互助条约》基本保证了双方的平等，但是也留下了一些不平等的条款。一是继续以盟友的名义在旅顺驻扎军队。二是苏联迫使中国签订了《中苏友好同盟互助条约》的《补充协定》，规定在新疆和东北不允许第三国进入和投资，反映出苏联企图维持在两地的势力范围，毛泽东之后更是直言这个条款制造了两个"半殖民地"。三是通过建立四个中苏合营股份公司，开采中国的战略资源，用来偿付向苏联的贷款，损害了中国的经济利益。

其次，苏联的家长制和一言堂作风长期令中国感到不满。中国将苏联尊称为社会主义阵营的"老大哥"，苏联也往往真的以"老大哥"的做派对待中国，两国两党之间的地位事实上并不平等。在中苏建交之初，毛泽东称斯大林是"中国人民的导师和朋友"，但是斯大林却怀疑毛泽东是"中国的铁托"，特别是在结盟谈判中，斯大林的傲慢态度让毛泽东颇感不快。斯大林甚至还因为喜欢吃菠萝罐头，而要求中国租借土地给苏联公司种植菠萝，遭到中国的立即回绝。

赫鲁晓夫上台后，承认过去苏联的"一些欠缺考虑的行为使我们（和中国）的友谊蒙上了阴影"，试图使中苏关系"回到友好、平等的基础上来"，采取了从旅顺撤军、放弃两个《补充协定》与合营公司等措施；中国也依然在莫斯科会议等国际场合坚持"以苏联为首"的说法，但是两个所谓"兄弟党"之间并没有真正做到平等。中苏两国实际交往中的很多事情都可以说明这一点。比如，苏联部长会议第一副主席米高扬曾经多次出访中国，但是中国领导人对他的一些"说教腔调"和"傲慢举止"耿耿于怀，毛泽东就称米高扬好像"一位监察官"，"就像老子对儿子讲话"。另外，1955年两国准备签署联合航空协议时，苏联给出的协议只有俄文版本而没有中文版本,并不符合国际惯例,让中方代表团惊讶而恼火。

意识形态争论

冰冻三尺,非一日之寒。中苏关系之所以会在十来年的时间里从同盟走向仇敌,原因在于两国在很多方面积累已久的矛盾。这种矛盾最先的导火索是赫鲁晓夫在 1956 年 2 月苏共二十大上所做的"秘密报告"。前面谈到,尽管这份报告并没有完全抹杀斯大林的功绩,但是批判了对斯大林的个人迷信及其严重后果,第一次揭露了苏联社会主义社会中的阴暗面,显示出苏共新领导层改弦易辙的决心。对于这样的变化,中国领导人的心里五味杂陈。一方面,中国乐见赫鲁晓夫纠正苏共的"老子党"作风和一些有损中国利益的做法,积极促进更加平等的中苏关系;另一方面,中国又担心苏联全盘否定斯大林的做法将削弱社会主义各国执政党的权威,助长质疑社会主义道路的势力。中共尤其警惕这样的趋势出现在新中国。

用毛泽东的话说,赫鲁晓夫的报告就是"揭了盖子"却又"捅了娄子",波匈事件从侧面证实了中国的担忧。美国国务卿杜勒斯等公开鼓吹社会主义国家的"和平演变",使中国领导人增加了对国际国内阶级斗争新动向的警惕,更加深了毛泽东对苏联"修正主义"倾向的怀疑,1957 年的反右斗争,就是在这一背景下发动的。

1956 年 9 月召开的中共第八次全国代表大会有一件事引人注目,就是在所有文件和发言中,包括在通过的新党章中,取消了中共七大关于"毛泽东思想"的提法,只提"中国共产党以马克思列宁主义作为自己行动的指南"。中共八大还重申了党反对突出个人、反对对个人歌功颂德的方针。这一改变,显然是受到苏共二十大的影响。在苏共二十大之后,毛泽东主持撰写并发表了《关于无产阶级专政的历史经验》和《再论无产阶级专政的历史经验》两篇文章,第一次公开发出与苏共不同的声音。这两篇文章的主要论点，是必须坚持无产阶级专政和社会主义道路，不点名地批评了苏共二十大的错误倾向。

在苏共二十大上，赫鲁晓夫系统地阐述了他在对外政策方面的观点，其核心即前文提到的"三和路线"。在20世纪50年代中后期，社会主义各国在"和平竞赛"思想的影响下调整经济建设方针，力图实现生产力水平的"跃进"，以证明社会主义相对于资本主义的制度优势。中国也受到这一思潮的影响，提出了"赶英超美"的口号，1958年还发动了"全民大炼钢铁"等"大跃进运动"。中国雄心勃勃，苏联却态度消极，对中国的"大跃进"泼凉水，怀疑中国还想赶超苏联，引起了北京领导人的不满。这种态度的落差逐渐上升到政治高度。中共认为苏共出现了修正主义错误，背离了列宁创立的社会主义道路。

针对赫鲁晓夫"三和路线"中"和平过渡"的论调，中国也亮明不同观点，不认可资本主义国家可以通过议会斗争转向社会主义，而是继续强调革命武装斗争的必要性，这其中包含着中共对自身革命经历的肯定和自信，与苏联在全球战略层面的考量存在矛盾。之后，两国又在社会主义的建设方针上出现了分歧。苏联的援助对中国工业化的起步和发展起到了重要的作用，但是以毛泽东为代表的中国共产党人并不希望完全按照苏联划定的路线，而是试图结合中国的实际，以中国独特的方式加速发展社会主义，甚至实现对苏联的赶超，"大跃进"就是其中最为知名的一次尝试。

双方开始互相否定对方的路线，不仅局限于经济建设，还包括内政外交各个方面。1963年起，中国陆续发表"九评苏共中央的公开信"的系列文章，将中苏意识形态论战引向高潮。总体上讲，中苏论战围绕着五个重大问题展开：一是关于如何评价斯大林的功过问题；二是已经取得政权的无产阶级政党如何建设社会主义的问题；

三是各国共产党之间和社会主义国家之间的关系问题；四是如何看待时代、战争与和平问题；五是如何看待社会主义革命和民族解放运动问题。

对美政策分歧

中共对苏联"三和路线"最激烈的批评，集中在社会主义国家和资本主义国家"和平共处"的问题上。这个问题超越了意识形态分歧，反映了中苏两国对外政策的巨大差异。苏联从全球战略着眼，希望同美国缓和关系，避免超级大国之间发生直接冲突，在古巴导弹危机之后尤其如此。赫鲁晓夫把美苏之间的和平共处作为所有社会主义国家外交政策的总路线，要求中国的对外政策服从苏联的国家利益，被中国批判为大国霸权主义。中国对苏联外交政策的批评，焦点之一是对亚非拉民族解放运动和人民革命斗争的态度问题。两国的对美政策和态度尖锐对立。

中国在朝鲜半岛、台湾海峡和中南半岛三个方向直接面对美国的军事威胁，祖国统一大业尚未完成，所以很难采取对美妥协的立场，而是强调坚决斗争。中苏双方嫌隙日渐扩大。在1958年的台海危机中，中国在赫鲁晓夫刚刚结束访华行程、毫不知情的情况下主动炮击金门，一度引发两岸关系和中美关系的紧张。赫鲁晓夫虽然表面上声援中国，但背地里对毛泽东的做法极为恼火，认为中国发动"突然袭击"将苏联拖入了既尴尬又危险的境地。

1959年9月，当中国和印度发生边界纠纷时，苏联政府发表声明，偏袒印度，影射指责中国，向全世界公开了苏中分歧。1959年9月，赫鲁晓夫高调访问美国，集中展示"三和路线"与对美缓和的立场。中国对此不以为然，批评苏联对帝国主义过于软弱，图谋与美国共同主宰世界。赫鲁晓夫访美时声称"开辟了苏美关系的新纪元"。在参加新中国十周年大庆期间，赫鲁晓夫教训中国"不要用武力试探资本主义的稳固性"，中苏两党领导人在会谈中发生了激烈争论，赫鲁晓夫提前结束访华回国。

刚刚谈到的中共"九评"文章的最后一篇，也是最全面、深刻的一篇，是 1964 年 7 月发表的《关于赫鲁晓夫的假共产主义及其在世界历史上的教训》。它揭露说："赫鲁晓夫的'共产主义'，是以美国为蓝本的。他把学习美国资本主义的经营方式和资产阶级的生活方式，提高到国策的地位。……赫鲁晓夫的'共产主义'，就是'土豆烧牛肉的共产主义'，就是'美国生活方式的共产主义'，就是'向魔鬼要贷款的共产主义'。"由此可以看到，中苏意识形态分歧最尖锐的部分，涉及对美国的看法和态度。

军事冲突不断

正是军事安全上的矛盾，对中苏关系构成了最为致命的打击。中苏结成同盟的首要目的就是通过军事合作保证彼此的安全，因此一旦两国的矛盾蔓延到军事安全领域，同盟关系也就必然名存实亡了。客观地说，苏联对新中国的国防事业做出了很大的贡献，但是苏联的援助也常常包含着不平等的成分，令中国领导人感到不满和不安，其中有两件事情最为突出。一是"长波电台"和"联合舰队"问题，也就是苏联提出要和中国联合建设长波电台和发展海军舰队，但是中国认为这些提议暗含着苏联插手和操控中国国防的企图，毛泽东对此大为光火，甚至惊动赫鲁晓夫专门澄清和道歉。二是对华核武器开发援助问题。中国早在 1949 年就对苏联的核武器表现出浓厚兴趣，但是斯大林却没有向中国透露核技术的意向。

赫鲁晓夫上台后，为了巩固中苏同盟，以及在政治上争取中国的配合，开始帮助中国和平利用原子能，在 1957 年更是与中国签署《国防新技术协定》，涉及原子弹的开发。但是，当中苏关系出现裂痕，苏联最先终止的对华援助就是核技术，单方面宣布召回相关专家，令中国措手不及。这一方面是因为苏联对中国的疑虑上升；另一方面是要配合美苏英之间的核军控谈判，防止核武器出现进一步扩散。这种"先予之后夺之"的态度激怒了中国，因为这不但让中国怀疑苏联背弃盟友，企图和美国垄断核武器"共治天下"，而且打乱了中国国防建设的部署，威胁了中国的安全利益。

在20世纪60年代中苏关系开始出现明显的恶化趋势后，苏联在中苏边界制造了零星的冲突，还策动了新疆伊塔边民外逃等一系列事件，加剧了双方的紧张关系。而中国出于宣传的目的，公开强调沙俄历史上对中国领土的侵吞，也让苏联大为紧张，误以为中国有意收复这些领土。1968年，苏联又悍然入侵捷克斯洛伐克，扼杀了"布拉格之春"改革，再次给中国和其他社会主义国家敲响警钟。这一系列事件使中苏逐渐将对方视为军事上的假想敌。

1969年的珍宝岛冲突，则让这对假想敌变成了"货真价实"的敌人。这次冲突是双方围绕边界问题的一系列争议和摩擦的延伸。边界问题源于沙俄时期，在中苏关系的"蜜月期"一度被悬置，直到双方关系恶化后才被拿到谈判桌上来。从1964年起，中苏开始就边界争端展开谈判，但是没有实质性进展，同时苏联反而加大了在边境地区的挑衅力度，在珍宝岛、七里沁岛制造了多起流血事件，迫使中国领导人下定决心，准备以自卫反击战给苏联一点教训。1969年3月15日，苏军派出装甲车和火炮对珍宝岛发起进攻，经过历时9个小时的三次战斗后败北，边防总队长列昂诺夫（Demokrat Leonov）上校阵亡。

不过，虽然中国取得了这次冲突的胜利，中苏关系的紧张程度上升到顶点，但是双方基本保持克制，没有寻求将战事升级。尽管苏联内部的对华强硬派曾经扬言要对中国发起"外科手术式的核打击",但是苏共总书记勃列日涅夫(Leonid Brezhnev)等高层经过考虑并未予以采纳。不过,作为报复,当年8月苏联又在中苏边界西段制造了铁列克提事件,造成中方严重的人员伤亡。中苏边境战云密布的紧张氛围挥之不去,国际舆论又开始盛传苏联即将对中国动武。

1969年4月召开了中共第九次全国代表大会。当时的中共中央副主席林彪所做的"九大政治报告",虽然把当时形势描绘为"敌人一天天烂下去,我们一天天好起来",但重点强调的是战争的危险性。报告说:"美帝国主义和苏修社会帝国主义,陷于政治经济的危机,内外交困,走投无路。他们妄想重新瓜分世界,既互相勾结,又互相争夺。在反华、反共、反人民、镇压民族解放运动和进行侵略战争方面,他们互相配合,狼狈为奸。在争夺原料、市场、附庸国、战略要地和势力范围方面,他们勾心斗角,互相倾轧。他们为了实现各自的野心,都在扩军备战。……决不可以忽视美帝、苏修发动大规模侵略战争的危险性。我们要作好充分准备,准备他们大打、准备他们早打。准备他们打常规战争,也准备他们打核大战。"

1969年9月,苏联部长会议主席柯西金(Alexei Kosygin)在参加越南胡志明主席葬礼后路经北京,同周恩来总理在首都机场会晤。柯西金明确表示没有入侵中国的打算,双方决定维持边界现状、避免军事冲突,并且重启边界谈判,两国才从战争边缘回到相对稳定的"准冷战"状态,类似于1962年美苏关系在古巴导弹危机结束之后的状况。

中苏冲突的外溢效应

总体来看,中苏之间的不平等关系、意识形态、外交政策、军事安全四组矛盾虽然在出现上有先后之分,但是逐渐相互叠加,彼此强化。在20世纪60年代至70年代中苏矛盾的高峰时期,出现了四组矛盾并存、相互交织的局面。绵延10年的意识形态论战与外交政策辩论相互勾连，两国在围绕路线斗争的唇枪舌战中，往往援引对方的外交政策作为攻击的靶子。中国指责苏联堕落为"社会帝国主义"，苏联则大力抨击"中国霸权主义"。

中苏冲突的外溢效应表现在若干方面。第一，苏联支持印度在20世纪70年代初肢解巴基斯坦，成立孟加拉国，一直对印度进行军事援助，构成对中国的安全威胁。第二，苏联自20世纪60年代中期起驻军蒙古国，在两国边境地区陈兵百万；苏联又在1978年和越南签订同盟条约，一年多后大举入侵阿富汗，从北、西、南三个方向对中国形成战略包围之势。第三，中苏在社会主义阵营内部、亚洲地区和整个第三世界竞相寻求支持。当中苏分裂后，欧洲各国共产党大都支持苏联的立场，罗马尼亚保持某种程度的中立，只有阿尔巴尼亚表明支持中国。中国竭尽全力支持奉行"极左"路线的阿尔巴尼亚，称它为"欧洲一盏伟大的社会主义明灯"。在亚洲，各国共产党立场更加微妙，蒙古国与苏联的关系一向紧密，朝鲜长期左右逢源，越南起初依靠中国，之后又同苏联结盟对抗中国，日本、东南亚等地非执政的共产党则大多倾向于中国。朝鲜和越南作为中国的邻国，成为中苏展开角力的重要战场，这两个国家都左右逢源，从中苏分歧中获得了大量的好处。

双方在竞争的过程中，中苏两国往往打出意识形态的旗帜，试图赢得第三世界国家的认同和追随。苏联将自己标榜为最强大、最先进的社会主义国家，能够为第三世界各国的现代化指出一条康庄大道；中国则强调自己是列宁式社会主义道路的正统传人，更能代表亚洲和整个第三世界国家的未来。因此，中苏分裂所造成的"外溢效应"不仅在社会主义阵营内部抛下"震撼弹"，更波及整个亚洲乃至世界。

纵观中苏之间这场跌宕起伏、影响深远的"准冷战"，其复杂激烈程度有时并不亚于美苏之间的较量。在改革开放时代,经历过中苏论战的专家学者得出了基本一致的看法,即20世纪60年代的中苏大论战实际上是一场"空对空""左对左"的论战。邓小平在1989年5月会见苏共中央总书记戈尔巴乔夫时,就中苏关系的历史说道:"经过二十多年的实践,回过头来看,双方都讲了许多空话。"关于中苏论战,邓小平还指出:"现在我们也不认为自己当时说的都是对的。真正的实质问题是不平等,中国人感到受屈辱。虽然如此,我们从来没有忘记在中国第一个五年计划时期苏联帮我们搞了一个工业基础。"邓小平的总结是,中苏关系应当"结束过去,开辟未来"。这也是今天中国同俄罗斯和其他很多国家交往时奉行的原则。

战略平衡：美苏热线与缓和

在前面的章节，从"二战"后建立联合国开始，到古巴导弹危机，大家能够感觉到，随着一个个大事件的发生，冷战一步步展开，一环扣一环，美苏双方的对抗逐渐走向高潮。前面两节讲到苏共二十大以及中苏论战和边界冲突，好像冷战开始有了变调，因为这是社会主义国家和社会主义阵营内部发生了变化。这一节我要谈到，美苏对抗不再是一条直线似的朝向更加激烈的方向发展，而是出现了一定的缓和，美苏对自己的对外战略进行了调整，也用新的眼光来审视对手，双方之间形成了战略均势，或者叫平衡。不过，这种均势经常发生变化。再下一节的基调也仍然是缓和，是中美缓和，由此形成了中美苏战略大三角，对冷战后期的发展产生了很大的影响。

1963年建立的美苏热线

当代历史学者、国际政治学者普遍承认，古巴导弹危机是冷战的最高潮。古巴导弹危机最后以双方的妥协而告终，也成为美苏关系史上一个重要的转折点。这次直接的核对抗，让美苏两国意识到，如果按照以往两国的战略思维走下去，是存在发生核战争的危险的，而核大战对两国和世界来说都将是灭顶之灾。对这一点，世界上大多数国家都有共识。时任英国首相麦克米伦（Harold Macmillan）曾在回忆录中写道："我们原来真是处于悬崖的边缘，几乎马上就要掉下去了；可是这个世界终于侥幸地从千钧一发中得救了。"

古巴导弹危机不同于在亚洲、非洲、拉丁美洲发生的那些代理人战争，它给美苏两国带来了切肤之痛。肯尼迪和赫鲁晓夫都认识到，双方应当寻求建立一种相对安全、更具建设性的关系。肯尼迪和赫鲁晓夫在解决古巴导弹危机的过程中打交道很多，他们对双方都有了更多了解和认可，认为缓和的时刻已经到来。1962年10月27日，古巴导弹危机临近解决的前夜，赫鲁晓夫写信给肯尼迪，谈到必须使国与国之间、人民与人民之间的和平局面正常化和稳定下来。10月28日，肯尼迪给赫鲁晓夫的回信中说："我们两国都有重大的任务尚未完成，我们两国人民追求的目标是免受战争的恐惧。"

1963年6月10日，肯尼迪在华盛顿的美利坚大学发表讲话，要求美国人重新审视他们的冷战观念，重新审视对苏联的态度，寻求改善双边关系。这篇讲话在一定程度上为美苏关系未来的发展确定了基调。赫鲁晓夫将肯尼迪发表的讲话称为"自从罗斯福以后美国总统发表的最好的一篇演说"。

就在肯尼迪演讲之后的10天，6月20日，美苏代表在日内瓦签署了《美苏热线协议》，决定在华盛顿和莫斯科之间建立"热线"。热线的作用是让两国最高领导人在紧急情况下进行直接联系，说明己方意图，防止意外、误解或者错误估计等导致局面失控，引发热核战争。在古巴导弹危机期间，虽然肯尼迪和赫鲁晓夫之间有多种联系渠道，比如通过大使馆、通过在对方国家的大公司负责人等，但这种联系不仅速度慢，还容易引起歧义。因此，美苏两国认为，最高领导人的直接沟通在危机期间是至关重要的。

肯尼迪将《美苏热线协议》视为双方在军备控制与裁军方面的小突破，认为这预示着两国能够达成更多、更全面的军备控制与裁军条约。军备控制和裁军方面的协调行动，是自"二战"结束、联合国建立后，美苏等国家就一直在谋求的，可是由于冷战对抗，一直没能达成协议。不仅如此，美苏两国在核武器方面还展开了军备竞赛，使全世界都笼罩在核战争的危险之下。古巴导弹危机终于使两国迈出了实质性的步骤。就在六周之后，8月5日，在联合国秘书长吴丹的见证下，美、苏、英三国外长正式签署《禁止在大气层、外层空间和水下进行核武器试验条约》，即《部分禁止核试验条约》。

事实上，从最初设想开始，元首热线就是跟核裁军联系在一起的。首先产生这一设想的是美国著名经济学家和核战略专家托马斯·谢林（Thomas Schelling）。由于谢林"通过博弈论分析增进了世界对冲突和合作的理解"，在2005年被授予诺贝尔经济学奖。他认为设置热线是非常必要的，因为在20世纪50年代美苏两国成功研制了洲际导弹，向对方本土发动的攻击在短短几十分钟内即可到达，所以"在短时间内相互沟通以获取信息至关重要"。他的设想最初遭到了美国国务院和军方以及保守党的反对，但肯尼迪政府还是提出建议，在联合国秘书长及美苏两国政府最高领导人之间，设立快速可靠的直接通信。后来发生的古巴导弹危机，成为热线最终得以建立的催化剂。

美苏之间的首脑热线于1963年9月1日在华盛顿白宫和莫斯科克里姆林宫之间开设，这是世界上最早的热线，有无线和有线两条线路，两国都指定专门机构负责直接通信联系、技术保养和保持线路通畅。1971年9月，美苏双方决定通过军事通信卫星系统升级热线，使通信更加便捷。

首脑热线开设后，美苏相关单位平时一直保持发送测试信息。日常的测试信息内容广泛，尽量选取一些有趣的或是翻译起来有一定难度的内容，包括双关语、谚语或是诗歌、百科全书、马克·吐温（Mark Twain）的小说，还有急救手册内容，字数也不固定，几乎成了一种小型的双边文化交流途径。两国在发送信息之前会反复考量，以确保测试内容中没有任何隐匿的含义。

在正常情况下，两国交流是通过对方大使馆进行的，只有在极端情形下才会真的用到热线，因为元首个人意志不能代表国家意志，这也是美国国务院和军方一开始反对设立热线的内在逻辑。1979年和1980年，美国战略空军司令部和北美防空航天司令部的电脑各出现一次差错，使全美武装力量在这两次意外事件中都处在核打击的警戒中，美国洲际导弹预备点火，远程轰炸机待命升空，作战室内与总统联系的"金电话"也已接通。幸好美苏在1973年签订了《防止核战争协定》，再加上已有的"热线"设备，经过及时沟通核查，才知道是一场虚惊。元首热线在防止核危机方面的确是有成效的。

元首热线虽然在极端情况下才能发挥作用，对国际战略影响应该说不大，但是国与国之间，尤其是相互有敌意的国家之间能够设立这样的热线，表明双方确实具有充分的相互交流、沟通、和平共处的意愿。美苏之间那种极端对抗的氛围，到20世纪60年代中期后下降了。首脑热线的设置也显示了现代国际政治逻辑，甚至战争逻辑，与前现代社会相比已经发生了本质的转变。

除了美苏热线外，20世纪60年代法苏和英苏之间也都开设了热线。中美作为当今世界影响力最大的国家，到目前为止还没有开设首脑热线。

中国与法国打破核垄断

如果说热线在美苏缓和中更多的是象征意义，那么《部分禁止核试验条约》的签署更具实质意义。这项条约规定，第一，为了防止核污染，禁止美英苏三国在大气层、外层空间和水下进行核试验，但地下核试验可以照常进行；第二，该条约向一切国家开放签字，暗示无核国家不得进行核试验；第三，美、苏、英三国对条约的任何修改持有否决权。这是美苏签署的第一个限制军备竞赛的条约，为双方关系缓和奠定了基础。同时，条约增加了无核国家发展核武器的难度，有利于防止核扩散，据称可以减少核试验对环境的破坏。

回顾一下前面所讲的核武器问题。美国和苏联分别在1945年和1949年通过进行大气核试验获得了核武器。英国在"二战"初期就开始了核武器的研制，但1952年10月才在澳大利亚西北部荒无人烟的地带成功试爆了第一颗原子弹。法国于1960年2月13日进行了第一次核试验，地点在当时还属于法国殖民地的阿尔及利亚南部的撒哈拉沙漠。后来法国还在南太平洋的法属波利尼西亚进行了核试验。

同美英苏三个国家相比，法国核武器的发展滞后。1958年，夏尔·戴高乐重新掌握法国政权后，积极奉行独立自主的外交政策，呼吁北约组织进行彻底改组，摆脱美国的绝对控制。戴高乐曾经提议在北约组织中建立一个由美、英、法三大国组成的理事会，掌握世界政治和战略问题的决策权。结果遭到了美、英两国的委婉拒绝。1963年1月，戴高乐断然拒绝了美国的多边核力量计划，这项计划要求法国放弃独立核力量，由美国提供北极星导弹，但只允许美国人来扣动核开关。同年7月，戴高乐正式声明法国无意签署《部分禁止核试验条约》。不久之后，法国一步步地退出了北约的军事一体化体系。

中国和其他一些无核国家认为，这项条约是美英苏三国进行核垄断的工具。1963年7月31日，中国政府发表声明，主张全面、彻底、干净、坚决地禁止和销毁核武器，指出美苏企图通过这个条约，巩固自己的核垄断地位，而把一切受核威胁的国家的手脚束缚起来。

苏联既强调中国需要对付来自帝国主义方面的核威胁，同时却又反对中国发展自己的核力量，其目的是要中国依赖苏联的"核保护伞"。中国也因此加快了核武器研制的步伐，在1964年10月16日爆炸了自己的第一颗原子弹。中国试爆原子弹成功很快引起了美苏的反应。1965年8月和9月，美苏两国分别提出了一个防止核武器扩散的条约，1968年7月，《不扩散核武器条约》在伦敦、莫斯科和华盛顿同时签署。

中国对禁止核试验条约的立场，反映了同苏联外交政策渐行渐远的决心；法国的立场，则反映了它同美国离心离德的趋势。在核试验问题上相似的立场，拉近了中法之间的距离。经过一系列秘密外交活动，1964年1月27日，中法两国政府同时宣布建立大使级外交关系。台湾国民党当局不得不宣布同法国"断交"。中法建交是1949年以后中国同西方国家关系的第一个最重大的突破，被西方媒体喻为"外交核爆炸"，轰动了国际社会。中法建交大大拓展了两国各自的战略空间。

美苏之间的战略均势

在20世纪60年代至70年代，美苏之间开启了限制战略武器谈判，目标是减少双方毁灭性的核武器。第一轮的谈判始于1969年11月，历时2年半。1972年5月，尼克松总统访问苏联，同苏共总书记勃列日涅夫共同签署了关于限制反弹道导弹系统的条约，被美苏两国吹嘘为"增进美苏友善互信"的重大事件，形成了两国之间的战略均势。

实际上，美苏均势包含多方面的内涵。首先是核均势基本形成。在古巴导弹危机时，虽然苏联核力量与美国相比有很大差距，但危机向美国证明，苏联已经拥有给美国造成巨大伤害的能力。苏联内部评估认为，古巴导弹危机的解决方式对苏联来说妥协太多，是很大的耻辱（这也是导致赫鲁晓夫1964年在党内斗争中落败的原因之一），所以危机结束后加速发展核力量。到1969年美苏开始第一阶段限制战略武器谈判时，美苏双方的核力量基本持平。再加上20世纪60年代苏联开始进行航天器搭载武器试验，在太空领域苏联暂时居于领先地位。所以到60年代末，美苏之间基本上处在核均势状态。

应该说美苏之间的缓和态势是由肯尼迪和赫鲁晓夫开始的，两位领导人在解决古巴导弹危机的过程中多次交手，增进了对彼此的了解和信任，双方有意愿在军事之外的其他领域也开启交流合作。1963年11月肯尼迪遇刺身亡，副总统林登·约翰逊（Lyndon Johnson）继位，而赫鲁晓夫也于1964年10月遭遇党内政变下台，勃列日涅夫取而代之，掌握了大权。美国和苏联的继任领导人基本上继承了肯尼迪和赫鲁晓夫所开创的局面。其中的原因，恐怕更多是时势使然——世界格局和"二战"刚结束的那几年已经有很大不同。

均势的第二个内涵是在综合国力方面。战后初期，美国在资本主义世界的经济指标中占据绝对优势，但是到20世纪六七十年代，随着欧洲经济一体化和日本经济的崛起，美国实力相对下降。70年代初，布雷顿森林体系瓦解，遭遇美元危机，美国国内民权运动风起云涌，越南战争又给美国带来沉重的负担，民心思变，政界也在酝酿新的外交战略。欧洲和日本在经济上升的同时，谋求更大程度的外交战略自主。比如，北约国家普遍责怪美国在处理古巴导弹危机过程中对盟国没有尽到充分告知、商量的义务，肯尼迪总统在没有征得盟友同意的情况下采取封锁政策，将欧洲和加拿大都置于苏联核打击的危险之下。日本要求美国归还冲绳岛，寻求同苏联和中国改善关系。美国相对实力的下降，造成了苏美实力的天平向有利于苏联的方向倾斜。

起伏不定的东西方缓和

与美国实力的相对下降形成对比的是，赫鲁晓夫上台后在改善民生方面做了不少工作，比如推出了"赫鲁晓夫楼"（一种5层的小户型简易住宅楼），以改善苏联居民的居住环境。但到了20世纪60年代，苏联的经济发展速度明显下降，体制的弊端逐步显现。中国和古巴这两个社会主义兄弟，一个和它反目成仇，一个也逐渐脱离它的控制。东欧国家普遍表现出离心离德。1968年，捷克斯洛伐克发生了著名的"布拉格之春"。当年8月，苏联指挥50多万华沙条约组织国家的军队占领捷克斯洛伐克全境，改革运动夭折。

"布拉格之春"这样的事件预示着所谓东西方缓和只不过是美苏之间又一次基于权力政治而采取的权宜之计。以勃列日涅夫为代表的苏联领导人认为，缓和意味着缓解同西方在军事和政治方面的紧张关系，但意识形态控制和政治权力是绝对不能放松的。为了替自己对捷克斯洛伐克的侵略行径辩解，1968年11月，勃列日涅夫在波兰统一工人党代表大会上的讲话中说，当某个社会主义国家"转向复辟资本主义方向的时候"，苏联就有权对这个"社会主义大家庭成员"采取军事行动。这就是勃列日涅夫抛出的所谓"有限主权论"，被称为"勃列日涅夫主义"。苏联入侵捷克斯洛伐克后，美国总统林登·约翰逊立刻取消了计划中与勃列日涅夫的峰会。对于勃列日涅夫来说，为了保住自己的权力，为了防止资本主义意识形态渗透，同西方的缓和是可以被牺牲的。

在"布拉格之春"前后，勃列日涅夫政权也加紧了对苏联内部的控制。斯大林的形象被再度肯定，中央集权的计划经济体制强调对军事工业和重工业的投入。质疑政府政策的知识分子尤其是犹太人，被逮捕、流放，或者被宣布为"精神错乱"，然后关入"精神病院"。

美国和苏联之间的缓和在20世纪70年代初随着尼克松政府的

上台而达到高潮。在美国，奉行现实主义外交理念的尼克松和基辛格被视为缓和政策的代表人物。基辛格认为，即使考虑到70年代与40年代末的种种不同，遏制战略仍然是重要的，只不过他和尼克松都认为，要遏制苏联，不是靠大规模的武器竞赛，而要通过与苏联的利益交换：如果苏联在越南问题和武器控制问题上与美国合作，美国可以给苏联提供急需的经济援助。最终，美苏双方合作，迫使越南南北双方在停战协议上签字，美国人在1973年脱离了越南战争的泥淖。美国采取缓和策略的另一个重要原因是，要腾出手来安抚欧洲盟友。基辛格曾宣称1973年是欧洲年。

但是，美苏两国对中东、非洲、拉丁美洲等地区事务的干预和争夺不仅没有减少，反而增多了。不少分析家认为，缓和让双方都有了更多的时间、精力在第三世界进行扩张。与冷战头20年发生的朝鲜战争、越南战争相比，这些干预和争夺的规模较小，地域分散，战事的烈度比较低。美国决策者克制了直接参战的念头，变成了躲在幕后的援助者。而苏联则更多地从幕后走向台前，直接指挥某些"代理人战争"。

1973年，在智利，美国借助中央情报局和智利军方的紧密关系，推翻了民选的民族主义者阿连德的政府，阿连德被杀，美国扶持了一个由军方建立的残酷的压制性政权。

最具有戏剧性的一幕发生在非洲。1974年，葡萄牙本国长达42年的独裁统治垮台，它的殖民地安哥拉取得独立。安哥拉人民解放运动（简称"安人运"）、安哥拉民族解放阵线（简称"安解阵"）和争取安哥拉彻底独立全国联盟（简称"安盟"）三个组织，开始了大规模的内战。安哥拉的内战很快就变成了美苏争霸的新战场。正在进行全球扩张的苏联不仅为"安人运"赠送了大量武器装备和经济援助，更是将装备精良的苏制武器的古巴士兵运送到安哥拉参与内战。美国和南非白人政权则支持"安解阵"和"安盟"。苏联支持的"安人运"最终夺取了全国政权。基辛格谴责苏联的行为代表着冷战的升级，请求国会提供大规模援助，"利用代理人"阻止苏联的侵略行径，但是国会拒绝在非洲卷入一场越南式的冲突。出乎人们意料的是，在获得政权后，"安人运"反过来利用古巴军队，保护美国海湾石油公司的炼油厂，并且为了获得技术援助而进一步接近美国。安哥拉人让美国和苏联费尽心力的冷战成了一个笑话。

在20世纪60年代和70年代，阿拉伯和以色列之间爆发了多次战争，石油输出国组织兴起，西亚北非地区逐渐成为大国角逐的中心地带。这方面的内容，安排在第三章再讲。

1974年8月，尼克松因水门事件下台，在美国政坛引发了地震，导致民主党主导的国会变得更加强势。国会的决策开始损害美苏缓和的势头。1974—1975年，参议院对美苏贸易条约附加了为苏联所不能接受的条款，这些条款包括要求莫斯科允许更多的犹太裔持不同政见者自愿离开苏联，还要求大幅削减苏联向美国借款的数额。

尼克松下台后，福特（Gerald Ford）继任美国总统，基辛格继续担任国务卿，同苏联达成了第二阶段限制战略武器条约的纲要。但是1976年福特没能获得连任。苏联对国内持不同政见者的镇压，在安哥拉等国家的扩张行动，让许多美国人认为缓和政策没有达到效果。民主党候选人吉米·卡特（Jimmy Carter）从自由派的立场出发，抨击基辛格的政策行动过于隐蔽，批评他支持独裁政权。卡特还提出增加国防预算的计划。最终，卡特以选票的微弱优势战胜福特。美苏阶段性的缓和基本结束。美苏第二轮的限制战略武器谈判，从1977年到1979年6月，历时两年，卡特与勃列日涅夫分别代表美苏双方在维也纳签订《美苏限制进攻性战略武器条约》。此后因苏联入侵阿富汗，美苏双方根据历次条约进行核裁军的进程中断，缓和寿终正寝，冷战进入了一个新阶段。

新格局：中美关系正常化

到 20 世纪 60 年代中后期，冷战已经进行了 20 年，整个世界形势跟"二战"刚结束时相比有了很大的变化。美国和苏联这两个对抗的领头国家明争暗斗了那么多年，开始尝试谈判、缓和、合作。

欧洲也发生了很大的变化，西欧和日本的经济迅速复苏，迎来了一个繁荣阶段，参与国际事务的意愿和能力大大增强，它们和美国的视角并不完全一致，但仍然是西方世界的一部分。

社会主义阵营内部嫌隙丛生，苏联和中国这两个曾经亲如兄弟的社会主义大国，竟然在意识形态和地缘政治两个方面都发展到了水火不容的地步，让美国看到利用社会主义国家矛盾的可能性。

在亚洲、非洲、拉丁美洲，民族独立运动风起云涌，新独立的国家数量大大增加，1956 年，南斯拉夫总统铁托、埃及总统纳赛尔（Gamal Abdel Nasser）和印度总理尼赫鲁举行会谈，针对当时东西方两大军事集团严重对抗殃及广大中小国家的情况，提出了不结盟的主张，不结盟运动作为一支新的政治力量登上国际舞台。

凡此种种，都显示了国际政治主题正在走向多样化，战争与革命的色彩在悄悄消退，同时，国际力量格局从两极向多中心演变的趋势已经逐渐显露。在这样的背景之下，中美两国也将关系正常化提上了议事日程。这就是20世纪60年代后期，中美开启关系正常化前夕的国际大背景。

中国看美苏：谁是最危险的敌人？

首先，有必要对中美缓和之前二十几年的相互关系做一个简要的交代，以帮助我们理解后面的内容。

新中国成立后，中美处于相互敌对状态，在朝鲜直接交了手，在越南打了"代理人战争"。美国继续受限于反共迷思，还在害怕多米诺骨牌理论所预示的前景，背着很重的"保卫自由世界"的包袱，在这个问题上一根筋，直接下场打仗，最终吃了大亏，受了巨大创伤，也促成了美国社会思潮的转变。我在前面谈到，整个越南战争期间，中国在人力、财力、物力方面给予越南巨大的援助，甚至秘而不宣地直接派人到越南北方，而此时中国自己仍处于经济困难时期。

除了敌对以外，两个国家之间还可以用一个词来形容，那就是"隔绝"。有人可能要说，既然是敌对，那肯定隔绝。其实不一定！美苏也是敌对关系，但是它们之间就不完全是隔绝状态。美国和苏联之间不仅一直保持外交关系，也有一些经贸往来、人文交流，两国元首曾经到对方国家访问，美国还给苏联提供贷款，等等。所以，要说"冷战"的这个"冷"字指不打热战，那么的确是最适用于美苏之间，它们之间在整个冷战期间都没有直接交过手。但是，要是这个"冷"字指关上大门，彼此隔绝，那么中美之间才表现得最典型。

中美关系和中苏关系密切相关。从1962年开始，中苏在苏美缓和、古巴导弹危机等诸多国际战略问题上的分歧更加明显。中国高举无产阶级国际主义的旗帜，支持世界各国共产党的革命斗争，承担了在物质上和道义上援助亚非拉民族解放运动的重担，以"反对帝国主义、反对现代修正主义、反对各国一切反对派"为己任，对苏联同美国搞缓和与妥协的政策，进行了猛烈的批判。

中国在国际共产主义运动中的"反修斗争"，同毛泽东提出的"千万不要忘记阶级斗争"的国内任务，是相辅相成、相互呼应的。毛泽东在1965年告诫全党要"警惕睡在我们身边的赫鲁晓夫"。此时中国国内政策中的极"左"倾向日益突出，反过来又将外交政策推向更为激进的方向。1965年3月，中国宣布社会主义阵营不复存在，第一次提出了"反帝必反修"的口号。中国对外政策"两个拳头打人"的局面从此成形（一个拳头打美国，另一个拳头打苏联）。不久，"打倒帝修反"成为家喻户晓的口号。

1966年5月正式拉开帷幕的"文化大革命"，对中国外交形成了巨大冲击。这时中国领导层对国际形势的观察严重偏离了实际，认为世界处于"帝国主义走向全面崩溃、社会主义走向全世界胜利的时代"，而中国处于"世界革命风暴的中心"。尽管中国领导人已经考虑到同苏联之间发生战争的可能性问题，但美帝国主义仍被视为主要敌人和头号战略威胁。

在"文化大革命"时期，中国外交领导部门和驻外机构都受到了严重的损害，外交活动一度陷入无政府状态。1967年8月，北京万人围攻并火烧英国代办处，是"文化大革命"期间中国外交混乱的顶点。在短短的一段时间里，中国与近30个国家发生了外交纠纷，甚至同一些国家断交。后来毛泽东和周恩来进行了外交纠偏的努力，然而中苏关系仍在恶化过程中，武装冲突一触即发。尽管1969年4月的中共九大报告仍然把"美帝、苏修"并列为战争策源地，这时中国的头号敌人显然已经从美国转变为苏联。这一转变，在1968年8月苏联出兵侵略捷克斯洛伐克后就开始了，当时中国强烈谴责苏联这一"社会帝国主义"行径。

回过头来看，谁都明白，对于不够强大、内部发生动乱的中国来说,"两个拳头打人",同两个超级大国同时对抗,是不理智而且危险的。如果苏联是更大的威胁,那么同美国改善关系的思路,就顺理成章、呼之欲出了。

美国对中国:"遏制而不孤立"

下面介绍一下美国对华战略思想转变的过程。朝鲜战争爆发后,美国反共的麦卡锡主义达到高潮,再加上国民党台湾当局在美国寻找代理机构,进行各种反对新中国的游说,对中国抱有善意或冷静观察的学者专家,都被排挤出美国政策圈,不敢发声。对华强硬政策的代表,是1953—1959年任国务卿的杜勒斯。到20世纪60年代初,美国的对华孤立政策变得越来越不合时宜。首先,新中国政权的巩固已经是不可否认的事实。杜勒斯认为"共产主义是一个暂时的而不是永久的现象"的观点破产了。其次,中苏分歧日益明显,杜勒斯关于"共产主义集团是铁板一块"的看法也破产了。再次,中国在研制核武器,而且极有可能成功。最后,众多新独立国家参加联合国,美国的盟国对中国的态度与美国距离越来越大。1964年中法建交,对整个西方世界都产生了很大的震动。联合国大会一年一度有关中国席位问题的讨论和表决票数,对美国越来越不利。

需要指出的是,20世纪60年代美国对华战略思想的转变并不是由于对中国共产党产生了好感。恰恰相反,美国人对日益强大的中国,特别是1964年以后拥有了核武器的中国,抱着一种恐惧的心理。有人把中国形容成"一只孤独的狼,氢弹在握,仇恨在心"。这种心理造成两种相反的影响:一方面,为一些反华分子提供了说辞,增加了美国转变对华政策的阻力;另一方面,有一部分人认为,美国不能把一个拥有核武器的中国逼得太厉害,应当改变排斥和孤立中国的僵硬政策,把中国纳入国际社会,与中国达成某种谅解和妥协。

第一章 冷战的缘起与过程

1967年，艾森豪威尔时期的美国副总统、时任参议员尼克松在美国《外交事务》季刊上发表了一篇文章，题为《越南战争之后的亚洲》("Asia After Viet Nam")。他写道："在这个小小的星球上，容不得数以10亿计或许是全人类中最有才能的人民生活在愤怒的孤立状态之中。"尼克松是著名的"反共先锋"，那时正在竞选美国总统。毛泽东叮嘱周恩来读一读这篇文章。毛泽东预感到如果尼克松上台，美国对华政策可能出现变化。1969年1月20日，尼克松在总统就职演说中再次指出，在这个世界里，无论国家大小，没有人民将生活在"愤怒的孤立"(in angry isolation)中。1月28日，《人民日报》破天荒地全文刊载了尼克松这篇演讲，虽然是以批判的方式呈现。

在这样的背景下，美国一些有影响力的智库，包括洛克菲勒基金会、纽约外交关系委员会，以及美国参议院外交政策委员会等政府机构，开始对美中关系进行调查评估，展开辩论审议，为政策调整做准备。其中比较有标志性的是威廉·富布莱特(J. William Fulbright)主持下的参议院外委会。富布莱特是一个传奇式的人物，是外交"鸽派"的代表人物，以反对美国的越南战争而闻名。今天在全世界大学生中享有很高声望的富布莱特奖学金和富布莱特学者，就是由他在1946年提议设立的。

1964年3月，富布莱特在参议院发表了长篇演说，全面抨击美国现行外交政策的各个方面。富布莱特指出，关于中国的现实中，"最重要的是，实际上并没有'两个中国'，而只有一个，那就是大陆中国，它是在共产党人的统治下，并且很可能将无限期继续下去"。在富布莱特主持下，参议院连续召开了12次听证会，主要就美国奉行的对华遏制与孤立政策的依据展开辩论，包括中国政权是否稳固、中国的战略意图、中苏分歧的背景和美国的应对、越南战争对美中关系的影响、美国现行对华政策的利弊得失，等等。参加听证会的人虽然观点各异，但多数人从不同角度、在不同程度上否定了原有对华政策的依据，主张进行调整。值得一提的是，中国人所熟知的中国问题专家费正清（John King Fairbank）也被邀请出席。费正清被认为是麦卡锡主义下受排挤和迫害的一批"中国通"中的"元老"，他的复出有很大的象征意义。

在对华政策辩论中，大多数人认为美国孤立中国的政策是失败的，尤其是贸易禁运完全失效。没有一个主要的外贸国家完全追随美国的政策。没有任何迹象表明，中国经济将崩溃。但是，相当多的人认为，"孤立"政策虽然是失败的，但"遏制"政策是成功的，还应继续下去。理由是，美国对东南亚的强硬立场抵消了"中国共产主义"的影响。此外，他们还认为，美国成功地维持了台湾现状。经过充分讨论，著名中国问题学者鲍大可（A. Doak Barnett）提出的"遏制而不孤立"（containment without isolation）的政策建议，在美国逐步形成共识。

中美双方的缓和趋势

总体来说，美国对华战略思想的转变是缓慢、渐进的，但又是清晰、有迹可循的。相比之下，中国这边的转变却显得比较突然。

其实，中美关系有缓和迹象，对于当时了解内情的人，并非意外。从1955年到1970年，中国和美国曾经有一个保持了15年的大使级会谈。从1955年7月开始，中美双方就互派大使级代表团在日内瓦举行会晤，1958年会晤地点由日内瓦改到波兰华沙。这些会议讨论了在朝鲜战场被俘的一批美国军人的处置问题，以及一批中国科学家和留学生被扣留在美国等双边问题。钱学森就是因为中美谈判取得进展才得以回国的。此后会谈内容中还加入了台湾、越南战争、禁止核武器等重要问题，但是毫无进展。到1966年3月的第

129次会谈,美国方面的态度有了明显的转变,会谈中,美方声称"美国政府愿意与中华人民共和国政府进一步发展两国关系……"这是自中美开启大使级谈判以来美方第一次使用"中华人民共和国"字眼。

第129次大使级会谈后,中国外交受到"文化大革命"的严重干扰。造反派硬是把刚刚进行完第133次中美大使级会谈的王国权大使揪回国内参加"文化大革命",会谈不得不终止,后来改由中国驻波兰大使馆临时代办主谈。1970年2月10日,第136次会谈在美国驻波兰大使馆举行。周恩来总理认为这次会谈是一个重要的时机和步骤,决定召开政治局会议研究对策和中方发言稿。美方将这次会谈安排在保密室进行。这两次会谈为随后基辛格秘密访华奠定了基础。

在北京,毛泽东一面号召"准备打仗",一面着手国际战略的调整。1969年春,毛泽东委托陈毅、叶剑英、徐向前、聂荣臻四位元帅组成战略小组,以召开座谈会的形式,研究国际形势和中国的国防战略,并将意见上报中央供决策参考。从3月初至10月中旬,四位老帅共举行了25次国际形势讨论会,先后向中央呈递了四份报告。他们认为,在中美苏三大力量之间,美苏之间的矛盾和斗争是"经常的,尖锐的","中苏矛盾大于中美矛盾,美苏矛盾大于中苏矛盾"。由于美苏矛盾大于中美、中苏矛盾,就必然会制约美苏两国的对华政策,同时也为中国外交提供了广阔的回旋余地。

20世纪70年代初,美国陷入越南战争的泥潭多年,国内遇到"水门事件",国际上遇到石油危机,内外交困。苏联却趁机迅速增强军事实力,向全球扩张。1969年尼克松上台后,不得不进行战略收缩,并向中国表示了双边关系和解的愿望。这一时机被中国领导人敏锐地捕捉到了,他们也正想利用美苏矛盾,减轻两面受敌的压力。珍宝岛事件后,毛泽东曾发自内心地说:"我们现在孤立了,没有人理我们了。"因此毛泽东还提出:"两霸中我们要争取一霸,不能两面作战。""两个超级大国之间可以利用矛盾,这就是我们的政策。"

中国领导人不断向国内和国际传递对外战略调整的信号。在1970年国庆节的天安门城楼上,毛泽东会见了美国记者、友好人士埃德加·斯诺(Edgar Snow)。1970年12月,毛泽东同斯诺进行了长谈,表示"如果尼克松愿意来,我愿意和他谈,谈得成也行,谈不成也行,吵架也行,不吵架也行,当作旅行者来谈也行,当作总统来谈也行。总而言之,都行"。虽然没有证据说明美国官方及时获知了毛泽东会见斯诺的深意,但这次谈话的纪要在中共全党干部中进行了内部传达,引起了干部和党员相当大的思想震动。中共中央政治局于1971年5月召开会议,讨论有关中美预备性秘密会谈的问题,准备确立新的对美政策。

1970年至1971年,中国外交部门通过在波兰华沙举行的中美大使级会谈、经罗马尼亚和巴基斯坦等国领导人传递信息等几个不同渠道,同美方就改善两国关系进行了秘密沟通。

这样,冰冻三尺的中美敌对状态开始解冻。中美之间长期依赖的华沙沟通渠道,以后也没有再使用,第136次会谈成为中美建交前大使级会谈的最后一次。

两国关系正常化的进程

从基辛格1971年和尼克松1972年相继访华开始算起,到1979年1月1日两国正式建交为止,中美关系正常化走过了将近10年时间,过程相当曲折。

1971年7月基辛格秘密访华,为1972年2月尼克松访华并取得成果做了准备工作。1972年2月21日,尼克松抵达北京,会见毛泽东主席。2月28日,中美双方在上海发表《联合公报》,史称

《上海公报》。

尼克松访华和《上海公报》的发表,是冷战历史上最重要的事件之一。《上海公报》在世界外交史上是非常独特的。首先,两个没有建交的大国能够举行最高首脑会晤,并一起商谈双边和多边关系,这是极为罕见的。其次,在双方公报中各自阐述立场、不掩饰分歧的做法,由周恩来提出,得到了美方的赞同。两国联合抵制苏联霸权扩张的共同愿望,渗透在《上海公报》的字里行间。美方表达的对台湾问题立场的转变,也为以后的中美建交打下了基础。

中美关系发生戏剧性转变后,中国外交形势大为改观。1971年的第26届联合国大会通过了恢复中华人民共和国在联合国一切合法权利的决议。至1973年年底,中国已基本上完成了同美国以外的所有资本主义发达国家建交的过程。中国同一大批第三世界国家建立了正常外交关系,同原先已建立外交关系的绝大多数国家,包括与苏联结盟的东欧国家,都开始恢复和改善关系。

外交突破的进程推动了中国的对外经济贸易关系。周恩来等主持经济工作的领导人决定从发达国家引进化肥、化纤、重型机械等成套设备。在对外经贸关系拓展的过程中,中国领导人和公众逐步认识到,自己国家的经济水平不但远远落后于发达国家,而且同"东亚四小龙"(中国台湾、中国香港、新加坡、韩国)都拉开了很大距离。

值得注意的是,中国国内政治从1969年到1978年的风云变幻,包括林彪出逃事件、"批林批孔"运动、周恩来和毛泽东的相继去世、打倒"四人帮"、邓小平两次复出,等等,无时无刻不在影响着对美外交工作。其中一个典型事例,是周恩来因对美外交而受批判。1973年11月至12月基辛格第六次访华之后,参与谈判的王海蓉、唐闻生向毛泽东密告周恩来在中美谈判中的一些说辞。而后中央政治局奉毛泽东指示,多次开会批评周恩来外交方面的"错误",江青、张春桥等人甚至攻击周恩来"丧权辱国、投降主义",迫使周恩来含泪检讨，身心受到严重打击。

尼克松访华后，美国忙于结束越南战争。1974年尼克松因为水门事件下台，福特总统和卡特总统相继上台。苏联的行为在20世纪70年代后期变得更加具有攻击性，比如1977年年底，苏联开始在欧洲部署新式中程导弹，美苏缓和遇到挫折。在美苏关系紧张的形势下，美国决策者再次将目光瞄准中国，试图完成对华关系正常化进程。与卡特总统搭档的是国家安全事务助理布热津斯基（Zbigniew Brzezinski）。他主张联华抗苏，同主张在中苏之间"等距离"的国务卿万斯（Cyrus Vance）唱对台戏。布热津斯基最终在权力斗争中占了上风，主持了对华建交谈判。这时，中国已经完成了最高领导层的更替，邓小平主持中央工作，出现了一股政治新风，同美国建交的条件逐渐成熟。

1978年7月初，中美建交谈判正式开始。这次谈判的焦点主要在于美国对台军售与和平解决台湾问题上，美国同意中方提出的与台湾当局断交、撤军、废约，但希望中美关系正常化后继续向台湾当局"有限度地出售经过十分小心选择的防御性武器"，以及在发表正常化声明时，美国可以提出"期望通过和平方式解决台湾问题"。为了不错过中美建交的历史时机，邓小平最终接受了妥协方案。

1978年12月16日，中美两国同时发表《中美建交公报》，宣布从1979年1月1日起，中美两国互相承认并建立外交关系。邓小平以中国国务院副总理的身份于1979年1月29日至2月5日对美国进行了正式访问，受到美国政府和民众的热烈欢迎，以及国家元首级别的接待，在美国刮起一股"邓小平旋风"。中美建交和邓小平访美结束了两国关系长达30年的不正常状态，为双方在政治、经济、文化、科技、军事等各个领域的合作与交流，打开了一个广阔的空间。

成就与遗憾

回顾中美关系正常化的进程不难发现，苏联霸权扩张的势头、越南战争对中美两国的拖累等诸多国际因素，推动了中美战略上的接近。同时，两国国内政治的变化和领导人的战略眼光及个人意志，也在相当程度上主导着双边关系的走向。至于哪个国家首先给对方伸出橄榄枝，很难说清楚，也不是问题的关键。关键在于当年的中美领导人都扬弃了原先的意识形态偏见，将长远的国家利益置于首位，终于水到渠成。

中美关系正常化不但推动了两国的和平稳定和经济发展，也为冷战走向终结做了重要铺垫。1978年12月16日中美宣布建立外交关系，12月18日中共十一届三中全会召开，为中国的改革开放奠定了政治路线和思想基础。这两件大事在时间上的重合，绝不是偶然的。中国历史从此翻开了新的一页。

但是，中美建交时留下了一个严重的隐患和遗憾，这就是台湾问题。《上海公报》说："美国认识到，在台湾海峡两边的所有中国人都认为只有一个中国，台湾是中国的一个部分。美国政府对这一立场不提出异议。"《中美建交公报》说："美利坚合众国……承认中国的立场，即只有一个中国，台湾是中国的一部分。"中方认为，美国已经接受了台湾是中国一部分的立场，而美方的官方解释是美国只"认知"中国的立场，而没有直接承认台湾是中国的领土。其实，从1951年的《旧金山对日和平条约》开始，美国就一直制造"台湾国际地位未定"的国际法理依据。它反复重申的"一个中国政策"，并不包括台湾属于中国的内容，同中国的"一个中国原则"有根本区别。

过去70多年来，中美关系经历了从对抗到和解与合作，而今又重新出现了"战略冲突""经济脱钩"的危险，其中的逻辑和规律，值得我们进一步深入思考。

第二章

美苏两大阵营的对抗与分裂

美国的反共主义

在第一章，我们一起见证了冷战从起源到逐步升级、再到有限缓和的过程。美国和苏联各自组建了庞大的政治、军事、经济和意识形态阵营，两大阵营分庭抗礼，双方关系在冷战与热战、对抗与缓和的交织中跌宕起伏。第一章也涉及了中国在冷战中从向苏联"一边倒"到同苏联分裂，再到同美国改善关系的复杂过程。

这一章，我们将关注点转向两大阵营内部的故事，看看美苏作为两大"盟主"，与各自的盟友有过怎样的"恩怨情仇"；以及那些盟国如何在分裂的世界中自处，摸索前进的曲折道路。

前面说到，美国对苏联和国际共产主义怀有根深蒂固的疑虑和敌视，这种心态左右着美国的外交政策，导致对苏联的立场由猜疑、防范一步步升级为遏制、对抗，在很大程度上造成了冷战的发生。即使是在冷战高峰之后的缓和时期，美国的反苏和反共情绪也挥之不去。美国的反共主义立场从何而来？这种立场又如何影响美国的国内政治和外交政策？这一节将试图回答这些问题。

深厚的反共主义思想和社会渊源

　　自从1848年《共产党宣言》问世以来，马克思主义和社会主义思潮在短短100多年里风靡全球。共产主义在冷战期间成为社会主义阵营的官方意识形态，一大批新兴独立国家也在不同程度上寻求马克思列宁主义的理论指导。在资本主义阵营内部，共产党和左翼社会主义政党都有着举足轻重的影响。不少知识分子是马克思学说的拥趸。在法国、英国、德国、意大利和北欧国家，左派政党可以公开提出社会民主主义的主张，如全民医疗保障、延长妇女产假、提高失业救济等；在法国，像让—保罗·萨特（Jean-Paul Sartre）那样同情苏联的左翼知识分子，可以在政治生活中占有一席之地，并受到尊重。

　　然而在美国，社会主义思潮却从来没有取得过实质性的社会影响力，苏联式的社会主义模式也没有获得哪怕是左翼知识分子群体的青睐。共产主义思想在美国遭遇了"水土不服"的困境。相反，怀疑、敌视、蔑视共产主义的反共主义却很有"市场"，成为某种程度的"政治正确"，并且在冷战期间大行其道。美国政治中最左的主张，在欧洲也只能算是中间派主张。任何可能带有社会主义色彩的主张，包括全民医疗保险制度，都会受到攻击。美国也有很多左派知识分子，但是他们的社会批判，基本上不会提出同美国自由主义价值观相对立的社会主义主张，反而客观上起到了对资本主义制度"小骂大帮忙"的作用。

　　为什么共产主义思想和社会主义运动不能在美国生根发芽？很多学者对这一问题做过探讨。早在1906年，德国思想家维尔纳·桑巴特（Werner Sombart）就发表著作《为什么美国没有社会主义》，指出美国在政治体制、经济状况和社会结构三个方面都是绝无仅有的"例外"。美国社会学家西摩尔·马丁·李普塞特（Seymour

Martin Lipset）也从"美国例外论"的角度，研究美国为何没有出现过强大的社会主义思想和运动。他提出，美国种族、文化、宗教上的多元性，价值观上的个人主义与反集权主义，以及美国社会主义力量自身的分裂等，都是重要的原因。美国前国家安全事务助理布热津斯基认为，以苏联模式为代表的共产主义政治经济制度对美国社会缺乏吸引力也是原因之一。他说："在北美，共产主义甚至谈不上是个政治运动。不管是在美国还是在加拿大的政治生活中，共产主义只不过是一个微乎其微、登不了大雅之堂、毫不起眼的小宗派。……即使在大萧条期间，当资本主义制度陷入危机，公众对这个制度的不满达到登峰造极的地步时，共产主义制度也没有激发公众对它的热情。现存制度采取创造性对策，通过美国的'新政'和加拿大的类似措施，制止和消除了共产主义对公众的影响。公众舆论也本能地感到，共产主义无助于处在社会和技术革新前列的国家。"

这些学者的论述显示，美国的反共主义有着深厚的思想和社会渊源。其中，自由主义思想是最重要的因素之一。以"自由"观念为核心的意识形态是美国的立国之本，这种自由主义包括两个分支：一个是源自古典自由主义、后来被称为保守主义的传统；另一个是相对晚近的渐进或进步自由主义传统。两种传统的最大区别，在于对政府作用的看法。古典自由主义较为消极，担心政府干预过多阻碍经济发展，削弱个人自由；进步自由主义相对积极，期待政府干预经济，以维持社会公平，促进公共事业。这两种传统在当代美国分别由共和党和民主党所代表。但无论双方在思想理论和党派斗争中的竞争多么激烈，却都殊途同归，都以自由、平等、权利、法治、民主、私有制为旗号，与它们心目中所谓的专制、极权和公有制为敌。

具体来说，美国的保守主义者和进步自由主义者都相信，苏联式的社会主义对美国构成了严重威胁。首先，美国思想传统中有独具特色的"天定命运论"，是两种自由主义传统的共同信条。这种论调建立在清教使命观和自认为"高尚"的意识形态基础之上，指的是美国担负着上帝赋予的特殊使命，美国人是"天选之民"，要将自由的区域"从大洋到大洋"，扩展到整个北美大陆乃至全世界。"天定命运论"与同样力争传播到全世界的共产主义思想形成对立。其次，两种自由主义传统都反对以激烈革命的方式推动大规模社会变革。保守主义强调秩序的重要性，以及传统和既有制度的合理性；渐进自由主义则希望对社会进行渐进改良，尊重多元社会群体的价值，不主张破坏不同群体之间的关系。这两种思想都同当年的共产党人以暴力形式夺取政权、巩固无产阶级专政的思想格格不入。因此，无论是保守主义者还是渐进自由主义者，都将共产主义视为最大的"非美国因素"，认为这与美国主流价值观完全不相容，有造成美国分崩离析的危险。另外，还有形形色色的社会群体，包括攻击无神论的宗教势力，敌视公有制经济和社会主义经济模式的工商企业主等，也扮演着反共急先锋的角色。

美国对反共舆论的关切不仅仅局限于本国，非自由主义意识形态在世界其他地方的兴起，也引起了美国的警惕。例如1917年俄国十月革命后，苏维埃政权的建立使美国人大受刺激。挪威学者文安立指出："苏维埃共产主义越来越被视为美国精神（Americanism）的死敌，因为它把自己描述为一种替代性的现代性，而且还是一种贫穷和被压迫的民族，借以在不必复制美国模式的情况下改变现状的道路。"我们看到，一方面，美国是一个移民社会，希望以美国的主流价值观作为熔炉，将背景多元的移民"合众为一"；另一方面，美国政治主流又认定共产主义无法被美式价值观所同化。所以有观点认为，一旦共产主义"污染"了世界其他国家的人民，而之后这些人民又移民至美国，将会威胁美国社会。因此，美国必须奉行干涉主义，在世界范围内将共产主义"消灭干净"，如此才能保证美国的安全。在这种观念的影响下，美国外交逐渐由孤立主义转向干涉主义，不仅出兵参加第一次世界大战，还在1918年武装干涉苏俄地区的内战，企图扼杀新生的苏维埃政权。之后在参与"二战"的过程中，美国也沿用了相似的逻辑，只不过暂时将斗争的对象从共产主义转换为法西斯主义。

在这个背景下，美国在20世纪20年代出现了第一波"红色恐慌"和反共思潮。当时，俄国革命的胜利和第三国际的建立促进了共产主义在全球的传播，"一战"结束后，大量欧洲移民涌入美国，同时美国也面临严重的经济压力和社会矛盾，劳工运动此起彼伏。此时，美国政治精英神经紧绷，担忧动荡的国内形势会导致激进左翼势力的崛起。特别是1919年美国共产党的成立，给美国政界敲响了警钟。时任总统威尔逊更是声称"布尔什维克主义的精神正潜伏在各处"，"一些革命的'毒素'已经渗透进这个自由国家人民的血管里"。美国政府开始大肆搜捕左翼活动人士，镇压劳工运动，收紧移民限制。与此同时，各州推出一系列限制言论自由和结社、抗议示威活动的法案，打着"爱国主义"名号的反共和反左翼民间团体如雨后春笋般兴起。1938年5月，美国国会众议院成立了"非美活动调查委员会"，负责调查美国国内法西斯主义和共产主义的地下活动，1945年成为常设委员会，为20世纪50年代麦卡锡主义的兴起埋下了伏笔。

冷战开始后的反共浪潮和麦卡锡主义

冷战大幕拉开后，"苏联威胁"在美国内部引发了第二波反共浪潮，反共主义和恐苏、恐俄情绪相互交织，大行其道。前面的章节简要提到了麦卡锡主义对美苏冷战的影响，这里再补充几个事实。

所谓麦卡锡主义，指的是美国政府利用公权力，以清除共产主义为名，使用不公正、不充分的方式审查、指控乃至迫害无辜的政治活动家、官员和公民。1950年2月，威斯康辛州参议员、共和党人约瑟夫·麦卡锡（Joseph McCarthy）在一次演讲中公然宣称，自己掌握着一份间谍名单，记录着国务院中潜藏的205名共产党员。这一言论立刻在全美引发轩然大波，美国国会和政府部门加大审查和搜捕力度，麦卡锡本人也借此成为炙手可热的政治人物，执掌参议院调查常务委员会，展开对所谓"潜藏的共产主义分子"的调查。麦卡锡等人的调查和指控范围不断扩大，不仅涵盖文化界、科学界和媒体，还将矛头对准多个政府部门、军方乃至作为民主党人的杜鲁门总统本人，以反共为目的的"猎巫"行动，逐渐演变为不加区分的政治攻击，毒害了美国政治和社会的方方面面。

美国的国内政治在反共主义的重压之下，外交政策也未能幸免于难。前面提到，共产主义和法西斯主义之间虽然水火不容，但是在美国看来都是构成威胁的"非我族类"。历史学家王立新认为，对杜鲁门政府而言，以灵活的姿态承认新中国，阻止中苏同盟形成，才最为符合美国的国家利益。但是由于当时反共主义盛行的政治氛围，以及美国对"失去中国"的幻灭感，导致美国在信仰上和情感上都无法接受新中国，改善对华关系的选项被直接排除在外。在国内，麦卡锡主义也冲击着外交界和学术界，谢伟思（John S. Service）、戴维斯（John W. Davis）等前驻华外交官被免职，费正清、拉铁摩尔（Owen Lattimore）等著名中国问题研究学者遭到指控和审查，美国的中国学研究一度近乎中断。直到20世纪50年代中期，美国的对华政策和研究才渐渐摆脱了麦卡锡主义的干扰。

值得一提的是，虽然麦卡锡主义在美国政坛兴风作浪，但是这在很大程度上是当时的政治氛围使然，而不是仅凭麦卡锡一个人就能搅动那么大局面的。麦卡锡本人并非一位懂得韬略或者手腕高明的政客，而只是一个政治投机者。麦卡锡在当选威斯康辛州参议员后，在国会长期默默无闻，而且因为口无遮拦、经常做出无根据的指控而受到差评和孤立。直到1950年2月他声言手中掌握着国务院里的共产党人名单，才声名鹊起。然而，手握大权之后的麦卡锡依然延续此前的个人风格，不仅从未拿出他所谓的国务院间谍名单，继续做出"莫须有"的指控，还将反共调查当成倾轧异己的政治工具，导致越来越多的同僚对他"敬而远之"，公众也渐渐对麦卡锡的大话失去耐心。

因此，由麦卡锡本人一手炒作起来的这场运动，在4年内就偃旗息鼓，美国社会的狂热和恐慌有所降温。1954年年初，麦卡锡对美国军方的调查陷入僵局，他在听证会上的无理取闹通过电视直播传遍全国，大众舆论开始转向。1954年3月，哥伦比亚广播公司记者爱德华·默罗（Edward R. Murrow）公开批判麦卡锡，赢得公众舆论的一片叫好；4月，麦卡锡在国会听证会上受到抨击，至此在政界和公众尽失人心。1954年11月，共和党失去参议院多数席位，麦卡锡被免去调查委员会主席职务，他的政治生涯基本结束，麦卡锡主义的热潮也随之消散。3年之后，麦卡锡本人去世。

麦卡锡主义虽然声势浩大，但是我们也不宜夸大这场政治运动所造成的灾难。麦卡锡主义遭到强烈抵制，引起了美国人对本国政治体制的反思，但是与同一历史时期苏联等社会主义国家内部发生的政治斗争和社会压力的严酷性相比，毕竟是小巫见大巫。所谓从事"非美活动"的人士感受到政治压力，甚至失去了工作，但造成人身迫害的冤假错案，还是极少数。在1948—1958年的10年中，"联邦雇员忠诚计划"对全国范围的450万联邦雇员展开了调查，被认为符合"不忠诚"界定而受到解雇的，总共不过378人，不到接受调查人数的万分之一，平均每年不到40人，因此没有引发联邦雇员的普遍不安和恐慌。也就是说，美国政府的反共政治迫害，危及人数在总人口中的比例微乎其微，无法造成美国广大公众对政府的反叛行动，更不足以让公众深度怀疑本国的政治制度。

反苏和恐苏

激烈的反共主义思潮在美国政治生活中起到过"搅浑水"的破坏作用，但更重要的是强化了美国社会的自由主义意识形态，在反共旗帜下凝聚了全民政治共识。同苏联的意识形态冷战，驱使美国主流政治思潮向右转。上面讲到李普塞特的"美国例外论"，还有社会学家丹尼尔·贝尔（Daniel Bell）于1960年发表的《意识形态的终结》（The End of Ideology），都是当年的代表作。美国知识界强调美国社会结构和阶级构成的特殊性，否认马克思主义关于社会发展、阶级斗争和无产阶级专政的理论适用于美国，尤其排拒暴力革命和激进的集体运动的正当性。

美国知识界把苏联的国内专政和对外强权扩张同法西斯德国相提并论，客观上造成了对苏联式社会主义政治和经济制度的社会恐慌。美国学者唐纳德·W. 怀特（Donald W. White）指出："无论是君主专制还是法西斯主义，都没有引起苏联共产主义所带来的那么大的焦虑。"美国人对苏联模式的恐惧和排拒，一是担心自己的财富被国家所剥夺，而财富重新分配的结果，是集体贫困。二是认为共产主义思想和苏联式的制度，威胁到美国的个人自由，包括言论自由、新闻自由、宗教自由和行动自由。

对于普通美国民众而言，冷战时期苏联依靠"举国体制"而实现的国家实力崛起虽然震慑力十足，但却几乎完全没有吸引力。持强烈意识形态见解和受到反共宣传影响的美国普通公众自不必说，连对国内政治持强烈逆反心理的那部分美国社会精英，也都没有从苏联或东欧社会主义国家那方面吸取思想营养或者受到精神鼓舞，反而强烈批评苏联的内外政策，直至对苏联的衰落和崩溃采取幸灾乐祸的态度。例如，激进的左派历史学家霍华德·津恩（Howard Zinn）毫不掩饰他对苏联解体感到"欢欣鼓舞"。他认为社会主义的名声早就被苏联玷污了。一位更为知名的左派知识分子诺姆·乔姆斯基（Noam Chomsky）说，东欧国家垮台是因为同社会主义毫不相干的指令性经济体制；经济停滞伴随着要求独立的民族主义压力和反对暴政的社会压力，导致苏东集团在20世纪80年代初的危机和最终解体。在苏联解体前，乔姆斯基就声称苏联已经沦落成为帝国主义国家。

这种抵制共产主义思想和社会主义制度的全社会共识，既是冷战所造成，又被冷战所固化，转而成为冷战的动力，在麦卡锡主义退潮之后依然经久不衰。美国共产党的党员人数从20世纪前期的10万之众，锐减到冷战后期的几千人。党的运转经费主要来自个人捐助和房地产出租。此外，美国情报机构一直长期密切监视美共的各项活动，甚至安插了多名卧底打入美共组织内部。

肯尼迪在1960年同尼克松竞选总统时，不惜摆出比他的共和党前任艾森豪威尔更为激烈的反苏姿态。肯尼迪痛斥苏联的巨大生产力，宣称只有使美国更加强大，才能维持世界"一半奴役一半自由"的状态。肯尼迪之后，直至里根（Ronald Reagan）总统执政的美国，都是以"维护自由"为旗帜，同苏联进行抗争。1987年，里根在柏林墙边发表演说声称："50年代，赫鲁晓夫曾经预言：'我们将埋葬你们。'然而在今天的西方，我们见到的是一个自由的世界，达到的繁荣和富足水平为人类历史上前所未有。在共产世界，我们则看见失败、技术退步、健康水平下降，甚至基本物资的匮乏——食物不足。即使在今天，苏联还不能粮食自给。经过这四十年，一个伟大而无可逃避的结论展示给整个世界：自由带来繁荣。在和平合作的国家，自由取代了自古以来的仇恨。自由是胜利者。现在苏联人自己也在有限程度上认识到自由的重要。"

同时，美国政界和社会的反共倾向在很大程度上与恐苏情绪相挂钩，而这种情绪有时又来自领导人的有意操纵。美国领导人常常以夸大而非缩小苏联实力的方式引起民众的恐惧，从而扩大自己的政治影响，巩固冷战大战略的国内民意基础。我在前面的章节提到，1957年苏联率先发射人造卫星之后，美国舆论一片惊慌之声，有"斯普特尼克休克"（Sputnik Shock）的说法。但中央情报局局长艾伦·杜勒斯（Allen Dulles）说，他对苏联卫星并不感到意外，反而应当感谢苏联夸大自己的能力，因为美国人需要这种周期性的"休克疗法"来刺激自己。

总的来看，对美国来说，反共主义既是手段也是目的。冷战模糊了美国国内政治和对外政策的界限。美国的反共主义热情，来源于美国作为一个价值共同体的本质。上文提到的美国社会学家李普塞特引用一位加拿大学者的话说，美国人生活在一个自己制造出来的神话当中，它"是一个由一致的意识形态联结在一起的、多元的、讲究实际的民族……（它有）数以百计的派别，虽然彼此之间毫不相同，却都在执行着同一使命"，而这个使命与共产主义的愿景格格不入。在冷战时期乃至今天，美国人眼中的世界一直就是两个：以美国为代表的"自由世界"和以美国的敌人为代表的"邪恶世界"。美国的使命就是"捍卫自由世界"和"消灭邪恶势力"，灰色地带是不存在的。美国国内的反共思潮和对外的反共政策相互强化，共同驱动着美国国内政治和外交战略的演变，也深刻左右着冷战格局的轨迹。

美国的种族问题与冷战

从 16 世纪开始，随着美洲殖民地的开辟，欧洲人把大批黑人奴隶从非洲运到新大陆。在先后到达美洲的 1000 万黑人中，大约有 40 万被贩卖到了位于今天美国境内的各个殖民地，沦为奴隶，受到残酷的压迫和歧视。后来黑人的数量和在美国人口中的比例不断增加。

美国《独立宣言》的发表，宪法的颁布，奠定了美国立国的政治和法律根基。不过，《独立宣言》中所谓"所有人都被创造为是平等的"，宪法中所谓"我们合众国人民"，其中的"人"都是指欧洲白人及其后裔，不包括黑人。在北美殖民地早期，来自欧洲不同地区的白人移民之间也存在很多族裔矛盾，但是最大的种族矛盾一直是黑人和欧洲白人后裔的矛盾。1970 年，美国人口有 2.03 亿，其中白人占 83.5%，黑人占 11.1%，拉美裔、亚裔、原住民等占 5.4%。冷战时期的美国种族问题，基本上指的是黑人遭遇的种族歧视。

美国黑人争取自身权益的斗争大概可以分为三个阶段。第一个阶段是 19 世纪 60 年代美国南北战争之前，黑人主要是在南方农场当奴隶。这个阶段的抗争主题是黑人争取摆脱奴隶身份，美国废除蓄奴制度。第二个阶段从南北战争之后到第二次世界大战前。林肯（Abraham Lincoln）总统在1863年的《解放黑人奴隶宣言》中，已经宣告黑人获得自由和平等权利。然而黑人因为穷困，教育程度低，为求经济上的生存，必须重新依靠白人雇佣。种族隔离以及社会的系统性歧视，使黑人仍然处在被压迫的地位，权利得不到保障。第三个阶段是"二战"到20世纪五六十年代，这段时间美国黑人民权运动逐渐兴起，并最终发展为轰轰烈烈的社会变革，深刻影响着此后直至今天美国政治和社会的发展。

黑人民权运动风起云涌

说到冷战期间的黑人民权运动，需要追溯到第二次世界大战。美国作为"二战"期间同盟国的兵工厂和重要的参战国，需要大量劳动力和兵员，这为大批黑人提供了过去不可能得到的工作机会。但当黑人为国家而战斗并献身时，依然遭遇明显的歧视，比如，兵工厂里技术含量较高的岗位不招募黑人，红十字会不接受黑人献血，等等。在战争条件下，美国黑人增强了斗争性，民权组织也活跃起来。战后，黑人希望扩大他们在战争期间争取到的权利。由于工业生产的需要，大批黑人离开南方农业地区，流入北方和西海岸的大城市，使黑人地位问题成为全国性问题。这是民权运动兴起的重要背景。

1948年是总统选举年。这年3月，20个全国性的民权组织在纽约共同发表了《黑人选民宣言》，宣称黑人选民在17个州拥有"权力平衡"的力量，对这些州总共295张选举人票的走向具有很大的影响力，足以左右大选的结果。他们说，任何政党要想得到多数黑人的政治支持，必须有支持黑人民权的实际行动。本来，黑人多数支持民主党，但这时共和党也利用民权问题争夺黑人选民。一些共和党国会议员许诺，将促成民权立法在国会获得通过。

1955年12月的一天，一位黑人妇女在亚拉巴马州蒙哥马利市的市内公共汽车上，拒绝给白人让座。这种行为违反了当地的种族隔离法规，她随即因此被捕。一场黑人抵制市内公交运输运动轰轰烈烈地开展起来，4万多名黑人每天早上走路上班，傍晚走路回家，整整381天公共汽车上空无一人。这个事件被认为是民权运动开始的标志。运动以非暴力主义为指导方针，采取的斗争方式包括抵制、静坐、游行、和平进军等。1956年12月，联邦最高法院判决公共汽车上的种族隔离违反宪法，市公共汽车取消种族隔离，抵制运动结束。

黑人青年牧师马丁·路德·金（Martin Luther King）在蒙哥马利抵制公交运输运动中崭露头角，曾遭逮捕。1957年，马丁·路德·金建立了南方基督教领袖会议并当选为主席。这个会议作为民权运动最有影响的组织，负责协调各有关组织的行动，马丁·路德·金将印度"圣雄"甘地的非暴力思想带到运动中。但是，民权运动引起了白人种族主义者的反弹和社会冲突。一些南方白人在经济上报复黑人，阻碍黑人的选民登记，还采用暴力、炸弹甚至暗杀等手段对付黑人和民权运动领袖。1963年，民权运动达到高潮。4月，金在种族隔离最严重的亚拉巴马州伯明翰市，领导了黑人抗议示威斗争，迫使当局接受黑人要求。8月，在首都华盛顿爆发了这个城市有史以来规模最大的示威游行，25万黑人和白人同情者举行争取就业和自由的"自由进军"。马丁·路德·金在林肯纪念馆的台阶上发表了《我有一个梦想》的著名演说。1964年，35岁的马丁·路德·金被授予诺贝尔和平奖。

在20世纪60年代黑人抗议行动中出现过比较激进的"黑人权力运动"，它的核心思想是黑人必须掌控自己的事务，不再贯彻种族合作原则。这种思想与马丁·路德·金主张种族合作的思想针锋相对。此外还有主张武装自卫以争取"黑人权力"的"黑豹党"等组织。

有一位名叫马尔科姆·X（Malcolm X）的黑人激进派人物，是一个黑人穆斯林组织的领导者，曾经鼓吹黑人优越于其他种族，主张种族分离，出国游历过非洲和中东，前往麦加朝觐，一时声名显赫。马尔科姆·X后来同伊斯兰组织切割，同马丁·路德·金合作。1965年，他在一场演讲中遭伊斯兰组织的三名成员枪杀，不幸身亡。黑人激进势力派别林立，一些人主张武装抗暴，但都没有成为民权运动的主流。

1968年4月，马丁·路德·金在孟菲斯市被种族主义分子暗杀，终年39岁。他所坚持的通过非暴力政治斗争争取种族平等的思想，闪烁着时代的光芒。1986年，美国总统里根宣布每年1月的第三个星期一为联邦法定假日，以纪念马丁·路德·金博士的生日。

黑人斗争的政治成果

黑人民权运动产生了巨大的政治效应。为争取黑人选票，维护社会秩序，杜鲁门民主党政府为民权运动的开展营造了一种积极的气氛。杜鲁门主张所有美国人，不分种族、肤色、信仰和国别来源，都应该拥有平等的机会和权利，并强调联邦政府在保障民权和促进民权发展方面负有主导责任。杜鲁门认为，南方白人采取种族暴力来维持原来的种族关系，说明他们还"生活在落后于时代80年的社会中"。1946年12月，杜鲁门成立总统民权委员会，1947年10月，委员会提交了《保障这些权利》的报告，为了保护黑人以及其他少数群体的公民权利，委员会提出了若干具体措施。

杜鲁门当政时期，美国全国有色人种协进会长期坚持的法庭斗争取得了重要胜利。20世纪50年代，最高法院做出几项判决，宣布黑人和白人在州立大学有接受平等教育的权利；"隔离但平等"

原则不能在公共教育中实施,因为"隔离的教育设施根本不是平等的",这就打破了美国社会种族隔离制度的宪政基础。马丁·路德·金认为,如果没有1956年最高法院判决的支持,蒙哥马利抵制公交运输运动很难坚持下去。

黑人政治力量的崛起,不仅改变了民权问题在全国政治中的地位,而且促成联邦政府的行政当局改变了以往在民权问题上的立场,至少在表面上成为黑人民权事业的支持者。杜鲁门在1948年的总统选举中胜出,部分原因是获得了许多黑人选票。此后,民主党在总统选举中更多地依靠北部州的黑人、工人和自由派人士的支持。

从杜鲁门到肯尼迪,再到约翰逊,民主党总统候选人都极力争取黑人选民。在1960年的大选中,肯尼迪多次在黑人大会上发表演讲,斥责南方实行的种族隔离制度,并承诺当选之后支持民权立法,采取更多的行政措施对付种族隔离制度。黑人选民的支持对于肯尼迪以微弱优势获胜至关重要。这反过来促使民主党的国会进一步支持民权立法。在肯尼迪担任总统后的第一次内阁会议上,他要求每一位内阁成员检查一下他的部门任用黑人的情况。调查表明,国务院3600多名官员中只有15名黑人,司法部950多名律师中只有10名黑人。于是他签署总统令,指示所有政府机构立即提交一份结束歧视性就业规定的计划。在此后的1000天里,黑人第一次被任命为驻外大使,第一次被任命为联邦检察长,奉命担任联邦高级职务的黑人超过历史上所有时期的总和。

1961年5月,一些白人和黑人大学生共同乘坐公共汽车穿越亚拉巴马州和密西西比州,以实际行动表明要废除旅馆、公共汽车站候车室和洗手间里的种族隔离制度。一路上,他们经常受到白人暴徒和三K党党徒的袭击,当地警察却对此视而不见。肯尼迪立即派遣600名联邦执法警察前去保护这些"自由乘车者"。

1963年6月,肯尼迪向国会送交了《民权法案》,内容包括禁止在公共服务行业的场所实行种族歧视，授权联邦政府对任何实施种族歧视的计划或工作，可以停止财政拨款。同年6月11日晚，在纪念林肯总统签署《解放黑人奴隶宣言》100周年时，肯尼迪总统通过电台、电视台向全国人民发表关于民权问题的讲演。他指出，民权问题"主要是一个道德问题，它和圣经一样古老，和宪法一样清晰"。这次讲演史称《第二次解放宣言》。肯尼迪发表这次演讲后两个月，马丁·路德·金发表了《我有一个梦想》的演说。肯尼迪和约翰逊都会见过马丁·路德·金，对他的事业表示支持。

1963年11月，肯尼迪遇刺身亡，林登·约翰逊接任总统，也接手了《民权法案》。作为参议院领袖，约翰逊与南部民主党议员分道扬镳，在1957年首次投票支持民权立法。民众对于肯尼迪的同情，使得这部对美国影响巨大的法案冲破了国会中反对派的阻力，在历时83天的辩论后，于1964年通过。《民权法案》从法律上规定了在美国企业、学校等不得基于种族、宗教、性别等进行歧视，是黑人长期平权运动的硕果。在民权运动的巨大压力下，美国国会1965年通过《选举权利法》，正式以立法形式，结束美国黑人在选举权方面受到的限制。作为总统，约翰逊力促这两项法律获得通过。

共和党总统艾森豪威尔在民权问题上相对保守，但也做出了一定的贡献。1957年9月，阿肯色州小石城学校委员会宣布逐步改变学校中种族隔离的现象，在白人的中心中学首批录取了9名黑人学生。但一些白人声言要用暴力阻止黑人进入白人学校，得到州长的支持。州长派出州国民警卫队，企图阻止黑人学生入校。艾森豪威尔以武装部队总司令的身份，亲自下令美国第101空降师进驻小石城，对上学的黑人学生进行"军事保护"，保证他们正常上学。

"肯定性行动"（Affirmative Action，我主张翻译为"矫正性行动"）是美国政府20世纪60年代中期以来实施的针对黑人及其他少数族裔的补偿性计划。它主要以配额制的形式，分别贯彻在就业和教育领域，比如要求国防工程的承包商雇用工人时，不得考虑种族、宗教信仰和籍贯。但由于这项计划的运行机制存在一系列问题，引发了旷日持久的争议，至今没有平息，并且出现了指责这项计划为"反向歧视"的论调。

种族歧视受到强大国际压力

轰轰烈烈的美国黑人民权运动取得胜利，首先应当归功于黑人和整个美国社会中的正义力量，但冷战背景下国际社会对美国种族歧视的强烈谴责，以及美国政府出于反苏反共的政治需要而采取的变革措施，也是不可忽视的因素。

从1946年到1951年，美国全国黑人大会、全国有色人种协进会、民权大会等黑人民权和左翼组织，先后三次发起了向联合国请愿的活动，向全世界控诉美国黑人遭受的歧视和压迫，以图引起国际关注，迫使美国政府纠正错误的法规和政策。

事实上，苏联官员的确利用黑人向联合国的请愿书狠狠羞辱了美国。美国的种族歧视成为苏联关于美国的宣传主题之一。苏联代表在联合国同时提出了殖民主义和美国种族主义两个问题。1947年1月，苏联杂志《环球》报告说："南方的黑人从来不能做陪审员，南方的法院从来不会判黑人无罪。因此如果对黑人施加私刑的人偶尔被带到法院审判，每个人都知道凶手将会被无罪释放。在南方的私刑就是一场野餐会和娱乐活动，人们会带着三明治和威士忌参加私刑。南方的黑人都不敢安心睡觉，因为他可能不久就将被吊死在一棵树上。"

冷战初期，美国黑人在国际上基本孤立无援，在国内受到"赤色恐慌"的反共主义迫害。但随着民权运动在美国深入开展，亚非拉广大国家反对殖民主义、争取民族独立的斗争如火如荼，美国的种族主义势力在国内国际两条战线都遭遇越来越大的压力。享有国际声誉的黑人歌唱家和运动员保罗·罗伯逊（Paul Robeson）在国内被贴上"危险分子"的标签，受到人身骚扰。直到1974年76岁高龄时，联邦调查局才解除了对他的监控。另一位黑人民权运动的先驱杜波依斯（W. E. B. Du Bois）被剥夺了美国国籍，流亡非洲，1963年去世于加纳。这类种族迫害事件得到越来越广泛的国际关注和抗议，甚至连美国的西方盟友也批评美国的种族主义，美国的国家形象和国家声誉因此严重受损。

美国黑人的国际斗争，最著名的例子就是上面提到的黑人领袖马尔科姆·X。他在1964年7月以观察员身份参加非洲统一组织的大会时，竭力寻求非洲国家的帮助，以便把美国的种族歧视问题带到联合国。这种国际斗争策略，对处于美国社会下层、悲观失望的黑人来说，是一种巨大的精神鼓舞。非洲统一组织大会随即发表的声明，虽然承认美国通过了《民权法案》的事实，但仍然谴责美国种族主义侵犯人权。美国政府为此非常难堪，不得不采取措施改善黑人困境。

还有一位当年在中国非常有名的黑人领袖，名叫罗伯特·F.威廉（Robert F. Williams）。1966年10月1日，北京天安门城楼上，罗伯特·威廉拿着当年在中国人手一册的《毛主席语录》，请求毛泽东为他签名。他可能是第一个，也是最后一个得到由毛泽东亲笔签名《毛主席语录》的人。威廉推崇毛泽东"枪杆子里面出政权"的思想，主张黑人拿起武器进行自卫，还组织过一支"黑人武装卫队"。1963年8月8日，应威廉的请求，毛主席发表了《支持美国黑人反对种族歧视斗争的声明》；1968年4月16日，马丁·路德·金遇害后，毛主席又发表了《支持美国黑人抗暴斗争的声明》。

冷战时期，美国大力开展国际活动，到访美国的外国人急剧增加，但是美国的饭店、餐馆、机场等公共设施，却经常拒绝为许多来自非洲、亚洲、拉丁美洲的非白人政要和社会贤达提供服务。这种对人权明目张胆的侵犯，激起了外部世界的强烈反应。于是，当美国指责社会主义国家的所谓"政治迫害"时，国际舆论却广泛谴责美国的虚伪，讥讽美国自我标榜的"自由世界"。例如，印度尼西亚总统苏加诺（Sukarno）说他要邀请美国南部的人到印尼学习种族宽容精神。荷兰一家报纸指出："种族主义的意识形态理论家正在做的事情，与其说是给美国作为自由世界的领袖带来好处，还不如说是正在损害美国的道德声誉，尤其是在有色人种之中。"

国际社会和美国民众的双重压力无疑促进了民权运动。但是，在美苏冷战日益激烈的背景下，一些激进的黑人组织同左翼组织、共产党、苏联、古巴等国的联系受到了监视和怀疑，让许多民权组织与激进势力保持距离。上一节提到的反共主义，限制了民权运动的思想倾向，使它只能在自由主义和基督教教义的大框架下活动，而不能带来美国政治体制更深刻的变革。

种族关系与美国公共外交

美国的种族矛盾给美国的国家形象、信誉、民主制度造成了严重损害，也因而成为美国冷战外交的巨大负担。美国政府必须努力回应国际社会对美国种族问题的关切，这一问题关系到美国在冷战中的成败。

杜鲁门总统在谈到美国对人权问题的承诺时说："任何一项承诺未兑现，都会被我们的敌人所利用。当每一次我们所声称的权利没有兑现给我们自己的公民时，我们就给极权主义提供了磨坊中的材料。除非我们的美国原则是真实的，否则我们不能强有力地鼓舞自由世界反对专制。"杜鲁门政府的国务卿艾奇逊承认，"种族歧视对我国外交关系的损害与日俱增"。

为了挽回美国的海外声誉，各届美国总统、国务院和新闻署在美国种族关系的海外宣传上全力以赴。美国政府试图通过各种形式的海外宣传，改变外界对美国的负面认识，以"进步视角"讲好美国的种族故事，把它转变成美国"民主优越"的故事。面对苏联对美国种族问题的指责，美国国务院和新闻署制作了一系列的宣传小册子进行反制，向国际社会讲述美国改善种族关系的举措。1957年，美国新闻署用至少15种语言出版《美国生活中的黑人》（The Negro in American Life），送给美国驻世界各国的大使馆和图书馆。其中，它援引民权运动人士沃尔特·怀特（Walter White）的话，回答了"美国黑人如何看待美国民主"的问题。怀特表示，"我们仍然有私刑、种族隔离和歧视，但越来越多的美国人对这些做法感到羞耻，并正在采取行动"。美国新闻署还制作和发行电影，讲述黑人体育明星、歌唱家、医生等各界名人励志和成功的故事。这些电影在颂扬黑人明星的同时，也在颂扬美国民主，宣称只有民主社会才能培养出如此优秀的人才。

与此同时，美国政府广泛开展公共外交，尤其是派遣愿意与政府合作的黑人名流，到非洲、欧洲等地区传播美国文化，现身说法解释和宣传本国的种族关系的进步。享誉世界的黑人爵士乐家路易斯·阿姆斯特朗（Louis Armstrong）曾被美国国务院视作"最具影响力的官方亲善大使"。同时，美国政府还把外国的青年学生、政治人物和媒体人士请进来，企图通过他们来改变所在国家对美国种族关系的印象。美国新闻署在资助非洲学生赴美深造的项目中强调，"我们正在迈向没有任何人的地位由他们的肤色决定的新局面"。此外，对在国际社会中造成严重负面影响的种族事件，例如小石城事件，美国政府竭尽全力进行止损。国务院向所有的驻外使领馆发放了"消除小石城事件带来的不良反应"的指南。

在冷战的特殊语境下，这种对外宣传的困境却可以演变为美国民权改革的动力。美国政府极力向海外宣传国内种族关系的改善，使得黑人群体更加深刻地认识到，国内的种族问题是美国在冷战中的致命弱点，只有真正改善黑人民权，才能提升美国的国家形象。从这个意义上讲，黑人的民权改革诉求与美国的国家利益诉求趋于一致。但是，种族歧视的痼疾至今依然存在，成为美国外交的"软肋"，远非美国的"宣传"所能解决的。

最后，顺便讲一下在用英语论述或者称呼美国黑人时应当注意的问题。20世纪60年代初，我在上初中时，中国英语课本里的"Negro"是美国黑人的通用称呼，并没有不敬的含义（"Negro"是西班牙语的"黑色"）。但是民权运动爆发以后，称黑人为"Negro"，就带有轻蔑、羞辱的含义。人们开始使用"black American"这个新词，或简称"black"。再后来，"African American"（非洲裔美国人），或者"Afro-American"成为美国人称呼黑人的首选词语，显得更为礼貌和正式。不过有一个小bug——并非所有的美国黑人祖先都直接来自非洲，有的黑人来自海地或其他加勒比地区，不愿被称为Afro-American，而是Afro-Caribbean。还有北非地区移民到美国的阿拉伯人，也不能叫他们Afro-American。总之，美国人对自己的肤色、身份比较敏感，在人际交往时需要小心谨慎。

美国的"反文化运动"

上节讲到美国冷战时期的种族问题。黑人反对种族歧视、种族压迫的斗争得到国际社会的支持，使美国政府不得不调整政策和法律，达到了一定程度的种族平等。同时，反对种族歧视的运动激发了美国许多其他群体争取各自权利的觉悟和热情。黑人、奇卡诺人（即美籍墨西哥人）、同性恋者、嬉皮士等人群纷纷组织起来，对美国建国以后形成的正统观念、行为和政治态度发起挑战。以战后"婴儿潮"年代出生的青年为主体的形形色色的抗议运动，到20世纪60年代形成了一股合力，被通称为"反文化运动"。这场运动在声势浩大的反对越南战争的抗议活动中达到高潮，对美国的冷战政策和战略形成了巨大的牵制。这一节就来谈一谈这场"反文化运动"。

什么是"反文化运动"？

1969年，美国加利福尼亚州立大学一位教授出版的著作，将"反文化运动"（counterculture movement）定义为20世纪60年代发生在美国社会的一切抗议运动，既包括校园民主运动、妇女解放运动、黑人民权运动、反战和平运动、环境保护运动、同性恋者权利运动等方面的所谓政治"革命"，也包括摇滚乐、性解放、吸毒、嬉皮文化，以及神秘主义和自我主义的复兴等方面的所谓文化"革命"。后来的研究者普遍沿用了这个定义。

"反文化运动"内容丰富，形式五花八门，基本上可以划分为四大分支：一是学生运动，这是 20 世纪 60 年代社会运动浪潮的起点；二是上节谈到的民权运动，包括黑人解放斗争，以及各个族裔、宗教、性别、性取向群体争取自身权利的斗争；三是"文化解放运动"或者叫文化反叛，主要出现在思想界、文化界、艺术界，例如嬉皮士等；四是反战运动，即全美反对越南战争的浪潮，这也是 20 世纪 60 年代到 70 年代初运动的顶峰，对美国的冷战政策和战略形成了巨大的牵制。

事实上，上述四个运动分支，部分重合，相互交叉，都没有明确的地点和终点。运动没有统一的组织机构、行动纲领、意识形态，除了马丁·路德·金可以被称为美国民权运动领袖以外，没有其他的显赫人物。尽管如此，反文化运动仍然留下了强烈的历史印记。

社会根源：富裕一代的期待与苦闷

"二战"结束后，美国从工业社会向后工业社会转型，也就是从制造业、交通运输业、能源等产业，向信息业和服务业（第三产业）转变。至 20 世纪 60 年代初，美国经济持续繁荣，其富庶程度是当时世界其他地方的人所难以想象的——有近 60% 的美国家庭自报工资收入属于中产阶级。在技术方面，晶体管的发明带来了家电产品的极大丰富，不啻为又一场技术革命。按键电话、立体声收音机、电热毯、烘干洗衣机、空调、速冻食品，都出现在 20 世纪 50 年代的家庭中，逐渐成为中产阶级的生活必备。

生活水平的提高带来了更高的生育率，消费热潮与"婴儿潮"相伴随。为了给孩子们提供更好的生活成长环境，美国在 20 世纪 50 年代出现了白人住宅的郊区化。郊区化的另一个原因是黑人大量进入北方工业城市，对于这一点，上节已经讲过。郊区化直接带动了汽车业的发展，而家庭轿车又赋予人们在农业社会中无法想象的行动自由。此外，在与苏联的太空竞赛中，美国经历了短暂落后，于 1969 年 7 月将阿波罗 11 号飞船送上月球，首次实现人类踏上月球的理想。当时美国社会普遍弥漫着一种乐观主义情绪，在美国人看来，一代比一代更强、更富有的"美国梦"正在实现。

凡此种种，整个社会与战前相比已经发生了翻天覆地的变化，父母辈和子女辈之间生活条件和成长经历的迥异，带来了社会结构的变化和观念的变革。富裕社会的宠儿不再信奉祖辈那种隐忍、节俭的清教徒式的价值观和道德观。

电视的普及极大地改变了人与人、人与社会之间的关系，降低了学校和家庭在传播信仰及价值观方面的作用。年轻一代更加相信自己的眼睛、电视，而不是家长、老师的说教。电视广告虽然处于初期发展阶段，但却对这一代人的期望值的形成产生了重要影响，他们相信生活会越来越好。当他们在 20 世纪 60 年代进入青年时期，发现理想与现实的冲突时，很多人产生了幻灭感。

教育程度的不断提高使"婴儿潮"一代开阔了眼界。战前，一半以上的学生读完五年级后就不再升入中学。而到 20 世纪 60 年代，75% 的年轻人完成高中学业，其中三分之二的毕业生进入大学就读，"婴儿潮"一代上大学的人数几乎两倍于他们的父母。1960 年美国在校大学生人数首次超过了务农的人数。

美国教育规模的扩大与战后经济社会的发展，导致人们对教育的诉求急剧增加。人们把美国同苏联技术竞争方面的暂时落后归咎于教育，教育被看作加强国防、促进经济发展与技术进步的有力工具。在中国曾经流行的"学会数理化，走遍天下都不怕"，在美国也得到了一定的体现，中小学生被要求加强数理化训练，大学专业分科趋势明显。在此情况下，20世纪60年代，美国的教育尤其是高等教育，获得了来自各种渠道的投资，进入了前所未有的高速发展时代，高等教育规模不断扩大，在校学生数量激增。高等教育家、加州大学校长克拉克·克尔（Clark Kerr）前往哈佛校园，发表了轰动全国的"多元化巨型大学"系列演讲（巨型大学本科生规模在10万人以上）。

新一代成长于繁荣社会，但是繁荣之下也掩盖着重重危机，其中一个较为突出的问题是社会不平等引发的社会动荡。虽然最高法院1956年的裁决从法律上取消了种族隔离，但裁决后10年之内收效甚微，到1968年仍有75%的少数族裔学生在隔离制的学校里就读。

肯尼迪政府的"新边疆"、约翰逊政府的"伟大社会"，以及他们所提出的"向贫困宣战"和"实现充分受教育机会"的口号，向美国年轻一代许诺了一个又一个平等、美好的社会前景。然而，实施的结果却不尽如人意。阿巴拉契亚山脉从纽约州南部延伸到密西西比州北部，绵延超过1600公里，是早先美国工业化的核心地带。这一地区的长期贫困状况并没有显著改善；贫困、失业和流离失所在黑人人群中随处可见。美国在住房、教育、医疗、城市贫困化等方面积累了许多问题，亟待解决，年轻一代开始对"丰裕社会"持怀疑态度。此外，吸毒和环境污染问题也在这个时候逐渐突出起来。

他们在反叛什么？

不少民意测验显示，受过高等教育的人对政治、性、养育子女和宗教所采取的态度更为开明，更容易接受社会、技术和文化变革的事实，自我意识更加强烈，喜欢质疑，不轻易崇拜权威。反文化运动的发起和主要参加者是在高校就读的大学生和部分高中生，而支持他们的力量也大多来自教育界、政界等精英阶层。学校教育所带来的另一个变化就是向学生展现了一个多元的世界，黑人民权运动带来的成果之一，是少数族裔历史以及亚非拉国家文化的课程进入学校课堂，逐渐改变了以往以欧洲历史和文化为主的课程结构。

有读者可能已经为人父母，对家庭教育感兴趣。有一本当年在美国很火的书——《斯波克育儿经》(*Dr. Spock's Baby and Child Care*)。这本书教导父母要依靠自己的感觉和知识去养育子女，要从小培养孩子的独立性。"婴儿潮"一代是在这本书的影响下长大的第一代人。据统计，在美国，1890年只有16%的父母认为独立精神是他们子女的重要品格；20世纪70年代，75%的父母认为独立精神对子女非常重要。

年轻一代反叛思维的形成，还来自一些现代思想渊源，包括20世纪50年代"垮掉的一代"、法兰克福学派、新弗洛伊德精神分析学派等。"垮掉的一代"是风行于战后美国的一个文学流派。这个流派的作家多是性格粗犷的男女青年。他们生活简单、不修边幅，喜欢穿奇装异服，厌倦工作和学业，拒绝承担任何社会义务，以浪迹天涯为乐，蔑视法纪秩序，反对一切世俗陈规，抵制资本统治、对外侵略和种族隔离。他们寻求新的刺激，甚至纵欲、吸毒、沉沦，以此挑战"体面的"传统价值观，因此被称作"垮掉的一代"。代表作品包括在中国影响较大的小说《麦田里的守望者》(*The Catcher in the Rye*)，作者是杰罗姆·大卫·塞林格（Jerome David Salinger）。

法兰克福学派对20世纪60年代反抗运动的新左派运动产生过重大影响。在纳粹德国时期，这个学派的一批犹太学者流亡到美国。在他们看来，包括纳粹在内的现代集权主义产生的土壤，是现代资本主义的工业化，因为以技术为主体的社会要求每个社会成员都按同一种方式生活。

"垮掉派"作家和法兰克福学派都认为，快速多变的工作和生活节奏加重了人们的精神压力，以致神经衰弱成为社会的流行症状，人与人之间的情谊被人与机器的冰冷联系取代，深度的异化感构成了强大的反社会张力。

20世纪60年代是美国的多事之秋。年轻人从电视上看到越南战场上美军的溃败，无辜的越南妇女和儿童死亡。1963年肯尼迪总统遇刺是他们人生中的一个里程碑。1968年，马丁·路德·金和肯尼迪总统的弟弟罗伯特·肯尼迪先后遇刺身亡。罗伯特·F. 肯尼迪（Robert F. Kennedy）反对越南战争，本来有希望当选总统。展现在这一代人面前的世界不仅危机四伏，而且价值取向混乱，是非对错都难以分辨。

在冷战背景下，美国政府的经济社会职能扩张，其中一个重要的副产品就是以技术专家统治为特征的官僚政府，特别是20世纪50年代的"军事—工业复合体"。到了1961年，与国防有关的项目已经占到了美国联邦支出的50.8%，占美国国内生产总值的9.3%。艾森豪威尔总统曾在1961年1月的白宫告别演说中告诫美国人民，"（军事—工业复合体的）经济、政治甚至精神的整体的影响在每座城市、每个州议会大楼、联邦政府的每间办公室都能感觉得到"。

社会动荡、战争威胁给年轻人造成了极大的思想负担和精神压力，而超大规模的大学校园不仅不能给他们提供精神庇护，反而加剧了他们的负担和压力。大学变得像机器流水线，教授难以接近，学生的个性受到压抑。社会科学和人文学科沦入边缘地带。学校组织臃肿，体制僵硬，运作官僚化，还监视宿舍，检查学生刊物，某些自由化言论被禁止，一些组织被宣布为非法；学校体制还与政界、财界、军界紧密结合，成为替保守势力张目的堡垒，这一点尤其令学生们忍无可忍。

1964年9月14日，秋季学期第一天，加州大学伯克利分校发布禁令，禁止学生在校园内进行政治活动，各学生团体接到通知，校园前面的人行道区域不能再用作政治目的。校方的禁令引发了声势浩大的自由言论运动。从1964年9月到1965年1月，学生通过静坐、游行示威、罢课、占领行政大楼等方式，与校方和警察、市政当局对抗。众多教师和社会力量的声援，最终迫使加州大学行政当局退让，取消禁令，广大师生员工不仅在校园内获得了言论和政治活动自由的权利，还获得参与学校管理、决策和改革的权利。

自那以后，加州大学伯克利分校一直保持着思想自由化和所谓"革命化"的传统。1984年，我在伯克利进修。秋季开学第一天，校园外的大街上就有一场大规模的学生游行，横幅上写着"男同性恋者和女同性恋者抗议南非种族隔离"（Gays and Lesbians against Apartheid），使我大开眼界。当时伯克利还有一家"革命书店"，专门出售宣扬马列主义、毛泽东思想的书籍和刊物，还摆着托洛斯基（Leon Trotsky）、卡斯特罗等激进思想家的著作。

反战运动

从国际环境来看，所谓"富裕一代"一直生活在冷战带来的恐惧之中。1950年朝鲜战争爆发，之后是美苏核武器竞赛和太空竞赛。在20世纪60年代他们开始步入大学时，又发生了1962年的古巴导弹危机和1964年开始升级的越南战争，让他们感受到切身的生存威胁。

反战运动是指1961年美国卷入越南战争以后，社会各界反对越南战争的轰轰烈烈的群众运动。越南战争是世界上第一次"电视战争"，第一次每天向全世界报道的战争。那时候普通中国人还没有见过电视机。电视上那个南越警察局局长当街枪毙"越共分子"的镜头,震惊了美国和整个世界。同一场景的照片还荣获普利策奖,成为越南战争血腥暴力的象征。1963年,哥伦比亚广播公司播放了美军士兵虐待越南俘虏的镜头。

最早起来反对越战的是青年学生。他们一方面对战争感到畏惧,另一方面也对战争的合理性产生了怀疑。1966年,越南战争的进程超出美国控制,为了补充兵源,政府征召青年学生入伍参战。许多大学生举行示威游行和静坐抗议,拒绝服兵役。1968年春,哥伦比亚大学发生学生骚乱,原因是学校参与国防项目的研究,在学生们看来,学校已经变成了美国战争机器的组成部分。战争的阴影使他们感到困惑、幻灭和愤怒。

1965年约翰逊总统批准扩大在越南的军事行动后,学生在首都华盛顿组织起一场抗议游行,吸引了2.5万人参加。1965年10月在加州大学伯克利分校举行的"越南日"座谈会,有数以千计的人参与,活动主要围绕战争的道德性展开。尽管大多数示威活动是和平的,示威者还是会和警察产生暴力冲突。反战运动的标志性事件是"停止越战春天动员大会"。这个活动于1967年4月15日分别在旧金山和纽约举行。纽约的活动从中央公园开始,参加的人数估计有20万到40万人,其中最引人注目的是马丁·路德·金。

美国人对越南战争的支持率从1967年开始下降,美国各大报的基调从开始怀疑越战的正当性,转向认为美国肯定不能获胜。1969年5月和11月,《纽约时报》《华尔街日报》《时代》《新闻周刊》等报刊的记者、编辑纷纷参加反战示威游行。1970年5月,美国历史上第一次全国学生总罢课爆发,多所大专院校的师生罢课罢教参加反战运动,10多万学生涌入华盛顿进行抗议。美国各大新闻机构再度掀起抨击侵越政策的高潮。

1967年10月21日,成千上万的示威群众从美国各地涌向首都华盛顿，在林肯纪念碑前集合。他们高举着"立即撤回军队""废除征兵制度""我们不去越南（打仗）"等标语牌。这一年，25岁的黑人拳击运动员穆罕默德·阿里（Muhammad Ali）公开拒绝美国政府要他去参加越南战争的征召。他说："为什么他们要我穿上军装，跑到离家1万英里的地方，朝越南那些褐色皮肤的人们扔下炸弹和子弹，同时黑人在路易斯维尔被像狗一样对待着？我想要自由，你们不给；我想要公正，你们不给；我想要平等，你们也不给。你们却让我去别处替你们作战！在美国，你们都没有站出来保护我的权益和信仰，你们在自己的国家都做不到这些！"美国政府以拒服兵役的罪名，判阿里5年徒刑，并处以1万美元罚款。后来，他虽然走出了监狱，却被吊销拳击执照，同时剥夺了世界拳击协会"重量级拳王"的称号。1970年，随着国内反战热潮的兴起，美国最高法院推翻了原先判决，阿里终于夺回拳王地位，重返拳击场。

1970年4月30日，尼克松总统在全国电视讲话中宣布美军进军柬埔寨，又一次激起大学校园里的抗议。全国900余所学校罢课，一半以上的高校教师和学生参加了这一运动，学生反战运动达到顶峰。

美国在越南战争中之所以最终失败，固然有战场上的原因，但更重要的原因是这场战争在美国国内和全世界都丧尽人心。1973年，美国从越南撤出地面部队；1975年4月，越南战争彻底结束。

反文化运动的后果

美国的反战运动停止，反文化运动也由此走向尾声。波澜壮阔的反文化运动最终平息，有多方面的原因。第一，在社会政治领域，运动的一些目标已经实现。上节讲到1964年的《民权法案》等若干法案在国会获得通过，1965年的"肯定性行动"计划深刻地改变了黑人和妇女在美国社会政治生活中的地位。第二，这一运动的后期向激进方向发展，部分反文化运动的活动遭到当局的镇压和破坏，使大规模的抗议活动在20世纪70年代中期告一段落。第三，在文化领域，由于部分"垮掉的一代"等嬉皮士的反抗手段日益激进，运动目标也不明确，失去社会的广泛支持，逐渐衰落下去。学生的抗议行动使一些学校不能维持正常的教学秩序。学校的反战运动与国家公然作对，使得联邦政府不再增加对大学的资助。不过，学生运动也不是乏善可陈，它最直接的成就是推动了美国大学管理体制的改革。大学教师与学生之间，从传统的父子式关系向伙伴式关系转变。学生运动还带来了大学课程的多元化，欧洲文化一统天下的局面被打破。更为深远的影响，是促使大学更多地思考它同国家和社会的关系，基本结论是大学应当同政府和公司保持一定距离，在追求真理和履行社会责任之间取得某种平衡。第四，随着反文化运动参加者的年龄增长，他们的反叛意识开始衰退。70年代中期，"婴儿潮"一代人已经接近30岁，到了结婚生育的年龄。他们的注意力转向来自工作和家庭的压力，无心恋战。

从时间上看，美国的反文化运动同中国20世纪六七十年代的激进思想和革命运动正好同步，但两国之间完全没有交往互动。以后我还会讲到，那一个时期的欧洲也经历了类似的社会动荡。

值得注意的是，反文化运动虽然是一场持续不断地反抗政治权威（在某种程度上甚至是"反政府"）的强大社会运动，其中不乏激进的"新左派"，但由于美国政治的变革传统，以及美国两党政治和利益集团政治对新生政治力量的消化吸收作用，反文化运动不仅没有对美国的社会凝聚力造成巨大破坏，反而产生了一些新的社会共识，强化了平等、宽容、爱国的意识。一些运动的参加者认为，他们反对政府，但并不反对美国及其民主制度。对政府的不信任，对越南战争的愤恨，从来没有导致他们爱国主义的消亡。中国历史学者赵梅提到，一位反越战运动的参加者在采访中说："虽然我们是被溺爱的一代，但对美国的热爱使我们变得坚强。我们的确经历了太多的动荡，但我觉得自己从未消沉过。水门事件和越南战争，从未动摇过我对祖国和民主制度的热爱。这是因为我们的祖先跋山涉水，来到这块陌生的土地，为的是建立一个以个人自由和社会正义为基石的理想社会。这是美国的国家认同，是'合众为一'的基础，也是我们的理想之所在。……我们的社会之所以出现问题，是因为政府滥用了权力。这不是我们祖先的理想。所以我们要用自己的方式进行反抗，来拯救美国。"

　　有鉴于此，有学者认为，美国的反文化运动是当代资本主义内部的反叛与修复机制。美国正是依靠这样的自我反叛和自我变革，取得了社会进步，为在下一阶段同苏联的竞争中胜出，打下了社会基础。

冷战刺激下的美国经济与技术创新

美苏两国争夺世界霸权，不仅在于激烈的地缘政治博弈，更重要的是综合国力竞争。就像武林中的高手过招，表面上是一拳一式的你来我往，背后则是"内功"的较量。第一章提到，雄厚的经济和工业实力是"二战"后美国全球霸权的基础。原子弹出现之后，美苏军备竞赛不断升级；赫鲁晓夫提出"和平竞赛"方针，将苏美经济竞赛和发展模式竞争提升到战略高度，坚信苏联的社会主义制度终将"埋葬"西方资本主义。美苏双方都意识到，在世界大战打不起来的情况下，经济和技术发展水平是衡量制度优越性、展现综合国力、赢得国际声望的主要指标。

冷战压力下的美国经济增长

冷战的压力促使美国政府采取措施推动本国经济和技术发展。这一压力来自苏联在某些方面取得的暂时性技术优势，也来自美国对苏联技术水平的过高估计，乃至有意夸大。前面提到，美国政治家有时会为了动员国内舆论、实现自己的政治目的，不惜煽动对苏联和社会主义国家的恐慌。比如，在苏联1957年抢先将人造卫星送上太空、在洲际弹道导弹方面取得进展时，美国政府总会声称苏联拥有的技术优势对美国乃至所谓"自由世界"构成了威胁。对内，美国政府大力投资军事工业和基础设施建设，建立了完整的技术创新和人才培养体系，完善既有的自由市场经济模式；对外，美国对苏联实施经济制裁、贸易禁运和技术封锁，千方百计地削弱苏联的经济、技术增长潜力。

今天的历史学家难以判断和说明的是，美国在冷战时期的大规模联邦军事支出项目，为备战而推进的基础设施建设，为夺取竞争优势而做出的在经济、科技、教育等领域的政策调整，其中哪些阻碍了美国的经济增长，哪些又推动了美国的经济发展。我们只能说，其所失中有所得，所得中有所失，两者难以区分割舍。有的论者认为，"半个世纪的国防采购是美国工业增长的一个发动机"，但是许多严肃的学者都承认，美国的军备扩张政策对经济的拖累，以至今天美国经济中的许多问题，都来源于冷战。

从1945年到1960年，美国经济迅速繁荣发展。随着其他国家的战后经济复苏，美国在世界经济总量中所占比重逐年下降，但它在资本主义世界经济中的领头羊和发动机的作用没有被削弱。由于当年美国人口、经济、政治重心是在东海岸，而这一地区离苏联的地理距离最近，一旦发生美苏大战，东海岸将首当其冲。于是，全面备战计划催生了将经济发展重心、工业基地和军事要塞向美国南方、西南方和太平洋沿岸转移的一系列工程，由此又带来了大规模的人口迁徙、城市的非中心化和工业的分散化，修建了大批防止核打击的地下建筑，刺激了经济的蓬勃发展和科学技术的突飞猛进。

"阳光地带"的新城市，包括南部得克萨斯州的休斯顿、佛罗里达州的迈阿密、西南部亚利桑那州的图桑和凤凰城等，纷纷拔地而起，吸引了大批新移民。1963年，加利福尼亚州人口超过了纽约州，加州洛杉矶的人口超过了费城，成为仅次于纽约和芝加哥的美国第三大城市。

美国的国民生产总值（GNP）从 1940 年的约 2000 亿美元增长到 1950 年的约 3000 亿美元，1960 年增长到约 5000 亿美元，1970 年增长到 1 万亿美元以上。也就是说，1970 年美国的经济总量是 30 年前的 5 倍。

汽车工业、建筑业和房地产业，是上述经济变革的最大受益者。美国 1955 年的汽车产量是 1946 年的近 4 倍。美国人口从城市中心转向房地产相对便宜的郊区，而建筑业也随之走向大规模集约化。企业并购蔚然成风。郊区的商业化带来了大型购物中心、娱乐设施和相应的停车场等配套设施。"二战"结束时，美国只有 8 个市郊购物中心，到 1960 年已增加到 3840 个。好莱坞电影、迪士尼文化、麦当劳快餐文化等飞速发展，服务行业和消费文化方兴未艾。

1946 年，美国全国总共只有不到 17,000 台电视机，而到 1960 年，四分之三的美国家庭至少拥有一台电视机。从事服务业、教育、科技、卫生等行业的白领工作者的人数，在 1956 年就超过了从事体力劳动的蓝领工人，而且待遇有很大提高。当时美国中产阶级普遍对自己的生活感到满意，阶级差异不大显著，激进的工会组织也难以获得支持，因此社会较为稳定。

贯穿全国的州际高速公路的初衷，是修建战备公路并准备随时疏散人口。它对经济发展和社会流动性所起的重大推动作用是始料未及的。1954 年，艾森豪威尔总统成立了"全美高速公路系统顾问委员会"。这个委员会很快得出了结论，即建立州际公路交通网，作为一种民防手段至关重要。国务院也表示这一交通网对国防是必需的，战略空军司令部可能需要使用西部平原的州际高速公路作为紧急着陆跑道。联邦民防管理署说，在遭到核威胁的情况下，至少有 7000 万人需要从受到威胁的目标地区疏散。1956 年，美国国会通过了《联邦高速公路法》，要求提供260亿美元的投资，铺设总长度达到64,000公里的州际高速公路。这一项目成为美国历史上最大的一项公共开支。

联邦政府推动下的技术创新体系建构

与此同时，美国还建立了前所未有的庞大技术创新体系，涵盖科技管理、人才引进、人才培养、政企合作等各个方面。美国领导人很早就开始着眼于制定科技方面的大战略。在"二战"结束前夕，罗斯福总统就要求他的科技顾问、白宫科学研究与发展办公室主任范内瓦·布什（Vannevar Bush）研究战后美国科学技术发展的方向。1945年7月，布什将名为《科学：无尽的前沿》（"Science: The Endless Frontier"）的报告（也称"布什报告"）递交给继任的杜鲁门总统，奠定了当代美国科技政策的基石，影响延续至今。

那么，这份重要的报告包括哪些内容呢？第一，布什指出了科学技术对于提升国家实力的重要作用。"无尽的前沿"也可以翻译为"无尽的边疆"，报告将科技比附为美国历史上不断向西开拓的边疆，当年正是这场西进运动使美国成为幅员辽阔的世界大国。第二，这篇报告最有洞见的观点，是强调了基础研究是整个科技领域的基石，是知识的主要源泉。如果一个国家在基础研究上落后于人，那么应用技术和产业竞争力的提升就是无本之木、无源之水。第三，能够支撑基础研究取得长足进步的主要力量是国家。换句话说，也就是联邦政府应当着眼于长远，承担起资助高校和研究机构开展基础研究的责任，鼓励将科学发现转化为技术发明，同时也在满足国家需要和允许科研人员自由探索之间保持平衡。在此之前，美国很少有原创性的科学发现。我们今天所熟知的哈佛、斯坦福、麻省理工等知名学府，当时在基础研究上远远不及英法德等国的老牌名校。

正是在联邦政府的推动下，美国开始了对欧洲各国基础研究的大力赶超，世界科研力量的中心逐渐由西欧转移到北美。

　　基于以上三点思路，一系列引人瞩目的政府机构、制度纷纷建立。1946年，杜鲁门政府在曼哈顿计划的基础上建立了原子能委员会，将核能研发和利用，从军方项目转到联邦政府控制之下。1950年，美国成立国家科学基金会，负责为基础科学研究提供支持，资助范围覆盖物理、化学、生物、电子、太空、通信等多个理工学科，成为战后美国科技创新体系的起点。在苏联人造卫星上天的刺激下，美国建立了高级研究计划署和国家航空航天局（NASA），分别关注国防和航天领域的尖端技术。上述机构的设立，标志着美国建成了一个覆盖全国的科研实体和管理网络，以及一个庞大的刺激科技人才需求的就业市场。

　　科技进步不仅仅是研究机构的事，而是必须依靠各个方面的"合力"。为了战备需要，美国军队，特别是海军和空军，推进了政府同科学界、教育界的合作伙伴关系。诸多"战略智库"应运而生。洛杉矶附近的智库兰德公司就是一个典型。这个公司名为RAND，实际上就是"Research and Development"，即"研究与开发"。兰德公司的前身是美国空军1945年立项的"兰德计划"，之后在1948年从飞机制造企业道格拉斯公司中脱离出来，成为一个独立的智库组织，此后一直得到充裕的空军经费支持，至今仍是美国最重要的以军事为主的综合性战略研究机构。

　　1946年，美国海军至少与45所大学和公司签订了协议，共同开展电子、物理、冶金、化学、弹道学等方面的研究，其合作伙伴包括哈佛大学、麻省理工学院、哥伦比亚大学、通用汽车公司、凡士通（Firestone）公司等。此后短短六年中，海军的资助对象就从顶级的研究机构扩展到路易斯安那州、俄亥俄州和宾夕法尼亚州，而且鼓励科学家们自由畅想和设计自己的研究项目，开启了公费资助研究的新时代。

电子计算机的开发，是在一个近乎偶然的机遇中开始的。当时，美国陆军对海军已经放弃的一个电子项目感兴趣，在普林斯顿高等研究院附近搞了一个早期的"电子大脑"研发项目，从中取得了巨大的技术突破。研发晶体管的部门有一半的经费来自国防部，但晶体管很快就运用到了电视机、立体声系统、照相机、计算机和雷达系统。

美国政府多次运用立法杠杆，鼓励私有企业参与科学研究，在全国营造了崇尚科研的社会氛围。1954年的《国内岁入法》规定，企业用于科研的经费，可从税前收入中扣除，免于征税。1958年的《小企业投资法》规定，所有参加政府科研活动的企业可享受免税优惠。上述立法实施后，非政府机构的研发经费投入与日俱增。这些资金以科研立项的方式启动后，大批技术岗位应运而生。

技术移民与人才竞争

对于技术创新而言，人才因素是第一位的。美国的科学研究之所以在战后短时间内超过西欧老牌强国，一个很重要的原因是，大量西欧的"顶级头脑"为了躲避政治动乱和战争，纷纷远渡重洋来到美国，其中就包括我们熟知的爱因斯坦；还有在战后由于各种原因赴美的科学家，比如"火箭之父"沃纳·冯·布劳恩（Wernher von Braun）。

美国在全世界同战略对手争夺人才，早在冷战之前就开始了。从1943年起，当美国获悉德国在加紧研制导弹、喷气式战斗机和原子弹等新式武器之后，便开始酝酿搜寻德国科学家并将他们迁移到美国的计划，而当时的目标之一就是防止苏联从德国抢夺人才。1949—1961年，4000多名德国科学家陆续迁移到美国。美国从德国掠夺的科技人才、装备、技术资料等，对战后美国科技事业的发展产生了巨大的促进作用。

第二章　美苏两大阵营的对抗与分裂

美国政府以维护国家安全之名抢夺人才，从来都不择手段。1949年,《中央情报局法》规定,凡有利于推进美国科技和情报事业、维护美国国家安全的外籍人才，不管其是否符合移民条件，都可以入境，每年入境人数不超过100人。这一法案实施后，几百名纳粹罪犯被招进美国从事情报和火箭研究工作。几乎与此同时，随着国民党政权的垮台，滞留在美国的3400多名中国留学生失去了生活来源。由于当时美国对社会主义新中国充满敌意，它不愿意看到这些留学生参与新中国事业并威胁到美国的国家安全，就通过强制性移民的方式，将他们留在美国。1949—1952年，美国驻香港领事馆与美国的一些非政府组织合作，组成所谓的"人道主义援助团"，散布蛊惑性反华言论，煽动部分知识分子移民美国。到1952年，共有2万名华人科学家、教育家和医生等高学历人才定居美国。

1952年，美国国会推出的《外来移民与国籍法》是在冷战升级的背景下产生的，因而它被称为"美苏冷战对决的杰作"。这项法案拿出一半的永久移民配额，给"受过高等教育、拥有专业技能且服务于美国之急需"的外国人才，还设立了H系列签证，颁发给临时赴美工作的科研人员和技术工人。随着难民法的实施，对外文化和教育交流活动的展开，美国大大拓宽了吸引外来人才的渠道。到20世纪60年代中期，美国迎来了历史上的首次技术移民潮。1945—1965年，入境的技术移民达到37万人以上，占这一时期入境移民的7.66%，远远高于1900—1920年1.27%的比例。

美国一方面吸收全世界的人才"为我所用"；另一方面也加强教育，大力培养来自本土的科研力量。1958年，艾森豪威尔总统签署了国会通过的《国防教育法》。以维护国家安全的名义，大力投资于国民教育和科学技术，为美国的国防事业输送人才。具体而言，它改变了美国教育中重视联系生活和实用技能的传统，转而强调对学生的数学、自然科学和外语能力的培养，通过向各级学校投入大量财政拨款，鼓励培养职业技术人才，以及选拔未来从事尖端科研的"天才苗子"。这项立法不仅对国防教育本身，而且对美国整体的教育、文化、科技、社会、经济都有着深远的影响。

对于战后欧洲和亚洲国家来说，持续性的人才流失意味着人力资源的巨大损失。对于美国而言，大批外籍科技人才的到来是一笔巨大的社会财富。他们极大地提升了美国国防科技的水平和实力，使美国在与苏联的军备竞赛中立于不败之地，为20世纪下半叶美国引进人才的战略与政策体系奠定了基础。

军事领域的技术竞争

美国与苏联技术竞争的重点，理所当然是军事领域。从杜鲁门和艾森豪威尔政府的财政预算看，美国国防部一直是最大的受益者。1951—1960年，国防部获得的拨款占美国联邦预算的比例，始终保持在57%以上。国防部所占美国联邦研发基金的比例，在战后20多年间始终保持在70%以上，而非军事领域的联邦机构，如原子能委员会、国家科学基金会、农业部等，每年所占联邦研发基金的比例，没有一个超过5%。1950年，直接或间接地为国防服务的科技人员占全国科技人员总数的47%，到20世纪60年代达到50%以上。美国高校接受了巨额国防研发基金后，其教学和科研也在一定程度上被纳入冷战的轨道。

冷战初期，面对苏联在航天领域暂时的技术优势，美国政府努力完善既有体制，加大政策的实施力度，包括上面提到的国家航空航天局的建立，以及《国防教育法》的实施。不久，美国就逐渐在太空竞赛中赢得了对苏联的优势。

有研究者指出，美国政府通过采购合同等方式，将大批国防资金分配到各地，形成了众所周知的"军事—工业复合体"，将美国经济推上了"畸形的冷战经济"轨道。所谓"畸形",是指美国政府向军备研发与生产投入过多,而家庭汽车、钢铁、机械、家用电器、纺织业等民生行业的投资与生产却受到忽略。不过,这种体制对美国在全球民用商品市场上竞争力的影响究竟如何,美国学界一直争论不休。也有人认为,美国的国防投入推动了科技革命的兴起,因为军事-工业复合体作为军备生产的平台,也牵引着民生商品经济的发展。当一项又一项军事技术被应用于民生商品领域后,直接带动了美国经济结构的升级和区域经济的转换,结果是非军事技术领域的科技人才的需求更加旺盛。

总体来看,美国建立的一系列机构和制度虽然深度介入科学技术研究活动,但是并没有违背技术创新的基本规律。自从《科学:无尽的前沿》报告问世以来,美国政府一直大力扶持基础研究,并且通过《国防教育法》搭建了相配套的人才培养体系。美国政府资助的创新活动,并没有代替创新主体思考"该做什么",而是保障他们拥有相对自由的探索空间。

另外,美国政府还积极支持科研机构和企业将创新成果转化为产业应用,用市场经济机制为创新提供持续动力。在20世纪80年代,面对来自德国和日本的技术竞争,美国相继通过了《小企业经济政策法》《技术创新法》《联邦技术转移法》等一系列法律法规以鼓励创新,扶持产业技术联盟作为创新平台,其中就包括由国防部和14家芯片制造商组成的Sematech(半导体制造技术战略联盟),帮助美国在半导体领域持续领跑全球。

最后介绍一下与科技相关的美国对外政策。冷战大幕拉开之后,美国联合北约盟国、澳大利亚、日本等国建立了"巴黎统筹委员会"(简称"巴统"),限制向苏联和社会主义国家出口武器装备、战略物资和敏感技术,特别包括高性能计算机等对军事和民用技术研发意义重大的产品。美国还通过了《出口管制法》《出口管制条例》《国际武器贸易条例》等一系列法律法规，严格限制军用和军民两用技术流向苏联。在此背景下，1987年发生了著名的"东芝事件"。当时，日本企业东芝机械绕过"巴统"条例，秘密向苏联出口高精度数控机床，间接导致苏联研发出低噪声的潜艇螺旋桨，使军用潜艇的静音能力大大提升，对美国海军构成挑战。美国方面勃然大怒，施压日本政府严厉处置东芝机械。

综上，美国在40多年的时间里，国内政治、社会、经济都受到了冷战的巨大冲击。在政治方面，包括激进左派在内的各个政治派别在反苏反共方面达成了共识，巩固了以自由民主为核心价值的意识形态。在社会文化方面，黑人遭受的严重种族歧视使美国在冷战初期备受世界谴责，迫使美国从法律和政策上做出重大调整，整个国家向种族平等迈出了重大步伐，从而加强了社会凝聚力。在波澜壮阔的"反文化运动"中，产生了一些新的社会共识，强化了平等、宽容、爱国的意识，逐步形成了作为另一种"政治正确性"的多元文化主义。与此同时，宗教复苏将社会拉向保守的方向，同多元文化相互适应，基本形成了以"基督新教–天主教–犹太教"为主体的宗教格局。在经济和科技方面，冷战期间的战备和对外战争造成了巨大的资源浪费。然而，防备核战争的计划也大大刺激了高速公路、汽车、建筑等行业的蓬勃发展，改变了人口、城市化和工业布局，促进了消费文化，间接提高了社会福利。国防工业的发展同科技、教育紧密结合，催生了许多技术创新（如计算机）和制度创新（如战略智库）。

以上因素综合起来，构成了美国赢得冷战的主要国内依托。上述国内变革是在一系列引人注目的重大历史事件中实现的，展现的是一种风雨飘摇中的"动态平衡"。历史证明，美国的资本主义法治传统与体系，始终将社会动荡控制在一定的制度规则之下，而不至完全失衡或崩塌。

旧金山和约与日本的经济崛起

日本从战败国翻身成为西方盟国，经过短短二十几年的建设，就跻身发达国家行列。1964年，日本加入发达国家俱乐部"经济合作与发展组织"（OECD）。1968年，日本成为仅次于美国的世界第二大经济体，不过经济总量只有美国的15%。20世纪七八十年代，日本经济高歌猛进，1980年经济总量相当于美国的38%，1985年成为世界最大的债权国。简单一句话，日本国力的发展得益于冷战的大环境。

旧金山和约与美国对日战略的转变

"二战"结束后，冷战马上拉开帷幕。新中国成立后，全面倒向苏联。美国"丢掉"了中国，转而扶持日本，力图依靠日本遏制亚洲共产主义势力。美国一手打造的《旧金山对日和平条约》，奠定了亚太地区冷战格局的基础。

前面章节讲到，德国先于日本投降，并被苏美英法四国分区占领。德国的分裂成为西方和苏联对抗的导火索。杜鲁门总统曾在回忆录中提及当时的设想："我决定，对日本的占领不能重蹈德国的覆辙，我不打算分割管制或划分占领区，我不想给俄国人以任何机会，再让他们像在德国和奥地利那样去行动。"美国确定了在战后单独占领日本的既成事实。苏联则根据《雅尔塔协定》，占据了库页岛南部地区和千岛群岛。中国作为战胜国之一，却没有得到任何补偿。

1945年12月，由美国、英国、苏联、中国、印度等11国组成的远东委员会成立，这是盟国对日最高决策机构，委员会的决议由盟国最高司令（即麦克阿瑟）负责实施。到1947年，美苏冷战愈演愈烈，美国在两方面大幅度改变了对日占领政策。第一方面是停止清算日本的战争罪行，终止甲级战犯审判，保留天皇制度，靖国神社也没有被拆除。不过，美国在日本实施了一系列社会和经济改革，颁布了新的《和平宪法》等多部法律，这些改革对防止日本重新走上军国主义道路发挥了重要作用。

第二方面是推动日本经济复苏，把日本建设成远东共产主义"防波堤"。1948年3月，杜鲁门授权"冷战设计师"凯南赴日考察。凯南提交给国务卿马歇尔的报告提出，必须从在国际战略上遏制苏联、在日本国内防止社会主义化的双重基点上，审视和调整对日政策。根据这个思路，美国同英法德协调后，决定甩开苏联和中国，转向单独对日媾和。媾和的主要目的，也从结束盟军占领转变为遏止亚洲革命。美国军方还提出，必须保证《美日安全保障条约》与《旧金山对日和平条约》同时缔结，避免在占领结束后出现"真空"期，给中立势力或左派提供抬头的机会。

日本政府对于美国转变对日政策欢欣鼓舞。1950年朝鲜战争爆发后，日本的战略重要性凸显，首相吉田茂明确表明积极协助派遣"联合国军"到朝鲜参战的立场。吉田内阁敏锐地捕捉到了机会，表示希望尽早实现对日媾和，还提出美军继续留在日本的要求。

1951年9月4日，对日媾和会议在美国旧金山召开，美国、英国、苏联、法国、日本等52个国家参加会议。新中国政府、中国台湾国民党当局、越南南北双方、朝鲜南北双方等被排除在外，印度、缅甸和南斯拉夫等国拒绝参加。9月8日，和约签署。苏联尽管参加了会议，但因为领土要求没有得到满足，拒绝在和约上签字。

《旧金山对日和平条约》恢复了日本的主权，同意美国在冲绳岛上建立基地，允许外国军队留在日本。日本虽然放弃了台湾、澎湖列岛、西沙群岛等地区的主权，但和约没有说明上述地区的主权归属。新中国政府和当时的台湾国民党当局在和约准备期间就提出激烈抗议，和约签署后也不接受。中国至今认为旧金山和约是非法无效的。《旧金山对日和平条约》缔结后不到5个小时，美国国务卿艾奇逊和吉田茂就按照事先商定好的协议，迅速签订了《美日安全保障条约》，作为旧金山和约的重要补充。《美日安全保障条约》规定，由日本授权，并由美国接受"在日本国内及周围驻扎美国陆、海、空军之权利"，美军驻扎日本的条件另由行政协定予以确定。

美国对日战略的转变对日本来说产生了两个直接的后果：一是日本成为朝鲜战争中美国的军需供应基地，日本经济因而快速恢复了元气；二是日本迅速融入了美国主导的国际经济体系。朝鲜战争期间，日本成了美国的军事基地和作战物资供应地，大量"特需"订货刺激了日本的经济发展和就业；西欧由于被卷入冷战时期的世界经济体系，也对日本商品进入其市场打开了大门。朝鲜战争期间，日本的外汇储备余额增长了约4倍，原来暗淡的经济形势豁然开朗。

朝鲜战争创造的特需经济，使日本的工商业部门竞相引进美国的技术和资本。大企业公司和金融机构获得了高额利润。在此期间，日本允许恢复战前的财阀商号（比如三菱、三井、住友等），大型商社迅速合并，各垄断企业的积累能力得到加强。日本还进行税制改革，建立外汇分配制度。这些措施为下一阶段的高速发展奠定了基础。20世纪60年代中期，日本还利用越南战争扩大带来的直接与间接特需，大力增加出口，又一次为国内经济发展增加了助推力。

美国为了扶持日本经济，一方面降低对日关税；另一方面放宽日本对美出口限制，鼓励对日投资，支持世界银行和进出口银行对日贷款。日本于1952年加入了世界银行和国际货币基金组织；1954年，美日又签订了《美日友好通商航海条约》，美国给予日本最惠国待遇；1955年，日本正式加入关贸总协定。

日本的经济优先战略

"二战"后日本国运的戏剧性转变，既是美国为了应对冷战而苦心经营的结果，也离不开日本自身的审时度势、顺势而为。《旧金山对日和平条约》奠定的体制，从实质来看，是美国对日本的半占领状态。这在很多日本人看来，虽然代表着一种屈辱的国际地位，但却是国家发展的巨大机遇。日本仅仅支付了10亿美元左右的战争赔款，而且都是在十几年内以劳务和商品方式支付，并不是现金。这对于一个战败国来说简直就等于没有赔偿，反而还能为生产的商品找到市场。到1953年朝鲜战争结束时，日本的制造业规模、劳动生产率、实际人均收入、国民消费水平就已经超过了战前水平。至此，日本顺利度过了战后恢复阶段。

在签订《旧金山对日和平条约》和《美日安全保障条约》前后，美国本来要求日本建立现代化的陆海空三军，建立日美相互共同防御体系，这就要求日本承担巨额的防务开支。吉田茂政府却坚持只建立维护国内治安最低限度的防卫力量。吉田茂在1967年撰写的一篇文章中，解释了做出这种选择的原因，他说："当时为了实现经济独立，日本正处于不得不强迫国民过艰苦生活的困难时期。这时，为非生产性的军备花费巨额资金，将会严重推迟日本的经济复兴。……如果建立实际有用的军备，日本的经济就会遭到破坏。"

20世纪五六十年代日本国内各种政治派别林立。1955年自由党和民主党合并为自由民主党（简称"自民党"），此后自民党长期执政，建立了所谓"1955年体制"，在外交上总体亲美反共。还有少数极右派别，支持日本重新武装。但是，日本政治生活中也不乏批判政府亲美路线、主张废除《美日安全保障条约》、要求保障劳工权利的左派，其中主要的有日本工会总评议会、共产党、社会党等。

在冷战时期的日本政界，坚持和平路线、经济优先的思想始终占据主流。在驻日美军驻扎费用的分摊问题上，在日本贸易自由化问题上，美国和日本之间都长期存在不同意见。但总体来说，各届政府始终坚持紧密依靠美国的外交路线。吉田政府于1954年年底在反对派的运作下下台，随后执政的鸠山一郎政府企图改善对华和对苏关系，不过仍然坚持吉田时期的亲美外交。1960年，围绕《美日安全保障条约》续签的问题，出现了大规模的群众示威和骚乱，迫使1957年开始执政的亲美首相岸信介下台。

冷战时期，日本在防卫和外交上依靠美国，在对外经济关系上加入西方发达国家体系，因此在内政上可以心无旁骛，始终坚持经济优先战略，可以说是一种"经济重心主义"。1960—1964年担任首相的池田勇人极端重视经济问题，他在访问欧洲时被法国总统戴高乐称为"半导体推销商"。在池田勇人治下，自民党吸取了岸信介下台的教训，开始降低安全和防卫议题的重要性，转而将整个国家的注意力聚集在经济发展的目标上。

此后，日本人形成了以集团利益为优先的发展经济的紧迫感，使之成为社会和企业的文化习惯。他们精益求精、不断进取，不把东西做得使自己绝对满意决不罢休。由于经济发展的巨大机器不停地高速运转，日本人在精神上一直处于高度紧张的状态，不管有无必要，日本人都要加班和进行工作交际，使日本的工薪阶层很晚回家成为一种社会习惯，造成了许多社会问题。欧美国家在形容日本人的勤劳精神时，经常把日本人形容成"经济动物"。

政府主导型市场经济模式与《国民收入倍增计划》

同西方国家一样，日本在战后也实行资本主义制度，但不同的是，日本实行的是"政府主导型市场经济模式"，在资本主义发达国家中独树一帜。这是一种建立在东亚社会结构和文化传统基础上的市场经济体制，或可称之为"日本特色的资本主义"。伴随日本经济腾飞的是一系列的国家规划、计划。早在1950年，日本就制定了《国土综合开发法》，目标是从全局出发，实施国土的利用、开发、保护，实现产业布局合理化。1960年，著名的《国民收入倍增计划》获得通过。这个计划的实施与日本经济腾飞时间重合，对日本经济社会发展影响深远，我在这里略加介绍。

20世纪50年代中期开始，岸信介内阁即开始着手制定日本经济的中长期发展规划。1959年，日本经济审议会设立了"长期展望部会"，集中了40多名专家、学者，于1960年5月提出了《20年后的日本经济》的报告。根据池田首相聘任的首席经济顾问下村治的增长理论，池田内阁于1960年12月制定了《国民收入倍增计划》。这个计划对日本经济的崛起乃至日本的整个社会生活都产生了巨大的影响。

《国民收入倍增计划》的设想，是在1960年至1970年的10年间，国民生产总值和国民收入各增长1倍；工业生产增长两倍，其中机械工业生产增长29倍，重化工业比重从1960年的63%上升到73%；农业生产增长30%。根据这个计划，10年的经济增长率每年平均为7.2%。

《国民收入倍增计划》是一个鲜明的增长型经济计划。它不仅着眼于经济本身的增长水平，而且着眼于解决地区差距、工农收入差距、大中小企业工资差距等社会矛盾，重视调整整个社会的各种关系，以求经济、社会均衡发展。这里有一个重要的政治经济背景，就是在1960年前后，高度依赖外贸和外资的日本正面临"国富民贫"的窘境，居民口袋里的钱和快速增长的国力不成正比。各阶层收入差距拉大，劳工关系也日益紧张，各种游行罢工活动接二连三，整个日本社会稳定状况堪忧。

这就是后来在世界上很多国家都出现过的"中等收入陷阱"。所谓"中等收入陷阱"，指的是很多国家在高速工业化进程中，以GDP增长为主要目标和方式，却忽视了产业结构调整和基础设施建设，过于依赖资源和低附加值的产品出口，缺乏中高端产业。于是，在经过一段时间的高速增长后，人均收入表面上达到了中等国家的收入水平，但却缺乏经济发展的核心推动力。随着社会财富分配的不均愈发严重，国内市场开始萎缩，产业升级乏力，人均收入不增反降，逐渐沦为发达国家的附庸。

在下村治的思想指导下的日本高速增长，并不是单纯追求GDP上升，而主要是"通过国民收入的提升，带动内需促进经济"。同时，《国民收入倍增计划》重视人的因素，首次把人才培养列入经济计划，提出振兴科技、提高教育水平等明确的政策方向。

这一计划极大激发了国民发展经济的信心和生产积极性，带来了经济的全面高速增长。在整个计划期间，年平均增长率达到10.7%，"收入倍增"的目标实际上只用了3～4年就实现了。同时，这一计划的实施鼓舞了垄断资本的现代化投资热情，技术引进日趋活跃，产业结构发生重大变化，重化工业发展迅速，国际竞争力明显增强，国内经济对进口资源、引进先进技术的要求急剧增加，进一步实行开放体制的呼声越来越高。

由于日本对美贸易迅速增长，美国也强烈要求日本实行进口贸易自由化。日本政府于1960年1月设立了促进自由化阁僚会议。在关贸总协定和国际货币基金组织的要求下，到1964年4月，日本的贸易和汇兑自由化比率达到93%。

除了《国民收入倍增计划》外，日本政府在这一时期还推出了其他一些大型计划实施扩大财政政策，用于扩大文教卫生、减灾救灾、社会保障、产业投资、财政投融资的规模，另外还接受来自世界银行的巨额贷款，主要投入基础设施领域。这些措施对保持战后日本经济持续发展起了非常重要的作用，也在客观上加强了西方阵营在冷战中的地位。

日本经济崛起并且重回国际社会主流的重大标志，是国际奥林匹克委员会决定1964年夏季奥运会在东京举行。日本借此迎来了一场大规模公共建设的热潮，著名的日本新干线就是在这次浪潮中建设起来的，东京也趁此机会进行了城市改造。1964年10月10日，第18届奥运会在东京开幕，这是首次在亚洲召开的奥运会，规模空前，共有93个国家和地区的5151名运动员参加。点燃奥运会火炬的是早稻田大学学生坂井义则，他出生在广岛的原子弹爆炸日，时年19岁。这显示了日本人从战争废墟之上站起来的信心和形象。在这次奥运会上，日本获得16枚金牌，仅次于美国和苏联，其中最引人注目的是有"东洋魔女"之称的日本女子排球队夺得金牌。

"雁行模式"和《广场协议》

经过20多年的经济高速发展，日本从1968年开始成为仅次于美国的世界第二大经济体。为了扩大国家影响力，也为了转移国内过剩的生产力，日本开始努力扩大向外投资和供应链转移。日本一些学者将亚洲地区产业结构转换的模式和过程，称为"雁行模式"。

在"雁行模式"下，处于第一序列的是日本，排在第二序列的是大家熟知的"东亚四小龙"：中国台湾、中国香港、新加坡、韩国。第三序列是新加坡以外的几个东盟国家，第四序列是中国大陆，最后则是南亚次大陆的国家。日本处于头雁地位，其他国家则处于跟随头雁的雁群地位，在这种"雁行模式"下，日本始终处于产业链上游，通过高技术输出，轻松赚取高额利润，而其他国家则在产业链的中下游，通过劳动力输出或者依附日本提供的技术，来赚取利润和外汇。

日本这种"雁行模式"的经济输出在20世纪七八十年代进行得相当顺利。一开始，日本借助"二战"战争赔偿之际，以设备、货物等方式抵付赔款，将大量廉价的日本商品倾销到"东亚四小龙"和东南亚市场，为日本提供了广阔的海外市场和资金、技术的原始积累。当战争赔款偿付结束后，日本转变方向，向东亚其他地区提供大量的经济援助，特别是政府开发援助（ODA），继续为日本产品打开市场。到20世纪80年代，日本顺理成章地取代美国，成为东南亚地区最大的贸易伙伴、外资来源国、官方援助国。

不可否认的是，日本利用自身的地缘优势和经济优势，在亚太地区推行的雁行模式，对于这一地区经济繁荣、技术进步、社会发展起到了带动作用，使亚太地区在"二战"后始终保持着全球最活跃的经济区域之一的地位。

但是，到了20世纪80年代中后期，美日经贸摩擦加剧。美国财政赤字剧增，对外贸易逆差大幅增长。美国希望通过美元贬值来增加产品的出口竞争力，以改善美国国际收支不平衡状况。1985年9月，美国、日本、联邦德国、英国、法国（简称"G5"）的财政部部长和中央银行行长在纽约广场饭店举行会议，达成五国政府联合干预外汇市场的所谓《广场协议》，决定美元对主要货币的汇率有秩序地贬值，以解决美国巨额贸易赤字问题。

《广场协议》签订后，美元持续大幅度贬值。为了对冲日元升值和出口放缓，日本采取了积极的财政政策和宽松的货币政策，股市和地价疯狂上涨。日本在20世纪90年代初的地产泡沫刺破，国民消费欲望持续下降，购买力也陷入低谷，经济遭受了沉重打击，进入了"失去的二十年"。这时，日本的雁行模式也无疾而终。

在我们国内经常听到的一个观点是，《广场协议》是美国遏制日本崛起的举措，是"世界老大打击老二"的典型案例。的确，日本经济曾经长期依附于美国，在美国主导的全球分工体系中扮演重要角色。日本在经济上试图赶超美国，自然会遭受来自美国的打压。但是，当时正值冷战高峰，虽然美日贸易摩擦日趋激烈，但双方仍是安全盟友关系；美国面临的最大威胁来自苏联，不存在全面遏制日本的动机。并且《广场协议》并非单一针对日本，协议目的是解决美元对当时主要贸易伙伴货币高估，以及美国贸易逆差持续扩大问题。日本著名媒体人船桥洋一写过一本《管理美元》。船桥认为，《广场协议》并非完全在美国的压力下签订，而是美日两国的合作行为，日本甚至相当积极主动地推动，谈不上是美国刻意打压日本的阴谋。许多国内外经济学家也指出，对日本经济造成难以修复的长期损害的，是当时日本国内政策的失误，特别是未能切实有效地规范银行体系。

总结起来，战后日本之所以能快速崛起，成长为经济巨人，有如下几方面的原因：第一，日本接受"二战"教训，制定《和平宪法》，克制了军事扩张野心，一心一意谋经济发展，在防卫方面完全依靠美日同盟，国防预算极低。第二，将冷战时期亚洲地区的战争和对抗作为机遇，先是成为美国的军需基地，然后发展外向型经济，贸易立国，最后建立东亚雁行模式，向外输出资本和技术。第三，建构了政府主导型的市场经济模式，注意收入分配平衡和社会保障，重视基础设施建设和技术创新，教育先行，避免了"中等收入陷阱"。

第四,建立起日本特色的多党政治,虽然党争不断,内阁普遍比较短命,也曾发生过一些社会动荡,但政治体制消化、吸收了反对派力量,政党政治趋于稳定。

回顾冷战在亚太地区的进程,日本表面上没有直接参与美苏对抗,但是作为美国可靠的军事盟国、经济伙伴,日本同美国的政治价值观基本一致,对美国最终获得全球冷战的胜利,静悄悄地起到了不可或缺的作用。

德国的重建

纳粹德国的崛起和战败是冷战的重要背景，在很多人的印象中，冷战主要是美苏大国争霸的舞台，德国在被战争摧毁之后就"黯然退场"，无缘"主要角色"。事实上，德国在冷战中起了非常重要的作用。正如第一章多次提到的，美国和苏联围绕德国分割占领、战后赔偿等问题反复较量，德国问题和冷战的起源直接相关，两次柏林危机更是成为冷战的高潮。

本节将转换视角，不再将德国视为大国角逐的舞台，而是关注德国自身，看它如何在冷战铁幕之下重建国家，并在美苏争霸之中探索出一条国家复兴的道路。"德国的重建"是一个内涵丰富，并且时间跨度很大的话题。由于东德在苏联卵翼下的发展变化乏善可陈，本节将聚焦德意志联邦共和国，也就是联邦德国，又称西德，在"二战"之后重建政治体制、经济模式和国际地位的过程。

民主政治体制的重建历程

西德的政治重建过程十分跌宕曲折。在前面的章节中，我们已经了解到，根据《雅尔塔协定》和《波茨坦协定》，战后德国由美国、英国、法国、苏联四国分别占领，柏林市也划分成4个占领区。1949年柏林危机结束之后，美英法三国占领区合并成立了德意志联邦共和国，也就是联邦德国或称西德；东部的苏占区成立了德意志民主共和国，简称"民主德国"或"东德"。德国从此正式分裂为两个主权国家。

不过，由三国占领区合并而成的西德，一开始很难称得上真正的国家。西德是由"散装"的各州聚合而成的。纳粹被摧毁之后，美英法占领区并没有重建德国中央政府，而是由盟军当局实施军事管制，地方民政事务则由各州政府负责。1948年6月，盟军当局召集各州总理组成"议会委员会"，制定出《德意志联邦共和国基本法》（简称"《基本法》"）和《占领条例》，勾画出国家的基本政治框架。值得一提的是，《基本法》之所以不叫《宪法》，议会委员会之所以不是"制宪委员会"，就是因为西德政治精英不希望国家分裂的现状被以宪法的形式确定下来，而是宣称将在德国统一和举行全民自由选举之日再制定宪法。1949年5月，《基本法》经过各州议会和盟军当局的批准后正式生效，联邦德国诞生。

新生的西德虽然在法理上拥有主权，摆脱了军事占领，但事实上却处处受美英法三大国限制。三大国在《基本法》出台的同时，还颁布了《占领条例》，成立"盟国高级专员委员会"，保留了对西德事务的最高权力，西德的立法、外交和重要经济政策仍由三大国掌握。此外，法德边境的经济重镇萨尔地区还在法国的实际控制之下，不受西德政府的管辖。

在这个背景下，基督教民主联盟（简称"基民盟"）的党魁康拉德·阿登纳出任首位总理，带领国家一步步走向真正的"独立"。阿登纳的基本策略是：一方面宣布西德将作为"和平的一员"加入"欧洲大家庭"；另一方面利用美英法对苏联的恐慌，证明独立和复兴的西德能为护卫西欧做出不可或缺的贡献。

　　经过艰辛努力，西德从三大国的控制下恢复主权。1950年9月，美英法三国宣布修改《占领条例》，不再干预西德的内部事务。1951年3月，西德获得外交事务自主权，建立外交部，并由阿登纳总理兼任外交部部长。不过，直到1955年，德国才被允许拥有独立武装，成立联邦国防军。当然，西德虽然获得了独立地位，但是在对外战略上旗帜鲜明地倒向西方，减少了美英法和其他西欧国家对支持德国重新崛起的顾虑。

　　美英法之所以愿意放松对西德的控制，很大程度上也是因为它们已经重建了西部占领区的政治生态，使西德走上了西方议会民主制的道路。虽然纳粹已经被摧毁，但是许多欧洲人对于一个强势的德国仍然心存担忧和恐惧。战后初期，西德开始了大规模的政治和文化重建，推行非军事化、非纳粹化、非中央集权化、非工业化的"四化"方针，而民主政治的重建，正是实现"四化"的先决条件。

　　1949年通过的《基本法》规定，西德实行以议会民主、法治国家、分权制衡和联邦制为特点的政治体制。在德国历史上，政党政治不具备美英那样成熟的议会政治模式，而是党派林立，结构松散，以致希特勒和纳粹可以通过议会选举的"合法"形式夺取政权。西占区民主化的途径，是建立符合美英观念和模式的政党，实现政党之间的良性竞争。诞生于西德成立之前的第一批政党，就包括阿登纳所在的、立场中间偏右的基民盟。基督教社会联盟（简称"基社盟"）和基民盟组成的"联盟党"，活跃在巴伐利亚州。此外还有中间偏左的社会民主党等。这些政党都和纳粹势力划清了界限。

　　值得一提的是，西德虽然恢复了民主制度，但是却并没有回到魏玛共和国时期的软弱政府。阿登纳总理的强势风格，同他领导下的基民盟作为议会多数党的稳固地位相结合，导致行政权力的强化，从而出现所谓"总理民主制"的说法。西德在魏玛共和国和纳粹的废墟上刚刚建立的民主制度,一方面深受德国人传统上偏好强大政府的影响;另一方面又充分吸取了魏玛共和国政治混乱的教训,所以民众对能够提供稳定和有效治理的"总理民主制"颇为欢迎。另外,阿登纳总理在政界和民间声望很高。他从1917年起就担任科隆市市长,后来因为拒绝屈从于纳粹的压力而被解职甚至被捕入狱。阿登纳首任总理时已经73岁,显现出家长式的威权作风,决策果断,在国内清除纳粹,对外靠拢西方,迎合了当时德国渴望秩序和效率的民意。

"去纳粹化"的整体举措

为了有效防止纳粹势力死灰复燃,盟国占领当局和后来的西德政府通过一系列方式清算了纳粹余孽。第一种方式是司法审判。从1945年起,美苏英法四大国在各自的占领区内展开了针对纳粹分子及其合作者的审判活动,之后又在1945年10月成立了国际军事法庭,开始了著名的"纽伦堡审判"。这次审判分为前后两组,历时一年,其中第一组最为重要。由美苏英法四国法官组成的法官团,对24名纳粹军事和政治领导人进行审判,判处12人死刑、多人终身监禁,宣布纳粹党、党卫军、秘密警察组织"盖世太保"为犯罪组织。之后,美国占领当局又在纽伦堡进行了12次审判,被称为后续审判,判处1400余人有罪,处决了其中100多人。这些审判从根本上否定了纳粹的所作所为,形成了强大的威慑力。

不过,德国社会有人仍然相信"成王败寇"的逻辑,认为纳粹的最大问题不是犯下战争罪行,而是在战争中失败,纽伦堡审判不过是"胜利者的审判"。为了防止这种观点泛滥,西方占领当局和西德采取的第二种方式是深入政治和社会多个领域,清除残存的纳粹势力。从盟国入驻之日起,公职人员、教师、文化出版等行业的纳粹分子就遭到清除。

由于冷战初期反共主义在西欧盛行，美国主导下的非纳粹化运动难以贯彻到底。一些纳粹党骨干分子和支持过希特勒的资本家成了漏网之鱼，继续活跃在德国政治和经济舞台上。1952年，西德外交部中居然有三分之二的高级官员是前纳粹党党员，司法系统中曾在"第三帝国"任职的官员更多。相比之下，西德政府对组织化的纳粹势力的打击效果更加明显。1952年，联邦法院裁定作为纳粹残余的"社会帝国党"违宪，迫使其解散。此后，纳粹残余还曾以"德国国家民主党"等名目沉渣泛起，但都立即遭到法律打击。

西德政府还推动文化上的"去纳粹化"，也就是从反省纳粹的罪行入手，对公民进行民主政治意识的"再教育"。这种政策之所以出台，很大程度上是因为当时不少德国人都认为，战争罪责是德国作为一个集体在纳粹的绑架下犯下的，而不是具体的某位德国人所应该承担的。他们不仅认为"法不责众"逻辑应当成立，还相信所有德国民众也应该被看成纳粹的受害者，不论他们是否在不同程度上曾为纳粹政权提供支持和服务。

为了改变这种社会心态，使民主制度真正在新生的德国扎下根来，"去纳粹化"的再教育强调德国人的集体责任，使每个德国人都意识到，个人要为民族的过去赎罪。从今天的视角来看，德国长期被作为日本的反例，被认为是充分反思"二战"历史罪责的"优等生"。但是实际上，德国社会的历史反省存在一个渐进的过程，既不是"一步到位"，也没有和民主制度的建立相同步。国内历史学者孙文沛等人指出，20世纪50年代西德在国民历史教科书中，将战争罪责仅仅归结到希特勒身上，还试图掩盖屠杀犹太人的事实；到了20世纪70年代，官方出版的历史教科书虽然揭露和批判了大屠杀，却绝口不提德国民众的罪责；直至21世纪，这类书籍才有勇气全面揭露国防军和部分德国民众的罪行，引导学生反思德意志民族背负的集体罪责。

"社会市场经济模式"的形成与社会保障体系的建立

西德的经济重建过程也值得关注。一方面，正是经济的复苏和重新崛起，巩固了西德政治改革的基础，同时验证了不重蹈军国主义覆辙的决心；另一方面，西德重新跻身经济大国行列，为开拓它的对外关系局面创造了条件。西德的历任政府都高度重视恢复发展经济，这既是为了摆脱当时的困境，也是为了防止经济萧条再次将国家带入政治动荡的深渊。当年德国法西斯上台的重要背景，就是魏玛共和国时期的经济萧条。德国经济在纳粹上台后迅速复苏，给希特勒和纳粹政权带来了相当高的威望。所以，经济复兴和去纳粹化必须齐头并进。

为此，西德政府的关键一招，是加入马歇尔计划和法德煤钢联营，这两项举措既是经济政策，也是外交政策。前面的章节讲到，马歇尔计划使西德等西欧国家获得美国的资金和援助，避免国民经济走向崩溃。法德煤钢联营则脱胎于1950年法国外长舒曼（Robert Schuman）的提议（史称"舒曼计划"），将法德两国的部分煤炭和钢铁生产结合在一起，由超国家性质的机构统一管理，化解了两国围绕工业生产和资源分配的矛盾，对德国重工业的复苏至关重要。

"舒曼计划"在1952年发展为欧洲煤钢共同体，成为欧洲经济一体化的先声。此后，西德继续坚持融入欧洲的战略。1957年，德、法、意、荷、比、卢六国签署《罗马条约》，建立欧洲经济共同体和欧洲原子能共同体，德国开始和法国并驾齐驱，成为推动欧洲经济一体化的发动机之一。加入马歇尔计划和法德煤钢联营，将西德牢牢锁定在西方阵营之中。

西德的发展道路在西方阵营之中独具特色，它的"社会市场经济模式"兼顾了经济繁荣和社会政治稳定。其中，政府对市场的干预和调节是关键因素之一。这一模式起源于1948年的货币改革，主持者是经济学家艾哈德（Ludwig Erhard），他也是后来的西德经济部部长乃至总理。次年，阿登纳领导的基民盟吸收了艾哈德的构想，制定了《杜塞尔多夫纲领》，提出了社会市场经济模式的基本思路。1957年，联邦政府颁布《反对限制竞争法》（也叫《卡特尔法》），被称为"社会市场经济的宪章"，搭建起经济模式的基本框架。

这种模式的特点是建立政府宏观控制下的市场经济，将个人的自由创造和社会进步的原则结合起来，既反对经济上完全自由放任，也反对把经济统紧、管死。德国既要保障私人企业和私人财产的自由，又要让行使自由的权利给社会带来好处。政府在市场经济中主要起调节作用，为市场运作规定总的框架，以维持市场自由和社会公平之间的平衡。在冷战期间自由市场经济和计划经济高度意识形态化的二元对立中，这种模式称得上是一种折中务实的中间道路。

社会市场经济模式所倚重的另一根支柱，是强大的社会保障体系。完善社会保障体系的目的是实现社会公正，缓解市场经济所带来的收入与权力分配的失衡。同时，社会保障体系也提供了充足而健康的劳动力，使企业管理者和科学技术人员能够充分发挥自己的才干而没有后顾之忧。

在历史上，德国是最早建立全国社会保障体系的国家。19世纪末，德意志第二帝国以国家立法手段强制推行全面社会保障制度。魏玛共和国时代的经济衰退和高失业率，使社会保障体系濒于崩溃，而号称"民族社会主义德国工人党"的纳粹于1933年上台后，首先制订高速发展经济的计划，同时通过立法保障工人的权利，扩大劳工的住房面积，救济失业工人。这些举措有利于纳粹笼络人心，巩固政权，作为对外侵略战争的国内保障。所以，完善社会保障体系也是去纳粹化的必须。

西德继承了近现代德国重视社会保障的传统。一开始，西德社会保障的主要目标是帮助人们克服战争带来的损害和贫困，对战争中受到伤害的家庭、伤残人员、遗属、孤儿实行紧急社会救济。当战争损害问题基本解决以后，社会保障制度的目标，也就从帮助人们扭转生活困境转向消除形成困境的原因，也就是保障人们的身体健康、劳动能力、求职能力、退休后的生活能力等。为了保护儿童、减轻家庭负担，实行了子女津贴制度；重新实行了失业保险制度；医疗保险制度不断扩充，覆盖到受保人的家属，保险支付标准逐步提高；全国从小学到大学实行免学费制。当然，这一套完备的社会保障制度必须以强大的国民经济和国家财力为基础，而社会保障体制带来的效益也能支撑经济的持续发展，两者之间形成了有效的正反馈循环，成为西德经济长期繁荣和社会长期稳定的重要原因之一。

总体来看，上述一系列举措使西德在战后短时间内就发挥出经济潜力，恢复了经济繁荣。到20世纪60年代，西德就在经济总量上超越了英法两国，重新回到欧洲第一经济大国的宝座，并且这一地位延续至今。

"新德国"与外交路线的重新定位

西德的国际地位上升是政治和经济重建的结果。自20世纪50年代中期起，西德外交自主性逐渐回归，作为西欧的重要一员，加入欧洲一体化进程。西德以民主、繁荣的"优等生"形象重回国际社会，其标志性事件是1976年成为联合国安理会非常任理事国。这一切的起点都始于20世纪40年代末，阿登纳政府为了西德重获国家资格、回归国际社会付出的不懈努力。1949年10月，西德加入欧洲经济合作组织，首次以主权国家身份位列国际组织。1950年

9月，美英法三大国正式承认西德为德国唯一合法政府，有力地巩固了新生政权的国际地位。

在冷战的影响下，西德也不得不融入东西方对立的格局，走上重新武装的道路。战争刚刚结束时，西德痛感军国主义道路的惨烈后果，同时为了避免引起邻国的疑虑，集中资源用于经济建设，反对本国重新武装。但是，1948年柏林危机发生后，东西方关系骤然紧张，西德开始感受到来自苏联的军事压力，于是放弃中立化方针，全面倒向西方。同时，为了抗衡苏联在中欧的军力优势，美英两国都力主激活西德的军事潜力，为西欧国家提供屏障。1950年朝鲜战争爆发后，这方面的呼声更加强烈。在英美的斡旋下，西德克服了"宿敌"法国的担忧，在1952年加入欧洲防务共同体；两年后又和美英法签署《巴黎协定》，实现重新武装，并加入北约。1955年，联邦国防军建立，德国在战败十年之后，再一次拥有了自己的军队。

怎么才能让邻国放下疑虑，与重新武装并且日益强大的德国相互信任，和平相处？"二战"后的西德领导人的策略之一是打造一个"新德国"，在外交上处处放低自身的定位，和周围国家本着"赎罪"的态度相处，来换取友善的外部环境。这一系列动作是和德国国内对战争罪责的反思离不开的。

1969—1974年，有左翼色彩的维利·勃兰特（Willy Brandt）出任总理。1970年12月7日，勃兰特出访波兰的第二天，来到华沙犹太隔离区起义纪念碑前敬献花圈。他缓缓地走上石阶，表情凝重地肃立在塑有人物雕像的青石纪念碑前。就在他垂首致意的一瞬间，勃兰特的双膝弯了下去，跪在冰冷的石阶上。这个出人意料、没有安排在日程中的举动，深深震撼了在场的波兰官员、民众、记者，以及他的随行人员。通过记者的相机，德国总理"屈膝下跪"的形象立即传遍全世界，成为"二战"后世界上意义重大的瞬间定格。这一跪，为德国重返欧洲、赢得自尊、回归正常的发展道路，起到了明显效果。勃兰特总理也因此而被授予1971年诺贝尔和平奖。在2014年和2017年两次去波兰时，我都到这个犹太人纪念碑前，望着当年留下的勃兰特"华沙之跪"的照片，沉思许久。

为建立同其他西欧国家的战略互信，西德政治精英给出的第二个方案是促进"欧洲一体化"。更加详细的内容，在接下来的章节中将予以介绍。

西德虽然身处西方阵营，但扮演着特殊角色，它与东欧社会主义阵营各国，特别是东德之间关系的起伏，在某种程度上成为冷战走势的风向标。两个德国分立初期，西德并不承认民主德国，认为东德不过是在苏联控制下的傀儡国家，因此推行了旨在挤压东德外交空间的方针。这一政策提出于1955年12月，时任外交部部长布伦塔诺（Heinrich von Brentano）要求与西德建交的国家不得承认东德。这项僵化的政策并没有达到完全孤立东德的目标，反而使西德自己的外交空间受到限制。同时，尽管1955年9月阿登纳总理访问苏联，两国成功建立了外交关系，但是苏联在德国问题上的立场依然强硬，拒绝支持西德所期望的统一方式，两德对峙的局面大有长期化之势。

因此，自勃兰特担任总理后，西德推行了旨在调整与苏东国家关系的"新东方政策"，这也正好顺应了20世纪60年代美苏缓和的大背景。此前的1961年，西德时任外交部部长施罗德（Gerhard Schröder）提出"松动政策"，倡议同苏东国家缓和关系。五年之后，艾哈德总理发出"和平照会"，表示愿意与苏东国家改善关系，得到了这些国家的积极响应，跨越东西欧的贸易往来和人员交流开始增加。从20世纪70年代起，欧洲的缓和进程达到高峰。在1970年短短一年间，西德就与苏联和波兰先后签署互不侵犯条约（《莫斯科条约》）和关系正常化条约（《华沙条约》），正式承认了战后确定的德国西部边界，强调通过和平方式实现两德统一，大大缓解了

"二战"以来与苏联和波兰的历史积怨。

1973年，西德与捷克斯洛伐克签署关系正常化条约。捷克斯洛伐克曾经是纳粹德国扩张的第一个受害者，这时也开始重新接纳以和平方式走向复兴的德国。同年9月，西德和东德同时加入联合国，两个德国之间的严重隔阂与对抗暂告一段落。

1989年，隔离东西柏林的柏林墙倒塌，民主德国的政治局势发生剧变。第二年10月，东德被并入西德，消亡在历史的长河中，分裂40多年的两个德国重新统一。这一节谈到的西德在政治和经济上的重建，正是两个德国走向不同命运的根本原因之一；而至于在历史转折关头，它们如何以和平方式重归统一，是后续章节讨论的话题。

保住大国地位的英国与法国

英国和法国在战后国际秩序中的重要性不言而喻。联合国创立时，英法两国就是安理会常任理事国。在战后整个世界的政治光谱上，这两个国家同属西方阵营，在国际事务中有接近的立场和利益。在美苏冷战的历史上，英法两国也经常能在关键时刻发挥杠杆作用，从而影响整个世界格局的走向。

英国和法国是两个老牌资本主义强国和最大的殖民帝国，在近现代世界上拥有最多的附属国和势力范围。大英帝国在19世纪末期成为一个横跨六大洲的政治体，控制的领土达到了3400万平方公里，相当于两个今天的俄罗斯，占当时世界陆地国家面积的四分之一，统治的人口也占全世界的四分之一，被称为"日不落帝国"。法国在它的国力巅峰时期，占据的土地面积高达1300多万平方公里。

随着战后全球殖民体系瓦解，英法两国的实力地位都大大下降。在资本主义世界，美国独占鳌头，日本和德国的经济后来居上，超越了英法。但是，就维护自己的大国地位而言，英法都做出了有成效的努力。直到冷战结束，英法两国在世界经济的排名中仍然稳居第四、第五的位置（苏联那时没有确切的统计数字），可谓"瘦死的骆驼比马大"。

英法不同的政治传统

英国和法国都是西方民主制国家，同属欧洲和基督教文明，但政治传统差异很大。

英国是岛国，是海洋强国，是由不列颠岛上的英格兰、苏格兰、威尔士和爱尔兰岛上的北爱尔兰四个政治实体组成的"联合王国"。不过，英国不是联邦制国家，而是一个单一制的君主立宪制国家。君主制和民主制相结合，是英国政治制度的一大特色。英国国王是国家元首，但只拥有象征性的政治权力。女王伊丽莎白二世于1952年到2022年在位，现在的国王是她的长子查尔斯三世。

英国政治体制缺乏明确的立法、司法、行政三权划分。英国政府的实权在首相和内阁。跟法国等国家的总统不同，英国首相不是全体选民直接选举产生的。按照惯例，哪个党在下议院选举中获得多数，哪个党就可以推出首相，组成内阁。所以，英国首相经常发生变更，在外人看起来似乎无章可循。英国的两大政党是保守党和工党，它们的意识形态和政策主张有所区别。保守党推行私有化和自由市场观念，强调公民自由，维护传统道德。在外交方面，保守党更重视同美国的关系，对欧洲一体化不大热心。工党自称代表劳工利益，主张建立福利型国家。工党的外交更偏重于欧洲大陆。英国的保守党总体上左右着英国政局的发展。它的执政时间几乎占英国现代历史的三分之二，也占了整个冷战时期的三分之二。最有名望的英国政治家如丘吉尔和玛格丽特·撒切尔（Margaret Thatcher）夫人，都是保守党人。保守党长期的执政优势确保了保守主义在英国根深蒂固的地位。

英国是一个非常重视传统的国家。300多年里的君主立宪传统一直没有中断，这在世界历史上是罕见的。像法国大革命那样的剧烈动荡，在英国闻所未闻。英国没有一部成文的宪法，它的法律制度是议会通过的为数众多的宪法性法律、惯例和司法判例，因此高度稳定。同时，英国又有着崇尚自由主义的传统。在社会与道德问题上，大多数英国人倾向于自由主义立场，比如1965年废除了死刑，1967年承认同性恋与堕胎合法。

法国地处欧洲大陆，全名是"法兰西共和国"，它的共和体制经历过多次反复。1789年的法国大革命推翻了君主专制，建立了共和国。"二战"期间，夏尔·戴高乐领导的法国抵抗运动坚持拥护共和制度，1944年盟军诺曼底登陆后，解放了法国。1946年法国举行了战后第五次公民投票，通过了新的宪法草案，法兰西第四共和国宣告成立。然而，第四共和国是一个软弱、短命的政府，在短短12年时间里，像走马灯似的更换了22届内阁，每一届内阁的平均寿命不足半年。1958年，法国公民投票批准了戴高乐提出的新宪法，法兰西第五共和国成立。

法国今天的政权体制被称为"半总统制"。根据宪法，总统拥有较大的权力，包括任免总理和组织政府等。总理是国家行政首脑，总理和内阁对议会负责。国民议会可以根据自己所通过的不信任案追究政府责任。在这种政体下，虽然总理领导中央政府，但国家的最高行政权实际上由总统掌握。

法国传统上有右翼和左翼两大政治派别，法国政党大多比较松散，许多都叫作"阵线"或者联盟。戴高乐创建的右翼政党后来改称人民运动联盟，现在的正式名称是共和党。共和党主张经济自由化，加强法治建设和安全保障，强调法兰西民族身份认同。另一个大党是社会党，被称为左翼政党，是一个百年老党。社会党标榜自己维护劳工权益，主张建立一个更加公正、人道和民主的社会。

法国人民为建立、完善自己的共和制度，进行过 200 多年不屈不挠的斗争，其中包括武装起义、流血革命，但更多的是社会运动，主要形式是游行示威、集会、罢工、罢课等。法国人可能是欧美国家中最爱搞"运动"、最爱"折腾"的民族了。法兰西的民族性格中充满两重性。一方面，法国人个性张扬、浪漫，喜欢标新立异，保证了创造力的高涨；另一方面，这种民族特性也使得公共生活缺乏组织纪律性和凝聚力。

归纳起来，英法两国具有西方资本主义国家的很多共性，而它们在政治传统上的主要区别有三点。第一，英国是君主立宪制国家，而法国采用共和制。英国没有成文宪法，而法国先后有好几部宪法。第二，当代英国和法国的政治思想，虽然都以自由主义为底色，但英国人倾向保守，用渐进、务实的方法去实现自由；法国人倾向激进，强调平等，用理想化的方式去实现自由。第三，英国的岛国地域特色决定了它对欧洲的归属感不强，而同海外的美国、加拿大、澳大利亚等盎格鲁—撒克逊国家有亲近感，也不舍得放弃自己建立的英联邦。法国对欧洲大陆的归属感很强，一直向往欧洲联合，永远对美国霸权保持独立性的姿态，但实际上又脱离不开美国。在冷战时期两国的所作所为中，这些区别明显地表现出来。

英国：巩固与美"特殊关系"并力图融入欧洲

"二战"爆发时，大英帝国早已失去昔日荣光：在经济上，美国是世界老大；在军事上，英国弱于德国和苏联。在 1940 年法国投降纳粹后的一段时间内，丘吉尔首相带领英国孤军奋战，不惜一切代价保卫了英伦三岛，维护了民族尊严。

战后初期，英国外交政策的目标是保持一流大国的地位。而对美苏两强崛起的局面，英国做出了两方面的努力。首先是建立和维

第二章　美苏两大阵营的对抗与分裂

持与美国的"特殊关系",借力美国,抗衡苏联攻势,维持大国地位。大家应该还记得,丘吉尔在1946年的"铁幕演说"中,是如何循循善诱地劝导雄踞于世界权力之巅的美国担负起未来的责任的,他说:"如果没有我所说的各英语民族间同胞手足般的联合,要想有效地防止战争和继续发展世界组织,都是办不到的。这种联合就是以英联邦和英帝国为一方,和以美国为另一方所建立的特殊关系。"

英国与美国"特殊关系"的实现,在很大程度上要归功于丘吉尔的努力。丘吉尔是有着美国血统的英国人(他的母亲是纽约布鲁克林区含有四分之一印第安血统的美国人)。他在"二战"时期和战后反复向外界传播这样的信息:英美关系具有特殊性,是平等的伙伴,共同掌握着世界的命运。美国前国务卿基辛格在回忆录《白宫岁月》(White House Years)里曾这样评述英美之间的特殊关系:英美特殊关系特别不受抽象理论的影响,它反映了两个姐妹国家共同的语言和文化。这种特殊关系不是基于法律要求,也不是由文件赋予其形式,而是由历届英国政府推动建立的。

同美国的特殊关系让英国获益匪浅。比如,在1982年英国同阿根廷的马岛战争(英国称"福克兰群岛战争")中,美国抛弃了它在拉美的盟友阿根廷,对英国提供了重要的情报支持和道义声援。

不过,冷战时期的英国并不是在所有问题上都唯美国马首是瞻,而是保持着传统大国的某种老谋深算,或者说"矜持"并且"老奸巨猾"。比如,在新中国成立后,美国对中国实施严厉的封锁制裁,英国则出于对在中国香港、马来亚等地区利益的考虑,同中国建立了代办级外交关系,英国甚至向美方试探放弃支持台湾国民党当局的可能性。在朝鲜战争中,英国参加了美国指挥的"联合国军",但要求美国尽可能控制战争规模,避免使用核武器。在越南战争中,英国对美国的东南亚政策同样持消极态度。在中东地区,英国丢失了传统霸权,但在1973年的第四次中东战争中,英国出于对石油利益的考虑，没有跟随美国支持以色列。

在巩固英美特殊关系的同时，英国进行的另一方面努力是试图借助西欧国家的力量，维护自身地位。1947年12月，英国艾德礼工党政府的外交大臣欧内斯特·贝文提出建立"西方精神联盟"的倡议，认为摆在西方国家面前的任务是"拯救西方文明"，"必须设计某种包括美国、我们自己、法国、意大利等，当然还有自治领的西方民主体系"。但是，工党政府在让英国充当欧洲盟主方面没有取得任何进展，历届保守党政府则对于融入欧洲没有多大兴趣和热情。

英国：对外顺应时势，对内调整政府角色

虽然英美之间存在着特殊关系，但两国在冷战时期也发生过明显的争议。殖民地被视为英国恢复和支撑大国地位的资本。而正是在这一点上，美国与英国从理念到利益都背道而驰。美国建国史就是一部反抗英国宗主国的历史，所以不认同殖民主义。然而在冷战进程中，一些地区相继成为苏联的扩张目标，美国只好压制自己反对殖民制度的主张，将政策调整为暂缓西方殖民体系的瓦解过程，以防止殖民地区过早产生权力真空而为苏联所利用。但美国的参与和"帮助"，事实上却挤压了英国的传统势力。

中东是英国传统的势力范围，埃及的苏伊士运河是英国通向"皇冠上的明珠"印度的必经之地，是大英帝国经济的一条大动脉。英国将中东视为帝国的传统遗产，为了保住这片势力范围甚至不惜兵戎相见。1956年，埃及总统纳赛尔宣布将苏伊士运河收归埃及所有，并得到苏联的支持。英国、法国决心武力干涉，但美国出于同苏联对抗的大局考虑，并不支持英法的行动。在英法军队对埃及发起进攻时，美国以停止经济援助相威胁，艾森豪威尔总统直接致电英国

第二章　美苏两大阵营的对抗与分裂

首相罗伯特·艾登（Robert Eden），向英国施压。之后，英国被迫做出从苏伊士运河以东撤离的决定。英国战后苦心维持的"世界大国"形象崩塌，而美国则代替英国取得了对中东地区的影响力。

在亚非大陆，英国没有像法国那样发动殖民战争，而是顺应时势，并非心甘情愿地放弃了在印度次大陆、东南亚、非洲的大片殖民地和保护国，但保留了1926年成立的英联邦（Commonwealth of Nations）。英联邦不是一个国家，也没有中央政府。英国国王是英联邦名义上的君主与元首。英联邦的主要组织机构包括英联邦各国政府首脑会议、财政部部长会议，以及其他部长级专门会议。

英国为维持经济繁荣和大国地位，在国内推行了许多变革措施。在战后初期，英国两大政党在一系列国内政策上达成基本一致，形成了所谓"共识政治"。英国人在战争中发现，经济上的自由放任主义不一定好，而凯恩斯（John Maynard Keynes）的国家干预理论却行得通。英国人民在"二战"尚未完全结束时进行的选举中，抛弃了带领他们赢得战争的功臣丘吉尔，选择了工党，正是这种向往福利国家潮流的反映。此后，保守党左翼和工党右翼分别掌握两党领导权，双方轮流上台执政，英国政党呈现出"中间偏左"的特色。政府干预在战后初期使国家机器稳定运转，维持了社会秩序，也使民众免于饥饿和流离失所，赢得了民心。

英国相对繁荣乐观的局面一直维持到20世纪60年代中期。70年代，资本主义世界普遍遭遇社会危机（如前面提到的美国黑人解放运动和反文化运动），出现了石油危机、严重的通货膨胀和经济衰退。英国政治开始向右转。1979年，撒切尔夫人成为英国历史上第一位女首相。撒切尔夫人上台后，开始了大刀阔斧的改革：在财政上推行货币主义政策，压缩公共开支，降低税收；在经济上实行大规模私有化政策，削减社会福利。在这位"铁娘子"坚忍不拔的强力改革下，英国经济开始逐渐好转。1982年马岛战争的胜利和工党的四分五裂，使撒切尔夫人赢得了1983年换届选举中的压倒性胜利。1987年大选，撒切尔夫人又获得第三个任期。但在一系列的挫折下，她在1990年卸任首相职务。

法国：戴高乐领导下的对内改革和对外行动

谈到冷战时期的法国，无论是它的内政还是外交，都离不开一个中国人熟知的名字——夏尔·戴高乐。戴高乐被誉为"现代法国的救星"和迄今为止"最伟大的法国人"。他领导了法国抵抗运动，推动了法国的经济改革和宪政体系的完善，坚持独立自主的外交政策，个人生活节俭。毛泽东称戴高乐为"反对法西斯侵略和维护法兰西民族独立的不屈战士"。

1944年6月，戴高乐领导的法国反法西斯运动推举他为临时政府总理。四个月后，临时政府才被美国、苏联和英国三大强国承认。战后初期，法国面临艰巨的恢复重建任务。在经济上，法国要依靠美国马歇尔计划的支持。在内政方面，共产党、社会党、基督教民主党、激进党四大政党争权夺利。戴高乐在治国理念和如何发挥政党的作用方面与制宪议会发生了冲突。1946年1月，戴高乐辞职，开始12年的隐居生活。在这一点上，法国与英国有类似之处——丘吉尔在"二战"结束后也曾短暂失去权力。

1957—1958年，法国政局动荡，频繁更换总理，在镇压殖民地阿尔及利亚民族解放运动的战争中也失利。这时，要求戴高乐"重出江湖"领导法国的声音越来越高。1958年5月，戴高乐发表声明，认为政党体制应对这种局面负责，应该先进行政治体制改革，然后再解决阿尔及利亚问题。1958年10月，新宪法正式公布，法兰西第五共和国诞生。此后总统权力地位大大增强，议会权力削弱。12月，戴高乐当选为总统，第五共和国新体制正式确立，俗称"戴高乐体制"。

上台后,戴高乐马上重新评估了国际形势,并采取了重大行动。第一,不顾美英两国反对,坚持要发展法国的独立核力量。1960年2月,法国首次核试验成功。第二,在阿尔及利亚人民的顽强抵抗下,终于决定摆脱法兰西殖民帝国的"历史包袱",顺应现实。1962年7月,阿尔及利亚正式独立。第三,提出"欧洲是欧洲人的欧洲"的主张,停止了长期形成的同德国的世仇对立,缓和同西德和苏联的关系,争取成为欧洲的盟主。1963年1月,戴高乐与西德总理阿登纳签署了法德合作条约即《爱丽舍宫条约》。1966年6月,戴高乐访问莫斯科,宣布在法国总统府所在地爱丽舍宫和克里姆林宫之间建立热线联系。戴高乐对欧洲政策的目标,是在西欧建立美苏两个超级大国之间的"第三种势力",在必要时,"成为苏联和盎格鲁-萨克逊两大阵营之间的仲裁者"。为了维护自己在欧共体内的领导地位,法国三次否决了英国加入欧共体的申请。第四,退出北约军事机构。戴高乐要求在北约拥有更大决策权的提议没有得到美英两国的支持,于是法国于1966年7月退出北约组织一体化军事司令部。当年10月,北约总部由巴黎迁往比利时首都布鲁塞尔;1967年3月,美军撤出法国。第五,戴高乐领导下的法国于1964年1月同中国建交,成为西方阵营中第一个与中国正式建交的国家。中法建交对打破冷战格局产生了深远影响。

法国:经济振兴与社会发展失衡

"二战"刚结束时,法国本土面临着各种困境,百废待兴。法国本就没从第一次世界大战和20世纪30年代世界经济危机中走出来。"二战"的破坏,加上纳粹德国占领时期的疯狂掠夺,让法国的经济雪上加霜。

在法国战后重建经济工作中大显身手的，是一位叫让·莫内（Jean Monnet）的实干家，由他主持制定的著名的"莫内计划"，于1947年通过批准正式实施，为期7年，确定了接下来几年法国煤钢、交通等基础部门的发展目标和参考标准。莫内计划是法国第一个全国性计划，同时也是战后资本主义国家的第一次计划尝试。最初定下的目标基本都实现了，煤、钢铁等工业原料的产量大幅增长。接下来"第二个计划"的重点，是制定农业和工业发展指标，指导政府部门和企业采取更精细、更有效的手段，不断提高产品数量和质量，增强法国产品在国内外市场上的竞争力。1958年到1968年，法兰西第五共和国成立后的10年，被称为法国经济发展的"黄金时期"，法国的工业增长速度在20世纪60年代一度超过同期的美国、英国和西德，仅次于日本。

但是，法国不同地区和社会群体从经济增长中的受益并不平衡，北部城市发展速度远超南部，工业发展速度远超农业，贫富悬殊急剧拉大。经济与社会发展严重失衡最终导致了政治动乱。1968年发生了震撼世界的法国"五月风暴"。那年5月，从巴黎开始，法国爆发了规模巨大的学生罢课、工人罢工运动。在高潮阶段，曾经有一千万即五分之一的法国人参与了罢工、罢课。整个法国瘫痪。商店、银行关门，邮递员罢工，汽油紧缺；就连文化行业也加入了罢工行列，博物馆、电影院纷纷关门。几百万罢工工人占领了300多个重要的工厂、矿山，扣留经理等资方人员，致使全国的铁路及空中、海上交通中断，生产、通信全部陷于停顿，法国的经济生活处于混乱状态。"五月风暴"的国际背景是风起云涌的革命运动，在这场风暴中也能看到当年中国"文化大革命"的影子。

虽然在1966—1969年的第二任总统期间，戴高乐依然保持了较高的个人威望，但是经济和社会政策的失误和个人专断行为，引起了选民不满，反对派左翼政党走向联合。在巴黎"五月风暴"的猛烈冲击下，戴高乐的改革方案遭到公投否决，被迫辞职下台。

　　总结来说，英法两国在冷战时期充分利用老牌帝国积累的影响力和成熟的外交经验，在硬实力严重不足的情况下纵横捭阖，在美苏两强的夹缝中为自己谋得了大国地位。同处于西方阵营，英法两国对意识形态的执着没有美国深，对现实利益的盘算往往超越价值观的限制，这在某种程度上也预示着冷战的不可持续。下节谈到欧洲一体化进程时，更能看到欧洲对于冷战结局所起的作用。

欧洲一体化

前面两节讲到德国的重建，以及英国、法国保住大国地位的过程。尽管"二战"导致传统欧洲大国元气大伤，但是欧洲依然是国际事务的一个重心。英国、法国和德国在近代史上有着上百年的恩恩怨怨，冷战开始后，这段"三国演义"依然没有结束。三个国家之间既有斗争，也有合作，而欧洲一体化就是三国合作最高水平的"杰作"。特别是法国与德国的和解，成为西欧重新站起来、走向一体化的重要基础。当然，意大利、荷兰、比利时、西班牙、爱尔兰等国家，也是当年欧洲一体化的一部分，为避免线索太多，失于庞杂，本节将不再重点讲述它们的作用。

对于欧洲一体化这一话题，大家应该并不陌生，耳熟能详的"欧盟"，就是欧洲一体化进程长期发展的成果。现在，欧盟国家有共同的中央银行、货币、议会和法院，还有共同的外交和防务政策，大部分欧盟国家都属于"申根区"，各国居民可以在其中自由流动，国家之间的边界感大大弱化。今天欧洲一体化进程取得的成就，是经过70多年曲折发展的成果。欧洲在摸索中走向统一的故事，与冷战的故事相互交织。区别在于，冷战是"过去时"，而欧洲一体化还是"现在进行时"。

欧洲一体化的早期尝试

欧洲国家间谋求联合有着悠久的历史，甚至欧洲这个概念本身，就是欧洲国家尝试一体化的产物。这种一体化主要分为两种路径。第一，企图凭借武力和征服，建立统一的欧洲国家。历史上从来不缺乏这种先例。2000多年前的罗马帝国曾经建立起以地中海为中心，跨越欧、亚、非三大洲的大帝国，基本囊括了当时欧洲的所谓"文明"地区。罗马帝国崩溃后，欧洲陷入了上千年的分裂。19世纪初，法国皇帝拿破仑发动战争，使大部分西欧地区都落入了法国统治之下，拿破仑还一度攻占了沙皇俄国首都莫斯科。拿破仑征服欧洲的努力最终在滑铁卢归于失败。纳粹德国在"二战"期间，将法国、荷兰、比利时、卢森堡、挪威、芬兰、意大利，以及除苏联以外的所有斯拉夫民族国家都控制在手中。但是这个所谓的"德意志第三帝国"只存活了12年，就迅速灭亡了。

第二，欧洲国家之间的自主联合。在这方面，欧洲国家也有过许多尝试。不少帝王将相和仁人志士都曾提出过此类倡议。例如，16、17世纪的法国国王亨利四世（Henri IV）主张欧洲基督教国家组成一个由法国领导的欧洲联邦，共同对抗俄国人和奥斯曼土耳其人的威胁。18世纪的德国哲学家伊曼努尔·康德（Immanuel Kant）提出永久和平计划，主张建立一个由自由国家组成的联邦。不过，由于欧洲国家在宗教、民族、文化、经济等方面的多样性非常突出，各国历史积怨很深，这些构想一直没有实现。

第一次世界大战的浩劫，刺激了欧洲统一从坐而论道走向政治运动。1929年，法国总理阿利斯蒂德·白里安（Aristide Briand）提出《关于建立欧洲联邦同盟的备忘录》，又称"白里安计划"。这是历史上第一个由政府宣布的建立"欧洲联盟"的计划。第二次世界大战又一次成为欧洲联合的催化剂。英国人首先提出同法国等国家建立密切的同盟,共同打赢反法西斯战争。虽然国籍、民族、政治立场不同,但纳粹占领区各地形形色色的抵抗运动都团结在反法西斯的旗帜下。丹麦、法国、意大利、挪威、荷兰、捷克斯洛伐克、南斯拉夫等国家的抵抗组织于1944年通过了《〈欧洲联邦宣言〉草案》,同年还建立了"欧洲联邦委员会"。

"二战"结束后,德国和意大利法西斯被彻底驯服,但是欧洲的政治家们并没有忘记欧洲统一的愿景,并在四方面强化了统一的动力。第一,合作重建经济的动力。"二战"后,欧洲大国的海外殖民地一步步丧失,而美国在世界市场上的竞争优势迅速扩大。西欧国家需要打破国界,把本地区变成商品、资本、劳动力可以自由流通的统一市场。第二,建立共同安全的动力。西欧国家的历史恩怨,特别是法国和德国的"世仇",被视为战争的重要因素。欧洲各国更深刻地认识到,再也不能重蹈覆辙。第三,促进普遍人权的动力。法西斯的残暴证明了种族主义和极权统治的可怕。战后欧洲国家在建立和巩固民主与法治方面取得了更多共识,决心在基本价值观趋同的前提下,重建欧洲文明。第四,维护欧洲国际地位的动力。在美苏两极格局下,欧洲的世界政治、经济、文化中心地位下降,历史上风光无限的欧洲大国统统降为二三流的国家。只有使彼此间的利益最大限度地协调一致,欧洲才有可能复兴。此外,由于东欧各国相继落入苏联控制下,对苏联扩张威胁的恐惧,也迫使西欧各国"抱团取暖",在铁幕的另一侧推动"半个欧洲"的一体化。

在丘吉尔等政治家的推动下,欧洲统一运动在战后初期成规模地开展起来。1946年9月,丘吉尔在瑞士苏黎世大学发表被称为"欧洲的悲剧"的讲演。他认为,为了重建欧洲大家庭,必须建立某种形式的欧洲合众国，第一步是设立一个欧洲委员会，而为了实现这个目标，法国和德国必须和解，建立伙伴关系，共同发挥带头作用。之后他还在别的场合提出，德国的前途问题和欧洲的统一问题必须放在一起才能加以解决，而法国和英国要以友好方式，把德国人民带回到欧洲的圈子里。

同时，官方和民间的实际行动也在进行中。1946年，"欧洲联邦主义者联盟"在巴黎成立，囊括了50多个欧洲统一运动组织。1947年，为了对接美国通过马歇尔计划提供的经济援助，英国、法国等西欧16国建立了欧洲经济合作委员会，也就是欧洲经济合作组织的前身。同年，"欧洲统一运动"在伦敦成立，之后组织了1948年在荷兰海牙举行的"欧洲大会"，这次大会通过了政治决议和经济与社会决议。一年之后，欧洲委员会（The Council of Europe）正式成立，这是欧洲第一个政府间性质的政治组织，包括了部长理事会（由成员国外交部部长组成）、议会（由成员国议会代表团组成）和秘书处等机构。

法德和解与"舒曼计划"

以上这些运动和组织的成立，距离真正的欧洲一体化还有很长的距离。要实现西欧国家之间的联合，涉及两个关键问题：一是如何化解法国和德国之间的历史积怨，二是如何确保英国甘愿作为欧洲一员参与一体化进程。前者决定了欧洲一体化能否起步，后者则关系到联合起来的欧洲能有多大范围和实际影响力。

先来看法国和德国。"二战"结束后，法国依然对纳粹心有余悸，主张最大限度地削弱德国，防止军国主义东山再起。德国也对法国抱有抵触，因为法国制定了极为严厉的战争补偿方案，除了拆除德国的重工业设备、隔离或者关闭煤矿之外，还直接控制了德国的工业中心鲁尔区，阻碍了西德的经济复苏。事实上，虚弱的西德和恶化的法德关系并不利于法国的利益，拖累了法国的经济计划，所以迫切需要有识之士来扭转局面。在此背景下，"舒曼计划"应运而生。

"舒曼计划"得名于当时的法国外交部部长罗伯特·舒曼。舒曼前半生在法德之间辗转：他出生于法国的洛林，因为家乡被德国兼并而成为德国公民，成年后曾经加入德国军队，但是在"一战"结束、洛林重归法国之后又成为法国公民。"二战"结束后，舒曼回到法国担任外交部部长。舒曼对法德之间的积怨深有体会。1950年5月，舒曼宣布"法国政府提议将法德两国的煤钢生产置于共同的高级机构的管理之下，这一机构同时向欧洲其他国家开放"。这一提议很快得到德国的支持，法德和解与欧洲一体化拉开了序幕。

不过，"舒曼计划"的首倡者并不是舒曼本人，而是上节提到的法国经济学家、政治家让·莫内。让·莫内的人生经历颇为传奇，他曾经担任国际联盟副秘书长，在"二战"中帮助美国和盟军筹建武器库，在法国光复后回国担任物资委员会主席，对国民经济有着深刻见地。1950年年初，让·莫内向法国总理乔治·皮杜尔提出了法德煤钢联营的计划，但是皮杜尔对此并不感兴趣，让·莫内只好将方案转投舒曼，这才有了后来的舒曼计划。由此，舒曼和让·莫内都被称为"欧盟之父"。

当然，享有"欧盟之父"称号的并非只有这两位，还包括西德总理阿登纳和意大利总理加斯贝利（Alcide De Gasperi）。前面的章节介绍过，在阿登纳总理的领导下，西德选择了融入西方阵营和欧洲一体化的道路，其中与法国组成煤钢联营是关键一步。德国之所以响应法国的提议，是因为"舒曼计划"巧妙规避了法德围绕工业生产的纠纷，同时又为德国恢复独立自主的国际地位创造了机会。意大利等其他西欧国家也对此表示欢迎，因为煤钢联营不仅有利于促进西德经济复苏，进而带动西欧的振兴，还能将西德锁定到西欧各国组成的经济共同体之中，限制其扩张的动机。之后，在舒曼、阿登纳和加斯贝利的协作下，舒曼计划扩展到法、德、意、荷、比、卢西欧六国，六国于1952年建立了欧洲煤钢共同体，还相应设立了超国家性质的高级机构，由让·莫内出任主席。

在法德两国启动欧洲一体化进程的同时，英国却被排除在外。事实上，"二战"结束之初，英国一度被寄予厚望，成为欧洲联合的领导者。之前提到，英国首相丘吉尔非常热衷于促进欧洲的联合，他不仅主持了1948年的海牙欧洲大会，还担任了"欧洲统一运动"的名誉主席之一。但是，在丘吉尔和许多英国政治精英的构想中，英国并不是联合起来的欧洲中的一员。丘吉尔的"三环外交"思想就是一种有代表性的观点。他将英国看作英帝国与英联邦、英语世界、欧洲三者之间的枢纽。在丘吉尔眼中，拥有庞大海外殖民地的英国，应该与联合起来的欧洲等量齐观，而不是从属于后者，更不能让渡一部分主权给煤钢联营这种超国家性质的机构。因此，英国只是致力于鼓励其他西欧国家走向联合，自己却不加入其中。在其他国家看来，这种鼓励的效用大打折扣。一个典型的例子是，之前提到的欧洲委员会。本来其他西欧国家希望英国能够领导建立一个促进一体化的国际组织，但是"三心二意"的英国最终只推动成立了没有什么实际职能的欧洲委员会。所以，西欧国家才将目光投向了以法德为核心的欧洲煤钢共同体。

法国的"欧洲观"与一体化的曲折进程

欧洲煤钢共同体实现了西欧六国经济上的初步联合，之后这种联合尝试进一步扩大和深化。1957年3月，西欧六国签订《罗马条约》，建立欧洲经济共同体和欧洲原子能共同体。之后，欧洲经济共同体内部又建立了关税同盟，并且推出了共同的农业政策，经济领域的协调大大提高。1965 年，西欧六国将煤钢共同体、经济共同体和原子能共同体合并为"欧洲共同体"（European Communities，简称"欧共体"），并且建立了单一的部长理事会和共同体委员会等议事和执行机关，在保持政府间性质的同时，超国家性质逐渐明显。到 20 世纪 60 年代中期，共同体六国之间的自由贸易、资本融通和劳动力的自由流动发展到前所未有的水平，各国经济生机勃勃，甚至之前对欧洲一体化不太热心的英国也申请加入。

不过，欧洲一体化进程绝非一帆风顺。就在欧洲煤钢共同体建立之后不久，西欧六国就尝试推动军事领域的一体化。1950 年 10 月，法国总理勒内·普力文（René Pleven）向法国议会提出一项计划，主张建立"欧洲防务共同体"。但是，后来被称为"普力文计划"的倡议没有得到广泛支持。赞同者认为，防务共同体将有利于以军事一体化支撑经济一体化，有利于发展西欧国家的独立防务，防范苏联威胁，还能更加牢固地将复兴的西德锁定在其中。反对者则认为，没有必要在北约的框架下发展欧洲的自主防务，如果将西欧各国的一部分军事力量集中起来统一指挥，会严重挑战各国的主权，与经济共同体的利益不可相提并论。具有讽刺意味的是，提出防务共同体倡议的是法国，最后否决这个提议的也是法国，原因就是法国国内舆论对让渡一部分军事控制权的顾虑。1954 年，普利文计划流产，西欧各国不再将欧洲一体化贸然扩展到军事领域，这才有了上面提到的经济共同体和原子能共同体的诞生。事实上，国家主权和欧洲统一之间的矛盾贯穿了欧洲一体化进程；而法国在其中所扮演的这种矛盾角色，同样延续了几十年。

法国第二次给欧洲一体化"踩刹车"，是在 1963 年。当时，对欧洲一体化前景看好的英国决定改弦易辙，申请加入欧共体。但是，和英国有历史恩怨的法国总统戴高乐否决了英国的申请。戴高乐认为，一直强调"英美特殊关系"的英国并不真心热衷于欧洲统一，之所以申请加入是为了配合美国的战略，在欧洲经济共同体内部充当"特洛伊木马"，阻碍西欧做大做强。一个证据是，英国在1960年联合瑞典、丹麦、挪威、瑞士、奥地利与葡萄牙组建了"欧洲自由贸易联盟"，有和欧洲经济共同体（准确地说，是在此框架下的西欧共同市场）分庭抗礼的意味。之后，戴高乐在1967年再次否决英国的申请，并拒绝同英国谈判。直到戴高乐下台后，英国才和法国重启谈判，并于1973年和丹麦、爱尔兰一起加入了欧共体。

除此之外，戴高乐领导下的法国还在1965年制造了"空椅子危机"。当年，共同体其他成员国提议，将部长理事会的表决通过机制由全体一致改为多数赞同。这样一来就会导致单个国家无法否决获得多数支持的提案，意味着国家主权受到进一步限制，体现出共同体加强政治上联合的尝试。一向主张独立自主的戴高乐对此不以为然，于是借口改革欧洲共同体的农业基金，要求共同体加强对法国的财政补贴，来换取法国支持部长理事会的改革方案。双方的分歧难以弥合。从当年7月起，法国召回常驻共同体代表，连续7个月缺席共同体会议，被称为"空椅子危机"。直到1966年1月，共同体六国才达成"卢森堡协议"，也叫"卢森堡妥协"，基本按照法国的设想，搁置部长理事会改革的提议。此后，欧洲一体化进入了约20年的相对停滞。

为什么戴高乐三番五次阻止欧洲一体化的深化和扩大？答案也许在于他独特的欧洲观。戴高乐认为，欧洲应当是"欧洲人的欧洲"，以欧洲联合自强来反对美国在西欧的霸权。但是，这种联合自强有两个前提，一是要以邦联的形式发展"祖国的欧洲"，反对超国家一体化的欧洲联邦；二是要以法德合作为引领，并且特别突出法国的领导地位。

直到20世纪80年代中期，欧洲一体化进程才再次提速。那时，西欧国家迟迟不能摆脱20世纪70年代经济危机的影响，在国际经济舞台上又面临美国和日本的竞争压力。此外，美苏缓和在70年代末走向终结，1981年上台的里根政府对苏联展开"新冷战"，客观上也迫使西欧国家抱团取暖，应对国际政治气候的剧烈变化。1985年1月，法国前财政部部长雅克·德洛尔（Jacques Delors）出任共同体委员会主席。德洛尔对欧洲一体化十分热衷，在关税同盟的基础上进一步提出"单一市场计划"，实现商品、人员、资本和服务的完全自由流动，使共同体真正成为一体化的经济体。德洛尔还促使共同体绕开20年前"卢森堡协议"的限制，成立"关于统一大市场问题"的特别部长理事会，采取特定多数表决制，保障单一市场计划的实施不受掣肘。1986年，《单一欧洲法令》获得通过，第二年正式生效，由此开辟了欧洲一体化又一个快速发展的阶段，而短短四年之后，冷战也走向了终结。

冷战视角下的欧洲一体化

我们还可以从冷战的视角观察一下欧洲一体化的发展，特别是关注美国和苏联对西欧联合自强的态度。冷战初期，美国从遏制苏联的全球战略出发，支持西欧联合，以防止虚弱的西欧被共产主义浪潮席卷，这和杜鲁门主义、马歇尔计划的逻辑是一致的。当时的美国也并不担忧联合起来的西欧各国会"另立门户"，因为其中大多数国家都是北约成员，依靠美国提供安全保护，也许只有法国在一定程度上属于特例。在此后的岁月中，随着欧洲一体化的发展壮大，美国的态度也有所变化，但是总体上没有太大改变。特别是在公开的政策宣示和口头表述上，美国对欧洲一体化的支持一以贯之，尽管从20世纪70年代起美欧之间的贸易摩擦愈演愈烈，美国也始终反对西欧国家脱离北约的框架，发展自主的防卫力量。

与美国相比，苏联对欧洲一体化的态度更加负面，而且充满矛盾。一方面，从斯大林时代起，苏联就对任何形式的欧洲联合充满警惕。历史证明，强大的西方邻居往往成为苏联的安全威胁。所以，苏联不仅不愿意参加各种泛欧性质的联盟或者国际组织，也阻止东欧社会主义国家加入马歇尔计划等带有经济联合性质的机制，还对西欧国家内部的一体化持消极态度。其中，最令苏联担忧的，是西欧国家一度提出的欧洲防务共同体计划。在赫鲁晓夫等苏联领导人看来，这一计划的目的在于复活西德的军事力量，并把它部署到整个西欧。因此，苏联采取各种手段阻止欧洲防务共同体，包括对西德的军事化动向提出郑重警告，鼓动西欧各国共产党阻挠此计划投票通过等。虽然西欧各国政府已经签署了《巴黎协定》，同意建设防务共同体，但是协定却在法国议会的审议中搁浅，其中法国共产党在其中发挥了十分重要的作用。不过，历史证明，欧洲一体化的总体趋势难以逆转，拥有比苏联本身更为旺盛的生命力。

冷战结束后，欧洲一体化继续高歌猛进。1993年，《马斯特里赫特条约》生效，欧盟诞生。1995年，瑞典、芬兰、奥地利加入欧盟。1999年，欧盟推出统一的货币欧元，并在2002年开始流通。2004年，欧盟大举东扩，一次性吸收了10个新成员国，包括原本属于苏东集团或者苏联加盟共和国的爱沙尼亚、拉脱维亚、立陶宛、波兰、捷克、斯洛伐克、匈牙利和斯洛文尼亚，之后罗马尼亚、保加利亚和克罗地亚也相继加入欧盟，冷战在欧洲地缘政治版图上的印记从此消失。

在数千年的欧洲历史上，不断出现要求统一的强大动力，但不外乎是企图以一个王朝或者一个教皇、一个民族为中心，实现政治统一，结果都以失败告终。"二战"结束后开始的一体化努力，却是从国家之间平等互惠的经济合作起步，逐步迈向政治统一。不过，在冷战的背景下，整个欧洲的统一是不可能的。战后西欧国家大多实行现代民主制度，而以苏联为首的国家在东欧实行社会主义制度。

这种政治制度和意识形态对立的局面既催生了西欧国家联合自强的动力，也限制了欧洲一体化的范围。

欧盟在冷战结束后虽然得以迅速扩展，但也面临新的挑战。比如，2016年，当初历尽"千辛万苦"加入欧洲经济共同体的英国选择"脱欧"，欧洲一体化趋势首次出现逆转。由此可见，欧盟和欧洲一体化的前景仍然充满不确定性。

赫鲁晓夫的改革

本章前述几节谈的是以美国为首的西方阵营,从这一节开始,我们将目光转向冷战铁幕的另一边,来看苏联和东欧社会主义国家的故事。第一章曾经讲到,斯大林逝世后,赫鲁晓夫通过宫廷政变掌握大权,推动美苏关系在波动中走向缓和,深刻影响了冷战进程和全球地缘政治格局。这一节将来关注苏联内部的情况,探讨赫鲁晓夫的政策调整如何改变了苏联发展的轨迹,他究竟做到了什么,没有做到什么,以及赫鲁晓夫改革是如何失败的。

举国上下人心思变

前面谈到,由于斯大林生前担心权力动摇,从来没有指定接班人,也没有表露过向新一代领导层过渡的意愿,因此斯大林去世后不可避免地发生了激烈的内部权力争斗。斯大林刚刚去世,苏共高层立即召开紧急会议,决定将权力暂时移交给由10个人组成的苏共中央主席团,包括赫鲁晓夫、马林科夫、贝利亚、莫洛托夫、布尔加宁、卡冈诺维奇、伏罗希洛夫(Kliment Voroshilov),其中赫鲁晓夫、马林科夫、贝利亚属于斯大林生前重用的"核心集团"，以后权力争夺大战也主要在这三人之间展开。当时，马林科夫出任部长会议主席（相当于政府总理），主管政府事务，权力位列第一。担任部长会议第一副主席、主管内务部的贝利亚，排位第二。贝利亚掌握秘密警察的力量，权势熏天，最为其他高层人物所忌惮。赫鲁晓夫主持党务工作，是第三号人物。

国际共产主义运动研究者项国兰认为，马林科夫是斯大林去世后政治和经济改革方面的奠基者。作为部长会议主席的马林科夫主持了一系列改革，把国民经济重点从重工业转向轻工业。他领导的苏联最高苏维埃会议于1953年8月颁布关于减少农业税方案，并计划在两三年内保证人们的吃穿用度。1953年4月，马林科夫提议召开一次中央全会，讨论解决个人崇拜问题。项国兰还指出，贝利亚也做了许多工作，包括改革国家领导制度，建立对领导的监督机制；平反冤假错案，惩办冤案假案的制造者，恢复法制；改革国家安保体制，精简内务部机构；纠正民族政策方面的错误；扩大各加盟共和国权力，等等。贝利亚的主张得到了中央主席团的支持。也有人说，贝利亚这位在斯大林时代制造政治恐怖的"专业户"，提出如此全面的改革方案，实在具有讽刺意味。

由此可见，赫鲁晓夫并不是第一个有意改革的苏联领导人。这些斯大林的潜在接班人一方面想通过实施改革为自己赢得政治声誉，从而在权力竞争中占得先机；另一方面也或多或少意识到，如果不洗心革面，苏联的经济发展和政治稳定的确难以为继。

在斯大林领导苏联的将近30年时间里，苏联形成了社会主义建设的"斯大林模式"，其特点是高度集中的政治和经济体制，优先发展重工业，大规模推进农业集体化，并且实行严格的意识形态和文化管控。在这样的制度安排下，苏联虽然战胜了纳粹德国，也一定程度上实现了"二战"之后的国力复苏，但是却形成了畸形的经济结构和僵化的管理模式，阻碍了经济的发展和人民生活水平的提高。同时，政治上的高压制约了社会和文化领域的活力。斯大林在晚年独断专行、个人崇拜等情况更加严重，频繁的政治清洗导致苏共党内干部人人自危，过激的民族政策激化了民族矛盾。按照赫鲁晓夫自己的说法，斯大林之后的苏联领导人"继承的是一笔沉重的遗产，国家破落不堪"。

在克里姆林宫之外的2200多万平方公里苏联国土上，大众对改革的期望也在潜滋暗长。不同的社会群体有着不同的改革诉求。斯大林时代政治清洗和镇压运动的受害者，以及受到牵连的亲属，都迫切希望尽快平反冤假错案。各级干部和知识分子希望改变斯大林时代种种错误政策，革除体制弊端，结束无休止的政治清洗，摆脱人人自危的高压环境。苏联大多数普通民众，特别是农业集体化影响下的农民，负担着斯大林模式造成的经济弊端，寄希望于缓解经济压力，提高生活水平。因此，对于苏联新任领导人而言，改革是凝聚人心、巩固权力的必要手段，已经箭在弦上，不得不发。

苏共二十大"秘密报告"

在有意改革的各路人马中，赫鲁晓夫的特点尤为突出。1894年，赫鲁晓夫出生于乌克兰的一个农民家庭，从少年时代起，就辗转于各种工厂、矿场做工。青年赫鲁晓夫积极参与左翼工人运动，在1917年二月革命后加入布尔什维克，接着参加了红军。1934年，年仅40岁的赫鲁晓夫成为最年轻的莫斯科市市委书记，之后逐渐成为斯大林的心腹，升任乌克兰共产党第一书记。赫鲁晓夫按照斯大林的指示在乌克兰展开大规模政治清洗和农业集体化运动，也参与了苏联红军在乌克兰抵抗纳粹的卫国战争。

"二战"结束后不久，斯大林将赫鲁晓夫召回莫斯科，用他来平衡潜在继承人马林科夫和贝利亚的权力。赫鲁晓夫就此卷入了权力斗争的旋涡。赫鲁晓夫利用斯大林去世的契机，通过一系列令人眼花缭乱的权术运作，排除了马林科夫、贝利亚等政敌，当上了苏共最高领导人。这部分内容在第一章已经讲述过。

赫鲁晓夫长年追随斯大林，在内心深处，一方面对斯大林充满畏惧，另一方面又对他的独断专行和施政方针不以为然。作为"核心集团"的成员，赫鲁晓夫对斯大林的傲慢深有体会，认为"他……俨然以创造人类的上帝自居"。斯大林晚年的猜疑和喜怒无常，让赫鲁晓夫心有余悸。根据赫鲁晓夫的回忆，斯大林曾经多次对他破口大骂，赫鲁晓夫也常常担心自己朝不保夕，迟早会被斯大林铲除。因此，赫鲁晓夫和马林科夫、贝利亚等其他苏共高层一样，主张平反冤狱，反对个人崇拜，也希望推进农业和经济体制改革。

这一构想在赫鲁晓夫全面掌握苏共大权后付诸实施，一个标志性的事件就是1956年2月24日他在苏共二十大上所做的"秘密报告"。苏联历史档案揭示，这个秘密报告并非赫鲁晓夫的个人行为，而是苏共领导人的集体决定。前面讲到，赫鲁晓夫是在大会结束之际，临时召开秘密会议，做了名为《关于个人崇拜及其后果》的报告。报告揭露了斯大林多次通过恐怖手段发动政治清洗、树立个人崇拜的内幕，将批评的矛头直指斯大林本人，完全颠覆了他的历史形象。据不少在场的代表回忆，赫鲁晓夫的报告使代表们陷入极度的震惊和茫然，会场上一度陷入死一般的沉默。

之后，这些观点通过苏共党内的渠道层层传播，不久便扩散到基层，同样引发了轩然大波。为了尽量降低秘密报告的负面影响，赫鲁晓夫采取了一系列措施，试图稳定党心民心。苏共中央在得知报告引发了复杂的舆论反应后，立即控制"秘密报告"的传播渠道，主要通过口头形式传达，范围基本限于700万苏共党员和1800万共青团员。尽管如此，秘密报告还是泄露到了西方，3个多月后的

6月5日，被美国《纽约时报》全文刊载。

在此背景下，苏联政局再次出现不稳定的苗头。苏共二十大后不久，苏联加盟共和国格鲁吉亚爆发骚乱，原因在于斯大林出生于格鲁吉亚，深受当地人民爱戴。许多格鲁吉亚民众认为，赫鲁晓夫的"去斯大林化"严重伤害了他们的民族感情，愤然上街抗议，最终导致莫斯科的武力镇压。

关于如何评价赫鲁晓夫反斯大林的秘密报告，历来有很大争论。有人认为，秘密报告着重揭露斯大林的个人崇拜和政治清洗，而没有挖掘其政治社会根源，因此有很大的局限性。也有人认为，赫鲁晓夫是个野心家，利用斯大林的威望篡夺了权力，又背叛了列宁和斯大林。苏联问题学者、中共中央党校教授左凤荣指出："时间的推移和大量真相的披露，让赫鲁晓夫改变了对斯大林的看法，动摇了他对斯大林的崇敬。……当然不排除存在赫鲁晓夫想借此捞取政治资本的因素，但不能否认赫鲁晓夫的责任感和道德感。赫鲁晓夫打开了监狱和集中营的大门，恢复了人们被践踏的荣誉与尊严，千百万家庭不能不感激他。"

斯大林去世后，遗体被防腐处理，装入水晶棺，安葬在列宁墓之中，与列宁遗体并排陈列。但8年后，1961年的苏共二十二大决定，由于斯大林违背了列宁遗愿，滥用权力，将他的遗体移到克里姆林宫围墙脚下、与其他一些苏联领导人一起安葬的墓地，墓碑上只刻了他的姓名和生卒年份。苏联数以千计以斯大林命名的城市（如斯大林格勒）、工厂、街道和集体农庄都被重新命名。勃列日涅夫时代，又给斯大林墓碑上塑了一个半身雕像，其政治含义不言自明。

全面推进多个领域的改革

前面章节提到，1957年，赫鲁晓夫粉碎了一起由马林科夫等人策划的"宫廷政变",个人权力进一步得到巩固。尽管遇到重重困难,赫鲁晓夫的改革之路并没有停滞,而是在政治、军事、经济、文化、民族关系等多个领域深入推进。

在政治方面,赫鲁晓夫的主要改革目标是解决权力过分集中所带来的弊端。为此,他将地方党组织分为农业和工业两个系统,强化了苏维埃(人民代表会议)的职能和权力,一定程度上缓解了以党代政的问题,还提高了社会团体在文教卫生等方面的作用。赫鲁晓夫废除了秘密警察机构——内务部,不再用政治恐怖的极端手段对付党员干部和异议分子。一个典型例子是,除了贝利亚被执行死刑外,即使是对马林科夫、莫洛托夫、朱可夫这样的政敌,赫鲁晓夫也没有采取斯大林惯用的赶尽杀绝手段,而仅仅迫使他们退休或者降职,离开权力中心莫斯科。这种相对宽大的举措使苏联的政治氛围有所改观。更为重要的是,赫鲁晓夫一度主张实施集体领导,由苏共中央主席团集体议定重大事项,并建立干部任期制和干部轮换制。

在军事方面,赫鲁晓夫的改革措施显示出很强的矛盾性。一方面,苏联为了应对北约的军事压力,维持在东欧的驻军,不得不在军事领域投入大量资源,严重拖累了国内的经济发展。赫鲁晓夫在回忆录中写道:"和平时期拥有这样一支军队显得很不协调,这样不战即可把我国的经济拖垮,达到我们的敌人孜孜以求的目的。他们可以不战而胜。"在同美国总统艾森豪威尔的对话中,赫鲁晓夫坦承,苏联军方以对抗美国为由索要大量军费,让他担忧军方人士利用紧张局势谋取政治权力。另一方面,赫鲁晓夫又在"和平竞赛"的旗号下,将美苏军备竞赛提升到新的高度。赫鲁晓夫主张将"好钢用在刀刃上",集中资源发展核武器、远程导弹和航天技术,为此不惜大规模裁减常规军备,搁置发展航空母舰的计划。总体来看,赫鲁晓夫的军事改革确有成效,使苏军初步实现了国防现代化,缩小了和美军之间的差距。

在经济方面，赫鲁晓夫推出了一系列试图调动地方积极性、发挥群众创造力的改革措施。首先是农业改革。第一，在微观层面，赋予集体农庄更多生产经营自主权，发挥物质利益的刺激作用。第二，取消农产品义务交售，提高农产品统一收购价格，激发农民的生产积极性。第三，鼓励在农业集体化的大前提下，适当发展个人副业，拓宽农民的增收渠道。第四，增加农业投资，提高农业机械化水平。第五，在中亚、西伯利亚等地区发起大规模垦荒运动，同步发展畜牧业。这些举措调整了斯大林模式下高度集中的农业管理方式，提高了农业产量，也改善了农民的生活。

在工业领域，赫鲁晓夫试图缓解计划经济过于集中的弊端，弱化部门管理体制，将更多管理权限下放给各加盟共和国、地方行政区以及企业。赫鲁晓夫还主张企业发展更灵活的分配制度，增加物质报酬，激发工人的积极性。另外，赫鲁晓夫还逐渐放开了与资本主义国家的贸易，不仅引进西方的先进技术，还允许百事可乐等消费品牌进入苏联市场。

在文化方面，赫鲁晓夫放宽了斯大林时代对文艺创作的限制，出现了所谓"解冻"局面。"解冻"这个词，来源于苏联作家伊利亚·爱伦堡（Ilya Ehrenburg）于1954年发表的小说的书名。这篇小说描绘了赫鲁晓夫上台以后苏联社会日渐宽松的氛围，批评了斯大林模式下的官僚主义和不人道现象，引起了强烈的社会反响。这一时期，苏联政府在一定程度上放宽了审查政策，批准索尔仁尼琴（Aleksandr Solzhenitsyn）等持不同政见作家出版著作，允许部分外国书籍、艺术、音乐、电影进入苏联，举办了一系列大型国际体育赛事和文化活动。同时，苏联还加强了公共文化事业，广播、电视、图书馆建设被提上日程，对海外的文化宣传活动也加大了力度。

在民族关系方面，赫鲁晓夫试图纠正斯大林时期的错误。苏联境内存在 200 多个民族族群，以俄罗斯族为主体，少数民族拥有不同程度的自治权力，拥有各自的加盟共和国、自治共和国或者民族自治区。但是在斯大林时期，民族自治权受到严重削弱。在"二战"期间，斯大林猜疑部分少数民族可能里通外国，强制他们迁出故土。赫鲁晓夫上台后，允许被强制迁移的民族回归故土，恢复它们的民族自治建制，鼓励少数民族发展本民族的语言教育，积极培养和使用少数民族干部，降低俄罗斯族干部的比例。

人去政息与毁誉参半的改革

赫鲁晓夫雄心勃勃的改革顺应了当时苏联的民意，对于改善国内政治、经济、社会状况起到了积极的作用。但是许多改革措施没有起到预想中的效果，要么浅尝辄止，要么事与愿违。

政治、文化和民族关系方面的改革是浅尝辄止的典型代表。在政治上，赫鲁晓夫推行的干部任期制和干部轮换制，在贯彻过程中处处受到掣肘，因为它们触犯了相当一批干部的既得利益，引起了他们的不满和抵制。后来，这批干部中的不少人加入了勃列日涅夫反对赫鲁晓夫的队伍。最为突出的是，赫鲁晓夫极力反对斯大林的个人崇拜，但是在权力稳固之后，又开始纵容党内对自己的个人崇拜，最终触犯众怒，导致众叛亲离。

在文化上，赫鲁晓夫对文艺作品摆出开明的姿态，但他的文化素养不高，也不真心接受文化领域的多元化。1961年，赫鲁晓夫在参观一个先锋派美术展览时大发雷霆，骂一些作品"简直是狗屎"。在他看来，这些作品过于晦涩难懂，是在浪费苏联政府和人民对艺术事业的支持。尽管赫鲁晓夫并没有处罚那些惹他生气的先锋艺术家，但是历史学家普遍认为，文艺领域的解冻到此戛然而止。

军事和民族方面的改革则出现了事与愿违的情况。军事改革本意是在加强国防力量的同时,减少军事开支对国民经济的拖累。但是由于赫鲁晓夫急功近利,大力发展火箭与核技术,引发美国的恐慌,进而导致针锋相对的军备竞赛,反而加重了苏联的负担,与他减少国防开支的主观愿望背道而驰。而在民族问题上,赫鲁晓夫的改革虽然获得了受压迫的少数民族的支持,但是强化了地方民族主义倾向,引起了新的民族矛盾,为以后苏联的民族分裂埋下了种子。后面的章节会对此再做详细的介绍。

经济改革的成效更加复杂。在农业方面,赫鲁晓夫的改革提高了粮食产量,改善了农民生活,但是并没有改变以国营农场和集体农庄为主的既有体制,也没有扭转重工业优先、农业为工业输血的畸形结构。赫鲁晓夫本人极力主张的开垦荒地、推广玉米种植这两项举措,都犯了一厢情愿的错误。他决策时盲目冲动,推进时又急于求成。开垦荒地导致中亚、西伯利亚地区原本不适合耕种的土地出现生态问题。苏联大部分地区的土壤和气候不适宜玉米种植,赫鲁晓夫对玉米的满腔热情沦为一个笑话。

有的研究者认为,在工业方面,赫鲁晓夫犯了矫枉过正、政策摇摆的错误。加强地方自主性的初衷本没有错,有利于克服权力高度集中而导致的政策僵化。问题在于,赫鲁晓夫的方案太过激进,片面强调反对地方主义和分散主义,使全国生产活动缺乏必要的协调。赫鲁晓夫刚上台时,将苏联划分为105个经济行政区,大幅下放经济管理权限;而短短几年后,又重新大举合并,收回多项下放权限,改革措施走了一圈,又回到原点。另外,赫鲁晓夫对企业管理的改革没有突破原有的框架,导致苏联既没有享受到市场经济的效率,也没有让原有的计划经济有条不紊地运转。

从更宏观的视角来看,赫鲁晓夫致力于"非斯大林化",但是他的决策和施政却处处离不开斯大林模式的框架。赫鲁晓夫好大喜功、急于求成的个人特质,也是改革未能成功的原因之一。

苏联问题学者郑异凡总结了国内理论界对赫鲁晓夫的不同评价。他说："长期以来赫鲁晓夫问题在中国是个研究的禁区，其本人是个有争议的人物，今天仍有人认为他是修正主义者，是导致苏联解体的元凶之一。不过从1979年开始，已出现了另一种评价，认为他是社会主义国家的一个改革者，是打破苏联发展僵局、打破国际共运僵局的开创性人物。"郑异凡提到，还有学者认为，"赫鲁晓夫时期的改革有成功，有失败，属于不成熟的试验。赫鲁晓夫难以完全摆脱沉重的历史负担，他是斯大林的批判者，在某种意义上又是斯大林政策的继续者，这从根本上决定了赫鲁晓夫的政治命运"。

赫鲁晓夫的政治生命定格在1964年10月。他当时在黑海度假，苏共二号人物勃列日涅夫趁机在莫斯科发动政变，召开了批判赫鲁晓夫的会议。多数高层人物都因为对赫鲁晓夫心怀不满而支持政变。等到赫鲁晓夫急匆匆赶回莫斯科时，已经无力回天。10月14日，苏共中央全会以"健康状况"为由，解除了赫鲁晓夫的党政职务，勃列日涅夫接替他成为苏共中央第一书记。此后，赫鲁晓夫成为"特殊养老金领取者"，被软禁在乡间隐居，直到1971年去世。赫鲁晓夫死后并没有进入红场列宁墓旁，而是被安葬在莫斯科的一处修道院公墓中。他的墓碑是一座黑白相间的雕塑，恰好属于之前他讨厌的先锋派风格，象征着他毁誉参半的一生。在庙堂之上，赫鲁晓夫的大部分改革措施逐渐被继任者勃列日涅夫终止。这是下一节的主要内容。

僵化的勃列日涅夫时期

紧接上节内容，这一节来关注勃列日涅夫从赫鲁晓夫手中夺取政权后苏联的发展轨迹。

苏联问题学者陆南泉、姜长斌、徐葵、李静杰主编的《苏联兴亡史论》指出，勃列日涅夫执政的18年是"停滞和衰颓时期"，是"苏联走向衰亡的一个关键性转折期，它为以后苏联的剧变准备了条件"。陆南泉撰写的研究勃列日涅夫时期的专著，标题就是《走近衰亡》。

苏联被视为同美国平起平坐的超级大国，是在20世纪70年代初的勃列日涅夫时期开始实现的。1974年，毛泽东提出"三个世界"划分的理论，把苏联看成比美国还要严重的安全威胁，据以调整中国的国际战略。这也从侧面证明，当年苏联的实力地位正处于上升阶段。所以，有人认为"勃列日涅夫时期是苏联综合国力最强大的鼎盛时期"。但是，到勃列日涅夫晚年，苏联在表面稳定的体制下，思想僵化，改革停滞，发展缓慢，国内矛盾累积，国际环境恶化，衰败的迹象越来越明显。那么，勃列日涅夫时代的苏联究竟是怎样从国力增长转变到走向衰败的？这种变化在多大程度上是勃列日涅夫本人所作所为的结果？

克里姆林宫政变的"意外赢家"

上一节提到，赫鲁晓夫的改革在苏共高层党内引起广泛担忧和不满，这是他倒台的重要原因。1964年10月14日，正在黑海附近度假的赫鲁晓夫被紧急召回莫斯科参加苏共中央主席团会议。这场会议名义上是要讨论制定国民经济规划，实际上完全是一出"逼宫"戏码。这出戏的策划者包括谢列平（Alexander Shelepin）、波德戈尔内（Nikolai Podgorny）、勃列日涅夫、谢米恰斯内（Vladimir Semichastny）等党内高层"反赫鲁晓夫圈子"，重点借助了克格勃等国家安全机关的力量。值得一提的是，这个"反赫圈子"的成员，恰恰是此前赫鲁晓夫着力栽培、提拔的几位得力干将。其中身兼几个党政要职的年轻干部谢列平，还一度被赫鲁晓夫当作接班人来培养。谢列平"反水"，让赫鲁晓夫难以置信。面对突如其来的"逼宫"，赫鲁晓夫的反应倒也颇为"淡定"。事实上，时年70岁的赫鲁晓夫因为改革难以推行，心力交瘁，早有退休的打算，所以面对党内的围攻并没有做过多抵抗。他在被当众解职时同苏共中央主席团委员一一握手告别，还说："我很高兴这个党能发展到甚至罢黜它的第一书记的地步。"

赫鲁晓夫下台之后，权力在高层之间如何分配成为最关键的问题。在下台之前，赫鲁晓夫身兼苏共中央第一书记和苏联部长会议主席（相当于总理）两个职务，独揽党政大权，这在客观上助长了他随意推出改革举措的作风。因此，这次苏共中央主席团会议决定，这两大职务不能再由同一人兼任，而是实行苏共中央第一书记、苏联部长会议主席、苏联最高苏维埃主席团主席"三驾马车"并行的领导体制，避免权力过度集中。最高苏维埃主席团主席是名义上的国家元首，原本由苏共元老米高扬出任，政变之后不久交给"政变功臣"波德尔戈内；部长会议主席负责具体政策制定和执行，由改革派人物柯西金出任；而最重要的苏共中央第一书记一职，则落到了勃列日涅夫肩上。

登上最高宝座的勃列日涅夫，其实并不是在政变前的"反赫圈子"中最有权势、最有才能的一员。而也恰恰因为这一点，他才能被其他高层接受，从而被推上大位。在新一届苏共领导层内，勃列日涅夫的政治履历看起来无可挑剔。他1906年出生于乌克兰的第聂伯罗彼得罗夫斯克，在青年时代先后做过工人、土地丈量员、红军士兵，很早就成为苏共的年轻干部，投身于苏联卫国战争中。"二战"胜利后，勃列日涅夫得到了斯大林与赫鲁晓夫的赏识和提拔，在家乡当过州委书记，在摩尔达维亚（后改名为摩尔多瓦）和哈萨克出任加盟共和国第一书记，还执掌过海军政治部和国防工业系统，直至担任苏共中央第一书记，可以说有全面而完整的从政经历。虽然勃列日涅夫平步青云，但他的实际才能并不突出，文化水平也不高，其长处主要在于忠实执行上级命令，为人处世谦虚谨慎，与同僚保持良好的关系，和脾气暴躁的赫鲁晓夫、锋芒毕露的谢列平等政治对手形成鲜明对比。

讽刺的是，勃列日涅夫一开始还能以"共主"的姿态和其他"政变功臣"平起平坐，但是不久就开始谋求独揽大权，个人权力的集中程度比赫鲁晓夫有过之而无不及。从1965年起，勃列日涅夫开始削弱谢列平的权力，剪除谢列平的羽翼，直到1967年将他调任苏联工会主席，逐出核心决策圈。同年，勃列日涅夫免去了谢米恰斯内的国家安全委员会（克格勃）主席一职，将国家安全机关牢牢掌握在自己手中。就像当初马林科夫、贝利亚、莫洛托夫等人没有料到赫鲁晓夫"心狠手辣"一样，那些当年帮助勃列日涅夫出任首席的人，也低估了表面谦和的勃列日涅夫的手腕。到20世纪60年代末,勃列日涅夫已经成为大权在握的最高领袖,勃列日涅夫时代正式拉开序幕。

对于另外"两驾马车"——柯西金和波德尔戈内,勃列日涅夫先是掏空他们的权力,将国际交往、国内经济等事务也置于自己的控制之下。勃列日涅夫知道柯西金的改革让不少人受益,直接将柯西金解职恐怕难以服众,所以他一方面引导下属对柯西金发出种种责难,降低他的威信;另一方面又假惺惺地不同意柯西金的辞职申请。到1980年,最高苏维埃会议终于解除了柯西金的职务,由勃列日涅夫的老部下吉洪诺夫(Nikolai Tikhonov)接任。1977年,波德戈尔内的最高苏维埃主席团主席职务,因所谓"健康原因"而被解职,由勃列日涅夫本人接任。

从建成"发达社会主义"到改革的停滞

勃列日涅夫时期可以分为前后两个发展阶段,两个阶段之间的界限并不明显。

从1964年到20世纪70年代初,苏联经济大踏步前进。部长会议主席柯西金主持下的"新经济体制"改革,延续了赫鲁晓夫时代调整斯大林模式的尝试。主要措施是减少指令性计划经济指标,改革管理体制,减轻农民税赋,提高农产品采购价,免除集体农庄债务等。在计划经济框架内,苏联有限地利用市场机制,以物质刺激手段管理经济。这些改革措施,顺应了民意,起初得到了勃列日涅夫的支持。

的确,在勃列日涅夫执政前期,苏联的整体国力和人民生活水平都在上升,逐步取得世界领先地位。20世纪70年代初,苏联经济总量达到美国的60%,和美国形成了核力量的均势,这在斯大林时期和赫鲁晓夫时期都没有实现过。苏联规定普通职工每周工作5

天，每天不超过 7 小时。虽然在现代消费品方面，苏联和西方发达国家还有不少差距，但可以基本保证全民就业、全民免费医疗、免费教育，住房、自来水和供暖也全部免费，还有平价疗养院，体育事业发达。苏联农村实现了电气化、煤气化和公路网络化。

1966 年 4 月，勃列日涅夫的职务从苏共中央第一书记改为总书记，恢复到斯大林时期的称谓。此后，他企图构建作为党和国家最高领袖的一套新概念和话语体系。1967 年 11 月，勃列日涅夫正式宣布，苏联已建成"发达社会主义"。在各种重要场合的讲话中，他都反复强调"苏联已经建成发达的社会主义社会，正在建设共产主义的物质技术基础"。

1968 年是新经济体制改革的命运转折点。那一年，苏联的东欧卫星国捷克斯洛伐克出现重大变化。捷克斯洛伐克共产党进行了大刀阔斧的政治经济改革，被称为"布拉格之春"，大有放弃斯大林模式的架势，引起苏联严重不安和警惕。勃列日涅夫率领华沙条约成员国，悍然出兵占领捷克斯洛伐克，导致国际舆论一片谴责。"布拉格之春"的详细情况，在后面的章节会谈到。

对照捷克斯洛伐克的危机，勃列日涅夫担心苏联的国内改革也会引发社会不稳定，因此他对改革的态度从有保留的支持，转向实质性的反对。失去了最高权力支持的新经济体制改革必然无法成功。从 1968 年起，改革措施的推行速度开始明显变慢，不但柯西金本人的立场渐渐收缩、趋于保守，而且这些举措在实际执行环节往往浮于表面，许多在名义上建立了新经济体制的企业，在实际管理中依然在按照老一套来办。与此同时，"市场社会主义"的理论也受到保守派官僚和御用理论家的攻击，支持改革的社会舆论越来越弱。到 1971 年苏共二十四大时，勃列日涅夫在大会报告中只强调完善计划经济的管理体制，不再提新经济体制改革。这项改革虽然没有被直接"宣判死刑"，但也基本上"寿终正寝"。

20世纪70年代中期后，也就是勃列日涅夫执政的第二阶段，在他本人的抵制下，改革被"安乐死"。经济体制改革停滞的根本原因在于政治体制倒退。首先，苏联在事实上恢复了领导干部职务终身制。勃列日涅夫上台后，为了笼络各级苏共干部，避免重蹈赫鲁晓夫被孤立的覆辙，同时也为了满足个人长期掌权的欲望，废除了赫鲁晓夫时期的干部新旧交替的轮换制度，高层领导队伍无法更新，"老人政治"盛行，决策失误无法得到及时纠正，各项改革措施失去了动力。其次，勃列日涅夫还恢复了党政集中领导体制，重新向斯大林模式靠拢，抑制了各部门和地方的自主性。最后，勃列日涅夫恢复了斯大林时代个人崇拜盛行的局面，默许、放任甚至鼓励干部和群众神化他。

此外，出于巩固个人权力的需要，勃列日涅夫提拔了他的一批老部下进入领导岗位，其中有不少来自他的家乡和曾经主政过的第聂伯罗彼得罗夫斯克，因此也被称为"第聂伯罗彼得罗夫斯克帮"。此例一开，任人唯亲的风气在党内盛行，挑选干部的标准，逐渐由革命功勋、经验能力转向对领导个人的忠诚，这也是导致苏共干部队伍蜕化变质的重要原因之一。

全球争霸与"社会主义大家庭"

政治上的衰败迹象必然对外交领域产生影响。勃列日涅夫时期，苏联外交政策的最大特点是，既同美国搞缓和，又加紧同美国的军备竞赛和全球争霸。一方面，苏联继续大力发展核导弹技术，在20世纪70年代初期基本追平美国的核力量，甚至在核弹头的数量方面还略占上风。勃列日涅夫时期的苏联依然将不成比例的资源投入重工业和军工产业，被国家资源"喂肥"的军工系统形成了庞大的既得利益集团，反过来继续向国家索取更多资源。前面讲到，美国在冷战时期出现了军工复合体现象，拖累了经济发展。但是两国的经济体制差别很大，美国的军民两用技术和企业相对发达，而苏联计划经济体制下的军工产业运转低效，同民用技术脱节，越来越捉襟见肘。

这一时期，美苏缓和的主要成果是一系列双边和多边协议的达成。在军备控制方面，两国从1969年开始进行了两轮战略武器限制谈判（SALT），先后签署了《反弹道导弹条约》和《美苏限制进攻性战略武器条约》，控制了军备竞赛的势头，为世界避免核大战的希望带来了曙光。在政治和安全方面，苏联和美国、欧洲各国在1975年欧洲安全合作会议上签署了《赫尔辛基协定》，确认了战后欧洲各国的疆界不可变更，达到了缓和的高峰。

外交是为内政服务的。美国冷战史学家约翰·加迪斯指出，勃列日涅夫推行缓和政策的一个原因，是苏联国内改革遇到挫折。作家索尔仁尼琴、物理学家萨哈罗夫（Andrei Sakharov）等"持不同政见者"在西方支持下开始活跃，而勃列日涅夫企图通过对西方缓和，换取"西方世界不寻求改变马列主义政权的内部性质"。历史证明这完全是幻想。

另一方面，苏联打着缓和的幌子，在世界范围内主动出击，与美国争夺势力范围。苏联和美国争相拉拢盟友，支持第三世界国家的亲苏政权镇压美国扶植的反对派，或者反过来，自己扶植代理人与亲美政权作战。这些内容，将在第三章展开讲述。

与此同时，苏联还在"勃列日涅夫主义"的旗号下干涉东欧社会主义国家内政，造成了恶劣影响。所谓"勃列日涅夫主义"，就是宣称社会主义各国构成了一个"社会主义大家庭"，苏联作为大国应当承担起"家长"的责任。苏联还推出了"有限主权论"，即除了苏联之外的社会主义国家只享有有限的主权，不仅需要按照苏联的意图进行经济分工，而且一旦某个成员企图脱离"大家庭"时，苏联将进行"跨国专政",直接进行干涉。这种大国沙文主义的思路,和斯大林、赫鲁晓夫一脉相承,甚至有过之而无不及。最为典型的例子是上面提到的"布拉格之春"。

勃列日涅夫非但没有缓和与社会主义中国的关系,反而让两国之间的裂痕演变为武装冲突。在赫鲁晓夫下台之初,中国一度对新的苏联领导层抱有希望,但勃列日涅夫继续推行赫鲁晓夫的对美缓和战略,而"勃列日涅夫主义"的提出更使中国备受威胁。中国批评出兵侵略捷克斯洛伐克之后的苏联,说它已经沦为"社会帝国主义"。1969年,中苏边境爆发武装冲突,双方关系降到冰点。整个20世纪70年代,中国一直感到处于苏联在远东部署的百万大军威胁之下。

最后,勃列日涅夫在外交上的最大败笔是入侵阿富汗。70年代末,阿富汗政局动荡,莫斯科扶植的政权出现了疏远苏联的征兆。于是,勃列日涅夫决定出兵干预,企图重新控制这个国家,没有料到陷入了长达10年的战争泥淖。阿富汗战争严重消耗了苏联国力,成为苏联走向崩溃的重要原因之一。

由盛转衰的苏联

苏联在勃列日涅夫时代由盛转衰的根本原因,还出在内部。在经济上,随着原有体制的弊端日益深重,从1975年开始,苏联引以为豪的经济增长率开始下滑,从20世纪60年代中期的超过7%,一路降到80年代初的3%左右,而且这些数据事实上掺杂了很多水分。20世纪70年代爆发的两次石油危机,使西方国家的能源需求缺口扩大,苏联顺势加大石油和天然气的开采力度,向西方大量出口以换取外汇。但是单纯的能源出口对提升经济效率、改变经济增长方式、改善人民生活的作用极为有限。

在政治上,勃列日涅夫推行领导干部任期终身制和个人集权的

第二章　美苏两大阵营的对抗与分裂

后果十分明显。一个现象是领导团队的老化。根据苏联问题学者陆南泉的计算，1952年，苏共中央政治局委员平均年龄为55.4岁，书记处成员为52岁，到赫鲁晓夫下台前夕的1964年，政治局委员平均年龄为61岁，书记处成员为54岁；1981年苏共二十六大时，政治局委员平均年龄为70岁，书记处成员为68岁，核心成员的平均年龄高达75岁。这种年龄结构充分体现了苏共高层"青黄不接"的局面。

勃列日涅夫晚年健康状况恶化，从1975年起就无法再正常履行一些重要职责，甚至连主持会议都难以做到。但是，党和国家的重要决策权，基本集中在由勃列日涅夫和亲信安德罗波夫（Yuri Andropov）、葛罗米柯等人组成的核心小圈子里，难以经过充分酝酿和斟酌，决策思路日渐保守。除此之外，勃列日涅夫本人也没有将太多心思放在治国理政上，反而痴迷于个人崇拜和享乐。很多人都知道，勃列日涅夫的一个癖好是收集勋章。为了投其所好，苏联各个部门一共向他颁发过4枚苏联英雄勋章、8枚列宁勋章，还有不计其数的奖项荣誉。其他国家的政治家也在和他会面时赠予勋章。勃列日涅夫的其他嗜好包括打猎、飙车，喜欢收集甚至跟西方国家索要高级轿车。

那么，坐拥这么多荣誉的勃列日涅夫，对苏联人民做出了哪些功绩呢？一些研究者认为，在执政初期，勃列日涅夫确实对苏联实力的增长和社会稳定做出了贡献。但是随着权力欲望的上升和健康水平的下降，勃列日涅夫晚年的苏联就乏善可陈了。到20世纪80年代，苏联在同美国的国力竞争中越来越力不从心，国内生活物资的短缺使得许多地方的民众不得不每天花一个小时以上排队购物。由于劳动报酬低，苏联普遍出现了工人怠工、逃工、酗酒的情况。

另外，苏联社会的贫富分化也在这一时期不断扩大。随着苏共党内革命热情的退却，整肃运动日益减少，党内的纪律越来越松弛。在计划经济的背景下，行政权力与资源分配权力深度绑定，于是孳生出一个由苏共各级干部组成、被称为"在册权贵"的特权阶层。这个阶层凌驾于苏联广大人民之上，享受着远超普通国民的生活水平，拥有特权的干部虽然账面上的工资并不比普通劳动者高出太多，但是往往都能收到"红包"发放的隐性收入。他们不仅可以拥有国家分配的豪华住宅、汽车，就连日常购物的供应渠道也和普通人不一样。在民众不得不排长队购买日常物资时，他们却可以享受到从国外进口的新奇商品。特权干部和群众之间的鸿沟，成为引发社会矛盾的主要导火索之一。勃列日涅夫时代出现的大批"持不同政见者"，以及苏联社会的种种潜流与异动，都与这个鸿沟有着密切关系。

最后，从冷战的视角来看，勃列日涅夫时代后期的停滞，使苏联和美国之间的差距再度拉大，主要体现在经济和技术领域。其中一个触目惊心的例子是计算机和半导体技术。1946年，美国推出第一台电子计算机，而在短短四年后苏联就迎头赶上；1955年，美国又研制出第一台全晶体管计算机，苏联也只用了四年就跟上了。到了1964年，美国第一台集成电路计算机诞生后，苏联同行却用了足足九年才推出自己的版本。再往后到了大规模和超大规模集成电路计算机时代，苏联就在竞争中彻底败下阵来，与美国出现了难以逾越的代差。直到苏联解体，也没有做出可以和IBM或者苹果公司媲美的产品。这种落后局面的形成，根本原因还在于科技投入不足，而且缺乏科技企业竞争的市场环境。

总的来看，勃列日涅夫执政的18年是苏联由盛转衰的关键时期，其中勃列日涅夫本人固然难逃其咎，但体制固有的弊端和各方面改革的停滞，是苏联走下坡路的主要原因。不过，改革的失败只是苏联衰落的原因，并不直接导致苏联解体。作为一个联盟制国家，苏联走向解体的根本原因之一，是民族问题的处理失当。这将是下一节要探讨的话题。

苏联民族分裂的前兆

大家都知道，冷战的结局是苏共政权的垮台和苏联的解体。不过，政权崩溃垮台和联盟解体不是完全同步的，对于这两个过程，会在后面的章节再探讨。这一节要介绍的是，作为一个多民族国家，苏联国内的民族矛盾，特别是俄罗斯民族同少数民族的矛盾，是如何在冷战时期愈演愈烈的。正是这些矛盾的扩大，最终导致了苏联的解体。

苏维埃政权与"苏联认同"

20世纪初，俄罗斯帝国是世界上领土面积第二大的国家，仅次于大英帝国，人口达到1亿6千多万人，是当时世界上第三人口大国。沙俄共有200多个民族（族群）、146种语言和方言。作为单一制国家的沙皇俄国，充满民族压迫、民族对立。沙俄政府竭力使俄罗斯民族享有特权，鼓吹非俄罗斯民族理应受俄罗斯人支配。沙俄强制推行民族同化政策，不让少数民族使用本民族语言，强迫他们改信东正教。列宁指出，沙皇俄国是"被公正地称之为'各族人民的牢狱'的国家"。

1917年俄国革命推翻了"俄罗斯帝国"（即沙俄），建立了"俄罗斯苏维埃联邦社会主义共和国"，中文简称"苏俄"。这里要注意，苏俄的国名里面就有"联邦"，不再是单一制国家。1922年，俄罗斯联邦、外高加索联邦、乌克兰、白俄罗斯成立苏维埃社会主义共和国联盟，简称"苏联"。其中，外高加索联邦由格鲁吉亚、亚美尼亚、阿塞拜疆三部分组成。经过很复杂的历史过程，直到1956年才正式固定为苏联解体前的15个加盟共和国。这15个国家的国名，比如俄罗斯、乌克兰、格鲁吉亚，分别代表了它们的主体民族。这跟美国、印度、南非等多族群国家很不一样。

在推翻沙俄专制统治、巩固苏维埃政权的过程中，反对俄罗斯人对其他民族的压迫、实现民族平等，是布尔什维克党动员群众、凝聚力量的重要目标和工具。其实，在十月革命以前，列宁是坚决反对联邦制的。但是，西方帝国主义国家对苏俄进行武装干涉，企图将新生的革命政权扼杀于摇篮中，迫使苏俄将不同民族的苏维埃政权联合成为一个紧密的联盟。

列宁提出的民族理论有三个主要原则：第一，民族自决权，建立各民族自愿、平等、民主的统一联邦制国家。第二，坚持民族平等，反对民族特权，承认各民族的自治权利，给予落后地区以财政支持，保护各少数民族的语言和文化。第三，坚持工人阶级政党的领导，在每个民族、每个地区都必须建立一种新的政权形式，即苏维埃。所有的加盟共和国都叫苏维埃社会主义共和国。

列宁制定的民族政策具有独创性，但也埋下了隐患。不难看到，各苏维埃共和国的联合，是基于十月革命同沙俄民族政策划清界限和抵御外敌的特殊政治需要，但长期形成的民族矛盾与隔阂并没有随之而消失。这意味着苏联并非是按照成熟的民族融合条件而实现的自然联合。苏联是共产党领导下的无产阶级专政国家，加盟共和国之间的凝合剂是共同的意识形态——马克思列宁主义，以及共同的政体——苏维埃。根据"民族自决权"和"民族自治权"的原则，1924年、1936年、1977年的苏联宪法，都规定了加盟共和国是主权国家，在苏联宪法的范围内可以独立行使自己的国家权力，而且享有自由退出联盟的权利。

在中央高度集权的斯大林时期和冷战初期，各民族缺乏利用上述权利去争取分离和真正独立的条件。但随着冷战后期国内外政治环境的变化，共产党的领导作用受到削弱，民族分离势力乘机走上前台，抛弃了把苏联融合在一起的"苏维埃"，拥抱依法应该享受的主权，最终导致联盟的分裂。自从欧洲民族国家林立以后，世界上就出现了一种普遍持有的观念——民族与国家应该融为一体，一个国家应该只有一个主体民族，每个民族都应当拥有自己的国家，至少是自治体。这种观念在苏联也产生了影响，有人曾经试图树立"苏维埃民族"或"苏联民族"的概念。

建立新的共同体"苏联人"或者"苏联人民"，是斯大林、赫鲁晓夫、勃列日涅夫这三位领导人的共同目标。赫鲁晓夫曾经断言，苏联已经成功解决了民族问题，并形成了"新的历史共同体——苏联人民"。有意思的是，这三位领导人都不是"正宗"的俄罗斯人，斯大林出生于格鲁吉亚，赫鲁晓夫和勃列日涅夫出生于乌克兰（勃列日涅夫有时自称乌克兰人，有时又自称俄罗斯人），但他们的民族政策都被贴上过"大俄罗斯沙文主义"的标签。

在个体层面，苏联鼓励跨民族的通婚，认为跨民族婚姻可以淡化民族认同，实现"苏维埃民族融合"。的确，苏联出现了大批跨民族婚姻，而且这些通婚对下一代民族认同的影响是多层次、不平衡的，无论婚姻后的认同发生什么变化，人们认同的仍然是某个民族，如乌克兰人、哈萨克人、格鲁吉亚人等，而几乎没有人认同"苏联"。苏维埃作为各民族之间的融合剂，没有取得预想的成功。"苏联认同"无疾而终。

苏联民族关系的五大难题

苏联的民族关系，有五个重大的难题和内在矛盾，大部分涉及最大的民族俄罗斯和少数民族的关系。

第一个难题是如何处理民族多重自治政策造成的消极后果。在15个加盟共和国之下，苏联有十几个自治共和国，其行政级别相当于州，比普通州权力大一些，有自己的宪法。还有自治州、自治区、自治乡等的划分，令人眼花缭乱。民族区域划分的级别没有明确的标准，不能真正反映民族分布的情况。由于民族杂居的复杂情况，准确地按民族构成来划定自治区域，是不可能做到的，于是出现了很多奇特现象。

比如，俄国十月革命后，"突厥斯坦苏维埃社会主义自治共和国"成立，成为苏俄的一部分。苏联成立时，就有人提出质疑，凭什么乌克兰、白俄罗斯、外高加索是加盟共和国，比这几个国家面积和人口数量都大的突厥斯坦，反而是俄罗斯下面的"自治共和国"？后来，为打击泛伊斯兰主义和泛突厥主义，苏联在中亚建立了5个加盟共和国，取缔了"突厥斯坦"这一概念，用"中亚"一词取而代之。

再如，撒马尔罕和布哈拉是著名的中亚古城，当年90%以上的居民是塔吉克人，但是这两座城市被划入了乌兹别克共和国。在哈萨克共和国1981年的人口统计中，将近600万的俄罗斯人居住在其境内，而哈萨克人还不到530万，成了哈萨克的"少数民族"（今天哈萨克斯坦的哈萨克人又占到了多数）。苏联问题学者左凤荣和刘显忠指出："按民族划分区域、实行所谓自治的做法并没有达到使各民族相互接近和融为一体的目的，反而导致了少数民族自我意识的觉醒和民族主义增强。这种做法使苏联居民首先认同的是自己的民族属性，然后才是国家属性。"这一切都为苏联的民族冲突埋下了隐患。

第二个难题是民族政策向少数民族倾斜，既没有获得少数民族的感恩，也让俄罗斯人感到吃亏、委屈，两边不讨好。列宁提出用补偿、让步的办法，用俄罗斯民族的利益去补偿少数民族。平心而论，苏联对少数民族地区的经济文化发展的贡献确实很大。吉尔吉斯斯坦前总统阿卡耶夫（Askar Akayev）等许多经历过苏联时期的领导人，都承认这一点。阿卡耶夫在回忆录中说道，吉尔吉斯斯坦的大学都是苏联时期建立起来的。有人说苏联时期的俄罗斯像奶牛，要补贴落后的民族地区。比如，对其他加盟共和国的基本建设投资的增长速度，要比俄罗斯高出一倍到三倍。俄罗斯联邦境内征收的营业税，42%左右留给自己，而其他很多加盟共和国的营业税，几乎百分之百都可以留给自己。俄罗斯好多工厂搬到了少数民族地区。但是，对少数民族地区经济文化发展的倾斜，往往伴随民族意识的强化和更大的权利诉求，同时造成了俄罗斯人相当大的不满情绪。

第三个难题是俄罗斯在联盟中应该处于什么样的地位。"二战"后，俄罗斯联邦的领土面积占苏联的76%，国民收入在苏联国民收入中所占比重大约为60%。苏联的燃料能源、水和森林资源、矿产储量主要集中在俄罗斯。俄罗斯联邦实际上是苏联的支撑，但它在苏联的地位问题始终没有得到很好的解决。

一个奇怪的现象是，作为"大块头"的俄罗斯联邦，在苏联时代居然没有自己的共产党，而其他加盟共和国都有以国名命名的共产党，如乌克兰共产党、格鲁吉亚共产党等。许多民族地区都有俄罗斯人聚集居住，但他们却没有权利建立俄罗斯自治区域。这些政策引起了苏共党内许多俄罗斯人的不满。1949年，列宁格勒（现在的圣彼得堡）党组织的一大批负责干部突然被捕，原因是"叛国"。这一案件涉及的几位苏共中央领导人被判处死刑。他们获罪的原因，除了高层权力斗争以外，据说是他们谋划建立"俄罗斯共产党"，以便提高俄罗斯在苏联的地位，把俄罗斯政府从莫斯科迁往列宁格勒。1956年苏共二十大后，这一案件获得平反。俄罗斯联邦共产党直到苏联解体前夕的1990年才成立。由此可见，俄罗斯民族和其他民族一样，都对苏联的联邦体制不满，只不过不满的原因截然相反。

就人口比例而言，俄罗斯在苏联的地位是逐渐下降的。1939年，俄罗斯族占苏联总人口的83%，到1960年，俄罗斯族的人口比例跌到70%，其中原因，第一是在反法西斯战争中，俄罗斯人承担了最大的牺牲，中青年男性人口大量损失；第二是俄罗斯人多居住在城市，生育意愿低，所以少数民族人口增长速度比俄罗斯族快。在1979年苏联的总人口中，俄罗斯族占52.4%。到苏联解体前的1990年，这一比例已经低于50%。这种人口变化，对苏联的凝聚力产生了消极影响。

第四个难题是如何保持民族政策的连续性。我在上面谈到，列宁从反对联邦制转到支持建立联邦制。斯大林掌权后，没有完全贯彻列宁的民族平等原则。斯大林时期宣扬俄罗斯民族优越论，彰显沙俄帝王和将军的英雄事迹，以及俄罗斯古典文学和民间文化的辉煌成就。这些举措，在赫鲁晓夫时代被视为"大俄罗斯沙文主义"，同斯大林的个人崇拜一起受到批判。

赫鲁晓夫坚持扩大民族共和国的自主性，为被强迁民族平反，促进民族地区的经济文化发展，得到少数民族的积极评价。赫鲁晓夫还试图通过经济跃进、赶超美国，强化苏联认同。不过，赫鲁晓夫的政策过于随意。1954年，赫鲁晓夫为纪念"乌克兰和俄罗斯合并300周年"，一高兴就把直属于俄罗斯的克里木自治共和国，划归给作为加盟共和国的乌克兰，作为送给"兄弟的乌克兰"的礼物。俄罗斯族在克里木（即克里米亚半岛）占当地人口的63%。克里米亚被转让给乌克兰，成为今天俄罗斯与乌克兰领土争端的重要根源。

在勃列日涅夫时期，苏联的民族政策再一次收紧。勃列日涅夫在1971年3月苏共二十四大的报告中说，"伟大的俄罗斯民族"应当受到其他各民族的尊敬。1975年10月，他又说，苏联各民族是在"俄罗斯民族周围团结成为统一的多民族国家的"，因此，"俄罗斯民族是老大哥民族，是苏联第一位民族"。

几代苏联领导人都在民族政策的实施上出现过左右摇摆，足以说明苏联民族问题的复杂性和敏感性，只是在政治高压时期，民族矛盾没有尖锐爆发而已。

第五个难题是如何处理俄语和其他语言的关系。苏联的民族自决权，在语言政策上体现为各民族语言平等。苏联的先后几部宪法都奉行语言多元化政策，没有把俄语定为"国语"。各加盟共和国推行文化的"民族化"，把本族母语作为本国的"官方语言"，学校采用本族语言为主要教学语言。造成的一个恶果是，生活在各共和国但不掌握当地民族语言的俄罗斯人反而受到歧视。

从20世纪30年代开始，斯大林大力推行全国通用语言。1938年，斯大林规定全国所有学校都必须学习俄语。苏联各族文字还经历了从拉丁化到西里尔化（俄文字母化）的转变。

很显然，各个民族自治区域之间的行政、经济交往需要一个共同的工作语言。刘显忠指出，苏联工业化和城市化进程的加速，导致非俄语居民涌入城市，为了交流方便，自觉放弃了使用人数有限的母语而选择作为通用语言的俄语。"用民族语出版的书籍主要是文艺类、儿童类、教育、农业方面的书籍。至于生物学、医学、历史学方面的书籍，主要是用俄语出版，有关工业问题、信息技术、军事、控制论方面的书籍几乎全是用俄语出版的。这也在某种程度上证明了俄语和民族语言在功能方面无法相比。"

但是，苏联以行政命令方式推广俄语，引起了少数民族的普遍不满，下面将要谈到具体案例。如何在推广俄语、传播俄罗斯文化与保护其他民族语言文化之间维持平衡，是苏联一直没有解决的难题。特别是在中亚各共和国和俄罗斯的车臣等地区，有大批伊斯兰教的信徒，这使语言文化问题变得更加复杂。

民族分裂警报频发

冷战时期，世界各地民族独立浪潮迭起，也波及苏联。20世纪六七十年代，苏联发生了多起反对强制推广俄语的事件。

1970年，乌克兰共产党中央第一书记谢列斯特（Petro Shelest）在自己的著作《我的苏维埃乌克兰》中，歌颂乌克兰古老优秀的语言文化，暗中指责苏联的语言政策。勃列日涅夫等苏共领导人对谢列斯特提出批评，却没有取得效果，于是他很快遭到撤职处分，乌克兰共产党中央进行了大改组。

根据1977年苏联通过的新宪法，苏共中央要求格鲁吉亚和亚美尼亚在各自的宪法草案中删除关于民族语言为唯一国语的条款，以反映各民族"接近"的进程。1978年3月，格鲁吉亚最高苏维埃会议刚刚通过新版宪法的相应条款，在首都第比利斯就爆发了示威和集会，在军队保卫的政府大楼前，聚集了1万多名大学生和知识分子，要求保留格鲁吉亚语的国语地位。格鲁吉亚共产党中央第一书记谢瓦尔德纳泽（Eduard Shevardnadze）来到集会者跟前，答应满足他们的要求（后来谢瓦尔德纳泽在格鲁吉亚独立后成为首任最高领导人）。在民众压力下，共和国最高苏维埃特别会议做出了妥协，在公布的宪法文本中关于俄语的内容被删掉，格鲁吉亚语被宣布为唯一的国语。

格鲁吉亚国内有个"阿布哈兹自治共和国"，主要居民是穆斯林，而格鲁吉亚人多为东正教徒。1978年春，在格鲁吉亚通过宪法时，阿布哈兹人也举行了示威，要求赋予阿布哈兹语在自治共和国的国语地位，禁止格鲁吉亚人向阿布哈兹移民，要求阿布哈兹脱离格鲁吉亚，加入俄罗斯。格鲁吉亚当局对阿布哈兹人的要求做出让步，把在阿布哈兹设立阿布哈兹语、俄语和格鲁吉亚语三种国语的规定，纳入了自治共和国的宪法。苏联解体后，阿布哈兹在俄罗斯的支持下，马上宣布主权独立。这是后来格鲁吉亚同俄罗斯发生武装冲突的重要原因。

格鲁吉亚人拒绝承认俄语是平等的国语，立即引起了邻国亚美尼亚的反应。尽管当时亚美尼亚宪法中的这一条款已经通过，但亚美尼亚人参照格鲁吉亚人的做法，进行"翻盘"，宣布承认亚美尼亚语为唯一的国语。南高加索的另一个国家阿塞拜疆的政府，也在社会舆论的压力下改变立场，在宪法中保留了有关本族语言为国语的条款。

1986年12月，在哈萨克共和国首都阿拉木图发生了一起重大民族抗议事件。在苏共中央的指使下，12月16日，哈萨克共产党中央全会在18分钟内就达成了一项决议，解除领导哈萨克将近30年的库纳耶夫（Dinmukhamed Kunaev）第一书记的职务，选举苏共中央提名的俄罗斯人科尔宾（Gennadiy Kolbin）为新的第一书记。科尔宾跟哈萨克没有任何渊源，更不懂哈萨克语。消息传出后，一些哈萨克人学生走上街头抗议示威，很多群众也加入进来，但不久即遭到军警袭击，酿成流血冲突。第二天清晨，党中央大楼前聚集了一批青年学子，高喊"尊重列宁的民族自决原则""共和国应当有自己的领袖"等口号，坚决反对科尔宾继任，要求哈萨克人取代俄罗斯人，担任哈萨克共产党中央第一书记。抗议活动演变成骚乱。更令哈萨克人愤怒的是，12月18日，苏联调动了包括克格勃在内的强力部门，军警和安全部队对手无寸铁的学生和群众大打出手，造成重大的人员伤亡，最后将抗议活动镇压下去。

波罗的海三国——爱沙尼亚、拉脱维亚、立陶宛，是按照苏联和纳粹德国的秘密条约，被强制划入苏联势力范围的。1940年被苏联红军占领后，波罗的海三国成为苏联的加盟共和国。此后，当地的大批民族主义者因反对加入苏联而遭到逮捕、枪杀、流放。苏联流放了超过20万波罗的海居民到国内边远地区，还有7万多人被关到劳改营。私人农场全部充公，农民被迫加入集体农庄。

刚刚加入苏联时，波罗的海三国的经济发达程度和生活水平同瑞典、芬兰等邻国相仿。在整个苏联时期，它们的社会经济发展指标在所有加盟共和国中，也一直名列前茅。但是，苏联高度集中的计划经济体制束缚了波罗的海三国的经济发展，使它们的发达程度和生活水平同北欧资本主义国家拉开了距离，这使民众心中产生了落差，认为加入苏联是巨大的悲哀。

为维持在这一地区的统治，苏联政府实行了向三国大量输入移民的政策，加剧了民族矛盾。大量外族人，特别是俄罗斯人的迁入，引起当地人口比例的明显变化，引发当地民众对丧失自己民族特色的担忧，产生了强烈的民族保护主义，集中表现为排俄情绪和争取国家独立的运动。所以，当苏联出现政治崩溃的先兆时，波罗的海三国是首先宣布独立的加盟共和国。

回顾历史，我们不难发现，今天俄罗斯同乌克兰、格鲁吉亚等许多邻国的冲突，原苏联国家之间的许多其他民族纠纷，在冷战时期或者更早就埋下了种子。苏联的民族矛盾加深，与领导人的政策失误以及国际环境的影响有相当大的关系，而更根本的原因，则产生于分散的联邦制与集中的苏维埃领导体制之间的紧张关系，产生于民族与国家结构的等级制，以及难以形成法律规范的民族区域自治政策。换句话说，苏联的联盟体制本身先天不足，半途夭折不足为奇，任何领导人或政策都无力补救。

剧变前夜（1）：波兰与捷克斯洛伐克

前面三节探讨了赫鲁晓夫和勃列日涅夫时代的苏联政治变化和引起苏联分裂的民族矛盾。在同一时期，深受苏联影响的东欧8个社会主义国家也出现了相应的政治变化，可以说处在1989年前后"苏东剧变"的前夜。下面三节将分别讲述处在剧变前夜的东欧国家的内政和外交。

冷战开始时，东欧国家的共产党都在国内占据了绝对的领导地位，清除了党内异己力量。左右国家经济命脉的银行、工矿企业、交通运输等早已收归国有，国营企业占据主导地位。东欧国家全面移植了苏联的计划经济体制，优先发展制造业特别是重工业，取得了一定成就。但是，除了捷克斯洛伐克和波兰的工业基础较强以外，其他东欧国家基本上是农业国。重工轻农的政策，不但脱离了国情，而且造成食品和日用消费品的短缺，阻碍了人民生活水平的提高。东欧各国都实行农产品义务销售制，损害了农民的利益和生产的积极性。在外交上，东欧各国都必须服从苏联的指挥，只有南斯拉夫和阿尔巴尼亚两个国家一开始脑后有反骨，后来还越来越不听话。苏联通过华沙条约组织控制了东欧国家的军队，通过经互会控制了它们的经济命脉和对外贸易。这些体制内外的弊病，是东欧各国民众怨气和社会矛盾时时爆发的根源。

波兰：哥穆尔卡的摇摆和倒戈

前面章节提到，赫鲁晓夫在1956年2月苏共二十大上发表的批判斯大林个人崇拜的秘密报告，引起了国内外的震惊。很多人把批判斯大林和对苏联在东欧实施高压政策的不满联系起来。反应最强烈的东欧国家是波兰和匈牙利。1956年6月，波兰工业城市波兹南发生罢工事件，工人要求提高工资、降低物价、减少税收，很快演变成一场波及全国的反苏、反政府的抗议活动。

苏共中央给波兹南事件的定性是"反人民事件"，将它同"美国垄断资本的颠覆活动"联系在一起。在波兹南事件中，波兰当局派遣保安部队平息骚乱，有800多人伤亡，600多人被捕。当时，波兰统一工人党中央也进行了一些反思。党内亲苏派和改革派围绕着是否给前任党中央第一书记哥穆尔卡平反并恢复职务问题，展开了激烈的争论。哥穆尔卡是1948年因"反苏"罪名而被解除职务的。1956年10月，哥穆尔卡重新主持中央工作，并同来访的苏共中央第一书记赫鲁晓夫发生争论。双方最终达成妥协，波兰新领导人呼吁建立平等的苏波关系，主张走"波兰社会主义道路"，但是也表示无意破坏社会主义阵营的团结。

当选为波兰统一工人党第一书记的哥穆尔卡，这时是推进民主化的改革派。他主张发展各种形式的工人自治和农民自治，信任知识分子，改善同天主教会的关系，在平等、独立的基础上处理好同苏联的关系。波兰社会的一个重要特征，是90%以上的居民信仰天主教。在历史上几次面临亡国威胁时，波兰天主教会都参加了反抗外来侵略和异族占领的爱国斗争，以特殊的方式维护了民族团结。

重新执政后,哥穆尔卡提出社会主义和宗教长期共存的方针,得到了天主教会的支持。

哥穆尔卡的民主化进程和经济改革措施都取得了一定成效,工农业生产形势有明显好转。但是好景不长,到1959年改革就出现了停顿甚至逆转。改革出现停顿有三个原因。首先,苏联本来就对哥穆尔卡上台不满,难以认同他的改革,而1956年的匈牙利暴力叛乱事件加深了苏联对波兰发生类似事变的担心,促使苏联伙同其他东欧国家,对波兰的改革进程施加压力。其次,波兰党内既有人批评改革进展缓慢,也有亲苏保守势力指责哥穆尔卡的改革削弱了阶级斗争、无产阶级专政和党的领导。1959年3月,统一工人党通过决议,宣称"在现阶段,修正主义是党的主要危险",证明反对改革的力量开始占上风。最后,哥穆尔卡本人大权在握后,开始压制不同意见,大搞个人迷信,使改革工作处于瘫痪状态。他在党内斗争激烈时转而讨好苏联,表示要跟赫鲁晓夫"捐弃前嫌",成为挚友。1959年7月,赫鲁晓夫在演说中赞扬哥穆尔卡领导下的波兰找到了社会主义的"正确道路",苏波两国在发展道路和国际问题上的意见完全一致。

哥穆尔卡的倒戈令改革的支持者十分失望,波兰经济形势日益恶化,则引起了整个社会的不满。1968年1月,哥穆尔卡下令禁演19世纪波兰最伟大的诗人亚当·密茨凯维奇(Adam Mickiewicz)的诗剧《先人祭》,引发了声势浩大的学潮和市民抗议活动。这部诗剧描述了波兰被瓜分时沙皇俄国对波兰的残暴统治和波兰人民的愤怒反抗。

《先人祭》在华沙国家剧院上演,每场都座无虚席。当剧中人痛斥沙俄的暴行时,观众也跟着朗诵台词,并报以热烈的掌声和欢呼声,这实际上成了反苏示威。苏联驻波兰大使向波兰政府提出抗议,声称这是"反苏的低劣演出"。哥穆尔卡担心得罪苏联,下令停演这部戏剧。3月，华沙大学4000多名学生举行集会，高喊"我们要看《先人祭》""自由、民主、独立"等口号，很快得到其他大专院校学生和许多市民的声援和抗议。哥穆尔卡发表讲话，把这场学生抗议定性为"有预谋的反社会主义活动"，出动警察进行暴力镇压。东欧问题学者、北京大学教授孔凡君指出，这一事件使哥穆尔卡"从一个曾经主张走波兰式社会主义道路的'民族英雄'蜕变成苏联模式的卫道士"，从而丧失了民心。在1968年11月举行的波兰统一工人党第五次代表大会上，苏共总书记勃列日涅夫亲自到场打气，才让哥穆尔卡在选举中勉强保住了党中央第一书记的职位。

波兰：抗议运动和政治危机

1970年12月，波兰出现了更大规模的社会抗议活动。这次危机的导火索是政府决定提高食品和日用商品的零售价。12月14日，格但斯克列宁造船厂工人举行罢工，抗议物价上涨。格但斯克是波兰北部沿海地区的最大城市和最重要的海港。罢工活动很快蔓延到格丁尼亚造船厂。两个造船厂的罢工工人成立了罢工委员会，主席就是后来对波兰政治发展产生巨大影响的莱赫·瓦文萨（Lech Walesa），他当年才27岁。

12月的罢工活动迅速演化为示威者和军警的大规模暴力冲突，包括抢劫、纵火、毁坏军车和坦克。在整个事件中，伤亡人数上千，有近三千人被拘捕。抗议活动被镇压后，波兰统一工人党中央决定撤销哥穆尔卡的领导职务，还罢免了对事件负有直接责任的四名政治局委员，由具有开明色彩的爱德华·盖莱克（Edward Gierek）出任党中央第一书记。

以盖莱克为首的新的领导集体批评了当局对抗议运动的镇压，采取了一系列措施来稳定经济政治形势，平息民众不满，同时着手进行经济体制改革,制定新的发展目标。统一工人党中央提出了"高速发展战略",利用西方国家的资金,刺激消费品生产,取得了明显成效。20世纪70年代中期,波兰在居民消费水平、文化教育、医疗保健等领域开始接近世界发达国家水平。但是,盲目追求高速发展的弊端日益显露,债台高筑、进口原材料价格上涨、消费品补贴过高、农业歉收等问题接踵而至。1976年6月,政府再次大幅度提高食品价格,激起民众罢工游行,政府被迫取消涨价决定,改为凭票供应,但是政治矛盾从此愈演愈烈。

20世纪70年代后期,波兰国内出现了以部分知识分子和民权运动领导人为代表的公开的反对派。1978年,波兰原克拉科夫大主教当选为罗马教皇,即约翰·保罗二世(John Paul II)。这大大提高了天主教在波兰的地位,对波兰统一工人党的权威构成严峻挑战。

1980年夏,波兰政府为了应对经济危机,决定在压低工资水平的同时提升物价。结果,以格但斯克列宁造船厂为中心的罢工活动在全国爆发。为了稳定局面,8月底,波兰政府与罢工工人代表进行谈判,最后在格但斯克列宁造船厂会议室签署了一项对国家制度"推行广泛改革"的协议,史称"格但斯克协议"。这个协议允许工人建立自己的独立自治工会,并给予工人罢工权利,前提是工会"承认波兰统一工人党对国家的领导作用","不破坏业已确立的国际联盟主体",即不脱离苏联阵营。

1980年9月,一个全国性的工会——团结工会诞生。团结工会拒绝在章程中明确承认党对国家的领导作用。最后政府做出让步。11月,波兰最高法院批准团结工会注册登记,宣布它为合法组织。它的全名是"独立自治工会",是东欧社会主义国家中第一个脱离共产党控制的独立组织。它将波兰部分天主教徒及反共左翼人士组织起来,采取非暴力的反抗模式,成为一个强大的反社会主义运动。1981年9月,参加团结工会的人数达到950万,大概占波兰总人口的三分之一。其中约有 100 万是波兰统一工人党党员，占这个执政党党员总数的大约三分之一。

格但斯克协议签订后，罢工浪潮只平息了很短时间，政治局势依旧风雨飘摇。在苏联的督促下，波兰统一工人党改组了中央，盖莱克下台。1981 年 10 月，苏联信任的铁腕军人雅鲁泽尔斯基（Wojciech Jaruzelski）任第一书记，集党政军大权于一身。1981 年年底，新政权宣布国家进入战时状态，军队大规模出动，逮捕了 5000 多人，其中包括团结工会领导人瓦文萨和反对派的其他一些负责人，以及统一工人党的部分前领导人。团结工会被取缔。实行战时状态的波兰，立即遭到以美国为首的西方阵营的制裁。美国向处于地下状态的团结工会提供源源不断的经济支持，教皇保罗二世表面上在波兰政府和团结工会之间采取居间调停的态度，但实质上支持团结工会。教皇曾会见过瓦文萨夫妇。瓦文萨还获得了 1983 年的诺贝尔和平奖。

西方对波兰的强力制裁使波兰当局内外交困。苏联此时正陷于阿富汗战争的泥淖中，加上勃列日涅夫于 1982 年去世，自顾不暇。为了实现与国内反对派和西方的和解，1983 年夏，波兰当局取消战时状态，实行大赦，释放瓦文萨等政治犯。从这时开始，波兰当局和反对派的攻守之势转换，团结工会步步紧逼，雅鲁泽尔斯基领导的统一工人党的阵地越来越小。

捷克斯洛伐克：政局动荡与"布拉格之春"改革

1968 年捷克斯洛伐克的"布拉格之春"，始于 1 月 5 日改革派领袖亚历山大·杜布切克（Alexander Dubček）取代安东宁·诺沃提尼（Antonín Novotny）出任捷克斯洛伐克共产党（简称"捷共"）中央第一书记职位。8 月 21 日，苏联与其他华约成员国武装入侵捷多米尼克·米哈伊。莱昂尼德·勃列日涅夫强硬地表示不能再让齐奥塞斯库再与华约其他成员国作对了。一名苏联上校率领着用俄语训斥的校官对齐奥塞斯库和他的部下大喊大叫。他们以非同寻常的尖酸嘴脸责难着。第二天，齐奥塞斯库也得到了喘息，此后，齐奥塞斯库在"感谢"捷克斯洛伐克领导人卢德维克·斯沃博达（Ludvík Svoboda）时北苏联斯，分化瓦解了入侵的联盟。初列日涅夫对捷克斯洛伐克兼并、以及已经表示入侵目的种种预兆告，在苏军的各族军队并不参与签订时，"且做出决定。"他保留了对方进行苏联咨询的资格。

这是典型的"城下之盟"。苏维埃各民族又被难堪了，那种身为国家首脑从未尝过的滋味，等待他们苏维埃主义亲密并同利益的国家一时平息下。隐着开始满出来。接着苏维埃准纲了捷克斯洛伐克的再镇压。1969年4月，捷克斯洛伐克总统古斯塔夫·胡萨克（Gustav Husák）成为捷克斯洛伐克共产党中央第一书记。

"布拉格之春"天折后，西方国家只有表示谴责上的礼貌，以及退度谴责入侵苏联的行动，而关于这样接纳并在无权族地区的影响和地位，没是各国援与了大约10万人的难民潮，也就是了这样国家对于多名战争人关心在地主义者加入政策的同情态度。

苏维埃入侵捷克斯洛伐克事件，立即引起了中共领袖的严重警惕和语言暴怒。周恩来说起捷克斯洛伐克颁发照会，周恩来以外交关系激烈一份唾沫飞溅，8月23日普告齐奥塞亚国王，告齐奥塞亚国王，告齐奥塞亚国王大力支持与（Aurel Duma）举措行国民长若名。告齐奥塞亚首都市贝尔格领的中国唯一保护人经过捷克斯洛伐克的国家，告齐奥塞亚不是用于苏联书记只有政。齐奥塞斯库（Nicolae Ceaușescu）霸权凝凝重来访入党。这些国际形势下是艰难的铁幕。在捷克斯洛伐克后，周恩来获出大军，据涅夫由入侵各国参自至等新华文化乘出东西亚国家。

274 冷战的故事

捷苏断绝往来：苏联武装占领与"布拉格之春"的天折

以苏联为其他华约国家并未达成一致，并利塞进而"别无选择"，以来行使有武装干涉，不断削弱其权力。1968 年 6 月，苏联军方的领导层便着手准备入侵捷克的军事行动。苏联及其盟国进行了名为"舒马瓦"演习的大规模军事调动，向东德、民主德国、匈牙利、波兰、保加利亚等国表明了苏联领导层即将采取的行动。各国领导人并未辩护。

7 月 14 日，苏联、东德、保加利亚、民主德国、匈牙利、波兰五国领导会议召开，在没有捷克斯洛伐克领导人参加的情况下，他们对捷克斯洛伐克进行了公然警告："与各华约缔结国家团结一致的愿望，迫使我们采取抵御一切国家社会主义国家的侵略的敌对势力的在其他集结点上的外部和内部势力。""8 月 3 日，勃列日涅夫最终做出了入侵决定："准备努力"。发出的信号是苏联将进行军事行动。

8 月 10 日前后，苏共中央决定于 8 月 20 日采取军事行动，对捷克斯洛伐克发动武装占领。8 月 18 日，华约联盟领导人一起出席的四个华约条约缔约国领导人了杜布切克。他们都未去莫斯科让勃列日涅夫和行苏共中央的决定，并于当天立即回国，随后各国都紧锣密鼓。

1968 年 8 月 20 日晚 11 时，华约的捷克斯洛伐克一部队越过边境冲进了捷克斯洛伐克境内，将首都布拉格占领。苏联大使通知了驻扎在此地的代表。"机械事故，要求他降落。"接机的一瞬间，几十万苏军士兵从飞机里涌出来迅速占领机场。6 小时后，苏军接到了种捷克斯洛伐克政府。苏联派出的国防部 20 万兵员和 5000 辆坦克参与了这次行动。捷克斯洛伐克武装力量党有 40 万，来不及反抗，几十万精兵千载难逢，已没有民进行了认识抵抗。

冷战结束后的 1992 年，当年苏联派入侵捷克斯洛伐克的苏联老兵大件被披露，苏联间谍学近几代的《真理报》报道记载了 1968 年 8 月 20 日晚苏联老兵布拉格的情况，其中却能出入受的烦恼是，正在主持捷共中央主席团会议，他惊慌地说："据俄国家名布我们派兵这种南部的手段，也没有错误。""其他的与

273

了霉山的谈话发表——废黜了老板，企图灭亡的苏事报来，还讲述道东被他推翻的老板，经营积极的可共产人的运动并没结束了，但因为好有死亡告了人，经营积极的可共产人的运动并没结束了，但因为好有得到有效支持，故没成深。

在这一背景下，1968年1月，捷共中央会议决定苏比开始为中央第一书记，接替捷共长期任党总统职务。3月，捷共斯洛伐克党决定捷选择了诺沃提尼的军事报名总图景，捷共进一步放开活跃。

"布拉格之春"的改革构想，集中体现在1968年4月公布的《捷克斯洛伐克共产党行动纲领》中。这份行动纲领指出来："带有了捷克斯洛伐克特色的社会主义"，这份行动纲领也来了布捷国共和改革。在国内改革方面；坚持与发展分开并并;强调经济活动的自主，只有经济关系起来并相互补充，才能为其顺利发展；"渐渐获得实证"，家行有计划的市场经济；家行多层次的混合所有制；发展科技、教育和文化；尊重其他社会主义国家的关系，等等。

"布拉格之春"提出的改革纲领，就其已获和实现而言，首先是打破了以苏共模式为样板的、僵化的所有社会主义国家普适的图景。它的实证所显示并承继的，指出一条有以本国条件出发的社会主义模式，正因在苏共、经济等方面事业上摆脱苏联的控制，维护自有的主权利益。

在捷种上，捷共斯洛伐克党选择了"欧洲的心脏"，处在东西方文化潮流的十字路口和西东新旧的文化点，这也使得它的改革尽快为强，使是与捷克的东信用了下大类百年来已沉淀了的人乡之来未欲迎合共产子，并尽习沿着下文。"之主办"。自然，不能否论和他们进行了依赖多自已的深度联想，都应做着用这力实。"布拉格之春"。

苏斯洛夫指出，开展了"布拉格之春"，并提出了"有限主权论"，即"勃列日涅夫主义"，其根本意义之外的社会主义国家的权力，超有限的，如果它们不能以俄国的模样，苏联有权对它们进行干涉并其至采取军事行动。对于这些情况，在捷克关于勃列日涅夫时期苏联制度的著作中佛其有所介绍。

1953年，参加斯大林葬礼回国后不久，捷共领袖哥特瓦尔德(Klement Gottwald)逝世。随后捷共第一书记兼国家总统的职务分设，在匈牙利、不满苏联，之所以能成为苏联和国家的第一把手，借助于在20世纪50年代初期捷共首先在党的队伍中大兴整肃的"功劳"。1952年，捷共总书记斯兰斯基(Rudolf Slánsky)被指控为美特被捕入狱，同其他11名苏共内部犯人大被处死。其余哥特瓦尔德主义"。在东欧民族、其余著名、行为比较平稳，如波兰的哥穆尔卡、匈牙利的卡达尔，罗马尼亚的乔治乌－德治之流在捷共大规模清洗中、几乎都是鄙弃了苏联模式。

1956年赫鲁晓夫上台后，捷共捷克又对苏联最高上来在老师，随后这种苏联国内的改革，捷克捷克于1958—1965年，在捷克斯洛伐克曾经出现的国内改革，遭受了两次大规模经济衰退的现象。在1965年的改革中，捷共提出从扩大到经济基础较非中央最强体制，引入市场机制，投资自停止，加强财务监督，使其不断增加后来运长。此外，其对加强思想文化和宗主其促化，迫退了改革浪潮，因而受到极大的阻力。到1967年，捷克斯洛伐克工业产品有了下降，甚至通货膨胀者及民族之间的矛盾加深。这时内外矛盾和方乃我向头发捷克和斯洛伐克程度正。

在1967年10月的捷共中央全会上，时任斯洛伐克党书记的杜布切克要求亚历山大本分开，接着有人发起把诺沃提尼完成职。请加之下，诺沃提尼被解别日受夫提到布拉格为他精腰，但麻到诺沃提尼中失去了众多人的拥护，勃列日涅夫只好表示"这不是你们本身内部事务"。

271

的产物，苏联对它的掌控力度，自然要高于对其他东欧社会主义国家的掌控。

不过，苏联占领的东柏林在1953年6月发生了一连串严重的反政府事件和暴力冲突。和其他东欧国家一样，东德20世纪50年代初提出了优先发展重工业的不切实际的指标，而东德原来是以农业为主的经济区，工业基础远不如西德。东德在"二战"后要负担巨额战争赔款，许多工业厂房和设备被拆迁到苏联。因此，1951年开始实行的第一个五年计划困难重重，经济形势日趋恶化，民众对政治现状和对苏关系的怨言越来越多。

为了完成工业指标，1953年5月28日，东德政府宣布在6月1日以前对所有工厂的劳动定额做一次全面检查，把它平均提高10%。实际上，这意味着工资要减少，而工作时间要增加，理所当然地引起工人的强烈不满，有的企业发生了罢工。6月3日，德国统一社会党总书记瓦尔特·乌布利希（Walter Ulbricht）、总理奥托·格罗提渥（Otto Grotewohl）和苏联领导人马林科夫、赫鲁晓夫等在莫斯科举行会谈。苏方敦促德方采取措施，缓解国内矛盾。但东德党中央随后发表的声明却只承认政策有错误，仍然坚持关于提高劳动定额的决定。结果民众的不满情绪更加激烈，东柏林一些建筑工人开始罢工和大规模示威游行，要求提高工资、降低物价，还有人提出撤走苏联占领军、实行言论和新闻自由等政治要求。

尽管东德官方于6月16日撤销了提高劳动定额的决定，但骚乱仍未平息。6月17日上午，约8万人在东柏林汇集成庞大的游行队伍，与警察发生暴力冲突。当天中午，苏军坦克包围了东德政府大楼。在苏军的配合下，东德当局宣布东柏林处于紧急状态。由于东柏林警察无法控制局势，苏军出动了坦克进行镇压，造成大量人员伤亡。在接下来的几天里，其他东德城市也发生了骚乱。

东柏林"六一七"事件发生后，东德党和政府承认过去的一些政策错误，采取一系列措施缓和社会矛盾，提出了10条改善人民生活的措施，包括增加社会福利、建设新的住宅、减少对重工业的投资等。为了帮助东德改善经济，苏联同东德签署了停止战争赔款的议定书，仅此一项就为东德减轻了大约25亿美元的经济负担。苏联还同意降低东德提供给苏联占领军的费用，释放了5500多名德国战俘，向东德输送了它所缺乏的劳动力。

另一方面，乌布利希等东德领导人也开始内部整肃，指责当时的公安部部长、党报主编等结成"反党集团"。1958年2月，乌布利希在中央全会上批判参加苏共二十大的德国统一社会党政治局委员希德万（Karl Schirdewan）等"机会主义地解释苏共二十大的结果"，指责他们要求在国内实行"开放政策"，"企图改变党的路线和领导"。

前面章节提到了1948—1949年、1958—1961年的两次柏林危机。将柏林的东西两个部分从物理上彻底分割的"柏林墙"，就是在第二次柏林危机将近结束时修筑的。1961年上半年，赫鲁晓夫以军事进攻甚至核武器相威胁，要求美英法三国限期撤出西柏林，肯尼迪也毫不示弱，做出不惜一战的姿态。从地理上看，西柏林只是弹丸之地，并不对苏联构成军事威胁。那么赫鲁晓夫动用如此大的战略资本，非要西方撤出，究竟出于什么考虑呢？

西柏林虽然在地理上处于东德境内，但在政治上早已成为西方资本主义国家埋在社会主义阵营中的一颗"钉子"。一开始，东西柏林之间没有足够的安全措施和边防检查。西方国家利用西柏林这个"铁幕"中的空洞，一方面派遣间谍和秘密组织渗入东德进行破坏活动；另一方面把西柏林装扮成"自由世界的橱窗"，展现资本主义制度和生活方式的"优越性"，企图分化和影响东德社会以至整个社会主义阵营。

从1945年东西德分治到柏林墙修建之前，约有350万德国居民逃离苏联占领区以及之后的东德和东柏林地区,其中从1949年东德建国到1961年,逃离的人数大约有260万,大多数是知识分子、技术人员、手工业者、熟练工人,对东德的经济、科技、文化、教育造成了巨大的损失。还有大批波兰人和捷克斯洛伐克人也把柏林视为通往西方的通道,通过西柏林前往西方资本主义国家。在第二次柏林危机发生期间,1961年7月一个月内,有30,444人逃亡,创1953年6月17日东德民众抗议被镇压以来逃亡人数的新高。1961年8月12日,即柏林墙建造的前一天,单日逃亡人数达到3190人。

此外,开放的柏林也使东西德各自发行的货币得以通过各种非官方渠道兑换,形成东德马克和西德马克币值的巨大落差,对东德经济造成重压。当时西德马克和东德马克官方汇率为一比一,但是来自西德、西柏林占领区以及其他国家成千上万的旅游者,可以在黑市上按照一比四甚至一比十几的比价,将西德马克兑换成东德马克,在东德购买大批的廉价的食品和日用品。东柏林成了东德国家机制的溃疡出血点,如不止血,党和国家不久将因失血而亡。社会主义国家的凝聚力和声誉,在这一过程中遭受了巨大的考验。

在东德和苏联看来,事态发展越来越严重,已经到了不可承受的地步。1961年8月3日,乌布利希在莫斯科举行的华沙条约成员国首脑会议上,正式提出了修建柏林墙的方案,获得批准。为了防止西方做出强烈反应或搞破坏,整个工程一开始是秘密进行的。根据乌布利希的指示,8月13日,东德的军队、警察和工人战斗队,在国防委员会书记埃里希·昂纳克(Erich Honecker)的指挥下,先是在东西柏林边界拉起一道道铁丝网,后来才一步步地运来砖石,做筑墙的准备。9月15日,乌布利希向赫鲁晓夫通报了开始拉铁丝网后的形势。他写道:"已按计划关闭西柏林的边界。逐步实施相应措施以使敌人难以确定我们的目标,使我们易于发现边界薄弱地点。我应当说,敌人采取的反对措施比我们预料的要少。"

事实上，西方世界没有对这项重大工程采取任何实质性的应对措施。东柏林的铁丝网一动工，美国人一颗悬着的心反而放了下来——这表明东德担心的是人员外逃，所以苏联不会真的开战。

指挥柏林墙修建的昂纳克于1971年5月接替乌布利希出任德国统一社会党的最高领导职务，在1976年当选为统一社会党总书记，同时兼任东德国务委员会主席（相当于总统）。他在晚年的回忆录中，为修筑柏林墙进行了有力的辩解："难道我们可以坐视别人利用开放的边界，在一场无可比拟的经济战中把我们共和国吸干吗？难道我们能够坐视西方在欧洲的心脏地区制造类似二次大战前夜的战争动员和战争歇斯底里的升级吗？当柏林西区成为冷战的'桥头堡'并且肆无忌惮地干着'扰乱活动'时，我们能坐视不管吗？"

东德当局将当初匆忙建起的铁丝网改成混凝土高墙。经过1963年到1964年的建造，筑成高达3.6米、长达170公里的水泥墙，最后一段的竣工时间是1975年。墙的绝大部分地段都用水泥板构制，在顶部加上水泥圆管。在一些重要地段还建造了一道内墙，两墙之间为100米宽的无人地带，其间有防汽车壕、防坦克路障，配有强光灯、电网、瞭望塔、警报系统、地雷、自动射击装置等。荷枪实弹的武装警察昼夜值岗，东德允许对非法越境者开枪射击，这一规定于1982年通过立法被合法化。据估计，到1989年柏林墙被拆除前，约有5000人企图翻越柏林墙，而在翻墙时被枪击人数在136人至245人之间，确切死亡人数不得而知。

东德政府将柏林墙称为"反法西斯防卫墙"。柏林墙的筑成，有效地阻止了东德的人口外流，也极大地限制了西方国家对东德的人员渗透。从这个角度说，东德领导人把柏林墙看成防止西方颠覆和破坏社会主义阵营的有力保障，是符合逻辑的。

北京大学教授方连庆等主编的大学教材《战后国际关系史》指出："在第二次柏林危机中，美苏学会了如何最大限度地考验对方的忍耐力,形成了双方均能接受的处理危机的'游戏规则',即多给对方一点回旋余地。"柏林墙的修筑,正式结束了第二次柏林危机,使两德关系及其背后的东西方关系稳定下来,东德得以按照既定轨道和苏联模式发展经济。

在苏联的赫鲁晓夫时代和勃列日涅夫时代早期,东德借鉴苏联的"新经济体制"经验,也进行了一些经济领域的改革,比如扩大企业的经营自主权,在绩效的基础上对职工进行物质奖励,吸收手工业、半国营和私人企业参加社会主义建设等,并取得了明显成效。同 20 世纪 60 年代初相比,东德的国民收入和人民生活水平在 70 年代初有了较大提高,肉、蛋、奶等可以自给自足,实行每周 5 天工作制。但是,受到"布拉格之春"和波兰的哥穆尔卡下台等事件影响,东德的"新经济体制"改革没能进行到底。一些下放的权力被收回,又回到中央集权的老路上去了。

保加利亚的"太平日子"

冷战时期的保加利亚和东德一样,高度认同苏联发展模式和对外政策。但同其他东欧国家都不一样的是,保加利亚从来没有给苏联带来过外交上的真正麻烦:没有出现过较大规模的社会动荡,公开的党内斗争也极少发生。

格奥尔基·季米特洛夫(Georgi Dimitrov)是享有世界声誉的国际共产主义运动领导人、保加利亚革命家。他于 1935—1943 年任共产国际执行委员会总书记,深受苏联信任,同中国共产党和中国革命关系密切。1946 年 11 月,季米特洛夫出任保加利亚人民共和国第一任总理。1948 年 12 月,他当选为保加利亚共产党中央委员会总书记兼部长会议主席,成为保加利亚的最高领导人。

"二战"后,南斯拉夫和保加利亚两个国家的共产党领导人分别提出了成立"巴尔干联邦"的设想,即在南部斯拉夫地区建立一个联邦制的国家。铁托和季米特洛夫互相访问了对方国家,考虑先成立一个南保联邦,然后再扩大到阿尔巴尼亚等国家。1948年1月,季米特洛夫在保加利亚首都索菲亚发表讲话,陈述建立一个社会主义的"巴尔干联邦"的重要性。但是,季米特洛夫和铁托的想法有差距。保加利亚想建立的是和南斯拉夫对等的联邦,而南斯拉夫本身是一个由六个共和国组成的联盟,想把保加利亚作为另一个共和国加入进去。

苏联一开始是支持"巴尔干联邦"设想的,而且在联邦的形式上支持保加利亚。但是冷战发生后,苏联对南保两国不那么放心,担心它们的联合会造成对苏联的离心力。苏共通过《真理报》表示绝不赞成季米特洛夫的联邦构想,说这个联邦是"不可靠的和凭空虚构的"。季米特洛夫立即表示接受苏联的批评,声明同苏联的立场保持一致。铁托可不这么顺从。1948年2月,苏共、保共、南共三党领导人在莫斯科开会,斯大林在会上态度严厉,怒容满面,指责保共、南共在一些问题上没有预先征得苏联的同意即行动。铁托没有出席这次会议,明显表示出南斯拉夫同苏联的分歧,而保加利亚屈从于苏联的压力,巴尔干联邦的设想遂成为泡影。

1949年7月2日,苏联对外宣布,季米特洛夫在莫斯科近郊疗养期间因病逝世,享年67岁。季米特洛夫去世后不久,他信任的副手、部长会议副主席特莱乔·科斯托夫(Traicho Kostov)突然被免职,随后很快被指控为"叛徒"和"特务",于1949年12月遭到枪决。一直以来,有一个无法证实、也无法证伪的传言,说季米特洛夫是被苏联人暗害的。但1949年3月,季米特洛夫就因身体虚弱到苏联疗养,说苏联人谋杀他,理由并不充分。他的遗体经防腐处理,放置在索菲亚季米特洛夫陵墓的水晶棺里,供后人瞻仰。1990年东欧剧变后,这座陵墓被炸毁拆除,遗体被火化,下葬在普通公墓里。

1950年,契尔文科夫(Valko Chervenkov)担任保共总书记兼部长会议主席。他独断专行，大搞个人迷信，清除异己，有"小斯大林"之称。1954年，保加利亚共产党决定像斯大林去世后的苏联那样，实行集体领导，党政职务分开，将党中央总书记改为第一书记，由年仅43岁的托多尔·日夫科夫（Todor Zhivkov）担任。1956年苏共二十大后，保共中央全会批评了契尔文科夫的错误，并撤销了他的部长会议主席职务。1962年，契尔文科夫被开除出党。

日夫科夫兼任部长会议主席和国务委员会主席后，大权在握。在他领导下，保加利亚的国家管理体制进行了几次较大的改革。保共意识到了苏联模式的一些弊病，努力吸收南斯拉夫、匈牙利等国改革的长处，在不突破根本体制的情况下，企图摸索出一条循序渐进、实际可行的经济改革和稳定发展途径。1971年，保共十大通过了被称为"建设发达的社会主义社会"的宪法，宣布保加利亚已从无产阶级专政的国家向"全民国家"转变，进入了建设发达社会主义社会的阶段。这次推出的改革，主要是在坚持国家集中指令性计划的前提下，突出强调经济杠杆的作用，利用经济手段管理经济。国民经济开始朝好的方向转化。

20世纪70年代以后，保加利亚经济发展开始出现停滞。1976年，保加利亚和东德等国一样，实行"新经济机制"，又开始推行改革，有些措施甚至先于苏联。在对外关系方面，虽然保加利亚紧跟苏联，也没有遭到民众太多的反感。总体来看，在日夫科夫掌权的35年时间里，保加利亚没有像某些东欧国家那样"折腾"，人民大体上过着太平日子。

这一节讲述的三个国家，匈牙利、东德、保加利亚，在冷战结束前夕基本上是平稳发展的。如果没有当年的苏联巨变，这三个国家的共产党政权是否会垮台呢？这种历史偶然性和必然性的关系问题，在后面的章节中会更多地遇到。

剧变前夜（3）：
南斯拉夫、阿尔巴尼亚与罗马尼亚

上一节介绍了从1956年以后基本上顺从苏联领导的三个东欧国家——匈牙利、东德和保加利亚，这节要讲的是三个"另类"国家——南斯拉夫、阿尔巴尼亚和罗马尼亚。

"铁托主义"与南斯拉夫

前面关于"二战"后两大阵营形成的章节简要介绍了南斯拉夫。南共领导人铁托提出成立一个各国共产党协调机构的建议，对此，斯大林表示支持，这就是1947年9月成立的"共产党和工人党情报局"，总部设在南斯拉夫首都贝尔格莱德。一开始，南斯拉夫党和国家的建设也采用了苏联模式，但是它的独立性很强，不愿受苏联的摆布。因为南斯拉夫想要建成"巴尔干联邦"等一系列问题，铁托和斯大林反目成仇，南共被开除出共产党和工人党情报局。南斯拉夫脱离了"以苏联为首的社会主义阵营"，也没有参加华沙条约组织和经互会，成为社会主义阵营中第一个离经叛道的国家。鉴于南共被共产党和工人党情报局开除，为了使自己同其他各国共产党区别开来，南斯拉夫共产党的名称改为"南斯拉夫共产主义者联盟"。

南斯拉夫逐渐形成了本国社会主义政治思想体系——"铁托主义"。在国内，南斯拉夫看到了苏联社会主义模式的弊端，开始进行政治和经济体制改革。铁托主义发展了工人自治的理论和实践，建立联合劳动制度，努力探索一个介于市场经济和计划经济之间的"中间地带"，以社会所有制代替国家所有制，强调"非中央集权化"。南斯拉夫给予企业以更大的经营自主权，实行党政分离，引进竞争机制，鼓励企业加入国际竞争。

由于实行了体制改革和工人自治等举措，南斯拉夫不仅度过了1948年到1952年因苏联制裁而出现的困难，而且在以后的经济和社会发展中取得了很大成就。据国内学者李忠杰等人提供的数据，1954—1980年，南斯拉夫的社会总产值年平均增长率为6.5%。到1980年，工业产值占工农业总产值的70%，农村人口占总人口的比例从战后的77%降到30%。除了传统的采掘、冶金工业外，汽车、农机、船舶、电子产品也迅速发展起来，建立了许多具有世界先进水平的大型企业。经过30多年的建设，南斯拉夫从一个落后的农业国发展成为一个具有中等发达水平的工业国，人均收入从1954年的260美元上升到20世纪70年代末的1360美元。

在国际上，铁托主义强调南斯拉夫的独立自主，维护本国利益，强化国家认同。南斯拉夫的主要贸易伙伴是西方资本主义国家，但它拒绝投入西方的怀抱。1955年的万隆会议后，铁托萌生了建立不结盟运动的思想，提出了"第三世界"的概念。1956年7月，铁托总统和印度总理尼赫鲁、埃及总统纳赛尔在南斯拉夫的布里俄尼岛举行会晤。他们一致认为，世界上存在着敌对的大国集团是对人类和平事业的严重威胁，中小国家必须团结起来，争取自己的独立地位和国际话语权，不依附于任何集团。在铁托和纳赛尔的联合建议下，1961年9月，第一次不结盟国家首脑会议在贝尔格莱德举行。

"铁托主义"诞生于美苏冷战正酣之际。美国和其他西方国家当然对南斯拉夫对苏联的离心倾向采取鼓励态度，而苏联则力图孤立铁托领导的南斯拉夫。苏联堂而皇之地在社会主义阵营内部宣布铁托是英国间谍，铁托成为斯大林时代与托洛茨基（Leon Trotsky）齐名的异端分子。紧接着，在东欧，大规模的清洗运动开始了。所有现实的、虚拟的铁托同情者，都被扣上"铁托主义"的帽子，关进大牢。

斯大林逝世后，1953年6月，苏联重新委派了驻南大使，恢复了两国正常关系。1955年5月，赫鲁晓夫出访南斯拉夫。赫鲁晓夫把苏南关系破裂责任归咎于贝利亚等人的阴谋活动。1956年4月，共产党和工人党情报局解散；6月，铁托访苏，重新恢复了两党的关系。但是铁托坚持不依附于任何集团的原则立场。

中共在1948年铁托受到斯大林攻击后明确站在苏联一边，批判南斯拉夫，其实有些迫不得已，言不由衷。毛泽东对斯大林盛气凌人的态度一直不满，但又需要苏联支持。1956年苏共二十大后，赫鲁晓夫和铁托在指责斯大林搞个人崇拜问题上走到一起，中共对此是十分不满的。1956年11月，毛泽东在中共八届二中全会上说："我看有两把'刀子'：一把是列宁，一把是斯大林。现在，斯大林这把刀子，俄国人丢了。哥穆尔卡、匈牙利的一些人就拿起这把刀子杀苏联，反所谓斯大林主义……我们中国没有丢。"毛泽东对斯大林的评价是"三分错误，七分成绩，总起来还是一个伟大的马克思主义者"。因此，在评价斯大林问题上，"铁托的观点是完全错误的"。1958年5月5日，《人民日报》发表社论，把以铁托为首的南共领导集团说成是"美帝国主义的应声虫"。

1963年9月，中共中央以《人民日报》编辑部的名义发表了《南斯拉夫是社会主义国家吗？》的评论。这篇文章是毛泽东亲自修改审定的。文章列举了南斯拉夫有关扶持私人资本、私人企业发展的政策和法规，认为这些政策和法规使"城市私人资本主义"迅速发展，"农村资本主义势力迅速泛滥"。文章还认为，"铁托集团"已经把无产阶级专政蜕变为"官僚买办资产阶级专政"，由此得出"南斯拉夫不是社会主义国家"的结论。

当中苏分歧发展到国家安全领域后，为了结成打击"苏联社会帝国主义"的统一战线，北京同贝尔格莱德捐弃前嫌。1975年，毛泽东在会见南斯拉夫联邦执委会主席比耶迪奇（Džemal Bijedić）时表示："Tito，中文是铁托，铁托就是钢铁，不怕别人的压迫。"1977年，铁托总统对中国进行了最高级别的访问，正式恢复了两党关系。后来邓小平在会见南斯拉夫客人时说："但我们自己也犯了点随便指手画脚的错误……""铁托同志打开了两党关系的新局面，是他首先到中国来访问的。那个时候……我是以老战士身份同铁托同志见面的，我们谈得很好，达成了共同的谅解，就是过去的事情都不谈了，一切向前看。"1980年，铁托逝世，时任中共中央主席华国锋前往南斯拉夫参加了葬礼。

在铁托时代的南斯拉夫，有两个影响很大的问题需要在这里交代一下。第一个问题涉及曾经担任党和国家领导班子第二把手的米洛万·吉拉斯（Milovan Đilas）。1953年以后，吉拉斯提出彻底改变南共联盟的主张，实行西方式的多党制和议会民主。他的激进改革观点在南斯拉夫产生了非常大的影响，铁托大为震怒。吉拉斯遭到严厉批判，1954年被解除党内外一切职务，两次被判刑入狱。但他一直不肯承认错误，还在西方继续发表反对铁托和南共联盟的言论，成为社会主义国家里"持不同政见者"的代表人物。他的代表作是揭露社会主义社会里特权集团的《新阶级》。同东欧其他国家的类似人物不同的是，吉拉斯受到的处罚相对较轻，而且在有生之年见到了苏东剧变。

第二个问题是南斯拉夫的联盟制度存在很大隐患。塞尔维亚人占南斯拉夫人口60%左右。南斯拉夫有六个共和国，即塞尔维亚、克罗地亚、斯洛文尼亚、波黑、黑山、马其顿，还有两个自治省，即科索沃和伏伊伏丁那。国内有四种宗教——东正教、天主教、伊斯兰教、犹太教。铁托出生于克罗地亚，父亲是克罗地亚人，母亲是斯洛文尼亚人。铁托在世时，一直致力于各民族之间的团结，抑制"大塞尔维亚主义"和科索沃等地区的民族分离主义。但是，1980年铁托去世后，"大塞尔维亚主义"和各种潜在的民族矛盾开始浮现，最终导致联盟的解体。

顽固僵化的阿尔巴尼亚

20世纪60年代以前出生的中国人，几乎没有人不知道阿尔巴尼亚和它的革命领袖恩维尔·霍查（Enver Hoxha）的。20世纪六七十年代，阿尔巴尼亚是世界上和中国关系最"铁"的国家，没有之一。1966年10月，毛泽东致电祝贺阿尔巴尼亚劳动党第五次代表大会召开，赞颂"英雄的人民的阿尔巴尼亚，成为欧洲的一盏伟大的社会主义的明灯"。

阿尔巴尼亚确实很特殊。地理上，和它接壤的国家只有一个——南斯拉夫。阿尔巴尼亚是东欧社会主义国家中人口最少、经济最落后的，也是唯一的以穆斯林人口为主的国家。阿尔巴尼亚共产党是在南共帮助下建立的，阿尔巴尼亚曾经想加入南斯拉夫，而南斯拉夫也有吞并它的野心。苏南冲突后，苏联和阿尔巴尼亚联手，支持它的主要领导人霍查同铁托闹翻。1948年，霍查在清查党内"铁托分子"时，得到苏联支持，把矛头指向另一位主要领导人科奇·佐泽（Koçi Xoxe），指控佐泽"追随铁托，反对苏联，密谋暗杀霍查"，把他清除出党，逮捕入狱。在苏联内务部官员的帮助下，经过五个月的严刑拷打，佐泽亲口承认，自己是英美的间谍，说英国人曾在1943年告诉他，铁托是英国间谍。显然，这些都是莫须有的，佐泽招供后，很快就被阿尔巴尼亚政府以这些臆造的罪名处死了。

经过这次党内清洗，霍查独掌大权。从1944年到1981年，阿尔巴尼亚一共发生了13起重大的"反党案件"。其中，从1973年到1975年，阿尔巴尼亚劳动党有三分之一的中央委员和三分之一的中央政治局委员消失，被清除的"官僚主义者""帝国主义、修正主义的代理人""阴谋家""变节者"有3万多人（阿尔巴尼亚全国人口不到300万人）。

最离奇的政治事件，是从1954年以后一直担任部长会议主席的穆罕默德·伊斯梅尔·谢胡（Mehmet Ismail Shehu），在1981年12月突然死亡。阿尔巴尼亚官方当时宣布谢胡因精神抑郁而自杀身亡，但此后对谢胡之死却讳莫如深，没有进行悼念活动。紧接着，谢胡的妻子和他们的三个儿子全部被逮捕入狱，受到刑讯逼供。谢胡死后一年多，霍查发表讲话，声称谢胡是美国、英国、南斯拉夫、苏联的多国间谍，是国家"最危险的叛徒和敌人"。霍查还下令将谢胡的遗体从公墓中挖出，埋到了一个至今不为人知的地方。究竟谢胡是自杀还是他杀，同霍查有什么矛盾，成为阿尔巴尼亚政治史上最大的谜团。

阿尔巴尼亚在1960年同苏联关系恶化后，与1961年与苏联断绝外交关系，先后退出经互会和华沙条约组织。阿尔巴尼亚虽然在国际上同苏联水火不相容，但特别认同斯大林时代的政治经济模式，认为赫鲁晓夫对斯大林个人崇拜的批评是完全错误的。1979年1月，阿尔巴尼亚以"世界上唯一的社会主义国家"的名义，为斯大林诞辰一百周年举办了隆重的纪念活动。

即使在苏联和东欧其他国家开始有限的经济改革之后，阿尔巴尼亚也仍然坚持单一的公有制和集中的计划管理、优先发展重工业。

在农业合作化完成之后，阿尔巴尼亚还向全民所有制的国营农场发展，在城市和农村都"向私有财产开战"，企图消灭城乡差别。在思想文化领域，霍查强调阶级斗争和"防止资本主义复辟"。1967年，阿尔巴尼亚宣布废除宗教，关闭全国所有的2000多座清真寺、教堂、修道院，取消一切宗教活动和宗教节日，销毁宗教文物和宗教书籍，更换与宗教有关的人名、地名。

在首都地拉那和许多其他地方，至今都可以看到霍查时期修筑的地堡，据说一共修筑了70多万座，平均每四个人就有一座。标准的地堡直径5米，高2.5米，墙壁厚30厘米，主体在地下，只有圆形顶部和射击孔露出地面。造地堡的原料来自中国当时无偿援助的优质钢筋水泥。这些地堡据称是为了阻止敌国空中轰炸和入侵修建的，是世界历史上空前绝后的群体建筑。没有任何敌国在那一时期武装入侵过阿尔巴尼亚，这些地堡自然都废弃了。在地拉那近郊建造的防核武器的秘密巨型地下堡垒，现在也向公众开放。这座地下堡垒建于1972—1978年，供阿尔巴尼亚领导人在遭到原子弹袭击时使用。地堡共5层，106个房间，内有供霍查和第二号人物谢胡用的战备公寓。

冷战时期，中国同阿尔巴尼亚的关系曲折复杂。在1960年布加勒斯特召开的社会主义国家共产党和工人党代表会议上，苏共和其他几个东欧国家兄弟党突然对中共发难，阿尔巴尼亚代表团挺身而出为中共辩护。1961年苏共二十二大上，赫鲁晓夫公开批判不赞成苏共观点的阿尔巴尼亚劳动党，借以影射中共，中共代表团团长周恩来当场进行了坚决斗争。此后，中阿两党两国关系越走越近，周恩来两次访阿，谢胡两次访华，双方都给予了最高礼遇。两国的经贸关系也迅速升温，1965年的双边贸易额是1961年的14倍。中国向阿提供了大量贷款、成套设备和技术援助，提供了飞机、坦克、军舰、导弹、火炮和其他大量军需物品，甚至连国内短缺或不能制造的物品，只要阿方提出来，也都通过压缩本国消费或进口予以满足。这就有了上面提到的1966年以毛泽东名义给阿尔巴尼亚劳动党的贺电，赞颂中阿友谊"经历过急风暴雨的考验"，称它为"欧洲的一盏伟大的社会主义的明灯"。实际上，这份贺电毛泽东事先没有看过。他事后说："'明灯'是用我的名义写的，我就没有看。凡是这类屁文件，我照例不看。……因为不胜其看。"

到20世纪70年代初，中阿关系开始出现裂痕。阿尔巴尼亚对美苏两国的态度比中国还要激烈。中国同美国和南斯拉夫的关系出现松动时，霍查毫不留情地批评中国，他还指责中国邀请尼克松访华是"犯了严重的右倾机会主义的错误"。1974—1975年，霍查清洗了一批和中国关系比较密切的领导人，宣称部长会议第一副主席兼国防部部长贝基尔·巴卢库（Bekiel Bbaluku）等人组成了"军事反党集团"，通向"遥远的地方"（暗指中国），把他们关押后处以死刑。1976年中国的"四人帮"被粉碎后，阿尔巴尼亚的反华宣传更加公开，更加系统，称中国为"社会帝国主义""第三个超级大国"。中国对阿尔巴尼亚的慷慨援助，也被污蔑为想把它变为中国的"附庸国"。1978年7月，中国政府照会阿尔巴尼亚政府，停止对它的经济、军事援助，接回援建工程的技术人员。至此，两国关系完全破裂，直至苏东剧变、阿尔巴尼亚政权更迭后才得到恢复。

独立而灵活的罗马尼亚

和波兰、匈牙利等国不同的是，罗马尼亚没有受到斯大林逝世和苏共二十大的太大冲击，在格奥尔基·乔治乌-德治（Gheorghe Gheorghiu-Dej）执政时期，继续贯彻苏联模式，经济公有化程度很高，优先发展重工业。1965年3月，乔治乌-德治病故，尼古拉·齐奥塞斯库接任罗马尼亚工人党（后改名为共产党）中央第一书记，开始了长达25年的齐奥塞斯库时代。上任之初，齐奥塞斯库对内注意发扬民主，重新审视罗共历史上的冤假错案，拨乱反正。他批判乔治乌-德治执政20年里的个人迷信，成功树立了自己的威信。

不过到1967年以后，齐奥塞斯库开始走上个人集权的道路。在1974年实行总统制后，齐奥塞斯库作为总统拥有了直接颁布法律、任免政府官员的权力。他担任的职务有：罗马尼亚共产党总书记、共和国总统、国务委员会主席、国防委员会主席、武装部队总司令和爱国卫队总司令、经济和社会发展最高委员会主席，还有很多民间机构的主席，成为世界上兼职最多的国家领导人之一。

1971年后，齐奥塞斯库开始大搞个人崇拜。他到全国各地视察，群众都倾城出动，以最高礼节来欢迎他。齐奥塞斯库和夫人过生日、出访归来，或有重大活动，全国各地、各部门都纷纷致贺电。每当齐奥塞斯库讲话时，与会者都要几十次起立，长时间地鼓掌欢呼。齐奥塞斯库被塑造成罗马尼亚一千年以来最伟大的领袖。齐奥塞斯库把夫人、子女及其他亲属安排在重要岗位上，他的家族成员有30多人在党政军经等重要部门任职。齐奥塞斯库的个人迷信和家族统治，导致罗马尼亚国内深刻的政治、经济和社会矛盾，引起广大党员和民众的不满，工人罢工事件和反对他的传单时有出现。

不过，罗马尼亚经济在齐奥塞斯库时期取得巨大进步，是不可否认的事实。从1965年到1989年，罗马尼亚的国民收入增长了32倍，工业产值增长119倍，农业产值增长了6倍。罗马尼亚拥有比较先进的石油、化工、冶金、机器制造、电子、汽车制造、大吨位船舶等工业部门。同东欧其他国家类似的是，重工业的高速发展，掩盖了轻工业和农业严重滞后的隐患。

最赢得国内外民心的，是20世纪60年代后罗马尼亚执行的独立自主的外交政策。罗马尼亚试图打破两大集团的冷战格局，也打破中苏对立给社会主义阵营造成的分裂格局，全面发展同世界各国的交往与合作。在乔治乌-德治当政时期，罗马尼亚已经同苏联拉开了距离，采取的措施包括：1958年同苏联谈判，让苏联军队撤出了罗马尼亚；1963年取消了学校中的俄语必修课；关闭布加勒斯特的苏联研究所；把建筑物、街道的俄文名称改为罗马尼亚文，等等。在1963年中苏分歧公开化之后，罗马尼亚没有像苏联的其他"卫星国"那样"选边站"，而是在中苏之间多次居间调停，企图说服毛泽东等中国领导人停止同苏联的意识形态论战，但遭到中方的婉拒。

罗马尼亚在许多其他的重大国际问题上拒绝同苏联保持一致。例如，1967年，罗马尼亚不顾苏联的反对，率先同联邦德国建立外交关系。最令苏联不满的，是1968年苏联带领其他华约国家武装入侵捷克斯洛伐克时，作为华约成员国的罗马尼亚不但没有参加这次军事行动，而且齐奥塞斯库对此公开发表讲话，予以强烈谴责。前面讲到"布拉格之春"时，曾提及此事。

1969年，罗马尼亚反对苏联加强经互会国家"经济一体化"的方针，同时加强了同西方国家的经贸合作。1971—1972年，罗马尼亚成功加入关贸总协定、世界银行和国际货币基金组织，大幅度增加同西方国家的贸易额，借助西方的资金促进本国的工业化。不过，到了20世纪70年代后半期，罗马尼亚欠下西方国家的大笔债务，工业原料和能源短缺，又不得不支持经互会的一体化计划。

齐奥塞斯库的灵活外交为他赢得了国内和国际上的声望。但是到了20世纪80年代，为了偿还西方的贷款，维持表面上的高增长率，罗马尼亚在国内实行了严厉的紧缩政策，压低了人民的正常生活需要。他的个人迷信、家族统治和官员腐败，使社会矛盾日趋激烈，齐奥塞斯库的领导地位开始受到越来越大的挑战。

前面三节分别讲述了冷战时期八个东欧社会主义国家的国内政治和对外关系，以及内政和外交的互动。1988年，苏联领导人戈尔巴乔夫宣布苏联将放弃勃列日涅夫主义，减少对东欧国家内政的干涉。这个政策转变，很快导致东欧国家发生了剧烈的"政治地震"。毛泽东在《矛盾论》中指出："外因是变化的条件，内因是变化的根据，外因通过内因而起作用。"对于东欧国家来说，西方和苏联是剧变的外因，国内环境是剧变的内因。我们看到，这八个东欧国家的发展道路和政治体制大同小异，在高压政策下都蕴藏着深刻的内部冲突，因此当冷战格局破解，盖子揭开，没有一个国家能保住原有的领导层甚至政权形式。

第三章

第三世界国家的独立、革命与局部战争

亚非拉民族独立浪潮

本章将视野放到冷战时代两大阵营之外更广阔的世界。"二战"结束后，世界政治出现了两大主要趋势，冷战只是其中之一，另一个趋势是民族独立运动的兴起。民族独立、民族解放的浪潮遍及亚洲、非洲、拉丁美洲，与冷战相互交织，相互激荡。

民族独立运动，西方有人称之为"非殖民化"，是近代以来殖民主义发展的必然结果，它的源头可以追溯到 18 世纪末。在一个多世纪里，全世界殖民者的压迫与被殖民者的反抗从未停息。但是直到"二战"结束后，殖民国家实力衰微，反殖民化运动才开始在全球范围内占据压倒性的优势。

无论是时间的长度还是范围的广度，民族独立运动都是可以和冷战等量齐观的话题。因为本书的主题是"冷战的故事"，所以这一节只简单回顾"二战"后 20 多年间亚非拉民族独立运动的基本线索，关注民族独立浪潮如何与冷战相互激荡，也为本章后面的内容做一个简单的铺垫。

"二战"后殖民体系的松动

作为一种政治现象，殖民主义已经有几千年的历史，但是对全球历史产生重大的影响，则是近代以来的事情。自15世纪以来，以西班牙、葡萄牙、荷兰、法国、英国为代表的西欧国家，为了开辟商路和获取海外财富，推动了大航海时代的到来，纷纷在欧洲之外的非洲、亚洲和拉丁美洲建立起自己的殖民帝国。到了19世纪，德国、意大利、俄罗斯等欧洲国家也开始涉足殖民扩张。另外，还有两个非欧洲国家，就是从殖民地脱胎而来的美国，以及曾经险些沦为殖民地的日本，也已经摇身一变，成为殖民帝国，加入向海外扩张的大军。在第一次世界大战爆发前夕，这些殖民帝国的版图达到顶峰，控制着一半以上的亚洲和90%以上的非洲，以及整个拉丁美洲的经济命脉。殖民者在传播新的技术、思想和社会制度的同时，也制造了战争、屠杀、饥荒、贫困、疾病、文化灭绝和生态破坏。

20世纪初，随着全球化的发展，殖民地当地的精英更多地接触到西方的技术、思想和社会组织方式，民族主义观念开始觉醒。"一战"结束后，虽然德意志帝国、沙皇俄国、奥匈帝国、奥斯曼帝国等老牌殖民帝国瓦解，但是从全球范围来看，殖民帝国的优势依然稳固。首先，从旧帝国废墟上兴起的民族国家大多在欧洲，广大亚非拉地区的殖民地并未获得独立，德意志帝国的海外殖民地还以"委任统治"的方式被英法等国瓜分。其次，新殖民帝国日本和美国正在崛起。日本在连续赢得了甲午中日战争、日俄战争和"一战"对德作战之后实力膨胀，加紧了对中国、朝鲜的殖民扩张。美国虽然只在菲律宾等少数地区直接建立殖民统治，但是也迫使从西班牙、葡萄牙殖民者手中独立出来的拉丁美洲国家，在政治上和经济上依附于自己。

"二战"之后的民族独立运动发生在一系列有利的历史条件下。

殖民帝国普遍遭到了灾难性的打击，对于战败的轴心国德国、意大利、日本来说更是如此。按照美国等战胜国的安排，日本失去了自甲午战争以来取得的所有殖民地，东南亚各地摆脱了日本控制，台湾、伪满洲国地区回归中国，朝鲜半岛重新独立。意大利作为最先投降的轴心国，也失去了在北非和东非的殖民地。

欧洲的同盟国虽然赢得了战争，但它们维系的殖民体系摇摇欲坠。英国的国力在"二战"中受到极大削弱，战争期间，中国香港以及在马来亚和缅甸的殖民地先后落入日本之手。所以，战后的英国在压制印度次大陆、东南亚、非洲各个殖民地的独立运动时，越来越力不从心。

与英国相比，法国更加一蹶不振。法国在战争期间一度被纳粹德国占领，维希傀儡政权失去了对各殖民地的有效控制。法国的反抗力量纷纷流亡到原来的殖民地和英国。前面介绍过的戴高乐将军就是从法属非洲殖民地建立抵抗运动开始，加入英法联军、解放本土的。这使得战后法国和各殖民地的关系变得非常微妙。法属印度支那，也就是今天的越南、柬埔寨和老挝，被日本占领，并且在战后也是由"中华民国"和英国负责这一地区的受降，法国作为宗主国的威望遭到沉重打击。

被称为"海上马车夫"的老牌殖民国家荷兰的命运尤其悲惨。"二战"期间，荷兰全境被纳粹德国占领，主要海外殖民地荷属东印度（今天的印度尼西亚）被日本占领。荷兰不仅需要完全依靠外力来恢复对本土和殖民地的统治，而且在战后几年里陷入严重的经济困难，完全没有能力应对荷属东印度日益高涨的民族独立浪潮。荷兰的情况，是比利时、西班牙、葡萄牙等欧洲殖民帝国的缩影。它们本土的国力被战争严重损耗，战后还要应对此起彼伏的独立运动。对这些国家的外交决策者而言，在20世纪四五十年代最让人头疼的事情，并不是苏联的潜在威胁，而是自身殖民体系的摇摇欲坠。

亚非拉殖民体系的松动离不开殖民地人民的自我奋斗。"二战"后，民族独立的观念更加深入人心，各殖民地也组建了自主性和战斗力更强的民族主义政治组织。比较知名的，如印度的国民大会党（简称"国大党"，成立于1885年）、阿尔及利亚民族解放阵线等。遍及亚非拉多国的共产党也在民族独立方面发挥了重要作用。

亚非拉民族独立运动的浪潮

在亚洲，民族独立浪潮的第一枪，也是最具影响力的一枪，在南亚的英属印度打响。英属印度被誉为英帝国"皇冠上的明珠"，是英国海外殖民体系的核心。英属印度的版图覆盖今天的印度、巴基斯坦、孟加拉国，还曾一度包括缅甸，幅员广阔，人口众多，名义上由英国国王直接统治，所以它的地位高于英国的其他殖民地。"二战"爆发后，英国加紧了对英属印度人力和物资的盘剥和征用。国大党在"圣雄"甘地的领导下，于1942年发起退出运动，要求结束英国殖民统治。运动一开始以示威、罢工的"非暴力不合作"方式展开，之后逐渐发展为骚乱，最终被殖民当局镇压。与此同时，还有钱德拉·鲍斯（Subhas Chandra Bose）等独立运动领袖组建的"印度国民军"，协助日军同英军作战，最后也被歼灭。

1946年，印度皇家海军士兵在多个港口发生哗变，并且得到了当地民众的支持，民族独立运动之火再次熊熊燃烧，迫使伦敦开始与国大党和全印穆斯林联盟（简称"穆盟"）进行谈判。根据谈判形成的"蒙巴顿方案"，英属印度在1947年分裂为印度和巴基斯坦两个独立国家。在此后不久，印度洋上原为英属殖民地的两个岛国锡兰（后改名为斯里兰卡）和马尔代夫，也于1948年和1965年宣布独立。

东亚和东南亚的民族独立运动在同一时期兴起。除了第一章

第三章 第三世界国家的独立、革命与局部战争

谈到的朝鲜／韩国和越南的独立之外，其他亚洲国家也陆续摆脱了殖民者的统治。早在1942年，日军便从英国守军手里夺下缅甸，扶植成立了名义上独立的缅甸政府。日本战败后，以昂山（Aung San）将军为首的缅甸领导人坚称先前宣布的独立依然有效，与卷土重来的英国人进行斗争。虽然昂山遭到暗杀，但缅甸独立的趋势无可阻挡，英国下议院于1948年正式承认缅甸独立，英国"体面"地退出了这片土地。

荷属东印度的主体部分是今天的印度尼西亚。"二战"期间，当局为了争取当地民众支持，扶植印尼民族主义者，包括后来成为印尼国父的苏加诺。日本战败后，荷兰殖民者卷土重来，苏加诺等独立运动领袖组建了印尼独立军，联合残留在印尼的部分日本军人，与10余万荷兰军队进行了长达4年的战争，最终迫使荷兰于1949年承认印尼独立。印度尼西亚共和国于1950年8月正式宣布成立。

菲律宾原本是西班牙殖民地，在1898年美西战争之后沦为美国殖民地。菲律宾人民反对美国统治的战争被镇压。美国国会于1934年出台了泰丁斯—麦克杜菲法案（Tydings-McDuffie Act），允许菲律宾建立自治政府。珍珠港事件后，日本占领了菲律宾。1945年年初，美军打败日军，重返菲律宾。在1946年4月的大选中，菲律宾自由党的曼努埃尔·罗哈斯（Manuel Roxas）当选为自治政府总统。7月4日美国宣告承认菲律宾独立，菲律宾共和国成立。

1947年失去英属印度之后，英国开始从东南亚地区收缩，计划允许马来亚获得独立，当时马来亚的领土包括今天马来西亚的半岛部分和新加坡。但是由于当地马来人和华人之间的争端，迟迟未能产生一份合适的独立方案，所以英国殖民者继续留在当地维持统治，直到1957年马来亚联合邦宣布独立。对于马来西亚的成立和新加坡的独立，会在以后的章节中谈到。

南亚和东南亚的民族独立风潮也对中东地区产生了影响。"一

战"结束后，虽然一系列阿拉伯国家取得独立，但是英法等国的影响依然存在。除了阿尔及利亚、突尼斯、摩洛哥等地仍然处于欧洲列强的直接统治之下，国际联盟还在英法的操纵下建立了"委任统治"，将伊拉克、约旦、巴勒斯坦划归给英国，将叙利亚和黎巴嫩划归给法国。"二战"结束后，这些国家和殖民地再一次掀起反抗殖民主义的高潮。1952年，纳赛尔领导的埃及军官发动武装起义，废黜了英法殖民者控制下的国王，建立新政府，埃及成为独立的共和国。

非洲最先沦为欧洲列强的殖民地，也是殖民主义带来的苦难最深重的一块大陆。非洲一般在地理上被划分为北非和撒哈拉以南的非洲，北非居民以阿拉伯人和柏柏尔人为主，主要信仰伊斯兰教。近代以来，北非的大部分区域最先在奥斯曼帝国的统治之下，后来逐渐被西班牙、法国、意大利、英国等国家蚕食。撒哈拉以南的非洲以黑色人种为主，语言、文化、宗教极为多元。撒哈拉以南非洲也基本被欧洲列强瓜分，除了上述四个国家，葡萄牙、比利时等国也染指其中。"一战"前，整个非洲大陆只有利比里亚和埃塞俄比亚还保持独立。1936年，意大利入侵埃塞俄比亚，把它变为自己的殖民地。

"二战"之后，非洲各地都兴起了去殖民化的呼声，有的演变成了大规模的武装起义。在此背景下，从20世纪50年代中期到60年代末，非洲大陆诞生了30多个独立国家。非洲国家取得独立的方式多种多样。大多数国家是通过群众性的政治运动，迫使殖民主义者放弃统治。也有少数国家，如阿尔及利亚和安哥拉，是通过武装斗争赢得了独立。

拉丁美洲和亚洲、非洲的情况迥然有别，这一地区的大多数国家都在"二战"之前取得了独立。这里要特别说明的是，狭义的拉美指以拉丁语族的语言（主要是西班牙语、葡萄牙语和法语）为官方语言的美洲国家和地区,而这里使用广义的定义,笼统地指美国以南的全部美洲国家与地区,包括加勒比地区。这些地区主要被西班牙和葡萄牙控制,英国、法国、荷兰也占有少量殖民地。1791年,海地在美国独立战争和法国大革命的影响下爆发了黑人奴隶大起义,并在1804年独立建国,成为当地第一个通过奴隶起义摆脱殖民统治的国家。

此后,随着法国大革命后欧洲政治格局的变化,西班牙、葡萄牙日益衰落,两国在拉美的庞大殖民帝国也因此分裂成一个个独立的国家,包括墨西哥、委内瑞拉、阿根廷、巴西等。在"二战"之后独立的国家包括巴哈马群岛、圭亚那、苏里南、特立尼达和多巴哥、伯利兹等小国,多为前英属殖民地。不过,拉美很多国家依然只是在形式上拥有独立,在政治和经济上对欧美列强的依附仍然严重,所以这些国家进一步的去殖民化仍有空间。在古巴、尼加拉瓜等国,去殖民化斗争的对象变成了美国扶植的右翼独裁政权,进行斗争的主要力量也不仅仅是民族主义者,还有以共产党为代表的左翼。后面也会对此再做详细讲述。

美国和苏联对民族独立运动的态度

除了欧洲殖民帝国的削弱和殖民地人民的奋起反抗,美国和苏联也对民族独立运动起到了推波助澜的作用。早在"一战"结束之初,时任美国总统伍德罗·威尔逊和列宁就分别提出了"民族自决"的主张。"民族自决"是基于欧洲传统和文化的一种理念,认为一个民族有权成立自己的独立国家,一个国家只应当由一个民族构成。这种"一族一国"的现代民族话语风靡一时,民族自决原则逐渐成为国际政治中重要的伦理原则之一,为建立民族国家的要求提供了政治合法性的依据。

但是，美国和布尔什维克（以及后来的苏联）倡导的民族自决理念和它们对"二战"后民族独立运动的表面支持，都有很大的局限性。

首先，美国和苏联本身都不是传统意义上的民族国家，所谓民族自决，都是其他国家的事情，无关它们自身的重建和改革。美国自称是一个"民族大熔炉"，能把不同肤色、不同民族背景、不同文化和宗教的人群融合在一起，形成所谓的"美利坚民族"（the American nation）。其实，美国只不过是在北美东部13块英属殖民地基础上形成的一个国家，而不是英国传统意义上的民族（nation），如法兰西民族、意大利民族等。直至今天，美国的"民族构建"都没有真正完成，何谈"民族自决"。

沙皇俄国被列宁称为"各族人民的牢狱"。沙皇强制推行大俄罗斯主义的民族同化政策。同美国一样，俄罗斯从来不是欧洲传统意义上的民族国家。我在前面的章节提到过，列宁提出的在民族自决权基础上建立苏维埃联盟的主张，是同沙俄的民族政策划清界限和抵御外敌的特殊政治需要。苏联治下各民族的自然融合没有实现，苏联时期提出的构建"单一的'苏联民族'"的理念，只是空中楼阁。苏维埃政权巩固后，国内各个民族的自决权几十年里一直是纸面上的空洞承诺。然而，在冷战结束时，这一承诺突然兑现，结果便是苏联的消失。

其次，美苏两国对战后民族独立运动的支持，都是基于本国意识形态和国家利益的短期考虑，而不是国家的长远目标。建立在私有财产、个人自由基础上的美国意识形态，一贯反对公有制、暴力革命和对新闻媒体的管控。对主张用"非暴力不合作"的方式争取独立的印度"圣雄"甘地，美国人一直赞赏并充满同情。对共产党人胡志明领导的反抗法国殖民统治的武装斗争，美国则坚决反对。同非殖民化的目标相比，美国更关注于建构符合它自身战略构想的战后国际安全秩序和国际经济秩序,例如策划了联合国和相关三个国际经济组织的建立,还推动通过了《世界人权宣言》。人权宣言的一个局限性,是它既没有明确谴责殖民主义,也没有明确表示要捍卫作为集体人权的民族权利。

苏联奉行的马克思列宁主义意识形态,最终目标是在全世界实现共产主义,阶级、国家和民族都会消亡。就此而言,殖民地独立和民族解放只是实现最终目标的过渡阶段。共产党领导的民族解放运动要建立的是社会主义国家,应予以优先支援。苏联对战后民族独立运动的支持,是选择性很强的。苏联对非共产党领导的亚非拉民族独立运动的关注与支持,远远少于它对建立共产国际、共产党和工人党情报局的热情以及对战后东欧各国控制的力度。

最后,当主权原则和不干涉内政的原则同美国维护的自由主义普世原则和国际秩序发生冲突时,或者同苏联奉行的无产阶级国际主义和"社会主义大家庭"的原则发生冲突时,美国和苏联几乎总是牺牲他国的主权,来维护本国的原则和权益。

民族独立运动与冷战中的"第三世界"

那么,如火如荼的民族独立运动和同时期发生的冷战是什么关系呢?

第一,民族独立的浪潮深刻地影响了冷战的走势。全世界几十个殖民地在短短30年内脱离了殖民统治,形成了亚非拉民族独立国家体系,成为世界政治体系的重要组成部分,被称为美苏两大阵营以外的"第三世界",深刻影响了全球地缘政治格局。一方面,印度、埃及等国发起了"不结盟运动",号召新兴的独立国家避免在美苏之间选边站队,从而在两极格局之下形成了一片广阔的"中间地带"。很多国家,包括后来的中国,都选择依托这片中间地带"做文章",在国际舞台上游刃于美苏之间。另一方面,新兴的独立国家加入联合国后,使这个国际组织的成员构成发生了根本性的变化,第三世界国家成了国际舞台上的"多数派",在一定程度上削弱了美国等西方大国操纵联合国的能力,增强了联合国的合法性。

第二,冷战也同样塑造着民族独立运动。大国博弈对欧洲和第三世界的介入无时不在,无孔不入。冷战问题专家、挪威学者文安立指出:"美国精英欢迎欧洲殖民帝国的瓦解,因为这意味着拓展美国的政治和经济自由观念的机会。这同时也意味着,两次世界大战后大大衰落的欧洲精英可以专注于抵御共产主义和国内改革。"前面提到,美苏为了肢解英法庞大的殖民帝国,曾经支持殖民地民族取得独立。但是在这些民族的独立进程中和独立之后,美苏之间的相互争夺又造成了一系列政治动荡。在亚洲,先后爆发了朝鲜战争、美国侵略越南的战争、苏联侵略阿富汗的战争;在非洲,安哥拉内战和非洲之角的战乱,也是美苏争霸的间接后果。美苏都将某些地区冲突和内战视为"代理人战争",为相互争夺而干涉他国内政,颠覆了许多第三世界国家的政权,造成和加剧了许多地区的动乱和民族宗教矛盾,给其他国家和人民的生命财产带来了无可估量的损失,破坏了当地的经济建设和现代化进程。美苏达成默契,划分势力范围,而后把两极格局固定下来,直接或间接地破坏了一些民族国家的领土完整,造成了德国、朝鲜、越南的民族分裂,并且也阻碍了中国的国家统一。

第三,取得独立只是殖民地人民的"万里长征第一步",之后他们还将面临国家建构、维护社会秩序、经济现代化、保障国家安全等一系列挑战,而在冷战的阴影下,这条道路变得格外崎岖。以南亚为例,由于英国长期的殖民统治以及后来实行"印巴分治"造成的恶果,南亚国家从取得独立之日起,就存在许多错综复杂的地缘政治问题,再加上美国、苏联在南亚的渗透和争夺,使南亚地区几十年来长期动荡不安，先后爆发了三次印巴战争，沦为全球经济最落后的地区之一。

非洲的情况同样困难。在40多个非洲国家从宗主国的统治下取得独立后，对于应该建立什么样的政治体制，既没有必要的理论准备，也缺乏足够的实践经验。同时，这些国家在独立后仍然需要宗主国的经济支持和军事援助。因此在建国谈判过程中，非洲的民族主义政党往往接受宗主国拟定的体制安排。然而，这种方式是在没有国家建构和现代民族的基础上"荒漠建绿洲"，而没有解决如何将分割破碎的众多传统村社和群体逐渐聚合成一个统一完整的现代民族国家这个根本问题。所以从宗主国移植的政治体制很快暴露出它"水土不服"的弊端，大部分非洲国家要么陷入血腥的内战和种族仇杀，要么通过政变或者军事镇压逐渐变为威权或者独裁体制，只有博茨瓦纳、毛里求斯等极少数国家还能维持着建国之初的民主制度。而在多数国家的内乱和镇压的背后，往往能看到美国和苏联的影子。

第四，应该看到美国和苏联的不同发展道路和意识形态，在民族独立运动中，在新独立的国家中都有向往者和支持者。挪威学者文安立将原来殖民地的政治精英区分为马克思主义者和"本土主义者"。他认为，马克思主义者一般认为殖民时代之前的本土传统几乎毫无可取之处，并谴责当地统治者和社会精英的"卖国求荣"。本土主义者则认为本地的历史和宗教、文化是对抗殖民主义的武器，在取得独立之后也可以用来指引国家未来发展的道路。"本土文化主义者将重建本国经济、社会和军事能力视为中心目标，而这一目标可由发扬本土传统以及建立强有力的领导而达成。共产党人则认为只有通过社会革命才能产生强大的政府，而且希望直接搬用唯一成功的非资本主义政权即苏联的模式。"在之后的章节中，我们将看到这两种建国思路演化出的不同发展道路及其结果。

万隆会议与不结盟运动

上节讲到，亚非拉新兴民族国家的独立对国际格局形成了深远影响，本节将以此为背景，讲述这些第三世界国家采取了哪些行动，塑造了它们所处的国际大环境，而不是被动地接受冷战格局。本节将重点放在1955年的万隆会议，以及从1961年起出现的不结盟运动，同时也关注促使第三世界国家求合作、谋团结的思想根源。

首先解释一下"第三世界"这个概念，它在中外语境中有不同的含义。这个概念的最初版本，是把美国和西方发达国家称为"第一世界"，把苏联为首的社会主义阵营称为"第二世界"，其他国家和地区则是"第三世界"。第三世界在两大阵营之间相对中立，在经济和社会发展上较为落后。这是一种基于社会制度和发展水平划分世界的方法。毛泽东也对"三个世界"作了划分，他在1974年与赞比亚总统肯尼思·卡翁达（Kenneth Kaunda）的谈话中曾提出："我看美国、苏联是第一世界。中间派，日本、欧洲、澳大利亚、加拿大，是第二世界。咱们是第三世界。"换句话说，毛泽东把两个超级大国作为第一世界，立场偏向美国的中等强国作为第二世界，其他都是第三世界，这更接近一种基于国际地位的划分方法，是中国共产党在新民主主义革命时期的统一战线理论在国际舞台上的运用。不过，无论哪种划分方法，第三世界的范围大体上是相同的，基本上就是指今天的发展中国家，西方国家也常常称之为"全球南方"。

泛亚主义和泛非主义思潮的涌动

第三世界国家求合作、谋团结的思想，最初体现为泛亚主义、泛非主义等基于共同地理区域的身份认同和政治主张，这种认同和主张在本质上是殖民主义所造成的结果。亚洲、非洲这些概念，本来就是来自欧洲地理学。在现实中，亚洲人、非洲人是内部差异性极大的群体，很难形成基于共同的历史、语言、文化、宗教、种族的集体认同。不过，近代受到西方殖民者的侵略压迫成为大多数亚非民族的共同经历，因此逐渐产生了"殖民地民族""受压迫人民"等基于政治身份的认同。在民族独立浪潮乍起、美苏冷战笼罩的背景之下，这些特殊形式的身份认同客观上起到了加速民族解放浪潮，增强新兴独立国家之间团结合作的作用。

泛亚主义思潮的来源比较复杂。"泛亚主义"这一概念由日本学者冈仓天心在1903年首创，其中"亚洲一体"的核心内涵受到了日本、印度、中国许多学者的重视，以肯定在欧洲殖民之前中日印三国文化上的联结。印度史学者、北京大学历史学系教授林承节提到，中国现代思想家康有为、梁启超多次在著作中提及印度被殖民的惨状，作为政治流亡者的康有为则更为感同身受，内心苦楚跃然纸上。孙中山就曾经提出过"大亚洲主义"，主张在中日合作的基础上，实现亚洲各国平等的联合。不过，日本人所宣扬的"泛亚主义"，却蜕变为"大东亚共荣圈"的思想基础，作为掩盖对亚洲邻国实行压迫和掠夺的幌子。

"二战"结束后，印度成为泛亚主义的领头羊。特别是推动印度以和平方式实现独立的开国总理尼赫鲁，被广泛视为民族独立运动和新兴亚洲国家的主要国际领袖之一。20 世纪 50 年代的中印合作，对亚洲团结意识的形成起到了很大的推动作用。

泛非主义的形成脉络则相对清晰。这是一种基于黑人这一共同的种族身份，以及非洲大陆（主要是撒哈拉以南非洲）这一共同的地理空间，所形成的身份认同。这种认同起源于流落在非洲大陆之外的非洲裔群体中，主张维护黑人群体的利益，反对针对黑人的种族歧视。1919 年第一届泛非大会在巴黎召开，由美国黑人运动领袖杜波依斯主持。泛非主义者要求国际社会尊重黑人的民族自决权利，支持建立由黑人自己管理的黑人国家，带有明确的反殖民主义色彩。到了 20 世纪五六十年代，泛非主义运动风起云涌，非洲大陆上的各个殖民地都提出了脱离宗主国殖民统治的口号。

除了旧殖民体系的崩溃之外，美苏关系的变化也为泛亚主义和泛非主义思潮的兴起提供了有利条件。前面的章节讲到过，亚非拉新兴国家对美国的种族歧视提出了激烈的批评，美国出于国内黑人运动的压力，以及与苏联竞争的需要，也愿意同这些国家发展外交关系。一方面，赫鲁晓夫上台后美苏对抗有所降温，为亚非各国在美苏之间调整外交姿态创造了空间。另一方面，美苏两国开始加紧在第三世界的争夺，许多亚非国家都成为被竞相拉拢的对象，这在无形中抬高了这些国家在美苏博弈中的"身价"，但也可能导致它们被美苏分化、利用，成为大国竞争的"马前卒"，乃至"替罪羊"。

万隆会议的筹备

20 世纪五六十年代亚非两大洲民族独立运动的著名领导人有印度尼西亚总统苏加诺、印度总理尼赫鲁、埃及总统纳赛尔、加纳总统恩克鲁玛（Kwame Nkrumah）等。在他们的推动下，泛亚主义和泛非主义没有仅仅停留在口号上，而是落实为一系列具体的外交行动。1947年3月，第一届亚洲关系会议在印度新德里举行，这次会议的首倡者正是尼赫鲁。这虽然是一次非官方会议，没有太多实质性议题，只是为亚洲国家和民族提供一个交流的平台，但还是得到了30多个国家和地区的积极响应。1949年1月，印度又组织了第二届亚洲关系会议，不仅将其升格为官方会议，还着重讨论了印度尼西亚独立的问题，发出了亚洲新独立国家对重大国际议题的声音。印度在两次亚洲会议中发挥了重要的作用，这既体现了尼赫鲁等印度精英的泛亚主义立场，也显示出他们对建立印度大国地位的渴望。正如尼赫鲁所说："印度不能在世界上扮演二流角色，要么成为一个有声有色的大国，要么就销声匿迹。"

有了两次亚洲关系会议的铺垫，亚非会议的召开也被提上了日程。1954年4月，印度尼西亚首先提出了召开亚非会议的倡议，之后印度、巴基斯坦、锡兰（也就是今天的斯里兰卡）和缅甸积极响应，在锡兰首都科伦坡召开的会议上达成共识，由此形成亚非会议的五个发起国。同年，五国总理又在印尼的茂物再次会面，确定亚非会议将在1955年于印尼的万隆召开。五国还提名了25个拟邀请参会的国家，其中既有新兴独立国家，比如埃及；也有分别来自美苏两大阵营的国家，包括中国、越南民主共和国、日本、菲律宾。这就注定了会议要受到冷战气氛的影响，出现种种钩心斗角的风波。

美国和苏联带着复杂的心情，密切关注会议的筹备。美国担心亚非新兴独立国家如果成功"抱团取暖"，就有可能建立起一个相对独立的国家集团，从而削弱西方国家的影响力；它们聚在一起，免不了要声讨西方殖民主义，被苏联和其他社会主义国家利用，贬损美国和其他西方国家的影响力。美国尤其怀疑中国会利用这次外交场合"积极走动"，打破美国的外交封锁。因此，美国一开始主张联合英国等盟友阻挠这次会议的召开，或者另起炉灶，组织一个包括西方国家的"亚非会议"，但是并未得到支持。后来美国退而求其次，打算借助盟友和亲美国家"渗透"到这次会议里，引导会议的讨论朝着对美国有利的方向发展，同时在会议上继续封锁中国。于是这项"任务"就落到了日本、泰国、菲律宾、巴基斯坦、伊朗等国肩上。

苏联对亚非国家联合起来反对殖民主义乐见其成，同时也怀疑这场会议能在多大程度上与自己的战略利益相兼容。因为如果第三世界国家独立地组织起来，既有可能打击美国和西方的干涉，也有可能削弱苏联和社会主义阵营对这个国家集团的影响力。在有些情况下，一些亚非国家强调在美苏之间保持中立，反而不利于这些国家内部的共产党维持自己的地位。按照文安立的说法，在苏联人眼中，如果第三世界国家的这些行动是为了脱离帝国主义，那自然是好事情；但要是保留资产阶级的统治，那就成了坏事。苏联担心的是苏加诺借助印尼万隆会议获得更高的国内威望，从而在国内排斥印尼共产党。总体上来看，苏联对万隆会议持积极的观望立场。

再来看中国的态度。从亚非会议开始酝酿时起，中国就对这场会议十分积极，并主动申请参加。早在1954年10月和12月，中国就在和尼赫鲁以及缅甸领导人吴努的会谈中，确认了参会意向。中国领导人认为，应当借此机会，"争取扩大世界和平统一战线，促进民族独立运动，并为建立和加强我国同若干亚非国家的事务和外交关系创造条件"。具体到策略层面，中国"应集中力量孤立美国势力，大力争取和平中立国家，并设法分化追随美国对我敌视的国家"。因此，中国派出了由周恩来总理兼外长率领的庞大代表团，开赴万隆。在去万隆途中，发生了震惊中外的"克什米尔公主号"飞机爆炸事件。当时台湾国民党当局密谋暗杀周恩来总理，在中国代表团包机中转香港期间，派遣特务人员在机上安装了炸弹。由于周恩来临时接受了吴努邀请，转道缅甸访问，因此幸免于难。可惜乘坐这架飞机的其他 11 名中国代表团成员因此遇难牺牲。

万隆会议的成果

1955 年 4 月 18 日，万隆会议正式召开。会议气氛十分热烈，这是第一次由前殖民地和半殖民地国家的代表齐聚一堂、没有西方国家参与的国际会议，具有非凡的历史意义。会议伊始，由印尼总统苏加诺以《让新亚洲和新非洲诞生吧！》为主题致开幕词，苏加诺谈到，亚非两大洲拥有 14 亿人口，超过当时世界人口的一半，具有重大的道德力量；亚非国家对殖民主义和种族主义的深恶痛绝，以及对维护世界和平的决心，足以将这些国家联合起来。

这个讲演固然振奋人心，但无法掩盖参会各国出现的分歧，也阻止不了在某些问题上唇枪舌剑的激烈交锋。这些分歧包括：如何评价殖民主义，是否应该通过维持中立促进世界和平，共产主义是不是比殖民主义更严重的威胁，共产主义会不会挑战一些亚非国家固有的宗教信仰，以及亚洲的共产党国家会不会对外输出革命，等等。

在这些与会国家的矛盾背后，不难看到美国和苏联的影子。美国除了鼓动盟友和亲西方国家直接抛出针对苏联和中国的质疑，还派出了一个多达 70 多人的记者团到会场活动，试图间接影响会议的进程。会议期间，美国总统艾森豪威尔向国会提出一项涉及对外援助的特别咨文，要求重点拨款援助亚洲的非共产党国家，用意直指万隆会议。苏联则频频"中枪"，成为被很多与会国家代表直接攻击的对象，因为在他们看来，苏联对东欧国家的控制，和西方国家过去的殖民统治在本质上没有区别。苏联针对国内穆斯林群体的压制政策，也引起很多伊斯兰国家的不满。不过，会场上也有印度等国明里暗里地为苏联打圆场。

相比于苏联，中国更是直接身处争议的旋涡当中。针对中国的诘难主要有三个：一是怀疑中国向邻国输出革命；二是担心中国借助在东南亚国家的华侨搞渗透，干涉这些国家的内政；三是质疑中国政府对国内少数民族和宗教群体的政策。面对这些争议，以周总理为首的中国代表团采取了息事宁人但又不卑不亢的态度，巧妙地化解了敌意。在会议发言中，周总理表示"中国代表团是来求团结而不是来吵架的""是来求同而不是来立异的"。周恩来提到，亚非各国固然存在种种差异，但是都是殖民主义的受害者，中国对此感同身受。因此，中国愿意和亚非各国一道，本着互相尊重主权和领土完整、互不侵犯、互不干涉内政、平等互利、和平共处这五项基本原则，建立友好合作和亲善睦邻的关系。周恩来还和柬埔寨、泰国、日本等亚洲国家代表团积极接触，为改善与这些国家的关系奠定了良好的基础。连美国情报部门也表示："万隆会议上中国共产党普遍给人留下了良好的印象，这很大程度上可能归功于周恩来精湛的外交技艺。他愿意做出策略性的妥协，而且他温和、不好斗的态度确实在很大程度上促成了这种印象。"

在中国等国家务实、平和立场的影响下，万隆会议虽然一波三折，但最终得以成功结束。与会各国围绕共同关心的一些重大问题达成了一致，通过了《亚非会议最后公报》，提出了处理国际关系的十项原则，包括：第一，尊重基本人权、尊重《联合国宪章》的宗旨和原则；第二，尊重一切国家的主权和领土完整；第三，承认一切种族的平等，承认一切大小国家的平等；第四，不干预或干涉他国内政；第五，尊重每一个国家按照《联合国宪章》单独地或集体地进行自卫的权利；第六，不使用集体防御的安排来为任何一个大国的特殊利益服务，任何国家不对其他国家施加压力；第七，不以侵略行为或侵略威胁或使用武力来侵犯任何国家的领土完整或政治独立；第八，按照《联合国宪章》，通过如谈判、调停、仲裁或司法解决等和平方法，以及有关方面自己选择的任何其他和平方法来解决一切国际争端；第九，促进相互的利益和合作；第十，尊重正义和国际义务。应该指出的是，万隆会议的最终成果大多集中在原则性的宣示，以及经济、社会、文化方面的合作倡议，对于有关国际和平与安全、意识形态与社会制度等高度争议性的话题，各国始终没有达成共识。这可能既是"求同存异"精神的体现，也显示出冷战背景的深刻影响。

不结盟运动的兴起和局限

万隆会议不仅成为发展中国家之间"南南合作"的开端，还为20世纪60年代兴起的不结盟运动奠定了基础。不结盟运动是一个由第三世界部分国家发起的松散的国际组织，它以"不结盟国家和政府首脑会议"为中心，主张独立、自主和非集团的原则，号召第三世界国家不与美国或苏联结盟，不加入两大阵营的任何一方。如果说万隆会议是亚非新兴独立国家在冷战背景下探索如何自立的初步尝试，那么不结盟运动就是它们对冷战做出的有形的、实质性的回应。

不结盟运动最初起源于印度总理尼赫鲁、埃及总统纳赛尔和南斯拉夫总统铁托的倡议。三位领袖在1956年会面时表示，反对将世界分割为对立的国家集团。1961年，印度尼西亚和阿富汗也加入进来，五国在南斯拉夫首都贝尔格莱德举办了第一次不结盟国家首脑会议，邀请了25个国家与会。会议表态支持亚非拉各国的民族独立运动，号召加速非殖民化进程。后来，不结盟国家会议基本上每三年召开一次，规模持续扩大，到2022年为止，不结盟运动有120个成员国和18个观察员国，中国于1992年正式成为不结盟运动观察员国。

根据历史学者高志平的研究，不结盟运动在许多国际议题上都采取了集体行动，发出了第三世界国家的声音，试图产生政策影响。这里简单举三个例子，前两个都和中国有关。第一个例子是，1962年中印边境冲突期间，不结盟运动在锡兰首都科伦坡召开会议，提出"科伦坡建议"作为调解方案，还派出锡兰总理班达拉奈克（Sirimavo Bandaranaike）夫人前往两国斡旋，不过未能成功。第二个例子是，不结盟运动坚定支持中国恢复在联合国的席位，为中国在1971年重返联合国立下功劳。第三个例子指向美国和苏联。1961年第一次不结盟国家会议正值第二次柏林危机的高潮，与会国家领导人共同致信赫鲁晓夫和肯尼迪，号召两国维护世界和平，停止军事冒险，形成了第三世界国家集体"教训"两个超级大国的罕见局面。

不过，不结盟运动国家的多样性和内部矛盾，决定了它发挥作用的局限性。其中最根本的问题在于，不结盟国家之间的抱团取暖，无法为自己在冷战之下提供足以安身立命的保障。两大阵营之所以能够形成，不只是因为美国和苏联都在试图扩大势力范围，还在于许多中小国家主动投靠两强之一，来换取安全保障。不结盟国家要追求独立于两强之外的自主性，那么也必然要承担相应的风险，也就是在面对安全威胁之际找不到能够提供保护的"靠山"。

不结盟运动的创建者之一埃及就吃到了这种苦头。1967年第三次中东战争爆发后，纳赛尔原本寄希望于获得第三世界兄弟国家的支持，但是这种支持只是道义上的，抵挡不住以色列的精兵强将，所以埃及最后不得不寻求苏联的帮助，而这又违背了不结盟运动的精神。许多不结盟国家都不得不像当年的埃及一样务实，或多或少地向美苏"输诚"以换取保护，以至成为美国或苏联事实上的盟友，"不结盟"已经成为一个空架子或者招牌。

1965年第二次亚非会议的流产，是不结盟运动遭遇挫折的另一个例子。第一次亚非会议即万隆会议召开于 1955 年，第二次亚非会议却在 2005 年才得以在印尼首都雅加达召开，变成了"50 年后重聚首"。其实，第二次亚非会议原定于 1965 年 6 月在阿尔及利亚首都阿尔及尔召开。但 20 世纪 60 年代初，中苏、中印关系恶化，中国和印度作为亚非会议的两大"巨头"，对会议的设想已经完全不同。中国希望将第二次亚非会议开成一场反对殖民主义、美帝国主义和苏联修正主义的大会，而印度因为对华关系恶化，却希望邀请苏联和联合国参加会议，并且获得了越来越多的国家附和。苏联因为部分领土在亚洲，声称自己有资格参会。联合国当年受到美国操纵，还没有恢复中华人民共和国的席位。对于中苏印美各大国的矛盾，其他亚非国家无所适从，再加上东道主阿尔及利亚发生军事政变，第二次亚非会议最终宣布延期。这里的一个插曲是，先期到达阿尔及尔准备参会的中国副总理兼外长陈毅，当着许多亚非国家代表的面宣布"这次亚非会议必须开。而且一定要开好！"。他的这番表态，没有事先请示毛泽东和周恩来，造成了中国的被动和名誉损失。事后，周恩来私下怒斥陈毅"胡闹"，并在陈毅回国后进行了严厉批评。

回过头去看，不结盟运动在开始阶段如火如荼，其先驱者的满腔热情也令人钦佩。但是，理想终究没有转化为现实。为什么不结盟运动无法撼动冷战格局，反而被冷战削弱？可以总结出至少三点原因。

第一，第三世界国家内部差异性巨大，没有形成稳定的集体认同和相对统一的政治价值观，也没有形成稳固的共同利益，反而存在难以化解的利益纠葛。一旦矛盾上升到不可调和的程度，"万隆精神""和平共处"等原则就被抛诸脑后。从 20 世纪 60 年代起，发生了一系列在第三世界国家之间的战争，包括 1962 年的中印边境冲突、1965年和1971年相继爆发的第二次和第三次印巴战争、1977年索马里入侵埃塞俄比亚的欧加登战争、1978年越南和柬埔寨的战争、1980年爆发的伊拉克和伊朗之间的战争，等等。这与万隆精神是完全背道而驰的。第二，美国和苏联或直接或间接地分化瓦解了第三世界国家之间的团结。上面谈到的这些冲突，多数都有两个超级大国插手，把这些冲突推向冷战的轨道。第三，许多第三世界国家政局不稳，发生政权更迭，内外政策左右摇摆。一个典型的例子是印度尼西亚在苏加诺执政时期曾经激进地反对帝国主义，1965年苏哈托（Suharto）通过政变上台后开始亲美反共。这些具体的案例，下面的章节会进行更多的探讨。

中东战争

本节将以1948年到1982年发生的五次中东战争为线索,谈谈冷战对中东的影响。这五次战争主要发生在以色列与埃及、叙利亚等周边阿拉伯国家之间,但也有美苏等其他国家直接或间接的参与。

巴勒斯坦和以色列的"建国"

"二战"结束以来,巴勒斯坦和以色列的冲突(简称"巴以冲突")所代表的阿拉伯世界与以色列的冲突(简称"阿以冲突"),被认为是中东冲突的主要症结之所在,也是五次中东战争的核心问题。

巴勒斯坦既是一个地区的名称,也是阿拉伯民族中一个族群的名称。事实上,巴勒斯坦地区是阿拉伯人和犹太人两个民族的共同故土,孕育了犹太教、基督教、伊斯兰教三大宗教和人类历史的灿烂文明。

"一战"期间,巴勒斯坦沦为英国的"委任统治地"。英国以约旦河为界,把巴勒斯坦分为东西两部分,东部称外约旦(即今天的约旦王国），西部称巴勒斯坦，包括今天的以色列、约旦河西岸和加沙地带。公元前1000年左右，犹太人建立以色列国。公元70年，犹太人被罗马人赶出巴勒斯坦地区，开始了长达近2000年的所谓"大流散"。19世纪末，犹太复国运动兴起，犹太人开始大批移居巴勒斯坦地区。

"二战"期间，纳粹德国对犹太人实施了骇人听闻的暴行，屠杀了超过600万犹太人。战后，世界各地犹太人开始陆续移居巴勒斯坦地区，与当地的巴勒斯坦人发生过多次流血冲突。1947年11月，联合国通过的巴勒斯坦分治决议规定，在2.7万平方公里的巴勒斯坦领土上分别建立犹太国家和阿拉伯国家。根据分治决议的蓝图，阿拉伯国的国土约占当时巴勒斯坦总面积的43%，犹太国国土约占57%，犹太国国土的自然条件相对优越。决议还规定，成立耶路撒冷市国际特别政权，由联合国来管理。1948年5月，根据这项决议，以色列国正式成立。但是这项决议遭到巴勒斯坦人以及阿拉伯国家的强烈反对，所以巴勒斯坦国迟迟未能诞生。

以色列是世界上唯一以犹太人为主体民族的国家。犹太人在全球人口中的比例不到0.25%，却获得了全球22%以上的诺贝尔奖。共产主义思想创始人卡尔·马克思是犹太人，爱因斯坦、弗洛伊德、毕加索等天才人物也出自犹太民族。在中东地区，以色列是唯一的发达国家，也是唯一的西方式民主国家。以色列的第一任总理，是被称为"以色列国父"的政治家戴维·本－古里安（David Ben-Gurion）。他带领以色列在第一、第二次中东战争中取得胜利。他通过向联邦德国索要赔款，充实了以色列的国库。同时他也从海外吸引大批犹太人加入以色列，获得了西方国家的重要支持。

17世纪起，阿拉伯世界逐渐沦为西方列强的殖民地和半殖民地。"一战"后，奥斯曼帝国瓦解，埃及、沙特阿拉伯、伊拉克等少数国家获得形式上的独立。"二战"后，其他阿拉伯国家相继取得独立。

阿拉伯国家有君主制、君主立宪制、总统共和制等不同的政治体制。阿拉伯人多数信仰伊斯兰教。阿拉伯国家的经济结构相对较为单一，石油、天然气、旅游、农牧业是其主要经济支柱。一提起中东和阿拉伯地区，人们马上会想到石油。巴勒斯坦是落后的农业地区，只有少数加工业。巴勒斯坦问题的核心不是石油，不是经济，而是民族宗教和领土，以及包括大国争霸在内的地缘政治。

第一次中东战争：以色列为立国而战

纵观历史，五次中东战争的目的、手段和结果都不相同，但都围绕着以色列和阿拉伯国家的领土争端。犹太人指责阿拉伯人是"抢夺犹太人祖先财富的强盗"，而阿拉伯人则批评犹太人是"鸠占鹊巢"。从阿拉伯人的视角来看，对抗以色列是捍卫国家主权和守护宗教信仰的正义之战。历史上迫害犹太人的不是穆斯林，但纳粹德国屠杀犹太人的后果要由巴勒斯坦人来承担，这太不公平了！然而，从以色列人的视角出发，巴勒斯坦是犹太人的故乡，是他们的"圣地""应许之地"，因此保卫联合国给予的这片土地，是一场结束千百年流亡、重返故里的立国之战。

1948年5月14日，以色列总理本-古里安宣布建国17分钟后，美国白宫新闻秘书就宣布美国承认以色列。承认以色列的文告是美国人在还不知道这个新国家叫什么名字的时候就拟好的。当得知这个国家取名"以色列犹太国"时，杜鲁门总统用笔将文告上的"犹太国"字样画去，改为"以色列"。3天以后，苏联也宣布承认以色列，并很快设置了驻以色列大使馆。

在以色列宣布立国的第二天，由埃及、黎巴嫩、叙利亚、约旦、伊拉克五国组成的阿拉伯国家联盟军队大举进攻以色列，标志着第一次中东战争的开始。阿拉伯国家联盟军队士气高昂，一路挺进，而刚刚组建的以色列武装部队措手不及，国家各职能机构也并没有完全正常运行。在战争初期，阿拉伯方面取得大胜，埃及军队控制了巴勒斯坦西南部，约旦军队控制了中部，叙利亚、伊拉克、黎巴嫩控制了北部。

就在以色列即将亡国之际，美国积极在联合国开展活动，要求阿以双方暂时停火谈判。5月29日，双方通过了停火决议。以色列借此喘息之机，获得了来自世界各地犹太人捐赠的新型武器，还有一些海外犹太人前往以色列参加"卫国战争"，参加过"二战"的一些美国老兵以志愿军的名义，协助以色列建立海军、空军，使其武装力量迅速提升。

长达四周的停火时间给了以色列军队反攻的机会。停火期满后，以军率先发起进攻，迅速扭转了局面。由于阿拉伯国家内部对于是否参战立场不一，军事准备不充分，在战场上各自为政，加上当地的巴勒斯坦人缺乏强有力的领导组织，阿拉伯联军很快就丧失了斗志。埃及在军事失利的情况下，于1949年2月24日在希腊签订停战协定。阿拉伯联军原本就是以埃及为主力，埃及一认输，其他参战的阿拉伯国家也随之签订停战协议，被赶出了巴勒斯坦。这样，第一次中东战争以以色列大获全胜而告结束。但是，美国因为公开支持以色列，从此和阿拉伯世界结下了怨恨。

第二次中东战争：苏伊士运河危机

第二次中东战争，也叫苏伊士运河战争，始作俑者是英国和法国。交战双方，一边是埃及，另一边是英法两国和以色列。

苏伊士运河是埃及境内的一条国际通航运河，全长175公里，它极大地缩短了欧亚两洲的航程，是沟通欧、亚、非三洲的要道。运河自1869年正式开通以来，一直为英法所控制。1882年，英国派兵占领埃及，在运河区建立了它在海外最大的军事基地；1936年，英国又与埃及签订了《英埃条约》，确定了英国在苏伊士运河区的驻军权。"二战"结束后，英法两国势力日渐衰弱。1951年10月，埃及废除了《英埃条约》。1952年7月，以纳赛尔为首的"自由军官组织"发动军事政变，推翻了英国扶植的埃及法鲁克王朝，废除了君主制，建立了共和国。1954年10月，英国同埃及签订协定，同意分别从埃及撤军，英军于1956年6月全部撤离，但苏伊士运河仍为英法资本所控制。

尼罗河上的阿斯旺水坝是一项重大的水利枢纽工程。纳赛尔执政后，在1952年开始了新坝的设计，起初美国答应就此贷款2.7亿美元。1956年5月，纳赛尔宣布埃及正式承认中华人民共和国。这一声明激怒了美国。加上水坝项目的实际费用已经远超预算，艾森豪威尔政府于1956年7月撤回了美国对阿斯旺大坝项目的所有财政援助。英国也马上宣布撤回对大坝工程的援助，受制于美英两国的世界银行的贷款允诺也随之取消。

对于西方撤回对大坝的援助，纳赛尔采取了强硬回击——将苏伊士运河国有化。1956年7月26日，纳赛尔庄严宣告："我们用我们的生命，我们的头颅，我们的骨头，我们的鲜血挖掘了苏伊士运河。钱是我们的，苏伊士运河也应当是我们的。我们将用苏伊士运河公司的利润来建造阿斯旺大坝。"纳赛尔公布了国有化法案，并将苏伊士运河公司的所有资产冻结，用运河盈利筹措阿斯旺大坝的费用。埃及还关闭了以色列的航运河段。

在纳赛尔做出收回苏伊士运河的决策后，英法两国按捺不住了，为了重新控制苏伊士运河，策划召开了对运河实施"国际管制"的会议。但它们的提议遭到了联合国安理会的否决。美国其他和平解决争端的外交努力也无功而返。此时正忙于处理匈牙利事件而难以脱身的苏联，也来插手苏伊士运河危机，警告英法两国，必要时苏联将动用核武器。美国政府既面临苏联要求苏美联合行动制止英法动用武力的要求，又面临英法要求保证北约组织团结的压力，左右为难。

在这种情况下，英法决定避开美国，暗中勾结以色列，准备对埃及发动一场军事进攻。为解决兵力不足的问题，法国首先提出邀请以色列加入。而对以色列来说，它早已对埃及不准它的船只通过红海北端的蒂朗海峡和苏伊士运河不满，在1955年11月就制订了一个入侵加沙地带和西奈半岛的作战计划，所以，法国和以色列一拍即合。

1956年10月29日，以色列伞兵降落于埃及的西奈半岛，抵达战略要地米特拉山口，为地面部队的入侵铺平了道路，苏伊士运河战争正式爆发。在联合国，以色列坚称其行为是为了自卫，是为了应对来自加沙和西奈半岛的巴勒斯坦武装人员。伪装中立的英法两国向埃及和以色列发出最后通牒，要求双方在12小时内停止武装行动，并从苏伊士运河东西两岸各自后撤10英里，否则英法将进行武力干预。

英法的这一要求实际上就是要埃及放弃西奈半岛和苏伊士运河，遭到了纳赛尔的断然拒绝。埃及正式断绝与英法的外交关系，查封了两国在埃及的银行，并接管了两国在埃及的石油企业。英法这时也撕破了脸。10月31日，英国和法国的飞机从地中海的航母以及塞浦路斯、马耳他的基地起飞，轰炸埃及的机场、防空系统和基础设施。不久之后，英法部队在运河区的北端登陆。

联合国安理会召开紧急特别会议，于11月2日通过了美国提出的第997号决议，要求埃及、以色列、英法各方立即停火，将所有部队撤到停战线的后边，实施武器禁运，并重新开放已被封锁的苏伊士运河。11月5日，苏联向英法以三国发送外交照会和最后通牒，宣称如果不停止侵略行为，将采取军事措施，包括核打击。美国不愿让苏联唱独角戏,还想讨好阿拉伯国家,所以向英国施加政治和财政压力。英格兰银行在开战之后的三天内就损失了4500万美元,而且石油供应因苏伊士运河关闭而受到限制,英国向国际货币基金组织寻求援助,也被美国挫败。亲美的沙特阿拉伯对英法实施石油禁运,其他北约成员国也拒绝把从阿拉伯国家获得的石油转售给英国或法国。

英国在强大的压力下选择了妥协。英国首相安东尼·艾登在既没有与法国协商也没有通知以色列的情况下,于1956年11月宣布停火。接着,英法以三国分别于1957年3月之前完成了从埃及撤军。但是在撤军之前,以色列军队全面摧毁了西奈半岛上包括公路、铁路、通信设备在内的基础设施。1957年4月,苏伊士运河重新开放航运。至此,持续大半年的苏伊士运河危机终于结束了。

苏伊士运河危机推动了英法两国的殖民帝国加速瓦解。美苏两国在危机期间没有相互拆台,共同成为真正主宰中东的力量。苏联通过支持埃及,借助纳赛尔的威望,开始深化与伊拉克、叙利亚等国家的关系,扩大了在中东的影响力,成功地转移了西方阵营对于波兰和匈牙利事件的注意力。埃及用苏伊士运河的收入来维持阿斯旺水坝工程,1958年苏联提供了大约三分之一工程造价的资助、工程师和重型机械。苏联还意识到,使用核威胁是实现外交目标的有效工具,自此便逐步走进与美国的核军备竞赛。苏联的核攻击威胁和美国对法国的"背叛"行为,让法国下定决心,研发自己的核武器,并且于1966年退出北约组织一体化军事司令部。对埃及来说,虽然在军事上遭受了巨大损失,但在政治上却获得了胜利,使埃及成为阿拉伯世界对抗以色列的核心力量,纳赛尔也成为阿拉伯世界传奇般的英雄和领袖人物。

阿以冲突与美苏在中东的相互制衡：第三到五次中东战争

苏伊士运河危机结束后，以纳赛尔为代表人物的阿拉伯民族主义（又称"泛阿拉伯主义"）开始上升。它的中心思想是颂扬阿拉伯民族、语言及文学，谋求阿拉伯世界的政治统一。1958年2月，埃及和叙利亚宣告合并，成立阿拉伯联合共和国（简称"阿联"）。这是建立统一的阿拉伯国家的初步尝试，但结果并不成功。1961年，叙利亚宣布独立，阿联名存实亡。埃、叙分裂后，纳赛尔致力于国内的政治经济建设。1962年，纳赛尔明确提出在埃及建立"阿拉伯社会主义"的主张。他说，"阿拉伯社会主义"主张信仰伊斯兰教，实行全民民主，反对暴力，消灭剥削。纳赛尔还推行经济改革和土地改革，加速工业化，在外交上更加靠近苏联。

这时，阿拉伯和以色列的矛盾进一步激化。1964年，阿以双方围绕约旦河水资源的争夺愈演愈烈，竞相破坏对方的水利工程和设施。同时，阿拉伯世界内部的争斗也在加剧，中东分裂成以纳赛尔为首的激进的阿拉伯民族主义政权和以沙特为代表的保守君主制国家两大阵营。埃及亲苏，沙特亲美，阿拉伯内部的冷战与美苏冷战相互交织。

另外，在相对激进的阿拉伯国家里，叙利亚也另立山头。叙利亚的执政党是阿拉伯复兴社会党，也是一个泛阿拉伯主义的政党，总部设在首都大马士革。它在好几个阿拉伯国家都有分支，1963年，复兴党分别在叙利亚和伊拉克取得了执政地位。[顺便提一句，我们所熟知的伊拉克前总统萨达姆·侯赛因（Saddam Hussein）1957年就加入了阿拉伯复兴社会党。]

美苏两大阵营在中东竞相扶植代理人，相互制衡，加剧了阿以之间的军备竞赛。苏联希望利用阿以冲突，扩大苏联在中东的影响力，在地中海获得军事基地以抗衡美国。而美国则既保持与沙特和约旦等保守政权的友好关系，也努力缓和与埃及、叙利亚等激进政权的紧张关系。但美国毕竟是以色列的主要武器供应国，承诺了保障其安全的义务，所以总体上是以色列的靠山。

为了维持自己在阿拉伯世界的领导地位，纳赛尔对以色列采取了一系列强硬措施：一是与叙利亚签订共同防御协定，支持巴勒斯坦的法塔赫等组织对以色列展开游击战；二是要求在西奈半岛的联合国紧急部队撤走，关闭蒂朗海峡；三是同约旦签订军事同盟条约。在以色列看来，这些都构成埃及对以色列领土的军事包围。

1967年6月5日，借着戈兰高地的叙利亚军队对以色列定居点发动炮击的机会，以色列对埃及、叙利亚、伊拉克发动闪电袭击，第三次中东战争爆发。这场战争只维持了六天时间，因此也被称为"六日战争"。以色列控制了西奈半岛、加沙地带、约旦河西岸（包括东耶路撒冷）和戈兰高地，大获全胜。阿拉伯世界为此付出了惨重代价，六日战争被阿拉伯人视为一个奇耻大辱，埃及的领导地位受到削弱。纳赛尔心力交瘁，从此健康状况也开始恶化。

从1968年起，埃及不断强化军事力量，与以色列开展了持久的消耗战，以期收复失地，这就导致埃及经济不堪重负，领导层内部也出现了矛盾。1970年9月，约旦王国军队同巴勒斯坦解放组织（简称"巴解"）之间爆发流血冲突，巴解组织一半以上成员被打死。纳赛尔十分痛心，立即召开阿拉伯国家首脑紧急会议，进行调解。紧张而繁重的工作使纳赛尔突发心脏病去世，享年52岁。

1970年10月，萨达特（Anwar Sadat）继任埃及总统，试图通过跟美国建立积极的关系来向以色列施压，要求以色列归还领土。但是这一时期是冷战的缓和期，美苏两国都希望保持阿以双方"不战不和"的对峙局面。美国继续向以色列输送先进的军事装备，让萨达特十分失望，转而与苏联在1971年签订了友好合作条约，但是勃列日涅夫对埃及的军事援助请求没有给予明确的答复。美苏缓和局势下的中东态势让阿拉伯国家丧失希望，社会动荡，人心涣散。萨达特最终得出"必须通过军事行动来打破僵局"的结论。

1973年10月6日，在萨达特指挥下，埃及和叙利亚在犹太教历最神圣的日子"赎罪日"对以色列发动了突然袭击，第四次中东战争爆发。这次战争被以色列称为"赎罪日战争"，阿拉伯人则称之为"斋月战争"或"十月战争"。埃及和叙利亚经过周密准备，首战告捷，阿拉伯民心士气为之大振。以色列军方因轻敌而措手不及，用了三天时间才将军队全面动员起来。双方在西奈半岛、戈兰高地等战略要地展开激战。苏联和美国分别对交战双方提供军事援助。美国的援助行动让以色列在紧要关头扭转了战局。18天之后，这场战争宣告结束，双方都损失惨重。美国对以色列的援助活动，彻底激怒了阿拉伯国家，自此联合对美国实行石油禁运，造成美国油价暴涨，从而导致了1973年的石油危机。我将在下一节中具体介绍。

在第四次中东战争失利后，萨达特认识到依靠苏联、彻底打垮以色列的目标是达不到的，于是在外交上推行"积极中立"的不结盟政策，试图用和平的手段收复失地。1977年11月，萨达特做出惊人之举——访问以色列并在其议会发表了演说，成为第一位访问以色列的阿拉伯领导人。1978年9月17日，在美国卡特政府的斡旋下，埃以双方在美国签署了戴维营协议。1979年3月，又签订了《埃以和约》，正式结束了持续30多年的战争状态，使中东地区消除了一大隐患。埃及收复了部分失地，以色列则获得了和平保证，这就是"以土地换和平"。1978年，萨达特与以色列总理贝京（Menachem Begin）同获诺贝尔和平奖。萨达特指挥"中东战争"受到人民拥戴，但作为勇敢的和平使者，却遭到部分人的痛恨。1981年10月，萨达特在阅兵式上被极端分子开枪刺杀，享年63岁。

第五次中东战争，是以色列先挑起的。以色列以其驻英国大使

第三章　第三世界国家的独立、革命与局部战争　　331

遭到巴勒斯坦人枪击为借口，与黎巴嫩政府的基督教派系结盟，于1982年6月6日出兵黎巴嫩，占领了黎巴嫩的半壁疆土。这场战争的背景，是以阿拉法特（Yasser Arafat）为首的巴解组织同约旦政府发生冲突，将它的基地从约旦转移到黎巴嫩，同黎巴嫩的基督教势力发生冲突，逐步控制了黎巴嫩南部和首都贝鲁特地区，并构筑军事设施，成为"国中之国"。1982年6月27日，联合国大会第七次紧急特别会议通过决议，要求以军立即停火并从黎巴嫩无条件撤军。战争期间，由以色列支持的黎巴嫩长枪党基督教民兵组织对在贝鲁特的巴勒斯坦难民进行了惨不忍睹的大屠杀。经过五个月的谈判，1983年3月，以色列同黎巴嫩签署了协议，单方面撤军，第五次中东战争告终。

　　五次中东战争的历史，证明阿拉伯国家和以色列都无法彻底打垮对方，必须和平相处。阿以冲突（包括巴以冲突）看起来是双边的对抗，事实上，双方内部都有政见不同的派别，形成了多层博弈。阿拉伯和以色列的冲突，本质上是领土、民族、宗教问题引起的。同时，阿以冲突同冷战时期的世界政治环境密切相关。总体来说，苏联、中国和其他社会主义国家站在阿拉伯世界一边，特别是同埃及、叙利亚、伊拉克、利比亚、也门、巴勒斯坦解放组织等持激进阿拉伯民族主义立场的国家或政权关系密切，并且向它们提供军事援助；而美国和英法等其他西方国家同情以色列，向以色列提供武器装备。其实，国际社会对巴以冲突的态度千差万别，并不是营垒分明的。

　　70多年来，阿以冲突持续不断，看不到解决的希望。在我看来，关键问题在于巴勒斯坦和以色列能否成为领土边界清晰、政治上相互承认的两个主权国家。但时至今日，双方在领土划界、耶路撒冷的归属、巴勒斯坦难民等一系列问题上难以达成妥协。巴勒斯坦问题是困扰世界和平、引起大国纷争的永久性难题。

石油危机

上一节讲到阿拉伯和以色列的冲突，主要谈的是领土、民族和宗教问题。这一节来讲阿以冲突的另一个世界政治环境——围绕石油资源的国际竞争。中东产油国利用手中的战略资源，同美国和其他西方国家进行斗争，力图削弱西方对以色列的支持。一个更广阔的背景，是中东产油国以石油为武器的反美斗争，成为广大发展中国家（西方称为"南方国家"）向发达国家（"北方国家"）争取政治经济权益斗争的一个组成部分，涉及全球范围的南北关系。

中东石油政治与欧佩克

石油被称为现代工业的"血液"。20世纪初以来，随着石油的战略价值不断上升，寻求稳定的石油供应成为各国的重要战略。两次世界大战进一步证明了石油对于战争和国家的战略价值，促进了世界石油工业的高速发展。"二战"期间，中东的石油勘探活动被迫中断，世界石油生产的中心在美国、墨西哥和加勒比海地区。1947年，美国的石油产量占当年世界总产量的63%，而中东最大的两个产油国沙特阿拉伯和伊朗的石油产量，加起来也只占世界总产量的 7.7%。

"二战"之后，美国的石油公司在政府的支持下，对英国在中东的石油霸主地位提出挑战，加大了对中东产油国的资金和技术投入，使中东的石油产量和出口量剧增。世界石油中心逐渐从北美－加勒比地区转到中东－波斯湾地区。沙特、伊朗、科威特、伊拉克、阿联酋等国家分别发现并开采了许多新的大油田。到 1965 年，中东各产油国的石油产量占世界总产量的 32.4%，1970 年上升到 38.9%，绝大部分中东石油出口到其他地区。美国和西欧、日本的经济越来越依赖中东石油。从那时到现在，全球近一半的已探明石油储量仍在中东地区。

中东产油国以石油作为战略武器，其实在冷战初期就已经开始。阿拉伯产油国曾两次利用石油作为影响政治事件的杠杆。第一次是在苏伊士运河危机期间，叙利亚破坏了伊拉克与叙利亚之间的石油管道，从而中断了向西欧的石油供应。第二次是在 1967 年的第三次中东战争期间，埃及和叙利亚实行了持续几个月的石油禁运。不过这两次行动都没有掀起太大的政治波澜，因为这一时期世界石油的勘探、开采和销售几乎全部控制在西方石油垄断财团手中（大多为美资、英资和德资）。

1960 年 9 月，伊朗、伊拉克、科威特、沙特阿拉伯与委内瑞拉联合组成了石油输出国组织（简称"OPEC"，即"欧佩克"）。欧佩克是第三世界建立最早、影响最大的原料生产国和输出国组织。起初，欧佩克只是一个相对松散的企业联合，旨在抵制西方跨国石油公司对国际油价的控制，维护本国的石油收益。欧佩克成立初期，国际原油标价基本上由西方主要石油公司单方面决定，石油输出方无权过问。油价被人为地压得很低，平均每桶约为 1.8 美元，只有煤的价格的一半。西方石油公司提高利润的方法，不是抬高油价，而是增加原油产量。这样,世界石油市场上供大于求的现象愈演愈烈,利润下降的负担还被转嫁给产油国。欧佩克成立后,经过成员国的联合斗争,到 1973 年 1 月,国际原油价格上升到了每桶 2.95 美元。

多次阿以冲突,让中东产油国意识到自己应该利用手中所掌握的世界上最重要的能源命脉,达到政治目标,于是逐渐推动欧佩克成为一支以石油为武器的举足轻重的政治力量。随着欧佩克组织的发展,不仅成员国逐渐增加,它的宗旨也进一步明确为协调和统一各成员国的石油政策,确定以最适宜的手段,来维护它们各自的和共同的利益。它们的共同政治目标也在一次又一次的冲突和博弈中确定,即向全世界尤其是西方大国宣示以中东国家为主体的成员国对石油资源的主权优势,并由此获得丰厚的经济收益和强有力的外交话语权。

第一次石油危机与中东和平进程

冷战前后一共发生过两次石油危机。1973 年 10 月 6 日,埃及和叙利亚军队闪电突袭以色列,第四次中东战争(即"赎罪日战争"或"斋月战争")爆发。上一节说到,战争开始时,阿拉伯联军首战告捷,以色列措手不及,接连失利。

为了帮助以色列扭转战局,10 月 14 日,美国向以色列空运各种急需的武器,19 日向以色列提供 22 亿美元的军事援助。美国的做法极大地激怒了阿拉伯国家。10 月 16 日,石油输出国组织决定提高石油价格。10 月 17 日,中东阿拉伯产油国在科威特召开会议,决定减少石油生产,并对西方国家实行石油禁运,宣称"向不同消费国供应石油,可以按照该消费国同敌人以色列合作的情节严重程度,按比例酌量减少",并正式宣布停止向美国和荷兰出口石油。

当时，西欧和日本进口的石油大部分来自中东，美国进口中东石油的比重也很大。

石油提价和禁运立即使西方国家经济出现一片混乱。提价以前，石油价格每桶只有3.01美元，到1973年年底，石油价格达到每桶11.65美元，提价3至4倍。石油提价大大增加了西方大国国际收支赤字，最终引发了战后资本主义世界最大的一场经济危机。这次石油危机对依靠廉价石油起家的美国公司产生了极大的冲击，进而打击了美国经济。1973—1974年，美国的工业生产下降了14%，日本的工业生产下降了20%以上，所有工业化国家的生产力增长都明显放慢。1974年的经济增长率，英国为-0.5%，美国为-1.75%，日本为-3.25%。但发动石油战争的阿拉伯国家却因此增强了经济实力，数百亿石油美元流向中东。据统计，仅提价一项，就使阿拉伯国家的石油收入由1973年的300亿美元猛增到1974年的1100亿美元。

1973—1975年的第一次石油危机，大大出乎发达国家的预料。西方国家和日本认识到，它们的经济过于依赖中东石油，经不起风浪。这次危机正赶上又一次西方经济衰退的周期，石油禁运和涨价产生了"复合效应"。西欧80%以上的石油靠进口，进口来源主要是中东。日本99.8%的石油靠进口，而中东地区占其进口总量的八成以上。所以西欧和日本所受打击远远超过美国。日本在危机冲击下，不得不改变以往在阿以冲突中的"中立"态度，成为发达国家中转而奉行"亲阿拉伯"政策的第一个国家。欧共体也于1973年11月通过决议，要求以色列归还1967年后强占的领土。阿拉伯产油国于是把它们从被禁运"黑名单"中删除（继续支持美国的荷兰除外）。从此，西欧与日本不再公开同美国支援以色列的行动合作，外交上积极展开与中东国家的互访活动，就石油问题达成双边购油协议。全球政治博弈就此多了一个石油政治的维度。

经过这次石油危机，西方各国还普遍感受到，过去那种让一国的石油生产、供应、提炼、销售等活动，主要听凭少数一体化的大跨国石油公司主宰的做法，不能再适应新的形势。即使这些石油公司所注册的国家政府在其中拥有大量股份，由于这些公司在世界其他国家有着错综复杂的利害关系，在关键时刻往往也并不能为公司注册国的利益服务。因此，西方各国普遍大幅度地修改了各自的石油政策，大大加强了对石油生产、供应、销售和市场的控制，加强对外国石油公司的管理和限制。在这期间，日本、韩国、加拿大、英国、丹麦、挪威、马来西亚等国纷纷成立了国家石油公司。

为了应付可能出现的新的石油危机，1974年2月，在美国的倡议下，13个国家代表聚集在华盛顿，召开石油消费国会议，决定成立能源协调小组。同年11月，经济与合作发展组织（OECD）在法国巴黎通过了成立"国际能源机构"（也叫"国际能源署"）的决定。这个机构是建立在OECD内部的独立政府间组织，其主要职能是协调成员国的能源政策，发展石油供应方面的自给能力，采取节约石油需求的共同措施，相互合作以减少对石油进口的依赖，促进成员国建立应急石油储备（或称战略石油储备），同时协调突发事件引起石油供应中断时各成员国之间的石油调配。尽管成员国宣称同欧佩克不是对立的关系，但确实削弱了欧佩克的影响力和控制力。

第一次石油危机使阿以冲突为世人所瞩目，造成了美国与西方盟国间的分裂，以及美国外交上的孤立。这场声势浩大的生存资源之战所形成的国际危机，迫使美国开始认真考虑如何推动中东和平进程。尼克松在1974年6月出访中东之前发表谈话说，美国不会再向以色列开空白支票，如果以色列要实现持久的和平，最好是与其阿拉伯邻邦签署和平协议。尼克松政府对阿以问题的关注，为卡特政府继续推进阿以和谈搭建了平台，最终促成了上一节提到的"以土地换和平"的《埃以和约》。

经过这次石油危机之后，巨额财富如潮水般涌入中东，仿佛一夜间，中东产油国就从赤贫过渡到了暴富。全球最大产油国沙特阿拉伯的政府财政收入，1971年只有14亿美元，而石油危机过后则超过了1000亿美元。随着石油美元滚滚而来，中东产油国以令人难以置信的资金投入和超乎寻常的建设规模，开始了全方位的经济大开发，大幅增加国家福利待遇。这一地区的现代工业初具规模，沙漠农业搞得有声有色，现代化城市拔地而起，高等级的公路四通八达。由于财政收入增加，中东产油国纷纷把财政盈余用于偿还国内债务和建设基础设施。在沙特和阿联酋等海湾国家，外国企业参加的基础设施建设项目相继开工，项目融资的资金需求巨大。土耳其、黎巴嫩、约旦等国，因输油管道需要经过当地运往欧洲或连接地中海岸的码头，从而发展起炼油业和输油设施，沾了海湾富裕国家的光。海湾国家成为其他中东国家出口商的最大市场，也是其他阿拉伯国家资本和投资的主要来源。

伊朗的伊斯兰革命与第二次石油危机

1977年4月，美国中央情报局发表了一份能源报告，称欧佩克和苏联的可探明石油储量将在1985年前后封顶，之后石油将供不应求。1978年，美国洛克菲勒基金会也发布了一份类似的能源报告，称"世界将逐渐经历石油长期紧张的局面"。这两份报告的相继发出，使得市场对油价上涨的前景预期更加担心。同时，西方国家在第一次石油危机之后为了能增加与产油国在能源市场上的博弈筹码，推行了战略石油储备计划，这更加剧了各国对石油供应紧张的恐慌情绪。正在这时，1978年伊朗爆发伊斯兰革命，直接影响了市场的供求变化，成为第二次石油危机的导火索。

关于伊朗的伊斯兰革命，后面的章节会专门来讨论，这里只谈与石油危机有关的部分。伊朗是中东的主要产油国之一，但不属于阿拉伯国家。1978年夏，伊朗宗教领袖霍梅尼（Ruhollah Khomeini）领导的反对巴列维政权的运动，引发了多个城市的暴乱，整个国家经济陷入瘫痪。10月，伊朗最主要的石油产区爆发大罢工，停止了石油生产和出口。12月底，伊朗新政权决定向国外停止输油60天。这一事件导致石油供应短缺，使欧洲石油现货价格飙升，触发了1979年年初开始的第二次石油危机。这次石油危机主要表现为油价在短时间内大幅度上涨。

1980年9月，趁伊朗国内局势混乱之际，萨达姆领导下的伊拉克对伊朗发动军事进攻，两伊战争爆发。两国石油生产完全停止，世界石油产量剧减，全球市场几乎每天都有560万桶石油缺口，让本就脆弱的原油市场雪上加霜。

第二次石油危机对西方发达国家和依赖石油进口的发展中国家都产生了重大影响。整个西方国家爆发了能源危机，石油短缺和价格上涨的供给侧冲击引发了经济上的"滞胀"局面，使发达国家的贸易赤字迅速膨胀，加速了经济萧条。油价涨价还增加了石油进口国的贸易赤字。取代美元与黄金固定汇率制的浮动汇率制刚刚出台不久，就面临巨大冲击。这次石油危机对第三世界石油进口国经济的重创尤为严重，油价暴涨导致高额的贸易赤字和债务，挤占国内经济建设所需的资金，加重了国内的财政负担。

在此期间，欧佩克内部发生分裂。多数成员国主张随行就市，提高油价，沙特阿拉伯则主张冻结油价，甚至单独大幅度增加产量来压价。结果欧佩克失去市场调控能力。各主要出口国轮番提高官价，火上浇油。这一席卷资本主义世界的第二次石油危机，引发并加重了又一次世界性的经济危机。油价在1979年开始暴涨，从每桶13美元猛增至1980年年底的41美元。

第三章　第三世界国家的独立、革命与局部战争

石油危机造成的长远后果

　　石油危机总的来说指的是世界石油价格的波动引起的经济危机。除了前面讲的两次以外，大大小小的石油危机又发生过多次，多数都跟地缘政治的冲突有关。事实证明，个别产油国或者欧佩克作为一个组织使用石油作为国际斗争的工具，短期内可以产生一定的震慑作用，但是长期的政治效用有限，因为石油价格的升降根本上取决于能源市场的供求关系。中东产油国对石油武器的使用，从长远来看，既没有使美国放弃支持以色列的既定战略，也没有达到孤立和削弱以色列的目标。以色列至今仍是中东地区唯一的发达国家和西方民主制国家，同周边伊斯兰国家的力量对比，从长期来看，仍然朝着更加有利于以色列的方向发展。

　　冷战结束以前，石油危机已经带来了一些当初没有预料到的长远后果，这些后果直到今天还能感觉到，这值得我们从战略上进行反思。

　　第一个后果是世界减少了对石油的依赖。无可否认的是，石油仍然是人类不可或缺的资源。但是，多次石油危机和原油价格波动，使原油在世界能源生产中所占的比例逐渐降低。天然气、煤炭、核能和多种新能源的占比上升。20世纪70年代油价高企（继续处在高位），促使日本等发达国家的经济实现了从资本驱动向技术驱动的转型，节能减排的各种技术创新层出不穷。在1970年的世界能源消费构成中，石油占42.9%，1975年上升到45.9%，1980年后虽有所下降，但在20世纪90年代仍然高达40%。当时世界上一些权威机构认为，石油在能源消费结构中的这种主导地位不会动摇。但是，随着天然气、核能、太阳能和风能等新能源的开发，以及人们对石油开发带来的气候变化、生态环境破坏等问题的关注，2021年，石油占全球能源消费比重下降到31%。全球能源革命正在如火如荼地进行。从发展趋势看，石油在世界能源生产和消费中所占的

比例，可能会逐渐下降。

第二个后果是世界减少了对中东石油的依赖，进而使中东地区在整个世界政治经济格局中的地位下降，而巴以冲突作为中东政治核心问题的地位也随之下降。中东已探知的石油储量，约占世界的一半以上，仍然是石油产量和输出量最多的地区。20世纪70年代初，中东石油产量占到世界原油总产量的62%。出口量占世界总出口量的60.8%。但是到2021年，中东石油产量在世界总产量的占比下降到31%。

中东石油地位的下降，是因为石油消费国在石油危机之后纷纷加快了新油田的勘探开发。从20世纪70年代中后期起，西方发达国家和石油公司大力开展了在非欧佩克地区的勘探和开采石油活动。1980年，挪威和英国的北海油田储量被探明，这两个国家很快成为世界主要产油国之一，大大缓解了西欧的能源短缺问题。从1976年到1979年，墨西哥的探明石油储量增加了6倍，到1980年，墨西哥的石油产量已经超过了伊朗、科威特、阿联酋等国。美国在阿拉斯加也发现了储量近100亿桶的大油田。从1979年到1985年，非欧佩克产油国的产量逐渐超过了欧佩克产油国。以中东产油国为主的欧佩克，对世界石油市场的影响力开始下降。

石油危机的第三个长期后果，是石油涨价让部分产油国在短短几年内发了大财，但它们忽视了产业结构优化、工业现代化和技术创新，一旦石油供求关系变化，经济就出现停滞甚至下滑。在世界经济中，有一个概念叫"资源诅咒"，或者"资源病"，指的是许多自然资源丰富的国家，经济结构单一，能源又被少数寡头或外国资本控制，普通民众得不到实惠，产业升级又没有希望。这些国家在国际分工体系中被持续锁定在产业链的低端。从世界范围看，由此造成的结果是南北差距不但没有缩小，还有扩大的趋势。

1980年，我在北京大学读国际政治专业硕士研究生。当年一个很深的印象是,世界上人均收入最高的国家是波斯湾地区的产油国。根据我现在查到的数据,的确如此。1980年,在世界上人均收入(以人均GDP衡量)最高的10个国家里,有4个是海湾国家,分别是阿联酋(排名第二)、卡塔尔(排名第三)、科威特(排名第七)、沙特阿拉伯(排名第十)。40年以后的2020年,这四个国家人均收入的世界排名,已经不可同日而语,从高到低分别是卡塔尔(排名第17)、阿联酋(排名第33)、科威特(排名第48)、沙特阿拉伯(排名第55)。近几年我多次去海湾国家,发现它们的政治精英已经认识到对石油依赖的不可持续性,开始努力发展制造业,实现产业升级和技术创新。但愿是"亡羊补牢,为时未晚"。

另一个发人深省的例子是苏联。20世纪七八十年代,也是苏联石油工业大发展的时期。由于西伯利亚一系列大型油田陆续投入开发,苏联石油产量在1975年达到了4.96亿吨,超过美国,成为世界第一大产油国。苏联借助石油获取的巨额资金,加大对重工业和军事工业的投入,热衷于同美国搞军备竞赛。同时,由于苏联忽视农业生产,不得不大批进口粮食。到70年代末,苏联每年进口的粮食达3000万吨,其中超过半数来自美国。

美国抓住了苏联严重依赖石油出口又严重依赖粮食进口的机会,狠狠地打击了苏联。1980年前后,美国拉拢欧佩克成员国特别是沙特,让它们大批量开采石油,将石油价格压低,苏联的外汇量因此大幅度减少。粮食成了苏联的软肋,也成了美国的武器。美国趁机抬高国际粮食价格,造成苏联粮食进口困难。与此同时,作为苏联另一大收入的军火出口,销量也大幅下降,其中的原因是苏联军火的主要客户是一些产油国家,随着石油价格暴跌,这些国家无力再购买苏联的武器装备。

长远来看,国家无论大小,要进入发达国家的行列,都要靠综合工业能力和技术创新,同时也有赖于全民文化素质的提高。

伊朗伊斯兰革命

上一节讲到中东地区的石油争端，本节继续讲述伊朗的伊斯兰革命。波斯帝国是历史上第一个领土横跨欧亚非三大洲的帝国，在公元前550年就建立了，比奥斯曼帝国的历史要早得多。公元7世纪中叶，波斯被阿拉伯帝国征服，开始伊斯兰化。近代的波斯帝国则沦为大英帝国和俄罗斯帝国的势力范围。1925年，礼萨·汗·巴列维（Reza Shah Pahlavi）建立了巴列维王朝，力图推进现代化和世俗化。直到1935年，波斯才改国名为伊朗。

伊朗危机与中东地区的冷战序幕

第二次世界大战之前，伊朗与纳粹德国关系密切。1941年6月，德国入侵苏联后，英国和苏联出兵伊朗，苏联占据了伊朗北方，英国占据了伊朗的中部和南方。同德国亲善的礼萨·汗国王被迫逊位，太子穆罕默德·礼萨·巴列维（Mohammad Reza Pahlavi）继位。伊朗同苏联有1600多公里的共同边界，成为"二战"期间美国向苏联提供物质援助的重要走廊。1942年1月，在美国总统罗斯福的斡旋下，英国、苏联和伊朗订立了同盟条约，规定英苏两国军队应在战争结束后6个月内撤军。此后，英苏两国在伊朗境内各自鼓动不同的地方势力，企图分裂伊朗。

为了把英国和苏联势力挤出伊朗，巴列维国王加强了与美国的接触，而美国在此之前也一直觊觎伊朗丰富的石油资源和它的战略地位，反对英、苏瓜分伊朗，表示支持伊朗的独立地位。在共同利益的驱使下，美伊双方一拍即合。

"二战"后初期，英国和苏联仍然在伊朗有相当大的势力范围。伊朗北部有一个阿塞拜疆省（现在分成东西两个省），主体民族是阿塞拜疆人，和苏联加盟共和国阿塞拜疆接壤，被苏军占领。1945年11月，在斯大林、贝利亚等苏联领导人的精心策划下，亲苏的阿塞拜疆民主党和伊朗人民党（又译作"群众党"，即共产党）发动了一场反对中央政府的叛乱，很快宣告成立"阿塞拜疆自治共和国"，首都是大不里士。同年12月，伊朗库尔德民主党在苏联的支持下，宣布在库尔德斯坦成立"马哈巴德共和国"（即"库尔德共和国"）。在苏联占领区的其他少数民族也出现了要求民族自治的运动，伊朗面临分裂的重大危机。

于是，伊朗政府向美英求援。美国要求苏联停止支持叛乱运动，恢复伊朗对阿塞拜疆省的统治。苏联以维护当地秩序为由，拒不履行当初的撤军承诺。杜鲁门政府威胁要对苏联采取军事行动。在各方压力之下，苏联被迫于1946年5月从伊朗撤军。随后，伊朗军队攻入大不里士和库尔德斯坦，取缔了阿塞拜疆民族自治政府和马哈巴德共和国。伊朗危机以美国大获全胜而宣告结束，但是这一场危机却为中东地区的冷战拉开了序幕。

1949年，伊朗人民党暗杀巴列维国王未遂，导致人民党被取缔，巴列维的权力扩大。但是，人民党所推动的石油工业国有化运动得到了民众广泛支持，要求政治开放、新闻自由的呼声水涨船高。

1951年，伊朗议会通过决议，任命穆罕默德·摩萨台（Mohammad Mosaddegh）为新首相。摩萨台坚决执行石油生产国有化，排除英国公司对石油的垄断，要求捍卫国家主权、宪法权利和选举自由。巴列维国王被迫出国躲避。英国不甘利益受损，联合美国，在美国中央情报局的策划下，在1953年发动伊朗政变，推翻了摩萨台政府，将巴列维国王送回伊朗，重新执政。国王的复位，标志着专制统治的回归，给伊朗的民主化试验画上了句号，开始了一个依靠美国支持实行高压统治的稳定时期。但是，1953年英美推翻摩萨台的政变，削弱了巴列维政权的正当性，为后来的伊斯兰革命埋下了伏笔。

致力于现代化的"白色革命"

巴列维国王的统治逐渐稳固后，伴随着大量石油美元的流入，出现了伊朗经济一片繁荣的景象，德黑兰等大城市的面貌焕然一新。同时，通货膨胀加剧，贫富差距扩大，尤其是农村地区存在严重的不平等现象。土地的分配不均使农民深受剥削，生活贫困。采取陈旧的生产和管理方式的地主不愿意推动农村教育，拒绝使用先进的生产工具，严重阻碍了农业经济的发展。

1954年以后，伊朗政府发现石油收入无法承担七年工业计划和不断攀升的军费开支，于是凭借赤字财政和高额外债来维持。赤字财政加上1959—1960年的农业歉收导致民众生活费用激增，高额的外债耗尽了国家的外汇储备。因此，伊朗不得不向国际货币基金组织和美国政府寻求帮助。此时，伊朗各地罢工频发，政权稳定受到威胁。

前面章节讲到，20世纪五六十年代，中东地区发生过风起云涌的反美浪潮。伊朗作为稳定发展的亲美国家，对美国防止共产主义扩张的战略价值更加突出。美国一方面极力扶植反共的巴列维国王；

另一方面也督促他尽快进行国内改革，缓和国内矛盾，防止激进革命的发生。1961年上台的民主党总统肯尼迪，要求巴列维王朝削减军事开支，惩办贪官污吏，任用温和派官员，放松政治压制，进行土地改革，甚至以停止援助和让伊朗领导人"换马"相威胁。巴列维国王对美国的要求自然不敢怠慢，1960年的土耳其军事政变等事件也给巴列维国王敲响了警钟，迫使他考虑通过一些改革措施来缓解国内矛盾。

1963年1月9日，在德黑兰召开的全国农民大会上，巴列维宣布六点改革计划。最初这一计划是以国王敕令的形式颁布的。为了使计划合法化并得到更大的支持，国王举行全国公民投票。根据政府统计，公投的结果是赞成票占投票总数的99.9%以上。尽管公投显然存在舞弊和造假现象，但占人口绝大多数的农民和城市中产阶级支持国王的现代化改革计划，是不争的事实。国王仗着美国撑腰和公民投票的胜利，对反对改革的政治势力进行了严厉镇压。

从1963年到1978年，巴列维国王推行的一整套社会经济改革计划，被称为致力于现代化的所谓"白色革命"（即不流血的革命）。

"白色革命"的主要措施包括：第一，土地改革。政府从地主手中收购土地，低价卖给佃农，使150万个佃农家庭拥有了自己的土地，惠及的人口占伊朗人口的40%。第二，推广现代农牧业技术，兴建水利设施，保护水力资源，大大提高了伊朗的农业产值。第三，森林与牧场的国有化。在干旱的伊朗国土上推行植树计划，创建了环抱城市和主要高速路的"绿色地带"。第四，国有企业的私有化。将企业按股份出售给地主，并给私有企业员工分红。第五，给予妇女选举权。这项维护妇女权益的措施在当时引起了极大争议，受到伊斯兰教职人员的严厉批评，但却作为"白色革命"为数不多的遗产，至今被保留了下来。第六，开展扫盲运动，实行免费义务教育。第七，推进国民卫生健康运动。第八，建立社会保障和国家保险制度，为所有伊朗公民提供社会保障，实行退休制度全民覆盖。正像中国政治学者房宁和吴冰冰所指出的，从内容来看，伊朗的"白色革命"充分吸收了人类文明的优秀成果。

40多岁的巴列维国王当年发动"白色革命"时，曾经描述说："我们需要进行一场深刻的、根本性的革命，一举结束一切社会对立和导致不公正、压迫和剥削的因素，消除一切妨碍前进、助长落后的反动势力……尽快地使我们达到和赶上当代世界最先进社会前进步伐的目标。"但是，巴列维倡导的改革超越了国情，一些措施不切实际或过于激进，使伊朗走上了一条畸形的发展道路。在政治上，巴列维拒绝民主化，强化君主专制。他镇压政治反对派，设立秘密的警察机构。一些宗教领袖因反对国王的专权和世俗化政策，被监禁或者驱逐出境。在经济上，巴列维盲目地实施超前的工业化战略，逐渐导致通货膨胀，农民破产，城市失业严重，上层奢侈腐败。在精神生活上，民族传统文化和伊斯兰信仰遭受猛烈冲击，社会风尚败坏。在对外关系上，过度亲美的政策极大地伤害了伊朗的民族自尊心。比如，在伊朗的美国军人可以享受治外法权，犯罪不受伊朗法庭的审判，而是交给美方处理。这样一来，巴列维政权最终把自己推到了伊朗各阶层民众的对立面。

基于伊斯兰教法的"黑色革命"

正像房宁和吴冰冰所说，巴列维国王的理想不可谓不崇高，但"白色革命"的实践与其初衷完全是南辕北辙。"一个伟大的理想化的目标与伊朗社会现实完全脱节，终于演变成了一场剧烈的社会冲突。"

在"白色革命"过程中，巴列维国王严重低估了宗教集团的力量。土地改革不受什叶派教士的欢迎，因为许多什叶派教士本身是地主，土地改革侵害了他们的宗教遗产。而给予妇女选举权等政策，则触犯了宗教阶层的价值观。在这个背景下，什叶派宗教领袖鲁霍拉·霍梅尼在伊朗的政治舞台上开始大放异彩。

霍梅尼于1902年出生在一个拥有土地的教士家庭，自小熟悉伊斯兰教什叶派的学问，后来转到圣城库姆深造，接受了伊斯兰教法教育。他将思想斗争的矛头指向巴列维王朝推行的世俗主义，将它描绘为神职人员堕落、新闻媒体腐化的罪魁祸首。他反对1963年1月进行的"白色革命"公投。霍梅尼的支持者发动示威，演变为德黑兰和部分地方城市的流血骚乱。霍梅尼因此在6个月后被逮捕并驱逐出境，开始了15年的流亡生涯，曾辗转到过土耳其、伊拉克和法国。在这期间，他保持写作和教学，他的追随者遍布伊朗各地并组成了政治网络，在伊朗国内广泛传播霍梅尼的宗教思想。

1976年，石油收入的下降和预算短缺，使伊朗政府过于激进的发展计划难以为继，多年来对不同意见的镇压行动，削弱了中产阶层甚至精英阶层对巴列维的支持。从1977年5月到1978年1月，伊朗接连发生反对巴列维国王和君主政体的大规模示威活动。为了应对危机，巴列维国王做出妥协。1978年8月，他任命一位具有宗教背景的官员出任首相，采取了一些放宽管制的措施，承诺伊朗很快会变成一个"西方式民主国家"。然而这些措施为时已晚，无济于事。罢工及示威活动扩大，整个国家瘫痪。1978年9月8日，大批群众聚集在首都德黑兰市中心的广场，与军警发生冲突，当天造成89位示威者丧生，被称为"黑色星期五"。10月，政府雇员和一些官员加入由德黑兰炼油厂工人发起的罢工行动，罢工蔓延到各行各业和政府部门。权贵阶层纷纷开始向海外转移资产。此时，霍梅尼在流亡途中飞抵巴黎，大力鼓吹用革命手段推翻巴列维王朝。由于霍梅尼在巴黎可以不受限制地接触媒体和反对派，他的号召迅速传遍伊朗，在国内引起了巨大反响。

到了1979年1月，尽管巴列维国王做出让步，同意在保留王权的前提下放弃一切主张和特权，但他的王朝大势已去。巴列维国王在1月16日离开伊朗前往开罗，而霍梅尼于2月1日回到首都德黑兰，受到两三百万伊朗民众的热烈欢迎。支持霍梅尼的武装人员击败了忠于国王的部队，巴列维政权很快土崩瓦解。由霍梅尼任命的临时总理巴扎尔甘（Mehdi Bazargan）进入首相府，正式接管权力，迅速建立新的内阁。至此，巴列维王朝彻底覆灭。巴列维被迫逃亡到美国，于1980年病死在埃及。

在霍梅尼领导下，伊朗民众掀起了一场惊天动地的"黑色革命"（"黑色"指穆斯林的黑色罩袍）。巴列维王朝被推翻后，伊朗经过全民公投，在1979年4月将国名改为伊朗伊斯兰共和国，通过了新宪法。宪法规定，伊斯兰教是共和国的基础，绝对主权属于真主。霍梅尼在1979年12月成为国家的最高领袖。整个国家以伊斯兰教法为法律，女性被要求重新戴上面纱。国家的实际权力掌控在伊斯兰教士的手中，教士阶层成为新的权贵。

伊朗人质危机和两伊战争

伊朗伊斯兰革命营造出一种咄咄逼人的气势。受伊斯兰激进思想的影响，伊朗自视为全球抗衡西方文化侵略和美国霸权的先驱和堡垒。这种观念在革命成功后的伊朗人质危机和两伊战争等事件中，表现得淋漓尽致。

美国总统卡特在1979年10月批准巴列维到美国寻求庇护，让他在美国接受癌症治疗。巴列维抵达纽约后，与基辛格、洛克菲勒等"美国朋友"进行了接触。这一事件引发了霍梅尼和伊朗激进团体的强烈抗议。11月4日，一群年轻的强硬派伊朗人攀越美国驻伊朗大使馆的围墙，占领大使馆，扣押了66名美国外交官及工作人员作为人质，提出让美国把巴列维国王遣返伊朗的要求，在革命法庭上审判他。这些闯入大使馆的人士还声称，美国大使馆是密谋反对革命、支持"偶像崇拜者"的"间谍老巢"。事件发生后，立即有几名美国大使馆工作人员在摄影机的拍摄下被迫游街，世界媒体对此进行了大量报道。被蒙住眼睛、颤抖不已的美国人的照片，很快变成伊朗的狂热复仇者手中羞辱美国的标志。

美国卡特政府采取了一系列营救人质的行动。1979年11月19日到20日，13位女性和非洲裔美国人质获释。在美国使馆被占领时，有6名美国人成功逃脱，在加拿大和瑞典大使馆获得庇护。他们在美国中情局的帮助下获得了加拿大假护照，在1980年1月加拿大使馆关闭时安全地离开。1980年7月，另一位人质因为疾病原因获释。卡特总统发誓将保护人质的生命，但他的营救行动收效甚微。1980年11月的美国大选后，当选总统的罗纳德·里根严厉谴责伊朗扣押人质的行为，对伊朗发出战争威胁。伊朗政府感到有必要在卡特下台前了结人质危机。后来美伊双方同意由阿尔及利亚出面调解，终于在1981年1月19日达成协议，持续一年多的人质危机得以解决。

霍梅尼取得政权后，宣称伊朗是世界上唯一建立了"真主政府"的国家，负有神圣使命。他号召穆斯林世界发起伊斯兰革命，其中就包括伊朗的阿拉伯邻国、除伊朗以外唯一以什叶派穆斯林为主体的国家——伊拉克。

伊拉克的人口虽然以什叶派为主，但以总统萨达姆·侯赛因为首的统治集团却是逊尼派。在萨达姆眼里，伊朗伊斯兰革命既是威胁，又是机遇。说它是威胁，是因为萨达姆担心伊朗什叶派革命浪潮会动摇他的统治，还会影响伊拉克作为逊尼派世俗国家的定位。说它是机遇，是因为伊朗内部局势混乱，和西方矛盾加剧，伊拉克也许可以借机推翻伊朗神权政府，夺取伊朗的领土和油田。除了教派差异，霍梅尼和萨达姆还有个人恩怨。1978年，萨达姆怀疑霍梅尼煽动伊拉克境内的什叶派独立，把他驱逐出境，两人自此反目成仇。

最终，两伊战争在1980年9月爆发，伊拉克大军入侵伊朗。萨达姆本以为可以轻易结束这场战事，却发现伊朗人把革命热情投入了战场，而德黑兰的伊斯兰教士也利用战争巩固内部，打压政敌。不过，战争的走向逐渐有利于伊拉克。萨达姆并不是孤军作战，而是从盛产石油的海湾阿拉伯国家获得了慷慨的资助。海湾各国及西方国家都担心伊斯兰革命扩散。里根政府和撒切尔夫人的英国保守党政府秘密通过各种方式，向伊拉克出售用于生产化学武器的材料。苏联过去一直是伊拉克主要的武器供应国，在最初短暂地遵守武器禁运的规定后，也从1986年开始重新向伊拉克提供武器。具有讽刺意味的是，伊朗和伊拉克双方都在使用苏联和美国的武器，也在使用一个东亚大国的武器，各国军火商相互竞争，无所顾忌。1988年，伊拉克重新掌握战场主动权，再次攻入伊朗境内。当年7月，伊朗接受了联合国的停火协议，两伊战争正式结束。

虽然人质危机损害了伊朗伊斯兰共和国的形象，而且长达8年的两伊战争被证明是一场灾难，但这两个事件都强化了霍梅尼的坚定立场，巩固了他的伊斯兰秩序。1989年6月，霍梅尼在伊朗病逝。

"不要东方，不要西方，只要伊斯兰"

伊朗伊斯兰革命成功后，最高领袖霍梅尼喊出了一个令人印象深刻的政治口号："不要东方，不要西方，只要伊斯兰。"革命后的伊斯兰政体是一种独特、完整的全新政治体制。它既不同于以苏联为代表的东方社会主义政体，也不同于以美国为代表的西方资本主义政体。同时，这个伊斯兰政体既采纳了东方社会主义的某些制度规则，也吸收了西方资本主义政体中的某些制度形式。

伊朗的正式国名是"伊朗伊斯兰共和国"。伊斯兰教义是衡量和判断一切社会事务的准则。房宁和吴冰冰指出："在现实中，伊斯兰是由伊斯兰教士直至大阿亚图拉及最高领袖为载体和代表的。"什叶派教士是分级别的。霍贾特伊斯兰、阿亚图拉、大阿亚图拉等各级教士，是伊斯兰教、《古兰经》的研习者、传授者、解释者、阐发者，是人格化的伊斯兰教。这就是说，伊朗政权合法性的一个来源，是全民信仰的什叶派伊斯兰教。

伊朗政权合法性的另一个来源，是人民选举和共和制。1979年制定的、宣称真主拥有绝对主权的伊斯兰共和国宪法，是经全民公投通过的。经全民选举产生的伊斯兰教法学家，组成一个"专家委员会"，在高教阶的教法学家中，选举产生最高领袖。伊朗总统和议会都是经过竞争性的直接选举产生的。

显然，我们不能把西方观念中的民主和独裁的两分法，套在伊朗的政体上。伊朗政体的两个合法性来源，是伊斯兰教义和人民选举。伊朗的最高权力属于宗教权威，当然与民主无关。但伊朗的总统和立法机关是通过自由选举产生的，又是典型的民主形式。甚至连最高领袖的产生，也要经由选举程序。由此伊朗政体形成了宗教、世俗两套体系，具有双重权力结构，也就是伊斯兰教法学家和世俗政治家。

许多著述把伊朗政体说成是"政教合一"，我对这个说法持怀疑态度。政教合一政体，是指政治领袖同时兼为宗教领袖，政权和教权合二为一。伊朗政体的政权和教权是分离的，最高领袖的权威很大，但不是国家元首。总统及其政府需要服从最高领袖，但并非事事听命于领袖，保持了一定的独立性。

近10年来，我对伊朗进行过四次短期访问，三次在北京接待过伊朗领导人，留下了几个深刻印象。第一，伊朗政体是成熟的，社会治安也好于大多数其他中东国家。第二，伊朗的社会宗教化程度没有沙特阿拉伯等国家那么高，普通市民穿着打扮随意，青年女性很少穿黑色罩袍，她们戴的头巾多数是彩色的，打扮得体，甚至时髦。第三，伊朗的文化教育和科学技术水平，在中东国家里是很先进的，经济独立自主的意识很强。第四，西方的经济制裁对伊朗的打击明显。伊朗人使用国内信用卡消费，国际通用的银行卡在伊朗不能用，外国访客可以使用美元现金。第五，伊朗没有希尔顿酒店、肯德基、可口可乐等在世界大多数国家常见的商业品牌，几乎所有的消费品牌都是本国的。最后，虽然伊朗跟西方国家的政治关系不好，但伊朗上层社会对西方的文化、科学技术和产品是有亲近感的。伊朗很多家庭都有子女在美国或欧洲留学，他们到土耳其等邻国取得外国签证。巴列维国王倒台前后，不少伊朗人移居国外，其中不乏社会精英，他们同伊朗人保持着联系，这也对西方世界对伊朗的看法产生了比较大的影响。

印巴冲突

本节来关注中国的两个重要邻邦——印度和巴基斯坦之间的恩恩怨怨，同时也涉及中国的另一个重要邻国——孟加拉国。"二战"结束后，南亚成为冷战和民族独立运动这两大趋势的重要交汇点。从印度和巴基斯坦分别独立建国，到印巴之间的三次直接军事冲突，再到各方势力围绕南亚展开的令人眼花缭乱的外交运作，都离不开冷战和去殖民化这两条线索。

从地理上说，南亚又称为"印度次大陆"。南亚是世界文明的发源地之一，也是多种民族、宗教和文化的荟萃之地。近代以来，南亚各地相继落入欧洲殖民者的统治之下，直到"二战"后才相继独立。不过，这些新独立国家的版图，包括南亚最大的国家印度，都来源于殖民者曾划定的疆界，而不是继承自古代南亚各个文明和帝国的遗产。与疆界一同遗留下来的，还有各种难解的历史和现实矛盾，这就需要从头说起。

殖民统治的遗留问题

1498年，葡萄牙人达·伽马（Vasco da Gama）首航印度后，西方殖民势力相继入侵南亚地区。1600年，英国入侵莫卧儿帝国，成立了"不列颠东印度公司"。东印度公司从一个商业贸易企业变成南亚地区的实际主宰者。"英属印度"，是指英国在1858年到1947年于南亚建立的殖民统治区域，包括今天的印度、孟加拉国、巴基斯坦和缅甸，整个地区由英属东印度公司"代管"。东印度公司在行政和军事方面都直接服务于英国殖民统治，还拥有自己的武装部队。1858年以后，由于印度发生了民族起义，东印度公司完成了之前的代管使命，并向英国维多利亚女王移交权力。从1876年开始，这一政治实体的正式名称则为"印度帝国"，并以此名义发行护照。维多利亚女王是第一个以"大不列颠及爱尔兰联合王国女王和印度女皇"名号称呼的英国君主。

英国统治期间，在经济上，殖民者剥削当地民众，汲取当地财富；在政治上，殖民者对民族起义进行了多次血腥镇压。但是英国也为当地保留了一定的自主性。比如，英属印度作为一个单独的政治实体，得以成为国际联盟和联合国的创始会员国，并曾经以独立身份参加了国际奥运会。此外，英属印度的很多领土并没有由英国直接控制，而是名义上的独立土邦，以"附属联盟"的形式存在于英属印度内部。"土邦"由王公、王侯和行政长官统治，接受英国君主的共主地位，承认英国君主为领地的最高统治者。英国当局任命总督来统治英属印度各地，组建了由印度人构成的地方议会，还允许1885年成立的国民大会党（简称"国大党"）代表印度本土精英参与政治，进行自我管理。在殖民统治期间,英国思想文化的渗入，也孕育了民族领袖"圣雄"甘地、尼赫鲁等印度精英，正是这些人带领印度摆脱了英国殖民统治，最终走向了独立。

"二战"后，长达近100年的英国殖民统治体系面临瓦解，英属印度的解体也已经不可避免。不过，当时占人口多数的印度教徒和占人口少数的伊斯兰教徒之间的对立却日益激化。印度教徒的分布几乎遍及整个英属印度，在当地人口中所占的比例长期维持在四分之三左右。印度教民族主义有两个鲜明的指向：一是指向英国殖民统治；二是指向国内的伊斯兰教和穆斯林，要求建立一个以印度教徒为主体、独尊印度教的国家。印度教民族主义者中的强硬派还主张对其他教派实施暴力，甚至策动对甘地的刺杀，仅仅因为甘地、尼赫鲁等国大党领袖提倡当时多数印度人所接受的世俗主义原则。

面对咄咄逼人的印度教民族主义，英属印度的穆斯林群体坐不住了。穆斯林主要分布在南亚西北部和东部的孟加拉地区。他们不能接受在脱离英国独立后被纳入一个印度教徒占绝对主导的新国家。有的印度教徒提出以印地语作为新国家的官方语言，废除穆斯林使用的乌尔都语的官方语言地位（实际上，乌尔都语与印地语基本上是同一种语言，可以直接对话交流，但是文字不一样。印地语使用天城文字母，引进的梵语借词多一点；乌尔都语使用阿拉伯字母，引进的阿拉伯语和波斯语借词多一些）。此外，抵制西方教育、普遍收入低下的穆斯林精英很难在政府中谋得职务。在这一背景下，全印穆斯林联盟（简称"穆盟"）于1906年成立，以穆罕默德·阿里·真纳（Muhammad Ali Jinnah）为领袖的穆盟强烈主张印度教徒和伊斯兰教徒的分离。

前面的章节提到，"一战"结束后，民族自决原则在全世界深入人心。穆斯林独立建国的思想依据就是"民族自决"，认为英属印度的穆斯林和印度教徒是两个完全不同的民族，双方在历史、语言、文化、习俗、认同等方面都存在本质差异，应当在英国殖民统治结束后分别建立国家。"两个民族"理论逐渐成为北印度穆斯林社会的主流思想。穆盟在1940年正式提出将印度划分为两个民族国家。因此，尽管甘地等国大党领袖强烈反对分离，提倡实现统一的印度，英国殖民当局也提出过成立"印度联邦"的独立方案，但是都没有取得共识，没有阻止分裂的大势。

印巴分治与第一次印巴战争

1947年6月，末代英属印度总督路易斯·蒙巴顿（Louis Mountbatten）放弃了将印度次大陆统一为一个国家的设想，转而发表"蒙巴顿方案"，提出一项"印巴分治"的具体计划。其主要内容是，把英属印度的居民按宗教信仰划分为印度和巴基斯坦两个自治领，分别建立自治政府。它们和英联邦的其他自治领如加拿大、澳大利亚地位相同，在国际法上是独立国家。巴基斯坦由东巴基斯坦（即今天的孟加拉国）和西巴基斯坦（即今天的巴基斯坦）组成，两部分相距1600公里，中间是印度领土。其他的王公土邦在"移交政权"后享有独立地位，可分别谈判加入印、巴任何一方。

"蒙巴顿方案"抛出后，1947年8月，印巴实现分治，成为两个自治邦，以后又于1950年和1956年分别宣布为独立的印度共和国和巴基斯坦伊斯兰共和国，但都留在英联邦内。1972年，巴基斯坦宣布退出英联邦。

南亚地区的民族构成十分复杂。印度继承了殖民时代的绝大部分领土和人口，在南亚次大陆占据绝对优势。20世纪40年代末期，印度政府通过暴力手段兼并各个土邦，基本实现了统一国家的建构。

在世界历史上，起初是没有巴基斯坦这个名称的，只有作为地理概念的印度。关于"巴基斯坦"的国名，一个被普遍接受的说法是，1933年，民族主义者乔杜里·拉赫玛特·阿里（Choudhary Rahmat Ali）在英国创造了"Pakstan"一词，由旁遮普、阿富汗（后来的西北边境省）、克什米尔、信德、俾路支斯坦五个地区中的"P""A""K""S""tan"拼成。他提出，这些英属印度中以穆斯林为主的省份应该独立，脱离印度，成立一个伊斯兰国家。后来这个词加上了字母"i"以便朗读，成为今天我们所知的巴基斯坦（Pakistan）。巧合的是，在波斯语和乌尔都语中，"巴基斯坦"的字面意思是"圣洁的土地"或"清真之国"。不过，巴基斯坦的穆斯林虽然实现了梦寐以求的独立建国，但是国家建成之后却长期面临凝聚力弱的问题，不仅国土分为东、西两大部分，而且西巴基斯坦内部也部族林立，存在四分五裂的风险。

这些国家建构和整合方面的问题是殖民主义留下的，也成为困扰两个新生国家的重大挑战。其中最重要的是克什米尔地区的归属问题。克什米尔位于英属印度的西北部，向东和中国接壤。在英国殖民时期，克什米尔实际由名义上独立的英国保护国查谟—克什米尔土邦统治。英国从印度撤军后，从英属印度独立出来的两个国家印度和巴基斯坦都要求克什米尔加入。一支由亲巴基斯坦的部落和巴基斯坦士兵组成的军队，自称"克什米尔解放军"，从巴基斯坦西北边境省入侵克什米尔。印度借此机会也进军克什米尔，扶植查谟—克什米尔土邦的统治者，由此导致了克什米尔战争的爆发。

局势从代理人战争一路升级。1947年10月，印巴双方正式在战场上兵戎相见。之后战局逐渐走向僵持。1949年1月，在联合国的调停下，印度和巴基斯坦正式停火，并划定了实际控制线。战争的结果是原先的查谟—克什米尔土邦彻底灭亡，西北部约五分之二的土地归于巴基斯坦，东南部约五分之三的土地并入印度。此后，克什米尔问题始终没有获得解决，成为印巴关系中主要的潜在引爆点。

南亚格局的变迁与第二次印巴战争

第一次印巴战争结束后，印巴双方都厉兵秣马，为下一次"不期而至"的战争未雨绸缪。

先来说说印度。印度开国总理贾瓦哈拉尔·尼赫鲁早年参加甘地领导的非暴力不合作运动,之后成为国大党领袖,并担任印度总理,执政17年,直至1964年去世,是任职时间最长的印度总理。尼赫鲁领导下的印度,仿照英国体制,建立了议会、政府、司法、教育系统,同时又借鉴美国经验,建立了联邦制。在社会政策上,尼赫鲁主张改革印度教,从法律上取消种姓制度。在经济上,尼赫鲁大力推进工业化,借鉴苏联的计划经济制度,优先发展重工业与基础工业,实施进口替代政策。尼赫鲁对内政策的四大原则是,民主、社会主义、团结与世俗主义。

在外交上,尼赫鲁同样建树颇丰,力图让印度"成为有声有色的大国"。前面也提到过,尼赫鲁是不结盟运动和万隆会议的倡导者之一,和周恩来总理等一起提出过和平共处五项原则,致力于第三世界国家的联合斗争。对于美国和西方世界,尼赫鲁的态度十分矛盾。一方面,尼赫鲁早年留学英国,长年的西方教育背景在他身上留下了深刻印记,而且他本人也相信西方式的政治制度具有优越性。另一方面,作为印度精英,尼赫鲁不会轻易忘怀英国殖民者统治印度时的斑斑劣迹,也反对美国在南亚推行其全球战略,将印度卷入冷战之中。在美国看来,尼赫鲁的内外政策证明他不会成为一个理想的合作对象。

因此,美国和巴基斯坦走到了一起。与尼赫鲁治下的印度相比,巴基斯坦的政坛比较动荡。1948年,巴基斯坦"国父"真纳因病去世。1951年,威信仅次于真纳的总理利亚格特·阿里·汗(Liaquat Ali Khan)被刺杀。这两位领袖先后去世,引发了一系列政治危机,政府频繁更迭。1958年10月,原任陆军总司令的阿尤布·汗(Muhammad Ayub Khan)发动政变,出任总统兼国防部部长,从此开始了长达10多年的个人集权统治。阿尤布·汗实行一系列铁腕措施，包括禁止政党活动，管控新闻出版，建立特别军事法庭等。

在外交上，由于在与印度的军事较量中占不到上风，阿尤布·汗选择找美国当"靠山"。同时，美国艾森豪威尔政府也想将巴基斯坦作为阻止苏联南下印度洋的地缘政治堡垒。于是，双方一拍即合，在1954年和1959年分别签订两个共同防御协定，允许美国在巴基斯坦部署军事基地。此外，巴基斯坦还加入了美国主导的"东南亚条约组织"和英国主导的位于中东的"中央条约组织"，成为西方围堵社会主义阵营战略中的一环。

既然巴基斯坦已经"邀请"外部大国力量介入南亚，印度也不能甘拜下风，在继续宣称"不结盟"的同时，开始借重苏联。1955年，尼赫鲁和赫鲁晓夫实现了两国领导人的互访，大批苏联对印援助随之而来。从1955年到20世纪60年代后期，苏联向印度提供了总计15亿美元的贷款，帮助印度在钢铁、能源等领域建立了几十家大型企业，其力度甚至可以和苏联对华援助相比。双方在国际舞台上相互支持。比如，苏联高调支持印度对克什米尔地区的主权要求，赞同印度采取强制手段夺回仍被葡萄牙殖民者所控制的果阿邦；印度则在苏联出兵干预匈牙利事件中拒绝指责苏联，在苏伊士运河危机中极力批评英法入侵埃及。

到了20世纪60年代，又发生了两件大事，使苏印关系进一步升级。一是中国和印度在1962年爆发了边境冲突。尼赫鲁在对华关系中做出了严重的战略误判，导致在战争中遭遇惨败，中印关系急剧恶化。尼赫鲁晚年为此而郁郁寡欢，不久之后在1964年去世。二是中国与苏联关系开始恶化，其中一个标志性的事件就是苏联明面上宣布在中印边境冲突中保持"中立"，但实际上非但没有支持社会主义盟友中国，反而采取了偏袒印度的立场和做法，还向印度转让了先进的喷气式战斗机技术，将中苏分歧暴露在全世界眼前，使中国大为光火。所以，印度虽然在对华战争中失利，但是在战略上却得到了苏联的强有力支持。

中印冲突让美国意识到印度在其对华遏制战略中的重要性，并开始对印度提供军事援助，企图借助援助将印度拉开苏联的"怀抱"。巴基斯坦对美国的亲印政策表达了不满，但并没有获得回应，只好本着"敌人的敌人就是朋友"的原则，开始加强对华接触。1965年3月，阿尤布·汗访华，中巴关系出现关键转折，这也是中国今天与"巴铁"亲密关系的起点。

1965年8月，印度控制下的克什米尔的穆斯林发动反对印度的武装斗争，引发了印度和巴基斯坦的军事冲突，第二次印巴战争爆发。在巴基斯坦遭遇军事挫折时，中国向中印边界调动军队，对印度造成了很大的压力，缓解了巴基斯坦的困局。最后，印巴两国在苏联的调停下实现了停战，两国领导人在1966年前往苏联的塔什干，在苏联主持下共同发表了《塔什干宣言》，第二次印巴战争告一段落。苏联作为战争的调停者，实际上已经成为对南亚影响力最大的地区外势力。中国因为成功对印度进行军事施压，与巴基斯坦的关系得到发展。南亚格局渐渐演变成以印度、苏联为一方，巴基斯坦、中国为另一方，美国影响力逐渐缩小的格局。

第三次印巴战争与孟加拉国的独立

1971年，第三次印巴战争爆发。这次战争的导火索不再是克什米尔，而是孟加拉地区。前面讲到，印巴分治之后，巴基斯坦的国土分为相隔1600公里的西巴基斯坦和东巴基斯坦。东巴基斯坦的孟加拉人由于地理与文化上的隔绝，被西巴基斯坦方面视为异己。西巴基斯坦的政治精英把政府机构牢牢控制在自己手里，既不愿与东巴基斯坦分享权力，也拒绝赋予东巴基斯坦社会以充足的自治权，甚至还拒绝承认孟加拉语享有与乌尔都语平等的地位。这一系列单方面的独断行为，引起了孟加拉人的强烈不满。东巴基斯坦占有人口数量上的优势。在1970年大选中，孟加拉民族领袖谢赫·穆吉布·拉赫曼（Sheikh Mujibur Rahman）领导的人民联盟获胜，成为议会第一大党，却没有在西巴基斯坦获得任何一个席位。1971年年初，东巴基斯坦人民举行大规模示威游行和罢工，抗议西巴基斯坦的统治，活动逐渐演变为"东巴基斯坦独立运动"，也被称为"孟加拉国解放战争"。巴基斯坦时任总统叶海亚·汗（Yahya Khan）取缔了人民联盟，逮捕了拉赫曼，派遣军队进入东巴基斯坦镇压独立运动。

印度这时的领导人是尼赫鲁的女儿、被称为"铁娘子"的英迪拉·甘地（Indira Gandhi）。印度希望借此机会肢解巴基斯坦，通过各种手段渗透东巴基斯坦，支持它独立。印度还与苏联签订《苏印友好合作条约》，形成了紧密的准盟友关系，使印度更加有恃无恐。美国当然不希望巴基斯坦被削弱，而跟苏联霸权主义坚决斗争的中国，则完全站在巴基斯坦一边。

1971年11月，印度以难民问题为借口，向东巴基斯坦地区发动大规模突然袭击，成功占领了东巴基斯坦地区，并扶植了一个自治政府。12月3日，西巴基斯坦军队为解东巴基斯坦守军之围，向印军发动攻击，以空军轰炸印度西部地区和克什米尔印占区的20多个军用机场。这样，印度与巴基斯坦的军队在东巴基斯坦和克什米尔两个战场同时交战。巴基斯坦在东巴基斯坦的军队惨败，约9万名军人和准军事人员成为战俘，在12月16日屈辱地投降，在克什米尔的战斗也没有取得胜利。在联合国的干预下，印巴双方于1971年12月17日实现停火，战争结束。1972年1月10日，孟加拉国正式成立，拉赫曼被巴基斯坦释放，成为孟加拉国的首任总统，被尊为"国父"。

中国于1971年恢复了在联合国的合法席位，马上就遇到了印巴战争和孟加拉国独立，而中国第一次在联合国安理会使用否决权，就是否决孟加拉国1972年加入联合国的申请。中国强烈谴责印度对巴基斯坦的侵略，拒不承认"拼凑出来的一个所谓的'孟加拉国'"。1974年2月，巴基斯坦承认孟加拉国，两国在新德里达成关于遣返巴基斯坦战俘的协议，开始和解。随后，孟加拉国于1974年加入联合国，中国同孟加拉国于1975年10月建交。

孟加拉国的独立，开创了战后民族解放运动中的一个先例，即它不是从西方殖民统治下独立，而是从已经独立的国家中分离出来的一个国家。我在2010年访问孟加拉国时，去参观了它的国家历史博物馆。印象最深的是，它对英国的殖民史一带而过，表达了对帮助它获得独立的印度和英迪拉·甘地的感激。同时孟加拉国人最憎恨的，是压迫它的巴基斯坦"国父"真纳，因为真纳将乌尔都语定为国语，强制在孟加拉地区推行，而孟加拉语和乌尔都语完全是两种语言。从这个例子可以体会到，民族和语言的认同对于国家统一有多么重要。

说起"孟加拉国"，有人会问：为什么巴基斯坦不叫"巴基斯坦国"，而孟加拉非要加个"国"字，这不是画蛇添足吗？对于这个问题，还真有解释的必要。作为一个地区、一个民族、一种语言和文化，孟加拉的英文是"Bengal"或者"Bangla"，自古以来就存在。"Bangladesh"的意思是孟加拉人的国家，它的尾音"desh"是孟加拉语中的"国家"。所以，在说到这个国家，而不是语言、民族、地区时，要用它的全称"孟加拉国"，而不是简称"孟加拉"。

三次印巴战争之后，这两个国家各自的发展都没有完全脱离原来的轨迹。同其他一些伊斯兰国家类似的是，巴基斯坦军人干政成为常态，军事政变时而发生。巴基斯坦国内民族分裂和恐怖主义的危险一直存在。巴基斯坦同印度的经济差距越来越大。2021年，印度的 GDP 全世界排名第 6，巴基斯坦排名第 42。经常有人提"印度崛起"，从来没听人说过"巴基斯坦崛起"。印度政治有很多弊病，包括官员腐败、种姓问题、印度教民族主义极端化等，发生过几次领导人遭遇谋杀的事件，但印度却从来没有发生过军事政变，联邦制也基本成功，号称"世界最大的民主国家"。尼赫鲁时代，印度借鉴苏联模式的"社会主义"，只取得过有限的成功。20 世纪 80 年代以后，印度引进了更多的市场机制，重视教育与科技，才有了更高质量的经济发展。

  从冷战时期开始的印巴关系紧张，延续至今，并没有真正稳定、缓和下来。我到印度访问过三次，到巴基斯坦访问过两次，深深感到这两个国家相互敌视的心理、相互隔绝的状态，不知道还需要多少年才会改变。

苏联与阿富汗战争

战后初期，苏联被迫结束了对伊朗北方的军事占领，巴列维王朝以美国为靠山。苏联虽然想利用伊朗伊斯兰革命的反美浪潮，但霍梅尼表示既反西方，也不亲苏联，没有引入苏联的思想和制度。相比之下，冷战时期，苏联对阿富汗的渗透则更为成功。但是，1979年苏联入侵阿富汗的战争，成为苏联同美国争夺霸权从平起平坐到走向失败的转折点。这一节就来讲讲阿富汗同苏联发生的纠葛。

冷战之前的阿富汗

从地理上看，阿富汗多山，整个国家几乎完全被山地覆盖，人只能聚居在峡谷，交通很不方便，村落和部族之间隔着高山，部族混战也时常发生。虽然阿富汗的经济不发达，地处内陆，大部分自然资源没有被开发，但战略位置却非常重要，自古以来就是欧亚帝国和世界大国相互对抗和竞争的舞台，曾经也分别同当年军事上最强大的国家发生过战争。从公元前4世纪到公元14世纪，马其顿帝国的亚历山大大帝、蒙古帝国的成吉思汗和帖木儿，都曾经在阿富汗留下足迹。不管周边兴起什么王国、帝国，都要置阿富汗于自己的卵翼之下。不过这些国家对它的统治也很松散，只是归入名下，当地事务主要还是由村落和族群自己管理。

阿富汗王国建立于1747年，曾一度强盛，是国力仅次于奥斯曼帝国的伊斯兰国家。19世纪后半叶，英国为了与沙俄帝国争夺中亚并控制印度的西北边境（即现在的巴基斯坦），先后发动了两次阿富汗战争。19世纪末，阿富汗成为英属印度和俄国管辖下的中亚之间的缓冲区。1919年，阿富汗酋长国入侵英属印度殖民地，从而爆发了第三次英阿战争。这时英国的主要注意力放在"一战"后的欧洲，无暇顾及阿富汗。经过三个多月的斗争，英国最终正式承认了阿富汗独立。

苏俄成为世界上第一个与阿富汗建立外交关系的国家，于1921年与阿富汗签订了互不侵犯条约。这项条约规定，阿富汗人可以经过并从苏俄过境，奠定了双方社会交往的基础。阿富汗与苏俄（苏联）之间有着2000多公里的共同边界，塔吉克、乌兹别克、土库曼等民族在两国边境地区跨国而居，所以阿富汗对苏联的国家安全和民族稳定非常重要。

从这段历史可以看到，英国和俄国（以及后来的苏联）是对阿富汗影响最大的两个外部势力。两大国都力争在阿富汗培育盟友和代理人，从而激化了阿富汗内部各族群和政治势力之间的矛盾。阿富汗是多族群的国家，许多族群都是跨国界分布的。其中普什图人占人口的40%，多分布在阿富汗南方；塔吉克人占25%，还有哈扎拉人、乌兹别克人、土库曼人等20多个族群。绝大多数阿富汗人信仰伊斯兰教。

现在很难想象的一个历史事实是，一个世纪之前的阿富汗，其实是伊斯兰世界的现代化先行者之一。20世纪20年代，土耳其领导人凯末尔（Mustafa Kemal Atatürk）和波斯国王礼萨·汗分别进行了现代化和世俗化的改革。就在同一时期，阿富汗的阿曼努拉·汗（Amanullah Khan）国王效仿凯末尔，雄心勃勃地想把阿富汗改造为现代世俗国家。他领导下的阿富汗，在独立之初就制定了宪法，建立了一批现代学校、股份公司、贸易公司。阿曼努拉·汗国王的政府努力融入国际社会，得到了苏俄的支持。但遗憾的是，当国王的改革触动了宗教财产和妇女解放等敏感问题时，许多宗教势力和持有传统观念的民众进行了强烈抵制，社会矛盾激化，最终爆发了叛乱和内战。改革进行了不到10年，阿曼努拉·汗国王就被迫退位。王权从他所在的普什图人转移到塔吉克人的政治势力手中，两大族群的矛盾加深。不过，那个时候，阿富汗的现代化改革还没有遭遇颠覆性的反抗。

穆罕默德·查希尔·沙阿（Mohammed Zahir Shah）于1933年开始执政。他也致力于现代化改革、开放媒体和言论自由，建立国家银行，大力发展经济，被称为阿富汗"国父"。但是，1947年英国撤离南亚，印度和巴基斯坦分治，使阿富汗的外部环境和对外政策发生了很大变化，陷入了国际冲突的旋涡。作为阿富汗最大的族群和巴基斯坦第二大族群的普什图人，被分割开来。印巴分治时划入巴基斯坦的普什图人，主要居住在与阿富汗接壤的西北边境省。阿富汗和巴基斯坦的分界线被称为"杜兰线"，是由19世纪末英国外交大臣莫蒂默·杜兰（Mortimer Durand）划定的。虽然它受到了国际认可，但阿富汗历届政府都不承认这条边界线，成为巴阿两国交恶的根源。

1947年9月，巴基斯坦申请加入联合国时，阿富汗投了反对票。阿富汗政府公开支持巴基斯坦普什图人"民族自决的合法权利"，与巴基斯坦关系十分紧张，双方的边防部队甚至发生过小规模的冲突。阿富汗许多政治精英认为，阿富汗有权收回巴基斯坦境内普什图人居住的地区。他们企图建立一个普什图人的国家——"普什图尼斯坦"。为此阿富汗和巴基斯坦一度断绝外交关系。

苏联干预阿富汗内部事务

在冷战时期，印度亲苏联，巴基斯坦亲美国，苏联和巴基斯坦之间的阿富汗，于是就成为美国和苏联争相拉拢的目标。

1953年，阿富汗同巴基斯坦的关系骤然恶化。在两国边界争议地区，阿富汗边民频繁发生骚乱，致使巴基斯坦宣布封锁两国边界，切断了阿富汗通往印度洋的贸易生命线。同年9月，查希尔国王的堂兄、妹夫穆罕默德·达乌德·汗（Mohammad Daoud Khan）出任首相，从此大权在握。从20世纪50年代起，苏联开启了对阿富汗的重大经济和军事援助计划，包括石油和天然气开发、运输、灌溉、贸易等领域的合作。1956年，苏联与阿富汗达成了一项重要武器协议，帮助阿富汗军队进行现代化改造。达乌德首相积极改善同苏联的关系，同苏联签订了一系列边界、经贸协议，并在许多政治问题上站在苏联一边，被西方舆论戴上了"红色亲王"的帽子。

达乌德的所作所为引起奉行中立外交政策的查希尔国王的不满。1963年，查希尔国王毫不犹豫地解除了达乌德的首相职位，任命与国王立场接近的穆罕默德·优素福（Mohammad Yusuf）接任首相。同年，查希尔国王制定新宪法，规定行政权由国王任命的首相掌握，立法权属于由两院组成的议会。然而，查希尔国王对达乌德疏于防范。1973年7月17日凌晨，首都喀布尔大街上一片寂静，达乌德在一批接受过苏联培训的青年军官的支持下，发动军事政变。政变部队得到苏联和亲苏政党人民民主党的支持，很快控制了局势。3天后，苏联率先承认达乌德政府，统治阿富汗40年的查希尔王朝宣告灭亡。"阿富汗共和国"成立，达乌德出任总理兼外交部部长、国防部部长以及最高经济委员会主席，后来又出任总统。正在国外治病的查希尔国王随即在罗马宣布引退。此后，他一直蛰居意大利。

根据北京大学阿富汗问题学者钱雪梅的研究，这一时期阿富汗出现了三大政治潮流——伊斯兰主义、共产主义、民族主义。早在伊朗伊斯兰革命前，阿富汗就出现了穆斯林叛乱的迹象。伊斯兰激进势力扬言要在阿富汗境内建立反政府武装，对达乌德政权构成威胁。伊朗革命之后，其领袖霍梅尼努力在阿富汗推行伊斯兰主义，既反对西方干涉，也警惕苏联渗透。阿富汗人民民主党的一些领导人则号称信仰共产主义，受到苏联的强力支持。苏联很担心伊斯兰原教旨主义势力的扩张，也反对亲美势力上台。

达乌德是民族主义的核心人物。1973年阿富汗政变后，达乌德意识到他的亲苏政策，使阿富汗与伊朗、巴基斯坦、海湾产油国和西方的关系疏远了，收到的外援大幅减少，而且国内亲苏势力的壮大，威胁到了他的政权。于是达乌德重申独立和不结盟政策，强化与周边邻国的关系，减少对苏联的依赖，并转而寻求与西方国家尤其是美国建立更为密切的关系。

1973年第四次中东战争结束后，美国促成埃及同以色列讲和，在中东同苏联的竞争中取得上风。于是苏联愈发重视阿富汗的战略地位。一种战略构想是，一旦控制了阿富汗，苏联就能通过阿富汗向南扩张到印度洋、波斯湾等地，钳制北约势力，这是苏联谋取世界霸主地位梦寐以求的。所以，苏联决不能允许达乌德政权倒向美国。

"四月政变"和喀布尔的残酷内斗

达乌德执政后，虽然在努力推动经济发展，但是他建立的政治体制和以前的君主立宪制没有多大区别，同样是专制，甚至更加极权。达乌德推行的国有化、土地改革等一系列改革措施，超越了阿富汗极端落后的国情,使阿富汗经济每况愈下,引起民众的不满。新政权打击部落首领和传统宗教势力,激起了伊斯兰教士支持的一些部落武装的叛乱,致使全国政局出现混乱。

当达乌德的施政措施遭到部落和宗教势力的抵制后,他的政治主张开始向右转,这受到以阿富汗人民民主党为首的左翼力量的抨击。达乌德撤换并清洗执政集团和军队中的亲苏分子,和人民民主党的合作关系破裂,更引起了苏联的不满。在苏联克格勃的帮助下,许多阿富汗军官,特别是曾受过苏联培训的年轻军官陆续加入人民民主党。

1978年4月27日,在苏联的支持下,阿富汗人民民主党成功发动军事政变,在一天之内就夺取了政权,史称"四月政变"。政变领导人对前任统治者采取了肉体消灭的血腥手段。被俘的达乌德总统和他的弟弟纳伊姆（Naim Khan）拒绝投降,政变部队当着他们的面枪杀他们的亲属,达乌德一家30多口,除了一个孙女幸免于难外,包括3个儿子和儿媳全部被杀,最后枪杀了他本人。政变领导人还下令大批屠杀被俘或投降的军政高官、总统府卫队、警察部队和其他治安部队人员,死亡人数达2000人以上。

政变后的阿富汗改国名为"阿富汗民主共和国",照搬苏联体制和意识形态。不过,人民民主党内部一直有派系斗争,一派是推崇改良的"旗帜派",另一派是倾向革命的"人民派"。政变成功后,在人民派的努尔·穆罕默德·塔拉基（Nur Muhammad Taraki）领导下成立了一个文官政府,内阁人选由人民派和旗帜派分别任命。塔拉基是部长会议主席,巴布拉克·卡尔迈勒（Babrak Karmal）出任部长会议副主席（旗帜派）,早年留学美国的哈菲佐拉·阿明（Hafizullah Amin）（人民派）担任部长会议副主席兼外交部部长。但是,两派之间的团结只持续了很短的时间。政变后两个多月,塔拉基和阿明就把大部分旗帜派成员从政府职位中撤职。卡尔迈勒被派往国外，出任驻捷克斯洛伐克大使。

此时，人民民主党努力实施"社会主义"改革。喀布尔随处可见苏联式的口号、画像、标语等，从传统的黑色和伊斯兰绿色变为近乎复制的苏联红旗。改革触动了阿富汗农村地区的部落经济结构，禁止借贷等举措导致农业生产下降。在不断刺激之下，伊斯兰主义的怒火被点燃，国内陆续爆发大规模叛乱。

阿明与塔拉基清除了共同的对手卡尔迈勒后，两人之间的权力斗争开始白热化。阿明比塔拉基更加独断专行，而且心狠手辣。1979年7月后，克格勃怀疑阿明和美国中情局暗通款曲，所以苏联高层做出了"除掉阿明"的决定。塔拉基到访莫斯科时，勃列日涅夫暗示阿明正在密谋发动政变，要求塔拉基尽快除掉阿明。莫斯科没有料到的是，9月中旬，喀布尔总统官邸发生了枪战，塔拉基反倒被阿明罢免并最终处决。随后阿明出任阿富汗的主要领导职务。在短暂执政的三个月中，阿明试图改善与巴基斯坦和美国的关系，考虑以承认杜兰线来换取巴基斯坦不再支持反政权的游击队。这些举动，坐实了苏联对阿明"亲美"的怀疑。

11月，反政府武装切断了通往首都喀布尔的南北大道，阿明政权危在旦夕。在莫斯科看来，如果反政府武装上台执政，就意味着伊朗支持的伊斯兰宗教极端主义将席卷阿富汗，向苏联的中亚地区渗透；即使阿明政权没有被颠覆，它也可能倒向美国和巴基斯坦。不论是哪种局势，都将使"已经走上社会主义道路"的阿富汗脱离苏联的控制。

苏联出兵阿富汗

苏联在出兵阿富汗问题上的考虑是相当慎重的。1979年春天，在阿富汗边境城镇赫拉特爆发穆斯林暴乱后，苏联高层在勃列日涅夫缺席的情况下多次召开会议，探讨出兵阿富汗的必要性和可行性。部长会议主席柯西金表示："如果出兵阿富汗，苏联将面对整个穆斯林群体。穆斯林的宗教信仰将会把阿富汗平民团结在一起。"国家安全委员会主席安德罗波夫对柯西金的观点予以肯定。外交部部长葛罗米柯也认为，如果苏联贸然出兵，将毁掉之前为美苏缓和以及核裁军而付出的一切努力，还可能会疏远第三世界和不结盟国家。因此苏联领导人拒绝了阿富汗方面对苏联出兵的请求，只应允继续给予经济和军事援助。

但是1979年9月阿明政变后，阿富汗内外形势更加扑朔迷离，反政府的派别提出了驱逐苏联外交人员和专家的要求。从10月到12月初，苏联高层多次举行政治局会议，反复权衡出兵阿富汗的利弊，最终在12月8日的政治局会议中做出决议——"要么通过克格勃除掉阿明，要么直接派遣军队完成此任务"。12月10日，国防部部长乌斯季诺夫（Dmitry Ustinov）下达口头命令，暗中进行作战准备。

12月12日，北约通过了在西欧部署"潘兴"导弹和陆基巡航导弹的计划，这大大刺激了克里姆林宫的领导人，使他们加快了武装入侵阿富汗的步伐。当天深夜，勃列日涅夫主持苏共中央政治局会议，达成一致意见，签署了《苏共中央关于阿富汗形势的决议》，正式决定军事介入阿富汗。为了掩盖出兵的真正意图即除掉阿明，苏联驻阿富汗大使在苏军集结之前通知了阿明，表示"苏方接受阿方请求，统一增派军队到阿富汗，部队将于12月25日抵达阿富汗境内"。完全蒙在鼓里的阿明，对苏联使馆的通知表示感激不尽，并让阿富汗政府军加以配合。此前阿明要求苏联提供一支由中亚加盟共和国的穆斯林军人组成的警卫队，以保卫他的个人安全。苏联方面将计就计，12月向阿富汗派出了一个约500人、身着阿富汗军装的"穆斯林营"。

1979年12月25日正值圣诞节，乌斯季诺夫签署了作战命令。莫斯科时间26日凌晨，苏联空军和第40集团军进入阿富汗境内。当日，勃列日涅夫再度召开政治局会议，一方面具体研究了剿灭阿明政权的军事行动方案，以及将政权移交给被苏联"雪藏"的"旗帜派"领导人卡尔迈勒；另一方面，苏联高层研究了出兵阿富汗事件的宣传工作文件，包括内外宣传的不同口径。稿件对象不同，措辞和内容也不同，但都强调了三个重点：第一，阿富汗形势急剧恶化；第二，出兵根据的是"阿富汗民主共和国领导集体"的请求；第三，"一旦导致这种行动的理由不复存在，苏联军队就立即撤出阿富汗"。发给苏共各级党组织的通报信，内容上则增加了关于苏联的战略安全和意识形态考量。

12月27日，包括由俄罗斯人（即非穆斯林）组成的特种部队和克格勃人员在内的700多名身着阿富汗制服的苏联士兵，占领了喀布尔市内政府、军事、媒体的主要部门和总统官邸。紧接着，克格勃小组实施名为"风暴333"的斩首行动计划，阿明及其家人全部被枪杀。那支苏联派来"保护"阿明的"穆斯林营"，在这次行动中成了里应外合的"特洛伊木马"。此前，卡尔迈勒乘坐安德罗波夫的专机秘密抵达喀布尔机场。为了隐蔽身份，他和几个党羽混在苏联伞兵中间。苏军占领喀布尔的当天，卡尔迈勒就组成了阿明之后的阿富汗新政府，成为完全听命于苏联的傀儡政权。

苏联出兵阿富汗，对于美国卡特政府而言毫不意外。美国一直在密切关注阿富汗政局以及苏联的反应，积极收集相应情报，因此对于苏联的军事准备、行动目标和入侵阿富汗的直接原因有着准确且全面的分析判断。但是美国没有即刻做出强烈回应，甚至有意制造毫不在意的错觉。美国认为，与其制定追使苏联立即从阿富汗撤军这一难以实现的目标，不如让苏联在阿富汗付出巨大代价。

1980年1月23日，卡特总统发表国情咨文指出，美国面临的挑战由三个基本事态造成：一是苏联军事力量不断增长并且更多地在国外使用；二是工业民主国家在很大程度上依靠中东的石油供应；三是许多发展中国家面临社会、宗教、经济和政治变革的压力。卡特声称，任何外部力量企图控制波斯湾地区的尝试，都被视为对美国切身利益的进攻，美国将使用包括军事力量在内的一切必要手段，打退这种进攻。这个讲话被称为"卡特主义"。卡特主义的提出，表明美国改变了20世纪70年代后对苏联的缓和政策，从强调缓和、裁军转变到强调竞争、对抗，从人权外交转变到依靠实力。随后，卡特政府从莫斯科召回美国驻苏联大使，暂停对苏联的高技术出口，美苏第二阶段限制战略武器条约的批准被无限期推迟，美苏重回对抗局面。

中国作为阿富汗的邻国，严厉谴责苏联的武装侵略，坚决支持阿富汗人民的"英勇抵抗"，而且将苏联在蒙古国和中苏边境陈兵百万、苏联支持越南侵略柬埔寨、苏联侵略阿富汗威胁中国西部安全，并列为两国关系正常化的三大障碍。与此同时，苏联与伊斯兰世界和第三世界很多国家的关系也一落千丈。1980年7月，第22届夏季奥运会在莫斯科举办，在国际奥委会承认的147个国家和地区里，因苏联侵略阿富汗而公开抵制或拒绝参加的占五分之二，其中包括中国。1981年1月，35个伊斯兰国家在巴基斯坦首都伊斯兰堡召开会议，谴责"苏联对阿富汗人民的军事侵略"。在对外交往中，苏联陷入了空前孤立的境地。

阿富汗人民反对卡尔迈勒政权的斗争，把矛头直接指向支撑它的苏联。原先反改革、反政权的伊斯兰保守势力，迅速扩大为抗苏的联合阵线，而且得到了美国、巴基斯坦、沙特阿拉伯等国的支持。整个20世纪80年代，汹涌澎湃的抗苏斗争席卷阿富汗。

阿富汗后续的事情是，在苏联操纵下，1986年5月，阿富汗人民民主党推选穆罕默德·纳吉布拉（Mohammad Najibullah）为党中央总书记，卡尔迈勒随后被免职，到莫斯科"休养和治疗"。苏联解体后，阿富汗爆发内战，1992年4月，纳吉布拉政权垮台，纳吉布拉躲到联合国驻喀布尔办事处避难。1996年9月，伊斯兰激进组织塔利班攻入喀布尔，塔利班士兵闯入联合国办事处，将纳吉布拉从里面拖出来，指责他信奉无神论、背弃伊斯兰教，以惨不忍睹的方式将他当众折磨致死，年仅49岁。1996年12月，卡尔迈勒因病在莫斯科去世。和他前后的阿富汗最高领导人（达乌德、塔拉基、阿明、纳吉布拉）的最后结局相比，卡尔迈勒是幸运的，是唯一没有死于非命的人。阿富汗政治斗争之残酷，由此可见一斑。

关于阿富汗在冷战中的故事，先讲到这里。至于阿富汗战争在苏联领导层造成了什么争论，对苏联共产党的垮台造成了什么后果，"冷战的尾声"一章将会对此再做介绍。

非洲的冷战与热战

本节要讲的是在国际关系领域相对陌生或者常常被忽略的一个大陆——非洲，看看这片大陆在冷战时期经历了什么。非洲北部的主要国家有埃及、阿尔及利亚等，北非和西亚在政治和文化上比较接近，统称为中东地区，居民多数是阿拉伯人，信仰伊斯兰教。对于中东的"故事"，前文已经讲过，这一节主要涉及的是撒哈拉沙漠以南的非洲，过去俗称"黑非洲"，因为这里的绝大多数居民是黑人。

前面的章节提到，在世界民族解放运动浪潮的推动下，从20世纪50年代中期到20世纪60年代末，非洲大陆陆续诞生了30多个独立国家。1974—1975年，安哥拉、莫桑比克等国宣布独立，非洲整个殖民体系宣告解体。1980年，津巴布韦宣布独立。1990年3月，非洲最后一块殖民地纳米比亚获得独立。实行种族隔离制度的南非白人政权也逐渐放弃了种族歧视政策。1994年，南非举行了历史上第一次不分种族的全国大选。黑人领袖纳尔逊·曼德拉（Nelson Mandela）当选为总统，宣告南非共和国的新生。纳米比亚共和国的成立和新南非的诞生，标志着非洲人民争取民族独立的历史任务，在冷战后时代完成了。

冷战背景下非洲国家的政治转型

1958年4月,第一次非洲独立国家会议在加纳首都阿克拉召开,利比里亚、加纳、埃及等8个国家参加,非洲统一运动正式开始。1963年5月,31个独立的非洲国家在埃塞俄比亚首都亚的斯亚贝巴举行首脑会议,签署了《非洲统一组织宪章》。

但是,在国情、语言、文化、宗教如此多元的非洲大陆实现统一谈何容易。肯尼亚出生的著名政治学者阿里·马兹鲁伊(Ali Mazrui)认为,非洲文明是本土文明、基督教文明和伊斯兰文明的结合。在非洲各个传统社会里,氏族、部落、部落联盟等松散的血缘共同体,是重要的社会组织形式和基本政治单位。北京大学非洲问题学者李保平指出,撒哈拉以南非洲的传统文化,以本土的部族文化、口传文化和大众文化为特征,社会文明发展处于初级阶段。因此,非洲各国独立后试图建立类似于现代西方的政治制度时,势必遇到极大的阻力。

19世纪末,西方列强完成对非洲的瓜分后,派遣总督、行政长官作为宗主国的代表,全面掌控非洲属地的权力,建立了以西方派驻的总督为权力中心的殖民地体制。后来,殖民统治者对当地酋长、头人等上层人物的职务予以保留或恢复,通过原有的行政组织进行"间接统治",使这些组织成为维护殖民统治的工具。"二战"之后,在非洲民族解放运动的压力下,西方殖民国家被迫加快调整政策的步伐。比如,在英国统治下的加纳,立法会议的成员自1951年起便由普选产生。黑人政治领袖克瓦米·恩克鲁玛领导的人民大会党在1956年的大选中获胜,组成自治政府,英国政府予以认可。1957年3月,加纳正式获得独立。

在非洲国家独立初期的20世纪50年代,绝大多数非洲独立国家的政治体制,基本上以宗主国的体制模式为蓝本,都要颁布宪法,成立议会，实行立法、司法、行政三权分立，建立两个以上的政党，采用竞争性的选举制度，等等。但是，三权分立、多党竞争型的政治体制很快暴露出它的弊端，难以达到年轻的非洲国家进行民族融合和国家统一的要求。

正是在这个时候，冷战高潮出现了。社会主义国家的政治制度和意识形态，对非洲国家有着强大的吸引力。加纳总统恩克鲁玛、几内亚总统艾哈迈德·塞古·杜尔（Ahmed Sékou Touré）、马里总统莫迪博·凯塔（Modibo Keïta）、坦桑尼亚总统朱利叶斯·尼雷尔（Julius Nyerere）、赞比亚总统肯尼思·卡翁达等第一代非洲领导人，都公开宣布他们信奉社会主义。这些非洲领袖都为争取国家独立做出过杰出贡献，曾在本国人民和非洲人民中享有崇高的威望，被尊称为"民族英雄""国父"，甚至"非洲之父"。许多非洲领导人和社会精英认为，一党制才符合非洲传统社会的特性。他们说，领导人民取得独立的主要政党和领袖上台执政，"打江山的人坐江山"，理所当然。他们还指出，发展民族经济，摆脱贫穷与愚昧，防止两极分化，都需要权力集中。

于是，从20世纪60年代到80年代，大多数新独立的非洲国家纷纷改制，多党竞争的议会民主制度逐步被威权型的政治体制取代。国家权力集中到执政党领袖、国家总统手中。一党制取代多党制的普遍路径是，执政党利用在立法机关的多数地位，修改宪法，确定执政党为唯一合法政党，对其他政党予以解散或取缔。

在最先独立的加纳，恩克鲁玛总统在1964年1月提出宪法修正案，要求加纳人民大会党成为唯一合法政党，修正案以99.91%的选票获得通过。恩克鲁玛成为国家终身总统和执政党终身主席。几内亚于1982年5月通过《几内亚人民革命共和国宪法》，以法律的形式确定了党国合一的体制。从此，塞古·杜尔一人兼任党的总书记、共和国总统、"革命最高负责人"、武装部队总司令等职务，成为几内亚至高无上的主宰者。塞古·杜尔从1958年开始在几内亚执政，直至1984年在美国一家医院逝世，执政时间长达25年。

在另外一些非洲国家，比如尼日利亚、刚果（金）、马达加斯加、马里、多哥等国，开国领导人和执政党的威望和影响力不强，往往通过军事手段推翻原来的民选政府，解散原有的议会和政党，成立一个新的唯一合法的执政党，军事政变领导人成为党的领袖和国家元首。在这方面最突出的事例，是1965年刚果（金）军队总司令蒙博托·塞塞·塞科（Mobutu Sese Seko）在武装夺取政权后自任国家元首，执政长达32年。

这样，独立初期实行多党制的非洲国家，或者通过和平的高压手段，或者通过流血的军事手段，多数改行一党制或取消一切政党。到20世纪80年代末，在撒哈拉以南非洲当时44个独立国家中，只剩下了博茨瓦纳、毛里求斯等极少数国家，还在实行西方式的多党制度。

不过，权力高度集中的政治体制和国家主导的"非洲社会主义"经济发展战略，受到日益严重的挑战。某些非洲领导人的个人权力膨胀，为执政者利用职权聚敛财富和营私舞弊提供了温床。加纳是西非古国，在独立初期是非洲的富裕国家，原称"黄金海岸"。20世纪60年代初，恩克鲁玛总统开始推行激进的社会经济改革，致力于工业化，对种植园实行国有化，减少对外国资本、技术和商品的依赖。恩克鲁玛好大喜功的建设项目耗尽了国库，造成巨大财政赤字，经济状况恶化，国内政局酝酿危机。

1966年2月，加纳发生军事政变，恩克鲁玛这时正取道北京，准备访问越南。当他在北京钓鱼台国宾馆下榻后，中国外交官对他说："总统阁下，报告您一个不幸的消息，加纳发生了政变。"这完全出乎恩克鲁玛的意料。在这一危难时刻，周恩来总理两次同恩克鲁玛单独会谈，劝他要冷静对待，总结教训，积蓄力量，做长期斗争的准备。但是几天以后，随行的几十个官员纷纷离他而去，加纳驻华大使也宣布不承认他为加纳总统。恩克鲁玛只好流亡海外，曾指望几内亚的塞古·杜尔总统和坦桑尼亚的尼雷尔总统帮助他回国夺权，但终究回天乏力，他本人1972年病逝于罗马尼亚。

美苏在非洲的战略竞争

从加纳等国的事例可以看到，非洲一些国家曾经受到苏联、中国等社会主义国家发展模式的影响，在去殖民化进程中对西方国家采取排斥态度。苏联打着反对殖民主义和帝国主义的旗帜，对非洲提供了一些军事和经济援助，赢得了普遍好感。美国为保持国际形象，迎合"去殖民化"潮流，不得不同苏联一起对欧洲殖民国家施加压力。但是，冷战初期美国对非洲并不重视。截至1958年，美国对非洲的援助额仅占美国对外援助比重的1.4%，这就给苏联对非洲的扩张提供了可乘之机。总体上说，在冷战初期的非洲，苏联的势头压过了美国。

1958年，美国意识到了同苏联在非洲竞争的重要性和紧迫性，开始对非洲加大投入。首先，美国积极开展政治宣传，提出"非洲是非洲人的非洲"等口号，抵制苏联的意识形态渗透，不过效果不佳。其次，美国与亲西方的非洲政权巩固关系。1953年以后，美国同埃塞俄比亚签订了《共同防御条约》等10多个军事和经济协定，并在埃塞俄比亚设立了军事基地。为拉拢当时亲西方的海尔·塞拉西皇帝（Haile Selassie I），美国从1945年到1971年向埃塞俄比亚提供了高达4.4亿美元的军事援助。埃塞俄比亚军队加入了美国纠集的"联合国军"，参加了朝鲜的上甘岭战役。1960年，刚果（利）获得独立。刚果（利）即刚果民主共和国，后改称"扎伊尔共和国"，又改称刚果（金）。美国支持军人蒙博托发动政变，蒙博托掌握政权后奉行亲美政策,刚果(金)成为美国在中部非洲的前沿阵地。

同时,美国积极拉拢南非和罗得西亚(现在的津巴布韦)的白人政权,帮助它们摆脱因种族隔离和违反人权而受到的国际制裁。艾森豪威尔政府和肯尼迪政府大力开展"粮食用于和平"计划,将美国的剩余农产品出售到非洲,又用换取的货币支付当地从事基础设施建设等行业工人的工资,达到援助的效果。到1963年,美国对非洲援助额占它对外援助总额的比重上升到了10%左右,其中"粮食用于和平计划"的援助额占美国对非洲援助总额的36%。由于非洲普遍面临严重的粮食问题,美国的粮食外交取得了很大成功,增强了非洲对美国的依附性。

20世纪60年代中期到70年代中期,美苏关系出现了缓和,它们在非洲的争夺态势随之进入间歇期。这一时期美国深陷越南战争的泥淖,对全面干涉非洲事务力不从心。同时,这一时期非洲局势动荡,军事政变频繁发生。除了加纳1966年的政变以外,西非国家马里在1968年11月也发生了不流血的军事政变。凯塔领导下的马里执政党的意识形态号称是马克思列宁主义、民族传统文化和伊斯兰教的融合,但是操之过急的发展计划导致严重的经济困难,民众怨声载道。穆萨·特拉奥雷(Moussa Traoré)率领一批马里青年军官推翻了凯塔政权,从此开始了长达23年的军事专制。不过,加纳、马里等国的政变,并没有产生亲西方政权。西非地区的美苏竞争,暂时告一段落。

这时,美苏在非洲的争夺,开始集中在非洲的西南部和东北部。20世纪60年代,葡萄牙的非洲殖民地陆续爆发民族解放战争。在非洲西南部的安哥拉,从20世纪50年代中期到20世纪60年代,先后出现了三个民族解放组织:安哥拉人民解放运动(简称"安人运")、安哥拉民族解放阵线(简称"安解阵")和争取安哥拉彻底独立全国联盟(简称"安盟"),武装斗争规模越来越大。1974年4

月,统治葡萄牙长达42年的极右政权,被一批中下级军官组成的"武装部队运动"推翻,葡萄牙开始进入民主化进程。1975年1月,葡萄牙政府同意安哥拉独立,三个民族解放组织的主席在首都罗安达联合组成安哥拉过渡政府。但由于苏联插手,导致三方分裂。葡萄牙军队刚刚撤出,苏联支持的"安人运"就宣布成立安哥拉人民共和国。美国当然不希望苏联、古巴支持的"安人运"单独上台执政,于是扶植另外两大派系"安盟"和"安解阵"与之对抗。美国还拉拢南非白人种族主义政权和扎伊尔为自己效劳,利用两国基地为"安盟"和"安解阵"提供军火。

与此同时,美国还将注意力集中在包括埃塞俄比亚、索马里所在的非洲东北部,即所谓"非洲之角"。在苏联看来,加纳、马里发生的政变推翻了左翼领导人,使它失去了在西非的战略据点。莫斯科不得不调整它的非洲战略,从过去的全面出击,转向重点经营非洲东北地区。这样一来,美苏两国就同时把战略竞争的焦点转向了"非洲之角"。

美苏介入安哥拉内战

1975年9月,安哥拉内战全面爆发。交战的一方是得到苏联和古巴支持、自称信奉马克思主义的"安人运",另一方是得到美国、南非、扎伊尔等国支持的"安盟"与"安解阵"。这些国家都把安哥拉不同武装派别作为实现自己利益的代理人。中国对安哥拉争取民族独立的各派武装都提供过军事支持,在内战中的公开立场是劝和促谈,但反对苏联和古巴的扩张和干涉行为,所以和美国有过一些私下的政策协调。

在安哥拉内战之初,得到了苏联强力支持的"安人运"很快占据上风,控制了安哥拉首都罗安达。但在当年10月,实行种族隔离政策的南非政府公开加入战争,从与安哥拉接壤的西南非洲(独立后改名为纳米比亚)派出了接近 2000 人的军队,为"安盟"和"安解阵"提供公开支持,很快就帮助"安盟"攻占了 5 座省会城市,内战局势出现了逆转。

古巴领导人卡斯特罗得到苏联"老大哥"的援助,派兵卷入了安哥拉内战。10 月 7 日,第一批派遣到安哥拉的古巴军队只有 250 人,但战斗力远胜安哥拉各派武装。古巴军队首战告捷,出动坦克和军用飞机击溃了只有皮卡和迫击炮的"安盟"与南非联军。美国不得不加大对"安盟""安解阵"的武器援助力度,并且指使南非和扎伊尔派出更多的雇佣军,重创古巴军队。

遭遇挫折之后,古巴派出了更多军队。1975 年 11 月,在安哥拉的古巴军人已达 9000 多人,配备各种重型武器和几架苏制米格-21 战斗机,碾压美国和南非支持的武装。1975 年 11 月 11 日,"安人运"在首都罗安达宣布安哥拉正式建立安哥拉人民共和国。11 月 23 日,"安盟"和"安解阵"宣布组建联盟,成立了安哥拉民主人民共和国。这两派的联盟没有维持多久,"安解阵"就销声匿迹了。"安人运"在内政和外交中都占了上风。1976 年 12 月,"安人运"政府代表安哥拉成功加入联合国。这一时期,除了古巴以外,公开参战的外国军队基本撤出了安哥拉领土。

从 1986 年开始,美苏再次加强了对安哥拉不同派别的支持,安哥拉内战进入白热化阶段。1986 年 1 月,"安盟"首领萨文比(Jonas Savimbi)受到美国总统里根的邀请访问白宫。20 世纪 80 年代后期,随着国际形势的变化,苏联国力日渐衰弱,减少了对"安人运"的支持。古巴也从安哥拉撤回了全部军队。由于美苏缓和,安哥拉不再具有对抗苏联的战略价值,所以美国也减少了对"安盟"的支持,很快从安哥拉脱身。

1990 年,南非白人政权被迫允许纳米比亚独立,南非和安哥拉不再接壤，南非对"安人运"的威胁接近消失。1990年12月，"安人运"将国内政体改为多党制，但仍然牢牢掌握政权，"安盟"支持者大量倒戈。

冷战结束后，安哥拉内战却仍未停止。2002年2月，安哥拉政府军在一次战斗中将"安盟"首领萨文比击毙。此时"安盟"大势已去，解散了自己的武装。这场持续了27年的安哥拉内战终于结束。在27年的"代理人战争"里，安哥拉有80万人死亡，400万人流离失所，沦为难民。战争摧毁了安哥拉的基础设施，严重破坏了经济和文化教育，损失无可估量。

欧加登战争及后期非洲格局

在安哥拉爆发内战的同一时期，非洲东北部的欧加登战争也打得如火如荼。欧加登地区是埃塞俄比亚和索马里之间面积达38万平方公里的领土，"二战"后划归埃塞俄比亚，但当地居民主要是索马里人。1960年，索马里独立后，对欧加登提出领土要求，将它划入自己的版图。1969年，索马里国民军司令穆罕默德·西亚德·巴雷（Mohamed Siad Barre）发动政变上台，成立索马里民主共和国，宣布实行所谓"科学社会主义"。

1974年，西亚德·巴雷政府以东道主的身份，在首都摩加迪沙举办了一届非洲统一组织会议，开启了索马里的拓展型外交步伐。西亚德积极推进"大索马里"计划，即宣称只要有大批索马里人生活的地方，都应该是索马里的土地。瑞典石油勘探公司宣称在欧加登地区发现特大油矿，更激发了索马里吞并欧加登的野心。为实现这一目标，索马里统治者将目光投向了勃列日涅夫治下的苏联。西亚德·巴雷政府大张旗鼓地宣称要学习苏联，在全国大力宣传苏联制度的优越性。为了取悦苏联，西亚德·巴雷把列宁、斯大林、勃列日涅夫的画像挂满首都摩加迪沙的街道。苏联向索马里提供了大量军火，派遣了大批军事顾问和技术人员，建立了多个机场和大型通信中心。双方于1974年签订了《索马里－苏联友好合作条约》。1976年，新成立的索马里革命社会主义党掌握国家实权，西亚德·巴雷任总书记、国家总统、部长会议主席，进一步巩固了个人权力。

前文刚提到过的埃塞俄比亚的海尔·塞拉西皇帝，在美国帮助下，建立了一支有相当规模的军队，它的实力在东非乃至整个非洲都屈指可数。海尔·塞拉西还鼓励外国资本向埃塞俄比亚投资办厂，开放国内市场，以换取西方的支持。后来，海尔·塞拉西开始奉行积极的中立政策，致力于泛非主义，对促进非洲国家的团结起过积极作用。

20世纪70年代初，埃塞俄比亚的经济、政治形势急剧恶化。全国遭受特大旱灾，城市严重缺粮，物价飞涨。1973年的中东石油危机，让原本就脆弱的埃塞俄比亚经济雪上加霜。1974年6月，埃塞俄比亚爆发了以门格斯图·海尔·马里亚姆（Mengistu Haile Mariam）为首的军官领导的革命。临时军政府发布文件，宣布永远废黜皇帝，结束君主专制制度。领导国家超过半个世纪的海尔·塞拉西被软禁于皇宫内，1975年8月病逝。门格斯图领导的军政府一改前政府的亲西方态度，转向发展同苏联等社会主义国家的关系。

趁着埃塞俄比亚内乱的机会，1977年7月，索马里军队大举入侵埃塞俄比亚，越境轰炸欧加登地区的机场和其他军事目标。一个月之内，欧加登地区90%以上的领土都被索马里军队占领。这时，交战双方——索马里和埃塞俄比亚，都竞相向苏联求援。

相比之下，埃塞俄比亚的门格斯图政权更受莫斯科的青睐，因为它在意识形态上更左、更亲苏，宣称要在国内消灭"封建主义、官僚资本主义和帝国主义"，并"在无产阶级政党领导下向社会主义过渡"。同时，埃塞俄比亚解除了同美国的同盟关系。这样，苏

第三章　第三世界国家的独立、革命与局部战争

联就抛弃了过去的盟友索马里。1977年8月，苏联正式谴责索马里武力干涉埃塞俄比亚内政。紧接着，10月，门格斯图访问莫斯科，同苏联签订了一揽子军事合作协议，苏联向埃塞俄比亚提供大量武器装备，并和古巴卡斯特罗政权共同派遣大批志愿军"保卫埃塞俄比亚革命"。苏联空军进行"战略大空运"，而古巴则派遣18,000人的大军直接参战。

欧加登战争之前，大致形成的格局是美国和埃塞俄比亚联合，而苏联和索马里同盟。但是在战争爆发后，阵营却转换为美国支援索马里，而苏联成为埃塞俄比亚的后盾。这可谓是现代战争史上的奇葩。原先埃塞俄比亚的军队就比较强大，而且苏联和古巴对门格斯图政权的支持力度，明显大于美国对索马里的支持力度。战争结果并不出人意料——索马里战败。1978年3月，索马里政府宣布从欧加登全部撤军，欧加登再次被埃塞俄比亚占领。

虽然美国在安哥拉内战和欧加登战争中支持的一方都失败了，但1981年里根上台后，美国提升了非洲在它的全球战略中的地位，摆出了全面进攻态势。里根政府积极参与非洲的安全事务，扩大对非洲的军事输出和经济援助，孤立、打击非洲的亲苏政权。同时，苏联对安哥拉等国的军事干涉遭到多数非洲国家的反对。苏联入侵阿富汗更激起了强烈声讨。在1980年联合国大会通过的要求苏军撤出阿富汗的决议中，有35个非洲国家投了赞成票。到1985年戈尔巴乔夫上台时，苏联在非洲的影响大大下降，同20世纪六七十年代相比，已不可同日而语。

"东亚四小龙"与东盟

这一节将转向大家比较熟悉的东亚和东南亚。在前几节内容中，我们看到了冷战对立的双方如何深度介入了中东、南亚、非洲，在当地诱发了长期的动乱和战争。时至今日，这些地区的许多国家依然饱受政治失序、经济停滞和内外战乱之苦，属于世界上最不发达的国家。东亚和东南亚这两个地区同样在美苏大博弈的棋盘之上，同时也受到中苏"准冷战"的影响，却依然有不少国家和地区成功摆脱了政治动荡的魔咒，实现了区域内的长期和平稳定，有的甚至还在经济上赶超了部分西方发达国家。

冷战与全球化交汇处的东亚

所谓"东亚四小龙"，指的是韩国、新加坡、中国香港地区、中国台湾地区。这四个经济体充分利用20世纪60年代以后亚太地区冷战格局的变化，在政治稳定的基础上，不仅维持了长达几十年的持续经济增长，还实现了本地产业结构的迭代升级。在冷战结束前后，"东亚四小龙"的经济已经追上了西方发达经济体的平均水平。

"东亚四小龙"和日本的经历,证明了非西方社会同样可以跨过发达经济体的门槛,也有人把这个历史性的跨越称为"东亚经济奇迹"。不仅如此,它们还带动了马来西亚、泰国等东南亚国家经济的高速增长,促进了冷战末期中国大陆经济的崛起。直到今天,东亚和东南亚依然是全球经济增长的最重要引擎之一,"东亚经济奇迹"还没有走到"完成时"。

这一切究竟是如何发生的?还得从冷战的大背景说起。首先,前面说到,东亚和东南亚依然处在冷战格局的笼罩之下。由中国、苏联、朝鲜、越南等国构成的社会主义阵营,与美国控制下的日本、韩国、菲律宾、南越以及中国台湾地区国民党政权等所构成的资本主义阵营针锋相对。虽然美苏两国并不直接兵戎相见,但是两大阵营之间还是出现过一系列的战争和危机,比如朝鲜战争、越南战争等。不过,在20世纪60年代以后,除了越南战争之外,这个地区的地缘政治形势总体趋向平和。其次,在资本主义阵营内部,美国作为"盟主",以反共为由,控制着日本、韩国、中国台湾地区的内政外交,为这些国家和地区提供安全保障和各种经济援助。这在客观上减少了它们发展军备的压力,也有利于它们的稳定和发展。最后,也是更为重要的是,经济全球化趋势开始在冷战的阴影下潜滋暗长,成为"东亚四小龙"经济腾飞的重要外部条件。"二战"刚一结束,全球化就获得了加速发展的新动力和新条件。前面的章节讲到过,战后初期美国主导建立了联合国、世界银行、国际货币基金组织等国际机制和规则,在欧洲推行马歇尔计划;法德实现了和解,欧洲共同体成立;殖民帝国逐渐摆脱了沉重的海外负担。这些都在客观上部分顺应了全球化的趋势。

另外,资本主义国家在新技术革命的浪潮中,启动了产业结构调整,实现了经济增长方式的变革,促成了资本主义世界市场的大拓展。但是,美国对社会主义国家和一些第三世界国家的战略遏制和经济打压，又严重阻碍了经济全球化的进程。它所推动的全球化，只能算资本主义阵营内部的"半球化"。

类似的情节也发生在东亚。美国为了将日本打造成"远东的共产主义防波堤"，选择片面对日媾和，建立美日安全同盟，并且积极扶植日本恢复和发展经济。其结果正如前面的章节所说，日本具备了经济腾飞的外部条件，在经历了20余年的高速增长后，静悄悄地成为世界经济大国。此后，日本经济的腾飞又通过区域经济一体化，成为东亚其他国家和地区的有利外部条件。

"东亚四小龙"的崛起得益于日本的经济起飞，是所谓"雁行模式"的第二序列。前面的章节介绍过，所谓"雁行模式"指的是亚洲地区产业结构转换的模式和过程。在"雁行模式"下，处于第一序列的是日本，排在第二序列的是"东亚四小龙"，第三序列是新加坡以外的几个东盟国家，第四序列是中国大陆，最后则是南亚次大陆的国家。这一模式在20世纪七八十年代进行得相当顺利，使其他经济体"接力"续写日本的"东亚经济奇迹"。

"东亚四小龙"的崛起

除了外部原因，"东亚四小龙"崛起的动因还包括有利的内部条件和明智的政策选择。这些经济体既没有走苏联东欧式的计划经济发展道路，也没有照搬西方模式，而是探索适合本地条件的发展路径。总体来说，就是利用本地廉价而良好的劳动力优势和区位优势，实行出口导向的经济政策，发展劳动密集型的轻工业产品，以及在此基础上的转口贸易。同时，"东亚四小龙"不断吸收外来资本和技术，通过教育开发人力资本，从而实现经济长期增长和产业升级迭代。

当然，在经济禀赋之外，有利的政治和社会条件也必不可少，包括稳定的政治局势，政府主导型的市场经济政策，不断走向健全的社会福利保障制度，以及东亚社会独特的传统文化与价值观等。学术界对此的分析汗牛充栋。我们不妨先跳出理论，看看"东亚四小龙"各自的具体情况。

韩国：汉江奇迹

1953年朝鲜战争结束时，韩国的工业设备和基础设施几乎被完全摧毁，失业率和通货膨胀率居高不下。为此，韩国政府一方面获取美国的援助，另一方面推行"财政安定计划"，使经济局面基本得到控制。不过，总统李承晚对外实行亲美政策，对内推行独裁统治，利用选举舞弊长期把持权力，直到1960年4月在强大的学生运动后被迫辞职。此后，韩国陷入了无休止的党派纷争。1961年5月，少将朴正熙发动政变，建立军事独裁政权。

虽然朴正熙政权采取高压统治，多次血腥镇压自由民主运动，但是它使用强大的国家机器来推行经济发展，却取得了不俗的成效。朴正熙政权放弃了李承晚时代统一朝鲜半岛这个不切实际的想法，将经济建设看作国家发展的根本。朴正熙政权先后派出30万军队参加美国在越南进行的长期战争，换得大量的美援。朴正熙曾在侵华日军中服役，有强烈的亲日情结。在他执政期间，70%的外国投资来自日本。

自1961年开始，韩国政府制订了一系列五年计划，大力加强基础设施建设，积极发展出口导向型经济，利用本国人力成本低廉的优势，着重发展劳动力密集产业。经过两个五年计划，韩国经济进入起飞阶段。在第三、第四个五年计划期间，韩国不仅保持高速增长，还成功实现产业换代升级，出口的重点由以轻工业为主的劳动密集型产品，升级为以重工业为主的资本密集型产品，一跃成为世界造船、汽车产业大国。同时，朴正熙推出"新乡村运动"，大幅改善了农村的环境和农业人口的经济状况。不过，在这一时期，韩国民众对独裁统治的不满愈发激烈，导致多次发生抗议示威和政府镇压。朴正熙最终死于官场内斗，在1979年10月的一次私人宴会上被他的下属刺杀身亡。

朴正熙执政18年后，继任的过渡政府被另一位陆军少将军官全斗焕发动政变推翻。全斗焕政权继续推行亲美政策，在经济上积极应对朴正熙执政后期出现的产业结构失衡、重化工业效率低下、第二次石油危机冲击等一系列难题，继续维持高增速和低通货膨胀，在个别年份经济增长率超过10%。

在国内外强大压力下，全斗焕不得不同意实行民主化变革。1987年，韩国制定宪法，由全斗焕属意的军人卢泰愚参与总统直选，和金大中、金泳三等反对派人士同台竞技。卢泰愚虽然获胜，但军事独裁政权本身不复存在。1992年，金泳三成为韩国民主化过程产生的第一位文人总统。

冷战期间的韩国外向型经济腾飞，被称为"汉江奇迹"。这个概念，借鉴的是战后西德经济迅速复苏的"莱茵河奇迹"。在冷战结束之际，韩国的经济体量跻身世界前十五，并在5年后成为继日本之后第二个加入经济合作与发展组织（OECD）的亚洲国家，进入了发达资本主义国家行列。

台湾与香港：产业升级

中国台湾所走过的轨迹和韩国高度相似。新中国成立前夕，国民党败逃台湾，将当地作为"反攻大陆"的基地，经济复苏被战备计划严重拖累。朝鲜战争爆发后，美国为对抗中国大陆，在政治、经济上大力扶植台湾国民党政权，给台湾经济带来了发展机遇。

20世纪50年代，国民党政权扶助本地农业和轻工业发展，采取"进口替代"的经济模式。20世纪60年代，国民党政权积极利用美国等发达国家产业转移、日本经济急速增长的契机，转向出口导向型经济模式，成为美日厂家的加工基地，维持了十几年的高速增长。到了20世纪70年代中期，台湾又抓住了产业升级的紧要关头，由"行政院长"蒋经国推动了旨在完善基础设施的"十大建设"，加大公共投资力度，大力发展重工业。进入20世纪80年代，台湾又开始扶植高技术、高附加值产业发展，包括制订"十年经济建设计划"、设立新竹科学工业园区等，顺应了第三次技术革命的浪潮。在冷战结束之际，台湾地区的人均"国内生产总值"突破1万美元，跻身于发达经济体行列。

中国香港则走出了一条和韩国、中国台湾地区不同的道路。在这一时期，香港被开发成亚洲重要的转口贸易中心和船舶工业基地，同时，与中国内地之间密切的联系成为香港独特的区位优势。20世纪50年代，在对民营资本的限制改造政策下，中国内地部分工商业群体携带资金、技术涌入香港，促进了当地轻工业的发展，使香港收获第一波冷战带来的"红利"。不过，西方国家对新中国的经济封锁，严重打击了香港作为转口贸易中心的地位，香港不得不更进一步转向国际市场。在此背景下，香港的纺织、服装制造等产业迅速发展，香港经济开始腾飞。到了20世纪60年代，经过资本和技术的累积，香港的产业也逐渐升级，开始制造和出口电子产品等附加值更高的商品。

不过中国香港没有像韩国和中国台湾地区那样，进一步升级到重工业为主导的阶段。从20世纪60年代末开始，以金融业为代表的第三产业异军突起，经过10年的发展，成为香港的主导性产业。70年代"居者有其屋计划"的推出，使房地产行业大放异彩，与日渐成熟的金融业相互支持；同时，中国内地启动改革开放，大量香港制造业资本开始向中国内地转移，进一步推动香港经济的"脱实向虚"。进入20世纪80年代，西方世界兴起的经济自由化之风吹到香港，香港放松了金融管制，利用区位优势，成为国际资本进入中国内地的桥梁。香港一跃成为亚洲第一大、世界第三大金融中心，仅次于纽约和伦敦。香港金融中心地位的形成，离不开整个东亚地区经济的崛起。

新加坡：小邦大治

新加坡和中国香港类似，都属于港口经济体，但是新加坡的"身世"或许更加坎坷。新加坡地处马来半岛南端的一个小岛，在殖民地期间，凭借优良的地理位置和英国统治者的开发，成为东南亚地区的交通和贸易中心。华人占新加坡人口四分之三左右。1963年，新加坡脱离了英国的统治，正式加入马来西亚。新马合并后，新加坡和中央政府因族群问题产生矛盾，于1965年8月脱离马来西亚联邦，成为主权独立国家。

独立之初，虽然新加坡拥有不错的经济基础，但作为一个处在弹丸之地的小国，如何在"无依无靠"的情况下实现自主和发展，成了摆在新加坡领导人面前的迫切问题。成功解决这个问题的人，是新加坡首任总理李光耀。他在1959年到1990年执政，之后又作为"内阁资政"，继续指导国家事务，直到2011年正式退休，担任国家领导职务长达52年。他为新加坡的国家独立、政治稳定、经济繁荣、社会进步做出了无可比拟的重大贡献，在国内外享有崇高威望。

李光耀所领导的人民行动党开创的"新加坡模式"发展道路，具有以下四个特点。首先是高速发展的经济。在正式独立的1965年，新加坡人均国内生产总值为516美元，只有美国的七分之一，而在25年后的1990年却达到1.18万美元，约为美国的一半，21世纪初则更是反超美国，是亚洲国家中人均收入最高的国家。经济发达带来了人民生活水平、教育程度的显著提高。其次是高度稳定的政治环境。在非欧美国家中，只有新加坡、日本等极少数国家，在"二战"以后从来没有出现过政治动乱、军事政变、国家领导人非正常更替等乱象。再次是族群和谐相处，贫富悬殊得到有效控制，人民安居乐业。最后是较好地处理了同邻国和地区外大国的关系。

这里主要关注"新加坡模式"的经济方面。新加坡的经济奇迹是同政府对经济的宏观管理分不开的。建国初期，新加坡重点发展转口贸易和劳动密集型产业。政府通过强制推行个人储蓄的中央公积金，来解决国家资本的来源和积累问题。政府以补贴的方式鼓励外资企业到本地落户。外来直接投资的不断增长，创造了就业机会，实现了良性循环。20世纪70年代到80年代，新加坡在转口贸易的基础上，大力发展加工业。为了解决国内劳动力短缺问题，政府一方面通过制定移民法，吸纳廉价外来劳工；另一方面通过提高中央公积金的缴纳率，限制本地劳动力成本的过快增长。到了20世纪90年代，新加坡将服务业作为推动经济发展的"第二引擎"，向资本密集型转变，打造金融中心和信息产业中心，显示出和香港类似的发展轨迹。

东南亚政治经济的发展与东盟的成立

"东南亚"这个概念是"二战"后期才出现的一个地区名称，当时包括缅甸、泰国、越南、老挝、柬埔寨、马来西亚、新加坡、印度尼西亚、菲律宾、文莱，一共10个国家。除了泰国之外，其余国家的现代国家体制，最初都直接脱胎于西方国家的殖民统治。东南亚国家的独立进程在20世纪60年代基本完成。除了印度支那三国（越南、老挝、柬埔寨）的革命力量开展持久的抗美斗争以外，其他各国大多开始完善国家政体建构。

这时东南亚出现了两种政治制度和发展方向，即以越南北方为代表的社会主义制度和以印尼等国为代表的西方式多党议会制度。有三方面的因素令东南亚国家发展道路和政体选择分道扬镳。首先，各国的政治选择与当时美苏冷战的大背景有关。越南民主共和国建国后，加入了社会主义阵营。苏联、中国等社会主义国家支持东南亚各国共产党和革命力量反对帝国主义、反对本国反动派的斗争，包括暴力斗争。美国等西方国家则竭力输入西方政治模式，企图将东南亚纳入西方的势力范围。其次，长期的殖民统治给东南亚各国社会打下深深的烙印。宗主国在殖民时期就开始移植西方的某些社会治理形式，议会、政党、文官制、西方教育制度等，作为政治遗产被继承下来。最后，东南亚民族独立运动的第一代领袖，如印尼的苏加诺、新加坡的李光耀、柬埔寨的西哈努克等，都有西方教育背景，自然倾向于模仿西方议会民主制或君主立宪制，走民族资本主义的发展道路。

但是，东南亚各国的政体和发展道路并不是东方社会主义和西方民主制的简单二元对立，而是高度多样化的，以至世界上存在的政体形态，多数能在今天的东南亚找到。再加上东南亚国家在民族、语言、宗教、文化等方面的多元性，导致各国之间差异极大，很难找出一条能够概括所有东南亚国家的共同特征。

回顾冷战历史，东南亚国家联盟（简称"东盟"）的成立和发展，是一项了不起的事业。1967年8月，印度尼西亚、泰国、新加坡、菲律宾四国外长和马来西亚副总理在曼谷举行会议，发表了《东南亚国家联盟成立宣言》，即《曼谷宣言》，正式宣告东盟成立。当时促进东盟五国团结的主要因素，是各国共同遇到的内外政治安全威胁。在外部，从20世纪50年代开始的印度支那战争呈蔓延之势，这五个国家都需要以美国为首的西方国家的军事和政治支持。在内部，这几个国家的共产党和左派力量主张用武装斗争夺取政权，得到社会主义国家的支持，美国则在它们的统治集团中培养和扶植代理人。

印度尼西亚是东南亚最大的国家，也是世界上穆斯林人口最多的国家。1950年成立印尼共和国后，"国父"苏加诺总统推出名为"潘查希拉"（Pancasila）的治国原则，企图在民族主义、共产主义、伊斯兰教之间维持平衡。苏加诺执政期间，右翼军人集团逐渐坐大。在1965年9月30日的政变后，以苏哈托将军为首的右翼军人夺取了政权，对印尼共产党等左派进行镇压，逼迫苏加诺下台。苏哈托政府领导印尼取得了明显的经济进步。但它重用军人，政治专制，官场腐败，在外交上依仗美国支持。

马来西亚独立后，马来人政党马来民族统一机构（UMNO，简称"巫统"）领导的政治联盟长期执政。1969年5月13日爆发的严重社会骚乱，凸显了马来人和华人的族群矛盾。此后，政府采取了更多偏向马来人的政策。马哈蒂尔（Mahathir Mohamad）总理执政期间，马来西亚经济取得明显进步，同时伊斯兰教的地位得到提高，以适应巩固国内政权的需要。

在菲律宾，受到美国支持的费迪南德·马科斯（Ferdinand Marcos，现任总统"小马科斯"的父亲）统治菲律宾。马科斯政府以专制、腐败著称。马科斯在1986年的大选中舞弊，导致群众大规模抗议，被迫流亡美国夏威夷州。接替马科斯担任总统的阿基诺（Corazon Aquino）夫人恢复了三权分立的表面上的民主制，阿基诺夫人之后的政治继承相对平稳。

泰国是历史上唯一一直保持名义上独立的东南亚国家，实行君主立宪制政体。国王不仅有象征性意义，而且在关键时刻曾经缓解政治危机，在政权转换和军人政变成功之后，可以确认其合法性。在冷战期间，泰国发生过十几次军人政变，军人长久盘踞在政治中心，对民主政治造成干扰。泰国在外交上总体执行亲美政策。

1962—1988年，缅甸处于奈温（Ne Win）将军的专制统治下。

在冷战进入尾声时，1988年的缅甸民主运动推翻了奈温政权，但军人集团仍然主导着缅甸政治。第一代革命领袖昂山将军的女儿昂山素季（Aung San Suu Kyi）从英国回到国内，创建了全国民主同盟（简称"民盟"），在西方支持下，与军政权斗争，1991年获得诺贝尔和平奖。

在冷战期间，东盟的主要贡献是培养了地区意识，建立了各种组织架构，为以后深化区域合作奠定了基础。冷战结束前后，经济全球化与区域合作逐渐弱化了意识形态对立，推动了国际关系的缓和，东盟的进一步扩展才提上日程。

从"东亚四小龙"和东盟的发展进程中，我们已经开始嗅到冷战走向终结的气息。从20世纪70年代末开始，中国作为东亚地缘政治经济格局中最重要的国家，也开始脱离冷战的束缚，融入经济全球化的进程，大大削弱了冷战在这一地区的"存在感"。当然，冷战走向终结的过程远非一帆风顺，特别是在这节没有重点讲到的印度支那地区。

美国对拉美的影响与干涉

从地理上看，拉美是离中国最远的地区，直到 2024 年 5 月，才开通了第一条从中国到拉丁美洲的直飞航线。如前所述，广义上的拉美，也就是本书所说的拉美，指美国以南的全部美洲国家与地区。但是这个界定在政治上和文化上都不够严格。

严格意义上的拉丁美洲，是指以拉丁语族的语言（主要是西班牙语、葡萄牙语和法语）为官方语言的美洲国家和地区。中国外交部设有"拉丁美洲和加勒比司"，也就是说，加勒比地区同拉丁美洲不完全是同一个政治概念。加勒比地区和南美地区的若干国家，是以英语为主要语言的。另外，我们常说的南美洲和拉丁美洲也是有区别的。南美洲是地理概念，指巴拿马运河以南的美洲，不包括北美的墨西哥和中美洲的拉丁语国家。所以，南美洲和拉丁美洲只是部分重合而已。

拉美的政治经济发展与对美国的依附

现代的拉美各国和美国一样，都脱胎于欧洲殖民地。16 世纪末，西班牙占领了拉丁美洲的绝大部分地区，葡萄牙则获得了今天巴西所在的地区。19世纪初，随着法国大革命后欧洲政治格局的变化，西班牙、葡萄牙日益衰落，拉丁美洲人民掀起了新的独立斗争浪潮。委内瑞拉的西蒙·玻利瓦尔（Simón Bolívar）、阿根廷的何塞·德·圣马丁（José de San Martín）和智利的贝尔纳多·奥希金斯（Bernardo O'Higgins）率领军队与西班牙殖民者作战，使大部分殖民地获得了独立。在巴西，葡萄牙国王若昂六世（João VI）的儿子佩德罗（Pedro I）作为摄政者统治巴西，之后宣布巴西脱离葡萄牙独立，并自称皇帝。

拉美国家在建国初期，受西方近代政治模式的影响，都曾有过民主化的努力，包括建立议会、制定以美国宪法或者法国宪法为蓝本的宪法、建立代议制政府等。但是，拉美国家缺乏法治传统。由于拉丁美洲大部分地区都为争取独立进行过武装斗争，所以在独立之后，军队经常在政治中发挥关键作用。军队成为民事领域的主导机构。政治强人大多是军事领导人，第一任国家元首往往是这些人，在西班牙语中被称为"考迪罗"（Caudillo）。19世纪上半叶的拉美独立初期，被称为"考迪罗时代"。"考迪罗制"是拉丁美洲特有的军阀、大地主和天主教会三位一体的本土化独裁制度。直至今日，军人还在不少拉美国家的政治生活中发挥着重要作用，这是有历史原因的。

进入19世纪中后期，美国对拉美发展道路的影响开始扩大。在政治上，美国提出"门罗主义"，以西半球的霸主自居，视拉美为自己的"后院"。1823年，时任美国总统詹姆斯·门罗（James Monroe）在国情咨文中声称，反对欧洲国家将美洲作为殖民或者干预的对象，也明确拒绝欧洲国家对美洲输出政治制度。这就是"门罗主义"的起源。美国宣称"美洲是美洲人的美洲"，实际上想的是把它变成"美国人的美洲"。

19世纪末的拉美发生了两件大事：一是在1895年的英属圭亚那和委内瑞拉之间的领土争端中，英美两国剑拔弩张。英国出于全球战略考虑，最终决定对美国让步，成就了美国在西半球的霸主宝座。二是1898年的美西战争，美国占领了古巴和菲律宾，让西班牙一败涂地，用武力清除了欧洲殖民者在拉美的统治，显示出一个新兴大国的强悍实力。

美国掌控着拉美国家的经济命脉。19世纪末，美国在经过第二次工业革命后，制造业迅速崛起，超越英国，成为世界头号工业大国。拉美许多国家则形成了以原料和能源出口为主、依附于美国的畸形经济结构。比如，美国的香蕉进口公司在危地马拉、洪都拉斯、哥斯达黎加等中美洲国家收购了大量土地，这些公司主导了当地经济，获得了对这些国家的政治影响力，以至这些国家后来被称为"香蕉共和国"。1903年，美国还收购了巴拿马运河区，控制着西半球最重要的航道。《拉丁美洲被切开的血管》一书的作者、当代乌拉圭左翼作家爱德华多·加莱亚诺（Eduardo Galeano）将拉美的经济形容为"星条旗下的拉丁美洲一体化"，拉美各国的工业实际上"处在帝国消化系统的深处"。挪威学者文安立指出，到了20世纪初，"美国和拉美关系已经开始类似于一个非正式的帝国"，拉美各国的掌权者被束缚在对美国的依附关系之中，负责执行华盛顿所做出的决定。这种趋势也延伸到"二战"结束之后。

美国对拉美的全方位干涉与服务于美苏争霸的全球战略

冷战降临后，出于地缘战略考虑，美国加大了对拉美的政治和经济渗透。正如中国社会科学院历史学者杜娟指出的："如果说欧洲和远东地区是冷战的前线，拉美则是美国眼中的战略大后方。只有保证'后院'稳固，方能使美国在'前方'的争夺无忧。"

冷战时期，美国在拉美的政策目标可以分为四个方面。第一，维护美国的传统势力范围，确保拉美国家依然在政治上从属于美国，在经济上继续为美国"供血"，在国际事务上继续支持美国的行动。顺便提一下，拉美国家大都在美国的带领下，成为联合国和布雷顿森林体系的创始成员国。第二，阻止拉美国家在政治上和外交上与苏联接近，防范苏联等社会主义国家在西半球扩展影响力。苏联在拉美的一举一动，都牵涉到美国敏感的神经。第三，防止拉美国家改变它们的政权性质，特别是走上社会主义道路。事实上，美国并不十分在乎拉美国家究竟是民主还是独裁，它最关心的是不要让共产党人和亲共的左翼力量掌权，维护亲美政权的稳定。1959年古巴革命成功后，这种倾向更加明显。为了抑制共产党势力的崛起，美国政府不惜支持残暴的独裁政权。第四，在制度和组织上强化泛美安全体系，积极组建美洲政治军事集团。

为了使自己干预拉美的举动合理化，美国提出了种种理由，包括支持当地经济发展和维护民主、自由、人权等，但最根本的驱动力还是自己的经济利益和地缘政治战略。那么，要达到这些目标，美国使用了哪些手段呢？

第一种是相对柔和的外交手段，包括成立美洲国家组织，作为在外交上联络、统合拉美国家的工具。这个组织成立于1948年，最初的目的就是联合西半球国家，阻止苏联可能的渗透，美国也将这个组织作为自己对拉美政策的"传声筒"。不过讽刺的是，美国的另一个重要盟友加拿大认为这个组织会损害外交自主性，所以拒绝加入，没有买美国的面子（直到冷战结束后加拿大才加入）。但是，随着拉美各国自主意识的逐渐增强，它们经常利用在成员国数量上的优势，把美洲国家组织这个平台变成批评美国的外交场合，这是美国始料未及的。

第二种是软硬兼施的经济手段。其中，"软"是指利用经济援助、贸易优惠等方式换取拉美各国对美国的支持。冷战开始之初，由于美国将注意力和主要资源投入受到苏联威胁的西欧地区，实行马歇尔计划，拉美国家没有得到美国的大规模援助，也没有得到想象中的繁荣，对美国的不满情绪潜滋暗长。于是，一些拉美国家试图进行国有化经济改革，但是由于这种政策带有社会主义色彩，并且伤害了美国资本的利益，很快遭到美国的打压。美国人的援助等不到，国内改革的路也走不通，一些国家只好转向苏联等社会主义国家寻求经济援助，这当然也会被美国阻拦。因此，在20世纪50年代中后期，拉美各国普遍掀起了反美浪潮，最有代表性的是古巴革命，下一节会对此再做详细的介绍。

在这一背景下，美国于20世纪50年代末调整政策，开始增加对拉美的援助。肯尼迪上台后，提出了"争取进步联盟"计划，加强与拉美的经济合作，帮助拉美国家提高居民收入，改善治理水平，缓解社会不平等，减少经济波动，目的是把拉美各国打造成第三世界国家中的"样板"，防止类似古巴革命的情况再次出现。

不过，美国也会用"硬"的方式来惩罚不服从美国指挥的部分拉美国家。一个典型的例子是巴西。1961年，工党左翼政治家若昂·古拉特（João Goulart）当选巴西总统。他访问了中国，与苏联恢复了外交关系，同古巴进行接触。他推行有限的土地改革和银行、财政改革；控制通货膨胀，努力实现炼油厂的国有化，石油进出口由国家垄断；限制外资利润外流。1963年1月，古拉特通过全民投票恢复了议会制。但是，即使这样的温和改革也为美国所不容。巴西是拉美的头号大国，民族主义情绪强烈，因此美国不便明目张胆地出手干涉，而是采取了政治渗透的方式，支持军人集团在1964年3月发动政变推翻古拉特政府，建立了亲美的右翼政权。

美国的第三种政策手段是进行军事干涉，主要针对中美洲和加勒比地区小国。美国采取特种部队突袭的方式推翻这些国家的左翼政权，建立有利于美国的政治秩序。这些方面的例子包括美国1965年入侵加勒比岛国多米尼加、1983年入侵另一个加勒比岛国格林纳达等。

以多米尼加为例。20世纪60年代之前，右翼的特鲁希略（Rafael Trujillo）政权在美国的支持下统治多米尼加31年。特鲁希略被认为是拉美历史上最残暴的统治者之一。1960年，特鲁希略企图派人暗杀当时的委内瑞拉总统，得罪了美国。在美国中央情报局的策划下，1961年5月，特鲁希略在首都圣多明各遇刺身亡。1965年4月，多米尼加左派政治家胡安·博什（Juan Bosch）的支持者同右翼政权发生冲突。美国约翰逊政府担心形势失控，多米尼加会出现一个反美的左翼政府，决心出兵干涉。美国先后出动了3万多人的军队，以及大批飞机和军舰，以"保护美国侨民、维护法律和秩序"为由，武装占领了多米尼加。美洲国家组织在美国的压力下，也派遣军队进驻多米尼加，直至1966年亲美的独裁者华金·巴拉格尔（Joaquín Balaguer）当选总统后，外国军队才完全撤退。非常讽刺的是，在采取行动之前，约翰逊总统希望中央情报局找出共产党人参与多米尼加政局的证据，但是中情局却表示这场混乱和共产党没什么关系。恼羞成怒的约翰逊只好转而命令联邦调查局："给我在多米尼加找出几个共产党来！"

美国在拉美的政策和行动看起来混乱不堪，甚至自相矛盾。这是因为，美国对拉美的政策在根本上服务于它和苏联竞争的全球战略，以至有时候陷入某种歇斯底里，似乎失去了理智。约翰逊总统在1965年的一次讲话中说，"美洲国家不可、不能、也不会允许在西半球建立另一个共产党政府"，美国将保卫"本半球的每一个自由国家"。这种公然利用强权左右其他国家政治道路选择的主张，和前面提到的勃列日涅夫的"社会主义大家庭"理论如出一辙，区别只在于美国捍卫的是"自由"原则，而苏联维护的是"社会主义"。

虽然美苏在意识形态上是不共戴天的死敌，但是在冷战这个宏大叙事下，两国的对外行为逻辑却显示出某种一致性。

拉美三大国的自主发展道路

在墨西哥等国家有一句广为流传的话："离天堂太远，离美国太近。"尽管有美国阴影的笼罩，冷战时期的拉美国家仍然寻求独立自主的发展道路，在一定程度上摆脱了美国的干涉和控制。下面简单介绍墨西哥、阿根廷、巴西这三个拉美大国的情况。

拉丁美洲问题学者杨建民指出，"二战"之后的墨西哥创造了两个奇迹：一是经济奇迹，从20世纪40年代末到20世纪80年代，墨西哥都在持续推行进口替代工业化，建立了相对完整的工业体系，稳居新兴工业国行列，避免了沦为"香蕉共和国"的命运；二是政治奇迹，墨西哥在革命制度党的长期领导下，实现了国家统一和政局稳定，从来没有发生过军事政变，也没有出现过军事独裁统治，和那些被美国颠覆、政局不稳的拉美国家形成鲜明对比。当然，墨西哥的统治精英大都和美国有着千丝万缕的联系，墨西哥在冷战期间也奉行着大体亲美的立场，但是这并没有损害它的外交独立性。比如，在美国施压下，拉美各国纷纷和革命之后的古巴断交，但只有墨西哥守住了立场，成为冷战期间唯一和古巴保持外交关系的美洲国家。

另一个尝试和美国保持距离的拉美大国是庇隆（Juan Perón）领导下的阿根廷。庇隆是阿根廷民粹主义最知名的代表人物，他曾于1946—1955年、1973—1974年三次担任总统。"二战"后，庇隆总统提出的"政治主权、经济独立、社会正义"的口号，被称为"庇隆主义"（Peronism）。在对外关系中，庇隆推出所谓"第三种立场学说"，即同美国和苏联保持等距离的"第三立场"。在国内政策上，庇隆实施社会福利政策，加上他垄断所有媒体、强力宣传营造的神秘感和平民色彩，使他获得了阿根廷中下层人民的狂热支持。

出身贫寒、年轻貌美的庇隆夫人艾薇塔（Eva Perón）同政治家庇隆相得益彰。带有传奇色彩的艾薇塔以穷人的代言人出现，成为亲民、爱民的图腾。她为庇隆获取下层人民的支持立下了汗马功劳。1952年，艾薇塔病故，"阿根廷玫瑰"凋零，来自全国各地的人们跋涉数千公里，涌到首都布宜诺斯艾利斯，70万人向艾薇塔的灵柩行礼致哀。美国歌星麦当娜主演的好莱坞电影《艾薇塔》（Evita），还有它煽情的主题曲《阿根廷不要为我哭泣》（"Don't Cry for Me Argentina"），至今长盛不衰。2013年访问阿根廷时，我参观了布宜诺斯艾利斯的艾薇塔故居博物馆和许多地方的艾薇塔塑像，目睹了阿根廷民众至今还在传颂着她的神话。

庇隆怀着追求社会公正的初心，上台后立即没收了英美两国在阿根廷的资产，将其收归国有；树立贸易壁垒，征收高额关税；拒绝偿还阿根廷曾经欠下的外债；对国内资本家征收重税，用来给工人发放高福利。短期之内，这些做法取悦了工人阶层，为庇隆赢得了更多的支持。但从长远来看，这些做法无异于"杀鸡取卵"，给阿根廷经济带来了致命伤害。不久之后，阿根廷就出现了严重的通货膨胀和资本外逃，农产品出口额迅速下降，国民收入严重缩水。

1955年，庇隆政权被军人政变推翻，他本人则被流放国外。1973年，庇隆重返阿根廷后在大选中获胜，他的第三任夫人伊莎贝尔（Isabel Perón）当选副总统。1974年庇隆去世后，伊莎贝尔就任总统，成为世界上首位女总统，当时她才43岁。不过，伊莎贝尔政绩不佳，执政不到两年就被军人政变撵下了台。

尽管庇隆倡导的原则和政策遭遇了严重挫折，但庇隆个人的"克里斯马"（Charisma，领袖人物的超凡魅力），庇隆主义特有的感召力和吸引力，始终是阿根廷任何其他政治势力和政治思潮都无法比拟的。庇隆主义拥有众多拥趸，深深根植于阿根廷的政治和社会文化中，成为国家的政治象征。在当代阿根廷，无论是哪个党派，实际政策主张如何，只要打出庇隆主义这面屹立不倒的大旗，就能吸引不少选民的支持。

拉美第一大国巴西自1964年政变后，建立了长达21年的反共右翼军人独裁统治。在军政权执政的前10年，巴西实行进口替代战略，取得了显著的经济成就，经济年增长率高达10%，被称为"巴西奇迹"。替代工业从耐用消费品转向能源、军事工业、核工业、电信等对国家具有安全战略意义的诸多产业。到1980年，巴西建立了相对完整的工业体系，工业在国民经济中的相对比重和多样化程度，已经和发达经济体不相上下。

但是，进口替代政策伴随着强烈的保护主义，国家对市场的过度调控抑制了市场活力，降低了经济效益。另外，当时巴西还没有大量开采石油，80%以上的石油都依赖于进口。1973年和1979年的两次中东石油危机导致国际油价暴涨，使巴西贸易收支严重失衡，不得不大举借债。1982年巴西债务危机爆发，经济泡沫被戳破，物价飞涨，民众呼吁经济自由化和政治民主化。1985年，军政府下台。1989年11月，巴西举行了近30年来第一次全民直接选举，费尔南多·科洛尔（Fernando Collor de Mello）当选总统，经济增长势头逐渐恢复。

冷战后期局势的变化与新自由主义浪潮席卷拉美

进入20世纪80年代后，冷战胜利的天平开始渐渐向美国一侧倾斜。苏联渗透拉美的可能性不断降低，这导致美国对拉美施加影响力的方式出现变化。其中一个新的现象是美国通过新自由主义经济理念左右拉美国家的国内政治和经济改革，使拉美国家在经济上继续以一种更为隐蔽的方式依附于美国，并且给它们造成了长久的负面影响。

关于新自由主义的思想根源，后面的章节会另有介绍，这里重点说一说拉美接受新自由主义的历史背景。由于受到进口替代工业化战略的影响，拉美国家的制造业在出口竞争中不具备优势，不能像东亚国家那样利用经济全球化形成的巨大贸易和投资需求，经济增长缓慢。从20世纪60年代开始，拉美各国呼吁经济结构重组，以打造可以与美国或欧洲竞争的产业。到70年代末80年代初，随着拉美中产阶级的壮大，知识阶层吸收西方政治理念，再加上美国对拉美民主化的压力，促成民主体制在许多国家取代军人独裁。军人政权管理经济的能力低下，靠举借外债刺激经济增长的政策，导致80年代的拉美债务危机，进而引发很多拉美国家的政治危机。

这个时期，美国总统里根和英国首相撒切尔夫人的私有化主张，正在世界上大行其道。于是，通过市场调节社会财富分配的新自由主义理论和模式，在多数拉美国家站稳了脚跟。同时，位于美国首都华盛顿的若干机构，包括国际货币基金组织、世界银行和美国财政部，根据当时拉美国家减少政府干预、促进贸易和金融自由化的经验，提出了所谓"华盛顿共识"。它的主要内容是，加强财政纪律，压缩财政赤字；把政府开支的重点转向经济效益高的领域，以及有利于改善收入分配的领域（如文教卫生和基础设施）；实施贸易自由化，开放市场；放松对外国直接投资的限制；对国有企业实施私有化；放松政府管制，等等。"华盛顿共识"要求拉美国家按照上述原则推进变革，国际金融机构以此为前提条件，向它们提供金融支持。

冷战结束前后的几年，即20世纪80年代末90年代初，拉美执行的各种新自由主义政策迅速奏效：政府干预大大减少，市场机制基本建立起来，贸易自由化程度也明显提高。但是，这些政策还是严重削弱了拉美各国政府的行动能力，经济停滞与大众的贫困化之间形成了恶性循环。

将冷战时期的拉丁美洲和亚非两大洲相比较，可以看到一些相似之处，例如都经常发生军人干政现象和军事政变，美国不断进行政治经济渗透和武装干涉，引起当地人民的抵制和反抗。但拉美地区也有不同于亚非大陆的一些特点。首先，拉美的族群、宗教、语言、文化方面的多样性不突出，所以同美苏两大国的矛盾集中在政治、经济领域。其次，拉美地区总体上保持了和平局面，没有发生朝鲜战争、越南战争、中东战争、印巴战争、阿富汗战争、安哥拉内战那样的大规模、长时间的战乱。最后，美国对拉美的影响大大超过苏联，而在亚非两大洲，美苏的战略平衡一直保持到冷战后期。不过，下一节会讲到，苏联在拉美的主要同盟军古巴，给美国造成了巨大的麻烦。

古巴的革命输出与拉美的社会主义试验

在了解了拉丁美洲在冷战时期的简要历史后,本节将聚焦于古巴和尼加拉瓜的反美斗争,并通过智利的案例,了解社会主义在拉美的曲折发展。

处于中美苏"大三角"下的古巴及其革命输出

在第一章讨论古巴导弹危机时,我简要介绍了古巴革命的胜利和围绕古巴问题的美苏战略博弈。这一节重点讲的是古巴如何通过输出革命,扩大它在拉美以至全球的影响,同时也成功地防止了美国对它的颠覆。

古巴革命成功后,卡斯特罗政权实行高度集中的计划经济体制。平等的分配制度回应了社会公平的革命诉求,保障全民就业,实现卫生、教育和社会福利的全覆盖,巩固了民众对革命政权的认同。不认同新体制的古巴人,陆陆续续地大批流亡到美国,累计有一两百万,集中在迈阿密州。

1962年导弹危机后,古巴与美国继续保持敌对和隔断状态,同时又对苏联背着它同美国做政治交易表达了不满。美国中央情报局多次试图暗杀革命领袖菲德尔·卡斯特罗，而赫鲁晓夫则试图改善同卡斯特罗的关系，将古巴列入"社会主义阵营"，向古巴提供各种形式的援助。比如，古巴盛产蔗糖，苏联1968年进口的古巴糖的价格是国际成品糖的6倍。到了20世纪80年代，苏联更是以高于国际糖价9倍的价格来收购古巴糖。另外，苏联给了古巴几十亿美元的贷款，提供了大量的化肥、机械设备。苏联出口给古巴的石油只有国际石油价格的40%。在中苏分歧日益严重时，中国也对古巴伸出援助之手，比如从1960年开始每年进口40万吨"古巴糖"，缓解美国对古巴的贸易封锁（"古巴糖"是红糖，没有现在的砂糖那么好，但当年国内食糖紧缺，我这一代中国人对古巴糖还是有亲近感的）。古巴还制定了维护自己利益的全球外交政策，改善与非社会主义国家的关系，以获取古巴发展所需要的资源。

古巴最初在中苏两国的纷争中持中立态度，卡斯特罗曾要求中苏停止公开论战，还在1965年年初派切·格瓦拉来到中国，请求中国共产党为国际共产主义运动的团结而向苏联让步，被中国婉拒。但是，随着中苏关系的恶化，卡斯特罗政权开始明确倒向对它支援力度更大的苏联，中国则指责古巴共产党搞"修正主义"。中国"文化大革命"开始时，中古两国关系已经破裂，此后随着中美苏"大三角"关系的变化而几度起伏。

对于面对险恶国际环境的古巴革命政权来说，一方面需要更多的国际支援，另一方面对解放世界上被压迫的国家和人民仍然抱有极大的热情。卡斯特罗、格瓦拉等领导人坚信，拥有苏联等社会主义国家的军事和经济援助是远远不够的，只有使革命打破民族的界限，扩大到拉美大陆和全世界，才能捍卫本国的社会主义政权。所以，努力"输出革命"，是古巴当年的必然选择。

本国革命胜利后，古巴就训练和派遣志愿者，意图推翻巴拿马和尼加拉瓜等国的独裁政权，同时选择了阿根廷、玻利维亚和委内瑞拉等国，试图帮助当地的革命力量建立游击队。但在悬殊的力量对比之下，这些武装革命都以失败告终。在西半球输出革命的梦想难以实现，古巴就把重心转移到非洲这块远离美国直接干涉同时充满反抗殖民主义、帝国主义精神的大陆上，并由此改变了非洲的历史。

早在1960年，古巴政权就开始训练来自非洲的游击队员。古巴当年有六七十万人是非洲裔（黑人），约占当时古巴总人口的十分之一，成为联系非洲的重要纽带。古巴人讲西班牙语，和安哥拉等国讲葡萄牙语的非洲人沟通不困难。格瓦拉奔赴非洲考察，起初选中了原比属刚果[现称刚果（金）]输出革命。格瓦拉带来由古巴黑人组成的小分队，向刚果游击队传授游击战术并支援作战，企图推翻蒙博托政权，但以失败告终。格瓦拉又会晤了"安人运"领导人，拉开了古巴支持安哥拉革命的序幕。古巴向葡萄牙殖民地安哥拉、莫桑比克、几内亚比绍的左翼游击队提供援助，以黑人为主的教官还对他们进行训练，帮助当地的游击队沉重打击了葡萄牙的殖民统治。

1966年，孤胆英雄切·格瓦拉来到南美的玻利维亚。1967年10月，格瓦拉在玻利维亚指挥游击队作战时被俘，惨遭杀害。其实，在是否要大力输出革命的问题上，格瓦拉和他的亲密战友卡斯特罗之间是有分歧的。格瓦拉本质上是个四海为家的革命理想主义者，而卡斯特罗则是法学博士出身，立足点在本国，他的行为指南更偏向理性和实用主义。卡斯特罗曾经任命格瓦拉为银行、工业等重要部门的负责人，但格瓦拉并不是个能坐得住的建设者，认为古巴这片小天地不够他施展才能。所以，在中苏分歧问题上，卡斯特罗偏向苏联，而格瓦拉更亲近革命化的中国，就很好理解了。

格瓦拉离开非洲后，古巴对非洲革命的热情一度下降。前面的章节讲到，在1975年安哥拉爆发的内战中，苏联和古巴支持"安人运"，美国、南非白人政权和扎伊尔支持"安盟"和"安解阵"。这时，古巴重新高度关注非洲局势，卡斯特罗亲自精心挑选古巴军事顾问团人员，派遣古巴志愿军，制定每一批援助物资的装船清单。苏联帮助古巴解决了运输能力等瓶颈，扭转了安哥拉战局。1988年年底，安哥拉内战各方签署和平协议，南非被迫同意非洲最后一个殖民地纳米比亚独立。古巴军队在安哥拉的奋战，对南非种族主义政权的终结起到了重要作用。

前面的章节还提到过，古巴在苏联的支援下，于1977年直接派遣18,000人的正规军到东非的埃塞俄比亚，同其邻国索马里争夺欧加登地区，在半年多时间里就帮助埃塞俄比亚赢得了战争的胜利。

对于古巴在冷战时期的所作所为，国际评论家自然是臧否不一。有人认为，古巴革命所采取的武装斗争道路，胜利后对旧制度的彻底改造以及革命输出，都给第三世界各国树立了一个现实样板，给世界提供了不同于西方的制度和道路选择。但也可以想见，很多论者对卡斯特罗本人、政府及其内外政策和国际影响，有完全负面的认知和解读。

我认为，一个不到1000万人口、经济欠发达、自然资源不丰富的加勒比岛国，在30多年的时间里，能承担如此重大的牺牲，在全球范围内叱咤风云，无论如何是件很了不起的事情，值得深入研究。古巴以天下为己任的革命输出，很难用简单的物质利益驱动和权力欲望去解释，其中必定有强大的理想和精神追求。卡斯特罗担任革命领导者长达63年，其中正式担任党和国家领袖52年，创造了当代世界上其他政治家难以逾越的纪录。他高举的马克思列宁主义和社会主义的大旗，经历了苏东剧变和拉美新自由主义浪潮的冲击，在古巴至今未倒，后继有人，也堪称当代世界政治中的一个传奇、一道独特的风景线。

从社会主义改革到新自由主义改革的智利

从20世纪50年代开始，拉美出现一系列民族社会主义的实践探索，其中比较突出的是智利。萨尔瓦多·阿连德年轻时就加入了智利社会党并成为领导人，信奉马克思主义。智利社会党宣称要建立"民主、多党制和自由的社会主义国家"，树立"向社会主义和平过渡的模式"。1952年、1958年、1964年，阿连德三次竞选总统失利。1954年，阿连德率领"智利－中国文化协会"访问中国，毛泽东主席会见了他，周恩来总理同他进行了长时间的密谈。他多次在智利议会中呼吁智利政府与中国台湾当局断绝外交关系，承认新中国。1959年古巴革命胜利，卡斯特罗在古巴会见阿连德，两人迅速结为密友。1965年，阿连德第二次访问古巴，卡斯特罗赠送给他一支AK47自动步枪。从1967年开始，阿连德大范围走访第三世界国家。

对于这样一位政治家，美国当然不会甘心看着他上台执政，让拉美心脏地带出现第二个古巴。1970年，美国在智利的投资存量占智利全部外资的65%，左翼力量上台必然会使美国在智利的巨大经济利益受损。

在1970年的大选中，阿连德代表左翼政党联盟"人民团结阵线"第四次参选总统。阿连德虽在首轮投票中战胜了其他候选人，但选票总数没能过半，需要由议会在得票数前两位的候选人中选出总统。为阻止阿连德在议会推选中胜出，美国加大干预力度，煽动反对阿连德的游行示威活动，中情局甚至策划用军事手段阻止阿连德上台。美国的图谋遭到智利陆军司令勒内·施耐德（René Schneider）的反对，不久施耐德就被暗杀了。一石激起千层浪，这一事件点燃了智利民众的反美情绪，阿连德得到更多议员、民众的支持，最终当选为总统。

阿连德政府接手的智利是一个贫富差距极大的社会，当时2%的农场占有了55%的土地，工业、金融等领域都被垄断企业控制。3家美国公司控制了作为国家经济命脉的铜矿业，占据了1970年智利出口的60%。阿连德上台的第一年就采取了很多"社会主义"的措施。首先是铜矿的国有化，将美国资本和买办阶级所把持的采矿业，收到智利自己手中，积攒外汇。其次是土地改革，模仿苏联模式成立了国营农场和集体农庄。阿连德政府提升医疗，普及教育，大幅度改善工人的待遇，让工人群体参与管理，获得高额工资和各种补贴。第一年任期结束后，阿连德看着经济高速增长的数字和表面上繁华的街景，满意地说道："我们正在用红葡萄酒和馅饼来实现社会主义。"但是，连阿连德的密友卡斯特罗都对他的改革前景发出了质疑：大幅度地增加消费和福利，只强调选民会得到什么，"那谁来生产呢？"

在外交上，阿连德当选总统后一个月，智利就宣布同中国建交，成为南美洲第一个同中国建交的国家。智利还同古巴和东欧社会主义国家建立或恢复了外交关系。

美国的打击很快就来了，首先是针对智利国家财政赖以生存的铜。美国大量抛售自己的铜储备，使智利的铜矿没有丝毫利润可言。其次是国家贷款。在美国的号令下，世界银行停止了对智利的贷款，不接受智利的债务重组谈判，使得智利只能用外汇储备还债，同时背负了大量国际债务。再次是粮食。失败的土地改革让智利的粮食产量连年下降，原先是智利主要粮食供应国的美国对它进行粮食封锁，阿连德只好用更加宝贵的外汇在国际市场上购买粮食。在阿连德政府执政的三年里，用于进口粮食花费的外汇增加了4倍，而食品价格却迅速上涨，1972年的通货膨胀率高达78%。到1972年年底，智利欠美国政府的债务共计8.87亿美元。最后还有运输。智利狭长的国土决定了它十分依赖运输，而美国人给智利卡车司机发放美元和面包，让他们罢工，给智利经济压上了最后一根稻草。此外，美国还在智利政府和军队中搞渗透，激化政治对立，煽动罢工游行，挑动不满情绪。

在整个局势动荡不安的时刻，1973年9月11日，智利发生了震惊世界的军事政变，民选的、合法的阿连德政府被推翻。几十年后陆续解密的美国政府文件证实，美国在这次政变中发挥了重要作用。发动政变的军人，是一个月之前刚被阿连德提升为陆军总司令的奥古斯托·皮诺切特（Augusto Pinochet）将军。阿连德没有料到的是，皮诺切特早已和美国中情局暗通款曲，制订了政变计划。

9月11日早上政变开始时，阿连德就不断地给皮诺切特打电话，企图让他来镇压叛乱，还担心皮诺切特是不是遭到了绑架。其实，皮诺切特这时正在指挥军队占领首都圣地亚哥的机场、港口和交通要道，而且派飞机轰炸总统府，要求阿连德总统辞职并投降，告诉他空军为阿连德"准备了一架可以飞往任何国家的飞机"。这时，阿连德总统在飞机轰鸣声中发表了最后一次演讲，决心誓死捍卫国家和人民的尊严和民主。下午两点，阿连德拿着卡斯特罗送给他的AK47步枪，送走了在总统府中的妇女和自己的两个女儿，平静地命令自己手下的23名警卫人员放下武器，向发动政变的叛军投降。最后一个留在总统府的阿连德，用这支AK47饮弹自尽。阿连德以身殉国，结束了拉美社会主义运动史上最为悲壮的一幕。

皮诺切特所代表的军方势力以暴力方式篡夺政权，终结了智利140年的宪政历史，智利进入了独裁军政府统治时期。1974年皮诺切特出任智利总统后，下令解散议会，在全国实行宵禁，禁止一切政党和新闻出版活动，同时坚决打击以贩毒为首的各种犯罪行为。他还成立了一支特别警察部队，专门清理前政府的残余支持者和反对现政府的人士。据说在皮诺切特统治期间，有2000多人遇害，13万人遭逮捕，上万人流亡国外。

尽管皮诺切特的统治充满了血腥的味道,人们不得不承认他的种种举措,确实使智利的动荡局势在很短的时间内趋于稳定。皮诺切特很快就开始对智利经济进行整顿。他深知自己在治理经济方面是个门外汉,于是请来了100多名经济专家组成顾问团,将"芝加哥学派"的新自由主义主张作为制定经济政策的指导思想,在智利推行"休克疗法",降低关税,吸引外资,将国有企业转给私人经营。在经历了短暂的失业率上升、贫困加剧后,智利的经济重现生机,并在此后稳步发展。1973年阿连德总统被推翻时,智利的人均GDP是1600多美元,2021年这一数字增长到16,000多美元,智利成为南美为数不多的高收入国家之一。

皮诺切特的军事独裁统治一开始遭到国际社会的普遍谴责,但出乎许多人预料的是,皮诺切特于1980年主持制定了走向民主化的新宪法,并宣布到1988年将举行全民公投,如果他获得多数支持,会继续执政直到1997年,否则就在1989年恢复总统选举。1988年10月,智利就皮诺切特是否应该继续执政举行全民公投。结果显示,55.99%的人反对皮诺切特继续执政。皮诺切特履行了承诺,宣布尊重投票结果,交出政权。在1989年恢复的总统选举中,智利基督教民主党领导人帕特里西奥·阿索卡尔(Patricio Aylwin Azócar)获胜。1990年3月,皮诺切特正式卸任总统职务,智利成功地完成了民主过渡。皮诺切特在离任总统职务后,继续担任陆军总司令职务到1998年。

从阿连德的社会主义改革,到皮诺切特的军事独裁和新自由主义改革,再到皮诺切特的还政于民,两次改朝换代,都跟冷战的大格局变化有关,也引发我们对拉美国家发展道路的深刻思考。1993年,皮诺切特以陆军总司令的身份正式访问中国,受到热情接待。阿连德和皮诺切特这两个政治理念完全不同的人,都曾被称为"中国人民的老朋友"。

尼加拉瓜革命与社会主义实践

尼加拉瓜是中美洲中部的一个小国。尼加拉瓜的民族英雄奥古斯托·塞萨尔·桑地诺（Augusto César Sandino）带领人民反抗美国的占领，坚持打游击战，迫使美军在1933年撤离了尼加拉瓜。美国扶持尼加拉瓜国民警卫队司令安纳斯塔西奥·索摩查·加西亚（Anastasio Somoza García）为代理人。1934年，加西亚杀害了桑地诺，两年后发动政变，成为尼加拉瓜的总统，加西亚和他的两个儿子路易（Luis Somoza Debayle）和安纳斯塔西奥（Anastasio Somoza Debayle）先后担任总统。索摩查家族的独裁统治长达43年。在此期间，索摩查家族对外依靠美国支持，对内压榨百姓，打压异己，聚敛了大量钱财，还侵吞了大量土地和企业。1972年12月，尼加拉瓜首都马那瓜发生大地震时，索摩查家族及其同伙不顾死伤3万人、25万人无家可归的惨象，竟把外国援助的救灾款项大量挪为己有。这一切引起了尼加拉瓜人民的强烈不满，国际舆论也称索摩查是"世界上最贪婪的统治者"。

首先起来用武装斗争反抗索摩查独裁统治的是桑地诺民族解放阵线（简称"桑解阵"）。这个组织成立于1961年，以民族英雄桑地诺命名，以示继承反美独立斗争的传统。它的领导人是法律专业毕业的何塞·丹尼尔·奥尔特加·萨维德拉（José Daniel Ortega Saavedra）。20世纪六七十年代，"桑解阵"受古巴革命理论的影响，坚持在农村搞游击活动，屡遭挫折，组织内部分化为坚持武装斗争和强调以和平方式夺取政权的不同派别。后来"桑解阵"把工作重心转到城市，同工人运动建立了联系，并得到了学生和天主教徒的支持。

1977年，尼加拉瓜爆发了全国范围的反独裁的工人和学生运动。1978年9月，"桑解阵"在首都马那瓜等8个城市发动武装起义。

1979年3月,持不同政见的"桑解阵"三派重新联合,成立了全国联合领导委员会,实现了统一指挥。三派的联合推动了全国反独裁斗争。6月,"桑解阵"宣布成立民族复兴临时政府,游击队形成了对首都马那瓜的重重包围。总统安纳斯塔西奥·索摩查·德瓦伊莱被迫下台。民族复兴政府内阁宣誓就职。"桑解阵"领导的人民起义取得了完全胜利。

革命胜利后,奥尔特加长期担任政府首脑和总统。尼加拉瓜在政治体制上实行以"桑解阵"为主的多党政治,除索摩查的国民自由党外,允许各种政治倾向的政党存在。立法机构国务委员会由各政党和群众组织的代表组成。新政权解散了索摩查的国民警卫队,建立了桑地诺人民军。在经济上,新政权推行私有制、集体所有制和公有制并存的多种经济形式。国家把没收的索摩查家族的财产作为公有制的基础,同时把私人银行、保险公司和矿山收归国有。在农村实行三种土地所有制,即资本主义所有制、公有制以及个体和集体所有制。为了发展生产,还建立了信贷、劳务合作社和桑地诺公社。

但是,革命成功后不久的尼加拉瓜又陷入一场新的内战之中。各派政治势力之间的矛盾日益突出,"桑解阵"内部也出现分歧。1984年,从"桑解阵"分裂出来的两派,同由索摩查残余势力组成的"尼加拉瓜民主力量"配合作战。还有一支印第安人反政府武装,约2000人。这些反政府武装力量都得到美国政府的支持。反政府军经常以境外为基地,进入尼加拉瓜境内进行颠覆和破坏袭击活动。尼加拉瓜政府则得到苏联和古巴的支援,军队共有近5万人,还有约6万人的后备队。

1987年3月,中美洲和平会议召开。会议达成了尼加拉瓜暂时停战协议。美国支持的反政府武装,同古巴提供军事顾问、苏联提供武器装备的尼加拉瓜政府军暂时停止了战斗。但后来冲突时起时伏。1988年，反政府军由于得不到美国的继续援助，弹尽粮绝，再加上内部分裂，其残余势力已基本撤到洪都拉斯境内。1989年2月，第四次中美洲五国首脑会议在萨尔瓦多举行。会议达成的协议规定，尼加拉瓜在1990年2月举行全国大选，各个政党都可以参加。这次会议对加速尼加拉瓜和平进程具有重要意义。

1990年2月，联合国、美洲国家组织、欧洲议会、以美国前总统卡特命名的卡特中心等组织共2500多名外国观察员，在尼加拉瓜监督大选。大选结果是，由14个不同政治倾向的政党组成的全国反对派联盟总统候选人、无党派人士比奥莱塔·巴里奥斯·德·查莫罗夫人（Violeta Barrios de Chamorro）以55%的选票，击败她的主要竞争对手、执政10年的时任总统奥尔特加。查莫罗夫人成为尼加拉瓜历史上第一位女总统。

至此，尼加拉瓜的社会主义实践告一段落，整个拉美地区的社会主义运动也进入低潮，只有古巴的社会主义政权屹立不倒。

柬埔寨内战与中越关系

前面谈到,在绵延40余年的美苏冷战过程中,穿插着中苏两个社会主义大国之间的"准冷战",以及在第三世界风起云涌的民族解放运动。这一节要讲的故事,发生在与中国接壤的中南半岛上。在这里,冷战、"准冷战"和民族解放运动这三条线索交织在一起,牵扯出中国、越南、柬埔寨、美国、苏联等许多国家之间复杂的"恩怨情仇"。

印支半岛上的中越美苏"大棋局"

第一章已经比较详细地介绍了冷战时期在印支半岛发生的两场战争:一是1945年到1954年的越南抗法战争,二是20世纪50年代中期到1975年的越南抗美救国战争。在前后长达30年的战争里,中国、苏联和其他社会主义国家都对越南北方(以下通称"越南")提供了巨大援助,其中尤以中国的付出最多。

随着中苏"准冷战"拉开序幕,印支半岛的局势复杂起来。20世纪50年代初,苏联有意将亚洲革命的领导权"委托"给中国,客观上促成了中越之间的密切关系。到了 20 世纪 60 年代，赫鲁晓夫出于对美缓和的考虑，在越南战争中采取"脱身"政策，在越南引起激烈反响，越南甚至在 1964 年提出要清退苏联军事专家。承担主要对越援助任务的中国也公开批判了苏联的做法。1964 年勃列日涅夫当政后，为了防止苏联在东南亚的影响力下降，避免作为社会主义阵营领袖的形象受损，苏联转而大举对越南提供援助，在援助力度方面同中国一争高下。1965 年，苏联部长会议主席柯西金访问河内，并在接下来的三年里大幅提升对越南的军事援助额度，在 1968 年超过中国，成为越南的最大援助来源国。同时，苏联还通过各种方式离间中越关系。

在中苏竞争、中美对抗的背景下，中国为不失去越南的支持，也加大了对越南的支持力度。在政治方面，中国提出和朝鲜、越南、老挝、柬埔寨构建亚洲五国人民反美斗争统一战线，但是没有得到越南的赞同。在援助方面，中国也开足马力，与苏联展开激烈竞争。在外交方面，中国反对苏联提出的越美和谈，目的是防止苏联借此机会扩大对印度支那局势的话语权，把越南拉到亲苏的轨道上去。

越南对中国和苏联的态度逐渐发生变化。在越南看来，两个社会主义大国难以在对越援助问题上形成有效配合。另外，中国还希望越南在中苏论战中公开支持自己，但是越南却认为当务之急是打败美帝国主义，不想开罪苏联。越南领导人胡志明曾经试图调和中苏矛盾，他曾对周恩来总理说："你们（中国和苏联）一个是大哥哥，一个是大姐姐，你们闹矛盾，让我们这些弟弟妹妹（其他社会主义国家）怎么办？" 1969 年胡志明逝世后，黎笋成为越南最高领导人，他主张与苏联结盟，疏远中国。

1975 年，越南实现完全统一。在苏联的强力支持下，越南的地区扩张思想膨胀起来。越南领导人长期抱有一种想法，就是将印度支那三国合并成一个由越南领导的统一国家。在美国和东南亚其他国家看来，这种想法意味着共产主义势力占据了整个印度支那，断然不可接受；中国也反对这种想法，认为这属于苏联"社会帝国主义"扩张下的越南"地区霸权主义"，将对中国南部构成严重的安全威胁。所以中国和美国在这个问题上有着共同利益。而在越南眼中，中美立场的一致性成为中国"背叛社会主义兄弟""与美帝国主义相勾结"的例证。在此背景下，越南和苏联于1978年11月签订《苏越友好合作条约》，正式形成了军事同盟；同年，越共四届四中全会正式将中国定性为"最直接、最危险的敌人"，中越两国自此完全反目。

越苏同盟共同反华的态势，促进了中美接近。1978年12月16日，中美两国发表了《中美建交公报》，宣布自1979年1月1日起互相承认并建立外交关系。1979年1月29日至2月5日，邓小平副总理应卡特总统的邀请对美国进行正式友好访问。这是中华人民共和国成立后中国领导人第一次访美，受到国宾级别的接待，访问气氛十分友好热烈。

在8天的访问中，邓小平与卡特总统等进行了深入交谈。邓小平指出，今天的世界很不安宁，存在着战争的危险，主要危险来自苏联。第三和第二世界应联合起来反对霸权主义。邓小平说，这一反霸统一战线，坦率地讲是包括美国在内的。对付苏联称霸世界，美国理所当然是一个主要力量，但在相当长的时间内，美国在尽自己的责任方面有某些不足。苏联在世界各地扩张，特别是利用古巴在非洲插手，支持越南侵略柬埔寨，没有受到应有的遏制和惩罚。邓小平表示，越南是"东方的古巴"，需要教训它一下。卡特则指出，美国对以下两点特别关心：一是东南亚地区连同印度洋北部一带直至非洲大陆的不稳定局势，以及某些外来势力趁机加以利用的倾向；二是苏联军事力量的迅速增长。他表示同意中美加强合作，在一些麻烦的地区协调行动。

这样，在20世纪70年代末到80年代初，印度支那实际上形成了以中美为一方、苏越为另一方的国际格局。柬埔寨内战的发生和演变，使地区战略形势更加扑朔迷离。

柬埔寨内战与国外各方势力的介入

1953年，柬埔寨王国正式从法国统治下获得独立。在以诺罗敦·西哈努克（Norodom Sihanouk）亲王为首的柬埔寨王室领导下，柬埔寨采取了和平中立的外交立场，在美苏两大阵营和邻国之间展开"等距离外交"。然而，进入20世纪60年代后，由于柬埔寨和泰国之间的领土争端难以化解，而且越南战争大有向柬埔寨扩散的势头，西哈努克不得不调整外交政策，开始向中国等社会主义国家靠拢，在国内也逐渐偏向与中左翼政治势力合作，其中左翼势力的代表就是被西方称为"红色高棉"的柬埔寨共产党。"红色高棉"曾参加了越南的抗美战争。

西哈努克的转向引发了国内右翼势力和美国的不满。1970年，军人出身的首相朗诺（Lon Nol）在美国的支持下，趁着西哈努克出访苏联的机会发动政变，组建了亲美的"高棉共和国"，由朗诺出任总理，后出任总统。从苏联到达北京的西哈努克被迫流亡，宣布成立柬埔寨王国民族团结政府，联合国内中左翼政治力量，组成"民族统一战线"，与朗诺政权斗争，柬埔寨内战全面爆发。中国、越南和苏联出于反美的考虑，都表示支持西哈努克。这个阶段的柬埔寨内战，实际上是社会主义国家支持的柬埔寨力量同美国代理人之间的战争。

在内战中，民族统一战线渐渐占据上风，其中发挥主要作用的是红色高棉。1975年4月，在西贡获得解放、越南全境统一的同时，红色高棉攻克首都金边，朗诺政权倒台。西哈努克返回柬埔寨继续担任国家元首，但金边政权被柬共牢牢掌控，西哈努克不得不在一年后宣布辞职，不久又被软禁。他的子女亲属十几人作为"新人"下放劳动，最后下落不明。民族团结政府被颠覆，取而代之的是柬共所领导的"民主柬埔寨"，其领导人包括波尔布特（Pol Pot）、乔森潘（Khieu Samphan）、英萨利（Ieng Sary）等人。

在政权建立之后，红色高棉开始清洗内部的亲越南人士，这些人大多是在内战时期由越南培养的，这时却成为柬共独揽政权的绊脚石。越南当然对此强烈不满。前面讲到，越南有建立统一的印度支那联邦的野心，又成功地在老挝扶持了亲越南的政权。红色高棉担心被越南颠覆，所以对越南抱有强烈的敌意。之后，越柬两国因为边境纠纷而冲突不断。

红色高棉还在柬埔寨推行了一系列激进政策。例如，红色高棉完全废除了市场、货币交易乃至工业生产。一系列异想天开的政策实验造成严重的饥荒。在外交上，红色高棉只和12个国家建立了外交关系，并且关闭了除中国、朝鲜、老挝之外的全部外国大使馆。

1978年12月，越南在一次和柬埔寨的边界冲突后大举进攻柬埔寨，越柬战争爆发。1979年1月17日，越军攻入金边，推翻了红色高棉政权，扶植以韩桑林为首的"柬埔寨人民革命委员会"，建立"柬埔寨人民共和国"。韩桑林为革命委员会主席。一位年仅27岁的年轻人出任革命委员会委员，兼管外交。他就是后来长期担任柬埔寨党和国家最高领导人的洪森（Houn Sen）。

新生的韩桑林政权得到越南、老挝和苏联及东欧各国的承认和支持，中国、美国和西方国家以及东盟各国则称其为傀儡政权，依然支持"民主柬埔寨"保留联合国席位。韩桑林政权一直没能控制柬埔寨全境，而红色高棉则被迫转入邻近泰国的西北部地区，进行游击战争。国家再次陷入长期内战。这一阶段的内战转化为韩桑林政权和红色高棉领导的"民主柬埔寨"之间的战争。

中国和越南在1979年2月爆发了对越自卫反击战。越南方面两线作战，不得不放缓对红色高棉的攻势。因为这两场战争存在一定关联，所以也有人将其合称为第三次印度支那战争。

1982年，红色高棉、西哈努克亲王领导的奉辛比克党、美国和泰国支持的由宋双（Son Sann）领导的"高棉人民解放全国阵线"这三支抵抗力量，走到了一起，组成了民主柬埔寨三方联合政府，共同对抗韩桑林政权，并且获得了国际社会的广泛支持。这个联合政府的三方各有不同的外部势力支持，是政治和意识形态上的大杂烩，结成了难以想象的共同阵线。

此后，柬埔寨内战双方都在外部势力的支持下长期作战。直到1989年全球冷战缓和，越南从柬埔寨撤军，局面才开始出现转机。1991年10月，柬埔寨各方在巴黎签署《柬埔寨和平协定》，随后共同组成全国最高委员会，为柬埔寨名义上的最高权力机关。1993年，柬埔寨在联合国的介入下举行全国大选，结果是重新恢复了柬埔寨王国，由西哈努克担任国王，韩桑林被封为亲王，宋双担任议长，各派政治势力之间达成了暂时的平衡。然而，红色高棉却抵制大选，拒绝交出武器，因而陷入孤立。之后，新政府宣布红色高棉为非法组织，波尔布特等人继续率领部队打游击战，直到1998年波尔布特病故，红色高棉于1999年在政府军的进攻下彻底瓦解。此时，距离越南撤军已经过去了整整10年。

中越关系由冰点到正常化

根据中国官方通讯社报道，1979年2月17日凌晨，中国人民解放军广西、云南边防部队遵照中央军委的命令，在广西、云南两个方向，向越南军队发起还击。三周之内，中国军队攻占了谅山、高平、老街等越南省城和20多个边境城镇及要点。3月5日，中国政府发表声明，称自卫还击作战的预期目的已经达到，自当日起参

第三章　第三世界国家的独立、革命与局部战争　　　425

战部队开始回撤。至3月16日，中国军队全部撤回中国境内。在越南境内的军事行动结束后，中越的武装冲突仍然时断时续，一直到1989年10月，其中最著名的是在云南省麻栗坡县的老山进行的"拉锯战"。

在中国看来，中越关系紧张的症结是越南侵略柬埔寨，而越南背后是苏联。《邓小平文选》第三卷发表了1986年9月2日邓小平同美国记者迈克·华莱士（Mike Wallace）的谈话。邓小平说，中越关系和中苏关系要恢复正常化，必须消除三大障碍，即苏联从蒙古国和中苏边境撤军，苏联从阿富汗撤军，越南停止侵略柬埔寨并从柬撤军，其中首要的是越南从柬埔寨全部撤军。邓小平说："柬埔寨问题由柬埔寨四方商量解决。"这四方就是民主柬埔寨三方联合政府和韩桑林政权。邓小平还说："如果苏联不帮助越南，越南一天仗都打不了。"所以，要解决中越关系问题，关键还是苏联。

1989年5月16日，邓小平在北京会见了来访的苏联领导人戈尔巴乔夫，宣告中苏两国关系实现正常化。同年9月，越南宣布从柬埔寨全面撤军，中越关系很快也出现了转圜。

促使中越关系和解的主要动力来自两国国内。中国同苏联、越南的对抗结束，是三个国家根据各自国内政治变化做出的战略选择。中国在改革开放阶段，确认了"和平与发展是当今时代的主题"的判断，迫切需要改变周边安全环境，解决同苏越两国的边境纠纷。20世纪70年代末到80年代初，我在北大学习国际政治时，一个似乎颠扑不破的理论是"帝国主义就是战争"，要消灭战争必须推翻帝国主义统治，在全世界实现社会主义。可是一个难以解释的理论问题出现了：中国、苏联、越南都是社会主义国家，为什么会发生中苏、中越武装冲突和战争？当时的一个解释是，苏联已经蜕变为社会帝国主义，越南是地区霸权主义。我们作为学生，当时就觉得这种解释是苍白无力的。回过头来看，中苏、中越之间的冲突，跟它们的社会制度和"主义"无关，也并非必然发生。

在越南方面，到20世纪80年代中后期，河内的内外政策结出的一系列苦果，到了非摘除不可的时候。首先，常年的战争使国民经济得不到休养生息。1975年越南战争结束时，战争给越南留下了100万"寡妇"，20万残疾人。70年代后期，超过150万越南难民乘小船逃离故土，流散到北美、西欧、澳洲、东南亚和世界各地。越南统一之后，国家还没得到休养生息，1978年便发动柬埔寨战争，越柬战争又持续了11年，其间还有同中国绵延10年之久的边境冲突。国防开支最高时，达到越南政府财政支出的50%。

其次，越南遵循的社会主义路线因循守旧。在解放之后的南方强行推进北方实施过的土地改革政策，将工商业相对发达的南方纳入计划经济体系，造成了经济效率下滑和通货膨胀，引发了民众不满。越南政府非但没有采取措施纠正错误，反而还将问题归咎于华人华侨等国内少数族裔，以及中国等外部因素。在对外关系中，越南向苏联"一边倒"，同中国交恶，国际环境空前孤立。

到1986年，越南人均GDP不足200美元，成为世界上最贫穷的国家之一。直到1986年7月，主政越南长达17年、思想保守的越共总书记黎笋逝世后，经济形势才有所改观。和黎笋同年的领导人长征接任总书记。长征立场相对亲华，也有意改革黎笋留下的弊病，但是由于年事已高，很难有所作为。1986年12月，越共召开第六次全国代表大会，老一代领导人长征、黎德寿和总理范文同一起卸任，阮文灵当选为总书记。

新一代领导人阮文灵翻开了越南历史上新的一页。他长期在越南南方领导抗美斗争。20世纪70年代末，时任胡志明市市委书记的阮文灵因采取了一些经济改革措施，被指责为背离中央方针，曾受到降职处分。阮文灵开始执政时，中国已经走上改革开放的道路，戈尔巴乔夫也在苏联推动变革。"东亚四小龙"腾飞，东盟各国经济进步很快，对越南的触动很大。在越共六大上，越共中央公开承认党的重大政策主张存在"严重而长期的"错误，必须立即、坚决地予以纠正。以阮文灵为首的越共提出名为"革新开放"的经济发展总路线，要建立"按照市场机制运行、由国家管理、坚持社会主义方向的多种成分的商品经济"。越南相继颁发了一系列重大决定和法规，要求扩大国营企业的自主经营权，确认农民拥有长期使用耕地的权利，欢迎外国投资等。尽管大刀阔斧的改革政策遇到了不少阻力，但改革不仅在党内获得了合法性，也得到了人民的支持。

为了配合国内的改革举措，营造良好的外部环境，阮文灵致力于调整同中国、东盟邻国和美国的关系，提出越南"要和所有国家都成为朋友，其中对华关系至关重要"。不过，阮文灵改善对华关系的想法并没有得到大部分越共高层的支持，对华接触也处处受到越南外交系统的掣肘。无奈之下，阮文灵只好借助老挝领导人凯山·丰威汉（Kaysone Phomvihane）于1989年10月访华的机会，托凯山给中国领导人带口信，表示有意恢复高层接触。

老挝人民革命党总书记兼部长会议主席凯山·丰威汉是老资格的革命领导人，同中越两国领导人关系都不错，1970年曾会见过毛泽东主席。在他的再三要求下，中国商定请邓小平同他进行礼节性简短会见。没想到，两位领导人进行了长达40分钟的实质性谈话。凯山诚恳地承认，过去10多年来老挝同中国的关系处于不正常状态，是受了"外部的影响"，此次访问中国将标志着两党、两国关系的完全正常化。同时，凯山还转达了越共总书记阮文灵对邓小平的问候，说越南对中国的状况已有了新认识，对中国的态度也有所改变，还说阮文灵希望中国方面能邀请他访问中国。邓小平也请凯山转达他对阮文灵的问候，并说希望在他自己退休之前或退休后不久，柬埔寨问题能得到解决，中越关系能恢复正常。凯山回国途中在越南短暂停留，向阮文灵转达了邓小平的声音。

在此期间，阮文灵通过私人渠道，绕开越南外交部同中国驻越南大使馆联系，表示希望中国邀请他访华，解开中越关系的症结。此前，中国领导人将完全解决柬埔寨问题作为恢复对话的先决条件，但是考虑到阮文灵的确有意改善关系，只是受制于国内因素难以施展拳脚，所以采取了灵活立场，果断邀请阮文灵和其他两位越南高级官员在1990年来华，双方在成都举行了秘密会晤。在此之后，中越关系改善进入了快车道，在1991年实现了完全正常化。

第四章

冷战的尾声

国际结构的变化与全球化

本章进入"冷战的尾声及其结束",时间范围大概从20世纪70年代末至90年代初,总共十一二年的时间。前面三章讲了冷战是如何开始的,讲了主要大国之间针锋相对的权力斗争,讲了社会主义和资本主义两大阵营的情况,也讲了在冷战格局中相对处在外围、但也是大国重要竞技场的第三世界一些国家的起落沉浮。

不知不觉之间,从冷战开始到80年代初,过去了30多年。30多年里,世界发生了巨大的变化,从宏观的国际战略格局、各国国内的政治经济结构和理念,到微观社会的理想信念、生活方式、爱好追求,都与冷战开始时不可同日而语,也就是说,此时的世界已经不再是当年的那个世界,这是冷战进入尾声阶段的大背景。

在开启冷战尾声阶段的故事之前,有必要先回顾一下这个背景。为了承上启下,本节主要介绍70年代中期到80年代中期世界上发生的重要变化。

趋于扁平化的国际力量格局

到20世纪70年代,世界权力格局,或者说大国之间的力量对比,同四五十年代相比,发生了两个方面的巨大变化。

第一个变化发生在两大阵营内部。在冷战刚开始时,美苏两个超级大国在各自阵营中占据实力方面的绝对优势,但到20世纪60年代末至70年代,这种优势已经大大减弱。在资本主义阵营中,1960年,日本的GDP只有美国的8.2%,到1980年就跃升到美国的38.7%;1970年,联邦德国的GDP是美国的20.1%,到1980年提高到美国的33.3%;1973年,英国、爱尔兰、丹麦加入欧共体,欧洲经济一体化取得显著进展。

随着经济实力的提升,在防务上,欧洲和日本虽然在相当程度上仍然仰赖美国和北约,但也在谋求相对独立的外交路线,争取更大的外交空间。法国是其中最明显的例子,不仅拒绝北约的军事驻扎,发展了自己的核武器,还在1964年率先与中国建交。联邦德国改善了与苏联和东欧国家的关系,1973年,两个德国同时加入联合国。日本对亚太地区特别是东南亚的影响力与日俱增。在尼克松访华、美国与中国关系解冻后,日本于1972年9月同中国建交,比中美建交的时间早了6年多。

在社会主义国家里,虽然苏联的硬实力还居于显著优势地位,但它对其他社会主义国家的领导力迅速下降。中国同苏联的关系发展到兵戎相见的地步,还改善了同美国的关系,出现了中美苏战略大三角。东欧国家发生多次政治动荡,企图脱离苏联的控制。其中最典型的是波兰。20世纪70年代后期,波兰国内出现公开的反对派。1978年,波兰大主教当选为罗马教皇,即约翰·保罗二世。天主教会对推动波兰的变革起到了重要作用。1980年9月,全国性的波兰团结工会诞生。相比而言,资本主义阵营内部虽然有很多矛盾,但

第四章　冷战的尾声　　　　　　　　　　　　　　　　　　　　433

没有发生相互军事冲突的危险，发达国家国内也没有发生非正常的政权更迭。

　　第二个变化发生在两大阵营之间。美国领导人和西方学者都敏锐地看到了世界各国经济对全球战略格局的影响。1971年7月，美国总统尼克松在美国堪萨斯城的一次讲话中提到，当展望今后5年、10年、15年的时候，会看到美国、西欧、苏联、中国、日本五个强大的经济力量，这五大力量将决定世界20世纪最后三分之一时间里的前途。我们回过头来看，在五大经济力量里，三个属于资本主义阵营里的发达国家，中国早已脱离苏联阵营。所以，资本主义阵营的经济实力大大超过了苏联东欧阵营。

　　1987年，出生于英国的美国耶鲁大学历史学家保罗·肯尼迪（Paul Kennedy）出版了《大国的兴衰》（*The Rise and Fall of the Great Powers*）。这本名著指出，当时的世界五大力量中心（美、苏、中、日、西欧）之间的军事力量对比和生产力对比是不一致的。他认为，世界上的变革主要由经济和技术的发展驱动，这种驱动力对社会结构、政治制度、军事力量及各个国家和帝国的地位都产生过重要作用；经济增长速度不均衡，对国家体系中许多成员国相对的军事力量和战略地位都产生了长远的、决定性的影响。从20世纪50年代到80年代，苏联的军事力量上升迅速，但经济增长率持续下降，财政越来越捉襟见肘。苏联"想在全球范围内同美国分庭抗礼的持久竞赛努力，与其在经济领域取得的成就很不相称"。

　　和肯尼迪同时代的不少分析家看到，苏联的经济和技术实力一直和美国有着不小的差距。由于苏联属于计划经济，数据又不透明，很难用GDP的方式来统计，所以无法准确地计算苏联的经济总量。通常1975年被认为苏联经济实力最接近美国的年份，但根据估算，也仅仅是美国的一半左右。20世纪70年代末，苏联开始走下坡路，经济总量被日本超越，大约仅为美国的三分之一。如果把美、日、西欧、加拿大、澳大利亚等发达经济体的经济总量加在一起，苏东集团可能只是它们的五分之一或者更少。更不消说西方的技术优势。所以，如果把美欧日的经济力量相加，实力对比的"西升东降"，已经难以逆转。

在亚洲、非洲、拉丁美洲，20世纪五六十年代风起云涌的民族独立运动，到了70年代已经大体完成了它的历史使命，不结盟运动作为一支新的政治力量登上国际舞台，国际力量格局从两极向多中心演变的趋势已经逐渐显露。国际政治主题走向多样化，战争与革命的色彩悄悄消退，代之而起的是对国际经济和社会问题的关注。20世纪70年代爆发的两次石油危机，1973年布雷顿森林体系瓦解，形成了实行浮动汇率的新的国际货币体系。在我当年研读的国际政治学里，国际政治经济学等分支学科出现了。人们更多地关注"南北关系"即北方的发达国家同南方的发展中国家之间的经济关系，要求减少南方国家对北方国家的经济依赖。这在很大程度上削弱了冷战两极格局，淡化了世界政治的冷战色彩。

社会心理、政治思潮和国际氛围的变化

与国际政治经济结构同步变化的，是世界各国的社会心理和思潮。无论是在资本主义阵营还是在社会主义阵营，人们对革命、意识形态话语开始感到厌倦，更加关注生活水平、教育、医疗、生态环境等与切身利益息息相关的问题。

在美国，战后出生的"婴儿潮"一代成长于较为富裕的环境，伴随他们长大的是冰箱、电视机、家用小汽车的普及，他们拥抱的是以此为基础的大众消费文化。当他们进入青年时期，亲身体会到古巴导弹危机差点毁了他们的美好生活，还有5万多美国人丧生在越南战场。在电视上，他们看到越南的老弱妇孺死于美军的飞机大

第四章　冷战的尾声

炮，对于美国以反共和自由的名义而干涉他国的行为产生了深深的反感。1975年越南战争结束，美国的反文化运动也走到了尾声。"婴儿潮"一代的美国人把注意力转向了来自工作和家庭的压力，无心投身于政治。在黑人解放运动中，美国产生了一些新的社会共识，强化了族群平等、宽容的意识。反共主义作为一种政治正确没有消失，但作为另一种政治正确的多元文化主义悄然兴起。

同时，20世纪70年代资本主义世界的经济增长速度下降，各种社会问题日益严重，保守主义思潮在美国、英国、法国等西方国家应运而生。在美国，在学术界和舆论界影响较大的是当时叫作"新保守主义"的思想。新保守主义要求减少政府对经济的干预，更多地以市场来调节，降低税收和社会福利。1980年，共和党保守派罗纳德·里根在总统大选中以压倒性优势战胜民主党的吉米·卡特（Jimmy Carter），开始所谓"保守主义革命"。

进入20世纪70年代之后，西欧经济增长乏力，消费市场基本饱和，导致生产线开工不足，许多工人面临下岗、失业。福利国家制度建立以后，家庭职能普遍弱化。石油危机严重冲击了西欧经济。西欧各国社会党为维持福利国家制度，不得不将社会福利开支的重担转移到有稳定收入的中产阶级身上，这就引起了众多纳税人和大量中产阶级家庭的强烈不满。因此，西欧各国都出现了反对福利国家、反对社会民主主义的思潮，这就是以英国首相撒切尔夫人为代表的新自由主义兴起的基础。欧洲的新自由主义和美国的新保守主义没有本质上的区别，是一种思潮的两个标签。在后面的章节中，我将它们都称之为新自由主义。

1979年，撒切尔夫人上台后，开始了大刀阔斧的改革，在财政上推行货币主义政策，压缩公共开支，降低税收；在经济上实行大规模私有化政策，削减社会福利。1982年，国际视野开阔的中曾根康弘出任日本首相，他同里根、撒切尔夫人建立了良好的关系。中曾根大力推行国有铁路和电信电话公司的民营化改革，压低日本工会的影响力。这些政策都标志着日本政治的右倾化。以里根、撒切尔、中曾根为代表的政治家，引领着发达国家的政治风向向右偏转。

在亚洲，日本、"东亚四小龙"和东盟在经济上的崛起，以及与之相伴随的流行文化的兴旺发达，对中国人的社会心理的影响是巨大的。我们这一代中国人都记得，高仓健主演的日本电影《追捕》于1978年在中国上映时，引起了巨大轰动；20世纪80年代初，台湾歌星邓丽君的所谓"靡靡之音"，在大陆几乎所向披靡。短短十几年的时间，原来把"革命"作为崇高理想、把参军当成人生最高目标、"念念不忘阶级斗争"的一代人，走进了大学课堂，创办了私人企业，甚至为求知而大胆地走出国门。如果说毛泽东、周恩来等第一代国家领导人接近美国的战略选择，是出于国际权力政治斗争的必须，是一种迫于战略形势的"高瞻远瞩"，那么以邓小平为代表的第二代领导人坚定地做出向外部世界特别是发达国家打开国门的战略决策，则是目睹中国经济和社会同发达国家的巨大反差之后的主动作为。

作为这一重大历史转折的一个卑微的亲历者，我个人其实在20世纪70年代初就开始了思想转变。我们在内蒙古的茫茫大草原放牧时，听到了中央文件层层口头传达到公社和大队的消息：国家原来的第二号人物、作为"接班人"的林彪乘坐他的专机——英国制造的"三叉戟"，企图叛逃到苏联，结果飞机失事，他和夫人叶群、儿子林立果摔死在蒙古国的温都尔汗。不久，我们又在半导体收音机里听到了美国总统尼克松访华的消息。虽然我当时还无法解读这些消息，但原先信守的意识形态突然变得模糊起来——政治斗争原来是这样的，"敌、友"是会错位的。1973年春节我回北京探亲时，买了一本影印的美国课本《英语900句》（当时还不懂什么叫盗版），开始自学英语，心想也许将来的某一天会用得上。这些思想撞击，以及后来"四人帮"倒台、"文化大革命"结束、邓小平复出、恢复高考,改变了当年两三代中国人的社会心理和二元对立的冷战思维。

与社会心理变化相伴随的是国际氛围的转变。除了刚刚讲到的国际结构和社会心理、政治思潮的变化外,这里还要介绍一下《赫尔辛基协定》。1975年8月,除阿尔巴尼亚和安道尔之外,欧洲几乎全部的国家都在芬兰首都赫尔辛基签署了《赫尔辛基协定》。35个签署国包括美国、加拿大、苏联等冷战期间全部的北约和华约国家。这是一个关于国际安全与欧洲合作的会议协议,内容可概括为四大部分。第一部分包括十项原则,涉及政治和军事问题、领土完整与确定已有边界的合法性、和平解决争端和建立互相信任措施;第二部分专注于经济问题,包括贸易和科技合作;第三部分强调人权,包括移民自由、文化交流和出版自由;第四部分是正式实施细节,旨在改善社会主义阵营与西方国家的关系。当时美苏关系改善受挫,冷战形势表面看起来比较紧张。《赫尔辛基协定》的签署是缓和冷战紧张局势的一个重要的里程碑。

在《赫尔辛基协定》中,苏联的最大诉求得到满足,即西方国家承认了苏联在东欧边界的合法性,也就意味着波罗的海三国永久属于苏联,"二战"后苏联对原来属于德国和波兰的领土进行的重新划分获得了西方国家的承认。作为交换条件,苏联做出的让步是承认"人权和基本自由的普遍重要性……以同《联合国宪章》和《人权宣言》的目的及原则保持一致"。《赫尔辛基协定》中的人权条款,为苏联和东欧在冷战结束前后的所谓"民主化"运动提供了道德与法律上的依据。这个落实到字面上的人权原则,对决定苏东国家民众人心向背的社会心理、政治观念都产生了巨大而深远的影响,也是短短十几年后苏东集团开始分崩离析的潜在因素之一。

经济全球化的冲击

20世纪七八十年代，新一轮经济全球化逐步开启。假如我们将眼光稍微放得长一点，在19世纪晚期，曾经形成过一个经济全球化的潮流。我们在世界历史教科书中看到的那些卡特尔、辛迪加、托拉斯等所谓垄断寡头，是对当时那个时代跨国企业的描述。那个时代的全球化引起了世界范围内政治经济的不平衡，最终引发了第一次世界大战和俄国革命，摧毁了旧有的世界经济体系。"二战"后，资本主义和社会主义双方都做出了种种努力，企图改造世界，重建和平，推动经济繁荣。只不过资本主义国家是在旧有轨道上的调整，而社会主义国家则试图以新理论、新伦理、新制度创造新世界。

真正的全球化是20世纪70年代末之后才开始的。此前的国际贸易、国际投资还不是全球范围的流动，没有在全球范围内形成一个统一体系。20世纪80年代，全球化冲破了地域和领域障碍，出现了一些新的特征。

第一，美元的全球化。1944年建立的布雷顿森林体系是金本位下的美元，不能无限发行，受到黄金储备限制。1973年布雷顿森林体系解体后，美国发行美元不再需要跟各国经济规模同步，甚至可以有"主动"超额发行货币的空间。美元依然是世界货币体系的基准。石油危机加上《广场协议》，实际上巩固了美元的全球货币地位。有了全球范围的货币，才有真正意义上的经济全球化。

第二，发展中国家经济融入世界市场，成为全球化的组成部分。在市场经济条件下，企业和资本以追逐利润为主要目的，具有内在扩张的冲动，希望越过民族、国家和地域范畴，在尽可能广阔的空间寻求原料产地和商品市场。以"东亚四小龙"为代表的东亚国家或地区先行一步，它们采用出口导向型经济模式，在20世纪70年代获得了经济腾飞，在传统的进口替代模式失去动力、计划经济体制千疮百孔的时刻，为其他发展中国家和经济转型国家提供了成功的范例。出口导向型工业化道路就是要向世界经济开放，引进外国投资和贷款，并且为外国市场制造产品。它意味着要全心全意地加入国际分工。这里特别突出的，是中国在1978年实行改革开放政策后对经济全球化做出的巨大贡献。

第三，技术创新大大推动了经济全球化。一方面，交通和通信技术的进步，极大地降低了物流和信息传输成本，整个世界的联动空前加强。另一方面，技术进步带动汽车、电子信息等新兴产业兴起。全球产业链、供应链和价值链的重新配置，使跨国公司转变为全球公司，按照比较优势在全球投资布局。制造业从发达国家转向"东亚四小龙"等新兴经济体，新兴经济体也开始向发达经济体投资，由此出现双向的资金流动。虚拟经济和实体经济在全球范围的重新配置，带来世界范围的利益重构和权力转移。这些产业供应链可拆分为不同环节并散布在不同地区进行模块化生产，跨国公司得以根据各国要素禀赋布局价值链，推动形成全球生产网络。

广大第三世界国家经过战后20多年的革命和建国道路探索，在经历了许多危机与混乱后，积极尝试融入国际经济体系，同时要求建立更加公正合理的世界经济秩序。1974年5月1日联合国大会第六届特别会议通过的《建立国际经济新秩序宣言》，是发展中国家向国际社会争取经济权利的重要文件。这项宣言指出："这种秩序将纠正不平衡和现存的非正义，使发达国家与发展中国家之间日益扩大的鸿沟有可能消除，并保证目前一代和将来世世代代在和平和正义中稳步地加速经济和社会发展。"

今天回头来看，20世纪80年代既是冷战的最后时代，也是下一个时代，即新一轮全球化的开启阶段。我们中国人对这一点感受尤其显著，相信在大多数读者心目中，从1979年到现在，中国是处于同一个历史阶段中，也就是改革开放的阶段。我们用"春天"

这样美丽的词语来形容1979年以后的20世纪80年代，用优美欢快的歌声来赞颂这个时代。在中国人心目中，1979年才是过去和现在的分水岭，而不是苏联解体、冷战结束的1991年。通常认为，全球化真正的大发展是从20世纪90年代的互联网时代开始的，但它的种子却在20世纪70年代甚至更早就埋下了，这也是冷战进入尾声阶段的一个大背景。

前面通过三个方面介绍了冷战进入尾声阶段的大背景，首先是国际力量格局趋于扁平化，其次是国际结构变动带来的社会心理、政治思潮和氛围的变化，最后是滚滚而来的全球化潮流。接下来我简单介绍一下第四章的内容安排。

本章的前半部分将主要集中于讲述美苏两个超级大国国内政治和国际战略的调整、实力对比的变化，也会涉及中美苏三个大国之间的关系调整。本章的下半部分将描述那些标志冷战结束的大事件的发生过程，主要包括两德统一、苏东剧变和苏联解体的过程。本章的最后还将回首往事，讲讲不同国家、不同人群对冷战结局所持有的不一样的情感、态度和观点，以及不同国家从这段漫长历史中吸取了哪些不一样的经验教训。

值得庆幸的是，在短短十余年内发生这样大范围的历史性剧变，是以基本和平的形式进行的，这使得后人在回顾这段历史时，不必背上太大的思想包袱、情感包袱或道德包袱。

当然，20世纪80年代也潜藏着很多危机。比如，在"二战"结束后相当长的一段时间中，前殖民地国家在国际舞台上进行共同政治行动的能力较强，并且争取到了一定的权利。但是，从20世纪70年代开始，第三世界内部出现了巨大的分化，一些国家从经济全球化中获益，发展迅速；另一些国家却被全球化抛弃，出现了内战和动乱。第三世界国家在反对帝国主义和殖民主义过程中形成的认同，被全球市场上的相互竞争和意识形态向右转的趋势削弱了。

  在 1972 年中美发表的《上海公报》中，中国政府重申"国家要独立，民族要解放，人民要革命，已成为不可抗拒的历史潮流"。到了 20 世纪 80 年代中期，邓小平代表中共中央做出了"和平与发展是当今时代的两大主题"的重大判断。中国的战略思想确实在与时俱进。

戈尔巴乔夫的改革与新思维

上一节讲到，在全球化趋势的冲击下，20世纪80年代初的世界面临着新的变局，已经持续了30多年的冷战也酝酿着新的变化。在20世纪70年代，社会主义阵营和资本主义阵营、苏联和美国在国际舞台上一边搞"缓和"，一边又进行着激烈较量，而与此同时，双方都面临着一系列深刻的国内问题。

苏联的国力虽然在勃列日涅夫执政的前半段达到了顶峰，但也显露出盛极而衰的苗头。斯大林体制带来的弊端迟迟得不到有效纠正，政治、经济、社会发展的活力遭到阻滞。美国和西方阵营则由于两次石油危机而接连遭受经济重创，出现了通货膨胀和经济停滞、失业率高企并存的"滞胀"现象，并且持续了长达10多年之久，终结了发达世界"二战"后经济高速增长的黄金时期。在此背景下，东西方都面临着以改革破除困局的任务，而改革的结果直接影响到了双方的实力增长，以及冷战的走势。

先来关注苏联的改革。20世纪70年代中后期，勃列日涅夫已经在事实上停止了苏联的改革，继任的安德罗波夫、契尔年科（Konstantin Chernenko）一个对改革有心无力，一个根本无意改革，直到1985年戈尔巴乔夫上台,才推出了具有实质性意义的改革举措,但是他的改革并没有将苏联带向复兴,而是造成了苏联的毁灭。改革的过程充满曲折,一般以1988年为界分为前后两个阶段。第一阶段致力于修补摇摇欲坠的斯大林体制,先后涉及经济和政治;第二阶段则主攻政治领域,对既有体制进行"伤筋动骨"般的重塑,但最后导致了苏共的崩溃和苏联的瓦解。这一讲先谈第一阶段,看看戈尔巴乔夫是如何走向改革之路的,以及这对苏联和冷战的命运产生了怎样的影响。

改革迫在眉睫:积弊重重的斯大林体制

从某种程度上讲,戈尔巴乔夫走上改革之路并不是一种"选择",而是历史背景决定的某种"必然"。前面提到,斯大林体制的僵化是20世纪80年代初苏联面对的核心问题,历届苏共领导人都或多或少地意识到了这些问题,并尝试过推出改革措施,但无一例外均以失败告终。

那么,斯大林体制从何而来,它又为什么难以撼动呢?这个体制的渊源可以追溯到十月革命胜利之初,当时列宁领导下的苏俄实行了"军事共产主义"制度,取消被看作资本主义的商品交易,由国家把全国的生产和消费全部控制起来,实行低水平的平均主义制度。这种政策引起了物资短缺和农民的不满。后来列宁纠正了偏差,实行"新经济政策",改征粮食税,允许农民经商做买卖,国家的动荡局面立即改观。

1924年,列宁病逝,继任的斯大林丢弃了列宁的改革遗产,正式确立了在政治上权力高度集中、在经济上以国家指令性计划经济为核心的斯大林体制。斯大林主张优先发展军事工业和重工业(能源、钢铁、机器制造等),统一计划,集中管理,实行高积累、高速度,以"从肉体上消灭地主和富农阶级"的方式，消除非社会主义经济成分。经过1928年到1937年两个五年计划，苏联基本上完成了国民经济的技术改造，形成了一个门类比较齐全的工业体系。

斯大林体制让贫弱的苏联迅速崛起为仅次于美国的工业强国，但是也带来了严重的问题。其中一个明显的弊病是重工业、轻工业、农业比例失衡。国家压低农产品收购价格，提高工业品价格，以此达到积累资金之目的。这一政策挫伤了农民的积极性，苏联农业生产一度严重下降。1932—1933年，乌克兰大饥荒爆发，造成的死亡人数超过200万。20世纪30年代中期，苏联日常生活物资匮乏，但以斯大林为首的苏共中央仍然不愿意放弃高速度优先发展重工业和军事工业的政策。斯大林压制党内外持有反对意见的人士，发动了"大清洗"运动，造成大量冤假错案。斯大林大搞"一言堂"和个人崇拜，进一步破坏了民主和法治的原则。

"二战"结束后，斯大林着重宣传他的"资本主义总危机理论"。高度集中的政治经济体制非但没有得到调整，反而进一步强化。邓小平在苏联垮台后指出："社会主义究竟是个什么样子，苏联搞了很多年，也并没有完全搞清楚，可能列宁的思路比较好，搞了个新经济政策，但是后来苏联的模式僵化了。"

前面的章节介绍过斯大林去世后赫鲁晓夫的改革。他的政策要么浅尝辄止，要么事与愿违，硕果仅存的几项改革遗产也被勃列日涅夫推翻。作为党内二号人物，柯西金一度在勃列日涅夫的支持下推行"新经济政策"，但他的改革在失去最高权力支持后被"安乐死"。

客观地讲，勃列日涅夫的后继者接手的是一个烂摊子。在内政方面，苏联经济陷入了低速增长甚至停滞。人民生活水平长期得不到提高，生活必需品供给不足，为了购物而排几个小时长队对苏联人来说是家常便饭。苏联的粮食产量开始下降，以至不得不花费巨额外汇进口粮食，成为世界上最大的粮食进口国。工业劳动生产率

第四章 冷战的尾声

节节下滑，技术创新基本停滞，尤其是在信息技术领域。苏联自诩为世界上唯一的所谓"发达社会主义国家"，但到 1985 年，它的人均收入水平却低于所有的发达资本主义国家。在此背景下，民间地下的"影子经济"盛行，经济秩序出现混乱的苗头。同时，社会风气也逐渐败坏，酗酒、旷工等现象屡见不鲜。

用戈尔巴乔夫的话说，苏联面对着一个"荒谬"的局面："苏联在钢、原料和燃料动力资源生产方面规模巨大，早已无可匹敌，同时却由于浪费、无效的利用而又缺少这些东西。苏联的粮食生产方面在世界上名列前茅，但却要每年购进几百万吨谷物做饲料……我们的火箭以惊人的准确性找到哈雷彗星并飞上金星，而在取得这一科学和工程思想的重大胜利的同时，却在为了国民经济的需要而采用科学成就方面明显落后。"戈尔巴乔夫还指出："（苏联）发展速度眼看着急剧下降，全套质量指标恶化，不愿接受新的科技成果，生活水平提高缓慢，食品、住房、消费品和生活服务方面遇到困难。"

在对外关系上，苏联也陷入了严重的困境。从 1979 年入侵阿富汗开始，苏联就深陷这片"帝国的坟场"，国力受到严重损耗。苏联入侵阿富汗还导致长达 10 多年的美苏缓和时期彻底终结。1979 年，卡特政府宣布对苏联进行制裁。1981 年上台的里根总统更是将反苏政策推向高潮，将苏联描绘成"邪恶帝国"，号召所谓"自由世界"团结对抗苏联，并在第三世界奉行"推回"战略，与苏联展开代理人战争，让苏联应接不暇。里根政府还开展了被称为"星球大战计划"的大规模国防技术研发项目，迫使苏联不得不跟进，出现了美苏军备竞赛的又一个高峰。巨额的军费支出更加严重地拖累了苏联的经济。除此之外，苏联和中国的敌对关系没有很快得到缓和，对东欧、古巴、越南和非洲盟友的援助又造成了严重的经济负担。

内政和外交上的困境都根源于政治上的衰败，这也是勃列日涅夫时代苏联由盛转衰的根本原因。前面的章节提到过苏共领导层年龄老化、干部选任机制退化、干部任命任人唯亲、特权阶层贪污腐败等问题。在这种情况下，既得利益者自然会抗拒任何威胁到其特权地位的改革。苏共党内不乏认为改革已经刻不容缓的有识之士，但是来自最高层的改革动力却十分微弱。

改革主将登场："众望所归"的戈尔巴乔夫

尤里·安德罗波夫是勃列日涅夫于1982年11月去世后的直接继任者。在勃列日涅夫执政末期，安德罗波夫就已经进入了苏联的最高决策层，和外交部部长葛罗米柯、国防部部长乌斯季诺夫组成三人小团体，在事实上代替了几乎奄奄一息的勃列日涅夫处理政务。安德罗波夫曾经担任秘密警察机构克格勃的负责人，通过情报系统密切地掌握着国内社会的动向，对种种社会积弊具有相对明晰的了解。他在党内高层中相对年轻，却不属于勃列日涅夫的亲信小圈子，也没有被指定为继承人。但是安德罗波夫作风朴素，表现出正直、亲民的姿态，从而在党内拥有很高的威望，被视为有能力给苏联这滩"死水"带来活力的人。

勃列日涅夫去世后，安德罗波夫力压基里连科（Andrei Kirilenko）等勃列日涅夫的保守派亲信，顺利继任苏共总书记。上台之后，他致力于解决领导层老化的问题，提拔了戈尔巴乔夫、利加乔夫（Yegor Ligachyov）、雷日科夫（Nikolai Ryzhkov）等一批年轻干部，还严厉打击贪腐，赢得了民众的支持和信任。不过，天不假年，还没有等安德罗波夫的经济改革铺开，他就在1984年2月因病去世，享年69岁，执政仅15个月。

在此之后上台的人是康斯坦丁·契尔年科。从执政理念来看，契尔年科更像是勃列日涅夫的继承者，而继承安德罗波夫改革遗志的人其实是被他提拔上来的戈尔巴乔夫。不过，由于勃列日涅夫时代的"老近卫军"仍然把持政坛，他们担心年轻力量上台后导致自己失去权力，所以支持已经72岁高龄并且病入膏肓的契尔年科担任总书记。这令厌倦老人政治、期待年轻面孔出任领导人的党内改革派和苏联民众大失所望。更让他们失望的是契尔年科毫无改革意愿，而且已经基本失去了处理政务的能力，甚至连会议发言也要助手代劳。契尔年科只在任13个月就病逝，苏联不得不连续三年为三任最高领导人举行国葬。这种尴尬局面让苏联民众怀疑这个国家已经日薄西山、气息奄奄，也让他们期待着继任的改革者能够扭转局面。米哈伊尔·戈尔巴乔夫就是在这种万众期待中上台的。

1985年3月戈尔巴乔夫接任苏共总书记时，刚满54岁。他1931年3月出生于俄罗斯北高加索地区的斯塔夫罗波尔边疆区，少年时代在家乡务农、读书，青年时代成为全村第一个考上莫斯科国立大学的人，之后还进入苏联的共青团系统，回到家乡成为一名干部，并且在短短几年内快速晋升，30岁成为边疆区共青团第一书记，35岁成为苏共斯塔夫罗波尔市委第一书记。戈尔巴乔夫在莫斯科读书期间耳闻目睹种种社会弊病和改革举措，恰逢赫鲁晓夫推出"解冻"政策，曾在相对宽松的环境下思考和议论国家的未来。因此，从这个意义上讲，戈尔巴乔夫属于心态更加开放、眼界也更加宽广的"六十年代人"，这个特质也伴随了他的整个政治生涯。

不过，戈尔巴乔夫的晋升既有个人能力的因素，也离不开大环境的影响和人脉关系的作用。根据苏联问题学者左凤荣的研究，戈尔巴乔夫的家乡是苏共高层疗养的重要去处，他在此主政期间得以接触到许多重要苏联领导人，其中就包括他的"伯乐"安德罗波夫。当时，苏联已经开始有意识地提拔一些年轻干部，在安德罗波夫的栽培下，戈尔巴乔夫在39岁就成为边疆区第一书记，1980年10月成为最年轻的苏共中央政治局委员，并成为主管农业的中央书记。虽然戈尔巴乔夫在主管苏联农业时期的工作乏善可陈，但是他的升迁之路并没有受影响。除了安德罗波夫的支持，日益老化的苏共领导层也意识到需要引入年富力强、工作热情高的下一代干部。戈尔巴乔夫不但在苏联高层中最年轻，拥有经济和法律两个领域的教育背景，具有较高的理论水平，还表现出明确的改革意识。契尔年科上台后，戈尔巴乔夫被推到党内二号人物的地位，得到了更为广泛的支持。这从侧面说明，当时的苏联高层也意识到，改革已经成为刻不容缓的必选项。

改革大幕拉开："加速战略"的出台

身负众望的戈尔巴乔夫一上台就立刻推行改革，并且一直到他被迫下台，其间的改革举措层出不穷，不过侧重点有所转换。上台之初，戈尔巴乔夫从四个方面入手革新旧弊。

首先，他提拔了一批年轻、支持改革的干部，在高层内部增强了改革派的力量。比如，雷日科夫在他的支持下成为苏联历史上第二年轻的部长会议主席（仅次于马林科夫），成为他实行改革的左右手。雅科夫列夫（Alexander Yakovlev）作为戈尔巴乔夫的重要智囊，是苏共的意识形态主管。他担任苏联驻加拿大大使长达10年后，出任过苏联科学院世界经济与国际关系研究所所长。正是这位雅科夫列夫，提出了日后影响深远的"公开性"原则。曾经担任格鲁吉亚共产党中央第一书记的谢瓦尔德纳泽被任命为外交部部长，之后在东欧剧变的过程中发挥了重要的作用，他的改革思维甚至比戈尔巴乔夫本人更加超前大胆。最后还有大名鼎鼎的叶利钦（Boris Yeltsin），戈尔巴乔夫用他代替了保守派的格里申（Viktor Grishin），成为莫斯科市委第一书记。他当时绝没有想到叶利钦最终会成为自己的政治对手和苏联的"掘墓人"，对此，后面会再做详细的介绍。

其次，戈尔巴乔夫调整了对苏联发展阶段的定位。前面提到，赫鲁晓夫曾经在20世纪50年代提出要用20年的时间进入共产主义阶段，勃列日涅夫主政时宣称苏联已经建成了"发达社会主义"。这些定位都与苏联的实际情况不符，而且还阻碍了进一步改革的动力：既然苏联社会已经如此"发达"，它的政治经济体制比世界上所有国家都要"先进"，那还有什么必要改变现状呢？安德罗波夫首先对这个定位做出了调整，他认为，所谓"发达社会主义"并不是一个固定的状态，而是一个漫长的发展阶段，苏联只是站在这个阶段的起点上；戈尔巴乔夫上台后则更倒退一步，干脆提出苏联还处于"发展中社会主义"，目标是进入"发达社会主义"，因此改革和完善现有体制势在必行。

再次，在此基础上，戈尔巴乔夫将经济改革作为突破口，在1986年苏共二十七大上提出了"加速战略"。这一战略分为两个方面：第一，苏联为农业生产者松了松绑，扩大了集体农庄和国营农场的经营自主权，实行集体承包制度，有限地缓解了苏联的粮食短缺问题。第二，新政府也给予工业企业更多生产和经营的自主权，这明显是借鉴了市场经济体制的一些思路。

戈尔巴乔夫本人宣称，这一改革是自列宁"新经济政策"以来最为宏伟和彻底的经济改革。不过，在商业方面，戈尔巴乔夫却开了倒车。新政策严厉限制了所谓"非劳动收入"，既包括民众出售自制商品的小买卖、各种形式的民间贸易，也包括倒卖物资等投机倒把行为。之前这些活动都处在监管的灰色地带，但现在统统成为打击对象，不少人的生计受到了影响。

戈尔巴乔夫将苏联摆脱经济和技术停滞、实现快速增长的希望寄托在机器制造工业上，这是个明显的失误。从1986年起，苏联大幅提高了对机器制造部门的投资，使机器的供给突然增加，但相应的市场需求没有增加，造成严重的经济浪费。这项措施并没有摸准苏联经济停滞的"脉",即农业、轻工业资源被挤占所造成的有效需求不足。增加对机器制造部门的投入实际上是"穿新鞋,走老路",与扩大经济主体自主权的思路背道而驰,让本来就失衡的经济结构更加畸形。

最后,苏联政府还发动了一场很有争议的"反酗酒"运动。俄罗斯民族对酒精的嗜好众所周知,但是从 20 世纪 70 年代末开始,这种生活习惯逐渐造成严重的社会问题。酗酒引发的旷工、斗殴和人身财产损失现象越来越普遍。新政府决定根除酗酒现象,1986 年将禁止酗酒写入苏共党章,禁止用公款买酒,还大幅度限制酒的生产和销售。可以想见,这种治标不治本的方法并没有多大效果。在不改变社会环境的情况下,仓促下达禁酒令只会影响酒类生产商的生计,让酒类交易转入地下黑市,同时激起饮酒群体的不满。因此,这场"反酗酒"运动只实行了不到两年就偃旗息鼓了。

改革遭遇阻力:转向"新思维"和"公开性"

事实上,改革遭遇挫折的原因是"加速战略"本身。到 1987 年,推出时间还不到一年的"加速战略"就遇到了严重的阻力。这阻力一方面来自有意的抵制,比如中央国家机构中的一些官僚,他们因为经济管理权力下放而利益受损;还有因为限制非劳动收入和"反酗酒"而受到打击的民众。另一方面,除了机器制造工业出现严重供过于求之外,放宽企业生产经营自主权的措施与计划经济体制本身之间的矛盾,没有得到有效缓解,进一步加大了财政压力。

面对经济改革中的重重困难,戈尔巴乔夫并没有对症下药,而是将目标转移到政治改革上。1987 年 1 月,戈尔巴乔夫在苏共中央全会上提出,苏联经济发展停滞的根源在于种种"障碍机制",而要想打破这种"障碍机制",就要实行"公开性",也就是提高政治、经济和社会事务的透明度，放松此前对思想、言论和信息的严厉控制。这一提议的直接原因之一是1986年发生的切尔诺贝利核电站事件，当时苏联政府和乌克兰政府的刻意隐瞒，使核泄漏事故扩大成一场重大灾难，政府的公信力急剧下降。戈尔巴乔夫企图借助"公开性"为改革争取民意支持，削弱党内官僚主义的抵制，并由此释放了一批"持不同政见者"，也放宽了书报检查制度。这些措施在苏联社会引起了强烈反响。

1987年，戈尔巴乔夫还提出了"新思维"作为改革的基本纲领，主要内容体现在他所写的《改革与新思维》一书中。这本书主要分为两部分，上半部分重点强调了全面改革的必要性，用他自己的话说，就是苏联必须"采取革命性行动，对社会进行革命性改革"，以及"我们不能，也没有权利耽误，哪怕是耽误一天"。他着重批评了苏联政治经济体制内广泛存在的惰性："（人们）还没有消除事事都等待上级指示，指望最高机关做出决定的习惯。这用不着奇怪，因为制度就是这样，从车间到政府各部，甚至最高层管理机关也是这样。人们已经多年不习惯于动脑筋和负责任地、独立地去思考和行动了。"书的下半部分从世界局势的角度出发，论证了全面改革的合理性。戈尔巴乔夫认为，人类历史已经进入了一个新纪元，核大国之间的战争将造成人类的毁灭，社会主义和资本主义之间不再是你死我活的斗争关系，而是存在着和平共处的可能。在此背景下，经济和技术的进步将成为各国发展的主要目标，对于已经开始落后于西方的苏联来说更是如此。

"新思维"的提出预示着戈尔巴乔夫的改革将在"出师不利"之后进入新阶段，转向更为深入全面也更为激进的政治体制改革。同时，《改革与新思维》一书中也大量涉及苏联对外政策的调整，这对冷战的走势产生了直接影响。这两方面的内容，我将在接下来的章节中详细展开。

里根的改革与新自由主义的兴起

20世纪80年代初,两大阵营都身处同一个剧变中的世界,但是却面临着不同的考验,做出了不同的选择。苏联的问题是政治体制的僵化、社会风气的沉闷,以及经济发展的停滞,戈尔巴乔夫在改革"出师不利"的情况下决定再下一剂"猛药",对苏联进行全盘改造。西方国家普遍面临的考验,是战后经济高速增长黄金时代的终结,以及两次石油危机之后长达十几年的"滞胀"。

不过,与苏联不同的是,20世纪80年代的西方国家相对成功地实现了资本主义体制的自我修复。尤其是美国,通过里根政府的改革走出了经济低迷,重新获得了与苏联竞争的战略优势。当然,美国的振兴并不只是里根一人之功,而是多方面因素共同作用的结果,其中一些原因应当追溯到20世纪六七十年代美国社会发生的变革。

陷入"滞胀"困境的西方国家

让我们首先回到20世纪80年代初,此时的美国和西方国家已经饱受"滞胀"之苦长达十几年。"滞胀"是"停滞性通货膨胀"的简称,指的是经济停滞、失业率高企、通货膨胀三者同时存在的情况。这种情况相当罕见和棘手。

之所以说罕见,是因为一般来说在经济收缩时期,才会出现生产下降、失业增加的现象,但是物价水平不会持续上涨(反而可能会出现持续下降,也就是通货紧缩);在经济扩张时期,则是生产增加、失业率下降、物价上升;但是在"滞胀"期间出现的却是生产停滞、失业上升,物价反而继续上涨。

之所以说棘手,是因为当时西方盛行的凯恩斯经济理论主张在经济过热时采取紧缩措施,经济停滞时采取扩张措施,但是这一套理论并没有预测到"滞胀"的存在,也就无从对症下药。如果选择紧缩政策,那么就会加剧生产停滞和失业;如果转向扩张政策,那么通货膨胀就会更加严重。因此,许多国家深陷这种两难困境,长期找不到能够同时解决"滞"和"胀"的两全之策。

"滞胀"困境的直接原因,是20世纪70年代的两次石油危机,引发了战后资本主义世界最大的一场持续性的经济危机。第一次石油危机就已经终结了20世纪50年代以来西方世界经济的持续高速增长,导致生产下降、失业增加和通货膨胀,"滞胀"局面初步形成;1979年伊朗伊斯兰革命导致的第二次石油危机则进一步加剧了"滞胀"困境,使它一直持续到20世纪80年代。

外部冲击固然重要,但是西方国家之所以迟迟难以摆脱困境,主要还是内部原因。具体到美国,到20世纪70年代中后期,既有的经济发展模式已经显露出诸多问题。第一,"福利国家"导致政府公共支出压力增大。20世纪60年代的约翰逊政府推出了"伟大社会"计划,快速提升了社会福利水平,但也加重了财政负担。过高的社会福利养出了"懒人",降低了经济效率。第二,经济增长动能逐渐消失。美国在"二战"期间动员起的庞大生产能力,在战后通过对外贸易和国内基础设施建设才得以消化，而这个消化的过程为经济增长提供了持续的动力。到了20世纪七八十年代，这种动力渐渐消失。再加上战后"婴儿潮"一代长大成人，进入劳动力市场，就业压力陡然增加。第三，美国的出口竞争力下降。西欧和日本的制造业产品在世界市场中的份额迅速增加，而美国商品则受到挤压，在世界出口额总量中的占比，从"二战"结束后的约三分之一，缩水到20世纪70年代初的不足15%，美国对主要发达国家的贸易也由顺差转为逆差。第四，尼克松、福特、卡特三届美国政府的宏观经济政策频频出现失误，面对从未有过的滞胀局面更拿不出有效的政策工具。

美国国内的种种困难也反映在对外战略上。20世纪70年代中后期，美国在世界上的实力地位降到冷战时期的最低点。1973年，布雷顿森林体系崩溃，美国经济的主导地位似乎一蹶不振。1974年尼克松因"水门事件"而下台，降低了美国民众对政府和政治领导人的信任，也损害了美国的国际声誉。1975年，美国最终从越南南方撤出，标志着美国在"二战"之后最大的海外军事干预行动彻底失败。与此同时，20世纪70年代中后期苏联战略扩张势头迅猛，美国处于守势，"苏联即将超越美国"成为很有影响的预测。总之，到了20世纪80年代初，"美国衰落论"大行其道。不管这种论调是反美人士的"幸灾乐祸"，还是美国人自己"恨铁不成钢"，都印证着一个事实，就是美国必须通过深刻的改革才能摆脱困境，重振全球霸权。

里根政府的改革与"滞胀"的终结

实施改革的历史重任落到里根政府的肩上。里根总统的出身颇为"传奇"。在他当选之前，很少有人相信他能成为带领美国走出困境的领导人。罗纳德·里根于1911年出生在美国伊利诺伊州北部小镇的一个低收入家庭，成年之后长期从事影视行业，出演过多部电影电视作品，还当过体育广播员、救生员等，这种履历在历届美国政府中是绝无仅有的。不过，即使是在这些看似与政治无关的行业中，早年的里根也展现出了对政治家至关重要的天赋——善于演讲，被称为"伟大的沟通者"。在美国政坛，政治家通过演说传递观点、争取支持的能力一向很重要。罗斯福新政时期的"炉边谈话"，肯尼迪在1960年电视辩论中大胜尼克松，都为美国人所津津乐道。里根自然没有浪费这种天赋，在当演员的同时也被选为美国影视演员协会主席，积极推行自己的政治主张，比如扬言要"根除共产主义对美国演艺界的影响"，很早就显示出保守派的强烈反共立场。

20世纪60年代，里根开始涉足政界，很快就因为替共和党总统候选人戈德华特（Barry Goldwater）发表演说而声名鹊起。1966年，里根当选为加州州长。1980年，时年69岁的里根在总统大选中获胜，拿下了美国44个州的489张选举人票，遥遥领先于时任总统卡特，在万众期待中上台执政。四年之后，里根又以拿下49个州的525张选举人票的惊人优势胜选连任。1989年，主政美国8年的里根卸任，当时的民意支持率仍然高达63%，成为美国历史上卸任时支持率最高的总统（罗斯福、肯尼迪在正常卸任前去世，不计在内）。

为什么里根如此广受支持？从执政理念上讲，里根被视为美国保守主义的代言人。前面提到，"自由"是美国的核心价值观，自由主义是美国社会的主流意识形态。然而，美国的自由主义存在着两个传统。第一种传统视个人为价值的本源，推崇自由放任的经济思想，将个人主义的最大化作为社会发展的原动力，主张将政府对社会和个人的干预减少到最低限度。这种传统也被称为"保守主义"，它所"保守"的是以个人为基础的自由主义精神。第二种自由主义传统，是较晚出现的"进步自由主义"，它主张联邦政府干预经济生活和社会生活，用政府开支和信贷刺激经济，并为弱势社会群体开创机会，保障社会公平。两种自由主义传统的分歧主要在于对待政府的不同态度。保守主义传统透过消极的眼光，担心政府的干预过多，阻碍经济发展，削弱个人自由；进步自由主义则透过积极的眼光，期待政府干预经济，以维持社会公平，促进公共事业。里根作为保守主义者，提出了一系列典型的保守主义政策，包括降低联邦政府开支、削减社会福利开支、减少个人税收、降低企业税率、加强市场竞争机制、迎合右翼宗教势力、反对堕胎等"违背上帝旨意"的个人行为和社会风气以及坚定反对共产主义，等等。

先来看他的经济理念。这里需要提醒一下，里根的经济理念与保守主义的传统一脉相承，但是在20世纪80年代的语境下，他的政策被概括为"新自由主义"。同样被冠以新自由主义之名的还有英国撒切尔夫人的改革。具体来说，里根的新自由主义经济政策的目标是结束国家干预的资本主义模式，这一模式建立在凯恩斯经济学基础之上，自罗斯福时代起已经实行了40多年。新自由主义认为，国家对经济和社会生活的干预是造成西方国家经济停滞、社会丧失活力及政治官僚化等弊端的根源，主张回归以18世纪亚当·斯密（Adam Smith）为代表的古典自由主义模式，国家应该尽可能地约束自己的职能范围，让自由市场充分发挥经济和社会生活方面的协调作用，并且刺激每一个人的积极性与主动精神。按照里根在1981年总统就职典礼上的说法，"政府不是解决问题的方法，政府本身才是问题所在"。

具体到政策层面，里根政府将减税和削减公共开支作为"主攻方向"，刻意利用财政赤字和高达1.4万亿美元的债务，将个人所得税和公司所得税的最高税率分别从50%和46%削减到28%和

34%，刺激私人企业进行风险投资和组合创新，同时推动社会福利制度的改革和自由贸易。

里根政府大幅减少了联邦政府对经济的干预，包括取消对石油价格的管制，放宽对汽车行业的监管标准，还允许企业雇用非正式员工，不受最低工资标准的约束。政府放松反托拉斯法的实施，以鼓励企业之间的竞争，同时又有针对性地阻止可能削弱市场竞争的企业并购。里根政府还出台了一系列鼓励中小企业发展和技术创新的政策，保障中小企业参与市场竞争，同时促进企业技术研发，推动政府和科研部门向企业转让和推广前沿技术。里根政府还特别关注新兴的信息技术产业，通过了《半导体芯片保护法》和《计算机安全法》，这在整个西方世界都是极具前瞻性的立法。里根政府还拿出了配套的紧缩性货币政策，致力于稳定货币供应量，遏制通货膨胀。与其他政策相比，这是最险的一着棋，因为在"滞胀"的情况下，紧缩银根很有可能导致经济危机。事实上，这也确实导致了里根上任后的前两年出现经济下滑，在某些行业的严重程度甚至直逼20世纪30年代初的"大萧条"。但是随着同步出台的其他方案，从1983年开始，美国经济开始恢复增长，并且没有触发严重的通货膨胀，由此彻底摆脱了"滞胀"困境。

里根政府的改革看似轻而易举地解决了前几届政府都束手无策的难题，但是真实情况显然不是如此完美顺利。首先，改革之初存在着"阵痛期"，紧缩性货币政策导致了经济下滑，里根的支持率也在1983年年初暴跌至35%。里根政府出台的各项削减社会福利的政策，在民主党人占多数的众议院遭遇抵制。如果没有几个月后经济状况的好转，改革很有可能半途而废。

其次，任何改革都是利益的重新分配，都会产生赢家和输家，里根政府的改革也不例外，其中，失去最低工资标准保护的劳工群体利益受损最为严重。里根政府在和工会谈判过程中软硬兼施，付出了很大努力，才迫使工会同意暂时放弃上调工资的诉求，从而保证了资方拥有较低的用工成本，提升了生产效率。

最后，任何经济政策也都会造成一定程度的后遗症，里根的新自由主义改革的后遗症主要有两个：一是由于偏袒资方、限制劳工权利而导致的贫富差距扩大。二是因为减税和运用财政赤字所造成的债台高筑，其中也包括外债。里根上台之前，美国是世界上最大的债权国，而在里根离任之后却成为最大的债务国，天文数字级别的债务至今仍然是美国头疼的问题。

无论如何，里根政府的改革在总体上是卓有成效的。改革不仅扭转了持续10余年的"滞胀"，还带来了长达20年的经济增长，在里根离任之后依然持续，为老布什（George H.W. Bush）总统时期成功"拖垮"苏联，以及克林顿时期美国实力的全面振兴，打下了良好的基础。经济情况的好转大大加强了美国的总体竞争力，里根政府的对外政策得以更加强硬。比如，减税政策虽然一开始减少了政府的财政收入，但是随着经济复苏、企业生产增加和失业率下降，里根政府的税源不断扩大，财政能力反而增强，也就可以调动更多资源投入和苏联的军备竞赛与地缘战略竞争。

1983年，里根政府推出国家导弹防御计划，即"星球大战计划"，迫使苏联加码跟进。不过，这个计划虚多实少，具有对苏联的战略欺骗意图。许多款项资助了政府官员和国会议员的裙带工程，造成了巨大的浪费和腐败。这一计划实际上最终花费了多少资金，至今是一笔糊涂账。自由派历史学家小阿瑟·施莱辛格（Arthur M. Schlesinger Jr.）评论道："里根的军事支出差点毁了整个美国经济。"我赞成的一种观点是，最终支持美国赢得对苏冷战的，不是"星球大战计划"之类的军事竞赛和地缘政治争夺，而是市场经济、技术创新和社会活力。

美国的复苏与新自由主义的兴起

虽然里根的改革对美国在20世纪80年代的经济复苏做出过巨大贡献，但是美国国力的上升并不仅仅是里根一人之功。在冷战的最后十年，美国的自信心逐渐增强，经济繁荣，政治稳定，硬实力和软实力同时上升，而软实力的提高则是一个长达数十年的过程。美国冷战史学家梅尔文·莱弗勒（Melvyn P. Leffler）指出，社会民主制度和民主资本主义获得新的活力并向前发展，转折点是20世纪70年代，这使得80年代的里根总统得以夸耀资本主义的优越性。也就是说，尽管70年代的美国经济饱受"滞胀"之苦，但是美国的政治制度和社会文化在这一时期却有所完善，韧性得到增强。在这一点上，里根改革和戈尔巴乔夫改革形成了鲜明的对比。

那么，美国社会在20世纪七八十年代发生了哪些变化呢？之前的章节提到，20世纪60年代的美国风起云涌，黑人民权运动、反文化运动方兴未艾，越南战争撕裂了社会共识。20世纪70年代的石油危机和尼克松的"水门事件"也沉重地打击了美国。但是，到了70年代中后期，经历过这些风雨历练的美国社会，反而趋于稳定，其原因之一，是美国社会思潮开始周期性地向保守主义回归，即所谓"三十年河东，三十年河西"。到了70年代中期，美国的黑人民权运动已取得了决定性胜利，反战运动随着美军撤出越南而告结束，"水门事件"丑闻的阴影慢慢淡化。逐渐步入中年的"婴儿潮"一代，开始抛弃激进思想，更为关心自己的工作收入与建立稳定的家庭。也正是在这一时期，美苏关系有所缓和，中美关系开始了正常化进程。保守主义的回潮，正是典型的保守主义政治家里根问鼎总统宝座的重要推手。

美国社会更加稳定、有韧性、有凝聚力的另一个重要原因，是社会的多元化。随着新移民不断涌入，人口种族的多元化趋势，开始促使美国的文化和宗教也向多元化的方向发展，基本上形成了以"基督新教—天主教—犹太教"为主体的宗教格局，而文化多元主义也成为美国意识形态的一个标志性特征。族群平等、男女平等，在国家制度和法律层面上基本得到了解决；堕胎、同性恋、非主流宗教等属于个人自由领域的问题，也得到了一定程度的社会宽容，而不必用激进的方式通过政治反抗来解决。

到了里根执政时期，保守主义开始占据美国政治的主流地位，那些激起全民大辩论和社会动荡的政治纷争都已告一段落。同时，随着经济的复苏，原先美国的自我否定、自我批判精神，被自我陶醉、自我表扬、"往事莫再提起"的心态取代。有人戏称，美利坚合众国的简称"USA"变成了"健忘症合众国"（United States of Amnesia）。在同苏联的和平竞赛和意识形态较量中，这一时期的美国已经不再担心自己的"后院起火"，也不再那么担心自己的国际形象，因而在第三世界的美苏争夺中有了更足的底气。美国以人权为武器打击和削弱苏联，也是在自己国内少数群体的人权状况有明显改善之后才真正开始的。总体来看，到了冷战的"下半场"，美苏之间的较量是增强而不是削弱了美国国内的社会和意识形态凝聚力，而美国社会和意识形态凝聚力的增强，又反过来成为对苏冷战的强大后盾。

与里根时期美国类似的趋势，也发生在其他许多西方国家。西方国家普遍效仿里根和撒切尔的新自由主义经济政策，采取了放松金融监管、削减社会福利、压制劳工诉求、推动国有企业私有化的措施。即使在国有部门非常庞大的法国，左翼总统弗朗索瓦·密特朗（François Mitterrand）也不得不向英美的经济政策靠拢。另外，之前提到过的中曾根首相治下的日本，也采取了跟英美趋同的经济改革措施。

在政治思想、意识形态和文化上，新自由主义的崛起使西方国

第四章 冷战的尾声

家的文化和价值观念趋向多元化。这一趋势与西方社会的进一步自由化同步，表现为各种亚文化群体大量出现，社会宽容度扩大，少数族裔的文化传统和生活方式受到尊重，等等。经历过20世纪60年代的普遍动荡，再加上人口的代际更新，文化多元主义（或者说多元文化主义）逐渐成为西方国家文化政策的指导原则，西方社会正在变成一种在思想文化和价值观念方面"多元异质"的社会。

新自由主义浪潮所及之处并不仅仅限于西方。拉美各国也从20世纪80年代开始深受新自由主义经济政策的影响，许多国家为了摆脱经济危机，不得不向美国主导下的国际货币基金组织、世界银行与美洲开发银行寻求帮助。这些国家根据"华盛顿共识"提供的政策"药方"，减少政府对企业的管制，推动金融和贸易自由化，削减公共福利开支，实行国有企业的私有化，以这些行动来换取援助。不过，这种"照葫芦画瓢"式的简单移植导致了巨大的灾难。非洲的经历与拉美有相似之处。从20世纪七八十年代开始，一些非洲国家也陆续开始私有化进程，接受国际货币基金组织和世界银行基于"华盛顿共识"的政策建议。其结果不但没有使非洲国家找到经济持续增长的路径，反而加剧了原有经济结构的畸形化，贫富悬殊扩大，官场腐败横行。

无论如何评价新自由主义的成败，我们应当承认，在冷战的最后十年，新自由主义成为驱动全球化的重要动力之一。在新自由主义推动下的世界政治和经济的自由化变革，形成了经济全球化的制度基础。这股风潮一直延伸到冷战结束后，直到2008年发生全球金融危机，才偃旗息鼓，但是对今天的世界依然有着深刻的影响。

美国凭借优势发动"新冷战"

这一节来关注冷战最后十年美苏实力对比的变化。前面三节提到,进入20世纪80年代后,美国和苏联各自都在国内遇到不少麻烦。戈尔巴乔夫1985年上台后的改革没有突破体制的束缚,反而造成了思想上的混乱。从1983年起,里根的改革开始奏效,重振了美国经济。

国内层面的变化很快就反映在国际政治中,美国与苏联在国力上的差距拉大,美国开始在双边关系和全球政治中转守为攻,而苏联则"只有招架之功,并无还手之力"。有的学者将1979—1985年这段时间称为"新冷战",而在这新一轮的较量中,苏联显然是失败者。

强硬反苏的"里根主义"

先来看美苏在地缘政治上的较量。里根政府一上台就旗帜鲜明地展示出强烈的反苏色彩,其外交战略也被称为"里根主义"。按照美国冷战史学家沃尔特·拉费伯尔(Walter LaFeber)的说法:"这

第四章　冷战的尾声

位新总统的外交政策简单而直接：它全部的基础就是反苏。尼克松复杂精致的缓和，卡特早期对南北事务的重视，都烟消云散了。"

值得一提的是，里根总统本人的经验和注意力重心严重偏向国内事务，在外交方面基本上是个门外汉。他与外交团队的关系磨合得并不顺利，在任期间先后更换了6位国家安全事务助理，外交政策主要依靠国务卿乔治·舒尔茨（George Shultz）来操盘。另外，里根对外交事务的很多方面缺乏必要的常识，外交顾问不得不经常在会议上给他放映最为简单的教学影片。尽管如此，里根的外交政策却牢牢抓住了一条清晰的主线，那就是"反苏"。

那么，一个必须回答的问题是，里根的强烈反苏立场从何而来？一方面，里根本人就有强烈的保守主义倾向。早在从政之前，担任美国影视演员协会主席的里根就致力于消除所谓共产主义对美国影视界的影响。在竞选总统时，里根进一步提高了反苏的音量，宣称："我们不要再自欺欺人了，苏联是现在所有动荡的根源。如果他们不加入这场多米诺骨牌游戏，世界上就不会产生任何的热点。"另一方面，保守派选民是里根的政治基础，反苏反共是美国社会的"政治正确"，从政后的里根自然会选择迎合反苏反共的"民意"。

宗教群体在美国的保守势力中占据举足轻重的地位，因此里根也常常使用宗教语言来包装他的反苏政策。在1983年面对美国全国福音派协会的演讲中，里根宣称："世界上存在罪孽和邪恶，而享有《圣经》和主耶稣的我们，将以全力来抵制它们。"里根将苏联妖魔化为"邪恶帝国"和"现代世界的邪恶核心"，因为苏联"宣扬国家至上，宣称对个人拥有无限权威，并且预言它最终将统治地球上的所有人"。1985年，里根在国情咨文演讲中表示："自由不是经上帝选择的少数人的特权，而是上帝所有儿女的权利。"因此，美国必须"支持我们所有的民主盟国"，而不能"背弃那些从尼加拉瓜到阿富汗的每个大陆上，冒着生命危险反抗苏联所支持的侵略、保卫我们天赋权利的人们"。这些修辞糅合了基督教关于善恶两分、以正义消灭邪恶的理论，迎合了美国主流价值观对个人权利和自由的尊崇。美国冷战史学家约翰·加迪斯指出，里根的"邪恶帝国"论直接否定了"苏联拥有与美国以及其他西方民主国家同等的地缘政治、意识形态、经济和道德合法性"。

值得注意的是，里根对于苏联的态度除了基于意识形态的敌视，还有越来越不加掩饰的鄙视。1981年，里根在美国圣母大学（也叫诺特丹大学）的演讲中说："基于自由的进程和文明的传播，未来几年将是这个国家最辉煌的岁月。"他还宣称："西方不再遏制共产主义，它将超越共产主义。""（我们）不再去理会它，而是视它为人类历史上一个怪诞的篇章，并且它最后的几页很快将被写完。"一年之后，在绝大多数人都认为美国和苏联之间的竞争将会长期持续时，里根却相信苏联及其东欧盟国的统治根基并不牢固，声称："（它们）曾经拥有30多年的时间来建立自己的合法性"，但是至今"都没有一个政权能够冒险实行自由选举。用刺刀培植的政权无法生根"。

地缘政治较量的升温

在此背景下，里根政府在第三世界四处出击，利用一切可能的机会削弱苏联的权力，在苏联正在取得影响力的地方，想方设法予以"推回"。这种"推回"战略比美国从冷战之初就开始使用的"遏制"战略更加主动和强硬。

从1981年起，"里根主义"对外战略广泛付诸实施。首先，美国当然不会放过让苏联深陷其中的阿富汗。从卡特政府开始，美国就一直在联合巴基斯坦等国家，秘密资助和训练阿富汗的反苏游击队，鼓动他们与苏军和苏联支持下的政府军作战，同时跨越国境，

第四章　冷战的尾声

向苏联的中亚地区渗透。这些举动不仅迫使苏联花费巨资维持对阿富汗的军事占领，还需要投入更多精力和资源来监控在苏联中亚腹地的穆斯林社区。里根政府向阿富汗游击队提供了大量轻型武器，特别是造价低廉、使用方便、破坏力惊人的"毒刺"手持式防空导弹，给苏军的空中力量造成了极大损失。顺便说一句，这种武器的改进型号，至今依然可以在乌克兰和俄罗斯的战场上见到。

拉丁美洲是里根政府关注的重点地区。古巴一直是美国的"眼中钉"，而对智利、危地马拉、尼加拉瓜、萨尔瓦多等国先后出现的左翼政权，美国同样加以严厉打击。1983年，里根政府还直接出兵入侵格林纳达，因为这个邻近美国南部的加勒比岛国一度出现向苏联和古巴靠拢的左翼政权。1983年11月，联合国大会以108票赞成、9票反对、27票弃权的结果，通过了谴责美国入侵格林纳达的决议，但是里根政府丝毫不为所动。关于这件事还有一段小插曲。由于格林纳达是英联邦成员，所以美国的行为引起英国的强烈不满。里根政府一面向撒切尔夫人承诺不会对格林纳达动武，一面又在积极准备入侵。等到英国觉察到美国的军事部署，紧急致电白宫时，里根政府却故意拖延，直到美军成功登陆后才接通电话，但"木已成舟"，英国也无可奈何。

中东作为美苏争霸的必争之地，也是里根政府反苏地缘战略的重要一环。美国一方面继续坚定支持它的铁杆盟友以色列；另一方面也同温和的阿拉伯国家积极发展关系，比如萨达特领导下的埃及。里根政府牵头斡旋、调停以色列和巴勒斯坦之间的争端，主导中东和平进程，试图将苏联排除在中东和平进程之外。里根政府还利用苏联入侵阿富汗和迫害当地穆斯林的行为，煽动伊斯兰国家的反苏情绪，从而试图建立东起巴基斯坦，西至埃及，包括沙特阿拉伯、土耳其、以色列在内的反苏统一战线。

最后，美国也将非洲作为限制和"推回"苏联影响力的重要地区。

1982年，美国向多达46个非洲国家提供各种经济援助，1982—1985年，将军事援助加码到4.5亿美元，比之前30多年加起来的总和还要多出一倍。里根政府广泛拉拢埃及、苏丹、突尼斯、摩洛哥、索马里、肯尼亚等国家。尽管这个时候的南非正处在臭名昭著的种族隔离政权统治下，还对邻国纳米比亚实行事实上的殖民统治，但美国将南非作为它非洲战略的支点，通过南非介入安哥拉内战，企图把苏联凭借古巴而插手这场战争的"触角"强行推回去。这段故事，前面的章节介绍过，在此不再重复。

面对咄咄逼人的"里根主义"，苏联的反应就比较乏力了。在"新冷战"阶段，苏联的一系列举措基本属于"见招拆招"，始终处于被动地位。在阿富汗，苏联骑虎难下，只能源源不断地将军事和财政资源扔进与游击队作战的无底洞。在拉丁美洲，苏联继续为古巴等左翼政权输血，却无力再进一步渗透这一区域。在中东，苏联的影响力依然显著，但只能以叙利亚作为支点国家，花费很大力气修复和阿拉伯国家之间的关系。莫斯科想方设法保留自己在中东和平进程谈判桌上的一席之地，但却很难牵头来促进各方谈判。宏观来看，之所以出现这样的情况，一方面是因为苏联在20世纪70年代的过度扩张已经超出其国力所能支撑的范围，另一方面则是因为苏联本身正处在持续衰落的过程中。

美苏军备竞赛的升级

与地缘政治较量类似的情况也发生在美苏军备竞赛中——美国咄咄逼人，苏联却捉襟见肘。美国和苏联的军事竞争主要分为两个方面。一个是核弹头，从最初的原子弹到当量更大的氢弹，双方都致力于研究更具破坏力的"大杀器"。到了20世纪70年代，苏联的核武器在数量和质量上都占据优势，不仅拥有包括1万多枚核弹

第四章　冷战的尾声

头的庞大核武库，而且还成功试爆了到目前为止也是最强大的所谓"沙皇炸弹"。这种型号的氢弹爆炸威力相当于在广岛和长崎投下的两枚原子弹威力总和的约3000倍，足以彻底毁灭一个中小型国家。另一个是运载工具，也就是将核弹头投掷到目标地点的导弹，这种技术和以运载火箭为重点的航天技术是高度同源的。苏联作为第一个将卫星送上太空的国家，一直在这方面享有优势，并且之后在远程导弹的数量方面也领先于美国。到了20世纪60年代至70年代，美苏之间逐渐形成了核均势。两国都有给对方造成毁灭性打击的能力，因此双方开启了限制战略武器谈判，并取得了不少成果。

但是，里根政府上台之后很快打破了这种缓和与平衡，从三个方面对苏联施加压力。

首先，尽管面临着国内经济压力，里根政府依然大幅扩张军备，将军费开支从1981年的1500亿美元，上调到1985年的3000亿美元，五年间的总开支高达约1.2万亿美元，还计划在下一个五年间上升到2万亿美元。苏联的军费开支虽然在20世纪70年代中期一度反超美国，但是已经超出国内生产总值的10%、财政收入的近三分之一，很难再有提升空间。所以苏联的军费在20世纪80年代很快被美国反超。

其次，里根政府对核战略进行了大幅度调整。1962年的古巴导弹危机后，美国领导人对于核武器使用的态度变得极为谨慎，认识到大国之间的核战争是"打不赢"也"打不得"的。换句话说，一旦美苏之间爆发核冲突，无论谁先出手，对方都有能力在挺过第一轮核攻击之后采取核反击，其结果便是双方的毁灭。在肯尼迪和约翰逊政府中担任国防部部长的麦克纳马拉（Robert McNamara）还为这种毁灭制定了量化标准：消灭对方三分之一的人口和一半的工业能力，达到了这种毁灭程度，被打击的社会就丧失了恢复的能力。也就是说，进入这种"确保相互摧毁"的状态，美国和苏联都不可能通过扬言发动核攻击来迫使对方就范，达成自己的政治目标。

但是，里根偏偏"不信这个邪"，他认为核战争不仅是可能的，而且是可以打赢的。具体思路是，美国一方面维持对苏联的核打击能力；另一方面加强本土防卫，提高自身核力量的"生存能力"。也就是说，通过技术手段将苏联核导弹"御之于国门之外"，同时能够在必要时对苏联的核武库发起先发制人的攻击，让这些导弹在还没有被使用之前就变成废铁。为此，美国核武器的瞄准目标从苏联的人口和工业中心转移到了核武库、指挥通信中心和军工生产基地，淡化了威慑性，而突出了实战性。此外，里根政府还相信在欧洲打一场"有限核战争"是可行的，也就是说北约盟国在和苏联的交锋中小规模地使用核武器，而不用担心苏联会采取毁灭性的报复。这种想法在欧洲人眼里显然太过冒险，因此欧洲盟国并不大赞成里根的核战略，并且在一定程度上迫使他在第二任期里从原来的立场上后退。

最后，里根政府还大力发展军事领域的高技术，开辟军备竞赛的"新赛道"。其中最知名的一项举措就是提出所谓"星球大战计划"。它的正式名称是"反弹道导弹防御系统的战略防御计划"。和里根政府的核战略一脉相承的是，这个计划声称要在太空建立先进的防御系统，在苏联导弹飞行途中，能够利用导弹、激光等手段予以击毁，从而达到保卫美国本土的效果。这套武器系统在当时听起来非常"科幻"，事实上直到今天美国也没有实现这些目标。

不过，这套计划在当时具有一定的战略欺骗性质，"忽悠"苏联不得不加码跟进，在军事高技术领域"烧钱"。有人认为，美苏军备竞赛是拖垮苏联的原因之一。这种观点或许夸大了"星球大战计划"的作用，但是这个计划对苏联领导层造成的心理冲击确实不容小觑。按照当年苏联驻美大使多勃雷宁的回忆，当时的苏联领导人宛如惊弓之鸟，他们相信"美国的科技潜力已经再次占据上风，而且视里根的表态为一种真实的威胁"。时任克格勃负责人的安德罗波夫判断，美国可能会利用军事技术上的优势对苏联发动突然袭击，并警告他在政治局的同事："里根高深莫测，必须做好他使出任何招数的准备。"

苏联领导层之所以如此担心，是因为莫斯科在之前的军备竞赛中早已力不从心，而这一回合的竞赛所涉及的技术更加尖端，包括超级计算机、半导体、精密制导、高能激光等，美国在这些领域所取得的进展是苏联望尘莫及的。在技术上存在代差的情况下，以往那种以数量抵消质量的做法很难奏效。如果"星球大战计划"真的获得成功，那么苏联看似庞大的核武库和常规军事力量都会变得非常脆弱。

美苏技术差距的扩大

苏联的担忧和美国的自信，充分体现了双方技术差距进一步扩大的事实。客观来说，苏联并非不重视科技发展，它在冷战期间取得的科技成就虽然总体上逊色于美国，但是依然可以傲视其他国家。除了1957年发射第一颗人造地球卫星、1961年将人类首次送上太空之外，苏联还曾经在数学、物理学、化学等学科有不俗的表现。此外，苏联对科技研发的投入力度也非常可观。在苏联解体前夕，苏联的科研工作者达到152万，科研支出超过国民收入的4%，研发投入与发达国家相比毫不逊色。

不过，这些成就可能掩盖了两个相互联系的事实。第一个事实是，苏联的技术进步在20世纪70年代中期之后逐渐停滞。特别是当电子信息技术发展的大潮汹涌而来时，苏联基本上停留在"岸上围观"的程度，错失了在这轮技术革命中占得先机的机会。第二章曾经谈到，在冷战中前期，苏联还能勉强跟上美国计算机研制的步伐，但是到了冷战后期由于半导体技术的落伍，苏联在大规模集成电路研发竞赛中彻底败下阵来。到了20世纪80年代，苏联的大部分主力电子产品都是仿制美欧同行的"山寨版"。这种缺陷在很大程度上应该归咎于苏联最高领导层的短视。早在1971年，苏联政治局就已经意识到了信息技术浪潮的出现，并且组织人马编写长篇研究报告，呼吁加大对该领域的资源投入。但是这封报告被呈交给勃列日涅夫之后却石沉大海，直到他去世之后，才被人们从他文件柜的最底层翻了出来。

第二个事实是，苏联的技术优势大部分集中在军工领域，与经济效益和民众生活质量相脱节。这种局面根源于传统发展战略的弊端。一方面，重工业和国防工业优先的战略，要求苏联对科技的资源投入以这两者为中心，而相对忽视了其他领域，甚至包括至关重要的基础研究，导致了苏联科技发展的后劲不足。同时，过于偏重军工领域的需求也对技术研发路线产生了深刻影响。比如，在集成电路领域，苏联将发展重心转向电子管，不同于美国和西方所选择的晶体管。苏联科技人员认为，虽然电子管功耗大、效率低，但是在军事使用场景中，能够更好地承受强电磁脉冲攻击与核辐射。问题是，在当时，电子管小型化是一条技术上的死胡同。走错路的苏联很快就被研发出大规模集成电路的美国拉开了差距。

此外，高度集中的管理体制也抑制了对使用新技术的需求，削弱了现有体制对于消化运用新技术的能力。苏联早在20世纪70年代就投入巨资研究办公自动化系统，但是当产品生产出来之后却拒绝大规模应用，理由是"自动化办公不能取代人的因素"。根据拉费伯尔的研究，20世纪80年代的苏联仅有5万台个人计算机，而美国则有3000万台，并且要比苏联先进好几代。一个苏联科学家需要排队等两三天，才能使用影印机复印一篇文章；在和美国同行的谈判中，苏联外交官需要在几个小时内不停地在复写纸上手写材

第四章 冷战的尾声

料,而美国人则可以用复印机在几秒钟内轻松完成这类工作。

另一方面,集中国家资源实现技术突破的路数,在核能、导弹、航天等领域经常奏效,但是对于其他技术来说就不具备多少优势了。民用技术的进步需要在市场竞争充分、知识产权保护得当的环境下才能出现,背后的驱动力是市场主体利润的最大化。而在高度集中的计划经济体制下,企业负责人往往缺乏足够的动机,去通过长期的技术研发投入来提高生产率。对于苏联人来说,技术转化失败、研发投入"打水漂"的后果并不仅仅是退出市场,而往往是对企业领导者政治上的惩罚,这对于研发者和应用者来说,都是难以承受的风险。

到了冷战最后十年,苏联领导人明确意识到他们在技术竞争中远远落后于美国。除了"星球大战计划"之外,苏联还发现,在第三世界的美苏代理人战争中,使用苏制武器装备的一方经常在使用美式装备的另一方面前败北,典型例子是叙利亚和其他阿拉伯国家与以色列之间的战争。虽然装备使用者的训练水平、战术战法也起一定作用,但是美苏装备在战场上的效果对比还是一目了然的。

在这样的背景下,冷战后期,苏联加强了针对西方的技术间谍活动,但是很快就被对方觉察。一些欧洲国家选择大规模驱逐苏联间谍,美国则选择将计就计,有时故意向苏联透露虚假情报,严重误导后者的研究活动。有报道称,由于苏联误信美国情报,在西伯利亚油气管道上采取了错误的阀门设计,导致1982年发生爆炸事故,造成了沉重的经济损失。所以苏联不得不更多地依赖合法方式,从西方进口先进设备和工业制成品,包括计算机、机床、能源开采装备、化工制品、高端钢材等,而只能向对方出口石油和农产品。双方技术悬殊在贸易结构上同样一目了然。

在经济和技术上对西方产生依赖的情况下,苏联对西方的政策势必发生变化。反过来,西方也必然会做出回应。这其中的故事,就是下一讲的话题。

冷战落幕的先声：美苏"新缓和"

从这一节开始，冷战这一出"历史大剧"就将进入落幕阶段。前面的四节内容是落幕的铺垫。我们已经看到，美苏双方国内都发生了变化，两国逐渐拉开了实力上的差距。这一讲将展示这些变化如何改变了双方的外交战略和互动方式，让冷战时代逐渐走向终结。

两个超级大国之间对抗的降温，主要原因在于戈尔巴乔夫领导下的苏联在"新思维"的基础上重构了对外战略。同时，一度以强硬反苏为旗帜的里根政府也调整了对苏立场。在这个过程中，世界格局的变化、美苏实力此消彼长固然是一个无法忽视的宏观背景，但是戈尔巴乔夫、里根等领导人物的个人因素也发挥了关键作用。当然，在"英雄造时势"还是"时势造英雄"的历史哲学命题上，永远不会有标准答案。不过可以想象，如果没有他们个人的政策抉择，冷战不太可能以我们现在所看到的方式结束。这一节讲的这段故事，最大魅力就在于人物的特殊性和情节的偶然性。

苏联对外政策的"新思维"

先从戈尔巴乔夫这位"主角"说起。戈尔巴乔夫在上任之后推行的改革措施"出师不利",迫使他开始将目光转向更深层次的改革,因此提出了"新思维"。这套新的改革蓝图,对内触及苏联的政治体制,要求政治过程有更多"公开性";对外则大幅改变了苏联的外交战略。

首先,戈尔巴乔夫对世界政治的看法,超出了历任苏联领导人的思维框架。尽管戈尔巴乔夫在公开会议中仍然抨击西方帝国主义,谈到社会主义与资本主义之间的竞争,但是从他那本专门为改革摇旗呐喊的著作《改革与新思维》中,不难看出他信奉的其实是另一套观点。戈尔巴乔夫认为,世界是复杂多元的,每个国家都有自己的独特利益,应当尊重各国奉行独立自主外交政策的权利。世界政治中的矛盾并不能被简单划归为两大阵营、两种社会制度之间的斗争。在此基础上,大国通过划分势力范围支配世界的方法已经成为过去式,要建立起"正常和公正的国际秩序",必须考虑到广大第三世界国家的诉求。

其次,随着经济发展和技术进步,世界已经形成一个相互依赖的整体。按照戈尔巴乔夫的说法,"在当代世界上我们大家越来越相互依赖,变得互相需要。……我们被共同的命运联系在一起,我们生活在同一个星球上,使用它的资源,互相交换这些资源,我们知道,资源不是取之不尽的,应当保护它们,保护自然和我们周围的环境……越来越迫切需要有效的、建立在平等基础上的国际程序和机制,这种程序和机制能够保证合理利用世界资源这一全人类的财富"。可以说,这种认识在今天看来也是足够"前卫"的。

最后,在所有全球性问题之中,核战争的可能性是人类面对的最大威胁。戈尔巴乔夫强调,现在各国拥有的核武器足以将人类毁灭很多次，核战争"甚至不是通常所理解的战争，而是自杀"。这种论调虽然部分来源于对美国在军备竞赛中占得上风的担忧，但也反映出戈尔巴乔夫本人的和平主义立场。

在这个基础上，戈尔巴乔夫大幅重构了苏联与西方阵营、社会主义阵营和第三世界的关系。对于美国和西方国家，给地缘政治竞争和军备竞赛降温，特别是希望美国放弃实施"星球大战计划"，以缓解苏联的压力。同时，苏联虽然不满西方国家对自己的国内事务指手画脚，比如拿人权问题批评苏联，但是在国内政治氛围日渐宽松的背景下，莫斯科也开始做出更开放的姿态。此外，戈尔巴乔夫还希望能与西方国家扩大贸易和技术交流，同西方主导的全球市场建立密切联系。

对于东欧社会主义国家，苏联表现得更加开明，不再用"勃列日涅夫主义"的大棒来压制这些盟友，而是声称尊重它们对自身发展道路的选择，这种不干涉的立场被称为"辛纳屈主义"[辛纳屈（Frank Sinatra）是当年美国流行歌手，他最著名的歌曲是《我的路》（*MY Way*），歌词张扬个性选择，"走自己的路"]。对于第三世界国家，苏联的退却姿态更加明显，不再试图在这些国家发起社会主义革命，建立新政权，甚至大幅收缩对盟友和卫星国的援助力度。

不难看出，戈尔巴乔夫的主张比赫鲁晓夫提出的和平共处、和平竞赛、和平过渡的"三和路线"更加大胆，与斯大林的"两大阵营"理论、勃列日涅夫的"社会主义大家庭"理论相比，更是明显的改弦易辙。这种大幅度转向的背后，是深刻的内外危机。一方面，苏联在20世纪70年代的战略扩张已经超出了其国力所能支撑的极限，再加上进入80年代后综合国力的缩水，苏联的势力范围必然会收缩。另一方面，经济发展停滞、社会不公和腐败损害了苏共统治的合法性。扩张性的对外政策促成了以军工系统为代表的既得利益集团，其规模之庞大，与美国的军工复合体相比，有过之而无不及。据戈尔巴乔夫本人估算，苏联约有七成国民经济部门服务于军方和军工系统，成为整个国家的巨大负担。苏联对外扩张，特别是入侵阿富汗造成的伤亡和损失，引起国内民众越来越大的反感和抵制。

在分析苏联的战略转变时，不能忽视戈尔巴乔夫的个人因素。苏联内外政策难以为继，在勃列日涅夫晚年和安德罗波夫、契尔年科执政时期，都已经非常明显，但只有戈尔巴乔夫做出了真正全面深入的改革尝试。戈尔巴乔夫之所以有这种政治魄力，和他的个人经历不无关系。

首先，戈尔巴乔夫是列宁之后唯一没有经历过战争洗礼的苏联最高领导人（反法西斯战争期间他只是10至14岁的少年，生活在远离战场的家乡）。他也没有见识过斯大林时代残酷的政治斗争和迫害。因此，与前几任"老近卫军"不同，戈尔巴乔夫对于外部世界并没有根深蒂固的不安全感，也没有时时处处怀着失去权力的担忧和沦为阶下囚的恐惧，因此没有带着"苏联被敌对势力包围"的心理预设来制定政策。

其次，戈尔巴乔夫成长于社会氛围相对宽松的赫鲁晓夫时期，内心深处并不认可日益僵化的政治社会制度和氛围，而容易接受让苏联进一步开放、融入世界的观点。

最后，与前几任苏联最高领导人相比，戈尔巴乔夫不仅学历更高，而且视野更加开阔。在当时的苏联领导层里，他跟外部世界的接触机会仅次于外长葛罗米柯，在担任总书记之前的职业生涯中，曾多次前往西欧国家出差。英国历史学家罗伯特·瑟维斯（Robert Service）在他的著作《冷战的终结：1985—1991》（*The End of the Cold War: 1985–1991*）里披露，戈尔巴乔夫有一次和夫人赖莎（Raisa Gorbacheva）一起，完成了穿越法国和意大利的自驾游，在两国各游历了三周。他对苏联和西方国家之间的差距有切身体会，自然希望改变东西方社会之间相互敌对、隔绝的状态。

戈尔巴乔夫的主张在苏联国内有人支持，也有人不怎么买账。比如，担任外交部部长长达28年的葛罗米柯就对此不以为然。在以葛罗米柯为代表的保守派看来，化解外部紧张局势的举措固然可取，但是戈尔巴乔夫的转弯操之过急。戈尔巴乔夫的应对，是把葛罗米柯从外交部部长的位置上请下来，让他作为名义上的国家元首，处理礼仪性的国际事务；同时，提拔格鲁吉亚共产党第一书记谢瓦尔德纳泽出任外交部部长，负责执行他的"新思维"路线。这一任命在当时颇具争议，因为谢瓦尔德纳泽从来没有在外交领域工作的经验，以至苏联驻美大使多勃雷宁在私下里向美国国务卿舒尔茨抱怨："他们任命了一个搞农业的来管我们。"但谢瓦尔德纳泽很快胜任了工作，在外交部大刀阔斧地撤换不得力的官员，为同美国缓和关系铺平了道路。

美国对苏政策的内部分歧

再来看美国。上一讲提到，里根上台之初就奉行以强硬反苏为主旋律的外交政策。里根的反苏立场一方面是为了迎合保守派选民的需要，其中有相当一部分是福音派基督徒；另一方面，这也反映着总统本人的思想倾向。里根作为虔诚的基督徒，习惯于从善恶两分的视角看待国际事务，认为美国肩负着在世界上"惩恶扬善"的使命，并且将苏联看作所谓"邪恶核心"，把共产主义视为一定要被"扫进历史的垃圾堆"的斗争对象。因此，里根上任之初的对苏政策比前任尼克松政府、福特政府、卡特政府都要强硬。

不过，里根的外交战略不仅仅是反苏，他同时也是一位反核主义者，强烈主张消除核战争的威胁。据里根本人的说法，他的"星球大战计划"是为了抵消苏联的核力量，改变在他看来违背人性的"确保相互摧毁"战略。同时，美国核武器的瞄准目标从苏联的人口和工业中心转移到核武库和指挥控制中心，为的也是避免对普通人造成重大伤亡。从里根轻率地谈论在欧洲打一场"有限核战争"来看，很难相信他人道主义的尊崇压过了军事战略方面的考虑。不过，里根在执政中后期关于控制核军备竞赛的想法的确是认真的，这也为美苏关系重新走向缓和打开了大门。

里根有如此强烈的反核主义立场，同他的宗教信仰有关系。根据英国历史学家大卫·雷诺兹（David Reynolds）的著作，1981年3月30日，刚刚上任69天的里根就遭遇刺杀，险些丧命。大难不死的里根认为自己能活下来完全是上帝的庇佑，说明自己身负上帝的使命，要在任职总统期间留下有分量的政治遗产。不久，他对一位枢机主教表示，自己的余生将为上帝而活，并且第二天就给当时的苏联领导人勃列日涅夫写了私人信件，呼吁美苏共同担负起人类和平的使命。

演员出身的里根总统对外交事务基本是"门外汉"，但也正是这种身份，让他很容易被其他政界人物习以为常的事务深深触动。比如，里根在参观美军的核战争指挥基地时，询问当地指挥官，如果苏联的核弹打到基地附近会怎么办，对方轻描淡写地说："那我们都会被炸飞。"这种云淡风轻的态度让里根大为震惊，因为他从没想到即使是美国的军事中枢，在核武器面前也如此脆弱。除了早年出演电影，里根还终生都喜欢看电影，所以他的顾问经常通过给总统安排看电影，来让他充实外交事务的知识背景。其中，一系列反映核战争的灾难题材电影给里根留下了极为深刻的印象。

里根在外交事务上的经验空白，造成的另一个结果是外交决策机构内部的权力斗争。美国的外交决策有着明显的多头特征，国家安全委员会、国务院、国防部、中央情报局都在总统面前相互争夺话语权。比较典型的一个例子是，尼克松担任总统前期，国家安全事务助理基辛格比国务卿威廉·罗杰斯更得尼克松信任，所以谈判结束越南战争、推动中美关系破冰等历史性事件，都是通过尼克松和基辛格的"二人转"完成的，国务院和国务卿的角色被边缘化。在卡特政府时期，情况也类似，国家安全事务助理兹比格纽·布热津斯基比国务卿塞勒斯·万斯要更加活跃，比如在中美关系实现正常化这件大事上，国务卿几乎被排除在外。布热津斯基要求联华抗苏，而万斯主张美苏缓和，两人的政策矛盾公开化。到了里根政府时期，情况则完全反过来了：里根先后换了6位国家安全事务助理，直到1987年科林·鲍威尔（Colin Powell）担任这个职务，才真正得到里根的信任（后来鲍威尔在老布什任下担任参谋长联席会议主席，指挥海湾战争；在小布什政府时期担任国务卿）。在此之前，国务卿乔治·舒尔茨在外交决策中占据明显优势。

舒尔茨的个人经历堪称传奇。1920年，舒尔茨出生于纽约的一个德裔移民家庭，"二战"期间在美军服役，之后重返校园，在麻省理工学院和芝加哥大学担任经济学教授，还成了艾森豪威尔总统的经济顾问。在尼克松政府里，舒尔茨先后担任劳工部部长、行政管理和预算局主任、财政部部长三项职务，之后担任一家大型工程企业的总裁。1982年，舒尔茨被里根任命为国务卿。有如此丰富的履历，舒尔茨理应对领导国务院和操盘外交政策得心应手。不过，他的老朋友基辛格却对这项任命颇不以为然，说"乔治对外交政策丝毫不了解，一丁点儿外交知识也没有"。

无论如何评价舒尔茨的外交知识，他成了里根在外交方面最为倚重的对象。不同于意识形态色彩浓厚的里根，舒尔茨的风格以务实稳健著称，他对运用武力推翻其他国家的政权尤为谨慎，也并不赞同"星球大战计划"这种昂贵而且会强烈刺激苏联的政策。因此，两人的观点并不总是一致，但是里根的种种宏大构想，大部分都靠舒尔茨的操作来落到实处，对苏联缓和就是其中之一。

不过，这并不意味着舒尔茨是对苏温和派。恰恰相反，他同样是反苏反共的保守主义者，只是他更强调以合理的策略来应对苏联的威胁。1983年，舒尔茨在参议院外委会发表了《美苏关系在美国外交政策中的地位》的演说，将里根总统的原则性立场以及自己的主张糅合起来，形成美国对苏政策的基本纲领。舒尔茨毫不讳言苏联在全球范围内威胁着美国的利益，主张美国坚决予以推回。但舒尔茨又说，美苏双方在避免核战争方面存在共同利益。美国不期望苏联的行为发生根本改变，但要从实力地位出发，通过谈判和对话实现共同利益。

有舒尔茨这样的稳健派，相应地也就会有激进派。国防部部长卡斯帕·温伯格（Caspar Weinberger）和中央情报局局长威廉·凯西（William J. Casey）就是这一类人物。其中，温伯格对苏联的怀疑和敌视到了近乎偏执的地步。一直到苏东集团崩溃前夕的1990年，温伯格还警告说，在戈尔巴乔夫看似温和的妥协背后一定隐藏着什么不为人知的阴谋。温伯格作为"星球大战计划"的最积极支持者，利用里根总统对核打击的恐惧，以及对具体方案和细节的忽略，竭力扩充这个计划的内容，打造更为庞大复杂的军备扩张计划，为作为项目实施者的国防部增加了预算开支。

美苏"新缓和"的出现

舒尔茨在与对苏政策鹰派的斗争中经常心力交瘁，他在回忆录中坦露，自己曾经四次动过辞职的念头。舒尔茨最费心的事情，莫过于如何重建美苏之间的对话渠道。尽管舒尔茨从1982年开始就设法安排美苏领导人之间的直接会晤，但是由于苏联领导人更换频繁，以及美国政坛浓郁的反苏氛围，相关工作很难开展。即使美苏双方偶尔展示出相互接触的意愿，也很容易被突发事件打断。

1983年的韩国飞机空难事件就是一个例子。当年9月1日，从美国阿拉斯加飞往韩国的一架大韩航空客机由于导航系统失灵，误闯苏联领空。苏联空军出动战斗机升空拦截，尽管执行任务的苏军飞行员认出对方是一架民航客机，但由于担心美国将民航客机改为军事用途，前来刺探苏军情报，开火将其击落，机上来自16个国家和地区的240名乘客以及29名机组人员全部遇难。这件事在国际社会和美国国内引起轩然大波，特别是在美国的对苏鹰派看来，苏联的所作所为完全证实了其作为"邪恶帝国"的本质。他们主张，美国不能用和正常国家相处的方式和苏联打交道，而应该以实力迫使苏联"守规矩"。

这种强硬立场往往会导致美苏双边关系雪上加霜。大韩航空空难事件之后不久，1983年11月，美国联合北约成员国在西欧举行军事演习，并且将新式导弹部署在当地。苏联很自然地联想到"星球大战计划"，怀疑美国将会利用技术优势，趁演习之机发起先发制人的攻击。所以，苏联没有高调抗议这场演习，而是悄悄地给东德前线的苏联空军装配了货真价实的核弹，以应对突发事件。这一情况很快被北约情报部门掌握，但产生了内部争论。一方判断，苏联正准备发动先发制人的核打击，因此北约应该在苏联之前采取行动；另一方则认为，这可能是因为苏联误判了这次演习的目的，因此北约应当等待苏联冷静下来，在此期间不要进一步刺激苏联。万幸的是，后一种观点占据了上风，苏联在观察到北约方面没有异动之后，解除了核戒备，整个欧洲就这样在无声中和一场核战争擦肩而过。

军演结束之后不久，里根得知了这场危机，不由得惊出一身冷汗。他意识到在双方都无意挑起冲突、但都误解了对方意图的情况下，一场毁灭性的核战争依然很有可能发生。同样让里根吃惊的是，据情报人员的报告，他在苏联国内宣传中的形象基本就是一个手持核按钮的"疯子"，而这恰恰是里根对苏联领导人的想象。由此，里根开始重新审视美国的对苏政策，认为有必要将苏联作为对等的对话伙伴，通过谈判驱散核危机的阴云。1984年，里根在公开演讲中谈到苏联时，语气有了明显缓和。他说，希望有一天，美国的吉米和萨莉（Jimmy and Sally，美国常用人名）能与来自苏联的伊万和安雅（Ivan and Anya，俄国常用人名）坐在一起畅所欲言。

1985年，戈尔巴乔夫上台，里根等到了他所期待的"伊万"。前面说到，戈尔巴乔夫同样对核战争的威胁深恶痛绝，同时也担忧美国的"星球大战计划"。因此，戈尔巴乔夫的策略是用削减自身的进攻性核武器，来换取美国终止这个计划。对里根来说，"星球大战计划"是他本人的政治"招牌"，不可能轻易放弃，同时，他并不信任苏联真的会按照约定削减核武器。在舒尔茨等人的推动下，双方1985年在日内瓦、1986年在冰岛的雷克雅未克举行了两次首脑会晤，但都没有化解这些分歧。然而，随着双方首脑直接接触的增加，美苏领导人之间的互信和好感也在慢慢建立。随着戈尔巴乔夫的"新思维"开始运用到实践中，苏联改善了与中国、日本和西欧国家的关系，放松了对东欧社会主义国家的控制，并且制定了从阿富汗撤军的明确时间表，这些举动都让美国确信苏联调整外交政策的真实意愿，双方的谈判和缓和也驶入了快车道。

两年之后，美苏之间的"新缓和"达到了高峰。1987年，在戈尔巴乔夫的提议下，美苏双方同意将中程导弹从谈判中分离出来，优先削减这一类武器。当年12月，双方签署了《苏联和美国消除两国中程和中短程导弹条约》（简称"《中导条约》"），决定裁减两国的中程导弹。这是人类历史上第一次达成削减同一类武器的军备控制条约，将美苏关系推上了1945年以来的最高点。在签约期间，戈尔巴乔夫访问了华盛顿，并且做出了以往所有苏联领导人都难以想象的事情——走在大街上和普通美国民众互动。第二年，戈尔巴乔夫也让里根体验到了历届美国总统都想象不到的礼遇，邀请他在自己的母校莫斯科国立大学公开发表演讲。这些不同寻常的景象让我们看到，冷战落幕的曙光已经出现在地平线上。

单极世界的雏形：从阿富汗撤军到海湾战争

书接上回，美苏关系在20世纪80年代中期重新从对抗走向缓和，冷战出现有望结束的曙光。与此同时，两个超级大国比肩而立、共同左右世界局势的两极格局，也出现了瓦解的征兆。取而代之的，是美国一枝独秀、处于萌芽期的"单极格局"。

这一变化的根本原因是苏联因为国力衰微，既没有能力也没有意愿继续维持遍及全世界的势力范围，开始从各个地方退却，其中第三世界是苏联人最先离开的地方。这一讲重点来谈两个地区，一个是"帝国坟场"、让苏联"头破血流"长达十年之久的阿富汗。戈尔巴乔夫付出了巨大的成本，才让苏军以并不体面的方式离开这片伤心之地。另一个是牵动全球局势的热点地区波斯湾。美国在震惊世界的海湾战争中唱了一出事实上的独角戏，而苏联则眼看着萨达姆政权被打垮而毫无作为。这从侧面显示出苏联国际影响力的衰微。

苏联被迫从阿富汗撤军

先来说阿富汗。上一章谈到，从20世纪50年代起，苏联就和

第四章　冷战的尾声　　　　　　　　　　　　　　　　　　　　　483

阿富汗建立了密切的关系。为了防止这个邻国倒向美国，苏联在阿富汗扶植亲苏政权，相继支持达乌德、塔拉基、阿明、卡尔迈勒等人掌权。尽管莫斯科换了一拨又一拨代理人，甚至在1979年直接出兵入侵阿富汗，很快控制住了阿富汗的主要城市，但是广大农村地区仍然是神出鬼没的穆斯林抵抗组织的天下。这些抵抗组织与苏军打游击战，导致苏军深陷战争泥淖难以脱身。

在国际舞台上，苏联因为入侵阿富汗而声誉尽失，陷入孤立，遭到西方国家、伊斯兰国家、中国、日本等力量的抵制和制裁。在国内，民众对于阿富汗战争的质疑日渐升温，越来越难以忍受这场战争造成的损失。

戈尔巴乔夫上台后，把从阿富汗撤军作为外交事务的一个优先事项。1986年3月，戈尔巴乔夫在苏共二十七大上表示，苏军将着手从阿富汗撤出。他认为，苏军不能无限期地留在阿富汗，只要这个邻国不倒向美国，它内部如何治理就应该是它自己的事。苏联在阿富汗持续"流血"，反而可能是美国和西方设计的阴谋。

为此，戈尔巴乔夫最先考虑的策略，是帮助阿富汗当局增强它维护政权的力量，然后苏军便可以"功成身退"。1985年年初，戈尔巴乔夫对苏联在阿富汗的代理人、阿富汗人民民主党总书记卡尔迈勒谈到，苏联可以帮助阿富汗，但是"捍卫革命果实"是阿富汗人民自己的事。他还劝诫卡尔迈勒，不要奢求阿富汗现在就能建成社会主义，当前阿富汗的任务是完成"民主革命"，因此阿富汗人民民主党需要尽可能地争取国内民众的支持。他说："你们必须扩大政权的基础，忘掉社会主义，去和真正有影响的势力做一笔交易，包括圣战游击队的司令们和其他敌对组织的首脑们。你们必须复兴伊斯兰教，尊重传统，尽量向民众展示革命可能带来的切实利益。"

但是，戈尔巴乔夫的计划落空了。卡尔迈勒表面上对苏联言听计从，背地里却阳奉阴违。这主要是因为阿富汗政府如果要扩大政权的基础，势必要对其他政治势力让利，这将有损卡尔迈勒的权势。在卡尔迈勒看来，由苏军担当与抵抗组织作战的主力，承受损失，同时又能有源源不断的援助流向自己手中，这种"甘蔗两头甜"的现状实在没有改变的必要。卡尔迈勒甚至在私下场合说："战争是苏联人发动的，让他们自己去打吧。"这种言论后来传到苏联领导层的耳朵里，使戈尔巴乔夫怒不可遏，产生了将他退换下来的想法。

于是，戈尔巴乔夫的第二方案就成了先更换阿富汗领导人，再敦促新政府实行改革，之后再撤军。1986年5月，在苏联的授意下，阿富汗人民民主党选举纳吉布拉代替卡尔迈勒出任总书记。纳吉布拉上台后，实施"民族和解"政策，放宽对宗教活动的限制，暂停激进的社会主义计划经济政策，鼓励私人工商业，作为对各方反对力量的让步。但是，各个反对派并不完全买账。在他们看来，只要苏军不撤出阿富汗，阿富汗人民民主党不与苏联割席，现政府就永远是莫斯科的傀儡，这些所谓让步要么是"烟雾弹"和"陷阱"，要么是权宜之计。因此，伊斯兰抵抗组织反而加紧了对政府控制地区的攻势。同时，苏联的临阵换将在阿富汗政权内部造成了始料未及的分裂，进一步削弱了对付抵抗组织的能力。到了1987年，苏军还没有开始撤出，阿富汗政府军就已经出现了溃败的苗头。

戈尔巴乔夫不得不再次面对艰难的选择：要么继续加码对阿富汗的援助，投入更多军队，至少在确保阿富汗政府能够掌控局势之后再撤军；要么"不管不顾"地按照原计划撤军，及时止损。戈尔巴乔夫最终选择了后者，主要原因有三个。

第一，从阿富汗尽快脱身已经成为苏联领导层和社会舆论的共识，让苏军继续在阿富汗"流血"代价巨大。按照戈尔巴乔夫在苏共中央政治局会议上的说法："我们有100万士兵进入过阿富汗，但我们无法向人民解释：我们为何不能胜利地结束战争；我们为什么会承受了如此惨重的损失，损害了祖国的威望，带来了这么多的

第四章　冷战的尾声

痛苦；我们究竟为了什么而失去了那些小伙子（指苏军）。"如果继续向阿富汗投入经济和军事资源，戈尔巴乔夫在国内的"新思维"改革将必然被拖垮。

第二，即使向阿富汗增派苏军，莫斯科也再难以力挽狂澜。过去几年的干预已经证明，苏联可以实现对阿富汗的军事占领，但是做不到对整个国家的有效控制。这也是英国、苏联、美国等外部大国先后折戟沉沙于阿富汗的历史教训。对苏联来说，阿富汗之所以难以征服，除了地势险峻、族群结构复杂、缺乏现代化交通基础设施之外，还在于苏军作为象征着共产主义意识形态的外来入侵者，受到了穆斯林根深蒂固的仇视。特别是在伊朗伊斯兰革命后，政治伊斯兰主义的思潮在中东、南亚各地抬头，在阿富汗还与反苏的普什图民族主义相结合，以至苏军行进到每一处村庄和聚落，等待他们的往往是仇恨和突然袭击。

第三，内外环境的变化使苏军撤离已不再是一道选择题，而成为必选项。1987年年末，戈尔巴乔夫在国内实行的"加速战略"已经基本失败，经济改革陷入了死胡同。到了1988年，戈尔巴乔夫贸然开启的政治改革导致了更严重的混乱，克里姆林宫无暇顾及外部局势。苏共高层决定，无论发生什么情况，苏联必须在1988年年底之前离开阿富汗。与此同时，戈尔巴乔夫也有意用阿富汗撤军作为苏联大幅调整对外政策的信号。这种信号的作用不仅仅限于同西方的关系。在中苏关系正常化的谈判中，中国也把苏联从阿富汗撤军作为正常化的三大前提条件之一，因此中方乐于看到戈尔巴乔夫推进从阿富汗撤军的日程表。

1988年2月，戈尔巴乔夫发表《关于阿富汗问题的声明》，表示将尽快和各方达成协议，从当年5月起的10个月内完成撤军。1989年2月，最后一批苏联官兵离开阿富汗。苏军给阿富汗政府留下了高额的军事物资、装备、设施，但是并没有扭转政府军在战略上的颓势。苏军开始撤离之际，阿富汗各方政治势力暗流涌动，都在为撤军之后的"摊牌"做准备，美国也加大马力援助抵抗组织。1991年苏联解体后，失去靠山的纳吉布拉政权也很快垮台，得胜者是现在还在掌权的阿富汗塔利班。这个过程，前面的章节介绍过，这里不再赘述。

苏联在第三世界的退却

从阿富汗撤军是苏联在整个第三世界收缩势力范围的一个缩影，也是促使苏联领导人加快从世界各地抽身的背景。不过，戈尔巴乔夫上台之初，并没有一开始就选择退却。相反，他认为，前几任苏共领导对于美国在第三世界的大举出击反应迟缓，比如，没有充分利用里根政府入侵格林纳达等事件，让美国占据了地缘政治竞争的主动权。于是，戈尔巴乔夫一度认为有必要在世界各地"保卫社会主义革命的成果"，继续支持亚非拉的亲苏国家。

然而，戈尔巴乔夫及其同僚不久就意识到，这些事情并没有那么简单。苏联在阿富汗的挫折证明，苏联模式无法在缺乏社会主义土壤的第三世界国家生根发芽。没有一定的社会条件和民众支持，无论是苏联的直接军事占领，还是亲苏政权的统治，都站不稳脚跟。因此，如果一味地维持对第三世界亲苏政权的援助，继续一厢情愿地以为苏联经验可以移植到这些国家，那么就会让本来可以用于国内建设的宝贵资源在海外"打水漂"。在1987年出版的《改革与新思维》中，戈尔巴乔夫直接地表达了苏联不再试图左右其他国家发展道路的立场。他表示，苏联人自己相信马克思主义原则，但是其他国家按照什么样的形式和速度来实践这些原则，"都是由每个国家的人民自己决定的事情"，"革命和解放运动只能产生于本国的土壤之中"。

第四章　冷战的尾声　　　　　　　　　　　　　　　　　　　　　　487

　　挪威学者文安立的研究表明，苏联国内舆论对于戈尔巴乔夫的立场转变，起到了非常重要的作用。从20世纪70年代末开始，苏联国内就开始有知识分子批评苏联的第三世界政策。在批评者看来，这些政策错误地认为马克思列宁主义的革命理论可以完美地适用于第三世界，而没有意识到民族主义的作用，导致苏联对第三世界国家的干涉和援助很难产生预期中的效果，反而处处碰壁。苏联的大国沙文主义和家长制作风伤害了一些国家的民族自尊心，导致它们即使接受了苏联援助也不会对苏联感恩戴德；相反，强大的民族主义情绪可能成为当地民众向苏联展开斗争的精神动力。同时被苏联拉拢的国家，会因为民族宿怨而相互敌对，无法共同团结在苏联的领导之下。

　　另外，苏联国内舆论也越来越难以接受对一些第三世界国家的无谓援助。文安立发现，苏联克格勃特工在此扮演了特殊角色。这些情报人员将关于第三世界国家亲苏领导人的报告源源不断地送到戈尔巴乔夫的办公桌上，戈尔巴乔夫从中吃惊地发现，"一些他所真心钦佩的第三世界领导人，到头来却是道德败坏的两面派"。1987年之后，在"公开性"的倡导下，关于接受苏联援助国家的信息在社会上逐渐被披露，反思苏联对外政策的声音进一步传播，越来越多的公众开始意识到，竟然有如此之多的国家公帑被用于资助一些看似实行社会主义、实则让人不敢恭维的第三世界国家政府："只有到那时人们才知道，原来，那些最终要掌权的'全国性爱国力量'，其所作所为却像是封建时代——甚至前封建时代——的君王；原来，那些大手一挥就用人民的财富搞起来的'重要工业计划'，只不过是为了满足他们的虚荣心；原来，那些走上'进步变革'和'巩固民族独立'道路的国家，最终却不过是走进了经济灾难；原来，那些国家疲惫不堪而怒不可遏的人民，最后终于失去了耐心，推翻了他们的统治者。"在此背景下，国内公众开始对苏联的国际角色失去自豪感和信心，反而开始质疑政府为什么要在国内经济没有起色的情况下，还在对其他国家提供经济援助和免除债务。这些压力迫使苏联领导层的政策关注点进一步向国内转移。

显然，并不是苏联的所有盟友都能接受戈尔巴乔夫的"新思维"。比如，古巴领导人菲德尔·卡斯特罗就表示，苏联开始了改革的试验，但是这个试验牵动着太多国家的利益。前面的章节谈到，苏联通过古巴介入安哥拉的内战。但是到了20世纪80年代后期，戈尔巴乔夫开始厌倦在这些无谓的地区冲突中继续投入，减少了对古巴的支持。1987年年底，在美苏的斡旋下，古巴与安哥拉政府军以及同样介入战争的南非签订协议，承诺从1989年4月起将古巴军队撤出当地。

类似的情节也发生在与中国相邻的印度支那。越南在苏联的支持下侵入柬埔寨，扶植了亲越的韩桑林政权，还和中国发生了边境冲突。1988年，由于自身经济情况恶化，也为了满足中国关于中苏关系正常化的前提条件，苏联停止了对越南的经济和军事援助，同时鼓励越南结束对柬埔寨的占领。失去了外援的越南面临严重的经济困难，无力继续维持对柬埔寨的控制，不得不在1989年9月宣布撤军。柬埔寨内战在越南人离场之后不久，就彻底结束了。

海湾战争与苏联的角色

到了20世纪80年代末，戈尔巴乔夫的经济改革彻底失败，政治改革也陷入僵局，苏联自顾不暇，国际影响力进一步缩水。纵观冷战40多年的历史，在第三世界发生的战争往往都有美苏两家在幕后的操纵。但凡一方试图通过发动战争来实现自己的目标，另一方都会想方设法地给对方制造麻烦。从亚洲的朝鲜半岛、印度支那、南亚次大陆，到历次中东战争和阿富汗战争，再到非洲的欧加登战

第四章　冷战的尾声

争、安哥拉内战，情况大都如此。

然而，在1990年发生的海湾战争中，美国却独领风骚，几乎是以一己之力掌控着战争的局面。而作为两强之一的苏联，则似乎丧失了对局势的影响力。有人可能会认为，这是因为苏联选择了和美国合作的方针，所以海湾战争才不会又变成一场旷日持久的代理人战争；但事实上，在当时与美国合作已经成了苏联不得不接受的选项，继续与美国唱对台戏只会让自己下不来台。

先来看看这场战争的来龙去脉。在海湾战争的对阵双方中，一方是由美国领衔，包括35个国家在内的国际联军，另一方是萨达姆·侯赛因领导下的伊拉克。当时的伊拉克算得上中东的地区性强国，但是实力和联军相比天差地别。那么，为什么伊拉克会惹上世界上最强的超级大国，这场实力悬殊的战争又是怎么打起来的？事情还要从萨达姆上台执政开始说起。

伊拉克在近代处于奥斯曼帝国的统治之下。第一次世界大战后，奥斯曼帝国作为战败国，将伊拉克交给英国"托管"。英国挑选了沙特阿拉伯出生的费萨尔·伊本·侯赛因（Faisal bin Al-Hussein）到首都巴格达建立哈希姆王朝。1932年伊拉克独立，成为哈希姆王朝统治下的君主制国家。1958年，以卡塞姆（Abdul-Karim Qasim）为首的一批军官推翻了哈希姆王朝，成立伊拉克共和国。1963年，阿拉伯复兴社会党推翻卡塞姆政府，建立新政权。1979年，42岁的萨达姆·侯赛因出任复兴党领袖，并且接任总统，从此成为伊拉克的最高领导人。

从1980年开始，萨达姆统治下的伊拉克和宗教领袖霍梅尼领导的伊朗打了一场长达8年的两伊战争。最终双方两败俱伤。美国和苏联都深度介入了这场战争，美国主要支持伊拉克，来对抗反美情绪高涨的伊朗；苏联则左右逢源，同时向伊朗和伊拉克提供武器装备。因此，两伊战争也是美苏在第三世界角逐的一个例子。

两伊战争刚刚结束两年，1990年8月，伊拉克军队又大举入侵邻国科威特。伊拉克在两伊战争期间，因为国内经济困难，向科威特借了一大笔钱。萨达姆的盘算是，如果能够占领盛产石油的小国科威特，伊拉克不但不用还钱，还可以因此而发财。科威特迅速沦陷后，萨达姆宣布"科威特成为伊拉克的一个省"。不过，这次侵略行为迅速遭到了联合国和国际社会的一致谴责。以美国为首的西方国家坚决要求伊拉克立即、无条件从科威特撤军，否则就将进行军事打击。面对美国的威胁，萨达姆一度不以为意。在他看来，第一，虽然伊拉克军队和美军之间的实力差距悬殊，但是考虑到潜在的损失，美国很难下定决心真的出兵，大概率会在谴责几声之后默认科威特被吞并的事实；第二，苏联不会坐视美国出兵踏平伊拉克而无所作为；第三，伊拉克刚刚经过战争洗礼，兵强马壮，号称世界第四军事强国，如果要打，面对劳师远征的美军，也可以打一场以逸待劳的战争。

认定了以上三点，萨达姆就摆出了强硬态度，拒绝从科威特撤军。苏联并不希望美国出兵横扫伊拉克，因为这种结果势必会壮大美国在中东的声威。因此，苏联虽然谴责萨达姆，但是强调用武力解决问题是不可接受的。戈尔巴乔夫派出特使前往伊拉克劝说萨达姆撤兵，希望息事宁人。中国也派出了外交部部长钱其琛出访中东多国进行斡旋，包括前往伊拉克劝说萨达姆。当时，美国的军事准备已经基本就绪，面对大兵压境，苏联和中国都希望萨达姆认清形势，放弃吞并科威特，但是没想到萨达姆居然油盐不进，反而狡辩说科威特本身就是伊拉克的一部分，只是因为英国殖民者的阴谋才被分成两个国家。萨达姆的外交部部长阿齐兹（Tariq Aziz）甚至说："科威特能算是一个国家吗？人口总共几十万，几乎一半人口常年居住国外，到了热季，全国几乎空了，都到美欧避暑。科威特存在国外银行的钱，比存在国内的还多。"最终，苏联和中国的斡旋都

第四章　冷战的尾声

没有成功。

不过，萨达姆的如意算盘全落了空。美国已经下定决心要以武力解决问题，并不打算给伊拉克更多准备时间。苏联在劝说萨达姆失败后，又转头劝说美国，希望尽可能不要动用武力，或者至少延缓动武的时间。但是，美国也没有采纳苏联的建议，不仅推动联合国安理会授权动用武力，而且还在发动战争前100个小时才打电话通知苏联。戈尔巴乔夫抱着最后的希望和美国总统老布什通电话，希望后者能够回心转意，但是无济于事。第二天，戈尔巴乔夫只能宣布未能阻止战争爆发而"深表遗憾"。

1991年1月17日，美国率领的联军发动了"沙漠风暴"行动。联军使用电子信息武器打垮了伊拉克军队的通信指挥控制系统，用高精度制导武器摧毁了伊军的中枢。战场上的几十万伊军群龙无首，重金打造的苏制装备无用武之地，成为联军的活靶子。萨达姆原以为他的军队能够利用主场作战和地形优势，给联军造成巨大伤亡，从而迫使对方退出战争。但是全世界都没有料到，美军使用了超前的信息化作战方法，而伊拉克军队还处于机械化战争阶段。短短42天的空袭和100个小时的地面作战后，伊拉克军队主力被完全击溃，损失超过10万人，被迫撤出科威特，而联军一方伤亡不过几百人。

这种碾压式的结果超出了几乎所有人的预料。美军的强大也震撼了苏联人，让苏联领导人意识到机械化战争的时代已经走向终结，军事技术和装备的信息化迫在眉睫。可叹的是，苏军已经没有时间去弥补和美军的差距了——短短11个月后，苏联就不复存在了。

苏联被迫撤离阿富汗，减少对第三世界的干涉和援助，不再支持越南占领柬埔寨，在海湾战争中无所作为。这些事实说明，从20世纪80年代后期到1990年，国际战略格局迅速地从美苏两极转换到美国一超独霸的"单极"，苏联霸权的终结已指日可待。

中美苏大三角（1）：
美国与中国交替成为"顶角"

从新中国成立到20世纪70年代初，中国和苏联曾经因为反美的共同需要结成联盟，又因为对美国的不同态度而发生争吵，但中美两国之间没有外交关系和实质性的交往，所以没有形成外交意义上的"战略大三角"。中美接近的主要动因是两国需要协调与合作，共同抵御苏联的对外扩张，但也没有形成中美联盟，于是20世纪七八十年代就有了"战略大三角"的概念。

我们注意到，从1979年中美建交到1985年戈尔巴乔夫上台并推行改革的几年里，中美苏三边关系呈现"中美近，美苏远，中苏更远"的不等边三角形。这样，美国就处在三角关系中的"顶角"位置，中苏两方都有求于美国，希望它帮助自己增强力量，以利于抗衡各自的对手；或者至少希望美国不要同另一方过于接近，增加对自己的压力。处在"顶角"的美国，在政策选择上相对游刃有余。

1986年以后，时过境迁，中苏关系缓和，而中美关系开始拉开距离。里根政府对苏政策犹豫不决，还在推行"星球大战计划"，美苏关系时好时坏。总体来说，这个阶段的中美、中苏关系分别好于美苏关系，就是"中美近，中苏远，美苏更远"，中国开始处在战略大三角的"顶角"位置，有了更加充分的外交回旋余地。

1988年以后，苏联的内外政策都在迅速转型，让中美两国难以判断它的动向。中美苏战略大三角处在飘忽不定状态，三国都在重新定位相互关系。这一节将聚焦于美国和中国分别处于"顶角"时期的中美苏大三角。苏联发生剧变前后的情况，放到下一节再探讨。

美国对中苏"一视同仁"

尼克松政府改善对华关系的主要和直接的动因，是要在美苏战略武器谈判、越南战争等问题上加强同苏联讨价还价的地位。美国改变了20世纪60年代视中国为"最危险的敌人"的立场。中美《上海公报》中的反霸条款明显针对苏联。尼克松访华后，中美本应迅速接近。但是，由于水门事件导致尼克松下台，中国国内政治受到"四人帮"的干扰，而周恩来、毛泽东等领导人先后病重去世，中美关系没有获得实质性进展。直到1977年卡特入主白宫，邓小平重回中国政治舞台中心，中美建交才真正提上日程。

从尼克松、基辛格开始，美国外交决策者比较清醒地认识到美国实力在世界上的相对削弱和世界政治格局多极化的必然趋势。他们认为，根据国际关系中的均势原则，在中苏两国间应"扶弱抑强"，就是跟实力地位比较弱的中国拉近关系，对付比较强大的苏联。此外，越南战争结束后，美国在东亚地区的军事力量减弱，它在亚太地区的盟友没有力量单独抵御苏联威胁，而中国牵制着苏军地面部队的四分之一，这对于维护亚太地区的战略平衡意义重大。英国牛津大学苏联问题学者阿奇·布朗（Archie Brown）在他最近的著作《个人因素：戈尔巴乔夫、里根、撒切尔和冷战的终结》（*The Human Factor: Gorbachev, Reagan, and Thatcher, and the End of the Cold War*）里写道，尼克松和基辛格认识到，把美苏双边关系拓展为美苏中三边关系，使美国同苏联、中国的关系比中苏关系更为密切，对美国是有利的。

但是，这一时期，美国对中美苏"大三角"的政策考虑有点犹豫不决。一部分美国人指出，1975—1976 年，苏联在战略武器会谈和欧洲裁军问题上做出了妥协，重要原因是，过去几年中美关系的进展增强了苏联在国际上的不安全感，所以推进对华关系有利于同苏联讨价还价。但是也有人担心，如果对华关系发展得过于迅速，会使苏联人对美国的战略意图产生严重疑虑，以为美国已下定决心同中国结成反苏同盟，因此向美国做出让步是徒劳无益的，所以美国对中苏两国应该采取"等距离外交"。国务卿基辛格说："如果我们与中苏两国的关系分别比它们相互之间的关系更为接近，中苏敌对就能最好地服务于我们的目标。其他方面的事态，尽可任其发展。"尼克松和福特政府对于同中国建立战略关系持谨慎态度，认为维持美苏关系比发展中美关系更为重要。直到 1978 年，卡特政府基本上执行的仍是尼克松和福特政府对中苏"一视同仁"的政策。

实际上，中美关系缓和后，美国政府已经以秘密和谨慎的方式，探索同中国建立军事关系的可能性。这方面的计划于 1974 年 3 月基本成形。一些重要的政策蓝图，则完成于 1976—1978 年，其中包括如何逐步同中国发展军事合作的详细计划。然而，美国政府内部跨部门的一项研究报告，却反对很快建立美中军事关系。它的结论是，苏联与美国搞缓和，在很大程度上是为了减少美中联合抗苏的可能性。如果给苏联人的印象是苏美缓和没能阻止美中联合，莫斯科就会重新考虑对美政策。因此，美中军事合作风险太大。这时候的政策主流认为，在中苏之间"一碗水端平"(equal-handedness)，才是最好的战略选择，所以没有积极推进中美军事合作。

美国关于"大三角"的政策转变与内部争论

到20世纪70年代末80年代初,特别是苏联入侵阿富汗后,苏联的全球性扩张活动令美国领导人的危机感日益严重。卡特政府重新审视了对中苏"一视同仁"的方针,内部越来越倾向于接受国家安全事务助理兹比格纽·布热津斯基的意见,即中国的地缘政治地位和坚决反对苏联霸权主义的立场,在美国的全球战略棋盘上占着举足轻重的地位;美国应加快改善对华关系的步伐,即使美苏关系因此受损也在所不惜。这就是被称为所谓"打中国牌"的主张。

这时,在国会和卡特政府内部,就美国是否还应继续在中苏之间"一碗水端平",产生了激烈争论。一方认为,政府将最惠国待遇给予中国而拒绝给予苏联,明显加强美中技术与国防合作,将可能进一步损害已经恶化了的美苏关系,加大苏联铤而走险的可能性。这种意见的代表人物是国务卿塞勒斯·万斯,并得到参议员史蒂文森(Adlai E. Stevenson)、众议员沃尔夫(Lester Wolff)等人的赞同。争论的另一方以布热津斯基和参议员杰克逊(Henry Jackson)为代表。他们敦促政府进一步放宽对华技术转让(包括可用于军事用途)的限制,主张美国及其亚洲盟国为抵御苏联扩张而加强同中国在外交和国防计划方面的磋商。

在万斯和布热津斯基就对华政策发生的争论中,双方都用中国与苏联相比实力较弱这一点来做论据,结论却迥然不同。万斯说:"在我看来,就经济发展和军事实力而言,中国不是一个主要的战略大国。我相信,我们或盟国可能提供的任何援助都是有限的,对改变中国的全面军事能力起不了什么作用。"他还警告说,"打中国牌"可能起不到遏制苏联的作用,反而在美国的亚洲盟友中引起对中国实力增长的担心和对美国的不满。支持万斯观点的官员还认为,在未来的东西方军事对抗中,中国一翼太弱,无力像西方原来期待的那样，构成对苏联的牵制力量。赞同"倾向北京"政策的人士指出，恰恰是因为中国实力较弱，又不构成对美国的威胁，仅是地区性的大国，所以美国才不应该对中苏保持"等距离"，否则就等于照顾了较强的苏联。

卡特总统本人和他的副总统沃尔特·蒙代尔（Walter Mondale），更多地倾听了"倾向北京"的意见。蒙代尔在1979年8月访华时宣称，削弱或孤立中国的企图构成对美国利益的损害。在行动上，1980年1月美国国防部部长哈罗德·布朗（Harold Brown）访华后，美国对华技术转让的范围扩大了。美国政府有意向新闻界透露了一份五角大楼秘密报告的内容：由于中国在全球均势中所起的"关键作用"，应"鼓励中国采取加深苏联忧虑的行动"，可考虑向中国出售武器，甚至进行共同作战演习。

关于中美苏大三角的意见争论也发生在里根政府内部。1981年3月，里根执政后才两个月，新任国防部部长卡斯帕·温伯格就建议向中国出售武器，作为对苏联干预波兰政局的反应。接着，国务卿亚历山大·黑格（Alexander Haig）在1981年6月访华时透露，美国已取消对华军售的禁令。美国官员说，此举意在"引起莫斯科注意"。黑格在与苏联驻美大使多勃雷宁私下交谈时，多勃雷宁对美国向中国出售军备表示不悦。黑格当即不无嘲讽地说，美国不会像苏联在尼加拉瓜所做的那样，把中国武装到牙齿。

我在前面的章节介绍过里根政府的国务卿舒尔茨。他于1982年夏天接替前任国务卿黑格，却对黑格的对苏、对华态度颇不以为然。舒尔茨更为重视用经济手段遏制苏联，主张美中军事合作要采取低姿态。勃列日涅夫于1982年11月去世，里根政府希望以此为转机，推动对苏外交。另一方面，这时，中国外交中独立自主的形象更为鲜明，美国降低对华关系的分量，据称是对中国外交调整做出的"适当反应"。1983年2月舒尔茨访华时，表示不愿再用中美"战

第四章　冷战的尾声

略关系"的提法。

1983年5月，美国兰德公司主持了有35名政府官员和著名学者参加的研讨会，专门研究"大三角"关系的变化和美国的政策调整。会上比较一致的看法是，战略"大三角"的性质已起了重大变化，中苏关系已经好于美苏关系。过去美国在"大三角"关系中所处的主动地位（美苏、美中关系分别好于中苏关系），已被中国取代。一些与会者建议，不要继续给中美安全关系加温，以免造成苏联领导人的错觉，即无论苏联做什么，美国都会继续加强中美军事合作；明智的做法，应是让苏联人明白中美关系的整体是稳定的，如果苏联威胁增大，中美两国有潜力共同抗击；反之，只要苏联不咄咄逼人，美国并不愿意提高中美军事合作的水平。在里根执政的后几年里，美国政策所遵循的，基本上是这样一条原则，即"打中国牌"可以，但要留有余地，视苏联的反应而定。

中国基于独立自主的战略调整

与美国关于中美苏"大三角"的战略思考和调整同步的，是中国领导人和战略家对同一问题的思考和调整。

中国共产党在1978年12月召开的十一届三中全会，开启了改革开放的历史新时期。改革开放初期，中国外交仍然沿用毛泽东在20世纪70年代中期规定的"无产阶级革命外交路线"。1979年3月30日，邓小平在党的理论工作务虚会上指出："毛泽东同志在他晚年为我们制定的关于划分三个世界的战略，关于中国站在第三世界一边，加强同第三世界国家的团结，争取第二世界国家共同反霸，并且同美国、日本建立正常外交关系的决策，是多么英明，多么富有远见。这一国际战略原则，对于团结世界人民反对霸权主义，改变世界政治力量对比，对于打破苏联霸权主义企图在国际上孤立我们的狂妄计划，改善我们的国际环境，提高我国的国际威望，起了不可估量的作用。"从这段话可以看出，"联美抗苏"的思想，仍然占据主导地位。

但是，一系列的国际事态发展，使中国领导人重新思考了包括对美、对苏政策在内的外交战略。中美刚刚建交，美国国会就出台了损害中国主权、承担对台"防御义务"的《与台湾关系法》；里根1981年上台后重振国威，对苏联开始采取政治攻势，加强军事压力；苏联领导人勃列日涅夫1982年去世后，苏联的扩张势头有所收缩，对中国的态度也有了微妙的转变。中国领导人看到，原先估计的"苏攻美守"的战略态势，开始向"美攻苏守"转变；美国企图利用中苏矛盾、加大自身战略分量的意图十分明显，不再十分倚重中国的实力地位。在这种新的战略形势下，从1982年下半年起，中国领导人很少再公开提及三个世界划分的理论，开始调整抗苏"一条线"的国际战略，同美国拉开了外交上的距离。

1982年9月召开的中共十二大，是中国外交史上的一个重要转折点。这次会议确立了新时期中国奉行的独立自主的和平外交政策。1984年5月29日，邓小平会见外宾时指出："中国的对外政策是独立自主的，是真正的不结盟。中国不打美国牌，也不打苏联牌，中国也不允许别人打中国牌。"

1985年6月，邓小平在军委扩大会议上明确表示，要改变抵御苏联霸权扩张的"一条线"战略，指出中国在国际事务中有足够的分量，"谁搞霸权就反对谁，谁搞战争就反对谁"。邓小平说："过去有一段时间，针对苏联霸权主义的威胁，我们搞了'一条线'战略，就是从日本到欧洲一直到美国这样的'一条线'。现在我们改变了这个战略，这是一个重大的转变。"

同美国拉开距离，也意味着对苏政策的调整。曾深度参与中国对苏关系的原驻俄罗斯大使李凤林说："邓小平访美后，中央明显

第四章　冷战的尾声

感到，在改善中美关系的同时有必要调整'大三角'中的中苏关系，以保证我国现代化建设能在一种更为有利的国际环境中进行。"

一方面，在20世纪80年代初开始调整对苏政策，是为了减轻来自北方的战略压力，以利于集中精力搞国内建设。当苏联领导人提出改善中苏关系的建议后，中国立即做出了反应。中国提出，要实现中苏关系正常化，必须消除严重威胁中国安全的三大障碍，即苏联支持越南入侵柬埔寨、在中苏边境和蒙古国驻扎重兵、武装占领阿富汗。其中苏联支持越南入侵柬埔寨是妨碍中苏关系正常化的主要障碍。随着中苏关系的逐步缓和与改善，到1988年年末，三大障碍基本扫除，中苏边界谈判也取得了进展。

另一方面，中苏关系的解冻也同中国国内政治背景发生的变化有关。由于党的中心任务转到了经济建设，放弃了"以阶级斗争为纲"的思想路线，中国领导人开始反思过去同苏联进行意识形态论战的必要性和正确性，逐步摘掉了苏联"社会帝国主义"的帽子，承认苏联是社会主义国家，认识到两国在政治制度和意识形态方面的许多共性。1980年，波兰团结工会事件爆发，冲击了波兰的政治体制和苏联对它的控制。中国领导人一开始同情"波兰人民的反霸斗争"，而后陈云等人提醒道：要充分警惕，否则中国也会发生类似的反政府事件。于是中国对波兰事件采取了谨慎态度。20世纪80年代中后期，西方政治思潮渗透到中国，国内加强了反对资产阶级自由化的斗争，对苏联的批判更没有必要了，中苏开始恢复两大共产党之间的关系。

当党和国家工作的重点转移到经济建设后，对战争危险的估计也逐渐发生了变化。1983年3月，邓小平在同几位中央领导人谈话中指出："以前总是担心打仗，每年总要说一次。现在看，担心得过分了。我看至少十年打不起来。"两年多之后，邓小平在1985年的军委扩大会议上更明确地说："在较长时间内不发生大规模的世界战争是有可能的,维护世界和平是有希望的。"邓小平在这一时期的讲话中,几次将和平与发展并列为时代的两大问题。1987年党的十三大报告在邓小平谈话的基础上做了进一步延伸,认为要"围绕和平和发展两大主题,调整外交格局和党的对外关系",首次明确提出"和平和发展"是时代的两大主题,并认为"当前的国际形势对我国社会主义现代化建设有利"。十三大报告把发展问题放到了与和平问题同等重要的地位,在建国后的历史上是第一次。

在中国领导人对时代主题认识的转变过程中,有两位资深的国际问题专家和外交家起到了重要的作用。这就是时任中国社会科学院副院长宦乡和中联部副部长李一氓。

1980年前后,宦乡就对当时的外交政策产生了疑问,认为已经到了必须进行较大调整的时候了。宦乡以他个人的名义写成一篇《关于建议同美国拉开距离和调整对苏关系的报告》。报告指出,国际形势在趋向缓和,苏联也不一定有"亡我之心不死"的意思,我们应当适当拉开一点同美国的距离,改变一下对苏联的僵硬态度,使大三角关系向更加有利于我们的方向发展。

由李一氓主持写的报告提出了三个观点:首先,国际形势已经发生了根本变化,战争不但有可能避免,而且在今后相当长的时间内都打不起来。其次,对"三个世界划分的理论"提出不同看法,认为其立论没有根据,不成其为"理论"。而且要害是联美反苏,不但导致在国际共运中完全孤立,而且脱离了多数发展中国家,因此建议不要再提这个"理论"。最后,当时几乎把全世界共产党都打成"修正主义",不但是以苏划线的结果,也是"唯我独革"的"左"倾表现,伤害了别人,也孤立了自己。

宦乡与李一氓的报告送到中央以后,有些人在上述战略判断问题上,一时还转不过弯来。但是这些问题最终引起了中央领导的重视和思考。1982年,胡耀邦总书记在十二大报告中就已经提出,"世界和平是有可能维护的"。1985年，邓小平说，党内对国际形势的判断和对外政策，有"两个重要的转变"。其中第一个就是"改变了原来认为战争的危险很迫近的看法"。对于李一氓关于"三个世界划分的理论"提出的不同看法，中央当时就接受了，决定此后的中央文件和中央领导同志的正式讲话，不再提三个世界划分的理论，但不正式向下传达，学术界仍然可以争鸣。这一建议为后来改变联美反苏的"一条线"战略和以苏划线的做法，做了思想和舆论铺垫。

外交思想的调整，带来了日益良好的外交局面。这时的中美、中苏关系分别好于美苏关系，中国处在"战略大三角"的顶角位置，外交棋盘更大、更活了。中国同印度恢复了边界谈判和高级互访，与周边国家关系得到了改善和发展；积极参与柬埔寨问题的政治解决进程，同东盟扩大安全合作与经济合作。中国在1983年提出了"平等互利、讲求实效、形式多样、共同发展"经济合作四原则，推动了同广大发展中国家的务实经济合作。随着深圳等经济特区的建立，中国扩大外贸、吸引外资的工作取得了大踏步的进展，在国际经济组织中更为活跃，加入关税与贸易总协定（世界贸易组织的前身）的工作开始启动。邓小平于1982年创造性地提出"一国两制"构想，为推进香港回归和祖国统一大业做出了重大贡献。可以说，在战略大三角中处于有利位置，减少内外政策中过于浓厚的意识形态色彩，奠定了中国改革开放事业的思想基础和战略基础。

中美苏大三角（2）：在苏联剧变下无疾而终

通过上一节，我们了解到，从20世纪70年代到80年代初，美国利用它在中美苏"战略大三角"中的"顶角"地位，拉拢中国，打击苏联，占了一些便宜。但是，中国领导人看清了美国的意图和策略，同时反思了同苏联长期对抗付出的代价，在20世纪80年代初及时调整政策，改善了对苏关系，让中苏关系和中美关系分别好于美苏关系，从而使中国占据了大三角中的"顶角"位置。

到1985年戈尔巴乔夫上台后，莫斯科和华盛顿经过一段时间的相互观望和磨合，开始大幅度地缓解矛盾。不难设想，按照这个发展趋势走下去，苏联倒可能成为"大三角"中的"顶角"。问题是，从美苏走出冷战阴影到苏联本身崩溃的过程非常短暂，只有两三年，其间苏联、东欧社会主义国家和中国，都发生了重大的内部变化，以美国为首的西方对此应接不暇，甚至不知所措。到苏联解体前夕，已经没有多少人再关注和谈论"战略大三角"了。

这一节，首先近距离地观察一下中苏关系转暖过程中一些令人感兴趣的细节，再谈谈中苏两国在美国的形象对比，最后清理一下苏联解体前夕这个三角关系令人眼花缭乱的变化。

第四章　冷战的尾声

中苏接近是必然趋势

　　如果回顾一下中苏在20世纪60年代初开始分道扬镳的缘由和过程，对比80年代中国的内外政策，我们就可以知道推动这两个社会主义大国这时握手言和的原因。

　　在国内政策方面，当初赫鲁晓夫批判斯大林搞个人崇拜和"大清洗"，苏联在赫鲁晓夫时代推动意识形态"解冻"，在经济工作中允许一定的物质刺激和权力下放，等等，都被中共痛斥为"修正主义"和"资本主义复辟"。在毛泽东时代结束、"文化大革命"被彻底否定、初步引进市场机制的中国，这个时候，如果还说苏联背叛了马克思列宁主义，否定苏联是社会主义国家，就站不住脚了。

　　在对外政策方面，当年中国批判苏联同美国搞缓和，是同帝国主义相勾结，损害了亚非拉革命和民族解放运动，更反对称"修正主义"的南斯拉夫为"社会主义国家"。但20世纪80年代的中国不但放弃了"打倒帝修反"的口号，转而同美国建立了军事安全合作，扩大经贸往来，并且同南斯拉夫发展了热情友好的兄弟关系。中国曾经激烈谴责1968年苏联入侵捷克斯洛伐克，而这时波兰等东欧国家在西方支持下出现了脱离苏联控制的自由化倾向，中国国内的"资产阶级自由化"也开始冒尖。中国领导人开始认识到，苏联对东欧国家的影响下降，未必符合中国的政治利益。

　　在这样的国内外大背景下，中苏之间捐弃前嫌，握手言和，就不是权宜之计，而是必然选择。两国领导人都在寻找相互接近的机会。一些著述，包括曾经负责对苏联和东欧事务的中国资深外交官周晓沛大使写的回忆录《中苏中俄关系亲历记》，披露了当年中苏接触的一些有意思的细节。

　　1982年3月，勃列日涅夫在苏联中亚城市塔什干发表讲话，在讲话中虽然继续批评中国的外交政策，但承认中国"存在着社会主义制度"，支持中国对台湾的主权，表示愿意改善对华关系。在勃列日涅夫讲话的第二天，邓小平即刻指示外交部部长黄华做出"言简意赅、掌握分寸"的反应。又过了仅仅一天，外交部新闻司司长（后来的外交部部长、副总理）钱其琛对中外记者发表谈话，表示"注意到"勃列日涅夫的讲话，同时"重视"苏联的实际行动。苏联方面和国际舆论都发现了中国对苏联态度转变的这个重要信号。

1982年7月，邓小平做出决定，要采取一个大的行动，向苏联传递信息，争取中苏关系又一个大的改善，但必须有原则，前提是苏联"要做点事情才行"。这就是我在前面讲过的"消除三大障碍"：苏联从中苏边境和蒙古国撤军，从阿富汗撤军，劝说越南从柬埔寨撤军。邓小平表示，其中第三条可以先做。中国很快派出了高级外交官访问苏联，传递这个信息。苏方做出了善意回应。

安德罗波夫上台后，对华态度更加积极。他派遣苏联部长会议第一副主席伊万·阿尔希波夫（Ivan Arkhipov）访问中国。阿尔希波夫是20世纪50年代苏联援华专家总顾问，认识许多中国官员。1984年年底，阿尔希波夫在北京受到热情接待。除了会见中国副总理姚依林以外，阿尔希波夫还会见了中共中央政治局常委陈云和李先念、彭真、薄一波等中国领导人中的"老朋友"。阿尔希波夫后来发表回忆文章说，他与陈云久别重逢，紧紧地拥抱在一起，"陈云哭了，我也止不住流下热泪"。央视新闻联播放映了他们两人热烈拥抱的情景。那时，陈云很少出现在电视镜头上，更没有公开会见外宾的消息，所以这一新闻给人以极为深刻的印象。

1985年10月，邓小平请访华的罗马尼亚总统齐奥塞斯库带口信给戈尔巴乔夫：如果苏联可以让越南从柬埔寨撤军，他或者胡耀邦可以同戈尔巴乔夫见面。1986年7月，戈尔巴乔夫在苏联边境城市海参崴发表讲话，表示愿意跟中国发展睦邻关系，同意按主航道中心线划分在黑龙江上的边界线，并且分阶段从阿富汗撤军，削减苏联在蒙古国和中苏边境地区的驻军。这次讲话成为中苏关系正常化进程中的一个重要转折点。1986年9月,邓小平在接受美国记者华莱士的采访时,又一次强调让越南从柬埔寨撤军是改善中苏关系的关键。

在戈尔巴乔夫的海参崴讲话后,苏方不再回避讨论柬埔寨问题。1988年8月到9月,中苏双方在北京专门就柬埔寨问题举行了多次工作会晤。1988年12月和1989年2月,中国外长钱其琛和苏联外长谢瓦尔德纳泽分别访问了对方首都,为戈尔巴乔夫1989年5月访华确定日程。会谈由于苏方在柬埔寨问题上出尔反尔而"卡壳"。最终两国外长在北京就政治解决柬埔寨问题达成共同声明,确定愿为越南从柬埔寨撤军做出努力。

1989年5月15日至18日,戈尔巴乔夫对中国进行正式访问,会见了邓小平等中国领导人。按照苏联人的习惯,在会见亲密的朋友或贵宾时,一般都要相互热烈拥抱,还要左右各亲面颊三下。但是,邓小平事先指示,在会见戈尔巴乔夫来访的礼节安排上,要适度,见面时只握手,不拥抱,这点要事前同苏方打招呼。中方接待人员最初有点担心苏方"会不会有什么想法",但是一说对方就已明白,表示理解。

邓小平强调,这次会见的中心内容是八个字:"结束过去,开辟未来。"他同戈尔巴乔夫的谈话,发表于《邓小平文选》第三卷,标题就是《结束过去,开辟未来》。邓小平在回顾历史时谈道,给中国造成最大损害的是日本。"另一个得利最大的是沙俄,以后延续到苏联。沙俄通过不平等条约侵占的中国土地,超过一百五十万平方公里。十月革命后也还有侵害中国的事情。"当年对中国最大的威胁,20世纪50年代来自美国,60年代以后是苏联。邓小平说,关于意识形态那些争论,"回过头来看,双方都讲了许多空话","我们也不认为自己当时说的都是对的"。在中苏未来的交往方面,邓小平指出,要"多做实事,少说空话"。

会见邓小平前，戈尔巴乔夫对他的陪同人员说，他是作为一个晚辈去见一位长辈的。所以在会晤时说话不多，边听边记，不时点头表示赞同。他表示，在苏中关系的有些方面，苏联是有一定的过错和责任的，但在领土问题和历史的其他方面，苏联仍有自己的看法和评价。

中苏两国在此时得以实现关系正常化，同国际政治气候的变化和中美分歧加深显然有关。时任苏联驻华大使奥列格·特罗扬诺夫斯基（Oleg Troyanovsky）在回忆录中写道："到80年代中期，特别是由于苏美紧张关系得到缓和，中国领导人开始认识到，中国的国际地位已不太有利，随着'冷战'走向结束，所谓'中国牌'已不再是国际舞台上的重要因素。"

中国和苏联在美国的形象对比

在美苏、美中关系同时缓和的时期，中苏两国在美国的形象都有所改善，但中国形象的改变更快、更好。中苏两国都是美国眼中的"共产党国家"，国内政治经济制度类似，但是苏联在军事上同美国旗鼓相当，对东欧国家严密控制，在第三世界极力扩张，所以对美国国家安全和势力范围的威胁比中国大得多。

中国开始改革开放以后，努力促进朝鲜半岛的和平与稳定，承诺不向东南亚国家输出革命。1984年2月，邓小平在会见布热津斯基率领的美国智库代表团时，谈到台湾问题和领土争端问题。邓小平说："世界上有许多争端，总要找个解决问题的出路。我多年来一直在想，找个什么办法，不用战争手段而用和平方式，来解决这种问题。"邓小平提出的关于台湾问题的想法，就是"一国两制"。邓小平还设想，有些国家的领土争端，可以先不谈主权，先进行共同开发。

第四章　冷战的尾声

1985年6月，邓小平在军委扩大会议上指出："四化总得有先有后。军队装备真正现代化，只有国民经济建立了比较好的基础才有可能。所以，我们要忍耐几年。"这就是后来的"军队要忍耐"思想。1985—1987年，在邓小平领导下，中国人民解放军减少员额100万，史称"百万大裁军"。这些思路和做法，与苏联同美国持续进行军备竞赛形成鲜明对比，树立了中国作为亚太地区和平稳定因素的形象。

除此以外，美国领导人和民众对中国的印象总体来说好于苏联，还有一些其他原因。

首先是领导人的个人因素。在中共高层领导中，毛泽东、周恩来的领导能力和思想深度给美国领导人留下了深刻印象，使赫鲁晓夫、勃列日涅夫、柯西金等苏联人相形见绌。西方人往往用"克里斯马"来形容毛泽东和周恩来，但没有人会说这些苏联人有"克里斯马"。赫鲁晓夫的态度粗鲁（在联合国大会上脱下皮鞋在空中挥舞）和勃列日涅夫对佩戴勋章的爱好，都是西方人经常的笑料。

邓小平得到许多美国政要的敬重，这是任何一个苏联领导人都无可比拟的。尼克松称赞邓小平是"20世纪最杰出的政治家之一"，并称"中国的第二次革命，是在邓小平的设计指导下实现的"。1979年邓小平在访问美国国会时，谈话生动幽默，给国会议员留下了很好的印象。卡特总统评论道，看来中国人懂得如何既表现出沉着的自信心和对自己国家的自豪感，又不显得骄傲自大。卡特还这样描述邓小平："聪明、强硬、机智、坦率、勇敢、有风度、自信且友好。"

1975年12月，在中国担任联络处主任（"准大使"）的乔治·布什被任命为中央情报局局长。邓小平副总理亲自设宴，为他饯行，赞扬他为改善中美关系所做的努力，欢迎他以后再来中国，"无论是作为中央情报局局长还是旅游者"。邓小平的善意令布什感动。1989年1月，布什出任美国总统。布什对邓小平的尊重和个人情谊，是1989年之后中美两国政府最终审慎处理了政治矛盾的重要因素之一。

其次，美国的意识形态和人权外交主要针对的是苏联和东欧国家，而对中国的政治发展道路曾经存在某些幻想。奉行现实主义外交路线的尼克松和福特两届政府，没有提出缓和美中、美苏关系必须以中苏改变国内政治体制和意识形态为先决条件。卡特政府向苏联施展人权外交，以对苏贸易为手段，企图让苏联转变对国内持不同政见者的政策。里根总统更称苏联为"邪恶帝国"，宣称要"把共产主义扫进历史的垃圾堆"。里根上台以前，在台湾等问题上大肆攻击过所谓的"红色中国"，但入主白宫之后，态度有所软化。虽然有人在国会内外攻击里根政府对中苏人权问题采取双重标准，里根政府没有向中国施加很大压力，要求中国改变国内政策。一位高级官员强调，中国同苏联的国际行为形成对照，中国"并不试图损害其他国家的民主政权和它们的多元化及民主机制的发展"；另外，中国"已在许多方面放弃了苏联模式"。在国会方面，也曾有报告称中国国内的人权问题"有所改善"。

1984年4月里根总统访华后发表的观感，在一定程度上反映了美国领导人的中国观发生的转变。里根对500多位美国地方官员和企业家说，"美国能够和这个所谓的'共产党中国'处理好关系"，因为在他同中国领导人的谈话中感觉到，中国不是扩张主义国家，而且中国需要美国投资，欢迎美国公司在中国创办自己的分支机构。随同里根访华的美国官员私下透露，里根访华的动因之一是相信中国的务实领导人会引进产业竞争机制，给农民提供自由市场，建立合资企业和自由贸易区。

里根执政时期，美国人眼中的中国形象主要是正面的。1988年，美国国务院政策规划司司长理查德·所罗门（Richard Solomon）的评论，反映了一些美国人对中国向西方资本主义靠拢的幻想。他说："今天的中国正在追赶未来的潮流。在邓小平的适应性很强的领导下，中国业已努力向世界经济敞开大门，并把中国人民的精力

第四章　冷战的尾声

从官僚体制和政治限制下解脱出来。……现在轮到莫斯科去同苏联的历史重担做斗争了。"

最后，美国观察家还看到，由于中国的改革开放政策，20世纪80年代后期，中国与苏联人民生活水平的差距，比1965年时大大缩小了。苏联在十月革命成功70年后，还没有完全建成工业化社会，而中国即将超越经济起飞阶段，向全面工业化迈进。就国民经济发展而言，中国很可能进一步缩小与苏联的差距。1988年7月，舒尔茨国务卿访问北京时，提到"中国在发展中国家、社会主义国家的经济改革中起到的领先作用"。他还说，世界迈向21世纪时，中国已经成为有能力取得世界级经济成就的国家。

1989年政治风波之后的一段时间里，美国政界和舆论界大肆渲染，把中国政治形势描绘得十分阴暗，对中国的攻击性言论大大超过正面报道。与此同时，戈尔巴乔夫领导下苏联的公开性、多党制等政治变革在美国赢得一片喝彩。布什政府的国务卿詹姆斯·贝克（James Baker）在1991年年底发表的文章中，称苏联的政治变化"同中国的倒退形成更强烈的反差"。许多美国人甚至希望苏联和东欧的剧变能波及中国。

1989年政治风波刚刚平息，前总统尼克松等政要就相继访华。当时陪同尼克松访问北京的是美国的中国问题专家迈克尔·奥克森伯格（Michel Oksenberg），他介绍我和几位北京大学教员于10月30日在钓鱼台国宾馆同尼克松进行了十几分钟的交谈。在谈到中美关系时，尼克松对比了中国和苏联的改革，说："没有经济改革的政治改革不会成功，没有政治改革的经济改革也不会成功。"尼克松还说："我在1972年第一次访华时，根本没有提出民主、人权这类话题，否则中美关系不可能取得突破。应该看到，中美关系改善以后，中国取得了很大进步。"这番话使我更清楚地认识到，中美关系必须建立在两国政治现实的基础之上。中苏两国改革的不同道路和不同结果，用冷战时期那种固定的意识形态框架是解释不通的。

"大三角"在苏联的风雨飘摇中寿终正寝

1989年1月，里根时期担任副总统的乔治·布什接任总统职位。这时美方已经得知戈尔巴乔夫将于5月访华的消息。布什表面上声称，"中苏关系热起来无损于美国利益"，还说"我们'玩中国牌'的时代已经过去，当时我们同中国只讨论有关莫斯科、美国和北京之间三角等式的问题"，而这时可以更多讨论亚太地区安全等广泛议题。其实，美国政府已经安排布什于2月25日至26日访华，企图比苏联领导人抢先一步，拉近和北京的关系。

但是，当布什到达北京时，中美官方在人权问题上出现了不大不小的争执。邓小平对布什说："中国的问题，压倒一切的是需要稳定。没有稳定的环境，什么都搞不成，已经取得的成果也会失掉。"邓小平还说："中国正处在特别需要集中力量发展经济的进程中。如果追求形式上的民主，结果是既实现不了民主，经济也得不到发展，只会出现国家混乱、人心涣散的局面。"邓小平的这番话，无疑是在告诫美国人不要对中国的所谓"民主化"抱有幻想，更不要干涉中国内政。

1989年政治风波发生后，美国带领西方国家制裁中国，导致中美关系严重恶化。同时，苏联和东欧的政局变幻莫测，失去了方向感。布什政府的外交决策班子，则对中国政局的发展感到困惑，甚至盼望中国也出现苏东集团那样的变化。国务卿贝克声称："美苏关系持续改善的前景比过去任何时候都光明。"卸任不久的前驻华大使温斯顿·洛德（Winston Lord）说："北京对于迅速变化中的美苏关系的忧虑，要大于美国有关中苏关系的忧虑。"

在美国战略家里，只有尼克松、基辛格、前国防部部长温伯格

第四章　冷战的尾声

等少数人，还在把中美苏大三角看成一个重要因素，希望稳住对华关系。尼克松提醒布什政府，假如美国采取进一步制裁中国的措施，就将"促成两个共产党大国之间潜在的灾难性同盟"。尼克松说："我们永远不能把中国当成一张牌，可是如果戈尔巴乔夫有能力打中国牌，那不会服务于我们的利益。"温伯格建议："我们应当记住，中国不应被我们的谴责推入孤立状态，或者再次被推入苏联的怀抱。这对于我们、太平洋地区，以至整个世界，都是至关重要的。"

基辛格在《论中国》(*On China*)一书里，详细描述了冷战结束前后他对中美关系的忧虑和同两国领导人的交往。他说："苏联和东欧局势的剧变似乎侵蚀了现存的（中美苏）三角关系的前提，因此中国和美国再次达成谅解变得更为重要。"1989年11月，基辛格在北京见过邓小平后，刚刚回到美国，柏林墙已经倒塌，"冷战时期的外交政策前提随之被打破"。他到白宫向布什、贝克、总统国家安全事务助理布伦特·斯考克罗夫特（Brent Scowcroft）报告他同邓小平的谈话，"结果发现中国不是主要话题。对于他们来说，当时压倒一切的问题是柏林墙倒塌后的影响和定于12月在马耳他举行的布什与戈尔巴乔夫的首脑会谈"，还有苏联在东德的驻军等一系列迫在眉睫的问题。事已至此，基辛格也无力挽救恶化中的中美关系了。

简单地说，在苏联政局瞬息万变、国家前途未卜时，中美苏三边关系中的任何一个国家，都没有必要、也没有意愿去利用另一方，来制衡第三方。在这一意义上，中美关系正常化之后形成的长达近20年的中美苏"战略大三角"，就此寿终正寝。至于今天的中美俄关系是否形成了新形势下的"战略大三角"，超出了这节的讨论范围，这里不再讨论。

铁幕消失:"柏林墙"倒塌与德国统一

如果说前几节内容为冷战的戏剧性落幕做了铺垫,那么从本节开始,这一出剧目的情节开始大大加速。20世纪80年代中前期,苏联为了挽救江河日下的国力,对外采取了一系列缓和举措,包括同美国、中国等主要国家改善关系,以及从第三世界大步退却。但是,大外围的收缩并没有扭转苏联的衰落态势,莫斯科对核心势力范围——东欧的控制也摇摇欲坠,其中两个标志性事件就是柏林墙的倒塌和德国的统一。美国历史学者贝施洛斯(Michael Beschloss)和塔尔博特(Strobe Talbott)在《在最高级别上:冷战结束的内幕》(*At the Highest Levels: The Inside Story of the End of the Cold War*)一书中指出:"如果说冷战结束在某一特定时刻,那或许就是戈尔巴乔夫(1990年7月)同意德国在北约的框架内实现统一之时。"也就是说,德国统一的直接原因是苏联放松了对东德控制的结果。

第一章曾讲到,冷战后的第一次重大军事、政治危机是1948—1949年发生在德国的第一次柏林危机。以德国分裂为标志,欧洲出现了相互对立的两大军事、政治、经济集团。1958—1961年的第二次柏林危机,催生了防止西方政治渗透和东德人外逃的柏林墙。事

第四章　冷战的尾声　　　　　　　　　　　　　　　　　　　513

实上，当东西方关系在20世纪80年代后期缓和时，无论是各国领导人还是民众都没有预料到，柏林墙能够被突然推倒，分裂了40多年的两个德国能够在柏林墙倒塌的短短一年内，以和平方式完成统一。两个德国合二为一，既没有引发双方之间的冲突，也得到了各个大国和邻国的认可。那么，这样的政治奇迹是如何实现的？

剧变前夜的东德

在外界看来，冷战时期的东德是东欧各社会主义国家中政权最为稳固的一个。政治上，德国统一社会党牢牢把握着政局，没有任何一个"像样"的、成建制的反对派势力能够对它构成威胁。统一社会党还利用"史塔西"即秘密警察，严密监控民众，将异议分子的抗争扼杀于萌芽状态。同时，统一社会党内部也非常稳定。第一位最高领导人瓦尔特·乌布利希从1950年开始，执政长达21年。继任者埃里希·昂纳克从1971年到1989年执政18年，其间没有发生严重的党内分裂。

在对外关系上，身处冷战最前线的东德得到了苏联的重视和大力支持，36万苏联军队驻扎在东德国土上，有效保证了它的安全。经济上，虽然东德的工业发展、城市化和人民生活水平都远不如西德，但还是高于苏联东欧集团的其他任何一个国家。20世纪80年代中期，根据官方统计，东德位列世界十大工业国之一，人民生活水平位列世界第20位左右，是社会主义阵营中的佼佼者，可以和中下游的西方发达国家平起平坐。

20世纪80年代，社会主义国家普遍寻求以改革克服斯大林模式的弊病。有的像苏联一样，由最高领导人主动推进改革；有的则类似于波兰，在强大的民间力量推动下一步步改变。但是昂纳克领导下的东德自恃国力尚可，根本不想有任何变化。即使在戈尔巴乔夫开始在苏联推行、在东欧国家宣扬"新思维"之后，昂纳克依然反应消极，拒绝跟进。

在当时无论是东德还是其他国家的政治精英看来，昂纳克确实有拒绝改革的资本。且不说东德社会看起来繁荣稳定，退一步讲，即使像其他一些社会主义国家一样因为经济落后而出现了政治动荡的苗头，东德也不用担心政权倾覆或者被西德强行兼并。人们普遍认为，东德是苏联在东欧地缘战略上的重中之重，无论如何莫斯科都会竭力保全这个它一手创造的国家。就连西德也清楚地认识到了这一点。20世纪70年代西德的勃兰特政府开始推行"新东方政策"，谋求改善与东欧国家的关系。1972年年底，两德签署《关于两个德国关系基础条约》，规定两德之间是以国家间主权对等为原则的友邻关系，尊重彼此的互不隶属性、独立性和自决性，相互在对方首都设立常驻办事处。1973年，两个德国同时被接纳为联合国成员国。

到了20世纪80年代，西德政治精英已经接受并且适应了国家的分裂，几乎放弃了民族统一的追求。西德总理赫尔穆特·科尔（Helmut Kohl）于1982年上台后，谋求改善和东德的关系。科尔和昂纳克利用出席苏联领导人安德罗波夫和契尔年科葬礼的机会，连续两年在莫斯科举行会晤。1987年，科尔邀请昂纳克访问西德，昂纳克成为第一个访问西德的东德领导人。两个德国分裂的局面，看似要长期延续下去。

这时，推进德国统一的最大动力来自东德民众。20世纪80年代末期，东德民众对执政者的忍耐达到了顶点，社会中蕴藏的不满并不少于其他任何一个东欧国家。享有社会主义阵营内部最高生活水平的东德民众，为什么会对现状越来越不满呢？

首先，东西德之间经济发展和生活水平的差距显而易见。波兰、匈牙利等国的民众并没有"西波兰""西匈牙利"的邻居可以作为参照系，但是一墙之隔的东德和西德却是同根同源，只是因为冷战

第四章　冷战的尾声　　515

的铁幕而被迫分裂。在过去的几十年中，虽然东德实施了强有力的边境管控，还用水泥墙和铁丝网将西方世界的"橱窗"西柏林挡在民众的视野之外，但东德民众依然可以感受到两边的巨大反差。许多日常消费品面临短缺，质量更好的耐用品和奢侈品大多来自从西德的进口，或者由居住在西德的亲戚邮寄过来。

其次，东德民众或许能够暂时容忍东西两侧的发展不平衡，但眼看着这种差距越来越大，东德领导层却丝毫没有通过改革缩小差距的意向。昂纳克对戈尔巴乔夫的"新思维"阳奉阴违，默默抵制苏联领导人敦促他推行的改革。于是，虽然苏联经济情况还不如东德，但倡导改革的戈尔巴乔夫反而成为东德民众眼中的政治明星甚至"救世主"。拥戴一个比本国落后的外国的领导人，这种情况在历史上非常罕见。

本来，由于苏联在东德驻扎重兵，支持德国统一社会党对内采取高压政策，在战后大规模拆卸、运走东德的工业设备作为战争补偿，还出动军队镇压1953年的东柏林事件，大部分东德民众一直对苏联领导人观感不佳。然而，戈尔巴乔夫是个例外。1989年10月，在东柏林参加东德建国40周年庆典时，戈尔巴乔夫和各国领导人一起穿越东德政府组织的欢迎队伍。突然，许多人不再喊事先规定好的口号，而是大呼戈尔巴乔夫的绰号："戈比，救救我们，留在这里！"心领神会的戈尔巴乔夫在之后的会议上对东德领导人提出了委婉的批评，他说："谁跟不上形势，生活就会惩罚谁。"

东德民众"用脚投票"开启的政治变革

其实，东德民众对政府的"惩罚"比戈尔巴乔夫的告诫更早。与东欧其他国家不同的是，东德的政治变革并不开始于民众向政府要求政治和经济权利，而是开始于民众"用脚投票"，就是大批逃离自己的国家。前面的章节提到过，在两个德国分裂之后不久，以及柏林墙建立前夕，东德发生过两次民众大规模逃往西德的情况。到了1989年则出现了第三次人口外逃的高潮。外逃的人口来自各行各业，但造成最严重冲击的，还是知识阶层的流失。此外，人口外逃还严重打击了东德政府的形象，一旦民众有了能够选择出走的机会，就不会再选择留在这个只有对内宣传中才看起来充满希望的国家。

1989年，东德民众的机会并不出现在国内，而是在另一个社会主义国家匈牙利。当年5月，匈牙利也开启了政治变革的进程，政府放开了与奥地利之间的边界。奥地利是两大阵营之间的中立国家，从这里通向西方国家的道路是畅通无阻的。同时，东德和匈牙利等其他社会主义国家之间又有签证互免制度，所以很多东德人看准了这个机会，踏上了绕道逃往西德的道路。他们先以度假的名义申请离开东德，驱车穿过捷克斯洛伐克到达匈牙利，在奥匈边界抛下自己的汽车，徒步进入奥地利，然后再前往西德。也有人选择到西德驻匈牙利大使馆申请政治避难，之后再由西德政府统一安排入境。

看到这一动向的西德政府也积极响应，不仅要求州政府做好接待准备，还给每位东德难民发放100西德马克的"欢迎费"。到了9月份，已经约有20万人通过这种方式绕道进入西德。匈牙利政府顶住了东德政府的压力，声称出于人道主义考虑不能阻止这些民众借道去西德避难。恼羞成怒的东德政府不得不中断了和匈牙利之间的签证互免，但是人口外逃仍然没有停止的迹象。数以千计的东德民众又涌入西德驻捷克斯洛伐克大使馆申请政治避难，尝试"另辟蹊径"进入西德。

匈牙利在冷战铁幕上撕开的一道微小的裂缝，最终在东德形成了一股不可阻挡的政治洪流。东德领导人眼见无法阻止民众外逃，又不想让民众涌入西德驻各国大使馆的画面在全世界媒体上大量传

第四章　冷战的尾声

播，就提出了一个让步方案：允许有迁移意愿的民众报名离开东德，由政府安排他们乘坐全封闭的列车，从东德境内运往西德，并且不允许离开的人再返回东德。这样一来，东德政府就可以对外宣称这些人是被驱逐出境的，而不是自发逃走的。但是这个举措再次让东德政府丢尽了脸：因为名额有限，所以列车沿途有几千名民众自行跳上车厢，搭便车前往西德。制止人口外逃的努力失败，沉重打击了昂纳克政府的公信力，以及东德高层精英的信心。1989年10月，东德各大城市爆发了规模达几十万人的抗议示威，要求政府进行改革，包括限制高层官员特权、放宽出境旅游限制等。同月，在位长达18年的昂纳克在内外交困中被迫下台，由改革派人士克伦茨（Egon Krenz）出任最高领导人。

　　克伦茨是戈尔巴乔夫"新思维"的拥趸，在上任之后也效仿"公开性"，放宽了新闻报道等方面的限制，允许民众示威游行。摆在克伦茨政府面前的头等大事，依然是人口外逃问题。这时，新政府的解决方案是进一步放宽限制，允许民众自由出入东西德之间的边界，并且可以多次往返。新政府之所以敢于冒险，做出这种根本性调整，是因为他们相信，不少逃离的东德民众其实都是抛家舍业去前途未卜的西边讨生活，如果可以自由往返的话，他们只会短期内出去，走走看看，而不想彻底离开自己的家乡。因此，开放边境可以快速遏制人口外逃，安抚社会情绪，从而带来稳定。11月9日，东柏林市委第一书记沙博夫斯基（Günter Schabowski）在新闻发布会上宣布了这个政策。这里还有一个小插曲，当被记者问到政策什么时候开始生效，沙博夫斯基发现自己并没有被告知具体的时间表，所以沉吟片刻之后，自作主张地回答"即刻生效"。

　　事实证明，东德政府再一次误判了形势。这项旨在"止血"的政策反而引发了"大出血"。在新闻发布会还没有结束的时候，听到新政策的民众在短短几分钟后就冲上街头庆祝，东柏林的民众则开始冲击柏林墙，多处墙体被人为拆毁，整个城市陷入狂欢的状态。

1987年6月12日，美国总统里根曾在西柏林发表演讲，对戈尔巴乔夫隔空喊话："戈尔巴乔夫总书记，如果你想和平，如果你想苏联和东欧繁荣，如果你想要自由，那请来到这道门前……打开这道门！……推倒这堵墙！"两年之后，正是戈尔巴乔夫在苏联的改革间接引发了东德的政治变革，由东德民众自己动手推倒了这堵墙。柏林墙的倒塌具有极强的象征意义，它意味着东德政府已经完全失去了对社会的控制。之后的几个月时间里，东德各地的大量民众开始穿越两德边境，越来越多的人来到了一墙之隔的邻居家，看到了琳琅满目的商品、宽敞新颖的房屋和自由多元的文化产品，更加深了他们想要推动东德发生变革的想法。

因此，东德民众的抗议示威浪潮愈演愈烈，政府难以招架，变革开始酝酿。克伦茨政府承认了民众自发组成的反对党"新论坛"的合法地位，开始和不同政治力量进行谈判，削弱执政党的权力垄断。1989年10月，改革色彩更加鲜明的政治人物汉斯·莫德罗（Hans Modrow）当选部长会议主席。11月，克伦茨下台，格雷戈尔·居西（Gregor Gysi）出任德国统一社会党主席，在一个月之后就将党改名为民主社会主义党。这意味着执政党从马克思列宁主义政党蜕变为社会民主党，放弃了对政权的垄断，实行多党制，和西方的一些左翼政党没有本质区别。至此，民主德国已经"改旗易帜"。

各方对德国统一的认可与怀疑

东德的政治变革并没有止步于"改变颜色"这么简单，而是最终丧失了主权和独立国家的地位。在关注到东德内部政治的风起云涌变化之后，西德领导人敏锐地意识到，促进和平统一的机会已经来临。他们主要考虑到三点：第一，在东德长期执政的统一社会党丧失了对政权的掌控,而新崛起的其他政党对西德抱有好感,也有动力推动统一。第二,东德民众普遍期待两德统一。在1989年上半年,参加抗议示威的民众有一句响亮的口号是"我们是人民",向政府要求更多政治和经济权利;到了下半年,最热门的口号变成了"我们是一个民族",呼吁实现德意志民族两个国家的统一。第三,蜂拥而至的东德难民给西德民众带来很多困扰。西德居民认为他们是前来投靠的"穷亲戚"。一开始,西德居民还乐于招待这些落难的"同胞";而随着难民人数越来越多,加上他们在抛家舍业之后消费能力和工作技能有限,不能给西德带来经济效益,反而挤占了当地的社会资源,所以西德居民眼中的"同胞"渐渐变成了不受欢迎的"东德佬"。只有消除人为的制度障碍,实现政治、经济和社会的融合,这些隔阂才有望逐渐消失。

基于以上考虑,以科尔总理为代表的西德领导人积极推动统一进程。1990年3月东德举行了历史上第一次民主选举后,西德开始和东德举行谈判。摆在他们面前的主要有两方面的困难。

首先是双边层面,也就是如何与东德达成共识,扫清统一的政治、法律和经济障碍。东德政府自然不愿意放弃自己的权力,因此主张建立双方平等的邦联,在此基础上实现经济的并轨。经济并轨也应该是平等的,要在东西部实行统一的社会福利安排,并且双方的货币(东西德马克)按1:1等价兑换。在西德看来,东德的要求无疑是想白占便宜。西德认为,应该在东德实行自由民主体制的前提下,由东德的各州自主加入西德。从法律上讲,也就是将西德的《基本法》适用范围直接扩展到东德,而东德政权自行瓦解。在经济上,西德同意货币等价兑换,由于西德马克的实际币值强于东德马克,所以这是以吃亏的方式向东德民众让利;但是要在社会保险、养老金等方面另作安排。可以看到,两种方案之间还是有明显差距的。

其次,更困难的问题在国际层面。由于德国是欧洲冷战格局的聚焦点，所以美苏两大国对德国的命运拥有实际上的话语权。另外，德国在20世纪的军国主义历史，也让英国、法国等国家对德国的再次统一心有余悸。西德已经是西方第三、欧洲第一的经济大国，如果再合并东德，德国在账面上的经济实力将更加强大，而且还会成为欧洲第一人口大国（不算苏联）。所以，英国担忧统一之后的德国会打破欧洲大陆上的实力平衡，再次引发大国之间的矛盾。

由于在近现代史上被德国两次以武力征服，所以法国对再次强大的德国充满恐惧。此外，法国还担心德国在统一之后要么不再热心于法国牵头的欧洲一体化，要么会挑战法国在其中的领导地位。总之，法国希望德国永远保持分裂状态，这样西德就可以作为它可靠的邻国和推动欧洲一体化的"副手"。法国总统密特朗甚至还在1989年12月专门访问东德，表达对东德主权的支持。

不过，有了美国的力挺，英国和法国的消极阻挠就起不到决定性作用了。老布什总统可能是唯一表态支持德国统一的外国领导人。在美国政府看来，德国统一将是冷战进一步走向终结的强烈信号，并且如果能够按照美国的条件走向统一，将意味着美国在和苏联外交博弈中的重大胜利。美国开出的条件是：第一，德国必须在西德提出的法律框架下统一，也就是西德对东德的兼并；第二，统一之后的德国必须仍然作为北约成员国，留在西方阵营之内。这些要求和西德总理科尔的要求不谋而合。

很显然，苏联不会接受这样的条件。无论戈尔巴乔夫如何开明，苏联政府都不能容忍东德就这样轻而易举地被吞并。不过，由于苏联国内形势江河日下，所以在谈判桌上的立场也步步后退。起初，苏联要求两个德国按照东德的方式合并为一个邦联，而且统一之后保持中立。随着东德国内形势的恶化，苏联渐渐开始松口，不反对东德并入西德，还提议统一之后的德国可以同时加入北约和华约，但还是被美国回绝。苏联的态度渐渐转向强硬，戈尔巴乔夫宣称，苏联为了击败纳粹德国付出了2700万条生命的代价，所以在道义上有要求德国不加入敌对军事集团的权利。

眼看着谈判陷入僵局，科尔总理开始在美苏两方之间斡旋，他提出的方案是，德国统一后加入北约，但是保证不在原东德领土上部署北约军队，以此来打消苏联的疑虑。另外，科尔还承诺向苏联支付80亿美元的担保金和20亿美元的无息贷款，并且还负责苏联军队撤出德国的全部费用；此后四年间，西德向苏联/俄罗斯后续支付的各项金额高达710亿美元，此外还有360亿美元流向东欧各国。这些慷慨的姿态让莫斯科看到了西德的诚意，也帮助苏联领导人消解了国内经济的燃眉之急，所以最终答应了科尔政府提出的方案。

因此，从某种角度来说，西德是从苏联手中"赎回"了东德，其中科尔政府灵活的外交手腕发挥了重要作用。方案得到苏联首肯后，东德政府也无力回天，只能接受。不过，最根本的原因仍然是东德民众要求统一的呼声日益升高，成为任何一支政治力量都无法忽略的现实。在此之后，两德统一的进程踏上了快车道。经过几轮东西德和美苏英法共同参与的"2+4"外长会谈，六方签订了《最终解决德国问题条约》，为"二战"以来留下的历史恩怨做了个"了断"。东西德先后签订了《国家条约》和《统一条约》，为最终统一铺平了道路。1990年10月3日，德国正式统一，国名仍然是德意志联邦共和国，首都迁往柏林，而德意志民主共和国则消失在历史的长河中。

为了统一，德国确实付出了很多代价。它韬光养晦，重新确定了领土边界，放弃了大面积以前属于自己的国土，承诺放弃持有核武器、生化武器，还表示一直会留在欧盟和北约中。

总的来说，德国的统一进程源于东德内部的政治变革进程。整个过程既要归功于西德领导人灵活的外交手腕，也有戈尔巴乔夫个人因素的作用，但最根本的原因还是东德民众的人心向背。

转折与高潮：东欧剧变

上节讲到的柏林墙倒塌和德国统一，只是苏东剧变这出戏中的一个章节。事实上，在1989年短短一年间，东欧的政治局势瞬息万变，风起云涌，这一节，我们将看到一个又一个戏剧性的转折与高潮。东欧各国共产党在没有遇到外力冲击和内部武装叛乱的情况下，在几个月内纷纷丧失政权，完成了国家政体向西方式多党民主制的转向。

不过，每个国家转型的速度和契机大不相同。牛津大学欧洲研究教授提摩西·加顿艾什（Timothy Garton Ash）对此有一句非常著名的概括："东欧的变革，在波兰用了10年，在匈牙利用了10个月，在东德用了10周，在捷克斯洛伐克用了10天，在罗马尼亚只用了10个小时。"在波兰和匈牙利，民主转型是执政党与反对派通过圆桌会议长期谈判得来的结果。在东德和捷克斯洛伐克，执政党垮台、反对派掌权是在极短时间内实现的，短到反对派自己都还没有完全准备好，整个过程没有严重的暴力事件发生，被人形容为像"天鹅绒"一样丝滑。罗马尼亚和保加利亚发生的政治变革更像是被包装成民主运动的宫廷政变，党内精英迅速推翻了长期执政的领导人，之后成立的新政府以缓慢渐进的方式向西方式体制靠拢。这些东欧国家的共产党政权就像一连串多米诺骨牌，以越来越快的速度接连倒下。南斯拉夫和阿尔巴尼亚这两个"另类"国家，剧变速度稍慢一些，但到1991年也实现了多党制。

波兰、匈牙利和捷克斯洛伐克：
从圆桌会议到"天鹅绒革命"

先从第一块多米诺骨牌讲起。波兰是第一个实现政治变革的东欧国家，在1989年6月就完成了首次真正意义上的多党竞争选举，在1990年12月实现了总统的全民直接选举。实际上，这颗政治变异的种子，早在10年前就已经开始发芽。我在前面的章节中提到过，1980年9月，在西方国家和罗马天主教皇的支持下，独立的全国性组织——团结工会诞生。

1981年，波兰统一工人党内的强硬派、军人出身的雅鲁泽尔斯基，在苏联的支持下出任波兰最高领导人，对团结工会祭出了铁腕举措，不仅宣布团结工会是非法组织，还下令逮捕了工会领导人瓦文萨等人。雅鲁泽尔斯基宣布整个国家进入所谓"战时状态"，加紧对社会的全方位管控。但是，这个强硬政策激发了波兰民众更加强烈的不满，还引发了美英等西方国家的制裁。政府不得不在1983年释放了瓦文萨，解除了战时状态。此后，团结工会处于被取缔状态，但是反对势力并没有烟消云散，而是转入地下蛰伏，等待复出时机。

5年之后，波兰再次遭遇了严重的经济危机，不得不向西方国家大规模举借外债。1986年，波兰对外负债高达400亿美元。1987年和1988年，严重的通货膨胀导致公众怨声载道，罢工和抗议浪潮此起彼伏。

在此背景下，团结工会东山再起。一部分波兰知识精英团结在瓦文萨周围，为经济改革制定了大量的方案，俨然有成为"影子政府"的架势。团结工会之所以在民众心目中威望较高，甚至高于政府，一方面是因为它是反抗专制统治的象征；另一方面也是因为它对国家的未来，有着令人耳目一新的规划。比如，在团结工会及其海外支持者的推动下，波兰于1986年被接收为国际货币基金组织的成员国，让许多民众看到了通过经济改革换取西方援助的希望。相比之下，雅鲁泽尔斯基政府能够拿出的改革成效就非常有限了。

1943年，瓦文萨出生于波兰农村，24岁从夜校毕业后，在一个造船厂当电工，后来，他成为组织罢工运动的"专业户"。1990年，瓦文萨成为波兰转型后的首位民选总统，其实瓦文萨并没有治理国家的经验，他更多的是作为一个带领工人反抗压迫的道义领袖而风生水起，代表了当时波兰人民对变革的期待，当了五年总统后就下野了。

1989年，波兰的政治转型过程开始加速。1月，波兰统一工人党再次承认团结工会的合法地位。2月，由执政党牵头，包括团结工会、天主教会在内的多方政治势力参加了"圆桌会议"，通过协商的方式解决国家的前途问题。值得一提的是，圆桌会议的设置体现了波兰在历史上贵族议政的经验，这个传统在几个世纪之后重新复活，是大多数人所没有想到的。参加圆桌会议的大部分派别认为，波兰的出路在于放弃原有的国家体制，转向西方式的多党议会制。1989年6月，波兰举行"二战"以来第一次真正意义上的竞争性选举。团结工会在众议院赢得了三分之一的席位，在参议院获得了100个席位中的99个，可谓大获全胜。之后波兰改为总统制，国号从"波兰人民共和国"改为"波兰共和国"。统一工人党丢失了政权，第一书记雅鲁泽尔斯基改任共和国临时总统，在1990年的大选后正式下台，把权力交给瓦文萨。

这里值得说一说雅鲁泽尔斯基这个人物。他1923年出生于波兰的一个天主教家庭。"二战"开始后，他全家迁居立陶宛，以躲避德国对波兰的占领。但是不久苏联入侵立陶宛，他全家被流放到西伯利亚。1943年，雅鲁泽尔斯基参加了苏联红军，作战英勇。"二战"后，他进入波兰政界，于1968年成为国防部部长，在1981年又成为党的第一书记。不过这次高升是有代价的，他被莫斯科赋予的使命是铁腕镇压团结工会，这也是他被后人诟病的一点。但雅鲁泽尔斯基自己辩解说，他的选择是"两害相权取其轻"，相比于像匈牙利或者捷克斯洛伐克那样被苏军入侵，还不如自己出手稳定局势。事实上，雅鲁泽尔斯基对瓦文萨的确比较宽容，把他监禁了两年就释放了。20世纪80年代末，雅鲁泽尔斯基对全面改革和政治转型的态度逐渐转向支持，对波兰民主化进程的加速起到了关键作用。正是因为他和其他几位高层领导人以辞职相威胁，才迫使统一工人党全党赞同恢复团结工会的合法地位，使民主化完成了从政治运动到政治制度的"惊险一跃"。

匈牙利的政治变革过程和波兰类似，也是通过多股政治势力之间的圆桌会议实现的，不过节奏要快得多。在匈牙利，从民众到党内干部都对执政长达30多年的第一书记卡达尔·亚诺什及其政府丧失了信心。在1956年匈牙利事件之后，卡达尔政府在经济上推出了一些温和的改革措施，在政治上没有深究纳吉的支持者，反而平反了一些冤假错案。由于卡达尔坚定支持苏联的政治路线，并且匈牙利事件给民众造成的心理创伤的确需要治愈，莫斯科对卡达尔的温和施政方针睁一只眼闭一只眼。

此后，匈牙利的经济看起来欣欣向荣。1962年，卡达尔提出了"古拉什社会主义"，放宽对外贸易，还允许小规模的个体商业经营，引入了市场经济的一些因素。"古拉什"（goulash）是匈牙利的一种特色美食，是由多种食料混合炖成的浓汤，用它来形容"社会主义"，表现了匈牙利经济成分的多样性（我在匈牙利品尝过古拉什，的确美味）。年纪大一点的读者都记得，当年中国人嘲笑赫鲁晓夫把共产主义比喻为"土豆烧牛肉"。事实是，1964年赫鲁晓夫出访匈牙利，在一次演讲中提到："到了共产主义，匈牙利人民就可以经常吃到古拉什了。"我们当时把"古拉什"翻译成"土豆烧牛肉"，就有了各种讽刺，最出名的是毛泽东一首词里写的："还有吃的，土豆烧熟了，再加牛肉。不须放屁，试看天地翻覆。"

卡达尔政府宽松的经济政策取得了不少成果，匈牙利民众的消费水平在东欧社会主义国家中数一数二。相对繁荣的经济支撑了稳定的政治环境，这也是卡达尔能够从1956年一直执政到1988年的主要原因。

不过，从20世纪70年代开始，匈牙利的经济开始走下坡路。对外贸易在石油危机后开始萎缩。"古拉什社会主义"的改革治标不治本，旧体制的弊端渐渐显现出来。新一代匈牙利人如果想要维持父辈所享受过的消费水平，必须忍受更低的单位时间劳动报酬和更长的劳动时间，有的人甚至不得不偷偷同时打两三份工。从20世纪80年代中期开始，匈牙利政坛上出现了一些反对派，在官方的默许下竞选公职，但是没有形成什么气候。

1988年，形势发生突变。最先对卡达尔发难的不是普通民众，而是党内的年轻一代。当年5月，社会主义工人党召开秘密会议，选举改革派人物格罗斯·卡罗伊（Grósz Károly）出任第一书记，76岁高龄的卡达尔出任没有什么实权的党主席，同时还有一大批保守派干部落选。新上任的格罗斯推行大胆的改革，到了1989年更是直接拿出了向多党制过渡的方案。有了波兰的示范，匈牙利也使用圆桌会议的形式，由执政党和民间力量一起讨论政治改革的方向。

不过，走向多党制的过程并非一帆风顺。根据沈志华教授的研究，匈牙利社会主义工人党和反对派政治力量之间的谈判经过了多轮复杂的较量。双方内部都分化成了温和与激进两派。1989年3月，政府和民间反对派各自组织了庆祝匈牙利1848年革命胜利的民众游行。从参加游行的人数来看，反对派是政府支持者的5倍之多。此后，执政党自知大势已去，立场逐渐后退，在1989年9月和反对派达成"圆桌协议"。10月，社会主义工人党宣布改组为"社会党"，在一年后的大选中落败，最终沦为边缘化的小党。

在匈牙利之后倒下的共产党政权是东德。东德政府是在人口外流的压力之下，被大众的民主运动所冲垮的。执政党还没有与"像样"的反对派展开全面的谈判，就已经被颠覆了。对此，上一节已经介绍过，这里不再赘述。

捷克斯洛伐克改旗易帜的节奏比波兰和匈牙利更快。捷克斯洛伐克在历史传统和文化心理上都和西方国家更为接近。1968年，"布拉格之春"被镇压后，民间仍然潜藏着反政府的力量。为了缓解社会矛盾，捷共采取了和匈牙利类似的方针，以提高民众的生活水平来换取他们对政权的支持。进入20世纪80年代后，这种交易渐渐行不通了。1989年11月，对局势越来越不满的民众上街游行，纪念21年之前的"布拉格之春"，很快遭到了军警镇压。

镇压引发了更强烈的民意反弹。全国几十万民众走上街头，要求政府下台。以米洛什·雅克什（Miloš Jakeš）为首的捷共领导人放弃武力手段，选择集体辞职。知名反对派人物、剧作家瓦茨拉夫·哈维尔（Václav Havel）匆忙组建了反对派组织"公民论坛"，和政府展开圆桌谈判。谈判只进行了几天就达成了共识，多位反对派人物进入内阁。1989年年底，哈维尔当选为国家总统。这场不流血的所谓"天鹅绒革命"，仅用一个多月就顺利完成了。

东南欧四国：民主运动包装下的宫廷政变和国家分裂

东欧集团中最后两个发生剧变的国家是罗马尼亚和保加利亚，它们的变革速度比上面说的三个国家还要快。罗马尼亚在齐奥塞斯库执政时期采取了灵活的外交立场，它和苏联保持距离，谴责华约成员国对捷克斯洛伐克的武装入侵，试图调停中苏之间的矛盾。罗马尼亚成为东欧集团中同西方关系最好的国家。

但是，为人称道的对外政策，难以掩盖罗马尼亚国内的阴暗面。20世纪80年代，为了偿还对西方国家的外债，齐奥塞斯库要求竭力压缩国内消费，扩大出口。比如，罗马尼亚盛产石油，但是绝大部分石油都用来出口，民众不得不普遍使用马车代替机动车，用镰刀代替收割机。就连灯泡也只能使用40瓦以内的，因为电力同样是出口物资。

与此同时，齐奥塞斯库本人却挥霍无度，而且还斥巨资改造首都布加勒斯特，推平了具有百年历史的古建筑，建造规模三倍于法国凡尔赛宫的"人民宫"（现在叫"议会宫"），以及它旁边能够容纳50万人的广场。"人民宫"是全世界仅次于美国五角大楼的第二大建筑物，是全球占地面积和体积最大、造价最高的民用建筑。我到罗马尼亚时，去参观过这座巨大无比的"人民宫"。它的外形毫无美感，但可以买票参观的大厅和房间的内部装饰却富丽堂皇。据当地人说，这座建筑的绝大部分都荒废了，因为没有哪个机构、哪家公司有财力去翻修和使用这座建筑中不对外开放的部分。所以，"人民宫"耗尽民脂民膏的"形象工程"是彻底失败的。

到了执政中后期，齐奥塞斯库大力宣扬对自己的个人崇拜。不过，最让罗马尼亚人难以忍受的，是他荒唐的施政方针。比如，他对以人口增长来促进农业发展的想法近乎狂热。根据英国历史学家托尼·朱特（Tony Judt）的记述，为了保证人口高速增长，齐奥塞

第四章　冷战的尾声

斯库起初下令禁止40岁以下的妇女堕胎和绝育，之后又将标准提升到45岁。如果因为身体原因需要堕胎，那也必须经过审批，而且需要在党代表到场下进行。因此，许多罗马尼亚妇女不得不铤而走险，选择非法堕胎。由于医疗条件差，在1966年到1989年，这一系列政策造成了约1万名妇女死亡，婴儿死亡率高达2.5%。以至从1985年起，政府要求只上报出生四周后依然存活的婴儿的记录。

齐奥塞斯库的许多"宏伟计划"还没完成，就被急速的政治变革打断了。1989年12月15日，罗马尼亚秘密警察在一个突发的民族宗教事件中开枪镇压，造成大规模流血事件，引发民众的强烈反抗。12月21日，齐奥塞斯库在布加勒斯特广场举行群众大会，企图通过演讲来安抚民心。完全出乎他意料的是，打断他演讲的不再是热烈的掌声，而是人群中震耳欲聋的嘘声和"打倒齐奥塞斯库"的口号声。齐奥塞斯库仓皇逃走，他的个人权威在短短几分钟内就土崩瓦解了。

演讲事件发生后第二天，罗共党内另一位领导人伊昂·伊利埃斯库（Ion Iliescu）争取到军队的支持，发动政变。齐奥塞斯库只得到秘密警察部队的保护。很快，秘密警察就被军队制服，齐奥塞斯库夫妇被逮捕，并在12月25日被草草审判后枪决。1990年，伊利埃斯库领导的"救国阵线"和不同政治势力进行谈判，取消了罗马尼亚共产党的执政地位，开启了多党制转型的进程。

保加利亚的剧本和罗马尼亚高度雷同。保加利亚最高领导人日夫科夫从1954年到1989年执政长达35年，是社会主义阵营中任职时间最长的领导人。面对国内的经济和社会危机，日夫科夫选择将国内的少数民族土耳其族作为替罪羊和出气筒，试图借此转移公众的视线，但是却造成了土耳其族的大规模反抗和人口外逃，继而引发全国性的政治危机。面对仍然不思悔改的日夫科夫，外交部部长佩特尔·姆拉德诺夫（Petar Mladenov）等改革派人物发动政变，将他赶下台。之后，保加利亚"按部就班"地走完了召开圆桌会议、废止一党制、实行多党选举等"固定流程"，加入了东欧剧变的历史洪流。

南斯拉夫是不属于东欧阵营的社会主义国家。东欧问题学者孔凡君指出："南斯拉夫社会的剧烈变革除了具有东欧其他国家的共性之外，还有自己的特点，那就是国家在血雨腥风中四分五裂。"导致南斯拉夫联邦国家解体的原因，是种族冲突加宗教矛盾。

1988年，南斯拉夫联邦出现经济和社会危机，物价飞涨，民众抗议游行此起彼伏。最尖锐的矛盾出现在以信仰伊斯兰教的阿尔巴尼亚族为主体的科索沃自治省。这个省属于塞尔维亚共和国。科索沃人举行反抗"塞尔维亚大民族主义"的示威游行，遭到镇压。与此同时，东欧剧变也波及南斯拉夫，南共联盟出现严重的内部分歧。

1990年6月，南联邦政府宣布废除一党制，实行多党制和议会民主。政体一变，国家便失去了凝聚力，斯洛文尼亚、克罗地亚、马其顿、波黑四个共和国先后宣布独立，只有受东正教影响较大的塞尔维亚和黑山两个共和国坚持留在联邦。1992年4月，这两个共和国组成"南斯拉夫联盟共和国"（南联盟），斯洛博丹·米洛舍维奇（Slobodan Milošević）成为主要领导人。此后，波黑陷入长期内战，科索沃人同塞尔维亚人的矛盾越来越尖锐，南联盟很快就名存实亡。

阿尔巴尼亚的强权人物霍查于1985年4月去世，拉米兹·阿利雅（Ramiz Alia）接任劳动党第一书记，仍然坚持强硬、封闭的内外政策。但是，随着其他东欧共产党相继下台和本国经济形势的恶化，阿尔巴尼亚劳动党也无法坚守阵地，被迫实行多党制和民主化。1991年2月，首都地拉那的大学生推倒了霍查的塑像。3月，阿尔巴尼亚举行了第一次多党大选，把国名由"阿尔巴尼亚社会主义人民共和国"改为"阿尔巴尼亚共和国"。阿利雅当选首任总统。6月，劳动党放弃了马克思主义，改名为"社会党"。1992年3月举行的大选中，社会党只获得少数选票。代表右翼势力的民主党上台执政，民主党主席萨利·贝里沙（Sali Berisha）当选为阿尔巴尼亚第二任总统。

东欧剧变为何如此迅速？

说到这里，一个必须探讨的问题是：为什么东欧国家的执政党以如此之快的速度纷纷倒台？这些执政党已经在各自国家统治了40多年，之前也经历过大大小小的民众反抗，但在1989年以后却以惊人的加速度一个接一个倒下，超出了所有人的预料。

最重要的变量是苏联的态度。这些东欧国家各自历史、民族、文化差异很大，但是除了南斯拉夫和阿尔巴尼亚以外，它们在政治和经济上却高度类似。第一，它们的政权在本质上是靠苏联的军事力量来缔造和维系的，没有在本国土壤上培育出足够的合法性基础。到了1989年，他们又遇上了苏联领导人戈尔巴乔夫，他反复强调苏联不会帮助东欧共产党维护他们的政权，东欧国家该走什么样的道路应该由本国人民自己来决定。面对深陷民众抗议浪潮之中的东欧领导人的请求，戈尔巴乔夫也拒绝出兵帮助他们平息事端。因此，他们的垮台命运就在所难免了。戈尔巴乔夫之所以放弃这些卫星国，是因为到了1989年，他相信已经和西方达成了和平共处的共识，即使不需要这些国家的拱卫，苏联的西部边界也可安全无虞，显然没有必要将可以用于缓解国内矛盾的资源"浪费"在东欧了。

在经济上，多数东欧国家被包括在苏联主导的经互会体系之内，按照莫斯科的意愿实行僵化的国际经济分工，对内则仿效苏联建立计划经济模式。在20世纪70年代之后，东欧国家渐渐适应不了国际经济形势的变化，公众对经济体制的信心下降。到了80年代中后期，包括苏联在内，整个苏东集团都背上了沉重的外债，从高价值产品到许多日常消费品，都仰赖从西方的进口。在东欧各国因为经济困难而政局出现不稳的时候，身为"老大哥"的苏联自顾不暇，导致它们只能向西方靠拢寻找出路。

从这个角度来看，苏联放弃东欧和放弃第三世界的逻辑是类似的，都是在力不从心的情况下"割肉自保"。区别只在于第三世界是苏联势力范围的外层，而东欧是核心。事实证明，放弃东欧对苏联是致命的伤害。东欧的重要性不仅仅在于在地缘政治上守卫苏联的西部边界，更在于苏东共产党政权之间同气连枝。一旦这种政治模式在一个国家破产，其他国家就很难证明它是可行的。很快，类似的命运就落到了苏联自己头上。

冷战的落幕（1）：苏共倒台

在前面的章节中，我们一起经历了冷战跨越40多年的跌宕起伏，到这里，这段历史即将进入尾声。从1985年上台起，戈尔巴乔夫想尽办法扭转苏联国力下滑的趋势，对外与西方和中国改善关系，集中精力处理国内事务。相比于外交方面取得的进展，戈尔巴乔夫的国内改革乏善可陈。最根本的困难是，苏联的改革来得太晚，苏共背负的历史包袱太过沉重，苏联社会已经对执政者的自我完善失去了信心。

苏联的覆灭是冷战结束的最终标志，其中包含着两个相互联系的过程：一个是苏联的执政集团也就是苏联共产党的解散，发生在1991年8月24日。另一个是苏联——苏维埃社会主义共和国联盟——本身的瓦解。从1991年12月25日起，苏联作为一个联邦制国家从世界地图上彻底消失，分裂成15个独立的主权国家。我将用两节来梳理历史的线索，这一节讲述苏共如何丢失了执政地位，下一节再讲述苏联是如何解体的。

改革的困境与高层的分化

戈尔巴乔夫的改革失败是苏共瓦解的直接原因,但是其中的因果关系很复杂。一直以来,有一种观点认为,戈尔巴乔夫改革的最大问题是削弱和放弃了苏共领导的权力,这一说法并不准确。相反,戈尔巴乔夫改革的根本目的恰恰是加强权力,让政令更加通达。虽然他参考了西方的经济政策和政治制度,但却并没有主张全盘西化,而是按照自己的需要有选择地借鉴和模仿。一旦苏共解散,他本人马上倒台了。还有一些人相信戈尔巴乔夫是被西方收买、派来搞垮苏联的"内奸",这一说法更缺乏事实根据。

戈尔巴乔夫上台后一方面调整人事布局,提拔了一批支持改革的官员,在短短两年内就将安德罗波夫时期的中央委员换掉了85%;在改革努力遭到党内力量消极抵制时,戈尔巴乔夫借切尔诺贝利核电站事故的契机提出了"公开性",放宽言论管控,企图倒逼苏共领导干部跟上形势,响应改革。关于经济方面的问题,之前的章节提到过,这里重点介绍政治改革遇到的障碍和挫折。

首先,苏共改革派领导人内部出现了阵营分化。有的官员认为,戈尔巴乔夫的改革找对了路,但是走得太慢,苏联应该进一步将市场因素引入计划经济体制,扩大民众对政治的参与和对苏共的监管,并且将斗争的矛头指向党和国家的官僚机构,消除广泛存在的干部特权、贪污腐败和官僚主义等问题。这一派可以称为"激进派",代表人物是时任莫斯科市市委第一书记、后来成为苏联"掘墓人"的鲍里斯·叶利钦。

叶利钦1931年出生于苏联乌拉尔区的一个乡村,和他后来的"宿敌"戈尔巴乔夫是同龄人。叶利钦的性格特点非常鲜明。从青少年时代起,他就桀骜不驯,敢于"犯上",但学习成绩优秀,还是"孩子王"。上中学时,他因为当众批评班主任而被学校开除。

进入工厂当工程师，又因为公开批评工程局局长而被调职。但是，当他 30 岁踏上仕途后，却以直率亲民、处事果断的作风赢得了良好的声誉。1985 年，戈尔巴乔夫看中了叶利钦支持改革、敢做敢当的风格，将他提拔到莫斯科市市委第一书记的位置，取代了曾经和自己竞争总书记宝座的保守派人物维克托·格里申。戈尔巴乔夫是叶利钦的"伯乐"，叶利钦也发自内心地钦佩这位锐意改革的领导人。但是，随着叶利钦进入苏共高层，他和戈尔巴乔夫之间的立场差异渐渐浮现出来，批评戈尔巴乔夫改革还不够全面彻底。同时，他在主政莫斯科时严厉打击贪污腐败，赢得了民众和中下层干部的好感，成为一颗政治明星和苏共激进派的领军人物。

激进派的对立面是保守派。这一派官员也拥护改革，但是主张更谨慎、更有限的改革。他们认为，无论如何改革，都不能损害苏共在政治上和意识形态上的领导地位，不能动摇计划经济体制的稳定性，不能全盘否定苏联模式的历史功绩。因此，保守派要求确保改革不能走上他们眼中的所谓"邪路"，对"伤筋动骨"式的政治和经济变革十分警惕。这一派的代表人物是叶戈尔·利加乔夫。他和戈尔巴乔夫一样，都是被安德罗波夫提拔上来的政治新星，被期待为推动改革的旗手。1985 年后，利加乔夫出任中央政治局委员，分管党务和意识形态工作，成为事实上的党内二号人物，前面介绍过的"反酗酒"运动就是他的手笔。不过，随着戈尔巴乔夫提出"公开性"，揭开言论限制的盖子，社会舆论对苏共的批评越来越多，这引起了利加乔夫的担忧，导致两人在改革立场上渐行渐远。

最后，在党内占据主导地位的是戈尔巴乔夫领衔的主流派。主流派的立场介于激进和保守之间，主张在不使现状失控的情况下，采取一切有必要的举措推行改革，但是具体政策要随着时局而不断调整，没有一定之规。构成这一派的中坚力量是戈尔巴乔夫所提拔的大部分亲信，包括主管意识形态的雅科夫列夫、主管外交的谢瓦尔德纳泽等，也有和戈尔巴乔夫一起进入最高领导层的搭档，比如部长会议主席尼古拉·雷日科夫。在推行改革的过程中，主流派内部也发生了分化，比如戈尔巴乔夫和雷日科夫常常因为经济政策而争吵，谢瓦尔德纳泽批评戈尔巴乔夫的改革不够到位，等等。

其实，无论是激进派、保守派还是主流派，一开始都是以改革者的面目出现的，只不过随着改革进入深水区，不同立场的高层领导人才逐渐分道扬镳。领导层的分裂不仅削弱了苏共推行改革的政治能量，还成为引爆苏共解散、苏联解体的导火索。这里重点介绍两个事件。

第一个是叶利钦事件。前面提到，叶利钦是激进派的领军人物之一，是戈尔巴乔夫用来制衡保守派的一员大将。但是，性格直率、作风强硬的叶利钦不仅和保守派针锋相对，还渐渐超出了戈尔巴乔夫所能容忍的范围。在主政莫斯科期间，叶利钦经常在政治局会议上同利加乔夫争吵。叶利钦认为自己和戈尔巴乔夫关系亲密，企图以退为进，向戈尔巴乔夫递交辞呈，以施压的方式希望他支持自己的立场。但是戈尔巴乔夫反应冷淡，没有及时回应，伤害了叶利钦的自尊心。叶利钦之后很不明智地在政治局会议上同时对利加乔夫和戈尔巴乔夫发起挑战，这惹恼了戈尔巴乔夫，导致自己被降职为国家建设部副部长。

平心而论，戈尔巴乔夫对叶利钦事件的处理还是比较宽容的。但是叶利钦被降职的后续反应却非常强烈。被踢出权力中心后，叶利钦一度企图自杀，但没有成功。他虽然被获准继续在莫斯科担任公职，但认为戈尔巴乔夫是希望继续利用他来牵制保守派，展示自己的开明形象，所以怀恨在心。另外，撤掉叶利钦激怒了莫斯科的民众。人们认为，这位心直口快的市委第一书记惩治腐败、打击特权很有成绩，他被整下台是因为触动了苏共高层的利益。因此，民众对叶利钦更加同情，对苏共高层更加失望。叶利钦事件导致激进派和主流派之间的隔阂进一步扩大,对改革形成了巨大压力。

第二个是安德烈耶娃事件。如果说叶利钦事件引发了激进派的不满,那么这件事则是触怒了保守派。尼娜·安德烈耶娃(Nina Andreyeva)是一位大学教师。1988年3月13日,她在《苏维埃俄罗斯报》上发表了一篇题为《我不能放弃原则》的文章,全面批评了当时的改革举措,认为苏共没有正确评价斯大林的贡献,背离了社会主义道路。这篇文章在社会上引发轩然大波。保守派为文章中的论点叫好,他们控制下的官方报纸纷纷予以转载;主流派和激进派则认为这是保守派在企图反攻倒算,怀疑这封信的幕后主使是利加乔夫。激进派还相信,安德烈耶娃事件和叶利钦事件一样,都体现出苏共并没有真正的改革决心。之后,戈尔巴乔夫一方面组织人马打笔仗,从舆论上反击和压制安德烈耶娃,将她称为"改革的敌人、斯大林主义分子、保守派、机关官僚、党的权贵代表";另一方面削弱利加乔夫的职权,把他调去当农业政策委员会主席,让自己的亲信雅科夫列夫独自主管意识形态。这些举措,都引起了保守派的强烈不满。

政治改革:从"转轨"到"脱轨"

激烈的政治斗争伴随着剧烈的体制转轨。戈尔巴乔夫执政的特点是,常常在短时间内进行重大的政策转向,在上一阶段的改革成果还没有充分显现出来时,就向下一个阶段加速迈进。在1988年将改革重心转移到政治体制之后,他推动着苏联的政治体制在短短三年内发生了三次重大转型,速度之快、花样之多让人应接不暇:第一步是用苏维埃取代苏共作为权力的中心,第二步将苏维埃制改为总统制和多党制,最后又在苏联解体前夕将联邦体制改成了邦联体制。这一节重点介绍前两个步骤。

首先，戈尔巴乔夫重新打出了"一切权力归苏维埃"的口号，将治理国家的权力由苏共向苏维埃转移。这个口号出现于 1917 年十月革命，是当时列宁领导下的布尔什维克与俄国临时政府斗争时用的纲领。苏维埃在俄语中是"代表会议"的意思，在法理上是苏俄/苏联人民行使权力的机关。实际上，在苏共建立政权之后不久，这套制度就逐渐被架空了。特别是从斯大林时代起，苏共本身成为实质上的国家机关，党政合一，拥有庞大的官僚机构和巨大的权力，而名义上代表人民意志的苏维埃则变成了"橡皮图章"。

戈尔巴乔夫认为，之前他提出的种种经济改革措施之所以没有落实到位，是因为苏共内部形成了某种"障碍机制"，官僚机构的惰性、既得利益和消极抵抗，阻碍了克里姆林宫的政令在基层的执行。为此，他一方面倡导公开性，让社会舆论对党内官僚的行为施压；另一方面想办法绕过官僚机构的阻碍，确保改革举措不被扭曲和逆转。因此，加强苏维埃便成了他的首选。这里顺便提一下，戈尔巴乔夫的改革深受列宁的影响，在经济政策上效法列宁的新经济政策，在政治体制上推崇列宁打造的苏维埃体制。在他看来，列宁的思想反映了真正的社会主义理念，而从斯大林时代起，苏联就背弃了这套理念，现在是时候"回到列宁"了。

1988 年下半年，戈尔巴乔夫开始推动苏维埃制的改革。按照他的说法，为了实现"民主的、人道的社会主义"，必须使人民成为政治生活、经济生产和社会文化的真正主角，因此要提升民意的代表机关即苏维埃的地位。在新的体制下，苏维埃集行政、立法和监督权力于一身，除了最高苏维埃之外，各级苏维埃的代表都由民众直接投票进行差额选举产生。为了确保苏共仍然能够控制局面，由戈尔巴乔夫出任最高苏维埃主席，推荐各级党委第一书记出任同级苏维埃的主席，并且在最高苏维埃中为苏共和它控制下的共青团、工会等预留了等额选举产生的席位名额。可以看到，戈尔巴乔夫的安排有放有收，旨在既通过竞争性选举汲取民意，改善政府形象，又使苏维埃绕开令他恼火的党内官僚部门，还能保证政治权力仍然把握在苏共和他自己手中。

然而，实际情况却完全向着戈尔巴乔夫始料不及的方向发展。第一，1989年3月举行的苏维埃代表选举非但没有改善苏共的形象，反而使它一落千丈。苏共指定的候选人不适应竞争性的选举制度，不善于同选民沟通，导致最终有多达30位苏共地方领导人落选。最高苏维埃代表中虽然有85%的人来自苏共，但是很大一部分是平时不讨当局喜欢的党内知识分子，以及像叶利钦这种对苏共中央心怀不满的激进派。这样的选举结果戳破了苏共为自己塑造的政治神话，证明一旦民众可以在不用担心被报复的情况下表达意见，就不会继续假装顺从，拥戴执政者。苏共高层对选举结果普遍感到沮丧。部长会议主席雷日科夫直言这是一次严重的失败，只有戈尔巴乔夫天真地认为苏共在这次民意测验中渡过了难关。

第二，将权力由党的官僚部门转移到苏维埃，并没有提高决策质量和行政效率，反而造成了新的麻烦。70多年来，各级苏维埃都是"橡皮图章"，没有决策和执行的实际经验，所以并不适应权力转移，造成政治机构的空转。同时，戈尔巴乔夫等苏共领导人常常为了应对苏维埃的议会辩论而焦头烂额，大大减少了研究政策的时间和精力。雷日科夫从一开始就反对这项改革，他对其他苏共领导人说："如果你们大家都认为苏维埃无所不能，那就让它把所有的权力都拿去好了；至于它能否担负得起，那就是另外一码事了。"在苏维埃制建立之后，雷日科夫又一针见血地指出了它的问题："最高苏维埃几乎完全模仿苏共中央的机构设置来建立的部门，只不过不叫部门和局，而叫委员会……他们使用的也是行政命令手段，而且往往更强硬。遗憾的是，他们的工作远不是那么在行。"

第三，一旦放开了竞争性选举这个口子，政治多元化趋势就从地底下的涓涓细流变成不可阻挡的澎湃巨浪，苏共的领导地位岌岌可危。苏维埃的选举给苏共的反对派提供了公开展示自己的政治主张和组合政治力量的舞台。叶利钦正是利用了这个机会东山再起。随着越来越多的异议分子加入最高苏维埃，形形色色的非正式政治团体如雨后春笋般涌现出来。1989年正是东欧共产党政权纷纷开始政治转型的年头，发展多党制、取消苏共领导地位的呼声越来越高，很快变成全社会的共识。

面对强大的舆论压力，戈尔巴乔夫决定再次推动政治转轨，将实行了还不到两年的苏维埃制转变为总统制，并取消了苏共的领导地位。1990年2月，苏共中央全会认可了放弃垄断政权、实施多党制的方案，同年3月，最高苏维埃废除了苏联宪法第六条，也就是规定苏共领导地位的条款。至此，苏联的国家机关脱离了苏共的控制，苏共本身变成了一个普通政党。转型之后的苏联实行总统制，最高政治权力集中在总统手中，总统由最高苏维埃选举产生，首任总统由戈尔巴乔夫出任。戈尔巴乔夫是那次选举的唯一候选人，获得了60%以上的选票。戈尔巴乔夫的这次改革在本质上是"弃车保帅"，也就是在面临来自社会的信任危机时，抛弃了苏共这个已经失去民心的包袱，而保住自己作为最高领导人的权力。

"八一九"事件与苏共的倒台

这场信任危机最终引发了主流派、激进派和保守派之间的总决战。为了维持苏联的团结，戈尔巴乔夫选择和叶利钦，还有后来成为哈萨克斯坦开国总统的纳扎尔巴耶夫（Nursultan Nazarbayev）合作。三人在1991年7月秘密商议更新联盟条约，也就是将苏联变为一个更为松散的邦联，以此为代价防止国家的彻底分裂。党内保守派通过克格勃得知这一消息之后，表示不能接受，决定先下手为强。总理瓦连京·帕夫洛夫（Valentin Pavlov）、国防部部长德米特里·亚佐夫（Dmitry Yazov）、克格勃负责人弗拉基米尔·克留奇科夫（Vladimir Kryuchkov）等高层人物秘密组成了八个人的"紧急状态委员会"，自称党内的"健康力量"，计划在8月19日发动政变，把戈尔巴乔夫赶下台。

紧急状态委员会的打算是，趁戈尔巴乔夫去黑海海滨度假的时候把他软禁起来，切断他和外界的联络；然后控制国家媒体，对外宣布戈尔巴乔夫因为健康原因而不能履行职务，推举副总统根纳季·亚纳耶夫（Gennady Yanayev）代行总统职能；然后宣布国家进入为期六个月的紧急状态，由事先安排好的保守派人士接管农业、工业、交通等要害部门，同时拘捕叶利钦等反对派；最后等到时局稳定之后再慢慢扭转戈尔巴乔夫的改革措施。

到了8月19日，计划的前几步进展得相当顺利，但是出了两个致命的纰漏。第一个是副总统亚纳耶夫被临时推举为政变集团的领导人，他既没有决心也没有准备，精神紧张，不得不借助酒精稳定情绪，在政变当天基本处于宿醉状态，丧失了指挥的能力。第二个纰漏更为严重：紧急状态委员会没有及时切断叶利钦的对外联络渠道，叶利钦抓住机会快速反击，号召民众抵制这一场违反宪法的政变。紧急状态委员会派往拘捕叶利钦的克格勃小分队临阵倒戈，眼睁睁看着叶利钦离开官邸，赶往俄罗斯总统的办公地点"白宫"。受命前来包围"白宫"的苏军也叛变了，拒绝执行逮捕叶利钦的命令。叶利钦登上了叛变的苏军坦克，对支持者发表演说，鼓舞大批民众走上街头，一些民众还和政变集团控制下的武装部队发生了冲突。最终，在政变成功无望的情况下，为了避免更多流血事件，紧急状态委员会没有选择"鱼死网破"，而是束手就擒。

等到叶利钦完全掌控局面之后，戈尔巴乔夫才摆脱软禁回到莫斯科。只过了短短三天时间，苏联的政治局势已经发生了翻天覆地的变化。叶利钦几乎以一己之力挫败了政变，政治声望达到了顶峰；戈尔巴乔夫在政变期间无所作为，变成了"光杆司令"，被激进派和保守派左右夹击后，手中的政治权力大大缩水；苏共中央则被保守派的阴谋拖累，被广大民众视为垂死挣扎、试图抹杀政治改革的腐朽集团，失去了苏联社会的支持。因此，就在政变失败之后的第五天，8月24日，戈尔巴乔夫宣布辞去苏共中央总书记一职，并建议苏共各级组织自行解散。对此，没有一个基层党员和党组织站出来捍卫自己的政党，正是所谓"竟无一人是男儿"。相反，苏共的名号已经成为人人唯恐避之不及的包袱。

关于苏共倒台的根本原因，曾任苏共中央宣传部局长、自1993年俄罗斯共产党成立以来一直担任党主席的根纳季·久加诺夫（Gennady Zyuganov）有一个很经典的说法。久加诺夫说，苏共垮台的真正原因是它的"三垄断"——垄断权力、垄断资源、垄断真理（即意识形态垄断）。无论何种原因，这个曾经创造了世界历史上第一个社会主义国家、缔造了一个超级大国、已经存在了70多年的政党，就这样无声无息地消失了。

冷战的落幕（2）：苏联解体

书接上回，冷战结束的最终标志是苏联的消失，这包括两件相互联系但并不完全等同的事情：一是苏共的崩溃，二是苏联的解体。这一节主要关注后一件事。

从过程上来说，这两件事是相互加强的。苏联内部各个加盟共和国的离心倾向削弱了苏共的权力，特别是叶利钦领导下的俄罗斯民族主义势力，对戈尔巴乔夫和苏共构成了巨大的威胁。苏共又是苏联这个联邦制国家的主心骨，一旦没有了苏共这条纽带，整个国家迅速分崩离析。但是从原因上来看，这两件事又有不同的根源：苏共的崩溃在本质上是苏联社会主义道路的失败，而苏联的解体则意味着苏联国家体制和民族政策的失败。只不过，在20世纪80年代末的风起云涌中，这两条线索交织在一起，酝酿成了一场足以摧毁苏联的"完美风暴"。

积重难返的民族问题

构成这场风暴的条件早已有之。第二章曾经介绍过，苏联的国家体制中存在着根深蒂固的矛盾，莫斯科的民族政策对民族团结也起到过负面作用。

苏联继承了沙皇俄国这个庞大的多民族帝国的遗产，也承受了民族问题的种种负担。沙皇俄国广阔的疆域上生活着 200 多个民族，其中俄罗斯族占据主导地位。大俄罗斯主义思潮的盛行、各民族之间经济发展水平和政治权利的不平等，导致民族矛盾和民族冲突频发，沙俄政府又往往予以铁腕镇压，因此沙俄被列宁称为"各族人民的牢狱"。苏联建立之后，出于国防和国内安全等方面的考虑，将各个民族再次纳入一个统一的国家之中，因此，解决这些民族矛盾的责任也就几乎原封不动地落在了苏联政府的头上。

苏联名义上是各个民族自愿联合的产物，实际上却是被中央集权体制捆绑在一起的政治共同体。各个加盟共和国名义上拥有高度的自主权，甚至可以退出联盟。但实际上，从斯大林时代起，这套制度就被架空了，取而代之的是一个以苏共为核心的、高度集中的政治体系，各加盟共和国的领导人都由苏共中央直接任命；同时，各加盟共和国的经济也被纳入统一的计划经济体系，各地的生产、流通、分配的最终决定权牢牢把握在莫斯科的经济官僚手里。

苏联高层的民族政策非但没有解决根深蒂固的民族矛盾，反而制造了新的麻烦。第二章曾经总结过苏联民族问题的五大难题，其中都与莫斯科的政策失误有关。第一，苏联对民族自治地区的边界划分非常混乱，常常导致当地主体民族和少数民族之间的冲突，刺激了民族意识的觉醒。第二，为少数民族提出的优惠政策两边不讨好，既让俄罗斯族认为自己在"输血"供养少数民族，也让少数民族的民族意识和权利诉求进一步强化，越来越觉得自己受到了俄罗斯族的压迫。第三，俄罗斯族在苏联内部的地位并不清晰，比如，俄罗斯族没有属于自己的共产党组织，生活在其他加盟共和国的俄罗斯族也不能建立自己的民族自治地区。俄罗斯族的不满成为炸毁苏联最大的一颗"地雷"。第四，苏联的民族政策缺乏连续性，在斯大林、赫鲁晓夫和勃列日涅夫时代经历了先紧后松又再次收紧的过程，每一次都让已有的民族矛盾更加复杂。第五，苏联政府在少数民族地区强制推行俄语的方针不得人心，导致各地的民族主义抗议一波未平一波又起。

就在苏联国力下降、国内问题丛生的20世纪80年代中后期，民族矛盾开始迅速上升，正是所谓"屋漏偏逢连夜雨"，成为对苏共最大的政治威胁之一，苏联最后一位部长会议主席雷日科夫（苏联改成总统制后取消了部长会议主席职位，改设总理）将其称为"摧毁苏联的攻城锤"。一方面，戈尔巴乔夫最初的改革完全忽视了民族问题，导致苏联政府错过了化解民族矛盾、争取民意的最后时机。另一方面，戈尔巴乔夫推行"公开性"，鼓励揭露斯大林和勃列日涅夫时期民族问题的"黑历史"，让许多苏联政府曾经制造的血腥事件暴露在全社会的目光之下，进一步动摇了少数民族对联盟的认同感。

在戈尔巴乔夫执政的最初几年，还接连发生了一系列预料之外的天灾人祸。比如，1986年发生在乌克兰切尔诺贝利的核泄漏事故，1988年亚美尼亚发生的百年不遇的大地震，这两场发生在少数民族地区的灾难，不仅让本就已经入不敷出的苏联财政雪上加霜，还令很多俄罗斯族人把这些少数民族兄弟看成了自己的负担。一场人为的灾难是1988年亚美尼亚和阿塞拜疆两个加盟共和国之间的冲突，双方为了争夺纳卡地区而大打出手，甚至连莫斯科的干预调停都无济于事，严重削弱了苏联政府的权威。

政治变革引发的离心倾向

但是，点燃苏联自爆的那根最重要的引线并不是上述这些偶发事件，而是戈尔巴乔夫的政治改革。上一节介绍了戈尔巴乔夫为了甩开苏共党内官僚机构的掣肘，而决定重新回到列宁所设计的"苏维埃制"，让苏维埃真正发挥民意代表机关的作用，制定国家大政方针。戈尔巴乔夫此举的根本目的是让他的政令更加通达，调动起苏联民众支持改革的积极性，但却完全忽略了对民族问题的爆炸性影响。一旦各加盟共和国的苏维埃被赋予实权，并且当地民众可以通过竞争性的选举把自己中意的政治代表选上台，那么莫斯科的政治控制力就会被大大削弱。事实也的确如此，在1989年的苏联最高苏维埃中，少数民族代表纷纷组成非正式的联合阵线，成为"激进民主派"的主力之一，公开向苏共领导人叫板。

从少数民族代表的议会斗争，发展到加盟共和国的独立运动，中间并没有经过太长的时间。打响独立第一枪的是波罗的海三个国家之一——立陶宛。1939年，苏联与纳粹德国秘密签订《苏德互不侵犯条约》，以"构筑东方防线"的名义出兵吞并了这三个国家。当地大多数民众从来都不承认苏联吞并的合法性，许多人也不认同苏联的政治经济体制。波罗的海国家的平均生活水平高于苏联其他地区，莫斯科为了维护对当地的统治而有计划地迁入俄罗斯族人口，引起了当地人的强烈不满。

到了1989年，立陶宛的政治精英看准了戈尔巴乔夫改革所打开的机会之窗，率先提出了独立诉求。在当年的苏维埃选举中，本地政治精英组成的"萨尤季斯"（立陶宛改革运动）大获全胜，事实上控制了立陶宛的政权。到当年年底，立陶宛共产党又宣布脱离苏共独立。1989年恰逢苏联吞并波罗的海三国50周年，萨尤季斯与另外两个国家爱沙尼亚、拉脱维亚的人民阵线组织合作，动员占三国总人口约五分之一的200多万民众走出家门，手拉手形成一条超过600多公里、穿越三国领土的人链，号称"波罗的海人链"或者"自由之链"，公开要求苏联允许三国独立。这一事件具有爆炸性的舆论效果，迅速登上了全球媒体的头版头条。美国总统老布什、西德总理科尔等西方领导人纷纷借此机会向苏联领导人施压，阻止苏联政府采取武力手段予以镇压。

面对越来越高的独立声浪，苏联高层十分纠结。一些领导人虽然不赞成立陶宛谋求独立，但是对重新审视历史持积极态度。戈尔巴乔夫的亲信、苏共主管意识形态的雅科夫列夫主持了对《苏德互不侵犯条约》的调查，肯定了这个条约的真实性。尽管他并不承认这个条约直接导致波罗的海三国并入苏联，但对条约真实性的承认，还是极大地削弱了莫斯科采取强硬手段的合法性。保守派抨击立陶宛民众的行为是反苏、反社会主义的非法行为，是"民族主义的歇斯底里"，主张使用武力解决问题。戈尔巴乔夫则在两者之间游移不决。他起初试图在法律框架下解决问题，亲自飞往立陶宛劝说当地共产党领导人不要独立，但是无功而返；之后又尝试用经济制裁和封锁迫使立陶宛屈服，结果反而激发了当地民众的坚决抵抗。

到了1990年，立陶宛的独立进程开始加速。当年3月，萨尤季斯在立陶宛最高苏维埃选举中获胜，并提出废止苏联宪法在本国境内的适用，变更国号为立陶宛共和国，正式宣布独立。苏联最高苏维埃很快推出法案，不承认立陶宛独立的合法性，但是立陶宛丝毫不予理睬。到了11月，立陶宛开始组建自己的国防军，决定在必要时使用武力保卫自己的独立。不过，立陶宛内部不愿意脱离苏联的势力也组成了"救国委员会"，与萨尤季斯分庭抗礼。到了1991年年初，两派之间的冲突酿成了流血事件。莫斯科终于坐不住了，向立陶宛当局发出最后通牒，同时派苏军开进了立陶宛首都维尔纽斯，包围了最高会议大厦和电视塔。萨尤季斯等领导人号召民众奋勇抵抗，有数万人组成人链守卫这些建筑，和苏军正面对峙，引发了一些小规模的流血事件。戈尔巴乔夫等人面临来自国际社会铺天盖地的批评，不得不从当地撤军，这就相当于在事实上承认了立陶宛独立。苏联国防部部长亚佐夫事后回忆,当时的戈尔巴乔夫已经陷入无解的困境:如果他坐视一个加盟共和国独立,那么苏联就会完蛋;如果他决定出兵镇压,那么他自己也会完蛋。

有了立陶宛打头炮,苏联其他加盟共和国的离心倾向也开始加速,莫斯科已经无力阻止多米诺骨牌一块接一块地倒下。1990 年 5 月和 8 月,拉脱维亚、爱沙尼亚相继宣布独立。波罗的海三国从苏联脱离的"成功"经验,极大地鼓舞了苏联各地的民族分离主义势力,他们跃跃欲试,寻找合适的时间摆脱莫斯科的控制。创造这个机会的人,正是大名鼎鼎的叶利钦。

叶利钦对联盟的致命一击

上节说到,叶利钦本是苏共党内的政治明星,但是在政治斗争中落败后,却变成苏共内部最大的敌人。在被戈尔巴乔夫罢黜之后,叶利钦一直耿耿于怀,而他睚眦必报的性格,决定了他在以后与戈尔巴乔夫的斗争中绝不会给对方留有余地。这在很大程度上影响了苏联的结局。

叶利钦利用戈尔巴乔夫改革政治体制的机会东山再起,以苏共反对者的身份入选苏联最高苏维埃。他虽然在苏共内部的政治生涯走到了尽头,但是他挨整下台的经历,反而成为民众眼里的加分项。在莫斯科市民看来,这位前市委第一书记是一位敢向官员特权和腐败开火的英雄人物。重新进入政坛之后,叶利钦积极与其他激进"民主派"人物串联,成为让苏共高层最为头疼的反对派领袖。

但是,在苏联最高苏维埃中,叶利钦充其量只是一位受人欢迎的意见领袖,而真正让他成为一位呼风唤雨的大人物、将"破坏力"发挥到极致的平台,却是俄罗斯最高苏维埃。俄罗斯在苏联内部的角色十分尴尬,它是构成苏联版图和人口的主体部分,但是它的政治权力却并不像其他加盟共和国那样完整，反而还承担着支援其他加盟共和国经济的重任。因此，俄罗斯民族主义者认为这样的安排并不公平，俄罗斯作为一个国家应当从苏联独立出去，而这就相当于抽走了苏联这座大厦的顶梁柱。叶利钦正是第一个出手做这件事的人。1990年5月，叶利钦当选俄罗斯最高苏维埃主席，就任之后不久就推动通过了《俄罗斯主权宣言》，宣称俄罗斯是一个主权国家，其法律在本国领土内至高无上，并且保留退出苏联的合法权利。

这一举动引起了其他加盟共和国的纷纷效仿，除了已经"一步到位"走向独立的波罗的海三国外，又有乌兹别克、摩尔多瓦、乌克兰、白俄罗斯、亚美尼亚、土库曼、塔吉克、哈萨克、吉尔吉斯等九个加盟共和国发表了各自的"主权宣言"，而苏联政府却无力阻止。出现这一状况的根本原因依然是戈尔巴乔夫的政治改革。他改掉了苏共对苏联的集中统一领导，将政治权力转移到苏维埃，导致苏共中央无法在人事上控制各个地方，只能任由当地民众自己选出来的地方领导人自行其是，通过苏维埃这个制度架构，进一步削弱莫斯科的影响力。到了1991年中期，苏联的统一已经岌岌可危。

这种情况在苏联实行总统制之后更加明显。各加盟共和国都有自己的总统，其中叶利钦在1991年6月出任俄罗斯总统，这个职务成为他向戈尔巴乔夫发动攻击的"王牌"。叶利钦宣布，俄罗斯不执行苏联的经济计划，有权和其他国家独立发展关系。他常常绕过克里姆林宫，以俄罗斯总统的名义和美国总统等各国政要谈笑风生。他还规定，俄罗斯领土上的一切企业和矿产资源都收归俄罗斯政府管理，这对苏联来说无异于釜底抽薪。这时候，苏联在事实上已经出现了"一国两主"的尴尬局面，克里姆林宫的戈尔巴乔夫和"白宫"的叶利钦经常出台完全相左的政令，政治局势一片混乱。

不过，事情到了这一步，并非完全没有转机。苏联的解体并不是命中注定的。据哈萨克斯坦开国总统、苏共党内的重要人物纳扎尔巴耶夫回忆，当时除了波罗的海三国之外，其他加盟共和国其实并没有笃定要离开苏联，他们想要的其实是从中央政府那里讨到更多的优惠条件和更大的自主权。毕竟，苏联的各个部分已经在同一个政治体制下共同生活了70多年，经济上高度一体化，一起享受着莫斯科提供的军事安全保护伞，想要在一朝一夕之间分开谈何容易。

戈尔巴乔夫正是看到了这一点，所以继续和分离主义势力周旋。他提出的方案是更新联盟条约，也就是将苏联从一个联邦国家转变成一个由主权国家构成的邦联，这意味着承认各个加盟共和国都是独立的主权国家，但是也保持苏联整体的主权地位；各个加盟共和国获得独立制定国内政策的权力，但是国防和外交事务依然统一在苏联手中。在新的联盟中，戈尔巴乔夫继续担任苏联总统，作为名义上的"共主"代表着这个超级大国，但是实际治理要依靠各个加盟共和国的总统。经过秘密谈判，这个方案得到了叶利钦和纳扎尔巴耶夫的赞同，在此基础上，戈尔巴乔夫打算进一步说服中亚和南高加索各国加入这个框架。希望保住苏联的人们看到了一线希望。

然而，这最后一线希望被苏共保守派掐灭了。上节谈到，1991年8月19日，苏共八位保守派高层领导人组成了"紧急状态委员会"，软禁了度假中的戈尔巴乔夫，企图阻止联盟条约的更新。在他们看来，苏联政府非但不能再向分裂主义势力做出任何让步，还必须将改革的时钟拨回1988年之前，彻底扼杀联盟解体的可能。但是，在叶利钦的反击下，"八一九"政变以失败而告终。此后，叶利钦和戈尔巴乔夫的力量对比发生了决定性的逆转，叶利钦成为挫败政变、保卫民众的头号功臣，戈尔巴乔夫手中的政治资本和权力则丧失殆尽，变成了"光杆司令"。他辞去苏共中央总书记的职务之后，已经准备好了扮演新联盟总统的角色。

但是，叶利钦并不想给戈尔巴乔夫这个机会。"八一九"事件之后，叶利钦的权势进一步膨胀，让他有能力将这位政要彻底赶出政坛。在叶利钦看来，最好的政治体制不仅是一个各加盟共和国自主权扩展到最大、苏联的影响力降到最低的体制，也应该是一个不给戈尔巴乔夫留下任何位置的体制，哪怕这个位置仅仅是象征性的。因此，就在戈尔巴乔夫继续推进他的方案，召集各加盟共和国总统举行国务委员会会议之时，叶利钦却秘密策划着给垂死中的苏联以致命一击。叶利钦在谈判中对戈尔巴乔夫百般刁难。据他回忆，在谈判期间，"苏联总统起初跟与会者好言相商，后来就变得越来越急躁，越来越激动。不管他说什么，就是没有人听。各共和国领袖执拗地要求中央授予更大的独立权，已尝到自由甜头的各加盟共和国领导人真是软硬不吃，使戈尔巴乔夫无能为力。每当戈尔巴乔夫试图坚持自己的某个提法时，我们就异口同声地否定他的提法"。与此同时，叶利钦又和其他领导人私下里秘密接触，决定另起炉灶。

到了1991年11月，更新联盟条约的谈判陷入僵局。12月1日，乌克兰举行全民公投，投票结果支持独立，并且新政府拒绝加入任何苏联框架下的联盟。叶利钦抓住这个机会，先是飞速承认乌克兰独立，然后又撇下戈尔巴乔夫，联合乌克兰、白俄罗斯两国领导人在白俄罗斯和波兰边境的别洛韦日森林举行秘密会议，决定成立"独立国家联合体"，简称"独联体"，而"苏联作为国际法主体和地缘政治实体将停止存在"。整个谈判过程完全是在地下进行的，直到三国发表联合声明，戈尔巴乔夫才意识到自己的苏联被正式宣判了死刑。但是，此时愤怒已经无济于事。12月21日，11国领导人在哈萨克的阿拉木图会晤，决定其他加盟共和国也加入"独联体"。12月25日，大势已去的戈尔巴乔夫在电视上发表辞职演说，正式宣布苏联解散。在莫斯科红场上飘扬了74年之久的苏联国旗徐徐落下，被冉冉升起的俄罗斯三色旗取代。

纵观苏联一步步走向解体的过程，我们既能看到历史的必然，又不能忽视关键转折点的偶然。苏联的民族问题根深蒂固，高度集中的政治经济体制和法理上比较松散的联邦体制之间，有着无法克服的矛盾，苏联政府打造民族共同体的愿望和现实的民族矛盾之间也有难以逾越的鸿沟。从斯大林时代起，历届苏联政府的民族政策都没有化解既有的矛盾，反而制造了新的麻烦。可以说，苏联内部出现分离趋势是无法避免的结果。但是，这个国家之所以在如此短暂的时间里发生剧烈的解体，又是和戈尔巴乔夫改革的失误、叶利钦的个人选择分不开的。我们可以想象，如果戈尔巴乔夫没有将权力分散给各个加盟共和国，那么原来的苏联或许能够苟延残喘一段时间；如果叶利钦没有执意用拆散联盟的方式把戈尔巴乔夫赶出政坛，那么一个缩水版的小苏联或许可以被保存下来。不过，还是我们常说的那句话：历史不谈"如果"，苏联的消失已经是不可更改的事实。

至此，伴随着一位主角的退场，冷战这出历史大戏也走到了落幕的时刻。可以说，尽管美苏双方在绵延40多年的较量中互有胜负，但最终还是美国取得了决定性的胜利。不过，这并不意味着美国是绝对的赢家，它为赢得冷战所付出的代价不容忽视。另外，虽然美苏是这出大戏的两个主要角色，但是其他国家的角色也不乏亮点。冷战留给我们的意义和启示也远远超越了大国博弈的成败。接下来的两节将从一个更广阔的视角，重新审视这40多年的风风雨雨。

冷战的终结：几家欢喜几家愁

虽然到此为止，冷战的情节已经尘埃落定，但是我们对冷战的思考仍要继续。冷战不仅仅是少数几个大国参演的戏码，还是全世界人类共同经历的一段历史记忆。这一节将关注一些重要国家和地区，看一看它们的命运是如何与冷战的终结密切交织在一起的。我们既要回顾这些国家在40多年冷战过程中的得失，也要站在20世纪90年代初的历史时点上，看它们对冷战的落幕有什么样的态度和应对，还要展望未来，观察后冷战时代它们的命运走向如何。

美国：有得有失的大国争霸

首先来看冷战这出大戏中的两个主角之一——美国。毫无疑问，美国是美苏争霸的最终赢家，笑到了最后。1991年之后，美国成为世界上唯一的超级大国，享受着属于它的"单极时刻"。在华沙条约组织瓦解、社会主义阵营不复存在的同时，美国依然是西方阵营的执牛耳者，维持着遍及全世界的军事同盟体系。在世界主要大国之中，美国的经济实力、技术创新能力和文化软实力无可匹敌。当时的人将美国影响力的象征归结为3M——Microsoft（象征技术霸权的微软）、McDonald's（象征商业霸权的麦当劳）、Mickey Mouse（象征文化霸权的米老鼠），这在今天仍然大体上成立。

但是，这并不意味着美国赢得冷战没有多大成本或者挫折。首先，在很多方面，与冷战初期相比，冷战结束时的美国已经不再拥有压倒性的优势。军事上，美国在1949年之前维持着对核武器的垄断，但到了1991年，事实上的核国家已经达到了6个（联合国安理会"五常"和以色列），苏联及其后继者俄罗斯在核弹头数量上还更胜一筹。经济上，"二战"结束之初，美国的经济总量占全世界的一半以上，工业产值占40%，黄金储备占四分之三。到了冷战末期，世界经济舞台上出现了美国、日本、西欧三足鼎立的局面，北美、西欧、东亚的区域经济一体化进程加速。政治上，随着亚非拉三大洲一大批国家走向独立，联合国等多边国际机构的成员构成发生了决定性的变化，很多第三世界国家利用这些场合谴责美国和其他西方国家，维护自身权益。同时，由于美国滥用武力干涉其他国家内政，它在"二战"期间营造的"救世主"形象大打折扣，国际威望严重下降。

其次，美国赢得冷战的过程绝非一帆风顺，而是充满起伏和不确定性。40多年中，出现了多次"美国衰落论"的高潮。在一段时间里，美国输掉冷战并非一件不可想象的事情。比如，朝鲜战争后，许多人认为，美国不可一世的军事力量被挫败，以后不会再耀武扬威；1957年，苏联发射第一颗人造卫星后，人们惊呼美国的航天技术以至整个科技力量将被苏联超越；1975年，美国被迫最终从南越撤出，标志着美国政治和道义威望的破产；20世纪70年代，美国遭受世界石油危机的冲击，以美元为中心的布雷顿森林体系崩溃，美国经济的主导地位似乎一蹶不振；70年代中后期，苏联战略扩张势头迅猛，美国处于守势，"苏联即将超越美国"成为很有影响的预测；80年代，日本、联邦德国作为经济大国崛起，欧洲联合趋势增强，不少论者判断世界经济将成为"三足鼎立"，20世纪末或21世纪初，美国的老大地位要被日本取代。凡此种种，不胜枚举。

最后，冷战不仅改变了美国的外交，也对其内政产生了深刻影响。对此，下一讲会有详细讨论，这里只简单介绍军备竞赛的"副作用"。美国的军费开支和军队规模在"二战"结束之后短暂地缩减，但很快由于冷战升温而扩大，在朝鲜战争期间达到顶点。行伍出身的艾森豪威尔到他的执政晚期，对美国军工集团操纵政治和经济的前景深表忧虑，在总统告别演说中公开对"军事—工业复合体"的影响提出警告。肯尼迪是以大力支持国防工业为政治纲领上台的，但他到1962年也提出警告说，当三分之二左右的科学家和工程师都全神贯注于国防、太空和原子能的技术开发时，美国将要"付出代价"。事实上，这样的代价很快就来了，约翰逊政府的"伟大社会"福利计划被越南战争拖累，未能完全实施。约翰逊执政的最后一年——1968年，国防开支从占国内生产总值的7.9%急升到接近10%，通货膨胀日趋严重。直到1975年美国从印度支那战火中完全脱身后，经济才逐渐复苏，但之后又出现了热衷于"星球大战计划"的里根政府，军费支出再次成为国民经济的沉重负担。

不过，放眼冷战的全过程，美国社会有所失，亦有所得。强烈的反共反苏意识成为包括美国激进左派在内的各个政治派别的共识，巩固了以自由民主为核心价值的意识形态。黑人遭受的严重种族歧视使美国在冷战初期争夺第三世界国家时处于下风，还成为苏联进行反美宣传的重点突破口，迫使美国从法律和政策上做出重大调整，整个国家向种族平等迈出了重大步伐，加强了社会凝聚力。波澜壮阔的反文化运动强化了平等、宽容、爱国的意识，逐步形成了作为另一种政治正确的多元文化主义。此外，与苏联竞争的需要强化了国家能力，催生了强大的科技创新体系，激发了国内民众的危机感和忧患意识。总的来说，冷战引发了美国的国内变革，最终美国也以国内变革赢得冷战。

苏联及其后继者：冷战未愈合的伤口

相比之下，冷战对于苏联的影响主要是负面的。首先，冷战强化了斯大林体制。苏联政府对国家安全的忧虑压倒了改革的动力，人民生活水平长期得不到提高。其次，苏联政府专注于和美国竞争，忽略了许多亟待解决的社会问题，特别是愈演愈烈的民族矛盾，为日后的解体埋下了祸根。最后，大国竞争刺激苏联走上沙俄帝国对外扩张的老路。如果说在斯大林时代，苏联控制周边国家还是为了拱卫本土的安全，那么到了勃列日涅夫时代，苏联向第三世界大举出击就主要是服务于大国争霸的野心了。

由于苏联在1991年之后不复存在，所以只能从继承国的角度来探讨它在冷战落幕过程中的得失。俄罗斯是苏联的头号继承国，也是埋葬苏联的重要力量。以叶利钦为代表的俄罗斯民族主义者认为，如果能摆脱其他加盟共和国的累赘，俄罗斯必将过上比苏联时代更好的生活，但现实和他们的预期完全相反。

第一，俄罗斯虽然继承了苏联的大部分版图、人口、经济和军事能力，但是国际地位和声望却一落千丈。叶利钦本以为独立之后的俄罗斯可以像苏联一样同美国平起平坐、共治天下，但事实上，美国政府却把俄罗斯看作二流国家、地区大国。叶利钦政府对西方的友好姿态也没有换来真正的尊重。俄罗斯无力阻挡北约东扩进程的启动，在1999年的科索沃战争中，叶利钦政府不得不眼睁睁地看着"斯拉夫兄弟"南斯拉夫联盟被北约打垮。

第四章 冷战的尾声

第二，俄罗斯在政治和经济上向西方靠拢的转轨过程并不顺利，多次出现"脱轨"的危机。俄罗斯看似转向了基于竞争性选举的民主体制，但曾经是"民主斗士"的叶利钦很快就步勃列日涅夫等苏联领导人之后尘，个人独断专行，破坏民主法治。同时，以"休克疗法"著称的新自由主义经济改革方案变成了一场众所周知的灾难，导致俄罗斯国力严重削弱，大量国民财富流失，民众收入锐减，经济秩序濒临崩溃。

第三，尽管俄罗斯丢下了前苏联加盟共和国的包袱，但是民族矛盾的伤口并没有完全愈合。俄罗斯和苏联一样是一个多民族的联邦国家。苏联解体后，俄罗斯内部一些少数民族也想效仿脱离苏联的加盟共和国，向莫斯科闹独立。最典型的例子是车臣，这个自治共和国以穆斯林人口为主，在苏联时代长期受到压制。在苏联解体之后不久的1992年，车臣趁乱宣布独立，还迫使莫斯科当局同意撤出一切联邦政府机构。当时正因为其他事情焦头烂额的叶利钦无暇顾及小小的车臣，就默认了它的要求。到了1994年，重新在政坛上站稳脚跟的叶利钦反过头来"收拾"车臣，由此引发了1994年和1999年两次车臣战争。

与俄罗斯相比，从苏联的废墟上独立出来的其他国家则相对幸运一点。最典型的是波罗的海三国，它们在摆脱苏联的统治之后迅速向西方靠拢，几乎是以"无痛"的方式实现了向市场经济和民主体制的转型，并很快融入了西方社会。其他的新独立国家也"翻身做了主人"，但政治独立转化为经济发展和社会进步的过程则比较曲折。一些国家建立了基于竞争性选举、权力制衡的政治制度，但是在实际操作中却常常变为强人政治和威权统治的外衣。另外，俄罗斯因民族矛盾而溃烂的伤口感染到其他一些多族群国家。格鲁吉亚的阿布哈兹和南奥塞梯、乌克兰的克里米亚和顿巴斯、摩尔多瓦的德涅斯特河左岸等，都试图从新独立的国家中分离出去，都得到了俄罗斯的支持，也都引发了流血冲突。

两大阵营：霸权阴影下的曲折探索

东欧社会主义国家的命运和原苏联加盟共和国类似。冷战的发生，改变了东欧国家发展的轨道，捷克斯洛伐克、波兰这些传统上更接近西欧的国家，被强行拖入了苏联的势力范围。冷战的终结，为它们重新和西方接轨扫除了障碍。自从戈尔巴乔夫宣布对东欧采取"辛纳屈主义"，尊重它们自己的道路选择，这些国家的执政党就注定无法摆脱垮台的命运。苏联解体之后，东欧各国在政治制度、经济体制和对外关系上加速向西方靠拢，由于没有俄罗斯的掣肘，它们比原苏联各加盟共和国融入西方要顺利得多。

但是两个"另类"的东南欧国家，融入欧洲却不大顺利。南斯拉夫凭借不结盟政策在苏联和西方之间左右逢源，维持了自己的安全和独立。但是随着苏联威胁的消失，南斯拉夫对西方的价值大大下降。从1991年开始，南斯拉夫就陷入了族群冲突和国家分裂的旋涡，又在8年后的科索沃战争中受到北约军队的沉重打击，创伤至今还没有愈合。另一个例子是阿尔巴尼亚，它比东欧社会主义国家发生政权更迭的时间更晚，背负的历史包袱更沉重，还在1997年因经济转型引发的腐败问题陷入了内战，直到联合国派出维和部队才缓和下来，至今仍是欧洲经济发展水平最低的国家之一，加入欧盟遥遥无期。

相比之下，美国的欧洲盟友则幸运得多。虽然面临苏联的安全威胁，但是美国在军事上为这些国家提供了保护伞，在经济上又推出马歇尔计划帮助它们实现迅速复苏。西欧国家在美国霸权的羽翼下享受了长期的和平与经济繁荣，这在欧洲近现代史上极为罕见。最典型的例子是联邦德国，作为东西方冷战的前哨得到了美国的"重点关照",在西德历届政府的努力下,实现了国家的民主转型、经济复兴,成为被国际社会接纳的"优等生"。到了冷战落幕时分,西德抓住了难得的历史机遇,实现了国家的和平统一。虽然统一之后的社会阵痛还需要时间来消化,但是回到1991年的时间点上,德国称得上是时代剧变的赢家。

在冷战初期,英国和法国丧失了庞大的海外殖民地,帝国的荣光不复存在。不过,正所谓"祸兮福之所倚",海外势力范围的丢失使英法将更多注意力转向内部。一个典型的例子是,法国在20世纪50年代初的印支战争和1954—1962年的阿尔及利亚战争中都遭遇失败,但自从抛掉这些殖民包袱后,法国政治和经济都走上了稳定的轨道。另外,在美国霸权保护下的欧洲一体化进程,也为英法提供了重振国际影响力的机会。

冷战的结束对于西欧国家而言是一个重要的历史机遇。1992年,欧洲共同体国家签订了《马斯特里赫特条约》(即《欧盟条约》),决定成立欧盟,将欧洲一体化进程推进了一大步。在接下来的十多年中,欧洲一体化进程扩展到整个欧洲大陆,先后纳入多个原本处在铁幕另一侧的邻居。苏东国家的转轨为西欧国家提供了新的经济发展空间。当然,欧洲一体化进程也带来了新的矛盾,不在这里评说。

再来看看美国的亚洲盟友。日本和德国一样,也是冷战的一大赢家。日本在盟军占领下实现民主转型,得到美国的军事保护和经济扶植。日本政局长期稳定,选择了适合国情的发展模式,实现了经济腾飞和国际地位的跃升。不过,日本的经济崛起在一定程度上形成了对美国国际地位的挑战,日本对侵略战争缺乏反省也引起了美国的警惕。美日矛盾在冷战结束后开始升温,但逐渐被中日矛盾、中美矛盾的上升冲淡。

一水之隔的韩国命运却要坎坷得多。韩国和朝鲜承受了朝鲜战争和民族长期分裂的痛苦。对于这两个国家来说,冷战至今也没有结束。韩国在美国的保护伞下实现了经济奇迹，但政治转型直到冷战结束才基本完成。冷战的结束意味着横亘在半岛南北之间的坚冰有望融化，韩国开始和金日成领导下的朝鲜展开密切的官方接触。同时，1992年韩国和中国建立外交关系，曾经在朝鲜战争中兵戎相见、之后互不承认的两个国家终于握手言和。

第三世界：难有定论的历史遗产

冷战及其终结在第三世界造成的影响是一个更大、更复杂的问题。前面提到，美苏两国出于全球争霸的目的，以援助、结盟、扶植代理人、鼓动内战、推广意识形态等方式，四处插手第三世界国家内政。它们虽然摆脱了殖民统治，但许多国家却没有摆脱被大国支配的命运。挪威学者文安立指出，对于很多第三世界国家来说，冷战这40多年和15世纪以后的欧洲殖民时代并没有本质的区别。它们之中的大部分，都是深受冷战之苦远远多于享受冷战之福。只有少数国家和地区，比如"东亚四小龙"和东盟的部分国家，从20世纪70年代起成功逃离了大国竞争的战场，摸索出了一条通向稳定和繁荣之路。

我们经常听到一个流传很广的说法，那就是在冷战期间"凡是跟着美国走的国家都富了，跟着苏联走的国家都穷了"。这个说法的后半句大体正确，但是前半句只在东亚等部分地区有一定道理，而在第三世界的很多国家却不适用。比如，在拉丁美洲，美国扶植的一些右翼政权往往很难长期延续，很容易被左翼势力推翻，从而陷入左右徘徊的"政治钟摆"困境；有的还不得不面对苏联支持的左派游击队，难以摆脱内战的泥淖。再比如，一些跟着美国走的政权，如1975年以前的南越政权，还根本谈不上致富，就被跟着苏联走的河内政权消灭了。如果不是美国下定决心干涉朝鲜战争，1950年的韩国也会遭遇同样的命运。

对于莫斯科羽翼下的社会主义国家来说，苏联放弃与美国的对抗和最终的解体绝对不是一个好消息。这让它们失去了靠山，不得不"自谋生路"。古巴受到的影响最大，苏联的崩溃使它丧失了最大的出口市场和能源供应商，经济秩序接近崩溃，大量人口偷渡美国。古巴政府不得不宣布国家进入"和平时期的特殊阶段"，号召民众自力更生搞经济建设，"拯救祖国、革命和社会主义"，同时开始谨慎地进行有限的经济改革。朝鲜在苏联解体、中韩建交等一系列冲击下产生了强烈的不安全感，选择以开发核武器保障政权安全的道路，招致国际社会的严厉制裁和孤立，以及韩国、日本、美国的敌视，至今没有走出冷战的状态。相比之下，只有越南实现了"华丽转身"。它从柬埔寨内战中抽身出来，寻求以和平方式与邻国解决边界争端。越南效仿中国选择"革新开放"，以经济改革和对外开放驱动国家的发展，不久之后又加入东盟，融入区域经济一体化的浪潮。越南在后冷战时代所取得的成功，正是靠从战略和心态上彻底告别冷战而实现的。

除了战争和政治斗争，冷战给第三世界国家留下的另一个重要遗产，是两条截然不同的现代化道路。对于美国和苏联来说，谁能更有效地在第三世界推广自己的意识形态和社会制度，谁就能赢得人心，在大国博弈中占得上风。在冷战之初，苏联式的社会主义道路在第三世界国家很受欢迎，许多后发国家都希望借鉴苏联的经验，在短时间内实现工业化。但是，随着中苏"准冷战"的发生，国际共产主义运动和世界左翼力量发生了严重的分裂。苏联武力干涉东欧和第三世界国家，损害了它的国际形象。苏联经济增速放慢，日用消费品严重短缺，也让苏联模式受到越来越多的质疑。到了20世纪80年代中期，这套模式无论是在苏东阵营还是在第三世界，都出现了衰败的迹象。取而代之的，是以美国的经济模式为蓝本的新自由主义。"华盛顿共识"风靡全球，被很多国家和国际组织奉为经济现代化的宝典。尽管美国向外输出自己民主制度的努力没有取得明显成果，但是美式自由主义价值观和消费主义文化，却渗透到全球大多数国家。

最后，还可以超越具体的国家和地区，谈一谈冷战对人类社会的整体性影响。冷战最大的冲击之一，是笼罩整个世界的核阴云。美苏在冷战期间展开了疯狂的核军备竞赛，导致核武器向若干国家扩散。虽然在冷战40多年里没有一个国家实际使用过核武器，但是从1962年古巴导弹危机，到1969年中苏边境冲突，再到1983年北约"优秀射手"演习，整个世界曾经多次与核战争擦肩而过。迄今为止，人类已经进行了2000多次核试验，有超过22,000枚核武器分布在世界的各个角落，这些大杀器依然是悬在我们头顶上的"达摩克利斯之剑"。

另一个影响是冷战的历史记忆本身。当今天的人们谈起冷战，脑海里往往想起的是相互隔绝、"老死不相往来"的两个世界，对核战争的担忧，造成无数生灵涂炭的代理人战争，许多国家的贫困和饥饿，以及铺天盖地的"洗脑"式的敌对意识形态宣传。正是这种根植于恐惧和痛苦的记忆，让今天的各国政治家和民众千方百计地寻求避免"新冷战"。这也就是为什么即使今天某些大国之间的关系已经恶化到了比昔日的美苏关系还要差的地步，我们也不愿意相信或者承认"新冷战"的悲剧会发生，而是期待一切仍有转机。或许，这种恐惧恰恰是我们这个时代祛除"新冷战"梦魇的希望之所在。

冷战的代价：美苏争霸的历史教训

本节将继续探讨冷战给世界留下的历史教训，聚焦于美国和苏联两个国家，回答四个宏观方面的问题：第一，冷战爆发是必然的吗？第二，是什么导致了冷战的最终结束？第三，美苏争霸为何最后出现了一边倒的结局？第四，美国和苏联为了追逐霸权付出了怎样的代价？

冷战的起源：难以复制的历史情境

第二次世界大战后出现的两极格局，有着极为特殊的历史环境。首先是两个超级大国的同时崛起和互为战略敌手。美苏两国都是自然资源和人力资源丰富、地理位置优越的两洋大国，具有成为影响整个世界的超级大国的禀赋；同时两大民族都有扩张的历史传统和动力。

先看美国方面。美国在独特的自然和人文宗教环境中，在资本主义迅速发展时期，滋生了一种救世主心态，以及获取海外市场和政治霸权的强烈愿望。美国的资本主义发展模式既源于欧洲，又带有更多的自由放任的市场经济色彩，从根本上排斥社会主义和计划经济，工人运动一直处于低潮。美国政治主流视共产主义思想为洪水猛兽，坚信"自由"必然战胜"极权"。在美国，基督教对思想文化的影响超过欧洲，反共意识形态在社会中根深蒂固。美国的天赋人权观、自由资本主义的思想和制度，同当年以苏联为代表的社会主义思想和制度水火不相容。美国所取得的经济和社会进步，使它认为应当将自己的思想和制度作为榜样推广到全球。

从建国初期开始，美国就形成了一个不断对外实行经济扩张和战略扩张的国家传统。反法西斯战争的成功和战后初期的超强实力使其扩张野心更加膨胀。20世纪50年代初期，麦卡锡主义猖獗，把美国政治推向右倾，压制了务实温和的外交思想。同苏联的军备竞争、庞大的对外军事援助计划、遍布全球的军事存在以及朝鲜战争、越南战争等，都刺激了美国的军火工业。国内形成的强大军工利益集团，反过来又推动美国采取遏制苏联的强硬行动，造成了国际局势的持续紧张。

战后美国的国际战略，基本上依照罗斯福政府战时构想的世界蓝图展开。首先，美国倡导按照"大国一致"的原则创立联合国，在新建的联合国中占有绝对优势地位。联合国是确立战后美国政治霸权地位的组织保证。其次，在罗斯福政府策划下，各大国于1944年7月通过《布雷顿森林协定》，在此基础上成立的国际货币基金组织确立了美元的主导地位，国际复兴开发银行（世界银行）则是美国战后扩大资本输出和商品输出的重要工具。加上1947年成立的关税与贸易总协定和其他一系列金融和贸易体制，美国的世界经济霸权在超强的物质基础上，又有了坚实的组织和机制保证。

再看苏联方面。苏联是在国际资本主义围攻之中实现崛起的。布尔什维克在夺取政权后不久，便以国家政权的力量消灭了国内资本主义，对社会制度进行了彻底改造，将所有私人经营形式视为"产生资本主义的土壤"。卫国战争前的高速工业化和反法西斯战争的胜利,加强了苏联对自己的经济和政治制度的信心。战后初期,苏联确立了重视国防工业和重工轻农的发展战略。斯大林坚持资本主义进入了总危机阶段的战略判断,强调计划经济的优越性,认为资本主义和社会主义两种社会制度势不两立,只能有两个平行而且相独立的市场,因此拒绝加入马歇尔计划、国际货币基金组织和世界银行。

在苏联的政治、文化、外交传统中,被马克思、恩格斯、列宁批判过的沙皇俄国专制思想、大俄罗斯沙文主义、泛斯拉夫主义理论留下了深深的烙印。斯大林在雅尔塔同罗斯福和丘吉尔划分势力范围,苏联在"二战"后的领土扩张和对武力的崇拜,都有沙俄扩张传统的影子。同美国的"天命观"类似的是,苏联也有一种文明优越感和"救世主"心态。苏联最初的成功崛起,更加增强了这种优越感,使它坚信其他国家也应当按照俄国革命和苏联的模式推翻资本主义,建设社会主义。实现苏联战略目标的最大障碍,自然是美国。

为了限制东欧国家同西方的经济往来,苏联在1949年成立了以苏联为中心的经济互助委员会(经互会)。从此,相互隔离、制度对立的东西方两大经济集团正式形成。1947年9月,在苏联领导下成立了共产党和工人党情报局。苏共代表日丹诺夫宣称世界上出现了两大阵营——以美国为首的帝国主义的反民主阵营和反帝国主义的民主阵营。1955年5月,苏联和东欧七国成立了华沙条约组织,由此在欧洲出现了同北约相对抗的军事集团。冷战时期世界政治、经济和军事上的两极格局,从此固定了下来。

同美苏两个崛起的超强国家形成鲜明对照的,是欧洲大国的衰落。国际体系以欧洲为中心、世界事务由欧洲大国支配的时代,一去不复返。日本处于美国单独的军事占领之下,经济萧条,物资匮乏,无法在国际舞台上发挥独立的政治作用。在亚洲、非洲、拉丁美洲，民族独立运动刚刚兴起，尚未形成第三世界。

回顾两大阵营和冷战格局定形的历史可以看到，第二次世界大战后的特殊历史环境，给美苏各自的扩张和相互竞争提供了时间和空间。战后没有一个大国可以在国力和国际影响上望美苏之项背。当时的美苏两国在社会制度、意识形态、地缘政治等方面，可以说是互为"天敌"，美苏形成对抗局面是不可避免的。两个国家都对冷战的发生负有责任。

经济全球化：埋葬冷战的根本动力

前面的章节提到，美苏争霸是逆经济全球化潮流而动的，经济全球化成为终结冷战的根本动力。如果我们把经济全球化看作从资本主义上升时代开始、马克思和恩格斯在《共产党宣言》中已经发现的客观趋势，那么这一进程在二次世界大战之后的和平时期就获得了加速发展的新动力和新条件。

在战后初期，亚洲、非洲、拉丁美洲的大多数国家面临的首要任务是摆脱殖民统治的桎梏，获得民族解放和国家独立，而不是经济繁荣。于是经济全球化的进程加速，首先表现为资本主义国家之间经济合作的扩大。战后初期美国主导建立了世界银行、国际货币基金组织、关贸总协定等一系列国际经济组织和机制，推行马歇尔计划，其初衷固然是巩固资本主义世界秩序，但在客观上部分顺应了经济全球化的趋势。在40多年的时间里，资本主义国家虽然也经历了一些经济危机，但在新技术革命的浪潮下，启动了产业结构调整，实现了经济增长方式的变革，由此而促成了资本主义世界市场的大拓展，使得苏联和其他社会主义国家在经济发展上相形见绌，以至最终瓦解。

美国出于同苏联争夺的战略需要和自身的经济利益，支持西欧经济一体化进程，扶植日本的经济复苏，反过头来却让联邦德国和日本后来居上，经济发展速度在冷战时期逐步超过了美国。20世纪50年代，西欧六国成立了欧洲经济共同体，以后西欧经济一体化进程逐渐加速和扩大。美国国民生产总值在整个世界经济中所占的份额，从1955年的36.3%，下降到1970年的30.2%和1987年的21.1%。冷战结束时，美日欧在发达国家经济中三足鼎立的局面隐约出现，美国的经济霸权地位受到削弱。这是美国所始料不及的（然而，冷战后美国的经济重整旗鼓，它的国内生产总值在世界总产值中的比例，在2022年达到25%左右）。

美国一方面促进西方经济合作；另一方面却对苏联、中国和其他社会主义国家进行经济封锁、政治孤立和战略遏制，阻挠这些国家同外部世界建立经济联系。以美国为首的西方国家还经常对第三世界中有"亲共倾向"的国家进行经济制裁。从这个意义上说，美国在冷战时期的全球战略又严重阻碍了经济全球化的进程。

冷战时期的苏联既不具备同资本主义世界进行充分经济合作的客观条件，也缺乏这种主观愿望。它坚持斯大林时期建立的计划经济体制，建立了同资本主义市场相平行、相对立的经互会。实际上，在经互会内部并没有真正的市场，而是自我封闭的苏联计划经济模式的国际化。当经互会其他国家试图同资本主义国家扩大经济交流时，苏联又进行阻挠。这些做法都是同经济全球化的客观规律背道而驰的，也制约了苏联自身的经济发展。苏联在缓和时期同西方开展了一些经贸往来，却没有认识到经济全球化是一个不可逆转的进程，更没有及时进行相应的国内经济改革，因此当20世纪80年代经济全球化进程加速、新技术革命突飞猛进、知识经济开始形成时，苏联同西方经济的差距无可挽回地扩大了。

美苏国力的相对消长：胜负早已见分晓

在上述背景下，下面来比较一下苏联和美国在冷战时期的力量消长变化。由于美苏两国官方经济统计方法和数据的不同，以及缺乏可靠的资料来源，我只能做一个粗略的评估。中国学者李建民的研究得出了一个给人以深刻印象的结论：1990年苏联经济的总量规模（按GNP计算）仅为美国的40%左右，相当于1913年俄罗斯同美国实力对比的状况；从1917年十月革命到1990年苏联解体前夕的73年里，苏联在追赶美国的经济竞赛中，只取得过阶段性（"二战"前到20世纪70年代中期）和局部性（重工业特别是军事工业）的胜利或优势，总体上却从来没有占据优势。

美苏争霸以苏共垮台、苏联解体而告结束。导致苏联迅速衰落和瓦解的因素是多方面的，包括苏联长期积累下来的经济模式、政治体制、意识形态、民族关系、对外政策等方面的问题，包括戈尔巴乔夫等苏联领导人的政策错误，包括国际政治气候的重大变化，也包括美国和其他西方国家对苏联的长期军事压力、经济封锁和政治渗透。就美苏争霸这一历史现象而言，苏联早在20世纪80年代之前就逐渐丧失了政治吸引力、经济发展速度等方面的优势，同美国争霸的资本，几乎只剩下同美国军事力量的均衡。因此，当戈尔巴乔夫领导下的苏联放弃同美国的军备竞赛时，苏联的失败已经无法挽回了。

从美苏的力量对比和曲折的争霸过程中，我们至少可以得出两点结论。首先，在整个冷战时期，美国的综合国力都大大领先于苏联。但是苏联在各个阶段都严重地高估了自己的力量，严重地低估了战略对手的力量。苏联在经济实力和社会发展的各个方面都远远落后于美国的条件下，国防支出却同美国相当，长期同美国进行军备和科技竞赛，耗费了大量物力和人力资源。虽然在某些领域的某段时间内出现了赶超美国的趋势，但最终在综合实力的竞争中败下阵来。

其次，苏共领导人对本国现代化建设的长期性和艰巨性认识不足，在好大喜功的浮夸作风下，对内对外都只讲自己的优点、成绩和有利条件，掩盖缺点、错误和困难。因此，一旦同资本主义外部世界开始信息流通，苏共的干部、党员和广大公众便对自己的信仰、实力和社会制度产生了怀疑以至幻灭感，让西方的意识形态和生活方式乘虚而入，从而导致苏联社会主义国家的崩溃。

关于苏联崩溃的原因，中国政治主流有明确的结论。2013年1月，习近平总书记意味深长地指出："苏联为什么解体？苏共为什么垮台？一个重要原因就是意识形态领域的斗争十分激烈，全面否定苏联历史、苏共历史，否定列宁，否定斯大林，搞历史虚无主义，思想搞乱了，各级党组织几乎没任何作用了，军队都不在党的领导之下了。最后，苏联共产党偌大一个党就作鸟兽散了，苏联偌大一个社会主义国家就分崩离析了。这是前车之鉴啊！"

霸权的代价：谁为美苏争霸埋单

在这场霸权争夺战中，赢家和输家让整个世界为之付出了巨大的代价，同时也让自己遭受了沉重的损失，特别是苏联因此而解体消亡。在美苏对峙和争霸的40多年里，世界大战和核战争的危险始终存在。两国近乎疯狂地进行核军备和常规军备的竞赛，到了20世纪80年代分别拥有2000枚以上的核弹头，足够把对方摧毁几十次。一场超级大国之间的核战争足以毁灭全人类。两国都经常进行战争动员和战争威胁，两次柏林危机和古巴导弹危机都有引发美苏在第三国进行直接军事对抗的风险。

美苏虽然没有发生直接的军事冲突，但它们的相互争夺是朝鲜战争、美国侵略越南战争、苏联侵略阿富汗战争的主要背景。安哥拉内战、柬埔寨战争、非洲之角的战乱，也是美苏争霸的间接后果。美苏都将某些地区冲突和内战视为代理人战争，为相互争夺而干涉他国内政，颠覆许多第三世界国家的政权，加剧了许多地区的动乱和民族宗教矛盾，给其他国家和人民的生命财产带来了无可估量的损失，破坏了当地的经济建设和现代化进程。美苏达成默契，划分势力范围，而后又把两极格局固定下来，直接或间接地破坏了一些民族国家的领土完整，造成了德国、朝鲜、越南的民族分裂，阻碍了中国的国家统一。冷战时期美苏研发、制造和储存的大规模杀伤性武器，不仅是巨大的资源浪费，也严重破坏了生态环境，留下军备控制的许多后遗症和隐患。

客观地说，以美苏为首的两极体系是一种稳定性较强的结构，比历史上群雄割据、在角逐中不断重新分化组合的局面有更强的可预测性，这就是"核恐怖"笼罩下的总体和平。两霸在军事上基本势均力敌，双方都认识到两大阵营之间的任何直接军事冲突都有可能触发核大战，而核大战将导致本国的毁灭，不会有真正的胜利者。因此，在加强战备和强硬言辞的背后，美苏都有某些自我约束的意识，双方还建立了防止意外冲突的热线和危机管理机制。同时，两国在各自阵营内部担任霸主角色，也维护了两大营垒的内部稳定。两大意识形态和两大军事集团的对立，长期掩盖了某些民族矛盾、宗教冲突和领土纠纷，于是当两极格局解体之后，一些地区冲突很快爆发了。但是，美苏争霸对国际安全所带来的破坏，远远大于其稳定作用。

大国维持霸权和争夺霸权是需要自己付出成本和巨大代价的。争夺霸权的典型思维方式，就是把双边互动、集团政治以至世界事务视为一种"零和博弈"，即视对方之得为己方之失，视对方之失为己方之得，完全没有"双赢"的构想和可能。霸权国家相互猜忌，相互拆台，"一报还一报"，在消耗对方的同时也消耗了自己。美苏

第四章　冷战的尾声

军备竞赛就是如此。

争夺霸权还需要搞集团政治，即维系联盟体系，拉拢联盟以外的国家，防止第三势力倒向对方阵营。这也需要巨大的资源付出。国家之间的关系主要是一种利益交换的关系。虽然意识形态的纽带是存在的，但从来没有国家之间的"天然盟友"和强国对弱国的"无私援助"。美苏构筑各自的联盟虽然也有战略上受益的一面，但总体来说得不偿失，特别是苏联付出的代价更大。例如，苏联在社会主义阵营中虽然有不平等交换的做法，但却并没有得到什么经济实惠。苏联对盟国和第三世界国家提供过不少援助，但经济援助只占其中四分之一，军事援助占到四分之三。受援国并没有对苏联产生过真正的感恩戴德。

美国为遏制苏联而在第三世界中采取的种种政策，也遭遇了强烈抵制，损害了美国的声誉。例如，美国一方面对它的敌国或同美国作对的政权大搞"人权外交"，鼓吹民主自由；另一方面对第三世界中许多亲美政权粗暴违反人权、践踏民主的行为视而不见、听而不闻，搞双重标准，充分说明它的冷战外交是以反苏为主轴而不是以"民主"划线的。

美苏推行霸权扩张政策对自己造成的最大伤害，莫过于在境外采取了"为荣誉而战"的直接军事行动。越南战争和阿富汗战争分别成为美国和苏联在冷战时期由盛而衰的转折点，是它们各自的"滑铁卢"。

美国在距它万里之遥的越南进行一场旷日持久的战争，始于肯尼迪政府对"共产主义扩张"的恐惧和"多米诺骨牌理论"，而不是基于美国的长远安全利益和经济利益。力量对比的悬殊，使美国原以为消灭越南南方民族解放阵线的力量轻而易举，未料到逐步升级的战争进行了12年以上，最终以美国付出惨重伤亡、从南越完全撤军而告结束。美国侵略越南不但给越南人民造成了巨大灾难，也使美国遭受了军人死5万、伤15万，耗资2000多亿美元的重大创伤，严重削弱了美国的内部凝聚力，给美国造成的"内伤"至今没有痊愈。

同越南战争类似的是，苏联侵略阿富汗也不是基于对国家利益的长远谋划，而且在战争初期也以为凭借苏联的强大军事力量能够速战速决，消灭阿富汗境内的反叛力量，未料到陷入阿富汗长达9年之久，最终不得不完全撤军。苏联侵阿后，卡特政府立即采取了包括中止军控谈判、部分粮食禁运、禁止官方交往和民间交流项目等多项制裁措施。美国、中国等许多国家联合抵制1980年莫斯科夏季奥运会。美国和其他西方国家向阿富汗反苏游击队提供了大量援助，反对苏联霸权扩张的国际联合行动从此更为协调一致。在阿富汗的非正义战争遭到阿富汗反政府武装的顽强抵抗，在苏联国内也不得人心。苏军长期陷入阿富汗内战不能自拔，损失惨重，每年在阿富汗的军事开支高达50亿卢布，给苏联社会造成了巨大的人力、物力消耗。侵阿战争成为苏联在同美国争霸中走向失败的一个转折点。

美国侵越战争和苏联侵阿战争的失败，除了它们均非"义战"、失道寡助之外，还有两个重要原因。第一，在当地抵抗力量的背后，站着另一个超级大国及其支持者，抵消了力量对比的表面悬殊。第二，一旦在国外进行的、并不涉及本国切身利益的战争久拖不决，在国内就会丧失政治支持。由此得出的教训是，在大国崛起的道路上要谨防军事冒险。只有在本国利益真正受到严重威胁、获得充分的国内政治支持和国际道义支持、做好战略谋划的条件下，大国才可以做出在海外采取大规模军事行动的决策。

关于美苏争霸的历史经验和教训，我们可以总结出四点。第一，冷战诞生于一个极其特殊的历史背景下，美国和苏联又是与众不同的两个国家，这些条件在以后的时期无法被复制。第二，冷战逆经济全球化潮流而动，而最终又是经济全球化埋葬了冷战。第三，美国和苏联应对经济全球化的不同方式，导致双方实力差距不断拉大，最终走向一边倒的结局。第四，无论是获胜的美国还是败北的苏联，都为争夺霸权吃到了苦头，整个世界也为美苏争霸付出了巨大的代价。

从下一章开始，对冷战过程的叙述将告一段落，转向对社会思潮、科技、文化等方面的探讨。

第五章

冷战与世界思潮、文化和科技

冷战与民族主义

前面初步介绍了冷战的历史线索和经验教训，接下来的这一章将转变一下视角，审视冷战40多年里的思想潮流、文化艺术和科技发展。这些内容虽然听起来距离风起云涌的大国博弈比较远，但思想、文化、科技其实比大国权力斗争具有更为长久的深厚力量，不仅影响了冷战的过程和结局，而且在冷战之后以至更远的未来，都是搅动世界风云的基础性因素。接下来的几节将探讨民族主义、社会主义、自由主义、文化多元主义等思潮。

有人可能会对这些带"主义"的大词敬而远之，感到枯燥无味，但这些都是理解冷战必须厘清的概念。毕竟冷战之所以区别于上千年的传统大国竞争，是因为两大阵营之争不仅是利益之争、权力之争，也是"主义之争"。苏联所倡导的社会主义和美国所奉行的自由主义（资本主义）势如水火，都认为自己代表了人类的发展方向。在这个意义上，冷战也是一场"人心之争"。我和其他许多从冷战时代走过来的中国人一样，当年十分执着于自己的"革命理想"。我的不少欧美和日本朋友，也曾经坚信他们当年被灌输的"主义"理念。如果把"主义"和意识形态仅仅视为权力斗争的工具或者包装，就过于轻视精神世界在人类历史上的作用了。

不过，这一节要讲的却是比这两大主义更强大、影响力更为持久的另一种思潮——民族主义。在很多情况下，民族和国家是比意识形态更强大的身份认同。历史证明，相比于"我们要一个什么样的社会"，人们更加在意"我们是谁"这个问题。因此，民族主义有时能够消解其他意识形态的逻辑，并且最终改变冷战的轨迹。从风起云涌的战后民族解放运动，到美国和苏联干预第三世界时陷入的泥潭，再到苏联最后因为民族矛盾而解体，无不显示出民族主义的威力。

何谓"民族"：争论不休的定义

什么样的社会群体可以称为民族（nation），是政界和学术界永远争论不休的问题。民族的定义千差万别，但归纳起来不外乎两个不同角度：一个是社会群体的主观归属感，另一个是划分群体的客观标准。这里暂且称为主观派和客观派。

先看看主观派的说法。19世纪法国著名历史学家恩内斯特·勒南（Ernest Renan）说："一个民族是一个灵魂，一种精神原则。"英国现代民族学家阿尔弗雷德·科本（Alfred Cobban）认为："任何一个地域共同体，只要其成员意识到自己是该共同体的成员，并希望保持对其的认同，就是一个民族。"当代英国学者休·塞顿-沃特森（Hugh Seton-Watson）的说法更简洁："当一个共同体中相当一部分人认为自己构成一个民族，或他们的行为如同他们已经形成了一个民族时，该民族就诞生了。"

主观派的民族定义有两个明显的纰漏。第一，如何判断一个共同体成员的主观意识？主观定义既不能提供质的规定，也无法做出量的说明。第二，这种定义的适用范围过于宽泛。例如，科本的定义适合于几乎任何一个主权独立国家,而国家与民族显然不是同一个概念。

客观派则指出,民族的形成不是出于一种主观愿望,而是历史发展的自然产物。意大利国家的创立者之一朱塞佩·马志尼(Giuseppe Mazzini)强调地理和语言在民族形成中的作用。他说,阿尔卑斯山和地中海规定了意大利民族的界限;凡是说意大利语的地方,就是意大利人民的家园。

在客观派诸多的民族定义中,影响最大的是斯大林的定义,他认为,"民族是人们在历史上形成的有共同语言、共同地域、共同经济生活以及表现于共同的民族文化特点上的共同心理素质这四个基本特征的稳定的共同体"。斯大林的界定,首先将民族与种族(或肤色)的概念相区别,其次否定了用单一特征(语言、宗教、地域等)界定民族的说法,提出了民族的多特征说,因此有相当广泛的适用性。中国的许多相关著述至今仍然沿用这一定义。

但是,有的学者指出,斯大林论述民族问题,并非从社会科学的角度考虑,而是服务于当年布尔什维克党内的政治论战。他于1913年提出的这个民族定义,目的在于否定犹太人是一个民族(犹太人当时没有共同地域和共同经济生活)。斯大林的定义还忽视了宗教因素在民族形成中的作用。这些学者进而指出,客观派的民族定义,大都是下定义的人想要证明自己所属的共同体是民族,而其他某些共同体不能算民族。

总的来看,可以肯定的是,由于民族构成的多样性和论述民族问题的人容易产生的偏见,不可能出现普遍适用、在世界各地被普遍接受的民族定义。需要说明的是,与民族有关的概念在西方很多,容易相互借用或混淆,造成误解。在英语中,"nation"是最常用的"民族",但又常用于表示"国家",比如联合国是用"nations"来表示"国"。由于"nationality"(较小的民族)、"race"(种族)、"tribe"(部族或部落）等概念适用范围的局限及暗含的某种感情色彩，现在学者常用"ethnic group"（族群）来称谓某些属性易引起争议的共同体，如美国黑人、阿富汗和巴基斯坦的普什图人、原南斯拉夫的科索沃人、东南亚国家的华人等。

根据欧洲思想传统，美国政治学家卡尔·多伊奇（Karl Deutsch）提出过"文化民族"和"政治民族"的划分。文化民族指历史形成的文化共同体，政治民族是"拥有国家的群体，或已经产生准政府功能，有能力制定、支持、推行共同愿望的群体"。按照多伊奇的说法，中国的汉族和少数民族都属于文化民族，而包括几十个民族的"中华民族"就是政治民族的概念了。不仅如此，所有主权国家都可以被称为"政治民族"。这就把民族的定义域大大扩展了。"文化民族"和"政治民族"的区分，在学术上是有一定意义的，接下来，在有些地方，我将使用这种区分。

"民族—国家"的难题与冷战时代的民族问题

多伊奇将民族和国家相联系甚至混为一谈，是有其深厚思想基础的。历史上，甚至在当代，人们都有一种潜移默化以至根深蒂固的观念，即自己的国家与民族应成为一个统一体：一个国家内只应有一个民族，而且这个民族只应居住于、归属于这个国家；自己所在的民族应该自治，而完全的自治意味着建立独立国家。

近代意义上的民族产生于欧洲，单一民族国家集中于欧洲，因而国家与民族应融为一体的观念也产生于欧洲。德意志民族主义的先驱约翰·赫德尔（Johann Herder）说："最自然的国家，莫过于具有一种民族特点的一个民族。……把一百个民族硬捏在一起并由一百五十个省份组成的帝国，决不是个政体，而是一个怪物。"德国哲学家黑格尔认为，"只有形成了国家的民族才具有更高的品格。

民族不是为了产生国家而存在的,民族是由国家创造的"。这种论点,在一定程度上为后来纳粹德国的"种族纯粹论"奠定了理论基础。

与黑格尔关于国家应该创造民族的说法相对立的,是民族应塑造国家的观点。近代犹太民族学家埃里希·奥尔巴赫(Erich Auerbach)认为,"是民族产生了国家,而不是国家产生了民族,……只有当一个民族按照自己的形象和需要创造了一个国家时,它才是完美无缺的"。

国家创立民族也好,民族塑造国家也好,其实殊途同归,都认为理想化的共同体是民族与国家的重合。在当代西方著述中,常见到"民族国家"(nation state)的说法,实际上大多数情况下就是指主权国家。这主要是将西方概念套用于已经变化了的世界造成的。将西方典型经验理想化,就产生了把所有国家都称为"民族国家"的惯性。

理想的国家应该是单一民族国家的想法,不仅影响了欧洲历史,也对冷战时代产生了深刻影响。前面的章节提到过,苏联人要求消除国内各民族的差异,建立"苏维埃民族"。印度在独立之后继承了南亚次大陆庞大的人口,以及高度多元化的人种、语言、宗教和文化。但是印度官方认为,印度国民在长期的历史洗礼之下已经融为一个统一的民族,具有复合文化、多种语言,以及世俗民主,印度国大党还将民族主义定为其意识形态的一根支柱。

印度的做法并不是个别现象。在第三世界,"民族建构"(nation-building,也可以理解为"国家建构")是独立后许多发展中国家面临的任务,也就是,在多族群社会的基础上建立统一的"民族国家"。马来西亚在20世纪60年代建国后,一直把"民族建构"作为奋斗目标,由此引发了马来人和其他族群之间的纷争。以华人为主体的新加坡受到排挤,被迫独立。马来西亚建国初期,华人占人口的三分之一左右,而今天只有20%上下了,"民族建构"很难说有明显进展。

"民族建构"之所以困难，是因为在族群、语言、宗教多元化的社会里，"一个国家一个民族"是一个无法实现的政治目标。如果以人口的90%以上属同一文化民族的标准来确定"民族国家"的话，在当今世界上190多个国家和地区里，只有约10%属于这一类型，其中大部分在欧洲。在我国周边，符合这一条件的国家只有日本、蒙古国、朝鲜和韩国，其中朝鲜和韩国还属于一个民族分裂成两个国家的特殊情形。族群构成最复杂、最容易产生族际矛盾的国家，绝大部分在南亚、东南亚、中东和非洲。在"二战"后才取得独立的国家里，几乎没有一个国家只有一个族群，同时这个族群只分布于这个国家。

因此，占人口多数的族群如何与少数族群相处，政府如何统合多元化的族群，成为冷战时期摆脱殖民统治的绝大多数国家都需要处理的问题。各国的处理方式可以划分为三种基本类型。

第一种类型是民族融合。在这类国家中，占主导地位的族群成员掌握着国家机器，他们力图通过法律和政策维护国家的政治和文化统一，同时保持并加强本族群的地位。较小的族群或种族集团以及外来移民逐渐被主体民族同化。

例如在美国，主体民族一开始是讲英语的盎格鲁-萨克逊人。各个历史时期从欧洲其他国家和非洲、亚洲、拉丁美洲各国来的移民，以及原来居住在美洲大陆的印第安人等，也都是美国人。美国被称为族群"熔炉"，在各族群认同国家和逐步融合的基础之上，形成了独特的美国文化。冷战时期，美国的种族矛盾和冲突此起彼伏。直至今天，美国是否已经形成一个融合成功的"美利坚民族"，还是仍然是一个族群"拼盘"，是一个饱受争议的问题，但种族歧视现象从20世纪60年代开始有了明显的改观，是一个不争的事实。与美国相似的加拿大、澳大利亚、新西兰等以盎格鲁-萨克逊为主体的国家，以及巴西等拉丁美洲国家，也被认为是族群融合相对成功的案例。

第二种类型是民族（种族）压迫。冷战时期最典型的例子是白人控制的南非政府。南非种族歧视的政策和法律，在冷战结束后的1994年被正式废止，种族压迫型的国家基本上不复存在。

第三种类型是民族平等。在这类国家里，两个或两个以上的族群在政治上处于大体平衡的多元化状态。至少在理论上，国家政策不偏向某一族群及其语言、宗教等，而是对两种或多种文化采取一视同仁的态度。瑞士、比利时、新加坡等国家，都从法律、政体、社会福利等方面反映了族群平等关系。当然，理论上的族群平等，不等于在实践上能贯彻平等的精神。苏联和南斯拉夫在理论上也属于民族平等的国家，它们最终解体的原因，给历史留下了深刻的思考。

民族主义与冷战的轨迹

我把民族主义定义为"忠诚于本民族、为维护和扩大本民族的利益而奋斗的思想观念"。民族概念的复杂和不确定性，造成了民族主义概念的混乱。同时，民族主义又同国家密切相关。由于民族同国家应融为一体的观念深入人心，"民族利益"和"国家利益"相互通用，"民族主义"一词往往用来表示维护国家利益的愿望。比如，通常所说的"经济民族主义"，指的是某些国家极力扩大本国产品的海外市场，同时实行贸易保护主义的主张，与这些国家的民族构成毫无关系，应该说成"经济国家主义"。

这里还需要说明民族主义与爱国主义的区别。在单一民族国家里，民族主义与爱国主义可以是同一个概念，但是，当代世界上绝大多数国家是多族群国家，因此在世界大部分地区和大部分人群中，民族主义和爱国主义有可能一致，也有可能不一致甚至对立。有人说，冷战时期南斯拉夫的领导人铁托是"民族主义者"，这是大错特错的。铁托对外努力维护国家的独立自主，但在国内始终同各种形式、各个族群的民族主义进行斗争。只能说铁托是一位爱国主义者，或者国家主义者。

一般认为，民族主义是17世纪至18世纪欧洲的产物。英国革命后建立了第一个民族国家，之后美国独立战争和法国大革命都孕育了民族主义思想。当法国民族主义走向对外扩张时，唤醒了欧洲其他国家的民族意识。此后，随着殖民主义和帝国主义扩张，民族主义的影响扩展到亚洲、非洲和拉丁美洲。到了冷战时代，民族解放运动的兴起和超级大国对第三世界的干涉，共同将民族主义思潮推向了前所未有的高峰。

民族主义作为一种意识形态，具有极强的生命力。冷战是社会主义和自由主义两种意识形态之间的对抗，但如果换一个参照系来看，这两种"主义"又是同一类型。它们都源于欧洲，都是一种普世思想，相信自己的意识形态、社会制度、生活方式应该成为人类发展的共同方向，也都成为大国谋求本国权益的一面旗帜、一套包装。苏联对其他社会主义国家的援助和干涉，都是在"无产阶级国际主义"的旗号下进行的，而实质则是在谋求苏联的私利。斯大林曾经不承认毛泽东是共产主义者，而认为他是个"民族主义者"。其实，斯大林等苏联领导人为谋求自身利益而背弃国际共产主义原则、牺牲他国利益的例子，不胜枚举。

难以否认的是，绝大多数自称信奉社会主义或自由主义等普世思想的人，更大的认同是自己的民族或国家。他们首先是民族主义者或国家主义者。在冷战时期的两大阵营中，普世思想一旦和民族主义发生碰撞，普世思想都要败下阵来。中国和苏联、中国和越南、越南和柬埔寨共产党（红色高棉）之间的冲突和战争，都不能用社会主义、马克思主义来解释，只能回到民族、国家、民族主义的本源来理解。

民族主义的基本目标有三个。第一个目标是文化民族的自治和政治独立，即建立自己民族的国家。这在冷战初期表现为民族解放运动的高涨。当时的所谓"民族"的解放和独立，大多数情况下并非文化民族的独立，而是在殖民地的基础上，在历史及自然形成的疆界内，一个多族群的社会建立了国家，这是南亚、东南亚、中东和非洲新独立国家的普遍状况。

在冷战高峰期，民族主义还表现为第三世界国家对外来干涉的抵抗。美国和苏联都试图将新独立国家拉入自己的轨道，但是强烈的民族主义情绪让美苏很难得逞。比如，越南战争既是一场两大阵营之间的代理人战争，也是越南的国家统一和民族解放之战，偌大的美国，也无法抵挡民族主义的强大浪潮。苏联以维护"社会主义革命"的名义入侵阿富汗，遭到当地各个族群的顽强抵抗而惨遭失败，也是一个典型的例子。

到了冷战落幕时分，民族独立的追求则导致了一些多族群国家的分崩离析，其中绝大多数分裂出现在社会主义国家。从1990年起，南斯拉夫开始解体的进程，先是一分为六，之后塞尔维亚又陷入内战，科索沃"独立"问题至今没有解决。1991年，苏联一分为十五，虽然分裂的过程相对平和，但是却带来了连绵不断的震荡和暴力。无论是俄罗斯境内的车臣，还是其他前加盟共和国内部的少数族群，都出现过自行宣布独立的情况，随之而来的是流血冲突，包括现在的俄乌冲突。唯一相对平稳的例子是捷克斯洛伐克分解为捷克和斯洛伐克。

在丢失海外殖民地之后，一些西方国家的本土也出现了分裂的征兆。英国的苏格兰和北爱尔兰，西班牙的加泰罗尼亚和巴斯克，法国的科西嘉，加拿大的魁北克等，都出现过民族分离主义的运动甚至暴力冲突。不过，这些矛盾大部分都在地方自治的框架下得以解决，目前还没有走到苏联和南斯拉夫的地步。

民族主义的第二个目标是在已经独立的国家中培养主体族群的民族意识。现代民族主义主要强调个人和群体对民族和国家的忠诚。上面提到的"民族建构"，企图带来一定的内部凝聚力。但是，将政治民族（也就是国家）建设成文化民族的努力，也带来了许多问题。在多族群国家中，各个族群的语言、文化、宗教信仰差异，客观上形成了不同的利益。往往有一个较大的族群在政治上比其他族群有更大的权力，国家政策也向这一族群的利益倾斜。这时，爱国主义的号召，相当于主体族群要求其他族群向它效忠。当处于不利地位的族群的认同和感情受到伤害、自身利益遭受损失时，除了抗争之外，所能想到的最终解决办法，就是本族群建立独立的主权国家。

民族主义的第三个目标，是对外维护本民族的权益。在这方面，民族主义往往比意识形态信仰和宗教信仰具有更大的凝聚力。虽然国内民族纠纷原则上属于内政问题，但经常激化国际矛盾，也为大国的介入提供了借口。在这一点上，民族主义和冷战的逻辑找到了交汇点。围绕巴以问题的一系列中东战争，孟加拉人谋求独立而引发的第三次印巴战争，索马里和埃塞俄比亚之间的欧加登战争等，都是民族矛盾和外部干涉紧密交缠的例子。这种情形超越了冷战时代，在今天同样屡见不鲜。

对于民族主义的评价，向来众说纷纭，站在不同的政治立场上会得出完全不同的结论，真正的"世界公民"和采取超然立场的学者是极少的。美国学者爱德华·伯恩斯（Edward Burns）指出："每个国家的爱国者都咒骂其他国家的民族主义，而认为自己特殊的民族主义牌号是可贵的和高尚的，这一事实使理解民族主义复杂化。"这是一个中肯的看法。

冷战与社会主义

在中国,说起"主义",没有比"社会主义"更加熟悉的概念了。不过,纵观历史,横看全球,"社会主义"比上节探讨的"民族主义"更复杂,更容易产生歧义和争论。我在前面的章节中引用过邓小平的一段话:"社会主义究竟是个什么样子,苏联搞了很多年,也并没有完全搞清楚。"中国从1949年以来一直实行社会主义制度,既取得了巨大成就,也曾经走过弯路。邓小平在1992年的"南方谈话"中,提出了一个经典的观点:"社会主义的本质,是解放生产力,发展生产力,消灭剥削,消除两极分化,最终达到共同富裕。"我的理解,这个经典论述,是针对中国特色社会主义的本质而言的。对世界范围的社会主义内涵和外延的理解,可能还需要做一些拓展。

在这一节,我打算回答三个问题:第一,什么是社会主义?社会主义国家的标准是什么?第二,世界社会主义运动在冷战时期经历了哪些变化?第三,除了公认的社会主义国家之外,还有哪些国家和政党试图推行它们心目中的社会主义?其结果如何?

什么是社会主义？

在18世纪末19世纪初的欧洲，出现了"空想社会主义"（Utopian socialism）的思潮。这个概念的准确翻译，应该是"乌托邦社会主义"，著名代表人物有英国的罗伯特·欧文（Robert Owen）、法国的克劳德·圣西门（Claude Henri de Saint-Simon）和夏尔·傅立叶（Charles Fourie）等。他们主张建立一个没有阶级压迫和剥削、消除资本主义弊端的理想社会，还根据这种设想进行过一些社会实践活动，但是并不成功。

德国思想家马克思和恩格斯在研究反抗资产阶级压迫的工人运动的基础上，于19世纪40年代创立了"科学社会主义"理论。马克思主义者认为，在资本主义社会，生产的社会性和生产资料的私人占有形式之间的矛盾，必然导致无产阶级和资产阶级斗争的激化。无产阶级必须用暴力手段推翻资产阶级的统治，夺取政权，彻底打碎旧的国家机器，建立并巩固无产阶级专政。无产阶级政权必须由共产党领导，对整个社会进行改造，消灭私有制，消除剥削，按劳分配，发展生产力，进行社会主义建设。社会主义是共产主义的初级阶段，共产主义是社会主义不断完善、发展的必然结果。

在马克思、恩格斯的视野中，共产主义事业是国际性或世界性的。因为全世界无产阶级的经济状况是国际性的，所以共产主义革命将不仅仅是一个国家的革命，而是将在一切文明国家里，至少在英国、美国、法国、德国同时发生的革命。但是，俄国革命家列宁指出，社会主义革命可以首先在不发达的资本主义国家俄国取得胜利。列宁领导下的布尔什维克党通过暴力手段，建立了第一个社会主义国家——苏联。

马克思列宁主义先天就是国际主义的，号召"全世界无产者联合起来"。第一国际是1864年建立的国际工人联合组织，即国际工人协会。马克思是创始人之一和实际上的领袖。第二国际是1889—1914年各国社会主义政党的国际联合组织。俄国布尔什维克革命成功后,号召发动世界革命,在1919年建立了第三国际(共产国际),它的任务是统一领导各国共产党和革命运动。列宁主义理论认为,垄断资本主义,即帝国主义,是最腐朽、最反动的垂死的资本主义阶段,要通过无产阶级革命和殖民地解放运动将它推翻,在全世界建立社会主义国家,最终实现世界大同,即共产主义。

列宁根据俄国革命胜利后经济仍然十分落后的现实,提出了新经济政策,着力于发展商品生产和多种形式的经营,活跃市场经济。但是,列宁的继任者斯大林废除了新经济政策,力图迅速地积累资本进行国家工业化,并达到西方资本主义国家的经济发展水平。斯大林全面实行了中央集权的计划经济体制和农业集体化。苏联在短时间内取得了令人瞩目的建设成就,创立了社会主义的"苏联模式"或者"斯大林模式",使苏联成为社会主义的"样板"。在世界反法西斯战争胜利后,苏联在诸多方面同美国平起平坐,甚至看起来似乎有望赶超美国。因此,"以苏联为师","苏联的今天就是我们的明天",更成为世界共产党人和社会主义国家的共同信念。

在我看来,按照马克思列宁主义的一般理解,作为一种运动或组织,社会主义需要满足以下标准:第一,要以马克思列宁主义为指导思想,以建立共产主义社会为最终目标;第二,要用暴力推翻资本主义统治,由工人阶级的先锋队共产党掌握国家机器,实行无产阶级专政;第三,要由国家掌握经济命脉,实行以公有制为主体的生产资料所有制,力图消灭剥削;第四,要加入国际共产主义运动,支持其他国家的社会主义革命和建设,同国际帝国主义和国内反动派做斗争。按照上述标准建立的国家,才是社会主义国家。

世界社会主义运动在冷战时期的曲折发展

在冷战时期，世界社会主义事业的发展，大体经历了四个阶段。第一个阶段从 20 世纪 50 年代到 20 世纪 60 年代初，是世界社会主义的全盛时代。在苏联领导下成立了华沙条约组织和经济互助委员会。亚洲的中国、朝鲜、越南、蒙古国同苏联建立了政治和军事同盟。这时的社会主义国家一共有 12 个（还不包括被共产党和工人党情报局开除的社会主义国家南斯拉夫）。世界各地的民族解放运动和社会主义思潮风起云涌。1957 年 11 月，在莫斯科举行了 12 个社会主义国家的共产党和工人党代表会议，会议通过了《莫斯科宣言》。中共代表团由毛泽东率领。毛泽东在这次会议发表的讲话中说："我认为目前形势的特点是东风压倒西风，也就是说，社会主义的力量对于帝国主义的力量占了压倒的优势。"

这次会议旨在显示社会主义阵营的强大和团结，但是中共代表团不同意《莫斯科宣言》中的两个提法：一个是关于共产党可以在资本主义国家中通过议会斗争等方式使之"和平过渡"到社会主义的提法，强调暴力革命是实现社会主义的普遍规律；另一个是不同意宣言中对斯大林搞个人崇拜问题的批判。这两点保留意见在当时没有公开，但已经显示了国际共产主义运动分裂的隐患。

1960 年 11 月，81 个国家的共产党和工人党代表会议在莫斯科举行。中共中央副主席刘少奇和总书记邓小平率中共代表团出席了会议。会前，苏共领导人向与会代表团散发了一封强烈批评中国共产党的长达 6 万多字的信件。会议开始时，赫鲁晓夫又带头组织对中国共产党的围攻。邓小平在发言中，就中苏两党间的意见分歧和中国共产党的立场向各国代表做了说明。阿尔巴尼亚对中国立场表示明确支持。这次发表的《莫斯科声明》，是中苏两党及其他各种观点相互妥协的产物，但点名批判了南斯拉夫共产主义者联盟的"现

第五章 冷战与世界思潮、文化和科技

代修正主义"。之后，在1961年10月召开的苏共第22次代表大会上，苏共对阿尔巴尼亚的攻击和对中国的影射，就遭到了中共代表团的坚决反对，以周恩来为团长的中共代表团中途退出了会议。

20世纪60年代初，中苏两大共产党的争吵马上造成了社会主义国家和国际共产主义运动的分化，世界社会主义进入了以"分裂"为特征的第二个发展阶段。1965年3月，中国宣布社会主义阵营不复存在，第一次提出了"反帝必反修"的口号。在当时的中共眼里，苏联、东欧各国、蒙古国、古巴都"变修了"，不再是社会主义国家，只有中国、阿尔巴尼亚、朝鲜、越南才是社会主义国家。许多非社会主义国家的共产党，都分裂出一个亲中国的派别，往往用某某共产党（马列）来命名。其中比较著名的有1964年成立的澳大利亚共产党（马列）。它的党主席爱德华·希尔（Edward Fowler Hill）多次访华，毛泽东和邓小平会见过他。中国和阿尔巴尼亚的表面关系很"铁"，但在20世纪70年代初中美关系改善后，阿尔巴尼亚明里暗里地指责中国"背叛"社会主义原则，在1979年还自称自己是"世界上唯一的社会主义国家"。与此同时，除了罗马尼亚等少数国家和政党之外，东欧国家共产党和其他亲苏的共产党、工人党也像苏联一样，断绝了和中共的党际关系，不再承认中国是社会主义国家。

在这一阶段，哪些国家是社会主义国家，哪些不是，完全根据相关国家的主观认定。中共不再承认苏联及其"卫星国"为社会主义国家，是因为苏联自称要建立"全民党"和"全民国家"，违背了列宁主义关于无产阶级政党和无产阶级专政的原则；苏联在经济建设中搞物质刺激，违背了公有制和社会主义思想；苏联和美国等帝国主义国家搞缓和、妥协，背弃了无产阶级国际主义。

实际上，中共同所谓"赫鲁晓夫修正主义"的斗争，在很大程度上是出于巩固党的领导的国内阶级斗争需要。在1956年苏共

二十大后，毛泽东尖锐地指出，"我看有两把'刀子'：一把是列宁，一把是斯大林。现在，斯大林这把刀子，俄国人丢了。……这把刀子不是借出去的，是丢出去的。……列宁这把刀子现在是不是也被苏联一些领导人丢掉一些呢？我看也丢掉相当多了。十月革命还灵不灵？还可不可以作为各国的模范？"在这之后，毛泽东把警惕党内特别是党的高层领导中出现修正主义，作为防止资本主义制度复辟的一个战略思想。针对东欧波兰、匈牙利等国家的问题，毛泽东指出："东欧一些国家的基本问题就是阶级斗争没有搞好，那么多反革命没有搞掉，没有在阶级斗争中训练无产阶级，分清敌我，分清是非，分清唯心论和唯物论。现在呢，自食其果，烧到自己头上来了。"

1969年中共召开第九次全国代表大会期间，发表了毛泽东关于苏联修正主义必将垮台的坚定看法。毛泽东说："苏联是第一个社会主义国家，苏联共产党是列宁创造的党。虽然，苏联的党和国家的领导现在被修正主义者篡夺了，但是，我劝同志们坚决相信，苏联广大的人民、广大的党员和干部，是好的，是要革命的，修正主义的统治是不会长久的。"在中苏边境发生武装冲突后，中国把苏联称为"社会帝国主义"，即口头上的社会主义，实际上的帝国主义。

20世纪80年代初期，世界社会主义运动进入了第三个阶段，即平缓发展的阶段。这一时期，经济全球化迅猛发展，社会主义国家的目光普遍转向国内，各国共产党之间的意识形态论战趋向偃旗息鼓。中国开始了改革开放，对苏联和美国的政策都出现了调整。1982年3月，勃列日涅夫在"塔什干讲话"中承认中国"存在着社会主义制度"，之后中苏矛盾有所缓解。这时苏联自诩建立了"发达社会主义"，其实政治和经济都在走向僵化。继1975年中国承认南斯拉夫为社会主义国家之后，中国和其他东欧国家的关系也逐渐解冻，但同越南的关系却恶化了。1989 年 5 月戈尔巴乔夫访华，标志着中苏两党关系的正常化，这时中国和越南、古巴的关系也改善了。虽然社会主义阵营没有恢复，但中国眼里的社会主义国家数目增加了。

冷战时期世界社会主义运动的第四个阶段，是从 1989 年苏东剧变到 1991 年年底苏联解体，总共才两年多的时间，可以说是全面进入低潮的阶段。这个过程在前面的章节中有比较详细的介绍，这里不再赘述。

冷战末期见证了社会主义国家的纷纷变色、垮台。那么，冷战后世界上还有哪几个社会主义国家呢？按照中国官方的说法，除了中国以外，还有四个社会主义国家：朝鲜民主主义人民共和国、越南社会主义共和国、老挝人民民主共和国、古巴共和国。它们都符合我刚才谈到的社会主义国家的四个条件，它们的领导人都和中国人互称同志。

但是有一个问题尚待澄清。1987 年 4 月，邓小平在会见外宾时指出："搞社会主义，一定要使生产力发达，贫穷不是社会主义。我们坚持社会主义，要建设对资本主义具有优越性的社会主义，首先必须摆脱贫穷。"邓小平还说过："根据我们自己的经验，讲社会主义，首先就要使生产力发展，这是主要的。只有这样，才能表明社会主义的优越性。社会主义经济政策对不对，归根到底要看生产力是否发展，人民收入是否增加。这是压倒一切的标准。空讲社会主义不行，人民不相信。"上述四个社会主义国家，同周边的非社会主义国家相比，谈不上生产力发达，有的甚至还很贫穷。所以，它们要真正显示社会主义的优越性，还有一段很长的路要走。

冷战后的世界社会主义运动还在持续。1998 年 5 月，为庆祝《共产党宣言》发表 150 周年和希腊共产党建党 80 周年，在希共的倡议下，来自 50 个国家的 57 个共产党和工人党在雅典召开了冷战后的第一次代表会议。2022年10月，第22届共产党和工人党国际会议在古巴首都哈瓦那举行，来自世界上57个国家的73个共产党和工人党代表出席。

非社会主义国家的社会主义

在"二战"后的民族独立浪潮中，除了上面提到的社会主义国家之外，还有约50个新独立国家也曾宣布自己是某种特殊类型的"社会主义国家"。这些国家的"社会主义"往往具有民族主义或宗教的色彩，如印度的"国大党社会主义"、缅甸的"纲领党社会主义"、叙利亚的"阿拉伯复兴党社会主义"、锡兰（斯里兰卡）的"佛教社会主义"、巴基斯坦等国的"伊斯兰社会主义"、埃及等国的"阿拉伯社会主义"、尼加拉瓜的"桑地诺社会主义"、坦桑尼亚的"乌贾马（村社）社会主义"、一些非洲国家的"非洲社会主义"等。

在20世纪60年代末和70年代，苏联国力相对强盛，大力对外扩张，带来了社会主义思潮在第三世界的活跃。不少第三世界国家都曾经宣布成立了社会主义的国家政权，而且这些政权大多由宣称信仰马克思列宁主义的政党领导。它们分别是：也门民主人民共和国、柬埔寨人民共和国、阿富汗民主共和国、埃塞俄比亚人民民主共和国、贝宁人民共和国、安哥拉人民共和国、刚果人民共和国、莫桑比克人民共和国、索马里民主共和国。这些自称社会主义的政权都或多或少地得到过苏联、中国、古巴等国家的支持和援助。但是在苏东集团解体时，所有这些政权都被西方多党制的政权取代，取消了带有社会主义色彩的国名。显然，除了柬埔寨以外，这些号称"社会主义"的政权都是和苏联的兴衰绑定的。

社会主义思想和运动一直在当代资本主义国家中占有一席之地。在欧洲，许多强大的中左翼政党都叫"社会党"（socialist

party），直译过来就是"社会主义党"。社会党尊崇社会民主主义或者民主社会主义，反对通过暴力革命方式夺取政权，反对无产阶级专政。这类政党如法国社会党、德国社会民主党、英国工党等，也常常被统称为"社会民主党"。社会党和社会民主党一般都宣称注重社会公正与平等，代表劳工利益，促进社会福利，主张渐进改良，在政治上推行多党议会制。"社会党国际"是主张社会民主主义的政党和组织的联合体，总部设在伦敦。北欧的瑞典、挪威、芬兰等国家的民主社会主义，是以经济高度发达和高福利为代表的制度。因此，在西方语境中的"社会主义"，又往往指北欧国家的制度。

第二次世界大战后，欧洲资本主义国家的社会结构和阶级关系发生了许多变化，各国共产党的政策主张转向温和。在苏共二十大批判斯大林的错误之后，意大利共产党总书记帕尔米罗·陶里亚蒂（Palmiro Togliatti）提出通过议会斗争夺取政权、和平过渡到社会主义的主张。意共是西欧最大的共产党，20世纪60年代初在同帝国主义斗争的方式、战争与和平等一系列问题上同中共发生论战。中共指名批评陶里亚蒂，实际上是为了"敲山震虎"，抨击赫鲁晓夫修正主义。不过，意大利共产党和其他许多西欧共产党也提出了同苏联不同的独立自主的政治路线，批评1968年苏联对捷克斯洛伐克"布拉格之春"的武力镇压。

1973年，智利发生右翼军事政变，社会主义者阿连德领导的左翼政府被推翻，左翼人士遭到残酷迫害。这一事件使意大利共产党十分震惊。意共提议同社会党和执政的天主教民主党建立联盟。在1976年大选中，意共获得仅次于天主教民主党的高额选票，建立了以天主教民主党为主导、共产党参政的"全国团结政府"，由共产党人出任众议院议长和7个议会委员会主席。

1977年3月，意大利、法国、西班牙三国共产党领导人在马德里举行会晤，发表联合声明，提出三国共产党有权利根据本国国情，独立自主地制定内外政治路线，在"民主、自由中实现社会主义"，宣告"欧洲共产主义"的正式诞生。"欧洲共产主义"是作为既不同于社会党的社会民主主义，也不同于苏联模式的"第三条道路"而提出来的。在其发展鼎盛期，这三国的共产党和英国、比利时、荷兰、希腊等国家的18个党派宣布奉行"欧洲共产主义"路线，甚至影响到日本、墨西哥、澳大利亚等国的共产党。

20世纪80年代末至90年代初的东欧剧变，强烈冲击了"欧洲共产主义"政党。意大利共产党宣布放弃共产主义意识形态，改组为左翼民主党。西班牙共产党和法国共产党党内也发生了严重的思想混乱，党的实力严重削弱。荷兰共产党、芬兰共产党等政党自行解散，或者改旗易帜，放弃了共产主义意识形态。

在所有这些社会主义思潮和组织之外，还曾经出现过法西斯德国的"国家社会主义工人党"（更准确的翻译是"民族社会主义工人党"，即纳粹），是打着社会主义和工人利益招牌的法西斯专政工具。

冷战结束后，世界社会主义走进了低潮。马克思列宁主义关于"全世界无产者联合起来"的设想，在今天更难落实了。但是，具有民族国家特色的社会主义事业，仍然表现出了强大的生命力。下一节将聚焦于社会主义在冷战时期的对立面——以自由主义为核心的西方思想和制度。

西方自由主义的潮起潮落

冷战期间,如果说民族主义思潮的中心舞台是第三世界,社会主义是东方阵营的主导型意识形态,那么这一节讲的就是在西方世界独占鳌头的自由主义。

自由主义是一个庞大复杂的思想体系,不仅可以被细分为相互差异很大甚至彼此矛盾的流派,还在不同的历史时期有着不同的面貌。从某种程度上,可以说自由主义及其演变,构成了近代以来西方政治文明史的一条主线。由于容量有限,这一节肯定无法面面俱到,只能重点回答几个问题:第一,自由主义有哪些基本主张,又分为哪些主要流派?第二,冷战时期的自由主义经过了什么样的演变过程?第三,自由主义对冷战的走势产生了什么样的影响?这一节所谓的"西方世界"侧重于美国和西欧,近代以来自由主义也正是从这里生根发芽,逐渐扩展到全世界的。

自由主义的源流和演变

先回到这个概念的源头。"自由主义"(liberalism)是从"自由"

衍生出来的一种政治思想和意识形态。赞成自由主义的人一定推崇自由,但崇尚自由的人却未必赞成自由主义。自由主义的思想体系起源于近代欧洲和北美。它既继承了古希腊、古罗马的许多观念,也深受基督教(包括新教、天主教、东正教)教义的影响,还受到资本主义生产力发展和技术创新的推动。英国代议制的建立、美国独立战争、法国大革命等,是标志着自由主义一步步崛起壮大的重要事件。到了冷战时代,自由主义已经发展成为一个极为庞杂、充满争议的思想体系。

与世界社会主义不同的是,作为一种政治信仰体系,自由主义既缺乏一个得到其信奉者所普遍认可的"模板"国家,也没有公认的"导师"或"领袖人物"。当代自由主义的基本主张包括:保护个人思想自由,建立以共和制或君主立宪制为基本框架、开放而公平的多党选举制度,以法律限制政府权力的运用,以私有企业为基础的市场经济,贸易和投资的自由化,族群、宗教、文化之间的平等和多元化,等等。当代自由主义包含许多不同的政治主张和思想,从左到右都有,自称为自由主义者的政治光谱分布非常广泛。

在自由主义的旗帜之下,云集着许多不同流派。第二章曾介绍过美国的自由主义分为保守和进步两种传统。如果放在整个西方近现代史的语境下,又可以把自由主义划分为古典自由主义、现代自由主义、新自由主义三类。

古典自由主义流行于自由资本主义时期,以英国的洛克(John Locke)和法国启蒙运动思想家卢梭(Jean-Jacques Rousseau)、伏尔泰(Voltaire)、孟德斯鸠(Montesquieu)等人为先驱。在经济领域,则以亚当·斯密等人的"自由放任"主张为代表,反对国家深度干预经济的重商主义。现代自由主义以20世纪30年代凯恩斯等人的思想为代表,主张政府适当干预经济,提高社会福利,争取平等权利。现代自由主义的典型政策是美国的罗斯福新政。但是,英国自由主义学者哈耶克（Friedrich Hayek）等人则同凯恩斯学派的思想相左，认为极权主义的崛起是由越来越多的政府管制造成的。新自由主义盛行于20世纪70年代之后，主张私有化、放松金融管制、限制政府权力。新自由主义的经济政策主张，在里根时期的美国、撒切尔夫人时期的英国得到贯彻，之后又集中表现在"华盛顿共识"之中，对整个世界产生了深远影响。

另外还有一些划分自由主义流派的方法，比如，把自由主义分为三类——政治自由主义、文化自由主义、经济自由主义，这里不再展开论述。

在冷战时期，自由主义所实行的多党议会政治制度和资本主义市场经济制度统治了西欧、北美各国和澳大利亚、新西兰，同社会主义阵营形成了鲜明对照。作为自由主义对立面的当代社会主义，要求个人利益服从集体利益和国家利益，建立公有制和按劳分配制度，在政治上实行共产党的一元化领导和无产阶级专政。

需要指出的是，在今天中国的政治语境里，"自由主义"和"自由化"通常带有贬义，例如毛泽东于1937年写的《反对自由主义》一文所批评的自由主义，还有邓小平所反对的资产阶级自由化等。主张"华盛顿共识"、推动"颜色革命"的新自由主义，受到中国政治主流的强烈批判。

理解自由主义的历史演进，可以抓住两条主要线索：一条是自由主义如何与它的对立面相竞争，也就是同社会主义、法西斯主义、专制主义、保守主义、民粹主义、民族主义等反自由主义的意识形态相竞争；另一条是自由主义内部不同流派、不同传统的代际更替和此消彼长。结合冷战的进程来看，自由主义在20世纪50年代的主要进展是压倒了其对立面，在西方世界内部确立了无可置疑的主导地位；到了20世纪60年代和70年代，自由主义内部发生了严重的分裂，伴随着剧烈的社会运动和政治动荡，但也实现了自我丰富和革新；20世纪80年代，新自由主义逐渐占据上风，并且乘着全球化的东风将影响力扩展到了全世界，最终冲垮了冷战的藩篱。

自由主义的"橘枳之变"及其与保守主义的关系

在用这种简单的模式展开叙事之前，还需要再澄清两个问题。第一，和其他重要的概念一样，自由主义也有"橘枳之变"，即在不同文化土壤和政治环境的表现有所差异。整体来看，自由主义意识形态光谱在西欧的基准点和范围，比在美国要更"左"一些。也就是说，在西欧被认为是自由主义内部的左派人士，在美国可能就会被扣上"社会主义"的帽子；而美国比较偏右的自由主义者，到西欧就可能被直接归入保守主义者这一类了。

具体来说，西欧的很多左翼知识分子能和苏联的某些政治话语产生共鸣，但是美国的知识界却把反苏当成最大的共识，社会主义思想成不了气候。在西欧，共产党可以在立法机关合法地拥有席位。意大利、法国等国的共产党可以一边和苏联维持关系，一边在国内保持相当大的影响力。但是在美国，共产主义被视为最大的"非美因素"，美国共产党被国家安全部门置于严密的监控之下。

第二点澄清涉及自由主义和保守主义之间的关系。保守主义是自由主义的对立面之一，同时自由主义内部也有偏保守的流派和传统，所以有时会产生混淆。问题的核心在于保守主义的概念本身，也就是它所要"保守"的是什么。这只有在西方政治发展的背景下才容易理解。保守主义起源于17世纪至18世纪英国建立君主立宪制、法国推翻王朝建立共和制的时代。保守主义同自由主义不同的地方，在于它主张用温和渐进的方式实现社会变革，比如反对推翻帝制。从这一意义上说，保守主义的对立面是激进主义而不是自由主义。保守主义的代表人物之一、英国政治家兼作家埃德蒙·伯克

（Edmund Burke），攻击法国大革命破坏了秩序和自由的原则，认为推翻现有制度的运动只会为暴政铺平道路。保守主义的特点是要求崇尚过去，尊重传统，保持社会稳定，维护神权、王权和统治者的权威，反对激进的社会变革，更反对暴力革命。

随着西方国家民主共和制度和市场经济原则的确立，现代自由主义与保守主义由对抗走向融合。到了冷战时代，新自由主义和新保守主义的代表人物和核心思想出现了较大的重合。新保守主义所保守的，正是古典自由主义传统，这一传统曾被凯恩斯主义所代表的现代自由主义抛弃。新保守主义保留了自由主义的内核，却呈现了保守主义的形式。新保守主义者探讨了机会平等和结果平等、自由与平等、效率与公平的关系问题。他们认为，新自由主义的国家干预政策，力图调节人们收入的差距，以得到结果的平等。但是，国家过分干预，反过来将危及机会平等和人们自由竞争的权利，影响生产效率的提高，并且会降低人们创造财富和创新技术的积极性，使那些工作勤奋、创造力强的人去养活那些倚靠社会福利而生活的人，这是不公正的，甚至可能导致政治上的专制。

自由主义和保守主义的这种融合趋势，在当代美国最为明显。在美国，保守主义所"保守"的，是美国的自由主义传统，特别是"瓦斯普"（WASP，即白人盎格鲁—撒克逊基督新教）传统。新自由主义所倡导的，正是以传统保守主义的方式来维护自由主义的发展。20世纪80年代美国总统里根和英国首相撒切尔夫人掀起了一场"保守主义革命"，他们的施政纲领被一些人称为"新保守主义"，又被另一些人称为"新自由主义"，实际上两者说的是同一回事。

战后黄金时代的繁荣与"革命"

如果回到冷战大幕刚刚拉开的20世纪40年代后半期到20世

纪50年代，对于刚从战争废墟上站起来的西方国家来说，如何尽快实现政治稳定和经济复苏，是当务之急。因此，这一时期的西方自由主义思潮的首要特点，是内部共识大于分歧，在外部逐渐战胜其他思想体系，巩固了主流意识形态的地位。

首先，沉痛的战争损失，持续的政治动荡，以及糟糕的经济环境，让社会公众厌倦了意识形态之争，主要关注政府能否拿出改善民生的现实举措。在西欧，无论是偏保守的力量，比如阿登纳领导的西德基民盟政府，还是偏左翼的力量，比如艾德礼领导下的英国工党政府，都采取了相对中庸、稳健的施政方针。在本土没有经历战火摧残的美国，类似的"中庸之道"也出现在杜鲁门政府和艾森豪威尔政府的施政方针之中。这些国家一方面采取一切可能的手段促进经济复苏，扩大就业，另一方面又压制社会异议，防止劳工运动等社会抗议活动破坏稳定的政治局面。这一逻辑从根源上可以追溯到20世纪30年代美国的罗斯福新政，也就是在保障政治自由的前提下，借用政府的力量修复自由放任经济政策的弊端。

其次，公众对战争的痛苦记忆和急剧变化的地缘政治形势，给了自由主义战胜其他对手的机会。在20世纪三四十年代，自由主义、法西斯主义和苏联式的社会主义三分天下：法西斯主义通过强制性的政府措施，推动德国迅速摆脱了大萧条的泥淖，从而在欧洲保守主义知识分子和公众中收获了不少拥趸；斯大林模式的社会主义使苏联在很短的时间内崛起为欧洲第二工业强国，没有受到大萧条的影响，让许多西方知识分子"心驰神往"，将它视为自由资本主义的替代出路。"二战"结束后，罪行累累的法西斯主义彻底破产，苏联对东欧各国的控制则引发了西方的警觉，西欧国家的共产党被视为苏联安插的"特洛伊木马"，导致不同派别的自由主义者联合起来，阻止共产党掌握政权。一些左翼政治势力也不得不和共产党划清界线。

在自由主义思想界，反思和反对"极权主义"成为这一时期的主旋律，主要代表人物是英国哲学家卡尔·波普尔（Karl Popper）、弗雷德里希·哈耶克（Friedrich Hayek）、德裔美国政治学家汉娜·阿伦特（Hannah Arendt）等。在他们看来，纳粹德国之所以犯下骇人听闻的罪行，不仅在于希特勒个人之恶，更在于极权国家的体制之恶。阿伦特的代表作是 1951 年出版的《极权主义的起源》（*The Origins of Totalitarianism*）。极权主义的英文是"totalitarianism"，词源是"total"（全部），指的是国家政权对社会的全面控制，国家和社会形成了一个封闭的、一元化的整体，窒息了自由的空间。阿伦特将斯大林领导下的苏联和纳粹德国一起归入极权国家的范畴。自由主义的代表作在西方思想界引发了极大的反响。赫鲁晓夫上台后揭露出斯大林时期的阴暗面，使对苏联的许多指控都得到了印证，更加深了西方社会对苏联式社会主义的反感，强化了对西方自由主义的认同。

不过，在自由主义共识看似压倒一切的表面之下，潜藏着新一轮思想变革的动力。这主要是由两个原因导致的。第一，长期的稳定和共识助长了保守主义的意识形态。由于推崇经济复苏和社会稳定优先，一些涉及意识形态的重大争议被搁置和边缘化，但是它们背后的社会矛盾并没有就此消失，只是在等待合适的时机爆发。第二，战后十多年的和平与繁荣，造就了个性鲜明的"婴儿潮"一代。这一代人没有像父辈一样经历过萧条和战争的苦难，而是成长在物质条件优渥、文化娱乐活跃的年代。他们有更多精力来思考生计之外的重要议题，因此成为推动意识形态变革的主力军。对于这个现象，"美国的'反文化运动'"一节曾讲过，也在一定程度上适用于西欧。

于是，到了 20 世纪 60 年代，在西方世界"一统天下"的自由主义，出现了内部分裂。以年轻一代和各少数群体为代表的激进派、进步派,向被他们视为保守的自由主义主流思想和体制发起了冲击。在美国,黑人民权运动、反文化运动和反战运动汇聚成一股洪流,要求落实美国宪法所许诺的自由和普遍权利;在西欧,激进派的"造反"热情丝毫不输给美国同行,其中最有名的例子是1968年发生在法国的"五月风暴"。

西方社会贫富悬殊的急剧扩大,美国和欧洲的反战运动,世界范围的民族独立运动,推高了西方青年的"造反"浪潮,深刻改变了自由主义的面貌。20世纪60年代,激进的政治主张登堂入室,成为主流意识形态辩论的一部分。无论分属于哪个流派的自由主义者,都不得不正视这些诉求。自由主义在意识形态光谱上的边界,也向左的一端大大拓展。不过,在很多人看来,"造反"的青年做得有点过头,只顾一味地追求自由和解放,而忽视了秩序、传统等至关重要的东西,最终会造成道德失范和社会失序。在潜移默化间,对激进政治运动的反感壮大了保守派的声势,也为下一个十年意识形态风潮的再次翻转埋下了伏笔。

从保守主义回潮到"历史的终结"

到了20世纪70年代,西方社会的意识形态指针开始逐渐向右偏转。造成这一趋势的主要因素有三个。

第一,1973年和1979年的两次石油危机重创了西方经济,主要西方国家纷纷陷入长期的经济"滞胀",民生所系的福利国家制度受到严峻的考验。在此背景下,社会公众关注的焦点再次被引向如何恢复经济增长、拉动就业、降低物价等事关生计的基本问题上,对激进的政治和文化主张的热情有所降温。

第二,20世纪60年代的激进政治和社会运动尘埃落定,到了"开花结果"的阶段。在美国,黑人民权运动取得了阶段性胜利,反战运动因为美国完全撤出越南而告终，各类少数群体得到了社会主流观念的包容。在西欧，"造反"青年的主张和左翼的政治诉求合流，成为主流政治话语的一部分。在短期内，自由主义者已经没有强烈动机去推进更激进的政治议程了。

第三，到了20世纪70年代，上一个十年"造反"青年中的主力逐渐步入中年，埋头于成家立业、工作收入等更加现实的问题，往日的"革命热情"衰退了。经历过苦难时代洗礼的中老年人，更讲求政策的实效和政治稳定。

因此，在整个70年代，西方社会普遍经历了保守主义的回潮。20世纪80年代初，随着里根入主华盛顿白宫，撒切尔夫人执掌伦敦唐宁街10号首相府，这股风潮达到了高峰。里根和撒切尔夫人被视为标志性的保守主义政治家，他们的"新自由主义"（或者说"新保守主义"）施政方针影响到了多个国家，就连以激进左翼而闻名的法国，以及以政府干预经济而著称的日本，都开始吸收新自由主义的经济和社会政策。这一派政策的基本主张是，对内推动经济自由化，放松市场管制，将国有企业私有化，削减社会福利，降低税收，鼓励企业的技术创新；对外推动金融和贸易自由化，降低跨国贸易和投资的壁垒，支持产业链和资本的全球流通。

在思想文化上，新自由主义带有更强烈的保守色彩。它不再将批判的矛头集中于西方社会自身，而是转而关注如何推进非西方社会和体制的自由化和西方化。从这个角度来看，20世纪80年代的新自由主义和20世纪50年代的自由主义思潮一样，都致力于和它们的对立面展开斗争。两者的区别在于，20世纪50年代的自由主义要在西方国家内部建立压倒性的优势，而30年后的新自由主义则超出了西方的范畴，扩展到整个世界。

新自由主义的风潮对广大第三世界造成了深刻的影响。之前提到，20世纪80年代中后期，拉丁美洲国家为了缓解经济困难，向新自由主义（"华盛顿共识"）寻求政策药方。创造了经济增长奇迹的东亚经济体，也开始倡导经济自由化改革，只不过速度和规模都比拉美国家保守得多。非洲、中东、南亚等国家受到新自由主义浪潮的影响相对较小，原因在于它们还没有深度融入西方所主导的经济全球化，依然停留在冷战所造成的割裂和动荡之中。挪威学者文安立指出，这时的第三世界"已经不再是一个有意义的政治或经济概念了"，亚非拉三大洲的不同地区，在向着不同的方向行进。

新自由主义浪潮最终改变了冷战的走势。20世纪80年代中后期，一些采取新自由主义变革的西方国家摆脱了滞胀危机，重振雄风；而苏联东欧的社会主义道路却走向衰落。有的执政党尝试吸收新自由主义经济理念推行改革，但最终没有躲过政权垮台的命运。新自由主义还广泛渗入这些国家的社会，使民众对苏联模式的社会主义丧失了信心，转而期望通过接近和效仿西方，摆脱经济落后和社会停滞。到了冷战的落幕时分，苏东剧变后的原社会主义国家成为新自由主义经济政策的试验场，在踌躇满志的经济学家的指引下，普遍采用了被称为"休克疗法"的经济转轨方式。

在新自由主义者眼中，随着西方取得冷战的决定性胜利，他们已经掌握了"真理的钥匙"，围绕意识形态的争论已经走向了终结。类似的"冷战胜利主义"情绪弥漫在整个西方知识界。最典型的例子，是美国政治学家弗朗西斯·福山在1989年发表的一篇题目为《历史的终结？》("The End of History?")的文章，称西方式的自由民主政体已经战胜了专制主义、法西斯主义、共产主义等对手，成为人类社会意识形态演进的终点。冷战结束之后，这种观点依然大行其道。直到2008年的国际金融危机，新自由主义才遭遇严重的挫败。

全球化与文化多元主义

前面三节介绍了民族主义、社会主义和自由主义思潮，这三种意识形态关注的是"我们是谁""我们要建立一种什么样的社会"这种宏大的问题，各自形成了庞大复杂的思想体系，也都对冷战的发生和演化产生了重要的影响。这一节要介绍的全球化思潮和文化多元主义略有不同，它们并不关心如何建立社会制度、选择国家发展道路，但却成为埋葬冷战的根本动力之一，深刻塑造了我们今日所处的世界。

这一节将探讨冷战时代的全球化是如何从两极格局的夹缝中顽强生长，一步步成为颠覆冷战的重要力量的。我们还将了解全球化的背后，有着什么样的观念基础。另外，本节也会简单谈一下反全球化思潮的兴起。这在今天是一个热门话题，但是它的根源可以追溯到冷战。最后，本节还会讨论与全球化相伴而生的文化多元主义是如何产生和发展的。

全球化的客观趋势打破了冷战枷锁

和社会科学中的所有重要概念如"民族""自由""社会主义"一样,"全球化"(globalization)也有非常丰富的内涵,有无数种不同的定义。这里说的全球化,是指近代以来全球各个民族、国家、区域之间相互联系、相互依存的程度日益加深的现象和过程。经济全球化起到先锋的作用,而政治全球化、文化全球化、技术全球化、信息全球化等,也都紧紧跟上,相互补充。

全球化是从什么时候开始的,在历史学界向来有争论。难以否认的事实是,15世纪西欧的"地理大发现"和近代机器大生产的工业革命,极大地加快了全球化进程。马克思、恩格斯在《共产党宣言》中精辟地指出:"资产阶级,由于开拓了世界市场,使一切国家的生产和消费都成为世界性的了。"

直至今天,全球化仍以惊人的加速度发展。这里举一个比较直观的例子。传染病的扩散是衡量人员往来的间接指标。曾经令人闻风丧胆的天花病毒,用了3000年的时间才传遍世界各大洲,到1789年才到达"最后一站"澳大利亚;艾滋病毒被发现于20世纪80年代,花了大约30年的时间传遍世界;2020年年初暴发的新冠疫情,则在短短三个月内就走遍了地球的每一个角落。生物病毒传播的加速度由此可见一斑。考虑到互联网的技术进步,一种强大的计算机病毒要想感染全球的设备,可能只需要3天甚至3个小时就能做到。

在冷战期间,全球化进程得益于多种因素的推动作用,在世界分裂为两大阵营的背景下依然顽强生长。全球化没有被大国竞争和地区冲突阻断,反而最后埋葬了冷战。遗憾的是,全球化进程当时被美苏争霸和冷战阴霾遮掩,直到冷战结束后才真正被世界认识和理解。

推动冷战时期全球化的第一个因素，是20世纪上半叶资本主义经济在全球的拓展。20世纪初，伴随着殖民帝国的全球扩张，西方大国之间、殖民国家与殖民地之间形成了密切的经济纽带。两次世界大战切断了许多国际经济联系。"二战"的硝烟散尽之后，西方国家之间的贸易和投资网络被重新激活，再次成为推动全球化的动力。

全球化的第二个推动因素，是美苏两极格局和两大阵营之间的对峙。这听起来同我们的直觉相反：大国争霸明明造成了世界的分裂，怎么又推动了全球化呢？实际上，两极格局造成的"半球化"，有助于西方经济合作质量的提升。美国独力支撑起"半个世界"的政治和经济网络。在欧洲推行的马歇尔计划和在东亚对日本、韩国等地区的经济援助，都印证了美国扮演盟主角色的能力和意愿。美日、美欧安全同盟对各方的重要性，以及它们对共产主义的共同恐惧，制约了资本主义各国以邻为壑的保护主义政策。这就是为什么即使到了20世纪70年代美日欧之间的贸易摩擦此起彼伏，也没有伤害它们之间基于共同安全和共同价值观的同盟关系。

另一个似乎不符合逻辑的事实是，美国和苏联在第三世界的争夺也间接推动了全球化。欧洲的殖民帝国崩溃，打破了横亘在殖民地国家之间的交流障碍。两个超级大国在第三世界国家扩展影响力的方式，不仅仅限于出口武器、提供援助和拉拢当地政治领导人，还注重对外输出意识形态和社会制度，按照自己的方式帮助当地推进现代化。在此过程中，第三世界的土地上留下了美国和苏联出口的商品和物资、设计的经济开发项目、援建的基础设施，以及培养的技术和管理人才。前往华盛顿和莫斯科交流培训的第三世界精英络绎不绝，无形中让他们的国家深深融入超级大国各自主导的世界体系之中。

推动全球化的第三个因素，是新型国际制度的建立，以及资本主义国家内部的深刻变革。美国在"二战"后期牵头建立了以联合国为核心的一系列多边国际机制，包括布雷顿森林会议策划的国际货币基金组织、世界银行、关贸总协定等。这些机制为维持和规范各国的经济交往提供了一整套框架。这套框架充分吸收了"二战"爆发的前车之鉴，即自由放任的经济政策导致各国无力应对大萧条，在一夜之间从自由贸易转向保护主义，加剧了经济危机，导致德国法西斯和日本军国主义上台等严重后果。"二战"之后的西方国家普遍借鉴罗斯福新政的经验，引用凯恩斯主义，让国家积极地干预经济，通过财政政策稳住宏观经济，用福利制度和社会安全网为民众的生计"托底"。美国政治学者约翰·鲁杰（John Ruggie）将这个思路描述为"嵌入式自由主义"，也就是依然维持自由竞争、自由贸易的市场体制，同时将其嵌入各类规则制度所织成的网络中，维持整个国际经济体系的稳定。

说到这里，一个值得思考的问题是，为什么苏联领导下的另一半世界没有出现类似的情况？按理说，苏联在社会主义阵营中的权力优势更加明显，苏联也热衷于为社会主义兄弟国家提供各类经济援助，还建立了作为经济合作框架的经互会。经互会和全球化不沾边，归根结底是因为苏东各国采用的都是斯大林模式下的计划经济体制，国家之间的经济交往都是在双边协定下的官方贸易，而不是市场调节下自然出现的经济融合。东欧各国的经济分工甚至都需要服从莫斯科的安排，忽视了各个国家的禀赋条件和比较优势，政治的逻辑压倒了市场自身运行的规律。

拥抱全球化的主动选择冲破了冷战藩篱

当然，冷战从总体上来看还是逆全球化潮流而动的绊脚石。美国通过制裁、封锁和禁运，长期将社会主义国家排除在世界经济和技术交流之外，人为地缩小了全球化的范围。苏联则竭力借助经互会，将东欧国家限制在以莫斯科为核心的轨道之上，阻止它们"擅自"和西方发展经济联系。冷战主要的负面影响之一，是迫使各国将原本可以用于民生的生产资源和消费能力投入军事和国家安全，从根本上限制了国家间经济联系的增长。这一点在社会主义阵营和部分第三世界国家尤其明显。

由此看来，驱使全球化一步步突破冷战藩篱的，不仅是客观需要，还要归功于许多国家在国际上拒绝分裂与对抗、转向和解与合作的主动选择和主观努力。第二章和第三章曾提到，法国和德国的和解启动了欧洲一体化的进程，助推西欧实现了近代以来罕见的长期和平与稳定，让欧洲大陆的西半边成为全球化的"先行示范区"。以"东亚四小龙"为代表的东亚经济体，以及后来的东盟，用经济发展和区域一体化消解了冷战造成的隔膜，让东亚成为全球化的又一台重要引擎。

在大国对抗的阴云依然笼罩在世界上空时，做出拥抱全球化的决策需要足够的远见和勇气，这背后也离不开全球化思潮的潜滋暗长。早在20世纪70年代，交通和通信技术的进步，以及跨国企业的扩张，在西方世界内部就已经种下了全球化思潮的种子。到了20世纪80年代，伴随着高歌猛进的新自由主义思潮，对全球化的公开赞扬已经屡见不鲜。曾任关税与贸易总协定（世界贸易组织前身）总干事、被誉为"全球化之父"的爱尔兰人彼得·萨瑟兰（Peter Sutherland）声称："全球化的效果非常好。在前所未有的自由化的刺激下，世界贸易继续增长的速度超过了全球经济总产出增长的速度，使得生产力和效率飞速提高，创造了百万个工作机会。"冷战结束之后的首位美国总统克林顿表示："我们必须接受全球化残酷无情的逻辑——从我们的经济力量、我们城市的安全到我们人民的健康，都不仅取决于我们国内发生的事情，而且也取决于半个世界以外的地方发生的事情……全球化不可逆转。"

社会主义国家内部涌动着的全球化思潮,可以分为两大类主张。一种主张是效仿西方世界,在社会主义阵营内部推进经济一体化,赫鲁晓夫称其为"社会主义经济的单一世界体系"。他宣称:"在我看来,社会主义国家的未来,很可能就是沿着加强独特的社会主义经济的世界体系的道路发展。在资本主义条件下将我们这些国家分割开来的那些经济障碍将会一个个地消失……没有哪个社会主义主权国家还能够仅仅依靠自己的潜力或是财富将自己封闭起来。不承认这一点,我们就不是共产主义的国际主义者,充其量不过是民族主义的社会主义者。"不过,苏联主导的这种经济融合很明显失败了。

另一种主张是摆脱两个世界的割裂,尽快融入以发达国家为主要合作伙伴的更大范围的经济全球化。这方面最成功的例子是20世纪70年代末以后的中国和80年代末以后的越南。在中苏分裂和吸取了"文化大革命"的惨痛教训之后,以邓小平为代表的中国共产党人对国际安全形势和世界经济趋势做出了新的判断。邓小平指出:"经验证明,关起门来搞建设是不能成功的,中国的发展离不开世界。"中国通过改革开放,融入并推动了新一轮经济全球化的进程。越南在从柬埔寨撤军、改善对华关系之后,开始了"革新开放",也取得了显著的经济建设成就。

中国和越南的选择并不是个例。挪威学者文安立指出,到了冷战落幕前夕,"三个世界"的图景已经让位于"全球化":"全世界的市场,尤其是金融市场,已经和一个不断扩张的资本主义世界经济体系发生了难以拆解的联系……消费主义和自由民主被正在兴起的全球中产阶级看成主流价值。对接受西方教育的改革者们而言,追随自由市场资本主义成了'镇上唯一的游戏'。"

当然,第三世界国家中也出现了警惕和抵制全球化的声音。有人把全球化看作资本主义世界市场的扩张和渗透,本质上是披着

"全球化"外衣的"美国化"。1989年,古巴领导人在见证东欧社会主义政权接二连三倒下之后,对古巴人民表示:"如今,帝国主义想要东欧的社会主义国家加入(对第三世界的)大规模掠夺当中。显然,主张资本主义改革的空谈家们对此会无动于衷。这就是为什么在那么多的国家里,没有人提到过第三世界的悲剧,而那些不幸的大众正被改造,以使他们倒向资本主义和反共产主义。"用文安立的说法,在第三世界里,全球化的反对者"大多数其实都是农民,生活在城市里或者城市外,生活在贫穷的村庄里,或者生活在倾向于憎恨和抗拒'美国化'的棚户区里"。其实,反全球化的思潮绝对不仅仅局限在贫困地区和弱势群体。对于全球化的负面作用,后面再做探讨。

文化多元主义春潮乍起

与全球化思潮相伴而生的,是意识形态和文化价值观领域的多元化或者说自由化。在西方国家内部,这一趋势表现为各种亚文化群体大量出现,社会宽容度扩大,少数族群的文化传统和生活方式受到尊重,等等。文化多元主义的崛起,主要归因于20世纪60年代席卷整个西方世界的形形色色的反文化运动和社会抗争。原本被视为"少数"和"边缘"的群体,向社会主流发起了挑战。性别、性取向、种族、族群、语言、文化归属等身份认同,成为社会舆论中不同力量竞争的战场。

文化多元化导致了西方社会在价值观结构上发生深刻变革。按照美国政治学家罗纳德·英格尔哈特(Ronald Inglehart)的说法,在主要西方社会的基本价值体系中,对生态环境、人权、族群矛盾这类所谓"后物质主义"(post-materialism)价值的关注,正在替代原来对与阶级问题相关的物质主义价值的关注。因此,他把20

世纪 80 年代以后的时代称为"后物质主义"时代。与此相适应，建立在阶级分野基础上的、以左右对峙为基本特征的传统政治格局也开始向多元化、碎片化的方向转变。

文化多元主义的另一层意涵，是本土和外来文化元素之间的融合。从 20 世纪 70 年代起，为数众多的新移民从拉丁美洲和亚洲涌入美国和加拿大，澳大利亚和新西兰的亚裔人口也快速增加。到了冷战落幕时分，又有来自北非、西亚（特别是土耳其）、东南欧的大批移民进入西欧。此外，新移民与少数族裔的出生率大大高于北美、西欧的白人原住民。这种社会变迁不但改变了发达国家的人口结构，也将同西方传统不同的宗教、语言、文化、价值观带入欧美和澳洲。西方社会正在变成一种在肤色、族群、文化价值观方面"多元异质"的社会。如果西方国家不能在一定程度上宽容以至吸纳来自异质社会的文化价值观，西方社会就会出现更大的分裂以至动乱，西方政治思想也将丧失生命力和主导地位。所以，在人口异质化趋势不可逆转的前提下，文化多元化就成了无法回避的选择。

在社会主义国家，同样可以观察到一种思想和文化多元化的进程。从 20 世纪 50 年代中期开始，在苏东国家和国际共产主义运动中对"斯大林主义"的批判，在客观上推动了对思想多元和价值自由的追求。这种追求一开始体现为"持不同政见者"在国内的叛逆活动，后来逐渐形成以西方社会为基地的跨国活动。1975 年，苏联和东欧七国参与签署的《赫尔辛基协定》是一个具有转折意义的事件。此后，本来处于地下状态的"持不同政见者"活动首先在波兰等少数东欧国家公开化，继而出现了越来越强烈的文化和生活方式多元化的呼声。

到了 20 世纪 80 年代中后期，涓涓细流最终积聚成滔天巨浪。1985 年以后，戈尔巴乔夫正式提出"公开性"的口号，放松了党和国家对意识形态和文化领域的控制。虽然改革者的初衷也许是让社会主义思想观念在同其他思想的自由竞争中获得新生与活力，但事与愿违，思想自由化和多元化的进程一旦缺乏强力约束，便成为一股难以逆转的政治自由化潮流，最终汇集成导致苏东剧变的巨大精神力量。

文化多元主义的发展，对西方主流意识形态和价值观也同样形成了巨大冲击。从20世纪70年代起，许多发展中国家的意识形态和文化逐渐摆脱了机械地皈依某种教条的状态。无论是苏联式的所谓"社会主义"教条，还是美国式的自由主义教条，都不同程度地受到摈弃，而各民族文化传统中的某些要素，重新在国家公共生活中得到承认乃至推崇。从某种意义上说，这一趋势与西方国家内部出现的"文化多元主义"相互呼应，也可以说得到了文化多元主义的促进与推动。另一方面，发展中国家民族文化的复兴与西方的自由主义和文化多元主义又表现出某种张力。换句话说，非西方国家出现的文化多元现象并不必然与西方主流的价值观念相一致，甚至可能发生冲突。

这一点在伊斯兰国家有明显的体现。1979年的伊朗伊斯兰革命具有某种象征意义。它不仅是一场政治运动，更是一场思想文化运动，标志着传统的伊斯兰文化对西方世俗主义、物质主义文化的反叛。以此为起点，众多的伊斯兰国家进入了一次"再伊斯兰化"的过程。这意味着另一种意义上的自由化，即非西方国家在思想和文化领域摆脱西方主导的自由化，挑战着西方版本的自由主义与社会秩序。

许多西方论者指出，文化多元主义的过度自由倾向导致了社会道德水准与公共精神的下降，西方社会面临着失去核心价值规范的危险。还有人担心，在种族平等、族群平等、宗教自由（以及无神论的自由）、女性主义、堕胎合法化、同性恋婚姻合法化等成为"政治正确性"的潮流下，无限制的自由化与价值观念的相对化，已经威胁到民族认同、国家认同和政治忠诚。美国哲学家理查德·罗蒂（Richard Rorty）说，美国的自由主义者"为妇女、非洲裔美国人和男女同性恋者做了很多好事……但是有一个问题：他们不是爱国主义的……他们否定国家认同，否定民族自豪感"。还有学者认为，文化多元主义实质上具有反民主的倾向，它对各种少数群体的保护背离了民主政体的基本原则即"多数决"，进而把国家分裂为一个由各类少数群体构成的社会。这些群体分别遵循各自的信念与偏好，最终将把国家推向分裂。

一些西方论者还担心文化多元主义形成思想言论和公共事务的禁区。德国思想家尤尔根·哈贝马斯（Jürgen Habermas）指出，文化多元主义具有自我封闭的特征，它会极大地压缩政治公共空间，同时无助于解决社会中大量存在的矛盾与冲突。特别是在美国，林林总总的"政治正确"标准，在现实中造成大量公共言论的禁区，政治行动的可能性与政治生活的想象受到很大限制。秉承列奥·施特劳斯（Leo Strauss）思想传统的新保守主义者认为，这种文化多元主义已经蜕变为文化相对主义甚至虚无主义。

综上所述，在冷战的中前期，民族主义、社会主义和自由主义是影响世界的三大主要思潮，人们用民族、阶级、意识形态为标签，界定自己的身份认同；到了冷战末期，社会主义和自由主义之间的争斗降温，文化多元主义的上升引发了围绕种族、性别、文化归属的争论，一直延伸到今天的西方社会。下面的章节会进一步探讨生活方式、文化艺术、身份认同等相对"软性"的问题。

"人心之争"：生活方式与文学艺术

到目前为止，本书基本上是从政治视角来观察冷战这段历史的。这一节要谈到的生活方式、文学和艺术涉及政治，却往往不在冷战研究的视野之内。

其实，两大对抗阵营的生活方式和文学艺术的发展，自有一种静水深流的力量，它们对于冷战的走向、冷战期间的人心向背，乃至冷战的最终结局，都发挥了很大的作用。我缺乏社会学、文学艺术等领域的学术素养，所以这一节我主要采用漫谈的形式，以冷战"过来人"的身份，跟大家讲讲自己的想法和感受。

生活方式触及灵魂

无论是信奉自由主义的资本主义社会，还是共产党领导下的社会主义社会，对人类的美好生活都是有承诺的。资本主义说要免于匮乏，要自由、平等、博爱；共产主义的目标是在物质极大丰富的条件下实现"按需分配"。自由主义和社会主义追求的，其实都是双重目标，一是物质生活水平高，二是社会平等公正，不同的是实现这个双重目标的路径和手段。

在冷战时代，信奉自由主义的资本主义国家首先要发展生产力，积累资本，认可我们所说的"剥削"存在的价值。在资产者看来，个人的私欲是生产发展、财富积累的动力，所以个人主义是消灭不了、也不应该消灭的"好东西"。

在共产党人看来，首先要进行推翻"万恶的旧社会"的阶级革命，夺取政权，消灭剥削，然后再发展公有制经济，用"大公无私"的无产阶级思想教育人民。个人主义是"坏东西"，集体主义才是"好东西"。在冷战时代，社会主义国家最紧迫的政治任务是，对外防止侵略，对内防止颠覆。

这两种不同思路和观念，决定了冷战时期社会主义社会和资本主义社会在生活方式方面的根本差异。资本主义和社会主义的较量，落实到普通人生活的层面，就是哪种制度能让老百姓的日子过得更好的较量。"二战"后初期，西欧、日本等都过了好几年的苦日子，连普通人吃饱穿暖的需求都满足不了。在种族歧视、种族隔离状态下的美国黑人劳工，生活也是苦不堪言。所以西欧、日本的社会主义思潮高涨，美国黑人运动热火朝天。冷战初期，美国和西欧的学术界、科技界、文化界，都有一些共产主义的同情者。前面的章节讲到过几个关于苏联间谍窃取美国核机密的案件，说明当时苏联的政治制度和意识形态还是有相当大吸引力的。出生于德国的英国核物理学家福克斯是"原子弹之父"奥本海默的助手。福克斯向苏联提供绝密的核武器情报，不是为了金钱，而是为了信仰。

但是，到20世纪50年代中期以后，经过一系列技术创新和马歇尔计划，美国和西欧国家的生活水平同苏东集团拉开了差距，人心向背也逐渐发生了变化。在西方国家，不仅电报、电话等现代通信技术很快普及，洗衣机、电冰箱、电视机、空调机、晶体管收音机、录像机、摄像机等日用消费品也走入千家万户。新型家用电器带动了大众传媒的发展，也助推了消费文化的广泛传播。这些家用电器与私人汽车一起，彻底改变了新一代的生活方式。而这些发明创造，没有一件首先出现在苏联或其他社会主义国家。苏联于1957年发射世界上第一颗人造地球卫星，核武器也很厉害，但是没有把先进技术转化为人民能够感受到的生活实惠。

前面提到，在冷战高峰期的1959年7月，苏联领导人赫鲁晓夫和美国副总统尼克松进行了举世闻名的"厨房辩论"。在莫斯科举行的美国国家博览会的展馆内，美方布置了大量自动化的生活用品和休闲娱乐设备。赫鲁晓夫和尼克松的辩论发生在一座美式郊区示范单位的厨房。尼克松巧妙地把双方辩论的焦点从军备竞赛转移到诸如洗碗机、电冰箱之类的家用电器上，既宣传了美国的和平理念，又凸显了苏联在生活日用品技术方面的劣势。赫鲁晓夫声称，苏联人只在意物品是否实用，对奢侈豪华的东西不感兴趣；在苏联，人人都可以分到国家免费提供的房子，而美国的穷人却只能睡大街。在辩论中，两人以各自的后代做赌注。赫鲁晓夫声称尼克松的孙辈将在共产主义下生活，尼克松则声称赫鲁晓夫的孙辈将生活在自由之中。西方评论普遍认为，尼克松赢得了这场厨房辩论。

说起赫鲁晓夫的后代，他的儿子谢尔盖·赫鲁晓夫（Sergei Khrushchev）原来是苏联火箭工程师，1991年移居美国，1996年之后在美国布朗大学从事冷战和国际关系研究。谢尔盖·赫鲁晓夫1997年访问中国时，我在中国社会科学院美国研究所同他有一次长谈。老赫鲁晓夫的外孙女尼娜·赫鲁晓娃（Nina Khrushcheva）1998年于普林斯顿大学获得比较文学博士学位，现在美国任教。后来的美国人得意地说，赫鲁晓夫的孙辈确实生活在所谓"自由世界"，而尼克松的孙辈却没有机会体会共产主义。

回过头来看，苏联并非完全不考虑人民的生活水平。一个例子就是"赫鲁晓夫楼"。在赫鲁晓夫当政时期，苏联各地兴建了一大批 5 层楼高的小户型简易住宅楼,被人们戏称为"赫鲁晓夫楼"。这些楼房解决了大批苏联城市居民的居住问题,让他们从地下室、工棚、危房和过度拥挤的合住房中乔迁入新居。但这种被赫鲁晓夫引以为自豪的象征社会主义新生活的住房,外观和内部结构千篇一律,虽然能满足最基本的居住需要,但是跟舒适、美观不沾边,20 世纪 90 年代后期被大规模拆除了。其实,直到 20 世纪 90 年代,中国的城镇居民如果能够一家一户地住进这种楼房,也会感到很幸运。当年赫鲁晓夫所说的"美国穷人只能睡大街"的情况,今天在美国依然存在。所谓"无家可归者",在美国大都市的街道上随处可见。

这里值得注意的,不仅是美国和苏联生活水平高低的对比,更有意思的是不同生活方式、价值取向的对比。美国人崇尚自由和个人选择,喜欢标新立异,不欣赏千人一面,不愿意被动地接受分配,特别是政府分配,对思想"洗脑"非常反感。可是苏联人(以及在其他社会主义国家中的许多人)接受集体主义的生活方式,崇尚平等,拥护思想统一。这种区别,是不同的文化传统使然,还是社会制度决定的,是一个难以解答的问题。

阶级压迫和贫困饥饿会触及灵魂,引发革命,是人人都懂的道理。冷战告诉我们的另一个道理是,在温饱问题基本解决之后,人们会选择自己希望享有的生活方式,包括自由、平等、公正、尊严、拥有个人财产等。个人权利同样会触及灵魂,关系到人心向背。苏共二十大上赫鲁晓夫的报告揭露了斯大林时代的许多阴暗面,引起了苏联民众的震撼。1956 年的波匈事件、第二次柏林危机和东柏林居民外逃、1968 年捷克斯洛伐克人民对苏联武装干涉的反抗,苏联少数族群争取自身权利的斗争,及至冷战行将结束时苏联东欧人民对当局的抗争,都远远超出了提高物质生活水平的诉求。人民要过的"好日子",包括信息多元、思想解放、文化生活丰富等许多方面的内容。

改革开放让中国人扬眉吐气

在远离欧洲的中国，1979年改革开放一开始，香港很快就成为了解世界的窗口。普通民众的生活方式，包括在衣食住行的方方面面，都快速向香港和周边的其他地区靠拢。20世纪80年代，迪斯科舞、喇叭裤、蛤蟆镜风靡一时。20世纪80年代末90年代初，可口可乐、肯德基和麦当劳进入中国，当时这些都是高档消费品。喝可乐，吃肯德基，是那些既有钱又引领时尚的年轻人的生活追求。20世纪90年代初，我在中国社会科学院美国研究所工作，向美国人讲解中美关系有利于两国发展，最爱引用的案例是"肯德基在北京"。1987年11月12日，肯德基在中国的第一家餐厅在北京前门开业，紧挨着天安门广场，有三层楼，面积为1400平方米，可容纳500人同时进餐，是当时全世界最大的肯德基快餐店。开业那天，整个三层楼都被喜庆的红色条幅覆盖着，用中、英、日三国文字写着"美国肯德基家乡鸡"。女孩穿着鲜艳的服装，表演着中国传统歌舞。现在回想起这个场面，真有一种梦幻的感觉。

20世纪80年代初，大陆和台湾当局的关系开始缓和。1987年，台湾当局开放台湾居民到大陆探亲，海峡两岸同胞近40年的相互隔绝被打破。20世纪90年代初，中国和新加坡、韩国先后建交。中国普通民众通过对外接触，亲身感受到曾经被斥为"生活在水深火热之中"的周边敌对国家和地区的人民，原来比自己的生活水平高很多。一位新加坡官员告诉我，他们接待的一个中国代表团在从新加坡回北京的航班上，每位中国官员都随身带了一个同样款式的空塑料桶。新加坡方面感到十分惊讶。后来才了解到，中方团员拿到的出国外汇现金，只够买一个塑料桶，而当时中国商场上连这样的塑料制品都没有。1990年我第一次访问韩国，当时两国还没有建交。我在汉城（现在叫首尔）看到繁华街道和满街跑的韩国国产车，而且还都是私家车，感到十分震撼。因为当时中国用的都是从日本、欧洲、美国进口的汽车，国产车数量少，质量差。好几年之后，私家车的消费时代才在中国开始。

改革开放刚刚开始的年代里，香港的城市风情片、台湾的爱情片、墨西哥的家庭伦理情感电视剧，在大陆都风靡一时，深深地刻在"70后""80后"的成长记忆里，也成为他们努力奋斗、走向外面世界的动力之一。年轻一代看港台片，或者港台通俗小说，发现里面的主角通常都在公司里工作。大家不免奇怪，这个"公司"到底是什么？公司里的人每天抱着文件走来走去，怎么能生产货物？为什么我们只有"工厂"，人家却有公司？在公司里工作的人，穿着得体时尚，似乎都是俊男靓女，连带着演绎他们的故事似乎也特别好看、动听。而我们这里的"工人阶级"，每天干的都是繁重的体力活，工资很低，生活清贫。除了高尚的"革命精神""阶级感情"以外，哪有什么故事可以拿出来分享？

20世纪80年代，我到英国、美国长期进修。当年中国大陆有机会出国访问的学者、留学生，都要省吃俭用，回来给家里买电视机、电冰箱、洗衣机等进口免税的所谓"八大件"。跟境外、国外的同事、朋友相比，我们都是囊中羞涩，总觉得自惭形秽，甚至低人一等。跟外国人讲"社会主义制度优越性"，是很心虚的。

但是，冷战结束后，也就是中国改革开放十多年以后，我有更多的机会去国外进修、讲课，感到中国学者在海外终于可以扬眉吐气了。不仅是说我们的学问长进了，更直观的是中国的经济发展给我们带来了更好的生活待遇。作为学者，我们的收入同发达国家学者的收入相比，差距已经不那么明显了。同转型后的俄罗斯、东欧国家相比，我们的生活质量不低于同行；同我访问过的巴基斯坦、柬埔寨等发展中国家的学者相比，我简直是富翁了。去朝鲜访问的感受，更不好意思提，怕朝鲜同志不高兴。冷战进入尾声的时候，我和国内亲戚、朋友、同事的物质生活和精神生活都有了质的提升。就此而言,冷战结束是个分水岭。我们有什么理由怀念冷战呢?

文学艺术塑造的观念

文学艺术能陶冶情操,是大家都懂的道理。就像生活水平有高低之分一样,文艺作品也有优劣之分,文化有先进和落后的区别。优秀的文艺作品能够打破民族和国家的界限,超越时空,传遍全球。但是,在冷战初期的中国和其他一些国家,出现了一块很大的精神荒漠。中国人的文化眼界,受到对外关系的严重约束。

我这一代受过一些教育的中国人,在青少年时代接触过的外国文学艺术作品,大多来自苏联。在苏联被视为楷模和"老大哥"的年代,很多人都读过苏联作家尼古拉·奥斯特洛夫斯基(Nikolai Ostrovsky)的长篇小说《钢铁是怎样炼成的》。这部小说的主人公保尔·柯察金的成长道路告诉人们,一个人只有在艰难困苦的革命斗争中经受锻炼,把自己的生命贡献给共产主义事业,才能获得真正的幸福。苏联文学家马克西姆·高尔基(Maxim Gorky)的自传体小说三部曲《童年》《在人间》《我的大学》、苏联作家米哈依尔·肖洛霍夫(Mikhail Sholokhov)的小说《静静的顿河》,等等,也都脍炙人口。《静静的顿河》展示了俄国十月革命前后,乌克兰顿河地区哥萨克人徘徊于革命与反革命之间的苦难历程。

至于西方文化,当年的中国人能接触的,主要是少数近代名著,包括美国的马克·吐温、英国的查尔斯·狄更斯(Charles Dickens)、法国的维克多·雨果(Victor Hugo)等作家揭露资本主义社会阴暗面的小说。"文化大革命"前在中国流行最广的西方文学作品之一,是爱尔兰女作家艾捷尔·伏尼契(Ethel Voynich)的长篇小说《牛虻》(*The Gadfly*)。这本书描写了19世纪意大利革命党人亚瑟的一生。给我印象最深的情节是，一位天主教神父利用亚瑟在教堂的告解向统治当局告密，致使他和战友被捕入狱。对于当年没有机会直接了解西方社会的中国人，西方教会伪善、阴险的嘴脸跃然纸上。正因为《牛虻》这部小说，后来有机会在西方国家生活时，我对宗教人士始终保留着一份警觉。

20世纪60年代中期以后，随着对苏联修正主义的批判，中国政治向"极左"偏转，苏联文学不吃香了。《静静的顿河》和《牛虻》等文学作品，因为刻画个人感情比较细腻，被扣上宣扬"资产阶级人性论"的帽子，大加鞭笞。

"文化大革命"开始，所有的外国文艺作品几乎都成了禁书。曾经在青年学生和知识分子里大受欢迎的《外国名歌200首》，被毛主席语录歌和其他革命歌曲取代。当时电视机还没有普及。电影院里除了"革命样板戏"拍成的电影，就是国产的"老三战"（地雷战、地道战、南征北战）。还有少数几部从四个"兄弟国家"进口的译制片。朝鲜电影喜欢反映劳动场景和对领袖的热爱；越南电影描述了激烈的抗美战争；罗马尼亚电影《多瑙河之波》出现了当时中国电影绝不会出现的男女搂抱镜头；阿尔巴尼亚有部电影叫《第八个是铜像》，情节跟片名一样不知所云。所以，影迷编了个"顺口溜"："朝鲜电影哭哭笑笑，越南电影枪枪炮炮，罗马尼亚电影搂搂抱抱，阿尔巴尼亚电影莫名其妙。"1975年中国跟南斯拉夫关系改善后，译制了几部南斯拉夫电影。它们的艺术水平比"兄弟国家"那几部电影高出许多，也比"革命化"的国产影片好看。

"四人帮"倒台后，盼望已久的"文艺的春天"终于来了，尽管它没有人们所期待的那么温暖，那么长久。1978年，中美还没有建交，而中国和日本首先实现了关系正常化。中国不再大力揭露日本侵略中国的残暴行为，或者"警惕日本军国主义复活的危险"。那一年，引进了日本电影《望乡》《追捕》等，引起街头巷尾的热议。

栗原小卷主演的《望乡》，讲述了被骗卖到南洋当妓女的日本贫苦妇女阿崎的悲惨遭遇。它激起的不是对日本的仇恨，而是对日本社会中受害者的同情。引起万人空巷的轰动效应的，是高仓健主演的《追捕》。直到今天，《追捕》里的人物形象、台词、插曲，国内的中老年人仍然记忆犹新。《追捕》也有一定的政治性，它反映了国家权力通过精神病院体制来清除对权力有危害的人，进而质疑发达国家法律的公正性。其实，中国观众并不了解、也不关心这些，而是着迷于其中的爱情故事和跌宕起伏的惊险情节。高仓健冷峻硬朗的形象，走进了中国的千家万户。以至后来的一段时间里，中国的"小鲜肉"或者"奶油小生"，马上没有了市场。高大伟岸、沉默惜言的高仓健，一下成为中国女青年心中的偶像。

2008年，我接受日本通讯社采访时，谈到了中日友好的民间基础，特别提到了电影《追捕》。没有料到的是，高仓健看到了这篇采访，而且给我寄了一封热情洋溢的信和一张签名照片。后来我去日本访问时，和他有过多次深入交谈，增加了对他的敬重，对他可以说是"情投意合"。可惜他在2014年去世，留下了永远的怀念。高仓健和我提起过冷战年代。他告诉我，他最喜欢的电影是美国影片《猎鹿人》(The Deer Hunter)，这部获得奥斯卡金像奖的影片，他看过22遍。《猎鹿人》通过三位美国越战老兵的遭遇，控诉和反思了战争带来的种种罪恶，这些罪恶所催生的是一种难以愈合的心灵创伤和社会悲剧。我的理解是，高仓健不仅欣赏这部电影的艺术性，更折服于它所体现的价值观，即反对暴力，尊重生命，崇尚人性。

1979年中国同美国建交。20世纪80年代，中国引进了大量的美国影视剧。那些作品题材多样，争奇斗艳，引人入胜，成为中美文化交流的美好历史记忆。电视剧《大西洋底来的人》(Man from Atlantis)、《加里森敢死队》(Garrison's Gorillas)、电影《第一滴血》(First Blood)、《超人》(Superman)、《音乐之声》

(*The Sound of Music*)等,展现了美国人的豪放、直率、幽默、善恶分明、富于想象力和同情心等多重性格,同革命年代中国对美国人的印象大异其趣。同一时期上映的欧洲电影《卡桑德拉大桥》(*The Cassandra Crossing*)、《苔丝》(*Tess*)、《英俊少年》(*Heintje*)等,也深受欢迎。

1979年1月,邓小平访问美国时,美国乡村音乐歌手约翰·丹佛(John Denver)在华盛顿肯尼迪文化中心为他演唱了自己的拿手曲目。从此,美国乡村音乐在中国流行起来。1987年,中央人民广播电台首次播出迈克尔·杰克逊(Michael Jackson)的歌曲《四海一家》("We Are the World")。那个年代,"偶像"和"追星"还没有成为中国内地的流行词语,但杰克逊的假声唱法、太空步、MV(音乐视频)、时尚化妆等演出元素,令人目不暇接,极大地冲击了人们的听觉、视觉乃至生活观念,使杰克逊成了青年人的"偶像巨星"。不仅如此,这首歌曲是赈济非洲饥民的慈善活动的一部分,也提升了美国的"软实力"。1987年,在央视春晚舞台上首次亮相的中美混血儿费翔,用夸张的肢体语言、华丽的妆容、极具穿透力的歌声,使人不由得联想到杰克逊。

回顾过去,我们在冷战时期所接受的文化艺术都同当时的中国对外关系有关,深刻地改变了我们的思维方式。冷战已经过去了30多年,我们面临的世界政治大势今非昔比,中国同美国、日本、俄罗斯、欧洲各国的关系发生了历史性的变化。这种变化重新塑造着我们今天的生活方式和文化观念。

罗马俱乐部报告与环境主义的兴起

这一节来讲冷战期间兴起的一个全球性话题——环境主义。一个概念一旦加上"主义"两个字，就显得非常重大，非常严肃。有人这样总结："环境主义既是指一种建立在生态学基础上的思想体系，也指促进人类同自然环境保持和谐的一种社会运动，还指一种'回归自然'的哲学。"思想体系、社会运动、哲学，这些都是大词。这一节不打算深究"环境主义"的概念，而是笼统地讲一讲环境议题成为全球性议题的过程和影响。

《增长的极限》的发表

先来讲一篇非常重要的报告《增长的极限》(*The Limits to Growth*)，副标题是"罗马俱乐部关于人类困境的报告"(*A Report for the Club of Rome's Project on the Predicament of Mankind*)。这个报告发表于1972年，离现在有半个多世纪了。报告认为，地球承载存在上限。按照当时的数据，世界人口、工业化、粮食生产、资源消耗与环境污染的增长趋势，将在100年内超过地球的承载极限，迫使人类社会物质增长在 21 世纪某个时刻停止。这一停顿可能是突然崩溃，进而出现不可控的下降，也可能是人类在资源消耗过程中逐渐接近地球承载极限。能否改变这种趋势，建立起稳定的生态和经济条件，以支撑遥远的未来，取决于人们能否在短期内拿出态度和决心，设计一种可持续的全球均衡状态，稳定人口增长，并对单纯着眼于追求增长的模式加以干涉，使地球上每个人的物质需要得到满足，同时拥有实现个人潜力的平等机会。

在可持续发展观念深入人心的今天，这个报告提出的观点听起来平淡无奇，但在当时的冷战高潮中，却是石破天惊之语。

首先，报告首次站在全人类的高度，审视当时人口和经济快速增长趋势对人类前途命运的挑战。在人类历史上，人类应当与自然和谐相处、注重保护自然资源的观念古已有之，并不新鲜。比如，我们中国人熟悉的"不涸泽而渔，不焚林而猎"，就是这种观念的体现。但是在此之前，这种观念都是局部的、小范围的，从来没有从全人类这么宏观的角度来观察世界和自然资源，人类的危机感也不强。而《增长的极限》首次将地球的可持续发展危机提到全人类面前。

其次，自工业时代以来，人类一路高歌猛进，追求物质发展，无论是资本主义还是社会主义，都把生产力的提高视为社会进步的最重要标志之一。"二战"后的 20 世纪 50 年代至 70 年代，西方世界正处于高增长、高消费的"黄金时代"，起步相对较晚的社会主义国家，将工业化视为国家建设的核心任务。我上小学的时候唱的一首歌的歌词"牛羊肥壮驼铃响，远处的工厂冒青烟"，描绘了草原生活的美景。城市里烟囱林立，铁道上蒸汽机车汽笛轰鸣，被看成先进生产力的标志。1958 年，我们北大附小校园里建了"小高炉"，要"大炼钢铁"。当时还有"除四害"运动，包括消灭麻雀。1968年，我们北京的"上山下乡知识青年"，在"内蒙古生产建设兵团"

第五章　冷战与世界思潮、文化和科技

的组织下，把草原上的大片优良牧场用拖拉机翻起来，开荒种小麦，结果颗粒无收。当时的口号是"向草原要粮"，完全没有保护自然生态环境的观念。

从这样的社会背景出发，我们就不难理解这个报告在当时的可贵之处。它试图唤醒当时仍然沉迷于生产力进步和经济增长的大多数人，促使人类不得不思考生存需求和自然环境之间生生不息的复杂关系。

《增长的极限》一问世就引起了轰动，赞扬和批判接踵而至，围绕它的争论非常激烈。几十年来，这篇报告一直受到广泛的关注和传播，而且随着时光流逝，越来越凸显它的远见卓识。今天，这篇报告被视为人类思考发展模式的启蒙作品和"绿色经典"，影响遍及政治、经济、社会、环境等多个领域，成为20世纪显赫的著作之一，被翻译成30多种语言，全球发行量超过3000万册。

当然，《增长的极限》中提出的地球承载力、可持续发展理念等，并不是报告的作者灵光一闪，凭空创造出来的。"二战"以后，西方世界热火朝天地发展经济。同时，化工产品被大量开发，用于农业、工业的广泛领域，因此自然资源消耗和环境污染问题很快就显现出来。在美国，大量砍伐森林，破坏自然生态，废水、废气和固体废弃物的"三废"污染严重。为了增加粮食生产和木材出口，化工行业开发滴滴涕（DDT）等剧毒杀虫剂，执行大规模空中喷洒计划，导致鸟类、鱼类和昆虫大量死亡，害虫却在与杀虫剂的斗争中一路进化，杀之不尽。化学毒性又通过食物链进入人体，诱发癌症和胎儿畸形等疾病。美国政府却对这种现象视若罔闻，听之任之。

这种情形不可能不触动一些有良知、有敏锐观察力的学者的灵魂，美国海洋生物学家、科普作家蕾切尔·卡逊（Rachel Carson）就是其中之一。卡逊生于1907年，1932年获得约翰斯·霍布金斯大学动物学硕士学位，曾在马里兰大学教授动物学，后来成为世界环境保护运动的开创者。在 20 世纪 50 年代后期，卡逊身患绝症，濒临瘫痪和失明，靠放疗维持生命，但她仍然顽强地行动，专门研究危害不次于核辐射的剧毒农药。经过 4 年顽强刻苦的调查研究，她写出《寂静的春天》(*Silent Spring*)，于 1962 年出版，比《增长的极限》早了整整 10 年。卡逊在书中以生动而严肃的笔触，描写因过度使用化学药品和肥料而导致环境污染，给人类带来不堪重负的灾难，呼吁人们认真思考人类社会的发展路径问题，走"另外的路"。

《寂静的春天》在当时和后来引起的轰动效应不亚于《增长的极限》。在 1962 年的整个秋季，《寂静的春天》都是《纽约时报》畅销书第一名。在该书的影响下，仅至 1962 年年底，就有 40 多个提案在美国各州通过立法，限制杀虫剂的使用。DDT 的发明者曾获得诺贝尔奖，但 DDT 仍然和其他几种剧毒杀虫剂一起，在被生产与使用的名单中清除。

这本书同时引发了公众对环境问题的关注，各种环境保护组织纷纷成立，从而促使联合国于 1972 年 6 月，也就是《增长的极限》刚刚出版之后，在斯德哥尔摩召开了"人类环境大会"，并由各国签署了《人类环境宣言》，开始了世界范围的环境保护事业。1992 年，在卡逊逝世后的第 28 年，《寂静的春天》被推选为世界上最具影响力的图书之一，被誉为世界环境保护运动的里程碑和奠基石。在中国，这本书于 1979 年由吕瑞兰翻译成中文出版。2020 年 4 月，《寂静的春天》被列入《教育部基础教育课程教材发展中心中小学生阅读指导目录》。我国优秀的科幻文学作家刘慈欣在他的《三体》系列小说的第一部《地球往事》中，曾将这本书的英文版用作推动情节发展的关键工具。

罗马俱乐部与"人类困境"项目

经过《寂静的春天》的洗礼，环境退化、自然资源枯竭、人口增长过快等问题逐渐为科学家、学者和公众所感知。西方也经历了繁荣之后的经济衰退、金融动荡、贫困、失业等蔓延到整个西方世界的问题。一些学者前往第三世界国家考察，其中就包括《增长的极限》报告的两位作者——美国麻省理工学院学者德内拉·梅多斯（Donella Meadows）和她的丈夫丹尼斯·梅多斯（Dennis Meadows）。他们夫妇前往亚洲考察，目睹了一些发展中国家的贫困、饥饿、污染、森林破坏等景象。他们观察到，这些问题包含技术、社会、经济、政治等相互关联的多种因素，各国政府和国际组织难以做出充分且迅速的反应。

1967年，意大利实业家、学者奥莱里欧·佩切伊（Aurelio Peccei）和英国科学家亚历山大·金（Alexander King）会晤，交流了对全球问题的看法，并商议要召开一次会议，研究如何着手从世界体系的角度，探讨人类社会面临的一系列重大问题。1968年4月，在乔瓦尼·阿涅利（Giovanni Agnelli）基金会的资助下，他们从欧洲10个国家中挑选了30名科学家、社会学家、经济学家和规划专家，在罗马林奇科学院召开会议，探讨如何开展全球性问题研究。会后组建了一个"持续委员会"，并以"罗马俱乐部"（The Club of Rome）作为委员会及其联系网络的名称。

罗马俱乐部在20世纪60年代末提出了"人类困境"（the Predicament of Mankind）概念，并且以"人类困境"为名，启动了研究项目。这一项目由德国大众基金会提供经费支持，美国麻省理工学院的系统动力学创始人杰伊·福雷斯特（Jay Forrester）领导的一个团队承担这个项目。前面提到的梅多斯夫妇也在这个团队中，丹尼斯还是项目负责人。这个项目的主要成果，就是1972年出版的《增长的极限》。

应当注意到的一个问题是，为什么"人类困境"项目要委托给一个系统动力学方面的学者领导的团队呢？这是因为罗马俱乐部认为"系统思维对于从整体上理解世界性问题的起源与相互联系具有巨大潜力"，时任俱乐部主席奥莱里欧·佩切伊进而提出，此前从未将人类社会的总体状况抽象成数学模型，采用系统方法将是一项重大创新。美国控制论学者汉森·奥茨贝格（Hasan Ozbekban）还曾提出采用当时最先进的计算机技术，将世界复杂情况输入全球模型，这一思路被认为很有启发意义，但他的设计较为晦涩难懂，而且实施周期较长，所以没有被采纳。而福雷斯特开创的系统动力学着眼于整体及事物之间的相互作用，能够在复杂系统中甄别并管理各类选择，而且当时已基于计算机建模开发出城市动力学模型。

于是，以丹尼斯·梅多斯为首，十几位平均年龄不到27岁、来自不同学科的青年学者，在麻省理工学院借助一台IBM计算机和几张桌子，基于世界人口、粮食、资源、污染、工业产出5个模块的反馈互动，建立了世界系统动力学模型。以德内拉·梅多斯负责的人口模块的建模工作为例，考察生物、社会、文化、经济因素对生育、老龄化、死亡率等人口变量的影响，综合运用存量/流量和反馈循环等工具，去寻找能够引起人口系统发生显著变化的关键杠杆。

在"人类困境"这一综合性项目的研究过程中，我们看到系统思维、数学模型、计算机技术三者结合的应用。虽然相比于今天最高水平的科学建模研究，当时"人类困境"项目的设计显得粗糙，计算机算力也远没有今天那么强大，但是他们以将自然科学和社会科学密切结合的全新研究方法来论证社会发展问题，具有开创性的意义。

今天，我们在全球气候变化及其社会影响方面的研究，采用的正是这种基于多重数据变量的科学建模方法。这种研究方法也预示着西方社会科学研究方法的数学化倾向,标志着20世纪以来基于数据的定量研究,逐渐向数学模型推导转变。这种数学化倾向蔓延到社会科学的一切领域,包括政治学领域,也引起了社会科学方法论方面的争论。这个议题超出了本节的主题,不再做展开。

从《寂静的春天》到《增长的极限》,人类实现了从相对单纯的环境保护主义到可持续发展理念的跨越。《寂静的春天》唤醒了人们对大自然的热爱,以及对现代技术带来的破坏作用的警惕;而《增长的极限》则将矛头对准了当时的经济和社会发展逻辑,即单纯追求整体性物质财富增长,报告的主要建议聚焦在必须降低自然资源的消耗,保护生态环境。

对环境主义的反击

不难理解,《寂静的春天》和《增长的极限》这两本书在收获高度关注和声誉的同时,也遭到了猛烈的抨击,特别是在书刚刚出版时。有意思的是,这两本书虽然诞生在冷战时期的资本主义阵营内部,但对它们最强烈的攻击也来自资本主义社会。

最不欢迎这两本书的观点的,是以牺牲环境为代价获得收益的工业既得利益集团,因为这些观点显而易见地挑战了广泛的商业利益。同时,对于政府来说,治理生态环境,改善公共卫生,可能导致税收减少,从而影响其他方面的公共开支。

《寂静的春天》一书的编辑保罗·布鲁克斯(Paul Brooks)在为卡逊撰写的传记中说:"一个世纪前曾围绕达尔文的《物种起源》展开了那场典型的争论之后,没有一本书像《寂静的春天》这样遭到那么多人的攻击,因为有些人感觉到他们的利益受到了威胁。达尔文的研究挑战宗教的权威;相应地,《寂静的春天》最初引起社会上相对小部分人（但都是富人）不高兴，其中包括化学及其相关工业如食品加工业和联邦政府中权力最大的农业部。"美国大多数化工公司企图禁止《寂静的春天》的出版。当它的片段在《纽约客》杂志中出现时，有人指责卡逊是一个"歇斯底里的女人"。《时代》杂志甚至指责她煽情，有人给她冠以"大自然的女祭司"的称号。美国的商业杂志《福布斯》直到1989年还刊登文章，嘲讽攻击《增长的极限》的作者为"末日博士"，并攻击这本书"判断错误"。《增长的极限》中提出的控制人口的建议，则被质疑是继18世纪英国政治经济学家托马斯·马尔萨斯（Thomas Malthus）之后的又一个错误的人口理论。

比较有价值的批评来自西方世界学术界内部。比如，有学者指出《寂静的春天》在科学知识方面存在明显失误；有学者质疑《增长的极限》的模型及其参数的可信度，认为结论过于悲观，或者缺乏切实可行的建议，同时忽略了技术进步的作用。一些西方主流经济学家认为，市场机制通过相应地调整价格，将会替代稀缺资源，并将促使发明家和企业家提出各种技术解决方案，从而防止重大灾难。这些理性、中肯的批评和建议促使《增长的极限》的作者更加密切注视世界的变化，关注他们精心研制的"世界模型"给出的结论与现实的拟合程度。罗马俱乐部也在不断思考，进而合理扬弃极限理论，又相继出版了《人类处在转折点》（Mankind at the Turning Point, 1974）、《人类的目标》（Goals for Mankind, 1978）、《超越增长的极限》（Beyond the Limits to Growth, 1989）等标志性报告，从"极限"理论、"有机增长"理论，逐步演进成可持续发展思想。

有意思的是，在《增长的极限》的作者群中，最具有代表性、获得赞誉最多的德内拉·梅多斯是一位女性，她将一生全部奉献给了解决"人类困境"的事业，在她去世后，罗马俱乐部美国委员会以她的名字设立"可持续全球行动奖",以表达对她的尊敬。德内拉办公室门上一直贴着一句格言:"即使知道明天就是世界末日,我今天也要种一棵树。"《增长的极限》曾被攻击为散布"末日悲观主义",德内拉的格言让我们看到,所谓的悲观主义者远比肤浅的乐观主义者更珍惜我们这个世界。

可持续发展成为新的世界主题

自从《增长的极限》出版以来,面向可持续发展的全球共识逐渐凝聚。1972年的联合国人类环境大会开启了环境治理的全球进程,环境主义的思潮也传播到社会主义阵营和广大发展中国家。中国于1979年引进了《寂静的春天》,《增长的极限》则由翻译家于树生根据1975年第二版译出,商务印书馆1984年出版。1988年,国家环境保护总局(正部级)成为一个独立的部门。中国在20世纪70年代开始酝酿计划生育政策。我们有理由相信,当时的决策者受到了环境主义和可持续发展理念的影响。

发展中国家相对负面的看法,主要集中在《增长的极限》似乎在鼓吹"零增长"理论。在发展中国家的一些人看来,这种主张无异于扼杀发展中国家追求经济发展的努力,甚至被视为要把发展中国家锁定在贫困状态的国际阴谋。实际上,这种看法是对《增长的极限》一书的误读。这本书的确提出要放慢经济增长的步伐,但它主要针对的是不计代价的、增长高于一切的观点,是对资本主义世界在贪婪地追求财富增长的同时却让贫富差距日益扩大这一现实的反思。在作者看来,如果能更加公平地分配财富,那么人类社会根本不需要这么高的增长率,就可以维持一个令人满意的物质生活水平。这样的观点,在今天仍然切中时弊。

同资本主义世界曾经出现过的对《增长的极限》及其作者的种

种责难相比，当时的社会主义国家反而比较平静地报道了相关观点。资本主义世界出现的围绕环境主义和可持续发展议题的争论，以及政策上的摇摆游移，也没有出现在社会主义国家。这并不是说社会主义国家没有面临生态环境和可持续发展的困境。恰恰相反，社会主义国家和许多发展中国家的类似问题相当严重，但是由于国家体制的原因，任何关于环境问题的公开讨论在当时都不可能出现。一些学者指出，在计划经济体制下，苏联以物为本的发展理念、粗放型的经济增长方式、资源依赖型的产业结构和贸易结构，导致了巨大的资源浪费、重度的环境污染，以及低下的经济效益。同时，由于缺乏必要的舆论监督，人民改善生态环境的意愿难以表达。

1986年4月26日发生在乌克兰境内的切尔诺贝利核电站事故，是有史以来最严重的核事故。一个发电机组的核反应堆全部炸毁，大量放射性物质泄漏。有17万人在10年内因核辐射而死亡，因此而患病者人数之多，则无法准确统计。更可怕的是，核事故的发生并没有引起苏联官方的足够重视与应对。在莫斯科的核专家和苏联领导人得到的信息，只是"核反应堆发生火灾，并没有爆炸"。由于担心会引起社会恐慌，苏联官方反应迟缓，附近居民也没有被告知全部真相，事故发生5天后甚至还举行了五一劳动节庆祝活动。这次生态环境灾难严重损害了苏联政府的威信，最终成为苏联解体的重要诱因。

有学者研究了苏联东欧民主化转型过程中的环境运动，得出的结论是，环境运动的快速发展不仅有利于改善环境治理，而且有可能成为民主转型过程中重要的社会推动力量。民主转型对环境治理的最大贡献是提升了政府决策的公开性和透明性，这是良好的环境治理所必需的制度条件。从这个角度来说，1972年召开的联合国环境大会及通过的《人类环境宣言》，如同1975年《赫尔辛基协定》

一样，在理念和精神上悄悄地占领了人们的内心世界，并迎来了冷战的和平结束。

本节谈到的罗马俱乐部和那一时期的环境保护活动，是由少数有社会良知、先知先觉的民间人士和专家学者首先发起的。这些活动一开始是空谷足音，后来才得到国家的支持，体现了民间社会对人类发展起到的巨大推动作用。冷战结束后，1992年的联合国环境与发展大会首次把经济发展与环境保护结合起来，2015年联合国可持续发展峰会通过了《2030年可持续发展议程》。改善地球生态环境的进程虽然困难重重，不断受到政治干扰，但国际社会终于找到了为之而合作的共同目标，让我们意识到，每个人都对地球的生态平衡负有责任。

冷战背景下的技术竞争与合作

冷战爆发的20世纪40年代末，同时也是第三次技术革命汹涌而来的时代。技术实力既是各国军事和经济实力的基础，也是地位和声望的来源。因此，技术与政治之间的纠葛贯穿了冷战时代始终。

在展开本节内容之前，先解释一下我对"科技"这个概念的看法。"科技"是"科学技术"的简称。科学与技术密切相关，但相互之间有区别，许多人往往不注意其区别。比如，"高科技"的说法就不妥，因为技术有高有低，具有功利性，而科学讲是非，没有优劣之分。正确的说法是"高技术"。"科技竞争"其实是技术竞争（technological competition）。但"中美科技合作"、美国总统的"科技顾问"等用法，则是正确的。我在这里只是提醒大家注意概念的规范使用。

科学技术与政治之间的关系是一个太大的话题，我在此只选取技术竞争、技术援助和科技交流三个典型情境，聚焦于美国、苏联和中国三个国家之间复杂的互动关系。

第五章　冷战与世界思潮、文化和科技

技术竞争：美苏太空竞赛

在美苏大国争霸的过程中，先进技术被赋予了体现国家形象、承载国际威望的重要作用。继核武器之后，航天技术成为美苏技术竞争的重中之重，两个超级大国都希望通过在太空竞赛中领先对手一步，来证明自身的技术实力、综合国力乃至意识形态、社会制度和生活方式优于对手。1957年，苏联率先发射了世界第一颗人造地球卫星，1961年又将人类第一个宇航员尤里·加加林（Yuri Gagarin）送入太空，赢下了太空竞争的前两个回合。除了美苏之外，中国、英国、法国、日本、印度等国也都热衷于航天技术研发。中国于1970年发射了第一颗人造地球卫星"东方红一号"，就有着积极加入航天大国俱乐部的明显意图。

大国之所以对航天技术趋之若鹜，是因为它具有两方面的特性。第一，航天技术建立在物理学、化学等一系列基础学科的深厚积累之上，每一颗卫星或者探测器都是多种工程技术高度集成的结晶，足以象征一个国家科学技术的发达程度。第二，航天技术和国防息息相关，比如，将卫星送向太空的运载火箭，同将核弹头送向地球另一个角落的弹道导弹，在技术上高度同源；在太空中运行的卫星，可以轻易搭载具有军事侦察功能的组件，对其他国家造成比传统侦察机更严重的挑战。所以，40多年中，美苏两国在航天技术领域激烈竞争。

在与苏联的太空竞赛中，美国一度占据领先优势。但1953年艾森豪威尔政府上台后，发射卫星的提议被一再搁置，主要原因有两点。首先，艾森豪威尔总统虽然是行伍出身，但是对军方势力和军费支出的膨胀非常警惕。私下里，他曾经在1953年写道："我们造出的每一支枪，下水的每一艘战舰，发射的每一枚火箭，说到底都意味着偷窃那些无食果腹、无衣御寒的人们。难道非要使我们大多数自由的人民勒紧裤腰带，忍受生活水平的明显下降，以承担如此庞大的国防开支吗？"前面的章节谈到过，艾森豪威尔在离任时公开呼吁对"军事—工业复合体"的警惕。其次，艾森豪威尔政府对美国的技术优势过分乐观。美国军方和情报部门都预计，苏联的卫星发射计划最早也得到20世纪60年代才能成功。基于这个错误判断，艾森豪威尔政府提出了"和平利用外层空间"的政策，还收紧了用于航天技术的预算。

但是，1957年10月4日，苏联第一颗人造卫星"斯普特尼克1号"的成功发射，像一声惊雷打破了美国的美梦。苏联的"弯道超车"不仅完全出乎美国情报部门的预料，而且让美国政府在国内外颜面尽失。美国普通民众人心惶惶。苏联抢先发射卫星，导致西方阵营内部"军心动摇"。在新兴民族独立国家看来，在1917年十月革命之前还落后西方工业几十年的农业国，经过高速发展的40年，实现了其他国家难以企及的成就，充分体现出社会主义道路的优越性，进一步证明了"东风压倒西风"的大趋势。

在首颗卫星上天一个月之后，苏联又成功发射了"斯普特尼克2号"，还把一只小狗送入了太空，加大了对美国的心理压力。情急之下，美国海军让不成熟的卫星计划仓促上马，在1957年12月6日发射了"先锋号"火箭，但火箭发射出去两秒钟就发生了爆炸。"出师未捷身先死"，让美国政府更加尴尬，在国内外舆论中引发了更多质疑和嘲讽。从1957年到1959年，"先锋号"运载火箭先后进行了14次发射试验，只有3次成功地将卫星送入轨道，远未达到预期的目标。

美国卫星发射的失败，使艾森豪威尔政府遭受了国内政敌和社会舆论铺天盖地的批评。有评论说，卫星事件是"太空中的珍珠港事件"，而且除了"太空差距"之外，美国似乎从导弹到幼儿园的算术教育，都落后于苏联。作为回应，美国政府一方面开动宣传机器，强调美国将航天技术研发的立足点放在改善民众福祉与和平利用太空上，而不像苏联那样用于备战。另一方面，美国加紧实施自己的太空计划。1961年肯尼迪政府上台后，更逆转了艾森豪威尔政府的太空政策，加大了航天研发项目的经费投入。

其实，此时苏联在航天技术方面依然和美国存在一定的差距，但是苏联政府出于政治考虑做出了策略性安排，将发射第一颗卫星的重量降低到了83.6公斤，远低于1000至1400公斤的最初设计，也没有携带科学研究装置，这样便大大降低了发射难度。美国的卫星发射计划之所以延迟，和研发团队原来打算携带大量侦察和科研装置、导致卫星整体重量居高不下有关。不过，这并不影响赫鲁晓夫向全世界夸耀苏联的技术实力。

1961年4月12日，苏联宇航员加加林乘坐载人宇宙飞船进入太空，完成了显示苏联航天技术领先的又一个创举。肯尼迪政府随即宣布美国的人类登月计划，即阿波罗计划。这一计划是美国在1961年到1972年实施的一系列载人登月飞行任务。阿波罗计划的开支约占当时美国全部研究开发经费的20%。

1969年7月16日，"土星5号"运载火箭载着"阿波罗11号"飞船从美国卡纳维拉尔角肯尼迪航天中心点火升空。美国宇航员尼尔·阿姆斯特朗（Neil Armstrong）等三人驾驶着这艘飞船，承载着人类的梦想，踏上了月球表面。此后，美国航天技术的优势更加明显。1981年4月12日，美国"哥伦比亚号"航天飞机将两名美国宇航员送上太空，在太空飞行54个小时，环绕地球飞行36圈之后安全着陆。1988年11月15日，苏联第一架航天飞机"暴风雪号"试飞成功，但比美国的"哥伦比亚号"晚了7年多。

苏联对华军事技术援助

与大国之间的技术竞争一样，技术援助同样是冷战时期常见的国家间互动的方式。20世纪50年代苏联对中国大规模的技术援助，涉及国防、工业、农业、交通等多个领域，其中军事技术是核心。

早在1950年中苏同盟建立前后，苏联就已经开始对中国提供军事技术援助，但是规模小、水平低，这是和斯大林对中国的不信任分不开的。真正让斯大林对中国另眼相看的，是中国对朝鲜战争的投入。中国抗美援朝不但挽救了朝鲜政权，也在战略上策应了苏联。作为回报，苏联同意为志愿军作战提供武器弹药，还支持中国建立和发展自己的军事工业。

在抗美援朝战争中，苏联向中国出售了上千架空军飞机，还向中国转移了大量苏联陆军装备的设计和制造图纸，帮助新中国国防工业起步。这样做一方面是为了保证中国赢得战争的胜利，另一方面也是为了推销苏联的库存军火。根据志愿军司令员彭德怀的军事参谋王亚志的回忆，这一时期，苏联提供的大部分装备及其图纸，都是苏军早已淘汰不用的旧型号。苏联之所以如此吝啬，一是为了防止先进武器落入同志愿军交战的美军之手，二是因为苏联对中国的信任并没有完全建立起来。

这一局面在斯大林去世、赫鲁晓夫上台后大有改观。苏共二十大以后，为了巩固自己在国内的政治地位，维持苏联作为"老大哥"的声望，赫鲁晓夫迫切需要得到兄弟国家特别是中国的支持，因此增加了对华军事技术援助，其力度远远超出斯大林时代。

这一时期，苏联向中国出售的武器和转让的技术，大多是苏军现役装备的水平，极大地促进了中国国防工业的发展。这种看似慷慨的举动，既是为了向中国彰显赫鲁晓夫的所谓"善意"，也是在引导中国采取苏制武器装备的技术标准，推动社会主义阵营的军事

第五章　冷战与世界思潮、文化和科技　　　　　　　　　　　　　643

一体化。据赫鲁晓夫本人在回忆录中的说法："当时中国武器库中所有的现代化武器都是苏联制造的，要不就是根据我们的工程师和研究机构向他们提供的样品和设计图纸仿造的。……实际上，我们整个国防工业都是向他们敞开的。"这个表述在常规武器方面大体上属实，但是就核武器和导弹这些尖端武器来说，就言不由衷了。事实上，恰恰是双方在尖端武器合作上的分歧，成为后来中苏反目的重要原因之一。

　　核武器是中苏科技合作的核心。根据冷战史学者沈志华的研究，早在1949年刘少奇带领的中共代表团第一次访问苏联时，就提出希望参观苏联正在研制中的核武器，但是被斯大林婉言谢绝，只以让中共代表团观看苏联核试验的影片作为敷衍。1949年年底到1950年年初毛泽东访苏时，苏联依然只让中国客人观看纪录片。对于中国方面请求苏联帮助中国开发核武器的提议，斯大林不置可否，只是提到苏联可以为中国提供核保护伞，言外之意是中国不需要拥有自己的核武器。

　　中国领导人开发核武器的信念非常坚定。对此，冷战史学者戴超武概括出两点原因。首先，核武器是保障国家安全的需要。中国曾经几次面对美国的"核讹诈"，所以痛感拥有核力量的必要性。1956年，毛泽东指出："（我们）不但要有更多的飞机大炮，而且还要有原子弹。在今天的世界上，我们要不受人家欺负，就不能没有这个东西。"其次，中国也意识到，核武器已经成为国际地位的象征。毛泽东认为帝国主义"看不起我们，是因为我们没有原子弹，只有手榴弹"。到了1958年，毛泽东又一次强调研制核武器的重要性："原子弹就是这么大的东西，没有那东西，人家就说你不算数。那么好吧，我们就搞一点吧。搞一点原子弹、氢弹和洲际导弹，我看有十年功夫完全可以。"

　　中国领导层当时之所以底气十足，是和苏联的支持分不开的。

1954年赫鲁晓夫第一次访华时，毛泽东再次向他提出了苏联支持中国开发核武器的请求。赫鲁晓夫对这个提议毫无准备，只能重申斯大林时期的政策。但随着内外形势的变化，赫鲁晓夫开始有求于中国领导人，他的立场也渐渐发生变化。1955年，苏联同意帮助中国和平利用原子能，建设用于科学研究的核反应堆。到了1957年，苏联在处理波匈事件中得到过中国的帮助，当年召开的社会主义国家莫斯科会议又需要中国的"捧场"，同时赫鲁晓夫刚刚通过宫廷斗争摆平了马林科夫和朱可夫等领导人，迫切需要得到中国的认可，所以在对华核技术援助问题上向前迈出了一大步。当年10月两国签署的《国防新技术协定》，标志着中苏军事合作达到了新的高峰。

从1957年起，苏联不仅向中国提供核武器相关的图纸和设备资料，还派遣上千名专家和技术人员来到中国，培训中方人员，协助建设厂房、调试设备和进行试验。但是好景不长，1958年之后，中苏两党之间的矛盾渐渐显露，再加上赫鲁晓夫为谋求同美国缓和，开始收紧对华核技术分享。

事实上，就算是在"蜜月期"，苏联的核技术转让也绝对不是毫无保留的。不过，中方对于苏联的做法早就心知肚明，也没有对苏联"坦诚相见"。比如，1958年中国空军从台湾国民党军队那里缴获了一枚美国"响尾蛇"空对空导弹，苏联多次向中国提出获得这枚导弹的请求，但中方迟迟没有回应，几个月之后才转交给苏联，而且据说在其中做了一些手脚，让苏联人大失所望。

在此之后，随着中苏关系一步步走向破裂，苏联于1959年终止了对华军事技术援助，撤走了援华的全部专家。不过，苏联此时已经意识到，中国掌握核武器只是时间问题。1964年10月16日，中国第一颗原子弹爆炸成功。巧合的是，就在原子弹爆炸的前两天，赫鲁晓夫黯然下台。

中美科技交流的曲折进程

在苏联切断对华技术援助之后不久，中国就开辟了获得发达国家科技成果的新渠道。这种交流是通过基于平等的贸易和人员互访来实现的。从 20 世纪 60 年代中后期开始，中国转而以"民间科技交流"的名义，向欧洲和日本派出科技代表团，同时向西方企业购买先进的技术产品。

早在新中国成立之后，中国就以争取海外留学生回国为主要方式，从美国和西方国家吸收先进技术的成果。根据北京大学历史学者张静的研究，1949 年到 1956 年，从西方国家归来的高级知识分子接近 1700 人，其中 1100 多人来自美国。1957 年后，随着中国政治形势的变化，海外归国知识分子的数量大幅减少，但是决定留在国外的那部分专家学者，依然偶尔以学术交流的名义访问中国大陆。可惜可叹的是，20 世纪 50 年代归国的那些知识分子，后来几乎都受到了政治冲击，相当大一部分甚至丢失了性命。他们及其家人命运的曲折难料令后人扼腕。

20 世纪 70 年代初中美关系"破冰"后，美国很快成为中国引进先进技术的重点对象。科技交流在中美合作的进程中发挥了急先锋的作用。1971 年，美国植物学家亚瑟·高尔斯顿（Arthur Galston）和生物学家伊桑·西格纳（Ethan Signer）在听闻中美"乒乓外交"之后，申请来到中国，成为新中国成立后首批访华的美国科学家。一年之后，随着尼克松总统成功访华，美国科学界要求扩大和中国往来的呼声更加强烈，美国政府的立场也渐渐松动。

美国政府意识到，与中国展开科技交流有重要的战略意义。卡特总统的科技顾问弗兰克·普雷斯（Frank Press）在报告中提到，与中国科技教育界建立联系，不仅可以为打开具有庞大潜力的中国市场创造条件，还可以扩展对中国的影响力；加强中国的整体经济实力，有利于美国在战略上牵制苏联。

美国同中国发展科技交流，当然是有政治目的的。1958年，美国同苏联签订文化交流协定后，通过人员往来，苏联获得了有关美国科技发展前沿的珍贵情报，而美国则在苏联的知识分子心中埋下了渴望政治变革的种子。戈尔巴乔夫的亲信、推动苏联意识形态"自由化"的领军人物雅科夫列夫，就曾经在美国哥伦比亚大学进修。对于中国，美国同样希望借助科技文化交流来实现政治思想渗透。

中国出于自身利益的考虑，也积极推动与美国官方和民间科技团体的交流。根据张静的研究，早在1973年，中国的科技外事工作部门就提出了对西方国家科技交流的新方针"洋为中用、不卑不亢、多做工作、热情友好、谦虚谨慎"。周恩来在会议上强调："要学习外国的先进技术，一切不懂的项目都要学会，要下些本钱，把人家先进的东西借过来，赶上去，超过去。在这个问题上，不要自满自足，觉得自己好得不得了。"

当然，这一时期的中美科技交流也受到了国内"极左"思潮的干扰。比如，1972年，美国学术团体联合会主席弗雷德里克·伯克哈特（Frederick Burckhardt）写信邀请中国代表团参加一个国际学术会议，收到的却是中国科学院"红卫兵组织"的回信。信中写道："我们中国人民很怀疑你将这两封信寄给我们的目的和意图……在毛泽东思想的照妖镜面前，美国的侵略野心图谋和方案永远无法得逞。我们在这里郑重地警告你，如果胆敢耍任何阴谋诡计，我们一定会砸碎你的狗头。打倒美帝国主义！毛泽东思想万岁！"

更为荒谬的是所谓"蜗牛事件"。1972年，国务院批准从国外引进一条彩色电视机生产线，这项任务交由第四机械工业部等部委执行。1973年11月，四机部派了一个12人的代表团到美国无线电公司考察。一家生产彩电显像管零件的康宁公司，给中方代表团每一位成员赠送了一个玻璃制造的小蜗牛作为纪念品。1974年2月，四机部的一个青年干部给江青写信，举报中方人员收受美方礼品的事，而且怀疑这个"蜗牛"是影射中国技术发展只能"像蜗牛一样爬行"。江青接到信后大做文章，说美国用蜗牛形容我国搞"爬行主义"，借助这件事批判当时的中国对美政策。此后，四机部不敢继续推进引进彩电生产线的工作，主张退回礼品蜗牛，同时对"爬行主义"搞口诛笔伐的"大批判"。周恩来总理听说之后，通过外交部调查，发现康宁公司有赠送客人玻璃蜗牛的习惯，不仅送给中国人，也送给其他客人。这只是一件精美的小礼物，并没有其他引申含义。所以外交部认为礼品没必要退回，也没必要进行外交交涉。虽然"蜗牛事件"风波就此平息，但引进彩电生产线的工作却被暂时耽搁，造成了7亿多人民币的经济损失。

1977年，中国重新提出了"向科学技术现代化进军"的口号。邓小平指出："毛主席提出的自力更生的指示被'四人帮'歪曲了，他们把引进世界上一些先进成果都谴责为'洋奴哲学'，这是最蠢的。一切先进成果都是全人类共同努力的结果。"邓小平还谈到："世界发达国家都注意最新的科学成果……中国在清朝时搞闭关自守，'四人帮'也是搞闭关自守。科学研究方面的先进东西是人类劳动的成果，为什么不接受？接受这些东西有什么可耻的？"

1979年，在中美建交的同时，两国正式签订《中美科技合作协定》，全面打开了双方科技交流的大门。两国之间的科技关系，直到今天依然是双边政治关系的晴雨表。

我们看到，在冷战40多年的风风雨雨里，科学技术始终是国际政治的工具。但科技进步有自身的逻辑和轨道，并不完全以国家意志为转移。如何使科技发展造福于全人类，而不是仅仅服务于特定的对外政策目标，甚至造成大国冲突和人类灾难，是值得思考的重大战略问题。当年的核武器技术如此，今天的人工智能技术仍然如此。

"文化冷战"与对立的宣传

与过往千百年来的大国竞争所不同的是，冷战更是一场"人心之争"，不同意识形态和社会形态的倡导者，都希望争取更多人的信仰支持，削弱对手的影响力。很多时候，这种不同"主义"、不同理念之间的对决，不依靠枪炮、导弹、核武器，而是通过报纸、广播、电视来展开的。公共舆论成为冷战的又一个主要战场，在这个战场上，各国使用不同的宣传手段"短兵相接"。

关于"宣传"的争议

"宣传"是一个在我们的生活中很常见的词，不过，这个词在不同的社会有截然不同的含义。冷战时期，社会主义国家的执政党普遍设立"宣传鼓动部"，有的也叫"宣传部"或者"文化部"，职能大致相同，都是负责管理信息的生产和流通，包括新闻出版、广播影视，还有各类文化艺术活动。宣传往往分为对内和对外两个渠道，分别面向国内和国外两类听众。两者的根本目标都在于树立党和政府的良好形象，塑造社会公众的认知和价值观，引导民众支持领导部门的政策和议程。

这样的现象同样存在于西方社会，但是换了不同的名称。宣传所对应的英文词最初是"propaganda"，原本是指天主教会对外传播"福音"的一种形式，或者是商业广告。随后，"propaganda"进入政治领域，变成政府影响公众认知和社会舆论的手段。"propaganda"的含义一开始还算中性，在战争期间被各国政府广泛使用。不过，到了20世纪30年代，随着纳粹德国建立了"国民教育与宣传部"，起用臭名昭著的保罗·约瑟夫·戈培尔（Paul Joseph Goebbels）为部长，大量使用歪曲事实、煽动仇恨的宣传手段，这个词给人的观感逐渐恶化。第二次世界大战和之后的冷战时期，各国依然不遗余力地搞宣传，而"propaganda"这个词的负面含义越来越明显。

所以，西方国家就将这个词放到了敌对阵营的头上。比如在冷战期间，社会主义国家的宣传鼓动部被西方称为"Agitprop"，是"agitation"（煽动）和"propaganda"两个词的合称，暗示着用心不良的蛊惑行为。而对于自己的宣传行动，西方国家则转而使用"publicity"这个更为中性的词来指代自己的行为，将它描述为更为温和的"公共关系""国际传播"，或者略带进攻性的"心理战"等，试图掩盖意识形态的元素。但实质上，铁幕两侧的宣传行动并没有本质上的不同，只有方法和结果上的区别。

人们对宣传的最大质疑，是宣传者所提供的信息，究竟是真实的还是虚假的。但是对于宣传者来说，重要的不是信息的真假，而是它是否符合政治需要，以及散布的信息能否使受众相信。冷战时期宣传活动最大的特点之一，是两大阵营是相互隔绝的（中国和苏联等社会主义国家之间的民间往来也非常有限），所以信息的真伪很难辨别。比如我在青少年时代被告知，世界上有三分之二的人生活在水深火热之中，等待中国去解放。我们没有亲身接触外部世界的机会，连宣传部门的人也不了解外国，所以没有理由去质疑，于是从上到下都相信了这种说法。

　　从方法上来看，一般认为，宣传可以被分为白色、黑色和灰色三种。白色宣传传播的是来源和意图都非常明确的信息，通常见于各国政府部门或者官方媒体的表态。这种"光明正大"的方式最为直接，但是由于政治意图过于明显，往往很难被受众接受，甚至可能激发他们的逆反心理。黑色宣传传播的则是来源和意图都不明确的虚假信息，通常是情报和间谍部门的"杰作"，主要表现为捏造和传播不利于对手的谣言。灰色宣传则居于两者之间，选择经过伪装的信息来源，并不公开露骨地褒贬某一方，但是会用精心选裁的内容和打"擦边球"的含蓄方式，引导受众做出价值判断。在冷战中，各国的宣传行动往往是三种方式的混合。

冷战时期的美国："心理战"的集大成者

　　先来看美国。可以说，冷战期间，美国是政治宣传的"冠军级选手"，宣传在帮助美国最终赢得与苏联的竞争中发挥了可观的作用。历史学者肖华锋等人撰写的《冷战时期美国文化扩张与渗透》，相当详细地描述了美国对外宣传的手段和效果。

　　早在"二战"刚刚结束之时，美国就觉察到苏联的影响力在东欧地区的膨胀，以及西欧各国亲苏思想的抬头，所以制订了缜密的宣传行动计划，包括秘密资助建立"自由欧洲电台"、拉拢西欧左翼知识分子等，试图在欧洲观众面前重新塑造苏联的形象。美国将苏联描述为对外侵略扩张成性、致力于输出共产主义的"红色殖民帝国"。

　　同时，美国的宣传机构极力渲染苏联国内治理的不堪。政治上的封闭压抑自然是重点攻击对象，斯大林时期的大清洗、知识分子被流放、苏联经济和社会发展落后等内容，都是美国宣传活动的经典素材。美国新闻署曾经编写过一本标题为《共产主义下的苏联妇女》的宣传小册子，重点介绍了一位名叫妮娜·赛特瑟夫的普通苏联妇女的日常生活。在书中，妮娜是一名 30 岁的已婚女性，和丈夫伊万在同一家工厂工作，膝下有两个年幼的儿子，由工厂的日托中心照顾，全家人和其他三个家庭挤在一套四居室的狭小公寓里生活。妮娜每天早上 4 点起床去市场买菜，排一个多小时的队也只能买到少量牛奶、一片奶酪、一些枯萎的蔬菜、一条黑面包和一点茶。妮娜家很少买得起肉；即使买到了肉，也无法确定肉的品质和是否卫生。这本书总结道，妮娜不是一个特别的人，她代表着苏联的每一位妇女；"对于苏联一亿人口中的绝大多数人来说，生活就是无休止的工作和忧虑，肉体上的艰辛和精神上的颓废"。

随着冷战的逐步升级，美国也调整了宣传体系的结构和功能。1950 年，杜鲁门总统在演讲中声称，苏联正在对西方世界发起前所未有的宣传攻势，号召所有自由民主国家都加入反击苏联宣传的"真理运动"中来。一年之后，杜鲁门设立了"心理战略委员会"，明确提出要针对苏联和东欧国家使用"心理战"的手段，促使它们国内政治出现变化。艾森豪威尔政府上台之后，在国务院之外单独设立了"美国新闻署"，作为对外宣传的"急先锋"，在全球设立多个分支机构（美国新闻处），将宣传活动的范围扩展到全世界。

中央情报局除了从事间谍工作外，也承担了一些宣传任务，特别是制造黑色宣传、传播虚假信息等。在政府部门的建制之外，新闻媒体、研究机构和各类民间基金会都在美国的国际传播中扮演了积极作用，全方位地塑造美国的正面形象和苏联的负面形象。可以说，美国宣传体系的庞大、复杂和多元，让其他国家的同类机构相形见绌。

在一些影响国际局势和冷战走势的关键事件上，美国每一次都发起主动的宣传攻势，从来没有错过时机。在 1953 年的东柏林事件、

1954年的波兰和匈牙利事件、1968年的"布拉格之春"以及1980年的波兰"团结工会"运动中，美国之音、自由欧洲电台和解放电台都起到了推波助澜的作用，通过无线电广播、气球传单、秘密发放图书等方式，渗透到东欧各国社会，制造耸人听闻和虚假的信息，煽动当地民众对政权不满，支持异议分子挑战执政当局。这样的渗透是卓有成效的。数据显示，20世纪50年代之后，苏联约有三分之一的成年都市居民收听西方广播，在东欧则达到二分之一；到了1981年，波兰已经有三分之二的成年人成为西方广播的听众。美国前国家安全顾问布热津斯基认为，苏联集团丧失对信息传播的垄断，正是执政党统治垮台的关键。

在冷战期间，美国宣传行动的主要打击对手也包括中国。早在"二战"结束之后不久，美国就在中国建立了庞大密集的宣传网络，包括11个美国新闻处，作为干涉中国内政外交的关键一环。大名鼎鼎的汉学家费正清就曾经担任过美国新闻署驻中国分署的主任，负责美国对华公共外交和宣传事务。

随着国民党政权在内战中兵败如山倒，以及新中国政府确定了"一边倒"的外交战略，美国在华宣传网络迅速崩溃，不得不收缩到香港和台北的美国新闻处运行，以美国之音和自由亚洲电台的广播为主要途径，也依靠发行杂志、报纸、连环画等其他手段。这些针对海外华人的反共宣传，主要有三个着力点：第一，抹黑社会主义中国，针对的是想要回国的中国海外留学生。第二，夸大中国意识形态和社会制度的威胁，针对的是东南亚等地的华人社团。第三，抬高台湾国民党政权的地位，将它塑造成所谓"中华传统文化的正统继承者"，企图将台湾地区打造成中华文化圈的新中心。

为了达到这些目的，美国的宣传不仅强调马克思列宁主义的所谓"非本土性"，着力渲染与苏联的密切关系如何与中国的国家利益相冲突，企图给新中国贴上苏联"小跟班"的标签。朝鲜战争爆发之后，美国的宣传材料更将新中国描绘成"苏联帝国的附庸"，声称"中国人民开始逐渐意识到他们的共产党统治背后站着一个外国强权，……很明显，苏联将中国当作对南亚和东南亚渗透的一块跳板和一种工具"。1951年5月，美国负责远东事务的助理国务卿迪安·腊斯克公然污蔑新中国是"斯拉夫满洲国"。

苏联："和平攻势"与捉襟见肘的对内宣传

同美国一样，苏联高度重视宣传战对大国竞争的作用，投入了大量资源和美国"过招"，但是效果却不尽如人意。苏联对宣传战的重视和美国差不多起源于同一个时期，双方都想在战后的欧洲尽可能多地争取人心和舆论主动权。很有意思的是，前面说到，美国在欧洲加强宣传活动的原因是感受到了苏联宣传活动的威胁，而苏联宣传和情报部门对这一时期欧洲社会舆论的评价却恰恰相反，认为美英的反苏宣传大行其道，苏联在意识形态斗争中落了下风。曾任苏联外交部副部长的瓦西里·库兹涅佐夫（Vasily Kuznetsov）忧心忡忡地表示："英美正在影响苏联人民，他们在毒化苏联人的思想，竭力把民众引到他们的轨道上，从而怂恿他们反对我们的党和国家……我们没有真正的宣传能力。西方在每个方面都在排挤我们。他们（英国人和美国人）在步步进逼而我们一直处于防守，即使只有防守的份，我们做得也很糟糕，无半点技术性可言。"

为了反击美英的宣传攻势，苏联也在国内外展开了铺天盖地的反美宣传。在1949年十月革命纪念日上，苏共中央政治局委员、斯大林的心腹之一马林科夫在演讲中公开斥责美国正在试图将全世界"美国化"，所作所为和纳粹德国没有本质区别。苏联宣传部门还翻出了美国出兵干预1918年俄国内战的历史材料，声称"美国人的手上沾满了俄罗斯人民的鲜血"。类似的宣传材料力图呈现的，是美国不仅在历史上是苏联的敌人，在现实中也是一切罪恶的源头，美国的国家形象一直同下列现象紧紧联系在一起：经济危机、垄断统治、法西斯主义、文化和社会风俗的腐化和堕落、劳动人民生活贫困、种族歧视、为军国主义服务的科学、媒体腐败、犯罪率增长、对外政策的侵略性以及为此而建立的北大西洋公约组织、与盟友之间存在的不可调和的矛盾以及不可避免的分裂，等等。

在冷战大幕刚刚拉开时，苏联宣传部门的工作并不能很好地跟上形势，宣传的内容存在生搬硬套、与现实脱节的问题，在西方民众眼里没有什么说服力，甚至有时候还会起到反效果。比如，苏联驻英国大使格奥尔吉·扎鲁宾（Georgy Zarubin）曾经这样批评苏联在英国举办的一场摄影展："我们想反映我们农业机械化的程度有多高。比如，在一台拖拉机和打谷机旁围着一群人，我数了一下有42个人。英国人看了一定会问，你们说是机械化，那要用这么多人干什么？他们说像这样的情况，在英国一个农民和他妻子就够了。因此，我们反而收到了负面效果。"

为了适应日渐升温的舆论战，苏联努力改进自己的宣传工作，企图建立起一个同美国对等的庞大复杂的宣传系统。苏共中央宣传鼓动部是整个宣传系统的领导机构，直接对苏共中央负责，通常由主管意识形态的中央书记主管，特别著名的是斯大林时期的日丹诺夫和赫鲁晓夫、勃列日涅夫时期的米哈伊尔·苏斯洛夫（Mikhail Suslov）。在宣传鼓动部之下，是一系列承担具体任务的职能部门。1966年5月，宣传鼓动部根据苏共中央书记处的指令重新组建，设立13个下属机构：俄罗斯联邦局、加盟共和国局、党务宣传局、群众性政治和文化教育工作局、报刊局、广播电视局、出版局、杂志局、出版物和印刷品发行局、体育文化和运动局、讲师团、专家咨询组、办公厅等，工作内容涵盖了苏联意识形态工作的所有领域。

在宣传策略上，苏联积极借鉴西方国家的经验，越来越注意改进公关技巧，减少直白露骨的白色宣传。比如，库兹涅佐夫曾经在内部会议中这样要求苏联宣传人员："我们要学习英国人的智慧，要看到他们是怎么搞宣传的。我们也要像他们那样把宣传深入开展下去，有必要的话，我们也可以贿赂资产阶级的报纸。我们可以同他们交易……不错，我们是非常讲信誉的大国，可我们宣传政策的水平还没到家。"另外，"我们可以招纳不同国籍的代表，如捷克人，掩饰他们的身份，使旁人无法辨别出他们是共产党员。我们也可以吸收罗马尼亚人、匈牙利人。他们以匈牙利人的身份潜伏在那里，实际上却在帮我们宣传，如今要这样做容易多了"。

斯大林之后的苏联宣传机器取得了一定的成绩。1955年赫鲁晓夫提出"三和路线"之后，宣传部门发起了与外交政策调整相同步的对外宣传行动，试图营造苏联坚守和平的形象，反衬美国好战、热衷于挑动国际矛盾的形象，被西方称为"和平攻势"。这些做法在第三世界得到了不少正面反响。

有人认为，苏联在对外宣传上的短板来源于其体制的缺陷，不是仅凭对宣传机构小修小补就可以从根本上改善的。苏联的宣传部门和其他部门一样，都采用高度集中、层层向上负责的管理体制。宣传内容从形式到选材都有非常严格的审核流程，难免出现僵化死板的问题。另外，由于苏联体制的封闭性，很多从事内容制作和审批的工作人员自己都不了解外国的真实情况，经过他们之手的宣传内容当然很难保证质量。有的苏联宣传人员抱怨："不让我们熟悉资产阶级记者的文章，却又要求我们去揭批这些文章。"

对苏联宣传部门的最大挑战，并不是如何向国外听众展示一个和平、友好、强大的国家形象，而是如何说服国内听众相信，苏联人民拥有比西方民众更高的生活水平。在冷战岁月中，苏联一直都在对内宣传中强调，本国制度的优越性让民众过上了大多数人所奢望的生活：有保障的住房，充分的就业，免费的医疗和保健，稳定的物价，而西方社会则在资本主义周期性经济危机、失业和贫富不均中苦苦挣扎。

还有一个严重的问题是，由于对社会言论的严格控制，苏联宣传部门无法得知苏联民众是真心相信了这些被精心设计的说法，还是只在表面上不予（或者不能）反驳，而内心里却不屑一顾。到了苏联解体前夕的1987年，政府才发现真相其实是后一种情况。随着戈尔巴乔夫倡导"公开性"，放宽了对新闻媒体的管制，信息的洪流呼啸而来。这不仅激荡着整个苏联社会，而且轻而易举地冲垮了苏联宣传部门几十年来精心构筑的"心理防线"。

冷战时期的中国：宣传风向的转变

最后再来简单谈谈中国在冷战时期的宣传。在对外宣传方面，中国无论从规模上还是深度上都难以与美国和苏联相提并论。这是因为中国虽然也曾经卷入周边的地缘政治冲突，在第三世界国家和两个超级大国展开竞争，但是利益范围十分有限，在海外也缺乏扩展舆论影响力的支点。所以，中国的宣传活动主要集中在国内，为动员人民支持政府的内外政策起到了非常重要的作用。

新中国建立之后的第一个重大宣传活动就和冷战密切相关。1950年中国人民志愿军入朝鲜参战后，中国在国内发起了声势浩大的"抗美援朝运动"，宣传工作在其中发挥了重要作用，也对中国社会的公共舆论进行了根本性的重塑。在民国时期，中国社会对美国的观感要普遍好于对苏联的观感。特别是在知识分子眼中，发明原子弹、打败日本的美国是强大国力的象征，也有少数人倾慕美国的政治制度。相比之下，苏联在战争期间对日媾和、在战后对外蒙古和中国东北提出利益要求，占领中国东北的苏联军队胡作非为，引起了民众的广泛不满。

第五章　冷战与世界思潮、文化和科技

为了消除民间情绪和对外战略之间的错位，中国发起了大规模的反美和亲苏宣传。1950年开始的抗美援朝运动，同知识分子改造运动结合起来，旨在消除社会上"亲美、崇美、恐美"的情绪。这方面的宣传材料指出，美国在历史上就参加过八国联军和其他侵略中国的行为，在解放战争和抗美援朝战争中更成为"中国人民最凶恶的敌人"和"帝国主义反动力量的大本营"。

到了20世纪60年代中后期，中苏关系急剧恶化，中国的国内宣传也开始出现急转弯。激烈的反美宣传逐渐被对苏联修正主义、社会帝国主义的抨击取代，并随着中美关系的缓和而降温。1979年邓小平访美过程中，官方媒体全程跟进报道，第一次为国内受众展现了一个多元和真实的美国，对于美国社会的正面报道开始增多。冷战结束时，中美矛盾上升，对外反对美国霸权主义，对内警惕西方的"和平演变"图谋，遂成为宣传工作的一个主旋律。

第六章

冷战的续章与反思

美国的"同盟体系"

这一章将不再拘泥于具体的时空背景,而是从更长远、更广阔的视角审视冷战留给当今世界的一系列问题,包括冷战后国际秩序的连续性和变化、"文明的冲突"是否取代了大国争霸、若干国家的"民主转型"是否成功、是否会发生"新冷战"等。

这一节将探讨跟美国相关的三个问题。第一,在冷战刚刚结束的 20 世纪 90 年代,美国扮演着什么样的国际角色?美国的力量优势来自哪里?第二,为什么美国拥有独步全球的优势地位后,没有遭到其他大国的联合抵制或者"群殴"?从历史经验看,或者根据现实主义的均势理论,当一个霸权国家消失或者急剧衰落、另一个霸权国家占据优势地位后,其他强国往往会采取联合行动,形成新的制衡强权的格局。但是冷战后十来年时间里,这种新格局没有出现。第三,冷战结束后不但没有出现反美联盟,而且冷战时期美国结成的同盟体系,如北约、美日安全同盟等,依然屹立不倒,这其中的原因是什么?

高处不胜寒：冷战结束十年后美国的实力与地位

美国是以头号强国的姿态进入后冷战时代的。20世纪90年代初，美国经济延续着里根时代开始的十年繁荣，"熬"倒了最大的地缘政治对手苏联。老布什政府以压倒性的优势赢得了海湾战争，美国所倡导的新自由主义理念风靡全球。比尔·克林顿担任总统的1993年到2000年，是美国历史上相对于其他国家实力最强盛的时期，享受到了"和平红利"，没有任何外部力量能对美国构成真正的挑战。

美国的力量优势体现在很多维度上，首先是经济方面。从1991年到2000年，美国经济创造了接近10年连续增长的奇迹。通货膨胀和失业率处于20世纪70年代以来的最低水平。国内居民消费势头旺盛、商业投资活跃，被称为30年来美国经济的"最佳境界"，美国成为世界经济增长名副其实的火车头。1991—1996年，美国国内生产总值占全世界的比重稳定在25%左右。到2000年克林顿执政的最后一年，美国国内生产总值在全世界的比重增长到30.3%。同一时期，西欧、日本的经济增长放缓，以前舆论所预测的美日欧经济"三分天下"的局面没有出现。当时中国、印度等新兴经济体还没有进入世界前列，俄罗斯经济处于低迷状态。从产业构成上看，以信息技术为核心的新技术革命浪潮的兴起，使美国在高技术领域的优势急剧扩大。

美国政府充分意识到经济实力对于国际地位的重要意义。克林顿政府1994年的国家安全战略报告写道："美国安全战略的中心目标是通过国内外的努力促进美国的繁荣。我们的经济利益和安全利益越来越不可分割。我们国内的繁荣取决于国外的积极参与。我们的外交实力、保持一支天下无敌的军事力量的能力，以及我们的价值观在国外的吸引力，所有这些都部分取决于我们的经济实力。"

第六章 冷战的续章与反思

美国能拥有如此快速而持续的经济增长，在一定程度上应归功于削减军费所产生的"和平红利"。在长达40多年的冷战期间，军事工业在美国工业总产值中的比重平均达到25%。军事工业的扩展虽然也有刺激经济增长、促进技术进步的作用，但它"拖后腿"的长期负面影响更为明显，表现为国民赋税负担沉重、社会福利投入不足、财政赤字居高不下。国防支出庞大，也影响了研究开发、教育、卫生、基础设施等方面的投入。日本、联邦德国等国在美国投入巨额军费的年代，国防费用很低，实现了经济崛起，全球竞争力直追美国。为了改变这种状况，冷战刚刚结束，美国政府就通过裁减军队人数、关闭部分军事基地、减少军事订货等行动，削减了军费预算。国防开支所占国内生产总值的比重，从1990年的5.2%下降到2000年的3.0%，甚至绝对数字也有所下降。联邦政府还利用财政投资手段，加快"军转民"的步伐，鼓励国防工业和民用部门之间的技术合作开发。

不过，军事支出的削减并不意味着军事能力的下降。从绝对数量上来看，美国军费当时仍然远远高于其他国家，是其他北约国家军费总和的近两倍、俄罗斯军费的三倍、中国军费的十几倍。更重要的是，军事技术的加速发展弥补了美国在经费和兵力上的压缩。美国仍然重视核武器的作用，但已将武器发展的重点转到开发新一代的高技术常规武器。在军费减少的情况下，继续增加高技术武器研制的经费，加速发展隐形、定向能、智能、精密制导、空间系统、生物工程等高新技术，保持着新军事技术革命"领头羊"的地位。按照美国军方的思路，美国所要确保的不是当下的军事技术优势，而是未来的优势。1990年的海湾战争，1999年的科索沃战争，都变成了美国展示其信息化作战能力的舞台，对其他国家产生了强大的心理震撼。

但是，美国在军事力量上的优势却并没有转化成在国际关系中更大的主导权。在国际局势趋向缓和、大规模军事对抗的可能性降低后，美国的超强军事能力对其他大国难有威慑之势，军事力量转化为政治和外交工具的作用下降了。美国在冷战后仍然热衷于通过武装干涉、武力威胁和参与维持和平行动等方式展现自己的力量，但是美国主要针对的是海地、伊拉克、伊朗、利比亚、朝鲜、索马里、波黑等中小国家，而不能用武力胁迫中国、俄罗斯等大国按照自己的意愿行事。从这个角度讲，美国作为唯一超级大国的实力是货真价实的，但却无法拥有传统意义上（如19世纪的大英帝国）那种称霸世界的能力。

阻碍美国将实力优势转化为霸权的因素，还包括全球化带来的复杂影响，以及美国在国内所面临的一系列挑战。

首先，全球性问题的大量出现，对美国和其他所有国家都造成了重大挑战，赢得大国竞争已经不再是唯一要务。生态环境破坏、资源过度消耗、国际恐怖活动、跨国走私、有组织犯罪等一系列让各国头疼的问题，并没有随着冷战结束而消失，而且也无法依靠美国一家独自解决。这种局面在客观上削弱了美国依靠经济和军事优势在国际事务中唱"独角戏"的能力。

其次，美国在后冷战的世界上没有确定的战略敌人，推行霸权的最大障碍是它自己。美国总统林肯说过："如果毁灭是我们的命运，那它的发起者和结束者一定是我们自己。"美国前国家安全事务助理布热津斯基的话也值得深思："对美国的独特全球角色的真正挑战，越来越多地来自内部而不是外部。实际上，美国的主要薄弱部位可能不是被其对手的有形挑战突破，而是被它自己文化形成的无形威胁突破，因为这种文化在国内越来越削弱、涣散、分化美国的力量乃至使其瘫痪，同时又引诱和腐蚀外部世界乃至使其异化和革命化。"

20世纪90年代的美国在国际舞台上风光无限，但是在国内治理上却问题丛生。一方面，美国在经济、军事、科技等方面的硬指标上是"世界冠军"；另一方面，美国也在武器扩散、暴力犯罪、监狱关押的人数、吸毒、贫富悬殊、能源消耗、二氧化碳排放量、艾滋病毒感染人数等许多指标上"名列前茅"，给世界带来了祸害，树立了恶劣的"榜样"。苏联的迅速衰落和解体，使美国的国家目标部分地失去了方向感。伊拉克萨达姆政权的军事挑战，日本的经济挑战和"资本入侵"，舆论界关于"中国威胁"的鼓噪，都代替不了过去的苏联那样一种激发美国内凝聚力的作用。与此同时，种族矛盾上升、贫富差距扩大、犯罪率居高不下、核心价值观失落、政坛丑闻不断等一系列相互联系的社会和政治问题，严重地侵蚀着美利坚大厦的根基。

制衡的缺位：为何反对美国霸权的联盟没有出现？

与国内事务相比，这一时期，美国在对外关系上更"顺风顺水"一些。前面提到，在冷战结束之后，大国联合抗衡美国的局面并未形成，甚至连伊拉克、利比亚、古巴、朝鲜等中小国家，也只能依靠自己来单独抵抗美国的压力。没有形成国际反美联合阵线的原因很多，我在这里简单提两点看法。

一个原因是，美国采取了"分而治之"的策略，同其他各个大国分别改善关系，不让其他大国相互之间的关系超越它们同美国的双边关系。苏联解体、俄罗斯继承苏联的国际地位之后，1992年2月美俄首脑发表的《戴维营宣言》表示，两国已经是具有"相同价值观"的"伙伴"，不再视对方为"潜在的敌人"。此后，虽然美国对俄罗斯仍存战略戒心，两国之间摩擦不断，但毕竟不再是明确的敌国。

中美关系在20世纪80年代经历了一段蜜月期，到冷战落幕时分又出现了新的波折。1989年政治风波后,美国纠合其他西方国家制裁中国,中美政治关系一度紧张。1995年李登辉访问美国后,"台独"势力日趋猖獗,台湾海峡发生军事冲突的危险性增大。同时,中美经贸摩擦也在升温。1999年5月,北约空军轰炸中国驻南斯拉夫大使馆,更使双边关系跌入谷底。但是,在整个20世纪90年代,尽管不断有美国人鼓吹对中国采取遏制政策,但从布什政府到克林顿政府的对华政策主流都是压制、防范与交往、合作的两手并用。1997年和1998年,江泽民主席和克林顿总统实现互访,双方表示了"建立战略伙伴关系"的意愿。总体来看,当时中美关系是在波折中逐渐走向稳定的,美国政府也一直没有明确地视中国为敌国。

在西方世界内部,美国同西欧主要大国的政治军事同盟关系,虽然有波动,但基本是稳定的。其中的美法矛盾最为突出。不过,同20世纪60年代戴高乐领导下的法国脱离美国战略轨道相比,其实并不严重。美国对于德国统一和欧洲的经济政治一体化,尽管不是出自内心地赞成,但至少给予了表面上的支持。1991—2000年,美国及其欧洲盟国在海湾战争、武装干涉南斯拉夫、封锁打击伊拉克等问题上,一直以协调合作为主。俄罗斯对北约继续存在以至东扩,曾经有过同意、容忍、反对、愤怒谴责等各种表态,最后还是无可奈何地予以默认。

美国的优势地位没有触发其他国家联合抵制的另一个重要原因是,美国领导国际事务的方式在一定程度上被它们默许。我在第一章曾提到,"二战"结束之初,美国就展现出了同以苏联、英国为代表的传统大国不同的战略思路,不再执着于划分势力范围,而是谋求按自己的意愿塑造世界秩序,通过各式各样的国际组织和机制实现对国际事务的主导。如此,才有了联合国、布雷顿森林体系、关贸总协定(后来的世界贸易组织)等一系列的制度安排。在20世纪70年代,这些制度保证了美国在自身实力相对严重下滑时,依然可以借此保持国际影响力。

对于其他国家来说，相比于依靠强力所施加的秩序，这种制度化的、基于规则的诱导方式有着明确的边界，可以形成稳定的预期，是可以接受的。更为重要的是，美国企图主导的国际秩序也是支撑全球化的制度框架，其他国家想要在经济全球化的大潮中受益，就不得不基本接受这种安排。

在20世纪90年代，虽然美国不乏凭借力量"恣意妄为"的时候，比如单边使用武力发动或介入战争，而且依然被世界舆论指责为霸权主义和单边主义，但总体上老布什和克林顿时期的美国外交比较注意利用多边机制。特别是克林顿执政时，美国参与建立、制定、补充的国际组织、国际公约、协定，同各国发表双边或多边的联合声明，其数量和所涵盖的地理范围、专门领域，都是国际政治历史上空前的。在这一时期，美国参与制定的有代表性的国际条约、协定和规范包括：1994年生效的《北美自由贸易协定》，同年和朝鲜签订的《朝美核问题框架协议》；1995年开始正式运作的世界贸易组织（WTO），同年推动无限期延长的《核不扩散条约》；1996年同世界各国达成的《全面禁止核试验条约》，同年和日本发表的《日美安全保障联合宣言》；1997年同中国发表的"致力于建立中美建设性战略伙伴关系"《中美联合声明》；1998年推动签署的《联合国气候变化框架公约》，即《京都议定书》；1999年促成的北约东扩和更大范围的"北约和平伙伴关系"计划；以及一年后同俄罗斯发表的关于战略稳定原则的联合声明；等等。值得注意的是，在美国外交史上，民主党政府比共和党政府更重视国际制度建设。

美国构筑和巩固国际机制的努力，降低了维持单极霸权的成本，对维护美国战略利益和经济利益来说，可谓意义深远。就算是对外战争，美国也想方设法做到"师出有名"。比如，老布什政府在海湾战争中指挥的多国部队，是经过联合国认可的。克林顿政府发动科索沃战争，虽然遭到中俄两国的强烈反对，绕开了联合国安理会，但它以北约的名义组成多国部队，在理论上也不能完全说成是一意孤行的单边主义。

上述美国主导或作为主要参与者的国际组织和机制，尤其是其中的北美自由贸易区、世界贸易组织、美日同盟的巩固和北约东扩，促进了美国的长远经济利益和战略利益。当然，美国在这方面的败笔也不少。例如，老布什总统在海湾战争结束后提出建立"世界新秩序"；克林顿总统在1993年提出建立"新太平洋共同体"，在2000年提出建立"民主国家共同体"，都是应景之作。这几个空洞无物的口号刚刚出台不久，就被人遗忘了。这类外交失败往往是对外政策受制于国内政治的结果。在没有迫在眉睫的外来威胁的情形下，为了换取国会和一些利益集团对行政当局其他政策措施的支持，保持其国内支持率或争取选票。

为何美国的同盟体系依然存在？

苏联解体、华约解散之后，不仅其他国家没有形成反美联盟，美国自己领导的同盟体系也没有出现瓦解的迹象，反而在失去了主要假想敌的状态下，继续扩张和强化。当然，可能有人会说，北约东扩是因为东欧原社会主义国家依然对俄罗斯不放心，韩国继续背靠美国是因为对北边的朝鲜不放心，但是这种解释并不能说明为什么西欧大国、日本等其他盟国没有产生对美国的强烈离心倾向。所以，一个更有力的解释还是美国对同盟体系本身的调整，也就是将同盟体系的焦点，由应对大国竞争转向防范各种形式的安全威胁。

由于特殊的历史和地理条件，美国一贯不必像其他国家那样，担心敌国用常规的领土入侵手段对自己造成威胁，而是担心其他形式的安全威胁。苏联从世界政治中消失，使美国的国家安全环境有

第六章 冷战的续章与反思

了根本改变。大国间直接武装冲突的可能性大大下降。与此同时，世界性的民族主义浪潮此起彼伏，地区冲突烽烟四起，虽然一般来说没有构成对美国国家安全的根本威胁，但足以对美国倡导的"世界新秩序"构成严重挑战。

冷战结束后不久，地区冲突加剧，使一些国家的不安全感上升。许多国家纷纷寻求购买和制造先进武器，增加军费开支。由于研制核武器所需开支低于开发先进常规武器系统的费用，而且拥有核武器是国家军事实力和政治地位的重要象征，因此伊朗、朝鲜等国家极力谋求核武装，同时也在谋求掌握导弹等运载手段，作为同其他军事强国相抗衡的一种资本。如果这样一些可能不惜代价同美国对抗的国家摇身一变成为核强国，将对美国构成巨大的心理威慑和现实威胁。另外，随着核武器的小型化，国际恐怖组织取得核爆炸装置的可能性也在增加。

同时，在后冷战时代，美国国家安全的概念内涵扩大，除核扩散、导弹技术扩散、生化武器扩散外，国际恐怖活动、武器走私、毒品泛滥、生态环境破坏、传染性疾病、非法移民等所谓"非传统国家安全问题"，都在全球化过程中，进入美国的国家安全议程。克林顿总统强调说："强大的军事力量和牢固的联盟并不是目的。我们需要用它们来对付对我们安全的根本威胁——如大规模毁灭性武器的扩散、恐怖主义的挑战、国际有组织犯罪和贩毒。"随着交通、通信的发达和便利，那些同美国敌对的国家和政治势力容易渗透到美国国内，利用美国内部弱点对它进行要挟的手段也增加了。

层出不穷的新安全问题，不仅构成对美国的威胁，也成为美国和冷战时期美国的盟国的共同关切，原有的同盟关系又被赋予了新的角色和意义。在一定程度上，冷战时期的美国的同盟关系是以相同或类似的意识形态和价值观为基础的。在冷战后原苏联东欧集团和部分发展中国家的所谓"民主转型"过程中，这种意识形态和价值观的基础不但依然存在，甚至有所扩大。美国主导下的北约扩员，实际上也是所谓"民主国家"的扩员。

总的来说，失去了主要对手的美国，在后冷战时代既没有享受到支配世界秩序的地位，也没有落到成为众矢之的、被其他大国联合抵制的地步。在全球化加速发展的背景下，美国得以凭借前所未见的方式和前所未有的实力，企图主导国际事务，同时也面临种种新的挑战，特别是国内问题和非传统安全问题的挑战。在世界告别冷战以后，历史并没有简单地走向终结，而是在更曲折、更难以预测的轨道上行进。

"好国家"与"坏国家"

如何衡量一个国家是"好国家"还是"坏国家"？对于这个问题，我们可以做出简单的判断，就是跟中国友好的国家就是"好国家"，跟中国敌对的国家就是"坏国家"。这样做判断，一些读者可能会有顾虑，不过，这确实是大多数中国人衡量外国好坏的标准。巴基斯坦是"巴铁"，就是因为它跟中国好，而没有别的原因。但实际上，这样做判断，在很多情况下难以自圆其说。比如，在冷战期间，阿尔巴尼亚一度对中国很友好，支持中国恢复在联合国的合法席位方面不遗余力，是有很大功劳的，所以是"社会主义明灯"，是"亲密同志"。但是它后来反对中国跟美国、南斯拉夫等国家改善关系，反对中国的内外政策，就成了我们说的"白眼狼"。越南的情况也有点类似。越南从"同志加兄弟"变成"地区霸权主义"，后来又从"坏国家"重新变成"好国家"。美国、苏联、日本、印度等大国，也在好坏之间徘徊过几次。

难以否认的是，美国、苏联等很多国家，也是根据其他国家同自己的远近亲疏，来决定其"好"或"坏"的。前面的章节说到，冷战既是大国之间实力的较量，也是一场"人心之争"。对于当政者而言，证明自己的国家"好"、对手"坏"，有利于彰显本国政权的合法性，或者政策的合理性。我们看到，无论是东方阵营、西方阵营还是第三世界国家，大都热衷于开动宣传机器，宣扬本国的意识形态、社会制度和生活方式要优于其他国家，和自己越相像、关系越紧密的国家就越"好"，反之就越"坏"。这种思维方式深深影响着国际社会和各国公众，是国际政治和外交的惯例或者"通病"，似乎无可厚非，也无法避免。

但是，政治学科里有"国际政治学"和"比较政治学"等分支学科。在政治理论、比较政治学的学者、专家看来，区分"好国家"和"坏国家"，是有一些相对固定的客观标准的。

"好国家"的样子：理想国的标准

"好国家"的标准这个问题在西方的学术渊源，可以追溯到古希腊哲学家柏拉图的名著《理想国》。这本书的核心概念是"正义"，认为正义是理想城邦的原则。柏拉图把人的灵魂分为三个部分。最高的一部分是"用来学习的"，是为了认识真理，而不那么关心金钱和荣誉。这部分又可称为"爱学和爱智"。灵魂较低级的两个部分，一是"爱钱"，二是"爱荣誉"。由第一部分统治灵魂的人叫作"爱智者"或者"哲学家"，由金钱统治灵魂的人叫作"爱利者"，由荣誉统治灵魂的人叫作"爱胜者"。与此三种人相应，有三种形式的快乐。只有爱智者的快乐才是"真正的快乐""纯粹的快乐"，而爱利者和爱胜者始终得不到这种快乐。柏拉图认为，正义的政体应当由爱学爱智的哲学家来治理。爱利者（如农民、手工业者、商人）和爱胜者（如军人），地位都应该低于哲学家。在柏拉图的"理想国"里，公正是首要的，军事和财富是次要的。

孔子和柏拉图几乎可以被视为同一个时代的人。虽然古希腊城邦国家和中国春秋列国的国情很不一样，但孔子和柏拉图观察政治的角度颇有些相通之处。《论语》的核心思想是"仁"。论及政治，孔子最著名的一句话是："政者，正也。"这同柏拉图关于"理想国"的核心原则是"正义"的思想完全一致。

根据《论语》的记载，孔子认为，治理一个国家应当具备三个起码条件：食、兵、信。但在这三者中，信是最重要的。如果只有兵和食，但百姓对执政者不信任，那么这样的国家也就不能存在下去。孔子还说，人口多了，要让他们富裕起来；富裕起来以后，要对他们进行教育。换言之，富民在先，教民在后。

我在自己写的小书《世界政治的终极目标》中，也讨论过理想国的标准问题。这本书归纳出安全、财富、信仰、公正、自由这五个政治的"终极目标"，把这些目标的实现程度作为衡量一个国家是成功还是失败的标准。在我看来，一个成功的、令人向往的国家应当是：第一，没有严重的外部和内部的安全威胁，国内政治稳定，暴力犯罪率低；第二，国家和民众都比较富裕，经济稳步增长；第三，国家有相对统一的信仰体系、道德准则和主流价值观，同时包容一部分公民所奉行的其他信仰，公民对国家认同度高；第四，公民之间贫富差距较小，公民平等在教育和社会保障体系中得到较好体现，社会不公能够通过法律和政策调整得到矫正，抑止官员腐败；第五，公民的自由权利得到充分保障，个人自由同民族、国家的自由相一致。

在柏拉图和孔子的年代，佛教、基督教、伊斯兰教等还没有诞生或者流行，更没有现代意义上的意识形态，所以我在这里说的"信仰"，在那个时代远未成形。我所说的信仰和公正，对应的是孔子所说的"信"和"正"。至于现代意义上的"自由"，在奴隶制和流行殉葬的古代社会，人们连基本的生存都没有保障，自由当然是极其有限的、只有少数人能享受的特权。

现实中的"好国家":丹麦、挪威与哥斯达黎加?

那么,符合上述标准的"好国家"在现实中存在吗?有不少学者提出了这种"理想国"的候选者。美国政治学者弗朗西斯·福山心目中良好的现代政治制度,即"成功国家",应由强大的国家、法治、民主负责制组成。在福山的著作中,北欧国家丹麦就符合这些标准,它"是个具有良好政治和经济制度的神秘国家,它民主、稳定、热爱和平、繁荣、包容、政治腐败极低"。中国政治学者刘瑜为福山的著作《政治秩序与政治衰败》(*Political Order and Political Decay*)写的导读,讲的就是"如何到达丹麦"这种国家的境界——"有法治、又民主,政府还高效而廉洁"。

按照我上面提出的五项标准来看,丹麦也确实相对接近"理想国"的水平。在世人眼里,这个以"童话王国"著称的北欧小国在许多方面令人称羡。丹麦自19世纪下半叶实现工业化以后,在欧洲保持中立政策,一直没有卷入战乱。1940年4月9日,法西斯德国背信弃义,入侵丹麦,第二天丹麦即宣布投降,在"二战"中经济没有遭受重大破坏。1949年北约成立时,丹麦是第一批成员国之一。此后,丹麦也不是美苏军事对峙的前沿阵地,感受到的地缘安全压力并不严重。冷战结束后,丹麦国防预算占国内生产总值的比例长期保持在1%左右,同时没有遭受重大的国内外安全威胁,在环境保护、公共卫生等非传统安全领域的业绩出色。2022年,俄乌冲突发生时,丹麦吸收了一些乌克兰难民,但移民政策没有真正放松。

丹麦是世界上最发达的经济体之一。根据世界银行的数据,丹麦的人均国内生产总值在20世纪70年代末曾经超越美国,2022年达到6.8万美元,在世界排名第12位。当代的丹麦拥有诺和集团、乐高玩具公司等世界著名品牌,科技领先。截止2022年,丹麦有590.3万人口,呈缓慢增长趋势,其中近90%的人口祖籍为丹麦。

作为单一民族国家，从冷战时代起，丹麦的移民政策就相当严格，只从波兰、波罗的海三国等欧盟国家吸收少量移民，多从事体力劳动。另外，丹麦国民幸福指数很高，民族凝聚力较强。

丹麦人的主要宗教信仰是基督新教路德宗。1953年通过的现有丹麦宪法规定，基督新教路德宗为国教，国家予以支持。截至2021年，74%的丹麦国民是路德宗丹麦教会的成员。宪法仅仅规定皇室成员必须是丹麦国家教会成员，其余的人都享有宗教自由。不过，近几年的民意调查显示，只有19%的丹麦人认为宗教对他们的生活有重大意义。

和其他北欧国家一样，丹麦没有经历过政教合一的罗马帝国统治，因此欧洲中世纪的等级观念和特权思想难以在这个国家立足。欧洲宗教改革后的基督教教义推崇诚实可靠，排拒非分之想、不义之财。丹麦政府清廉指数很高，国内贫富悬殊不大，是世界上基尼系数最低的国家。

在意识形态和社会习俗方面，丹麦是资本主义世界中最自由化的国家之一。1969年，丹麦成为世界上第一个使色情书刊合法化的国家；1989年，丹麦成为世界上第一个允许同性婚姻的国家，后来正式通过法律使之合法化。英国智库列格坦研究所（Legatum Institute）进行的一项"繁荣指数"排名，综合考量了各国在经济平等、个人自由、社会宽容度、教育、健康、生态环境、国家治理、社会安全等各方面的指标，丹麦在2023年的这项排名中列全球第一。从上述指标看，丹麦被视为"最成功的国家"，在资本主义世界当之无愧。

另一个北欧国家挪威，也同丹麦相仿，在各项社会发展指标中名列世界前茅。挪威2022年的人均国内生产总值高达10.6万美元。在上述列格坦研究所2023年"繁荣指数"的排名中，挪威名列全球第三，与丹麦不相上下。"二战"期间，挪威遭到法西斯德国年的残酷统治，这一痛苦经历强化了挪威人的自由、平等思想。现今的挪威社会福利优厚，性别平等，社会和谐，教育发达，社会冲突很少，犯罪率低，政府廉洁，家庭幸福（欧洲国家中出生率最高的国家之一）。

在福山的著作里，中美洲小国哥斯达黎加被描绘为"治理良好的民主国家"和"摆脱拉丁美洲天生缺陷的一个好榜样"。哥斯达黎加是族群构成相当单一的国家，白人和印欧混血种人占总人口的95%，黑人占3%，印第安土著居民占约0.5%，其他民族占1.5%，95%的居民信奉天主教，少数人信奉基督教和犹太教。早在1948年，哥斯达黎加就宣布废除常备军，成立国民警卫队，靠1.8万人的警察队伍维持治安，成为世界上第一个没有军队的国家。因此，在冷战期间军事政变、军人干政屡见不鲜的拉丁美洲，哥斯达黎加却能够"独善其身"。2022年，哥斯达黎加的人均国内生产总值超过1.3万美元，在拉美地区名列前茅。

我在2013年曾经访问过哥斯达黎加，对这个国家的基础设施建设、生活水平、服务质量感觉一般，却对该国人民的自豪感印象深刻。在同哥斯达黎加的知识精英交谈时，我问他们对本国的世界地位如何评估，即属于西方国家还是非西方国家、发达国家还是发展中国家。他们毫不犹豫的回答让我有些吃惊："我们当然是西方国家——我们是白人，讲西班牙语，信奉天主教。另外，哥斯达黎加还是民主国家！"

"好国家"的共同致命弱点

不过，必须强调的是，西方人眼中的上述三个"良治国家"，以及芬兰、瑞典、爱尔兰、冰岛、捷克、斯洛伐克、日本等若干发达国家，固然有其制度、文化传统等方面各自的优点，但却有一个容易被忽略的共同特色——它们在很大程度上都是单一族群国家。

高度的人口同质性使得这些"良治国家"面临着致命的弱点。从冷战末期开始，在全球化浪潮冲击下，单一族群国家一旦放松移民政策，允许大规模的外来移民进入本国的劳工市场，并聚居于中心城市，这些国家的基尼系数肯定会迅速上升，社会凝聚力和国内治安也会受到严重考验。

日本长期以来被视为"东亚经济奇迹"的引领者，以及这一地区成功国家的"典范"。但是，早在20世纪90年代初，日本就开始面临人口老龄化、少子化的问题。日本如果能多吸收一些外国移民，应该能够推动经济发展。但是，许多日本人对本土文化和民族同质性有很强的自豪感，不愿以同质性和安全感为代价换取经济增长。因此，吸收国外移民，是在日本和其他单一族群国家长期引起争议的问题，日本政府往往试图通过鼓励生育，以及吸收更多女性和老年人进入劳动市场以填补空白，来解决发展问题。

所谓"成功国家"，在移民问题上之所以如此谨慎，是因为哪怕是微小的族群异质性，也会对传统的同质社会造成巨大的心理冲击。比如，2011年7月22日，挪威人安德斯·贝林·布雷维克（Anders Behring Breivik）在挪威政府办公大楼前引爆威力巨大的汽车炸弹，然后又在首都奥斯陆以西的小岛上枪杀参加挪威工党青年团夏令营的人群，共造成77人死亡，300多人受伤。布雷维克是退伍军人、原教旨派的基督徒，持极端右翼民族主义思想，仇视穆斯林、左翼人士和外来移民。这场惊人惨案曾经震惊全球，也给北欧国家的社会稳定和团结敲起了警钟。2023年9月，有人在瑞典和丹麦的边境地区焚烧伊斯兰教的《古兰经》，引发了当地暴力骚乱事件和中东国家的愤怒抗议。

考察丹麦、挪威这些"成功国家"从诞生到现在的历史，可以看到它们在很大程度上是"天生"的，是可遇而不可求的。对于一个在族群、宗教、文化上多元的国家，尤其是发展中国家，"如何到达丹麦"不仅涉及政治制度，更需要考虑如何实现各族群融合的问题。全球化很容易使现有的单一族群国家变成族群多元的社会，但把族群多元社会转化为单一族群国家的努力，不但永远不可能达到目标，而且可能造成族群仇杀的巨大灾难。

为什么不是"好国家"：新加坡、美国

新加坡的例子似乎可以证明多族群国家也可以走向"理想国"。新加坡人主要由100多年来从亚洲其他地区迁来的移民及其后裔组成。移民社会的特性、殖民统治的历史、地理的特殊位置，使这个国家呈现出多元文化的特色。在新加坡公民中，华人占74.2%，马来族人占13.3%，印度裔占9.1%，欧亚裔混血占3.4%。1965年从马来西亚联邦脱离成为独立国家后，新加坡实现了奇迹般的发展，各项社会发展指标都逐渐跃居世界前列。2022年，新加坡人均国内生产总值达到8.28万美元，高居全球第五，远远超过丹麦。

但是，为何福山等西方学者不把新加坡视为当代国家中的典范呢？因为在福山眼中，成功国家的三个标准——强大政府、法治、民主负责制，新加坡只占其二，被福山称为"在民主匮乏的情形下取得经济奇迹"的国家。从独立以来，李光耀创立的人民行动党就一直牢牢把控着政权，而且最高领导人也并不是按照西方式的竞争性选举而产生的。另外，新加坡毗邻马来西亚和印尼这两个比它大得多的伊斯兰国家，需要在大国间维持微妙的战略平衡，所以新加坡的国防预算在国内生产总值中所占的百分比，比丹麦、挪威等国高两倍左右。加上族群多元的特殊国情，使新加坡至今有强烈的不安全感，也就不得不牺牲某些个人自由，采取相当严格的社会管控政策。

且不谈宏观政治制度，新加坡的住房政策就很特殊。组合房屋（组屋）是新加坡政府建的居民保障房，大部分新加坡居民都住在组屋里。为避免出现分裂的小团体和族群冲突的极端情况，政府不允许一幢楼或一个居民小区里住的全是同一族群的人。于是，组屋每一栋楼的居民构成，除了别的条件以外，都需要按照全国的族群比例来匹配。这一规定不动声色地奠定了族群和谐的基调，营造了社会安定的氛围。在西方发达国家眼里，这种强制性的规定显然是阻碍个人自由的，但在新加坡看来却是维护公正、安定的必须。此外，如何在一般的爱国心之上凝聚国民的共同信仰，能否最终形成"新加坡民族"，也是年轻的新加坡国家在建设中长久面临的课题。

美国是当今世界上最强大、最富裕的国家，2022年人均国内生产总值达到 7.63 万美元。世界上不少人都羡慕、向往美国。但是，在各国政治学者（包括福山等美国学者）当中，却没有多少人将美国视为典型的"成功国家"。这是为什么呢？

应当看到，自独立以来的 200 多年中，美国的发展步伐是相当快的，成功经验当然不少。但美国在政治上也走过不少弯路，而且存在一些明显的缺陷和弊病。美国建立了一支世界上最强大的、遍布全球的武装力量，但自"二战"结束以来一直自认为面临严重的外部安全威胁，冷战时期，国家安全部门的势力膨胀、军工复合体的崛起也令人诟病。美国政府多次动用暴力镇压国内动乱，美国总统几次遭遇政治谋杀。美国的监狱犯人数量长期居世界第一，枪支泛滥，凶杀案频发。美国经济有长期繁荣的时期，但 1929—1933 年的大萧条、20 世纪 70 年代的长期滞涨、2008 年前后的金融危机，都严重打击了本国经济，造成了全球恐慌，并引发不少国家的经济迟滞。

美国人的政治信仰相对统一，各派政治势力都以"自由"为旗帜，信奉宗教的人群比例大于多数其他发达国家。但是，长期被奉为圭臬的盎格鲁—撒克逊白人基督新教传统受到文化多元主义日益强烈的冲击，政治极化严重。美国有较为完善的法治，但一直没能消除种族歧视，贫富悬殊持续扩大，吸毒问题严重，引起民众对社会不公现象的强烈不满。虽然美国把自己标榜为"自由世界"的领袖，但是在许多关于个人自由度的排名中，美国却显著落后于北欧和西欧的发达国家。从这些方面来看，美国距离上面提出的五项"理想国"标准，还差得很远，甚至可能越来越远。

以上谈到的区别"好国家""坏国家"的两套标准：一套根据的是中国的政治和外交立场。在发达国家和发展中国家发生冲突时，我们一般都站在发展中国家一边；在中国跟外国发生矛盾时，我们永远要站在中国一边。站在中国对立面的国家，当然是坏国家。另一套标准是根据其他国家的制度和内部治理是否得到这个国家公民的普遍认可，而不取决它的外交和与中国的关系如何。在实践中，这两套标准很难合二为一。

最后回到本书的主题——冷战。到了冷战的落幕时分，中苏关系（中俄关系）迎来了改善，中美关系却一度陷入严重恶化。到了今天，中苏、中美关系又迎来新的发展，在很多人眼中，"好国家"与"坏国家"又有了新的变化。

日益突出的身份政治

在讲述冷战的历史进程时,我多次提到宗教的作用,比如,美国人的宗教观如何让他们对苏联和共产主义产生反感,伊朗领袖霍梅尼提出"不要东方,不要西方,只要伊斯兰"的口号,教皇保罗二世和波兰天主教会支持波兰团结工会等。不过,冷战的主线是美苏两大阵营的冲突,全球化趋势跟宗教的关系也不大。

苏联解体后,大国冲突明显弱化。冷战结束后还不到两年,美国政治学家萨缪尔·亨廷顿就提出了充满争议的"文明冲突论",而2001年震惊世界的"9·11"恐怖袭击事件,更把宗教问题推到触及世界政治灵魂的地位。本节就从"文明冲突论"说起,谈谈宗教的政治功能,以及跟宗教有关的"身份政治"如何影响到今天的社会生活和国际关系。

亨廷顿的"文明冲突论"

1993年夏,亨廷顿在《外交事务》上发表政论《文明的冲突》("The Clash of Civilizations?"),1996年又出版了专著《文明的冲突与世界秩序的重建》。"文明冲突论"问世整整 30 年,引起的政治争论和学术讨论至今长盛不衰。这至少证明,"文明"问题是同当代世界政治密切相关的。

"文明"这个概念有多种用法。"精神文明""亚洲文明""工业文明""伊斯兰文明""文明礼仪""校园文明"等诸多词语里说的"文明",意思大不相同。"文明"有两个基本含义:一是人类社会发展程度较高的形态、阶段或组织,同文化、教育、科学、道德、礼仪相联系;二是一个民族、国家、地域或具有共同精神信仰的群体的文化遗产、精神财富和物质财富的总和,也可以指其某一断层。

亨廷顿指的"文明"属于第二种含义。他说,文明是一个文化单位,是最高的文化群体,是范围最大的文化认同,文明之间的最大区别不是种族或民族,而是宗教。今日世界的主要文明是西方文明、儒教文明、日本文明、伊斯兰文明、印度文明、斯拉夫—东正教文明、拉丁美洲文明,还可能有非洲文明。

亨廷顿认为,冷战结束后,意识形态斗争和大国争霸不再是世界政治的中心议题,新的焦点是"西方同非西方(the West and the rest)的对立"。对西方的最大威胁来自伊斯兰激进势力,而非任何大国。他说:"伊斯兰同其他文明的断层地带到处流淌着鲜血。"他还断言,儒教文明将同伊斯兰文明联手抵抗西方文明。

亨廷顿的观点在各国政界和思想学术领域引起了轰动。无论持哪种政治立场,大多数评论者都采取批判的态度,但批判的角度差别很大。1995 年,我主编了一本书《文明与国际政治:中国学者评亨廷顿的文明冲突论》,汇集了当时国内学者对亨廷顿的批评。1997 年秋,我应亨廷顿邀请,到哈佛大学参加了他主持的国际研讨会。他请各国来宾阐述本国关于国际格局的主流观点,特别是对本国的外部威胁来自哪里。我的论文谈到,中国的主流看法是主要威胁来自霸权主义、强权政治,其实就是美国(后来他把我这篇论文放到了他的教学提纲里）。其他非西方国家的学者都认为，对他们国家的主要威胁来自美国或别的西方国家；而西方国家的学者则判定，对他们国家的主要威胁来自非西方即发展中国家。这次国际会议，似乎证实了亨廷顿关于国际关系的主要焦点是"西方同非西方对立"的判断。

冷战后的世界政治，特别是"9·11"事件和美国发动的世界范围的所谓"反恐战争"，证实了亨廷顿观点的深刻预见性和偏颇之处。

宗教极端势力制造的国际恐怖活动，以及今天的美国围绕种族和文化问题的国内政治分歧，都是他在30年前预料到的。西方和非西方的区隔，也就是中国人所说的发达国家和发展中国家的矛盾，的确是当今世界的主要政治特征。多元文化主义与传统保守主义之争，是当年亨廷顿的忧虑，也的确是当今美国政治和价值观纷争的一条主线。

亨廷顿关于儒教文明将同伊斯兰文明合作共同对抗西方的预测，则被事实证明是错误的。当时在和亨廷顿的交谈中，我对他的最大质疑就是这一点。但儒教文明能否代表中国文明，中国人如何弥补精神信仰的缺失、纠正道德失范，中国如何同西方文明和伊斯兰文明相处，是值得思考的"真问题"。在"冷战的故事"中，我们看到，国际政治不是简单的国家权力和利益的斗争，利益之争通过意识形态和文化价值观的"透镜"可以无限放大。

可以说，亨廷顿开辟了研究世界政治的另一个视角。他不相信一些政治学家的"理性选择"思路，因为宗教信仰、文化认同都不是建立在理性之上，而是感性的，与生俱来的。他不认可文明融合的看法，指出犹太教、基督教和伊斯兰教都是一神论，都认为自己掌握绝对真理，都在某一阶段不能宽容其他宗教。但在宗教改革和政教分离后，西方社会走向了多元和宽容。

亨廷顿所引发的"文明冲突"论战，提出了许多尚待解决的理论和实践问题。比如，伊斯兰国家最终能实现现代化吗？能真正建立西方式民主政体吗？伊斯兰激进势力形成的深层原因是什么？日益崛起的中国已经被现在的美国视为主要挑战，这是否会成为一个长远而不可扭转的趋势？

亨廷顿的中心命题之一，是美国需要外部敌人来界定和维护自己的民族国家特性。他写道："对于美国来说，理想的敌人该是意识形态上与自己为敌，种族和文化上与自己不同，军事上又强大到足以对美国的安全构成可信的威胁。"这一思维方式逻辑性很强。孟子说："无敌国外患者，国恒亡。"这不是和亨廷顿的看法很接近吗？

有的中国评论家批判亨廷顿的观点"反映了西方中心论、种族沙文主义和霸权思想"，恐怕根据不足。亨廷顿明确地说，西方文明不具备普世性，不要以为西方文明能够改变或整合其他传统文明。"9·11"事件后，他反对在美国利益未受到直接损害时，干涉伊斯兰世界的内部事务，强行推行西方化或"民主化"。他明确主张文明间的对话，相互宽容。他说："文化是相对的，道德是绝对的。在多文明的世界里，建设性的道路是弃绝普世主义，接受多样性和寻求共同性。"

亨廷顿于2008年去世。他是学者，也是美国的政策谋士。他的著作横跨政治思想史、比较政治学和国际政治领域，带着厚重的沧桑感，凝聚着人文素养，也渗透着丰富的个人阅历，包括环球旅行的观感。他的学风属于冷战那一代人，正统、保守，却包藏着尖锐甚至偏激的风骨。

宗教的政治功能

上面提到，亨廷顿的"文明冲突论"认为，冷战结束后最普遍、重要和危险的冲突不是社会阶级之间、富人和穷人之间，或其他以

第六章　冷战的续章与反思

经济来划分的集团之间的冲突，而是属于不同文明实体的人群之间的冲突。对人们来说，在处理认同危机时，重要的是血缘、信仰、忠诚和家庭。人们与那些拥有相似的祖先、宗教、语言、价值观、体制的人聚集在一起，而疏远在这些方面的不同者。亨廷顿所说的"文明"是指宗教。

中国共产党的宗旨，要求党员要做坚定的马克思主义无神论者，绝不能在宗教中寻找自己的价值和信念。中国的社会主义核心价值观不包括宗教，大部分中国人不信教，因此对宗教缺乏切身的感受。

宗教信仰是自古以来世界上最常见的信仰。宗教的社会功能，一是为人生提供意义，二是提供对人类行为的内心约束。根据考古发现，五万年前或者更早，在有智人的时候，就有了宗教。在人类早期社会中，宗教起到了法律和政府的作用，成为团结一个教区或整个文明的中枢。即使在现代社会，尽管世俗体制的兴起取代了宗教的许多古老的角色，宗教信仰依然有助于巩固社会结构。

关于世界信教人口所占总人口比例的统计众说纷纭，最低的说法是59%，最高的达到85%。一份统计资料显示，2005年，全世界的宗教信徒约54.52亿，占当时总人口的83%。其中，基督教徒（包括天主教、新教、东正教等）约占世界总人口的33%，穆斯林约占总人口的23%，印度教徒约占总人口的14%，佛教徒约占总人口的6%。这四大传统宗教的信徒总数占当时世界信教总人数的91%以上。中国学者2008年的一项统计，与上面的统计数据在人口比例方面差不多。中国大陆信教人口比例估计是11%~14%，但有不同说法。当然，什么叫"信教"，是很难定义的。有人自称信教，却很少参加宗教活动；有人说不信教，却会参加宗教活动。

宗教信仰是超验的（就是超出人生一切可能的体验之上），人们笃信的激情与尊崇的内容未必是理性认识和感性经验的积累。宗教信仰对政治的影响程度有一个变化的过程。在人类历史早期，曾经经历过神权政治，宗教处在政治的核心地位。后来一些宗教势力力图摆脱尘世，与政治分道扬镳。近代欧洲启蒙运动之后，宗教的地位下降，社会展现出一个世俗化的过程。19世纪德国哲学家弗里德里希·尼采（Friedrich Nietzsche）猛烈地揭露和批判传统的基督教道德。他指出，欧洲人近两千年的精神生活是以信仰上帝为核心的，人只是上帝的创造物、附属物。尼采的一句名言"一声断喝——上帝死了"，是对上帝无情无畏的批判。尼采认为，基督教从被压迫者的宗教，转化为统治者、压迫者的宗教，它的衰落是历史的必然。

19世纪末20世纪初，许多人相信"科学和理性可以解决所有问题"，"科学技术促使人类进步"的思想风靡全球，宗教一度遭到冷遇。在20世纪绝大部分时间里，特别是在冷战阶段，战争、革命、民族解放、意识形态斗争、经济发展等，成为主题词，而宗教因素在民族国家体系中似乎被不断地边缘化。直到亨廷顿提出"文明冲突论"、1999年发生的科索沃战争，才使更多的国际政治研究者重新关注宗教的影响

欧洲原先是基督教的发源地，政教合一的罗马帝国文化遗产影响深远。然而，今日欧洲却成为除东亚以外世界上世俗化程度最高的地区。根据2010年的一项盖洛普调查，在欧盟国家中，只有51%的人承认上帝（或真主）的存在，26%的人认为有某种"神灵"存在，23%的人否认上帝或神灵的存在。

2001年的"9·11"事件，使人们看到宗教极端势力的疯狂。同时，除了西欧以外，世界各地越来越多的人到宗教信仰中寻求慰藉、指导和认同。如同亨廷顿在他的著作中所引用的话，到处可见"上帝的复仇"。2003年8月，哈佛大学韦瑟黑德国际事务中心（Weatherhead Center for International Affairs）发表了一项报告，对20世纪后期全球宗教状况进行了详尽的定量分析，明确指出："拥有世界大部分人口的多数国家都处于宗教复兴之中。这一复兴最强

有力地涉及东欧前共产党国家、中亚、高加索地区，还有拉丁美洲、中东、非洲、中国和东南亚……"全球宗教复兴的表现，一方面是宗教组织和信徒在数量上的增长；另一方面是宗教在政治公共领域地位的凸显，即宗教政治化，宗教从隐性走到世界政治舞台台前，并呈现跨国界现象。

冷战结束后，世界宗教发展趋势是发达国家信教人口比例下降，发展中国家信教人口比例上升。美国信仰基督新教和天主教的人口比例高于欧洲。由于基督教在发展中国家的传播，信仰基督教的非白人比例可能很快将超过白人。据说韩国的基督教徒占到总人口的30%，高于传统很深的佛教。伊斯兰教在撒哈拉以南非洲的传播十分成功。天主教近年来在拉丁美洲传播得很广。

身份政治：我们是谁？

身份政治，也叫认同政治，指人们在社会政治生活中产生的一种感情和意识上的归属感，以及相关的政治行为。"身份政治"在冷战后的世界越来越突出，一个典型的例子是美国。

我在1997年第一次同亨廷顿谈话时，他就坦率承认，他对"文明冲突"的主要担忧，是美国在多元文化主义中"变质"，让美利坚"国将不国"。2004年，亨廷顿出版了他的最后一部著作《我们是谁：美国国家特性面临的挑战》(Who Are We? The Challenges to America's National Identity)，对新移民带来的文化、宗教、种族的多元化趋势忧心忡忡。在这个意义上，亨廷顿是从学术角度论述"身份政治"的鼻祖。

两百多年来，美国由小到大，由弱到强，一个重要的根基是社会凝聚力。美国社会像个"色拉拼盘"，不同肤色、不同宗教信仰的人共同生活在一个大社会，而不是分居在不同的地区或城市。建国初期，美国的身份政治相当简单。《独立宣言》中所谓"所有人都被创造为是平等的"，宪法中所谓"我们合众国人民"，其中的"人"都是指欧洲白人及其后裔，甚至不包括女性。南北战争后，美国废除了对黑人的奴役。1920年，美国妇女获得了选举权。身份政治问题开始扩大到黑人和妇女。

20世纪五六十年代，美国的黑人民权运动激发了许多其他群体争取各自权利的觉悟和热情。从"反文化运动"到现在，美国的族群关系和政治认同发生了非常大的变化。今天美国的族群构成，同建国初期相比，已有天壤之别。根据2019年官方人口普查，在全美人口中，非拉美裔白人（欧洲人后裔）占60.1%，拉美裔占18.5%，非洲裔（即黑人）占13.4%，亚裔占5.9%，还有一些其他少数族群。在亚裔美国人中，华裔最多，超过508万人。按照目前的人口发展趋势，到2050—2060年，非拉美裔白人在总人口中的比例将降到50%以下。

近几十年来，由于大批拉美裔移民涌进美国，原先的白人同黑人的种族矛盾，扩大和演化到白人、黑人、拉美裔、亚裔等不同族裔的身份政治，又同性别、性取向、堕胎、环保、气候变化、移民、对外关系等问题交织在一起，高度复杂化。2001年的"9·11"恐怖袭击，更强化了基于族群和宗教的身份政治。美国最大的少数族群从黑人变成了拉美裔人，而同拉美裔人相关的主要问题是时松时紧的移民政策。

黑人民权运动以前，美国政治的主题是由经济问题引起的阶级矛盾。几十年来，美国经济获得了巨大增长，但是畸形发展的市场经济造成了严重的收入分配不平等。同时，收入不平等的裂痕日益沿着族群的界线扩大，于是阶级矛盾和族群矛盾相互交织，身份政治掩盖了阶级差异。

贫困在拉美裔新移民中最为严重。他们往往因为身份、语言和工作技能等原因,收入不稳定,只能勉强维持最基本的生活。2018年,在美国的4000多万贫困人口中,黑人和拉美裔人占据了大多数。

另一个不容忽视的社会现象是,美国白人的贫富分化趋势也越来越明显。近几十年来,毒品大量进入美国白人社区。2013年到2014年,美国白人男性的预期寿命下降,这在发达国家中是罕见的。在单亲家庭中长大的白人工人阶层的儿童的比例,从2000年的22%上升到2017年的36%。越来越多的白人蓝领认为自己才是弱势群体。

在美国,为帮助少数族裔和女性改变其不平等地位而采取的优惠措施,已经持续了半个多世纪。然而这些政策现在被认为是针对白人男性的"反向歧视";吸纳拉美裔新移民的政策,也引起越来越多"老移民"的反感。

同苏联的冷战,曾经冲淡了美国的阶级政治和身份政治。当前美国身份政治的特色,是阶级认同淡化,而族群、性别、性取向等认同上升,削弱了美国的社会共识。美国要恢复凝聚力,是否需要寻找并确定最大的外部威胁?

在新的历史条件下,以民主党为代表的自由派政治势力对经济平等的关注减弱了。他们倡导文化多元主义,更多地关注如何促进各个边缘群体的利益,包括少数族群、新移民、难民、妇女和不同性取向群体。与此同时,共和党人代表的右翼政治势力将核心使命重新定义为民族和国家振兴,即对传统民族身份的爱国主义诉求。共和党人主张弘扬"瓦斯普"(WASP)文化,突出白人的本土身份,抵制移民和难民,秉承或明或暗的种族主义。于是,多元化和(本土白人)民族主义这两种不同的"政治正确"的相互竞争,也就是"多元"与"一体"之争,构成当代美国政治的主题和分界线。

2017—2020年特朗普(Donald Trump)执政,使白人民族主义从边缘走向主流的位置。2021年拜登(Joe Biden)上台,多元文化主义又一次回潮。现任副总统卡玛拉·哈里斯（Kamala Harris）2020年能成为拜登的竞选伙伴，很大程度上得益于她的少数族裔女性身份。

欧洲自古以来就纠结于身份政治。欧洲不能达到政治上的统一，主要原因是欧洲大陆在宗教、民族、文化、经济等方面的多样性。冷战结束后，捷克斯洛伐克分裂为捷克和斯洛伐克。南斯拉夫分裂为6个主权独立国家，追求独立的科索沃也在事实上脱离了塞尔维亚的政治控制。从德国的巴伐利亚、意大利的撒丁岛、法国的科西嘉岛，到西班牙的加泰罗尼亚，"分裂的幽灵游荡在欧洲"。英国"脱欧"已经是既成事实。英国在历史上一直对欧洲缺少归属感，更多认同的身份是"大西洋国家""英联邦国家"，同美国有着尤其特殊的关系。苏格兰2014年公投"脱英"没有成功，但分裂倾向还在发展。

欧洲穆斯林移民大量增加所带来的身份政治，对今天的欧洲产生了强烈的冲击。2010年，欧洲的穆斯林人口约为4300万，占欧洲人口的6%。预计到2050年，穆斯林人口将占到欧洲人口的10%。冷战结束后，中东、北非、南亚一些国家动荡不已，加上交通与通信日益便利，从伊斯兰国家流向欧洲的移民潮、难民潮势不可当。

随着穆斯林人口的增加，伊斯兰教在欧洲发展十分迅猛。再过二三十年，伊斯兰教将取代天主教成为法国第一大宗教。欧洲人对传统宗教的热情衰减，穆斯林新移民对伊斯兰教却十分虔诚。欧洲原住民的生育率低，老龄化严重，而穆斯林人口生育率高，年轻人居多，两者形成鲜明对比。

几十年来，在欧洲盛行的多元文化主义和人权政治，不仅难以抵御伊斯兰教，反而为它的扩张提供了便利条件。欧洲一体化的进程弱化了人们对民族国家的政治认同，而基督教的衰落导致许多欧洲人失去了宗教的精神力量。因此，欧洲缺乏有效应对伊斯兰教挑

第六章 冷战的续章与反思

战的政治和精神资源。

在东南亚、南亚、中东、非洲等地区，族群、宗教、文化、文明认同的相关性更明显，更复杂，在这里不再做更多阐述。

本节重点阐述了冷战后世界上文明、文化、宗教的多元化，使当代西方陷入身份政治的深渊，造成了自由民主制度的危机。身份政治作为少数身份群体反抗主流身份霸权的武器，具有一定的积极意义。但是，有人利用身份政治，打着平等、公正、尊严的旗号，煽动民粹主义，掩盖阶级矛盾，深刻地分裂着社会，正在威胁着很多国家的政治稳定，也威胁着世界和平和安全。

席卷全球的"民主化浪潮"

随着苏东剧变,冷战结束,世界政治进入了一个全新的"后冷战时代"。在这个时代的最初十来年间,西方人眼里的一场声势浩大的所谓"民主化"浪潮席卷全球——不仅一大批原社会主义国家和第三世界国家纷纷追随西方脚步,采纳了西方式的多党制议会政体,西方国家自身也经历了"再民主化"的洗礼。

到了21世纪初,这场浪潮过后,世界政治的面貌发生了巨大的变化。比如,人们不再将世界理解为西方、东方和第三世界这三个部分,而是笼统地分为西方和非西方,证实了上节我谈到的亨廷顿的观点;在西方人眼里,资本主义和社会主义之间的斗争不再是世界政治中的"主旋律",取而代之的是所谓"民主国家"对"非民主国家"的对立和竞争。

理论上,西方模式的"民主化"进程可以划分为民主开启、民主转型、民主巩固三个阶段。其中,"民主开启"是民主化进程的起点。当一个国家的政府以口头承诺或法律文本的方式宣布,要以实现政治多元化或自由化为目的的民主化时,这就意味着民主化进程的起步,此后往往伴随着颁布新宪法、组织多党选举、改进民主制度等一系列步骤。

冷战结束后，在西方国家的大力推动下，原苏联东欧国家，以及亚洲、非洲和拉丁美洲原来的一些军人政权或者专制国家，在建立以多党议会制为核心的政体方面一开始并没有遇到太大的障碍，许多国家甚至是在"一夜之间"就被"民主化"了。这被亨廷顿称为民主的"第三波"。但是，由于任何政治体制的生长都需要一个漫长的过程，加上这些国家又普遍缺乏西方式民主的传统，甚至不具备西方式民主所必需的基本社会文化条件，所以它们在巩固民主制度、使民主"本土化"的道路上，仍然举步维艰。

在这一节，我将把"民主化浪潮"的时间限制在冷战结束后的十年左右，即20世纪末。大多数转型国家这时只完成了前两个阶段，一些国家后来出现的反复，不在本节的议题范围之内。

原苏东国家"民主化"的起步和徘徊

现在，原东欧国家、位于欧洲的原苏联加盟共和国、原南斯拉夫这三类国家通常被统称为"中东欧国家"。冷战结束时，这些国家（包括苏联和南斯拉夫解体之后新独立的国家）无一例外地抛弃了马克思列宁主义和社会主义制度，采取多党议会制度，实行资本主义市场经济。

大多数中东欧国家在历史上尝试过民主制，所以它们向西方民主制转型的过程相对容易。它们都从国名上删除了"社会主义"或者"人民"的字眼，都通过新宪法确立了立法、行政、司法三权分立的原则，确定了多党制和议会制的转型目标。其中，波兰采取了接近法国的半总统制，匈牙利确立了接近于德国的议会民主制。在这个过程中，中东欧各国内部一开始形成了党派林立的混乱局面。随着时间的推移，各政党逐渐找到了自己的社会基础，明确了政策定位，逐步形成了左翼的社会民主党和右翼的自由主义政党两大派系，还有一些代表特殊群体利益的少数党。到 21 世纪初，大部分中东欧国家的"民主转型"可以说初告成功。

但是这并不意味着这些国家的转型过程是一帆风顺的。转型初期的中东欧各国普遍出现了贫富差距扩大、贪污腐败严重、跨国犯罪增多、移民和难民矛盾突出等现象。一些国家的民主转型过程和民族积怨、宗教冲突、新的阶级矛盾纠缠在一起，引发了长期的政治动荡。这一点在素有"欧洲火药桶"之称的巴尔干半岛特别明显。南斯拉夫铁腕领导人铁托去世后，联盟内部的民族宗教矛盾逐渐显露，并在民主转型开启时分瞬间爆发。从克罗地亚境内的克族和塞族战争，到克族、塞族和当地穆斯林三方的波黑内战，再到科索沃的阿尔巴尼亚族和南斯拉夫的塞族之间的科索沃战争，每一场战争都给整个巴尔干地区的民主转型和经济发展带来了沉重打击。波黑、塞尔维亚等国多年陷入族群纷乱或战乱，一直没有完全摆脱内战冲突的魔咒。

再来看俄罗斯的政治转型。苏联领导人戈尔巴乔夫上台后短短六年，苏联就解体了。1992 年，叶利钦总统领导下的俄罗斯接受西方的民主价值观，确立了以总统制、多党制、议会民主、三权分立、自由选举为特点的西方式政治体制。1993 年，俄罗斯通过了独立后的第一部宪法，确立了联邦民主制和法国式的半总统制，民主体制的"四梁八柱"基本搭建起来。当时，不论是俄罗斯还是西方世界，都对这个苏联的头号继承者在短时间内走上西方式道路充满期待。

但是，俄罗斯的民主化之路很快就遇到了严重阻碍。首先，被称为终结苏联的头号"功臣"、民主斗士的叶利钦本人，就走到了民主体制的反面。1993 年，在叶利钦主张推行的"休克疗法"式经济改革，以及要求任命新自由主义者、年仅 37 岁的叶戈尔·盖达尔（Yegor Gaidar）为俄罗斯总理这两项要求都被最高苏维埃驳回后，不愿意做出妥协的叶利钦宣布解散最高苏维埃,但是遭到了后者拒绝,最终引发了宪政危机。1993年10月,叶利钦调集军队围攻俄罗斯最高苏维埃所在地"白宫",甚至出动坦克炮击大楼,造成重大人员伤亡和极为恶劣的政治影响。

其次,独立之后的俄罗斯在经济上没有摆脱泥淖,同时伴随着政治和社会的动荡。叶利钦激进的"休克疗法"非但没有解决苏联遗留的经济停滞难题,还使得国家失去了对经济和社会的控制,地方分离主义抬头,国民经济衰退,贫富差距拉大。20世纪90年代后半期,俄罗斯出现了一批寡头集团,掌握了国家绝大多数资源,控制国家经济命脉和政治权力。以新成立的俄罗斯共产党为代表的传统政治力量拥有很大影响力,还出现了一批代表着中下层民众利益的政党和组织。知识分子阶层出现分野,主张民族主义、欧亚主义、民粹主义、传统意识形态的政治力量和思潮处在分庭抗礼的态势。与此同时,俄罗斯官方开始质疑甚至排斥西方政治制度。

原属于苏联的中亚五国在独立以后,先后建立了三权分立式的多党制民主政体,但各国都出现过不同程度的社会动荡。塔吉克斯坦自1992年到1997年发生了长达五年的内战,多股政治势力争夺政权和地盘。20世纪90年代末,联合国、俄罗斯、中亚其他国家共同促成其民族和解,但塔吉克斯坦仍然是一个地方势力割据、各族群关系紧张的国家。

中亚国家推行的民主,实质上不是西方所说的民主,而是一些专家所说的"可控民主",或者"指导下的民主"。它们在形式上采用了西方国家所推崇的政治架构,如多党制、三权分立等,但是各种政治行为都要在政府特别是总统的掌控下有序推进,使之不脱离国家控制的轨道。

中亚各国的腐败现象,在独立初期就开始制度化了。在推行"非国有化""私有化"、引进外资的过程中,苏联时期的一批前政府官员和企业领导人利用手中的权力，通过合法和非法的手段，将大批国有资产化为己有，他们本人和家属迅速致富，成为经济寡头。但占人口70%以上的劳动者，并没有从私有化中获得多大利益，而是在经济转型中成为穷人。这种贫富悬殊的加剧，是政治转型的结果，同西方发达国家的贫富差距扩大的背景和原因不同。中亚各国民众要求惩治腐败，寻求社会公正，但现存政治体制很难满足这种诉求。

"民主化"浪潮中的发展中国家

民主化浪潮不仅席卷前社会主义阵营，还波及当年的第三世界，也就是我们今天所说的发展中国家。

长期在欧洲影响下的非洲首当其冲。大部分非洲国家在战后民族独立浪潮的30多年里，先后从宗主国的统治下取得独立。不同于亚洲国家独立后的"重建"，非洲国家是在完全没有国家建构和现代民族的基础上"新建"。这些国家在政治体制上既没有理论基础，也缺乏实践经验，因此基本上以宗主国的体制模式为蓝本，颁布宪法，成立议会，实行立法、司法、行政三权分立，建立两个以上的政党，采用竞争性的选举制度，等等。但独立初期，三权分立、多党竞争型的政治体制很快暴露出它"水土不服"的弊端，难以让其完成民族整合和国家统一的历史要求。与此同时，社会主义国家的政治制度和意识形态，以其"集中力量办大事"的特征吸引了非洲国家信奉社会主义，开始纷纷改制，通过和平手段或军事政变，建立一党制或取消政党。到了20世纪80年代，大多数非洲国家都采用了威权政体。但是这样的威权政体却没有带来理想中的国家建构，反而滋生出政治腐败，激化了社会矛盾。

冷战结束前后，"第三波民主化"浪潮也蔓延到了非洲大陆，美国等西方国家对非洲施加了强大的压力，而苏联解体也让一些受莫斯科支持的威权国家失去了靠山,同时新上台的政府不必担心"背叛苏联的代价"。于是,从20世纪90年代初开始,非洲再度走上了"民主化"道路。但这种民主化在多数国家流于形式,只有一些象征性的制度安排,并没有发展出民主政治的内核,也没有进行广泛的政治动员和政治参与。在缺乏民主改革内部驱动力的情况下,许多非洲国家即使建立起西方式民主制度,也很容易在军事政变或者其他政治危机的冲击下,倒退回冷战时期的威权体制。可以说,"民主化"搞得轰轰烈烈,但是其成果却并不十分稳固。

再看非洲以外的伊斯兰世界。印度尼西亚、巴基斯坦、孟加拉国、土耳其是人口最多的四个伊斯兰国家,它们的多党选举制已经基本站稳了脚跟。其中,印度尼西亚的转型尤为成功。1998年,通过政变上台的苏哈托总统在统治印尼31年之后被迫下台,印尼的民主体制由此进入巩固和完善的新时期。不过,政治民主化在伊斯兰国家中发展很不平衡。北非和海湾地区的君主制国家普遍比中东的共和制国家更为稳定。伊朗尽管实现了总统直选,最高领导权仍然掌握在宗教领袖手中。

伊斯兰国家还有一个特别之处,它们在认可民主化、民主制度的同时又反对西方化,冷战结束以后,这种反西方情绪急剧增长,并伴随着伊斯兰主义的复兴。所谓"伊斯兰主义",指的是主张按照伊斯兰原初教旨变革现实社会的一种宗教政治思潮,反对西方化、世俗化,要求回归伊斯兰教的初衷,推翻现存的世俗政权,建立由宗教领袖统治的、以伊斯兰教法为基础的伊斯兰国家和秩序。因此,宗教传统与自由民主制之间存在着难以协调的矛盾。许多伊斯兰国家的政权在伊斯兰主义和推行世俗化之间进退两难。不过部分伊斯兰国家已经进行了一些独特探索,尝试将民族宗教传统与自由民主制结合起来。

世界的其他地方同样受到民主化浪潮的洗礼。在拉丁美洲,除了古巴以外的所有国家都已经在形式上实现了多党民主制。在东亚和东南亚，继韩国的民主化之后，原来的威权国家如菲律宾、印度尼西亚、柬埔寨、泰国相继建立了表面上的多党制民主政体，长期一党执政的新加坡也出现了多党选举。

总的来说，直至 21 世纪初，民主在发展中国家的实际运作仍然困难重重。人们在西方生活方式的诱惑面前不断增强的欲望，大大超过了经济增长和社会进步能够提供的成果。需要注意的是，不能用西方式民主制作为衡量非西方国家民主化程度的标准，"普遍同质的国家"并不值得追求也绝不可能实现。各个国家和地区应当结合各自的历史、社会去探索、完善自身的民主制度。发展中国家一些传统文化的因素固然妨碍了这些国家向西式民主制靠拢，但这些本土因素也有可能成为新制度的生长点。一些政治学者看到，非西方世界通过协商方式追求社会共识的政治文化，既可以被视为反对多数决民主制的保守势力，又意味着一些发展中国家能够提供一块培育"共识民主制"的沃土。因此，关键问题就在于，如何寻找一种能够超越西方模式的对政治民主的理解。这种探索是一个痛苦的但同时又充满希望的过程。

走向"再民主化"的西方世界

最后，再来看看西方国家的民主制度在这一时期的变化。西欧是现代民主政治的发源地，一些西方国家也热衷于指导非西方国家的民主化进程。但是在西方社会内部，过度的个人自由和小群体自由经常导致社会分裂、价值观扭曲、公共生活混乱，甚至社会冲突和暴力对抗。自由主义和物质主义、消费主义的结合，在刺激人的欲望无限膨胀的同时，不仅导致了严重的资源短缺和生态环境恶化，还造成了社会道德水准普遍下降的恶果。

在这一大环境下，早已实现民主化的西方国家开启了"再民主化"的进程，也被英国社会学家、曾任伦敦政治经济学院院长的安东尼·吉登斯（Anthony Giddens）称之为"民主制度的民主化"。在吉登斯看来，民主制度尽管正在全球发展，但大多数西方国家出现了民主削弱的现象。比如，人们对政治领导者越来越不信任，投票率越来越低，对政治越来越不感兴趣，在重大政治问题上态度两极分化等。他认为，西方国家急切需要解决的是"民主制度的民主化"问题。

对于"再民主化"，可以从两个层面理解。一方面，这是对西方民主政治体制的完善与充实，具体内容包括选举制的改革、议会制的完善、权力下放、政府机构精简等。另一方面，这也意味着传统民主制的一些缺陷和弊端开始受到人们的普遍关注，因而出现了若干主张对竞争型代议民主制加以改进与创新的理论与实践。

在政治制度改革方面，英国分别于1999年和2000年在威尔士和英格兰两个地区设立了地方议会，使它们在广泛的领域内独立处理地方性事务，以实现权力下放。这一举措不仅增加了地方政府的自主性，有效地克服了国家行政管理中的官僚化，而且也为解决北爱尔兰分离运动引发的冲突提供了一条新的出路。与此同时，1997—2007年担任首相的安东尼·布莱尔（Anthony Blair）领导的工党政府，对英国的世袭君主制和上议院进行了若干改革，废除了英国王位的男性优先继承权和上议院的贵族继承制。其中的后一项，被普遍认为是英国在实现公民政治平等方面的重大进步。

日本是另一个有意义的"再民主化"案例。自1955年开始，日本政坛长期维持执政党自由民主党（简称"自民党"）与在野党日本社会党的两党政治格局，实际上是自民党一党独大，长期执政。1993年8月，日本告别了这个"55年体制"。参议院民主改革联盟7党1派共同推荐的细川护熙，在议会选举中击败了自民党推荐的河野洋平,当选为日本首相,组成了非自民党的党派联合政府。但是,细川护熙、羽田孜、村山富市三个非自民党政权的首相,执政时间都很短。1996年1月,由桥本龙太郎担任首相的自民党政权重新上台。

在政党格局发生重大变化的同时,日本明确提出了"政治改革"的议题。从20世纪90年代起,日本开始推行一系列旨在精简机构、提高行政效率、扩大地方权力的"结构改革",其内容包括中央政府各部门的精简和重组、实行"独立行政法人制",以及明确划分中央和地方政府的权限、强化地方自治等。经过一系列改革,日本在克服官僚主导型的决策机制、政党内部的派阀政治等日本特有的政治问题方面,都取得了明显的成效。

在冷战过程中,越来越多的西方理论家与政治活动家意识到,传统的竞争性多数票决民主制具有其内在的、制度性的缺陷。在这种体制下,胜者全胜,负者全负,容易产生两方面的问题。第一,复杂的政治决策往往被简化为相关政策支持者与反对者的人数对比,即政治力量的对比,结果导致公共政策的形成过程缺乏理性与共识。第二,少数群体的利益,尤其是一些恒定的少数群体的利益往往被忽略、被牺牲,而一旦这些群体意识到他们在多数票决体制下注定只能成为牺牲品,他们往往会做出退出相关政治过程甚至政治共同体本身的选择,从而导致社会分裂,政治和社会矛盾的激化也就难以避免。

为了克服传统民主制中存在的上述缺陷,"共识民主论"(consensus democracy)应运而生。共识民主又称协和式民主,是针对奉行简单多数票决的"多数民主"提出的,它强调政治决策必须建立在利益相关者的共识基础之上。这种民主形式更注重对不同利益与要求的协调,而不是单纯地根据数量上的多少进行政治博弈。

"慎议民主"(deliberative democracy,又译"审议民主")是冷战结束后在西方尤其是美国得到越来越多关注和实践的民主理论。它在一定程度上克服了普通民众在传统民主制之下因感觉自己对决策无能为力而出现的政治冷漠，以及由此产生的国家层面上的"民主赤字"问题。在美国，慎议民主的实践主要通过举办公共论坛，展开全国性和地区性的公共政策讨论，广泛吸收社会各界人士的参与。讨论内容涉及同公众日常生活有关的问题，虽然这些讨论并不能形成具体政策，但是有助于推动对相关政策问题的理性、开放的研讨，在此基础上凝聚共识。

共识民主与慎议民主都强调政治决策的开放性、参与性和达成共识的重要性。二者的区别在于，共识民主更注重不同利益团体之间的协商合作，而慎议民主更注重普通民众的参与，以及不同政治观念与立场的沟通与交流。从实践上看，无论是共识民主还是慎议民主都还处在探索阶段，而且在民粹主义上升的趋势下没有明显进展。

虽然在冷战结束后的第一个十年，西方式民主化在世界范围内取得了许多进展，但从21世纪初以来，所谓"第三波民主化"明显退潮。中国的主流观点认为，当代西方式民主在很大程度上已经异化为金钱政治和民粹主义政治。西方"竞争式"的选举民主，已经蜕变为不同集团攫取权力的零和游戏。中国走出了一条适合自身国情的成功的民主道路。全过程人民民主是中国共产党领导下，为人民谋利益的民主。中国是世界上最大的真正的民主国家。

历史没有终结

这一节，我将介绍美国学者福山的两本书，以及从他的著述中得到的感受。福山的全名是弗朗西斯·福山（Francis Fukuyama），日裔美国公民，1952年出生于一个显赫的知识分子家庭。福山本人大学本科就读于康奈尔大学，主修古典文献与政治，毕业之后去耶鲁大学攻读比较文学硕士，并在法国短暂地研究过后结构主义，导师是著名的哲学家兼作家雅克·德里达（Jacques Derrida）。但是，福山认为后结构主义这些东西过于晦涩，感到很失望，于是改学政治学，获得哈佛大学政治学博士学位，师从塞缪尔·亨廷顿。

亨廷顿是我的学术前辈，尽管我们的政治观点不一致，但我对他总是心怀敬佩。福山虽然同亨廷顿一样著作等身，思想深刻，但比我年轻，个人接触的感觉有所不同。福山曾担任美国国务院政策规划司副司长，在多所智库、大学任职，现在美国斯坦福大学从事政治学的研究和教学。

这一节我要谈到的福山的两本书，分别是1992年出版的《历史的终结与最后的人》，以及2014年出版的《政治秩序与政治衰败：从工业革命到民主全球化》。我特地讨论福山这两本书，是因为它们的内容和观点与冷战的遗产密切相关。

福山成名之作《历史的终结与最后的人》

先来说一说 1992 年出版的《历史的终结与最后的人》。这本书的缘起，可以追溯到 1989 年 2 月福山在芝加哥大学举办的一场国际关系讲座，讲座的内容当年夏天在美国《国家利益》杂志上发表，标题为《历史的终结？》，标题带一个问号。福山的论点是，随着苏联行将就木，除自由主义之外的最后一种意识形态选项已被否决。此前法西斯主义已在"二战"中被剿灭，如今共产党国家正在从内部瓦解。中国等国家虽仍自称信仰共产主义，但政治和经济改革正在迈向自由主义秩序。因此福山认为，如果把历史看作自由主义制度（即代议制政府、自由市场和消费主义文化）普世化的进程，那也许可以说历史已经实现了其目标，也就是终结（the end）。当然，世界仍不时会遭遇这样那样的事件，或许小国还会因族群和宗教关系紧张而滋生与自由主义相违背的思想，但福山认为，"即便阿尔巴尼亚人或布基纳法索人迸发了什么奇怪的念头，也不重要"，因为"我们感兴趣的是人类共通的意识形态遗产"。

这篇文章假如发表于苏联解体后的 1992 年，那么也许根本不会有人注意到，而且可能被看成"事后诸葛亮"。但是 1989 年的夏天是完全不同的一个时间节点。虽然早在 1988 年 12 月，苏共中央总书记戈尔巴乔夫在联合国发表讲话时曾经宣布，苏联将不再干涉东欧卫星国事务；在稍后的 1989 年 4 月，冷战思维的始作俑者乔治·凯南也在美国国务院发表演讲，宣称冷战结束。但是在《历史的终结？》一文问世时，捷克斯洛伐克的天鹅绒革命还没有爆发，柏林墙也要到当年 11 月才会被拆除。也就是说，冷战是否会结束，以什么样的方式结束，当时仍然是难以预料的。福山在这篇文章中提出自由民主节节胜利的趋势必将延续下去，直至取得最终胜利，这在国际关系研究领域是风险很高的赌注，因为当时存在着导致戈尔巴乔夫的承诺无法兑现的一些可能性，比如苏共内部的政治抵抗，靠苏联保命的东欧政权拒绝放弃权力，或者美国出现战略失误，等等。但是，苏联和欧洲的事态发展基本符合福山的预测。苏联于1991年年底自行解体，冷战真的以西方式自由民主大获全胜的方式结束了。

福山在冷战结束后不久、局势还处在动荡不安的时候，完成了《历史的终结与最后的人》（以下简称"《历史的终结》"）的写作。如果说1989年的论文还是一个37岁的青年政治学者跟踪世界局势后写出的报告，那么这部著作在更大程度上要归类为政治哲学论著，它的核心内容是政治思想的辨析。在书中，福山重提过去几个世纪来西方最杰出的哲学家提出的问题，这些哲学家中包括中国人熟知的黑格尔、马克思等人：人类历史是有方向的吗？如果是有方向的，它将通向什么样的终点？相对于"历史的终结"，我们正身处何方？黑格尔和马克思都相信，人类社会的演进是有终点的，在人类实现一种能够满足其最根本的愿望的社会形态后不再继续发展。黑格尔的历史观揭示，世界最终将走向自由的国家形态；马克思的历史观指出，人类最终将走到共产主义社会。

在书中，福山企图用一个宏大的理论来解释后冷战时期的世界。他认为，历史发展有自己的线索，而最终的结局必然是美好的自由民主制度。他将这种判断建立在两个核心论点的基础之上：一个是现代自然科学的发展逻辑，它驱使人类通过合理的经济过程满足无限扩张的欲望；另外一个是黑格尔开启的关于人类"寻求认可的斗争"的论述，即古往今来，人类为了寻求平等的认可而一直在奋斗。福山认为，随着时间的推移，这两股力量最终将导致各种专制暴政倒台，推动文化各不相同的社会建立起奉行开放市场的自由民主国家，因为这种制度"是最能满足人类获得认可和平等权利需求的制度"。其他类型的政治体制，因无法满足人类的这些基本需求，终将被抛弃。以自由、平等和定期选举为核心内涵的西方民主制度的胜利，代表了历史的终点。在这个最终阶段，由于对普遍人权的执着追求，人类之间不再产生冲突，战争不再发生，世界实现永久和平。

福山在书中挑战了以往研究冷战问题的主要方法，即主要从地缘政治和经济竞争的视角审视美苏关系。他的观点超越了传统国际政治学术界的范畴，在整个社会以及媒体上引发了一场内容非常广泛的辩论，也因此一举奠定了他作为当代最重要、最知名的国际政治学者之一的地位。

这本书刚刚出版，就遭到了广泛的挑战和批判，其中包括作者那两位极其有名的老师亨廷顿和德里达。亨廷顿稍后在《文明的冲突》中，将世界政治的决定性因素归结为宗教和文化差异。自由主义者福山和保守主义者亨廷顿经常被作为两大对立"阵营"而相提并论，因为他们分别提出了对美国与世界未来发展的不同道路和前景。法国左翼思想家德里达则这样批评这本书：福山断言自由民主的胜利，而事实恰恰相反，自由民主从来没有像现在这样危机四伏，脆弱失败。德里达问道："还有必要指出议会形式的自由民主制在世界上从来没有处于如此少数和孤立的状态吗？还有必要指出我们称之为西方民主制的东西从来没有处于如此功能不良的状态吗？"

有意思的是，在政治思想上的对立阵营——社会主义国家，竟然很少有人对《历史的终结》进行认真的理论批驳。福山认为，苏联解体、东欧剧变、冷战结束，标志着共产主义的终结，又提出自由民主制度是"人类意识形态发展的终点"和"人类最后一种统治形式"。以常识推理，世界上的共产主义者这一边，理所应当加入福山挑起的这场论战。毕竟两大意识形态已经缠斗了一个半世纪。大家也许还记得前面的章节提到，赫鲁晓夫和尼克松进行过关于社会主义和资本主义谁战胜谁的"厨房辩论"。

我认为，对福山的观点做出严肃的学术批评是一件艰苦的工作。福山继承了黑格尔和马克思关于人类发展有确定方向和终极目标的哲学理念，许多批评者可以争辩说，历史是否有方向和目标并不确定。信仰共产主义的评论家则应该指出，福山提出的方向和目标是错误的，而不能否定其哲学前提。

在冷战结束前后，自由资本主义相对于社会主义制度和思想的竞争优势实在太过显著，以至当时世界上的共产党人没有足够的论据和信心，为社会主义制度和共产主义思想做出有力的辩护。像德里达那样去揭露资本主义社会的丑恶和腐朽，当然并不困难，但马克思主义理论家不能止步于批判资本主义，而必须论证社会主义终将战胜并取代资本主义。在缺乏实践的基础上去构筑理论，相当于在沙滩上盖高楼，是不可能成功的。

进入这一领域的评论家，需要比较深厚的西方哲学和政治学、社会学的理论功底，这样的学者在20世纪90年代初的社会主义国家并不多见。大概是因为上述原因，福山的观点在中国受到的批判，基本上限于政治上的否定，比如说它代表"西方人的傲慢和肤浅""资产阶级的唯心史观""帝国主义的利益"等。我没有读到过中国学者自创的较深层次的分析，更多读到的是他们转述西方评论家的观点。

1989年的《历史的终结？》，没有找到公开发表的中文译文。1992年的这部著作，直到2003年才由中国社会科学出版社出版了中文版，2014年广西师范大学出版社出版了更好的另一个译本。

历史重新开始

福山关于历史终结的立论虽然正确预言了从1989年到1991年这个短暂时期的世界大势，但是冷战结束后这30多年的历史却似乎一直在推翻这一论点。

首先，在后冷战时代，西方式的自由化和市场化受到更多的考验和质疑。美国和其他几个西方国家对阿富汗、伊拉克、利比亚的军事干涉在最初的成功之后，带来了更多的动乱和分裂。与此同时，世界范围内的非传统安全问题（气候变化、生态环境、能源、粮食、公共卫生、网络、非法移民、难民等）凸显，全球治理问题提上了各国政治议程。宗教与民族问题政治化，群体的"认同危机"愈发严重。

在意识形态和文化领域，社会主义处于低潮，但多元文化主义挑战着福山所倡导的西方传统价值。多元文化主义上升，与西方社会种族、语言、宗教、文化的多样化相适应。几十年来，为数众多的新移民从拉美和亚洲涌入美国和加拿大，澳大利亚和新西兰的亚裔人口快速增加，来自北非、中东（特别是土耳其）、东南欧的大批移民进入西欧。此外，新移民与少数族裔的出生率大大高于北美、西欧的白人。这种社会变迁不但改变了发达国家的人口结构，也将同西方传统不同的宗教、文化、价值观带入发达社会，使西方国家不能不在一定程度上宽容以至吸纳来自异质社会的文化价值观。

多元文化主义的过度自由倾向导致了人们道德水准与公共精神的下降。在后来的著述中，福山承认西方社会面临着失去其主流的核心价值规范的危险，担心在种族平等、族群平等、宗教自由（以及无神论自由）、男女平权、堕胎合法化、同性恋婚姻合法化等成为"政治正确性"的潮流，威胁到美国的民族认同、国家认同和政治忠诚。"9·11"恐怖袭击后，美国人对伊斯兰激进势力的恐惧，助推了右翼保守势力的回潮。2009年以后，美国右翼民粹主义运动"茶党"出现。2016年，特朗普当选美国总统，是美国政治思潮发生逆转的标志性事件。随着经济停滞、欧盟国家债务危机、暴恐袭击和中东难民涌入，右翼保守思潮在欧洲也卷土重来。

俄罗斯在叶利钦执政后期到 21 世纪初的普京总统治下，要求恢复俄罗斯国家传统、东正教和民族心理的"本土主义"抬头，强国意识复苏。因格鲁吉亚、乌克兰等问题同西方关系恶化后，俄罗斯民族主义和反西方情绪进一步上升，人们又开始习惯于领袖集权。在匈牙利、波兰、塞尔维亚等国，近年来也出现了同俄罗斯相仿的思想倾向，即民族主义上升，要求复兴本土文化，拥护政治权力的集中。

曾经被冷战结构所分裂的广大发展中国家，冷战结束后的思想和文化意识形态开始摆脱僵化地皈依某种教条的状态。无论是苏联式的社会主义教条，还是西方式的自由主义教条，都不同程度地被扬弃，而各民族文化传统中的某些要素，重新在国家公共生活中得到承认乃至推崇。这一趋势与西方国家内部出现的"文化多元主义"具有某种一致性，也可以说得到了后者的推动。另一方面，发展中国家民族文化的复兴并不必然与西方主流的价值观念相一致，甚至可能与之相冲突。这一点在伊斯兰国家有明显的体现。众多的伊斯兰社会进入了一次"再伊斯兰化"的进程。伊斯兰主义顽强地挑战着西方的自由主义与国际秩序观。

简而言之，在后冷战时代，全球范围的意识形态冲突远远没有终结，只是冲突的内涵发生了重大变化。随着全球化对传统观念的冲击，个人自由、个人权利、思想多元、文化多元的观念深入世界的每一个角落。实现个人价值与维护社会稳定之间的冲突，也就是自由和秩序的矛盾，在每一个国家都顽强地表现出来。在全球意义上，自由化与多元化的对立面，不再是以国家为名的赤裸裸的思想专制，而是以软性的社会凝聚力、社会认同、族群认同、文化认同、宗教认同等为核心价值的思想，其中最有代表性的就是民粹主义同民族主义的结合。强人政治在俄罗斯、印度、土耳其、埃及等非西方社会重新出现，以特朗普为旗帜的白人种族主义在美国的复苏，

第六章　冷战的续章与反思

都证实了自由主义在西方和非西方都没有真正战胜专制主义。历史没有终结，而是重新开始了。

福山本人在回应批评意见时争辩说，他并没有给"历史的终结"划出一个时间表，他说的"终结"（the end），也可以理解为"目标"。他仍然坚信，自由民主制度将成为占主导地位的政治结构。同时，福山对小布什政府的新保守主义外交政策十分不满。福山明确反对2003年美国对伊拉克发动的战争，认为新保守主义一味以武力推行美国价值，将"重蹈列宁主义的覆辙"。2005年，福山创办了一个思想性较强的政论刊物《美国利益》（The American Interest），在它的编委会中聘请德国、俄罗斯、中国、印度等国的专家学者，想为批判美国单边主义外交提供更多弹药。但据称因为经费拮据（据我所知是别的原因），这份刊物于2020年停刊了。对于2016年特朗普当选美国总统，福山表示十分失望和愤慨。美国大选尘埃落定之后，我作为《美国利益》的编委，应他的邀请，在《美国利益》上刊登了一篇评论美国政治极化的文章。

从《历史的终结与最后的人》到《政治秩序与政治衰败》

《历史的终结》虽然遭到了众多批评，但是这本书依然进入了重要参考文献的行列，是很多政治家的灵感来源。同情福山的评论家希望福山能补充他在《历史的终结》里提出的理论，解释为什么过去二三十年里发生的事件是人类前往历史终点的旅程中的合理环节，这些事件包括西方实力的相对衰落、世界各地持久激烈的冲突、一些国家的民主转型遭遇挫折或者失败等。福山本人承认，他在书中的观点过于乐观，需要修正。2000年以后，他相继写出了涉及政治秩序和身份政治的五本书。这些书都可以视为福山对《历史的终结》所没能讲清楚或者没有覆盖到的问题的补充，内容非常丰富。

除了2018年出版的《身份政治：对尊严与认同的渴求》（*Identity: The Demand for Dignity and the Politics of Resentment*）以外，从2000年到2014年的四本书讨论的问题，彼此之间有明显的连续性。这里仅仅谈一谈这一系列的最后一本《政治秩序与政治衰败》。

这本书的中心观点是，真正的政治发展是国家建构、法治与民主之间的平衡。福山说，冷战结束后，人们把太多的注意力聚集在"民主"和"法治"上，而忽略了"国家建构"（state-building）这个维度的意义。在这本书中，福山花了很多篇幅讨论国家建构的作用，他认为，当今世界各国的主要政治问题正是国家建构的缺失：从非洲的"国家失败"，到意大利的债务危机，再到美国的政治僵局；而"二战"之前日本、德国的法西斯主义，则可以归结为"国家建构"的过度发展。在福山看来，秦始皇以来的中国建立了强大的国家机器，今日中国更属于国家建构的超级模范生，而另外两个维度则明显不足。

乍一看，福山在这本书里要建立的是一个三足鼎立、四平八稳的思维结构，没什么新意。实际上，花费如此大的篇幅讨论"国家建构"的重要性，在西方政治学传统中是具有一定的开拓意义的。从18世纪以来，西方政治哲学的主流在于讨论制度的性质和意识形态，比如，是民主还是专制，是人治还是法治，是思想自由还是意识形态灌输。西方政治实践的主要合法性传统，也是限制政府的规模，减少政府对经济的干预，而很少有人主张加强国家能力建构。

在我看来，福山这本书的框架比《历史的终结》具有更大的包容性。他在书中讨论了现实政治中的诸多问题，比《历史的终结》少了哲学上的思辨，但更具有可操作性。我还记得当初阅读《历史的终结》时，觉得颇为晦涩，几乎失去了读下去的兴趣。但是《政治秩序与政治衰败》这本书我读得非常仔细，刘瑜写的中文版序言也很精彩。

从《历史的终结》到《政治秩序与政治衰败》，福山跳出了"主义之争"，将目光对准了现实政治中一个个实实在在的问题。福山考察了从法国大革命到"阿拉伯之春"，以及当代美国政治的深层功能障碍，讨论了政治腐败的治理。这不免让我想起中国现代史上发生过的"问题与主义"之争。人类历史自近代以来，为了主义之争牺牲了太多人的生命。人们以为通过暴力和强制的手段推翻旧制度，建立新秩序，是历史的进步。但是现实一再告诉我们，推进历史进步不能毕其功于一役。冷战后的"颜色革命"也好，"阿拉伯之春"也好，表面上轰轰烈烈，但都没有从根本上促进民主和法治，推进一个个民生问题的解决。

福山在这本书里还提到，一种制度曾经成功，不等于它会永远成功。所有的政治制度都可能衰败。我想这个论断的正确性很难否认。幻想历史有终点，无论这个终点是什么样的，可能都是一种偏执和不切实际的希望，造成思想上"躺平"的懒惰。历史有没有发展方向，有没有终点，是过去几代人、未来几代人永远争论不休的哲学问题。我觉得，与其去争辩这个连人工智能也会给出不同答案的问题，不如研究更现实的问题，包括如何减少世界上的暴力冲突和战争风险，推动经济进步，缩小贫富差距，促进医疗卫生和文化教育事业的发展，等等。这些工作，不需要我们预先确定历史的发展方向和终点。

今天很多人在谈论"新冷战"，似乎大国争霸和意识形态之争又回来了，历史重新开始，呈现出一种循环往复的样貌。关于"新冷战"会不会发生，后面的章节会展开讨论。

命运多舛的乌克兰

2022年2月24日,俄罗斯对乌克兰发动了大规模的"特别军事行动",震惊了整个世界。在对乌克兰开战之前,俄罗斯总统普京发表了一个长篇电视讲话,详细陈述了他发动"特别军事行动"的原因。他提到:"乌克兰对于我们来说不是一个普普通通的邻国。乌克兰是我们自己历史,自身文化,是我们精神空间不可分割的一部分。它不仅是我们同事、朋友中的同志和好朋友,更是有血缘的亲人。"他还说,现代乌克兰并不是一个自然形成的国家,而是苏联政府特别是列宁的民族政策的产物,只是"被赋予了民族国家的形式和外观"。

那么俄罗斯为什么要对"情同手足"的乌克兰使用武力呢?又为什么身为联合国成员国、和100多个国家有外交关系、已经建国33年的乌克兰甚至都不具备完整的国家资格?所谓"自然形成的国家"指的又是什么?要回答这些问题,就需要从乌克兰和俄罗斯复杂的历史恩怨开始说起,特别是双方在冷战时期的纠葛,这对我们理解这场战争的起源有着重要意义。

现代乌克兰国家的"前世今生"

要理解乌克兰的历史，必须看清它的地理构成。当代乌克兰的版图主要包括三部分：以第聂伯河为界划分出的西部和东部，以及南部的克里米亚半岛。第聂伯河以东的部分被称为东乌克兰，近代史上长期处于俄罗斯统治之下，受俄罗斯文化影响较深，目前依然有相当比例的俄语人口，绝大多数人信奉东正教。这里需要注意的是，东乌克兰和现在常说的乌克兰东部（简称"乌东"）并不是一个概念。乌东指的是乌克兰东南方向与俄罗斯接壤的两个省份——顿涅茨克和卢甘斯克，合称为顿巴斯地区。东乌克兰南部和克里米亚相连的地区被一些人称为"新俄罗斯"。顿巴斯和新俄罗斯是东乌克兰"俄化"程度较高的地区，也是俄乌冲突中俄军重点夺取和占领的对象。

第聂伯河以西的部分被称为西乌克兰。这一部分在地理和文化上都和中欧比较接近，近代以来长期受波兰、奥匈帝国等国统治。除了东正教之外，天主教也有一定影响力。俄罗斯文化在这一地区留下的痕迹较少，所以俄语人口比例较低，反俄情绪明显。类似地，西乌克兰和乌克兰西部也不是一个概念，乌克兰西部范围更小，指的是乌克兰最西边和波兰、匈牙利等国接壤的几个省份。

克里米亚是乌克兰版图中一个极为特殊的存在。在这个半岛上，俄罗斯族占比三分之二以上，乌克兰族不到三分之一，此外还有鞑靼人、希腊人等族群。俄语是克里米亚绝对的主导语言，俄罗斯文化渗透在当地的方方面面。2014年，在俄罗斯的支持下，克里米亚以全民公投的形式宣布独立，脱离乌克兰，之后又迅速加入俄罗斯，引发了俄乌之间的严重对立，导致西方对俄罗斯的严厉制裁。从某种程度上来讲，当年的克里米亚危机是这次俄乌冲突的前奏。

乌克兰的版图变成现在的样子是相当晚近的事情。在1922年苏联成立之前，乌克兰一直不是一个完全统一、独立的行政主体，而是以族群和地方性政权的形式存在。在漫长的古代史上，先后有多支游牧民族驰骋和定居在今天乌克兰的土地上。直到公元9世纪，乌克兰的前身基辅罗斯才在这里兴起。基辅罗斯是东斯拉夫人建立起的国家，被大多数历史学家认为是当代乌克兰民族和俄罗斯民族的共同祖先。基辅罗斯在10世纪达到鼎盛，皈依了基督教。到了12世纪，基辅罗斯陷入分裂和衰败，并在1240年被西征的蒙古大军彻底摧毁。残存的文明火种大体上分为两支，一支向北迁徙到今天的莫斯科附近，另一支则留在原地。

这次分裂成为乌克兰与俄罗斯分道扬镳的开始。北迁的一支建立起东斯拉夫人的若干国家，其中俄罗斯的前身——莫斯科公国逐渐发展壮大，将蒙古人逐出东欧，一步步成长为欧洲乃至世界大国。留在原地的一支，则被一波又一波入侵的异族政权统治，包括波兰、立陶宛等。历史命运的分岔，导致当代俄罗斯和乌克兰对各自的身份做出了不同的解读。俄罗斯的主流历史叙事认为，俄罗斯继承和发扬了基辅罗斯的文明火种；而乌克兰则认为自己才是基辅罗斯真正的衣钵传人。

这种身份认同上的混乱，随着领土边界的变更而进一步加剧。1654年，东乌克兰的哥萨克割据政权为了应对波兰人的入侵，与沙皇俄国签订了一份协议，成为莫斯科的保护国。这成为乌克兰历史上又一个关键转折点，这个民族的命运从此和俄罗斯紧密捆绑在一起。之后，沙皇俄国通过与奥斯曼土耳其的战争和参与瓜分波兰，一步步占领了克里米亚和西乌克兰的大部分土地，只剩下乌克兰西部的少数地区仍在奥匈帝国控制之下。

在这段时期，乌克兰甚至都失去了自己的名字。沙皇俄国治下的乌克兰被称为"小俄罗斯"，暗示这里的居民并不是真正的少数民族，而是尚未完全开化的俄罗斯边民。乌克兰人在政治上被逐渐

第六章　冷战的续章与反思　　　　　　　　　　　　　　　　　　　715

剥夺了自治权利，在文化上受到了莫斯科的同化和矮化。乌克兰语作为一门语言被贬低到了方言的地位，甚至没有自己的书面语言。生活在西乌克兰（或者之后的乌克兰西部）的居民则被称为"鲁塞尼亚人"，在波兰和奥匈帝国的统治下同样没有获得官方认可的少数民族地位，遭到了统治民族文化、语言和宗教的同化。

　　政治上的压迫、经济上的剥削、文化上的钳制，最终激起了乌克兰人的民族主义反抗。在第一次世界大战和随后的俄国内战期间，乌克兰这片土地上"城头变幻大王旗"，多方势力来了又走，政权像走马灯一样更迭。不少乌克兰人打出了民族独立的旗号，试图借助外部力量实现独立建国，但总是被利用和抛弃，独立计划被迫搁浅。

　　多方混战的最终赢家是布尔什维克。1919 年，乌克兰苏维埃社会主义共和国成立，三年后成为苏维埃俄国的创始加盟共和国之一。这个新国家的版图包括除克里米亚和西部少数省份的当代领土全境，乌克兰人拥有了属于本民族的第一个统一政权，乌克兰作为一个现代国家第一次登上历史舞台。

苏联时代乌克兰的命运沉浮

　　不过，这个新生的共和国只实现了统一，但却没有实现独立。乌克兰苏维埃社会主义共和国是苏俄和后来的苏联的一部分，实际统治权依然牢牢掌握在莫斯科的手里。在整个苏联时代，乌克兰的命运几经沉浮，经历了四次重大转折。

　　在苏维埃政权建立之初，为了扑灭乌克兰民间的反共和反俄倾向，莫斯科对乌克兰采取了铁腕举措，乌克兰的命运出现了第一次重大转折。从 1923 年起，苏共中央在少数民族地区推行"本土化"政策，在乌克兰则是"乌克兰化"，即有意识地扩大乌克兰族干部和党员的比例，在行政、教育和文化领域鼓励使用乌克兰语，以增强乌克兰基层民众对苏维埃政权的认同感。根据中国学者沈莉华的研究，斯大林在这一时期支持"乌克兰化"也有服务于他在党内政治斗争的目的。为了击败季诺维也夫（Grigori Zinoviev）、加米涅夫（Lev Kamenev）等政治对手，斯大林拉拢乌克兰族的高层领导干部，还任命出生于基辅的亲信卡冈诺维奇出任乌克兰共产党第一书记。

不过对于乌克兰来说，好景不长。到了20世纪20年代末，苏共中央的政策出现急转弯，乌克兰的命运遭遇第二次重大转折。随着斯大林清除了政治对手，独揽大权，他对获得乌克兰支持的需求大大减弱。另外，在"乌克兰化"时期，一些包括高级干部在内的乌克兰民族主义者的立场日益激进，他们要求必须由乌克兰人出任乌克兰共产党的主要职位，乌克兰本地干部必须在当地党政部门中占据多数，甚至还要求生活在乌克兰的俄罗斯人在文化上"乌克兰化"，这引起了斯大林的警惕。因此，"乌克兰化"政策在20世纪30年代初就逐渐偃旗息鼓了，到1938年则被彻底终止。

斯大林时代的乌克兰还遭遇了几次沉重打击。其中最惨重的是1932年到1933年发生的乌克兰大饥荒。由于苏联政府强制推行农业集体化和维持很高的粮食征收指标，以及地方官员的层层加码和隐瞒灾情，乌克兰出现了导致300万到700万人非正常死亡的严重饥荒。对于这件事，不同立场的历史学家有不同的解读。俄罗斯人的一个解读是，当时饥荒是全苏联的普遍现象，乌克兰并不特殊；许多乌克兰人则认为，这是苏联当局蓄意制造的"种族灭绝"。2002年年初，乌克兰政府解密了1000多份有关饥荒的秘密文件，坐实了饥荒是人为的指控。当时的乌克兰总统库奇马（Leonid Kuchma）签署法令，将11月22日定为"饥荒纪念日"。

"二战"期间，乌克兰民族主义领导人斯捷潘·班德拉（Stepan

Bandera）组织了纳粹武装，投靠德军，同苏联红军作战，导致战后大量乌克兰人被牵连其中，遭到了莫斯科的惩罚。1959年，班德拉在西德慕尼黑被暗杀，据说是苏联克格勃所为。直到今天，还有不少乌克兰人视班德拉为"民族英雄"，而俄罗斯人称他为"纳粹罪犯"。今天俄罗斯指责一些乌克兰人为新纳粹，起因就在这里。

不过在斯大林时代，乌克兰有所失也有所得。首先，在建立了斯大林的计划经济体制之后，乌克兰的工业化和农业机械化水平迅速提升，第聂伯河流域和乌克兰东部地区一跃成为苏联的工业重镇，乌克兰的农产品也一度占到整个联盟的四分之一，当地居民的总体生活水平高于全苏联的平均水平。其次，在斯大林的直接推动下，乌克兰还和白俄罗斯一起，成为名义上的联合国创始成员国，让苏联一国拥有三票。当然，此举对乌克兰来说并没有多大实际意义。最后，斯大林还拓展了乌克兰的版图。"二战"结束之后，乌克兰的领土整体西迁，获得了波兰、捷克斯洛伐克和罗马尼亚的部分领土，基本确定了今天的边界。

到了赫鲁晓夫时期，乌克兰独立后的疆域才最终成形。我在前面的章节中谈到，1954年，在赫鲁晓夫的授意下，苏共中央将原属于俄罗斯的克里米亚半岛划归给乌克兰。

这里要补充一下克里米亚的基本情况。这个半岛位于黑海北岸，通过狭窄的陆桥和乌克兰南部相连，但在传统上和乌克兰没有太多政治和文化联系。1783年，沙皇俄国击败了半岛上的克里米亚汗国及其盟友奥斯曼土耳其，将克里米亚纳入版图。当地居民原本以信奉伊斯兰教的鞑靼人为主，但此后大量俄罗斯人口迁入半岛。"二战"之后，由于一部分鞑靼人曾在战争期间帮助纳粹反对苏联，斯大林将约20万鞑靼人全部强制迁移到中亚"以绝后患"，其中约有五分之一的人死在流放途中，其余的人直到1989年才被允许返回故土。在驱逐鞑靼人之后，克里米亚的人口结构发生重大变化，俄罗斯人占据绝对优势，此外还有少部分乌克兰人，这种情况一直延续至今。

对于赫鲁晓夫的慷慨举动，历来有不同的解读方式。一些俄罗斯人认为，赫鲁晓夫的个人因素起了重要作用。赫鲁晓夫的政治生涯从乌克兰起步，在提调到苏共中央之前担任乌克兰共产党第一书记，因此对这里有着特殊感情。为了赢得党内斗争，赫鲁晓夫有意提拔了一批有乌克兰背景的干部，被称为"乌克兰帮"。因此，人们认为，赫鲁晓夫此举是为了个人政治利益，并且没有征求过任何克里米亚民众的意见。

在乌克兰人看来，赫鲁晓夫看似慷慨的举动也有不少问题。有人认为，这实际上是将扶持克里米亚的责任"甩锅"给乌克兰。在强制驱逐鞑靼人之后，苏联政府鼓励一大批农民从俄罗斯腹地迁入克里米亚开荒种地，但是这里的盐碱地上种出的粮食收成却不高。还有观点认为，移交之后的克里米亚虽然名义上隶属于乌克兰，但是在人事和管理架构上纹丝未动，当地高层干部依然直接听命于莫斯科，成为乌克兰政府难以插手的"独立王国"。

无论如何，把克里米亚划归乌克兰，苏联政府象征性地表现出了对乌克兰的重视。这也标志着乌克兰的命运在苏联时代的第三次转折。一方面，赫鲁晓夫在"去斯大林化"的过程中纠正了许多民族压迫的错误政策，重新支持本地干部和本地文化，乌克兰的境况大大改善。1963年，出身于乌克兰的彼得·谢列斯特出任第一书记，他在任期间重新启动了"乌克兰化"进程。在20世纪60年代，受赫鲁晓夫提拔的"乌克兰帮"大批进入苏共高层，其中包括参与把赫鲁晓夫拱下台的"政变功臣"波德戈尔内，他在勃列日涅夫时期出任最高苏维埃主席团主席，是苏联名义上的国家元首。同时，乌克兰成为苏联新的军事工业和重工业中心，当地生产的军舰、导弹、核武器成为苏联与美国较量所倚重的重要资产。

这些因素都进一步提升了乌克兰在整个联盟内部的地位，使其地位仅次于俄罗斯。

这个蜜月期到勃列日涅夫执政中后期就结束了，乌克兰又迎来了第四次命运转折。勃列日涅夫出生于乌克兰，但是属于俄罗斯血统，对乌克兰没有特殊感情。勃列日涅夫的政治生涯从乌克兰的第聂伯罗彼得罗夫斯克起家，在登上最高权力宝座之后，着力提拔之前的老部下，形成了"第聂伯罗彼得罗夫斯克帮"，同时削弱了赫鲁晓夫时期遗留下来的"乌克兰帮"。虽然勃列日涅夫的"宠臣"也大多是有乌克兰背景的干部，但是他们的兴趣集中于攫取权力和资源，并没有积极地为当地民众谋求福利和自主权。

勃列日涅夫去世、安德罗波夫上台后，这个帮派遭到清洗。13个月后安德罗波夫病逝，出身于"第聂伯罗彼得罗夫斯克帮"的契尔年科叫停了清洗，但契尔年科也很快就去世了。从此这个帮派回天乏力。1985年，戈尔巴乔夫上台后，基本肃清了乌克兰对苏联高层的特殊影响，乌克兰又变成了一个"普通"的加盟共和国。

在戈尔巴乔夫时代，乌克兰对苏联的认同感下降，主要有三个原因。第一，苏联的国民经济出现停滞，在作为工农业中心的乌克兰，民众的生活水平得不到提高。第二，随着戈尔巴乔夫提出"公开性"原则，关于斯大林时代的乌克兰大饥荒、镇压乌克兰反对派、鞑靼人被强制流放等一系列"黑历史"被公之于众，老一辈乌克兰人的反苏情绪被唤醒，新生代乌克兰人也开始转向怀疑乃至否定苏联。第三，1986年切尔诺贝利发生核泄漏事故，苏联高层在灾难初期的应对失措造成了严重的人道主义灾难。不少乌克兰人怀疑，莫斯科之所以把核电站建在乌克兰，就是因为不在乎当地人的生命和健康。

20世纪90年代：历史转折关头的乌克兰

到了20世纪80年代末，乌克兰再一次迎来了命运的转折，这次转折的结果是乌克兰完全脱离苏联。在波罗的海三国独立运动的刺激下，乌克兰的分离主义运动开始抬头。戈尔巴乔夫领导的苏联中央政府显然不希望军事和工农业重镇乌克兰脱离联盟，因为一旦最重要、和莫斯科关系最为密切的加盟共和国离开，任何形式的联盟都将没有意义。

发动独立运动的乌克兰民族主义者认为，乌克兰不应该继续"倒贴"其他加盟共和国和俄罗斯，离开苏联之后一定能过上更好、更自由的生活。1989年，乌克兰人民争取改革运动（简称"运动"，音译为"鲁赫"）成立，成为推动乌克兰走向独立的激进力量。进入1990年，向来反苏情绪高涨的西乌克兰开始出现大批共产党员退党的情况。就连俄语人口众多、一向和莫斯科关系密切的乌克兰东部地区，也出现了大规模的工人罢工，抗议苏联政府对经济停滞无所作为。到了1991年，乌克兰与苏联分道扬镳的前景已经不可避免。

我们都知道，叶利钦是苏联的掘墓人。事实上，乌克兰也跟着铲了几锹土。可以说，乌克兰独立的选择是苏联解体过程中一块重要的多米诺骨牌。1991年，当戈尔巴乔夫和其他加盟共和国的首脑谈判，试图把苏联重塑为一个松散的邦联时，乌克兰公投的结果却显示，当地民众的主流意见是不再留在任何形式的苏联架构之下。尽管关于这次公投的结果充满争议，但是这并不妨碍叶利钦抓住机会，和乌克兰与白俄罗斯领导人密谋成立"独立国家联合体"，彻底踢开了戈尔巴乔夫和苏联。挽救苏联的最后一次努力以失败而告终。

不过，独立之后的乌克兰并非风调雨顺，而是面临着三大交织在一起的难题。第一是国家建构（上节刚刚谈到福山对国家建构的重视）。1991年，乌克兰有史以来第一次建立一个统一、独立的国家政权。如何协调东西部之间在经济发展水平、语言文化、身份认同和历史记忆上的差异，完全没有先例可循。俄乌冲突爆发之前，亲西方派和亲俄派在乌克兰交替掌权，这一矛盾对乌克兰社会在国家发展方向的重大问题上形成共识，是一个难以逾越的障碍。

第二个难题是维持国家的统一。2014年之前，俄语人口占绝对多数的克里米亚尽管身处乌克兰行政管辖之下，但更亲近俄罗斯。苏联解体前夕，克里米亚察觉到联盟分裂的危险，担心之后被纳入乌克兰人主导的新国家，于是积极谋求独立。克里米亚当局先是在莫斯科的帮助下成立了克里米亚自治共和国，准备日后脱离乌克兰，变成和乌克兰平起平坐的苏联加盟共和国。这个计划还没来得及实施，苏联就解体了，克里米亚被迫成为乌克兰内部的自治共和国。1994年，克里米亚的独立运动一度高涨，虽然被和平化解，但是根本矛盾并没有解决。到2014年矛盾再次爆发，引发了俄罗斯对克里米亚的兼并。

第三个难题是与俄罗斯的关系。在脱离苏联之后，生活在乌克兰的俄罗斯族变成了少数群体，其中大部分人的生活并不如意。为了达成国家建构的目标，乌克兰势必主张按照多数族群的语言、文化、身份认同和历史记忆塑造这个新生的国家，在这种情况下，俄罗斯族的角色就很尴尬了。他们大多是苏联时期从俄罗斯迁移而来，主要集中在东部地区和克里米亚，在很多时候都被视为"外来者"，政治经济和文化权利得不到充分的保障。族群之间的矛盾很容易演变成少数族群和中央政府之间的冲突。从2014年开始，乌克兰东部顿巴斯地区的武装冲突就未曾停止过，而这成为俄乌冲突爆发的一个重要诱因。

通过本节，我们可以看到，从历史到今天，俄罗斯和乌克兰一直是"族中有族""国中有国"。双方的纠葛是历史的悲剧，在可预见的将来不会形成和平稳定的结局。

走向"新冷战"？

自从2010年前后中美关系开始逐步恶化以来，世界是否进入了"新冷战"的讨论，一直不绝于耳。这一节，我们就来"温故知新"，探讨一下中国和美国之间有没有、会不会出现一场"新冷战"。

研究这个问题，有许多不同的角度。中美关系恶化的原因，也有许多不同的解释。既然前面已经梳理了美苏冷战的历史，不妨比较一下美苏冷战和今天中美关系的近似之处和不同之处，从中得出一些启示。这里比较的，主要是美苏关系处于相对稳定的时期（1970—1985年）和中美关系出现明显恶化的时期（2017—2023年）。为叙述方便起见，我姑且将当前中美关系比喻为带引号的"新冷战"。

冷战与"新冷战"的相似之处

冷战与"新冷战"的相似之处主要有五点。

第一，当年的美苏两国和今天的中美两国，都具备强大的综合国力，相互实力地位接近，而远超第三国，形成了"两超多强"格局。同时，美国的硬实力、软实力强于苏联或中国的实力，而苏联和中国都有赶超美国的愿望，并且在一段时间内缩小了同美国的差距。虽然到冷战后期，日本和德国的 GDP 很可能已经超过苏联，但因为苏联不统计 GDP，军事实力肯定比日本、德国强大得多，所以苏联一直被视为"超级大国"。中国的 GDP 在 2010 年超过日本，以后经济继续维持高速增长，在世界上的实力地位仅次于美国，在很多人看来已经是"坐二望一"的"超级大国"了。当前的国际力量对比呈现出类似于冷战时期的"两超多强"格局。

第二，两大国意识形态和政治制度的对立。当年的苏联和今天的中国都坚持以马克思列宁主义为指导思想，把实现共产主义作为最高理想和最终目标；都坚持共产党的全面领导地位，坚持社会主义基本制度，抵制西方思想文化渗透。美国则始终坚持自由主义观念、多党代议制政府、资本主义市场经济、生产资料的私人占有制。美国的反共思想，无论是对苏联还是对中国，都融化在政治传统和对外战略中，根深蒂固。因此，就意识形态和政治制度的对立而言，今天的中美关系和当年的美苏关系有不少相像之处。

第三，两国的战略定位清晰，相互视对方为最大的外部威胁和挑战，但都希望避免直接军事冲突。美苏在冷战时期互为主要战略威胁，毋庸赘述。美国特朗普政府和拜登政府，都把中国作为最大的长期战略竞争对手。2022 年发表的拜登政府国家安全战略，明确提出未来 10 年是美国与中国竞争的关键阶段，要求美国"在与中国的竞争中获胜"。习近平总书记在 2023 年 3 月谈道："我国发展的外部环境急剧变化，不确定难预料因素显著增多，尤其是以美国为首的西方国家对我实施了全方位的遏制、围堵、打压，给我国发展带来前所未有的严峻挑战。"这段话明确了美国在中国对外战略中的定位。同时，中美两国领导人都多次表示要避免冲突和对抗。

第四，当年的苏美两国和今天的中美两国，都将世界分为两大板块，同时在全球范围进行地缘政治、地缘经济的竞争。冷战时期，在美苏两大集团之外，有一个不归属任何阵营的第三世界。今天的美国把世界分为"民主国家"和"专制国家"，中国把世界分为发展中国家和发达国家。美国人说的"民主国家"，基本上就是我们说的"发达国家"（印度等极少数国家除外）。中国人说的"发展中国家"，在美国人眼中多数是"专制国家"。世界上很多人现在都在使用"全球南方"的概念，和冷战期间的"第三世界"类似。中国官方坚持认为，中国是全球南方的当然成员，但很多其他国家都不这样看。

第五，无论是在冷战期间同苏联争霸，还是现在同中国进行战略竞争，美国都力争掌握战略上和战术上的主动权。回顾冷战进程，我们不难发现，美国的一个优势是善于提早谋划和制定长期战略设想。1947年，美国国会便通过了《1947年国家安全法》，并正式成立国家安全委员会，同一时期的苏联迟迟没有形成与之类似的跨部门战略协调单位。中国成立国家安全委员会的时间也相对较晚，不过较早建立了相应的国家安全协调机制。

美国很早便意识到战略决策与政策协调的重要性，特别注重发挥智库的"旋转门"作用，即智库专家和政府官员互换位置。外交决策机制及其过程大体清晰。从冷战时期起至今，美国在战略谋划、智库响应等方面都领先于同一时期的其他国家。在大国战略博弈过程中，美国往往更善于主动出击，而包括苏联在内的美国的对手，则显得较为被动，多是应战的一方。美国经过深思熟虑提出马歇尔计划之后，苏联仓促提出莫洛托夫计划作为回应。美国在1949年就率先成立了北大西洋公约组织，而直到1955年苏联才主导成立华沙条约组织。由此可见，拉开冷战序幕的关键步骤都是美国率先采取的。当然，也不能说苏联没有采取过主动行动，比如1962年在古巴建立战略导弹基地，1979年入侵阿富汗，等等。但是这些行动看来并非基于长远战略谋划，在战术上也做得比较笨拙。

第六章 冷战的续章与反思

许多年前，中国领导部门就要求对外工作要"打主动仗，下先手棋"，指导建立了有中国特色的战略智库。在新的国内外形势下，我们还需要进一步完善国家安全和外事工作的协调机制，做出长远缜密的战略规划，以适应长期复杂的对美斗争需要。

冷战与"新冷战"的差异

美苏冷战与今天中美关系的主要不同之处，我总结也有五个方面。

第一，美苏之间的经济合作和社会交往很少，彼此对对方经济和社会发展的影响不大。反观中美关系，自从1979年中美建交以来，经贸合作与社会交往急剧扩大。2017年，中美双边货物贸易额达6360亿美元，服务贸易额达750亿美元，两国互为最大贸易伙伴国。中国成为美国第三大出口市场。2017年，中美双向投资存量达到2130亿美元。2017年特朗普上台以后，中美贸易摩擦加剧。2020—2023年的新冠疫情也对中美合作造成相当大的冲击。尽管如此，2022年中美货物贸易总额达6906亿美元，创历史新纪录。

跟经贸关系同步的，是文教卫生、科技等人文领域的交流合作，还有双向旅游的发展。这都是在当年的美苏关系中无法想象的。总体来说，中国人对美国的了解和兴趣，可能超过对任何其他国家的了解和兴趣；而美国人对中国的了解，大概也超过其他国家的人对中国的了解。

应当认识到，交往多，了解深，未必带来的都是正面的影响。多年来，美国利用双边和多边的社会交往，包括信息网络，对中国加紧进行政治渗透和情报搜集。中国出台的《国家安全法》《反间谍法》《境外非政府组织境内活动管理法》等法规，考虑最多的是防范美国的渗透、颠覆、破坏。对于中国在美国扩大政治影响、争取人心的工作，美国的国家安全部门也充满了警惕和抵制。

中美双方深度交往的另一个结果，是两国内部不同的部门和群体，在交往中处于不同的位置，有不同的视角，也有不同的利益。表面看来，中美的战略竞争发生在两国政府之间。实际上，中美博弈是两国不同部门和群体之间复杂的多重博弈。我们经常看到，美国智库专家、学者和媒体在对华政策上发生激烈争论。在中国的社交媒体上，也会看到关于美国和中美关系的不同声音。中美双边关系恶化，影响到两国社会的许多群体和个人，人们担心经济脱钩和爆发战争，普遍对当前中美关系非常关注。

第二，美苏双方的思想分歧主要发生在社会主义和资本主义两大意识形态领域，而中美分歧涉及不同的文明和种族。美国的意识形态追到的"老祖宗"，是古希腊、古罗马、基督教、欧洲文明、盎格鲁—撒克逊文化。苏联的意识形态，可以追到马克思、恩格斯、列宁、斯大林，而俄罗斯文化也可以回溯到基督教和罗马帝国。总体来说，美国和苏联都是西方文明、欧洲文明的一部分。美国的主体族群和苏联的主体族群（俄罗斯人、乌克兰人等），被称为高加索人即白人。中国人（华人）和美国人分属不同的种族，中华文明和美国文明分属不同的文明体系，因此中美之间的价值观差别比美苏分歧要大得多、复杂得多，深刻得多。

与文明和种族相关的，是美苏之间基本上不存在移民问题，而有500多万华人在美国生活，其中300万左右是在中国大陆出生的人。这约300万人中的一部分加入了美国国籍，一部分有永久居民身份（即"绿卡"），其他的还保留着中国国籍。这种情况带来了很多复杂的社会、经济、政治、文化问题，涉及这些人的身份认同。在美国政治的极化、碎片化、民粹化的过程中，美国华人必然越来越多地关心并介入美国政治。

第三，美苏关系和今天的中美关系，有着相当不同的国际背景。

第六章　冷战的续章与反思　　　　　　　　　　　　　　　　　　　727

　　正像前面章节讲到的，从 20 世纪 70 年代开始的美苏缓和，到柏林墙的倒塌和冷战的结束，一直贯穿着经济全球化和区域一体化的线索，而中美关系的恶化和倒退发生的背景，是 21 世纪 10 年代以来越来越明显的逆全球化、反全球化趋势。《三国演义》的第一句话是："天下大势，分久必合，合久必分。"美苏冷战的过程是"分久必合"，而中美对立的过程验证了"合久必分"这半句话。中美两国不但在分道扬镳的路上越走越远，整个世界也在分化、分裂，失去了方向感，难以预测。

　　第四，美苏两国在 1962 年古巴导弹危机之后建立了国家首脑之间、军事部门之间的危机管控机制，签订了"热线协议"。而中美关系恶化之后，至今没有建立危机预防与管控的直通渠道。一旦发生像 2001 年南海上空中美军用飞机相撞那样的安全危机，冲突可能失控，扩大为战争行为。直到冷战结束，美苏之间也没有发生任何直接武装冲突。中美之间发生"热战"的危险，高于美苏冷战。

　　第五，冷战期间全球治理问题不突出，互联网还没有成形，而"新冷战"必须关注非传统安全问题（如气候变化、公共卫生、毒品走私、非法移民等）。高技术领域的竞争成为"新冷战"的突出特征。

会发生"新冷战"吗？

　　近年来，关于中美战略竞争是否会演化为一场"新冷战"，国际上和中国国内都是众说纷纭。我个人的看法是，判断"新冷战"是否已经发生或将会发生，取决于如何界定过去这场冷战的主要特征。如果我们认为冷战的主要特征是两个实力接近的"超级大国"进行全方位的长期战略竞争，并且在国际上争取盟友和伙伴同对方较量，同时力图避免相互之间的"热战"，那么中美已经进入了"新冷战"。但是，如果认为冷战的主要特征是两个大国之间相互隔绝，基本上没有经济合作和人文交流，而且各自领导着一个军事集团（华约和北约），同对方形成剑拔弩张的对抗，那么中美之间不但还没有发生"新冷战"，在可预见的将来也不会发生。所以，关于"新冷战"是否已经出现的问题会一直争论下去，除非出现了中美"热战"。更重要的是，如何看待今天中美关系的性质与前景。

苏联已经从国际舞台上消失，它的主要继承者俄罗斯对冷战有何反思，需要俄罗斯人去总结。我只能简单谈谈中美两国从冷战中吸取的主要经验教训。

我在前面的章节引述了中国的一些苏联问题专家对苏联失败原因的解释。中国在冷战结局问题上的主流思想倾向，是对苏共的崩溃和苏联的解体感到痛心和惋惜。一种影响很大的观点认为，苏联失败的主要原因，在于斯大林之后的苏联领导人，特别是戈尔巴乔夫及其同伙，丢弃了马克思主义的灵魂，放松了共产党的领导，没有筑牢防止西方政治渗透的防火墙。戈尔巴乔夫幻想可以用苏联的妥协和忍让，换取西方的善心和援助，结果让西方乘虚而入，里应外合，摧毁了曾经伟大辉煌的苏联。苏共广大干部和党员，在苏联面临深重危机的时刻，"竟无一人是男儿"，这一教训极其深刻。

按照这一视角，苏联东欧剧变之后，特别是美国对华采取敌视态度以后，中国贯彻执行的一系列政策，都是吸取苏联失败教训的完全必要、完全正确的战略性举措。这些举措包括：加强党的领导地位和思想政治工作，提出"四个意识""四个自信""两个维护"的整体观念，弘扬中华传统文化，在教育系统清查西方教材，出台维护国家政治安全的一系列法律法规，肃清社交网络上的有害、错误言论，纠正对历史事件的错误看法，加强军队建设和国防力量，在内外宣传中强调"颜色革命""阿拉伯之春"的危害，在外交上巩固和俄罗斯、伊朗等国的战略协作伙伴关系，同发展中国家合作共同抵御美国霸权，等等。这样，不管"新冷战"是否发生，中国都可以做到有备无患，保持中国的国内安定和战略稳定。

美国同样总结了冷战的经验和教训。美国以冷战胜利者的姿态出现，但是在后冷战时代从未放松对国际秩序的主导和掌控。在战胜苏联的过程中，美国尝到的"甜头"是，它所倡导的国际规则，包括在国际经济、金融领域的规则，核不扩散和军备控制的规则，民主、法治、人权的规则，保护生态环境的规则，都逐渐被苏联在原则上接受。在冷战后的对华战略上，美国不仅在实力地位方面力图压倒中国，而且特别注意运用发达国家倡导的国际规则制约中国，在国际关系和全球治理问题上坚持所谓"以规则为基础的国际秩序"。有些美国战略家认为，既然美国最终战胜了苏联，美国在目前这场同中国的长期战略竞争中，也有希望胜出（outcompete）。

对于政治斗争，包括国际政治斗争，中美两国都有一些基于本国历史经验的根深蒂固的观念。对于美国来说，发展道路之争和价值观分歧，是带根本性的政治分歧。在南北战争时期，关于蓄奴问题、自由贸易和关税问题、各州是否有权利脱离联邦等问题，造成了国内两派的对立，最终通过战争解决问题。今天美国的政局呈现两极分化，民主、共和两党在多元文化、种族关系、枪支管制、税收等诸多问题上的分歧难以化解，最终将从选票上暂时分胜负。也就是说，美国人不习惯于仅仅从实力地位出发看待政治分歧，而是在价值观、意识形态、政策取向方面争辩对错，泾渭分明。

延伸到国际政治问题，美国人的主要倾向是通过意识形态的透镜观察其他国家，按照自己的价值观去判断哪些是"好国家"、哪些是"坏国家"，运用政治制度是"民主"还是"专制"的两分法，看到黑白分明的两类国家。比较苏联和今天的中国，美国人发现有非常多相似之处。从中国20世纪70年代末开始改革开放，到21世纪10年代初，美国都幻想过中国会完全摆脱苏联模式，走西方式的现代化道路。但在过去10年左右的时间里，美国对中国产生了幻灭感，感觉中国在走"回头路"，而且方向不可逆转，因此加紧对中国全面施压，以保持美国在国际事务上的主动权和主导权。

中国人看政治，主要视角是实力地位。当代中国人看国际政治，首先要做出判断的是力量对比变化，如毛泽东所说的"是东风压倒西风，还是西风压倒东风"。美国是否已经衰落，中国的经济总量和军事实力何时会超过美国，发展中国家是否正在"群体崛起"，是对美政策的主要依据。在很多中国人眼中，所谓"价值观外交"，所谓"人权"，所谓"民主"，都是美国打压中国的手段和借口。中美竞争就是"老大"跟"老二"的权力之争，更无其他。什么时候中国当上了"老大"，美国才会服输，俯首称臣。许多人认为，前一段时间提出过的"韬光养晦"，只是在实力不如美国时的一种策略考虑。现在中国实力强了，藏不住了，应该"敢于亮剑"。所以，要稳定和改善中美关系，几乎唯一可以做的事情就是增强实力。

由此看来，中美矛盾加深，不仅基于权力和利益的分歧，也有两国政治传统差异的因素。一些美国人要求中国改变制度，因为根据冷战经验，只有共产党政权垮台，才能结束长期对抗；一些中国人要求在实力上赶超美国，因为"一山不容二虎"。这两部分人的期待在可预见的将来都是无法实现的，都带有某种"宿命论"的色彩。

中美两国领导人近年来都多次提出希望避免"新冷战"，而且否定中美之间已经出现了"新冷战"，是对宿命论的反驳。两国政府是从政治角度出发提出这些看法的；从学术角度观察，可以提出不同的判断。中美双方都认为，目前关系处于低潮的责任完全在对方，要避免冲突和对抗，对方必须做出根本的改变和让步。本节没有对当前中美关系做出乐观的评估，但是和平相处，避免战争，仍然是有希望的。

附录
参考书目与延伸阅读书目

  冷战是国际政治中的大话题，可阅读的材料非常之多，可以说是浩若繁星。读者朋友们到图书馆或者网上书店，用"冷战"或者"Cold War"作为关键词一搜索，就能轻而易举地找到想读的内容，包括学术论著、各种文学作品，介于两者之间的各种传记，以及一些享有显赫声名的大众杂志上的文章，等等。但我要提醒大家，有很多材料未必是准确的，特别是社交媒体上的视频，或者是小的评论等，要经过一些筛选和对比，才可以知道什么是真的，什么是不那么真的，什么是完全虚假的。

  所以，有心的读者可以做一个属于自己的书单。我们主创团队提供的这个小书单仅是其中的一种。这个书单是从我们阅读过的材料中筛选出来的，除了考虑材料本身的质量外，也有一种"以我为主"的理念在里面，也就是说，中国学者的作品占到了相当的比例。当然，比例还不是很高。所以我们也期待未来中国学者，包括我们读者中的有心人，在冷战研究中取得更多更好的成果。

专著类全景式研究

1. 刘金质，《冷战史》（上中下），世界知识出版社，2003。

这是 20 年前中国学者撰写的冷战史专著，尽可能多地参考了当年出版的中文资料，特别是官方文件和报刊文章，表达了中国的主流观点，适合做大学相关专业的教学参考书。

2. 梅尔文·P. 莱弗勒，《人心之争：美国、苏联与冷战》，孙闵欣等译，华东师范大学出版社，2012。

乔治·H. W. 布什（"老布什"）曾将冷战称为"人心之争"，著名历史学家梅尔文·P. 莱弗勒根据 2012 年以前公布的档案给出了独到的诠释。从意识形态视角出发，以五个冷战中具有特殊意义的"时刻"进行描述，作者认为，这场长达 40 余年的"人心之争"在铁幕落下的时候就注定了结局：斯大林占领东欧的目的是保卫苏联，而美国是要保护资本主义的"生活方式"。本书特点是分析了冷战的不同阶段美苏两国领导人的作用和他们之间的较量，包括斯大林对杜鲁门、马林科夫对艾森豪威尔、赫鲁晓夫对肯尼迪和约翰逊、勃列日涅夫对卡特、戈尔巴乔夫对里根和布什。

3. 约翰·刘易斯·加迪斯，《长和平：冷战史考察》，潘亚玲译，上海人民出版社，2011。

该书展现了冷战时期出现的新的体系性稳定要素，以及历史的复杂性与多样性，反思美国外交失败的核心原因。作者是美国耶鲁大学的约翰·刘易斯·加迪斯。他是经受时代考验的学者，毕生研究美苏冷战及美国对外政策的历史，著作横跨冷战的起源、巅峰、缓和及其最终的消亡。他的其他代表作还有《遏制战略》《美苏关系史》《我们现在知晓：新冷战史》《论大战略》等。

4. 约翰·刘易斯·加迪斯,《冷战:交易·谍影·谎言·真相》,翟强、张静译,社会科学文献出版社,2016。

该书是冷战史大家为新一代读者写的冷战"简史",语言轻松,清晰晓畅,通俗易懂。

5. 理查德·克罗卡特,《五十年战争:世界政治中的美国与苏联(1941—1991)》,王振西、钱俊德译,社会科学文献出版社,2015。

该书详尽地研究了冷战时期美苏关系及其在世界地缘政治变化中的作用,文笔通俗、流畅。

6. 德瑞克·李波厄特,《五十年伤痕:美国的冷战历史观与世界》(上下),郭学堂、潘忠岐、孙小林译,上海三联书店,2008。

作者长期在哈佛大学、乔治城大学任教,也有在美国政府工作的经验。该书是作者长期教学的成果,史料丰富扎实。从书名就可以看出,作者对美国的冷战史观持批判态度,认为美国在冷战期间的战略决策(特别是越南战争)有很多重大错误,许多观点值得反思借鉴。

7. 贝恩德·施特弗尔,《冷战1947—1991:一个极端时代的历史》,孟钟捷译,漓江出版社,2017。

该书努力勾画历史研究的欧洲视角,是跳出美国中心论的一次尝试。

8. 罗伯特·瑟维斯,《冷战的终结:1985—1991》,周方茹译,社会科学文献出版社,2021。

该书综合运用大量会议记录、工作笔记、口述资料等,展示出一小圈举足轻重的政客在他们的任期内结束冷战的过程。细节翔实到令人惊叹的程度。

9. Archie Brown, *The Human Factor: Gorbachev, Reagan, and Thatcher, and the End of the Cold War*, Oxford University Press, 2020.

该书强调戈尔巴乔夫、里根与撒切尔夫人三人担任苏联、美国与英国的领导人是怎样改变历史，以及如何看待冷战的终结的。

专门领域研究

1. 沈志华，《无奈的选择：冷战与中苏同盟的命运（1945—1959）》，社会科学文献出版社，2013。

该书建立在丰富翔实的一手档案和当事人访谈基础之上，观点深刻且具有颠覆性，语言风格独到。

2. 陆南泉等，《苏联真相：对101个重要问题的思考》，新华出版社，2010。

该书是研究苏联历史的论文集，主要线索是对苏联模式发展过程的解析。该书的一大特色是将中苏关系置于苏联历史的长线索中考察。

3. 文安立，《全球冷战：美苏对第三世界的干涉与当代世界的形成》，牛可等译，世界图书出版公司，2012。

作者娴熟地驾驭多边档案史料，重点研究美国和苏联对第三世界的干涉主义意识形态，以及反抗干涉的革命运动的演进过程。该书成功地把冷战历史和当下国际政治衔接起来。

4. 杰弗里·弗里登,《20世纪全球资本主义的兴衰》,杨宇光等译,上海人民出版社,2009。

该书从资本主义发展史的角度观察整个20世纪,为理解冷战时期的意识形态之争提供了更加宏观的视角。

论文／报告／档案文献类

这一类别是对一些问题的深度解析,有兴趣对冷战史做深入研究的读者可以选择阅读。

1. 王缉思,《国际政治的理性思考》,北京大学出版社,2006。

该书是我多年研究国际政治的部分学术成果和心得。其中不少篇幅与冷战有关。感兴趣的读者可重点阅读以下几篇文章:《美国霸权的逻辑》《论美国"两个中国"政策的起源》《"文明冲突"论战评述》《亨廷顿理论的启迪与谬误》《美国外交思想传统与对华政策》《美国对华政策中的"战略大三角"》《苏美争霸的历史教训和中国的强国之路》。

2. 王缉思,《大国战略:国际战略探究与思考》,中信出版社,2016。

该书汇聚了2006—2015年我在国际战略探索方面的部分成果,为了解和把握国际政治热点提供了较深层次的思考路径。感兴趣的读者可重点阅读下面几篇文章:《从"战争与革命"到"和平与发展"》《美国发展强大的原因》《美国外交特色及其优势和缺陷》《美国靠国内变革赢得冷战》。

3. 牛军,《战略的魔咒:冷战时期的美国大战略研究》,上海人民出版社，2009。

这是一本中国、美国、英国、法国学者研究美国冷战时期战略的论文集。2007年，这些论文的作者在北京大学举行了专题讨论会，主要聚焦于与中国利益有直接或间接联系的大事件中的美国战略。

4. 沈志华等，《冷战启示录1945—1991：美苏冷战历史系列专题报告》，世界知识出版社，2019。

该书由15篇中国学者的专题报告组成，分析总结冷战各方成败得失的原因和经验教训，展示了中国当代冷战史研究的方法和视角。

5. 牛军，《冷战时代的中国战略决策》，世界知识出版社，2019。

该书较为全面地研究了冷战时期中国重大战略与外交决策，包括中苏结盟、抗美援朝、两次台湾海峡危机、援越抗美、中美关系正常化、中苏地缘战略对抗、中苏关系正常化，等等。

6. 雅科夫列夫，《雾霭：俄罗斯百年忧思录》，述弢译，社会科学文献出版社，2013。

7. 雅科夫列夫，《一杯苦酒：俄罗斯的布尔什维主义和改革运动》，徐葵等译，社会科学文献出版社，2016。

在这两本书中，作为苏联最后一代政治人物之一的雅科夫列夫记叙了他的从政生涯，也表达了他对俄罗斯和苏联历史与政治的看法，悲天悯人，读后不胜唏嘘。

8. Securing Our Common Future: An Agenda for Disarmament, Office for Disarmament Affairs, New York, 2018. (Electronically available in PDF and e-book formats from un.org/disarmament/sg-

agenda）

联合国各部门网页上有内容非常丰富的各种宣言、报告、协议等，这些文件通常凝聚各方共识，是最先进文明观念的体现。数据翔实，写作严谨，是极佳的学习资料库。对于中国读者来说，阅读这些材料非常有助于纠正由于信息闭塞带来的偏见。这里仅推荐关于军备控制的一份文件作为参考。因为在任何时候，和平都是我们首要祈求的目标。

传记／回忆录

这一类别旨在补充更多细节，帮助大家对事件的曲折性、偶然性有更好的理解，了解不同国度决策者的思想逻辑和行为逻辑。

1. 钱其琛，《外交十记》，世界知识出版社，2003。

钱其琛1982年担任主管苏联东欧事务的外交部副部长，2003年卸任中央政治局委员、国务院副总理。该书是钱其琛的外交回忆录。一位中国学者说："中国政治人物很少有公开写回忆录的习惯，以至现在许多中国人传记竟出自外国人之手，实在是一个缺憾。"这本书出版后获国内广泛关注，更被译成英、俄、日、韩等外文版本。该书描述了钱其琛作为中国外交主要负责人时期的十件国际大事，特别吸引人的部分是冷战后期中苏关系转圜的过程和1989年的中美关系风波。对于想要了解中国外交传统和处理现实外交问题的思路与方式的读者来说，这是一本饶有兴味的必读书。

2. 傅高义，《邓小平时代》，冯克利译，生活·读书·新知三联书店，2013。

在中国出版以来长销不衰，当代中国人都应当读一读一位揣着平常心的美国学术大师如何描写一位自称为"中国人民的儿子"而改变世界历史的伟人。

3．尼古拉·伊万诺维奇·雷日科夫，《大国悲剧：苏联解体的前因后果》，徐昌翰等译，新华出版社，2010。

作者是苏联解体前的部长会议主席。借用网友的读书体验："在苏联解体的过程中，他见到了别人难以见到的细节，体验了别人难以体验的情感，思考了别人难以思考的东西。"

4．周晓沛，《中苏中俄关系亲历记》，世界知识出版社，2010。

前面已经推荐了一些关于冷战时期苏联的著作，这里还要推荐这本涉及20世纪70年代到90年代中苏关系的回忆录，书中提到一些非常有意义的细节。作者是退休的资深外交官，曾任中国驻俄罗斯大使馆公使，驻乌克兰、波兰、哈萨克斯坦大使。

后 记

2021年8月初,我去一位老朋友家做客,遇到了神交已久的"理想国"和"看理想"的主理人刘瑞琳老师。我和她一见如故,发现彼此志同道合,都希望建立合作关系。几天后,刘老师提议我在"看理想"平台做一档音频节目,可以冷战的历史为主线,联系到今天的中美关系。这个提议,和我的意向一拍即合。

和"看理想"平台签约讲《冷战的故事》时,我自以为做这个节目是有一点基础的。20世纪80年代中后期,我写过若干篇学术文章,探索冷战时期美国对东亚地区的政策,并在北京大学国际政治系讲授过相关课程。1991年春季,我在美国密歇根大学政治学系讲授当代中国外交的课程,当时冷战还没有正式结束,所以这门课程几乎是完全按照冷战的线索展开的。2002年,我参与了中国社会科学院的一项重大交办课题《美苏冷战及其历史教训》,撰写了长篇主报告。2013年,在北京大学牛军教授主持的有关冷战时期美国大战略的课题中,我撰写了《美国靠国内变革赢得冷战》的论文。

但是,当我开始设计这档音频节目并了解"看理想"平台各个节目的总体思路时,便发现自己的所谓"基础"是多么单薄。我认识到，冷战绝不限于美国和苏联两个大国（以及以它们为首的两大阵营）之间的关系，而是涉及世界上大多数国家同美苏两国的关系。冷战也是以其"冠名"的长达40多年的一个世界历史时期，其间的一些现象和问题，如日本的经济崛起、美国的技术移民政策、人们对地球生态环境的关注等，虽然不直接关系到冷战，但都对冷战的进程和结果产生了或多或少的影响。对于这些，我过去都是一知半解，甚至有许多盲点。如果我按照国内一般历史教材的叙述方式去讲解冷战，会"见树不见林"，不但很难给听众以新鲜感，我自己也不会有很多思想收获。

于是我决心自己补课，把节目做成一个比冷战时期的大国关系史更为广阔的叙事。从2021年8月到2023年11月的两年多时间里，我把专业工作的大部分时间、精力都投入了《冷战的故事》音频节目，最后完成70讲，以及若干次"番外"，包括同梁文道先生的一次对谈。在节目全部播完前夕，我和自己的小团队在刘瑞琳老师和"看理想"团队的支持下，做了一次"理想家线下沙龙"，同听众热烈互动，取得了良好效果。

《冷战的故事》音频节目全部是在文字稿的基础上完成的。我在讲稿基础上整理成的书稿，带有了讲稿的一些特点，比如稍微有点"讲故事"的味道，而不是很学术化或学究气。但基于严谨的治学态度，也为了对读者负责，我认真核对了书中提到的史实，提供了外国人物的英文姓名和参考书目。考虑到本书毕竟不是学术专著，为了阅读流畅，我没有按照学术著作的标准做出注释，包括书稿中的直接引语，以及间接引语、经济数据、一些历史事件细节等，这点希望读者谅解。如果发现有违背史实或错误引用的情况，欢迎读者批评指出。

在制作音频节目和完成书稿的过程中，我的几位年轻同事奉献了大量学识，付出了辛勤劳动。陆宁波、张诚杨、黄瑛和我一起策

后 记

划了节目和书稿的章节及主要内容，分别起草了部分初稿，其中张诚杨起草的篇幅最多。陆宁波审阅了全部书稿，纠正了许多错误和纰漏。黄瑛搜集了大量资料。徐贝负责掌握项目进度，协调了全部工作和与"看理想""理想国"团队的合作。没有这四位同事的帮助、鼓励和督促，我是完全不可能完成这个音频节目和书稿的。刘瑞琳老师和"看理想""理想国"团队同样功不可没。在此一并表示由衷的感谢。当然，本书的缺陷和错误，一概应由我本人负责。

王缉思

2024 年春于燕园